**中国敦煌石窟保护研究基金会资助**

# 炳灵寺石窟"建弘题记"发现60周年研讨会论文集

## 上

甘肃炳灵寺文物保护研究所 编

甘肃教育出版社

甘肃·兰州

**图书在版编目（CIP）数据**

炳灵寺石窟"建弘题记"发现60周年研讨会论文集：上、下册 / 甘肃炳灵寺文物保护研究所编. -- 兰州：甘肃教育出版社，2025.5. -- ISBN 978-7-5423-6055-7

Ⅰ．K879.26-53

中国国家版本馆CIP数据核字第2025CK3834号

**炳灵寺石窟"建弘题记"发现60周年研讨会论文集(上、下册)**
甘肃炳灵寺文物保护研究所　编

责任编辑　谢　璟
封面设计　石　璞

出　版　甘肃教育出版社
社　址　兰州市读者大道568号　730030
电　话　0931-8436489（编辑部）　0931-8773056（发行部）
传　真　0931-8435009

发　行　甘肃教育出版社　印　刷　甘肃日报报业集团有限责任公司印务分公司
开　本　787毫米×1092毫米　1/16　印张　42.75　插页　14　字数　706千
版　次　2025年5月第1版
印　次　2025年5月第1次印刷
书　号　ISBN 978-7-5423-6055-7　定　价　120.00元

炳灵寺石窟远观

炳灵寺石窟群(20世纪60年代)

第 169 窟外观（1965 年摄）

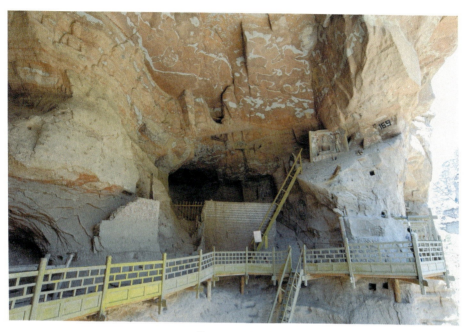

第 169 窟内景

第 169 窟北壁泥塑像

第 169-6 龛全貌

第 169-6 龛泥塑无量寿三尊

第 169-6 龛壁画供养人像

建弘题记

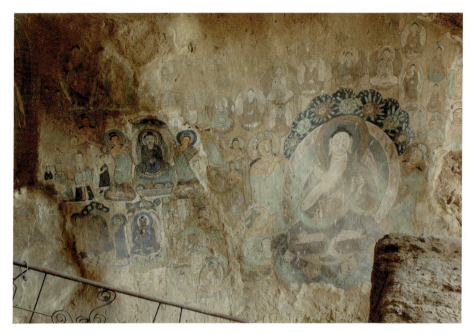

第 169 窟北壁壁画

第 169-10 龛壁画

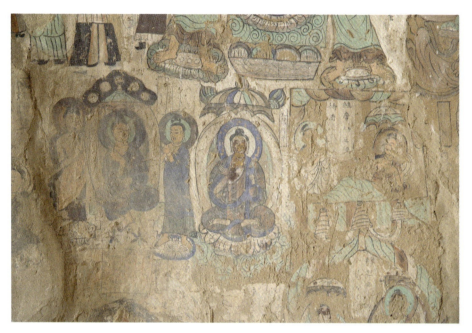

第 169-11 龛壁画

第 169-3 龛泥塑像

第 169-11 龛壁画释迦、多宝佛像

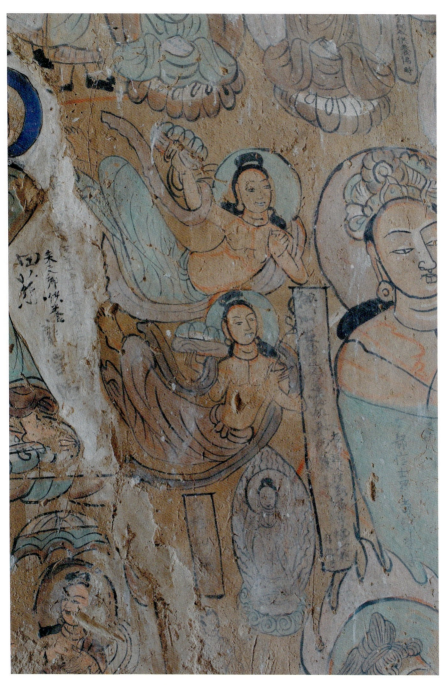

第 169-12 龛壁画飞天

第 169-9 龛泥塑立佛像

第 169 窟西壁石胎泥塑像

第 169-16 龛泥塑菩萨像

第 169 窟南壁泥塑佛像

第 169-24 龛壁画

# 前　言

第 169 窟是炳灵寺石窟中位置最高,窟形最大,历史最悠久,内容最丰富的洞窟。在第 169 窟北壁第 6 龛上方保存有一方墨书题记,因题记最后一行写有"建弘元年岁在玄枵三月廿四日造"的题字,故称"建弘题记"。"建弘题记"是目前中国石窟中发现的最早的纪年题记,也是 20 世纪 60 年代,中国石窟考古取得的最伟大的成果之一。

时间回溯到 60 年前,1963 年 4 月 8 日至 5 月 30 日,这是一段极为平常的日子,但对炳灵寺石窟乃至整个中国石窟界来说却是一段了不起的日子,更是一段石破天惊的日子。就在这一年,为了更好地保护刚刚公布为第一批全国重点文物保护单位的炳灵寺石窟,甘肃省文化局文物工作队抽调精兵强将组织了"炳灵寺石窟调查组",对炳灵寺石窟展开了为期 50 天的调查。调查组组员由当时甘肃考古界的精英们组成,他们是岳邦湖、吴柏年、初世宾、赵之祥、乔今同、董玉祥和炳灵寺文物保管所(现炳灵寺文物保护研究所)的王有举和王万青等。实际上,这次考察是在 1952 年第一次考察的基础上进行的考察活动,因此被称为"第二次考察"。1952 年第一次组织考察时,受当时条件的限制,未能登上"天桥洞",也就是后来的第 169 窟。第二次考察的目的之一,就是攻下炳灵寺石窟中最为险峻,同时也带有一定神秘色彩的洞窟——天桥洞。

天桥洞(第 169 窟),位于距地面(大寺沟底)近 70 米高的悬崖峭壁上。清同治(1862—1875)以前有栈道连通。同治战乱期间,包括通往第 169 窟的栈道在内,炳灵寺所有的木构建筑全部被烧毁。从此,近一个世纪以来,再也没有人登上天桥洞,留给后人的是一个个未解的谜团。加之史书中有"藏古书五笥"[①]的记载,天桥洞就更加令人神往。第二次考察较第一次考察有以下几个特点:

---

① (北魏)郦道元:《水经注·河水》卷二,北京:商务印书馆,1958 年,第 27、28 页。

一是持续时间长,历时 50 多天;二是对工作做了非常细致的安排,分为窟龛编号、摄影、墨拓、文字记录、重点洞窟测绘等几个工作小组;三是已经成立的炳灵寺石窟保护机构——炳灵寺文物保管所(现炳灵寺文物保护研究所),为调查组提供了可靠、充足的后勤保障。第二次考察做了大量的基础性工作,为炳灵寺石窟以后的工作奠定了基础。

第二次考察最亮眼的成果是组员们不畏艰险,克服重重困难,登上了险峻而神秘的天桥洞,揭开了其神秘的面纱。组员们在洞窟北壁发现了一方宽 0.87 米、高 0.47 米的墨书题记,共 21 行,每行约 24 字,在题记最后一行写着"建弘元年岁在玄枵三月廿四日造"字样,因此这一题记被后来人称为"建弘题记"。

建弘元年即公元 420 年,中国石窟中最早的纪年题记在炳灵寺石窟发现了,这是一个在当时引起轰动的新发现,揭开了中国石窟寺考古的新篇章。由当时调查组组员之一的董玉祥先生执笔的《调查炳灵寺石窟的新收获——第二次调查(1963)简报》中,对发现"建弘题记"的重大意义做了这样的评价:"据目前所知,在国内石窟中,如新疆诸石窟及敦煌、天梯山、麦积山、云冈、龙门等窟内所存的纪年题记,还没有比它更早的。敦煌莫高窟虽有唐武周圣历元年(698)李怀让'重修莫高窟碑记'记载了前秦建元二年(366)由沙门乐僔开始创建,但在现编的 486 个窟龛中,究竟哪一个为乐僔所造,还很难确定。云冈石窟,据《魏书·释老志》记载,为北魏文成帝和平初年(460)由著名高僧沙门统昙曜修建五大窟开始。这也比此方题记迟了近半个世纪。由此可见第 169 窟建弘元年题记的发现不仅为炳灵寺石窟的开创年代提供了重要的依据,而且也为我们研究西秦的佛教艺术,提供了珍贵的资料,同时也为全国其他各大石窟的早期造像与壁画,在分期断代方面,提供了一个新的标帜。"简报在当年的《文物》第 10 期发表后,立即引起学术界的广泛关注,兴起了识读研究和考释"建弘题记"的热潮,随之也出现了 10 多种不同的录文版本,在不同的学术期刊上刊发。

第 169 窟的神秘面纱被揭开后,先后到炳灵寺石窟进行考古调查的著名学者有北京大学的阎文儒先生、宿白先生,敦煌研究院的常书鸿先生、段文杰先生,甘肃省博物馆的初世宾先生、岳邦湖先生,甘肃省文物考古研究所的董玉祥先生、张宝玺先生,兰州大学的郑炳林先生、杜斗城先生等等。他们开启了以炳灵寺石窟第 169 窟为代表的西秦石窟研究的先河,时至今日,已取得了丰硕的研究成果,积累了丰富的经验。据统计,已经公开发表的关于炳灵寺石窟的 340 余篇学术论文中,涉及第 169 窟的研究性文章就达 80 余篇。

60 多年来,炳灵寺文物保护研究所在党和政府的高度重视和上级文物主管部门的关心扶持下,携手省内外各大保护机构及科研院校,在石窟保护管理、学术研究、基础设施建设和弘扬宣传等方面取得了卓有成效的进展。2014年,炳灵寺石窟被联合国教科文组织世界遗产委员会列入"丝绸之路:长安—天山廊道的路网"世界文化遗产。2017 年初,炳灵寺文物保护研究所整体划归敦煌研究院管理,各项工作迈上了更高的发展平台,开辟了更广阔的发展前景。

时值炳灵寺石窟第 169 窟"建弘题记"发现 60 周年之际,为纪念这一重大考古发现,并铭记先辈们艰苦奋斗的精神,总结梳理 60 年来的研究成果,在敦煌研究院的指导下,我们于 2023 年 10 月 13 日至 16 日举办了"炳灵寺石窟第169 窟'建弘题记'发现 60 周年暨西秦石窟艺术"学术研讨会,以期通过本次学术会议,加强与外界的交流互鉴,凝聚各学科专业力量,进一步探索挖掘炳灵寺石窟蕴含的文化内涵,实现遗产价值的活化利用。

本次学术研讨会围绕以下 7 个主题展开了深入的讨论:

1. 60 年来炳灵寺石窟第 169 窟研究成果综述

2. 第 169 窟开创年代、佛教题材、艺术特征及宗教哲学思想研究

3. 十六国及南北朝佛教艺术研究

4. 十六国时期民族文化交融发展研究

5. 丝绸之路多元文化艺术交流互鉴研究

6. 第 169 窟保护史研究

7. 炳灵寺石窟数字化研究

来自全国各石窟寺保护管理单位、科研院所、高等院校的近百位专家学者参加会议。会议分主旨发言和分组发言两个环节。甘肃省文物考古研究所董玉祥先生,兰州大学历史文化学院杜斗城先生和魏文斌先生,浙江大学文化遗产研究院李志荣先生,敦煌研究院王惠民先生,西北师范大学历史文化学院李并成先生等著名学者做了主旨发言。

董玉祥先生是 1963 年炳灵寺石窟"第二次考察"的队员之一,也是"建弘

题记"的发现者之一,60 多年来他系统调查过炳灵寺石窟,为炳灵寺石窟学术研究做出了重要的贡献。作为亲历者,他在研讨会上深情地回顾了 60 年前攀登 169 窟和发现"建弘题记"的经过。在忆起岳邦湖、赵之祥等当年并肩奋斗今已先后离世的老友们时,董老难掩激动之情潸然泪下。他提交的《169 窟建弘元年铭文的发现与其在学术研究中的地位》一文,详述了"建弘题记"在研究甘肃其他早期石窟中的重要作用和意义。杜斗城教授很早就开始关注炳灵寺石窟,在炳灵寺石窟的研究队伍中,他是重要的领军人物,发表过很多很有见地的学术论文,曾长期带研究生深入炳灵寺石窟调查,与炳灵寺文物保护研究所合作完成了《炳灵寺石窟内容总录》。他在《炳灵寺研究中的几个问题》的报告中,提出了史料记载在西秦境内译经的高僧圣坚,和乞伏炽磐奉为国师的昙摩毗是同一个人的观点,对西秦境内弘法高僧及其宗教活动提出了新的认知,促使我们重新审视对西秦佛教的研究思路和方法,深化了对文献史料的考证把握。李志荣教授的《炳灵寺的数字化与考古》,从数字化技术切入炳灵寺石窟的学术考古问题,强调了石窟数字化过程中应遵循的考古立场、考古在场、考古标准三项基本原则,对炳灵寺的数字化考古调查工作做了极有针对性的具体建议,为目前正在开展的炳灵寺第 169 窟考古报告数字化工作提供了强有力的概念指导。王惠民研究员《石窟寺研究展望》一文,剖析了目前石窟寺研究的现状、趋势,人才培养的困境等,提出了数字技术和人才培养在石窟寺发展中的重要支撑作用,为炳灵寺石窟保护、管理、研究、弘扬工作提供了宏观指导。李并成教授《炳灵寺若干重要史实的再探讨》一文,围绕炳灵寺石窟的地理位置、区位优势、始建年代、第 169 窟中的"法显"供养人图像身份、炳灵寺石窟中的王玄策题刻及王玄策 4 次奉旨西使的相关历史背景、炳灵寺的重要地位等问题展开论述,彰显了炳灵寺在丝绸之路东西方文化交流传播中重要的中转作用。魏文斌教授的《炳灵寺佛爷台壁画年代及有关问题小考》一文,对一直以来颇有争议的炳灵寺第 195 窟佛爷台壁画风格及其绘制年代做了考证研究,认为此处壁画绘于北魏—唐,拓展了炳灵寺早期绘画艺术的研究范围。

分组发言分两个会场,30 余位学者在此环节做了交流发言,内容涉及炳灵寺石窟及其他石窟的历史、艺术、宗教、哲学、文献以及保护利用、弘扬展示等,从多层面、多角度展示了大家的最新研究成果,极大地丰富和拓展了炳灵寺石窟的文化内涵,为其学术研究开辟了更为广阔的发展空间。

整个会议期间,专家学者们提交了50余篇论文或论文提要。会后,炳灵寺文物保护研究所组织团队,与专家学者们进行深入交流沟通,筛选并审订了44篇学术论文,在甘肃教育出版社的大力支持和协助下,出版了本次研讨会论文集。本书根据论文的内容分为上下两册,其中上册论文21篇,以研究、阐释炳灵寺石窟的价值内涵为主,涉及第169窟研究内容的就有18篇;下册论文23篇文章,涵盖新疆、甘肃、陕西、河北、山西等地的石窟寺,及经籍研究等内容。

此次会议是继2002年、2006年后,在当前文物文化工作全面繁荣发展的历史条件下,为深入贯彻习近平总书记关于石窟寺保护利用工作的重要批示精神,切实践行国务院办公厅《关于加强石窟寺保护利用工作的指导意见》,及国家文物局发布的《"十四五"石窟寺保护利用专项规划》,而适时召开的炳灵寺石窟第三次学术盛会。本次会议在筹办过程中受到甘肃省文物局、敦煌研究院以及临夏回族自治州永靖县人民政府的大力支持与指导,中国敦煌石窟保护研究基金会给予了资金支持,充分展现了各级领导部门及社会各界对石窟寺保护传承与弘扬利用工作的高度重视。

金秋十月,叠翠流金!在本次会议上,专家学者们展示了一系列新发现、新思路、新观点和新技术,为炳灵寺石窟保护研究工作注入了新的活力,推动炳灵寺石窟保护利用工作进一步提质升级。本次学术会议是对炳灵寺石窟保护研究工作的阶段性总结,同时也开启了新时代文化传承发展的新征程。炳灵寺文物保护研究所将在本次会议所积累的学术成果的基础上,传承并发扬前辈学者们严谨拼搏的治学精神,在敦煌研究院的引领带动下,深入贯彻新时期文物保护工作方针,切实践行"莫高精神",担负起新时代文化使命,不忘初心、牢记使命,努力开创炳灵寺石窟保护、研究、弘扬事业高质量发展的新局面,助力"一带一路"建设和敦煌研究院"典范""高地"建设。

# 目　录

## 上　册

# 下　册

上　册

# 169 窟建弘元年铭文的发现与
# 其在学术研究中的地位

董玉祥

（甘肃省文物考古研究所）

## 一、发现经过

1963 年 4 月 8 日至 5 月 30 日，原甘肃省博物馆文物工作队（今甘肃省文物考古研究所）为了做好全国重点文物保护单位炳灵寺石窟的管理与保护工作，在上级领导单位甘肃省文化厅（现甘肃省文化和旅游厅）的关怀与支持下，对该石窟进行了包括窟龛编号、摄影、文字记录和重点洞窟的测绘等方面艰苦且十分具有挑战性的 50 天全面系统的考察工作。

当时国家经济比较困难，且炳灵寺石窟通往各个窟龛 70% 左右的栈道被毁，要完成上述的各项任务，难上加难。参加这次工作的有岳邦湖、董玉祥、初世宾、赵之祥、吴柏年、乔今同和炳灵寺文物保管所（现炳灵寺文物保护研究所）的王万青和王有举等同志。在参加这项工作的同志中，除了初世宾和我还健在，其余几位均已先后离世。在今天"炳灵寺石窟第 169 窟'建弘题记'发现 60 周年暨西秦石窟艺术学术研讨会"召开之际，在此特对已故的同志表示深深的追思与怀念。

那年的 4 月 8 日，我们一行从兰州出发乘车到临夏，然后再从临夏到永靖县莲花公社（现莲花镇）。在莲花公社休整了一宿，第二天便从莲花公社出发，雇了两头骡子，驮着我们的行李沿着黄河北岸的狭窄小路，步行两三个小时才到炳灵寺大寺沟黄河南岸的魏家村，再渡河到炳灵寺文管所。

到达炳灵寺文管所（后简称"文管所"）后，我们受到当时所长王万青及副所长王有举同志的热情接待，此时我们才安下心来。

当时,文管所内环境和条件都处于非常困难的局面,连最基本的生活都难以维持。在这样的环境下,文管所的二位所长与我们大家商议怎样来展开和进行工作。经过认真的分析与讨论,我们决定不管生活、工作有多艰难,也要克服一切困难,完成这项工作任务。

文管所的主要任务是首先解决生活中的诸项事宜。文管所向当地有关政府部门申请适当给我们一些粮油补助,以解决实际工作中的饮食问题。当地政府批准了这个申请。这对我们来说很重要,能得到适当的补助,大家在工作中就不会太饿肚子。工作方面,经大家商议后,我们利用最原始的办法,先邀请当地身强力壮、大胆心细、技术良好和有经验的木工,在原有的断崖上重新打桩系绳,再绑上两根木棒或木板做成活动支架,然后登梯上攀到达窟龛。

我们每天早晨吃过简单的早餐后,便带上一壶白开水和两个馒头登窟调查。当时崖面上的窟龛距地面都在 20 米以上,稍有不慎,就有跌落下来的危险。尽管当时处于困难时期,生活和工作各方面都困难重重,但这些困难并没有吓倒我们,大家仍然热情高涨,没有一个人叫苦或退缩,都在勤勤恳恳地努力完成自己的工作。在绝大多数窟龛的调查工作完成后,剩下的就是位于窟群北端大佛两侧距地面高约 60 米的两个大洞窟,即后来分别编号 169 和 172 的洞窟。究竟上还是不上,大家经过讨论,认为来一次也不容易,虽然摆在我们面前的任务十分艰险,但我们既然来了,还是克服困难想办法先登上位于大佛右侧的所谓的"唐述窟",探究其内究竟有些什么。《水经注·河水》卷二所记:"悬崖之中,多石室焉,室中若有积卷矣。而世士罕有津达者,因谓之积书岩。岩堂之内,每时见神人往还矣。盖鸿衣羽裳之士,练精饵食之夫耳,俗人不悟其仙者,乃谓之神鬼! 彼羌目鬼曰唐述,复因名之为唐述山。指其堂密之居谓之"唐述窟"……故《秦州记》曰:'河峡崖傍有二窟,一曰唐述窟,高四十丈,西二里有时亮窟,高百丈,广二十丈,深三十丈,藏古书五笥。'"古文献中关于此两窟的记载及其神秘的传说,大大地吸引着我们。(图1)

当时,大家经过商议之后决定先登大佛右侧的这座"天寺"。文管所的两位领导同志招聘了当地几位技艺超群、胆大心细的木工和身强力壮、勇敢担当的工人为我们先做好登窟前的准备工作,以保证大家的生命安全。这些勇敢的匠师和工人们小心地攀崖登壁,利用崖壁上原有的桩孔,自下而上地插上方木,再一层一层地搭上长梯。实在无法架设栈道的地方，则再打桩眼插上方木牢系绳索。就这样艰难地向上攀登，到了距地面约 30 米的地方，难度更大，他们以顽强的毅力和大无畏精神，一边打桩、插木，一边向上攀登。到达洞窟后，他们从洞内下放一细一粗

图 1 第 169 窟外观

的两根绳索，一根细绳绑在攀登者的腰间，另一根粗绳，则为攀登者双手紧握，向上爬行攀登。

在正式攀登的那一天，先由两名熟悉路线的木工师傅在前面为我们攀登引路，然后队长岳邦湖紧随而上，到了距地面约 30 米的高度，两根绳索直垂而下，攀登者腰系细绳，双手紧握粗绳，非常吃力地缓慢向上攀登。此情此景，现场目击者都屏住呼吸，捏着一把汗望着他们，也祈望着他们能安全顺利地到达洞窟内。在大家的不断鼓励和众人的协作配合下，先行的同志们终于平安到达洞内。轮到我时，在起先攀登的长梯上我还不觉得有多危险，然而，在慢慢地接近那垂直而下的绳索时，心中着实有很大的恐惧而使全身有些发抖。此时此刻的处境是上不着天下不着地，无论如何也得勇敢攀登。既然前行的同志都能勇敢的登洞，我也就不能倒退。在控制住自己的不良心态后，我心中只有一个字，一定要"上"。当双手紧握住那从高处下垂的绳索时，我其实什么也顾不得了，似乎已把生命交给了上苍。在一股不知是什么力量的鼓舞下，我这个平日也不怎么锻炼，体能也比较弱的人，在众人的注目与鼓励声中，终于咬紧牙关完成了这段险情丛生的难忘攀登。紧接着吴柏年、乔今同等也非常艰难地相继攀登成功。大家终于松了一口气。

进到洞窟内，首先映入我们眼中的不是五笥书卷和满壁的造像与壁画，而是一堆堆状如小山，平均约一米高的鸟类粪便和散落遍地的野鸽与燕子的羽毛。根据后来在洞内崖壁上明代嘉靖年间(1522—1566)的提铭所知，当时通往

洞内的栈道被焚毁,自此之后三四百年之内,再也无人登临此处,故而形成了满地"小山丘"似的积粪与鸟类的羽毛。随后,大家分散开来查看四壁,发现壁上都存有大小不同的造像与绘画。这些庄严古朴、绚丽多姿的佛教造像与壁画,使我们感到惊叹与喜悦。我们欣赏着这些精美的造像与壁画,个个心情异常激动。突然听到有人在召唤(因为都很投入也没有注意到是谁):"大家快来看,这里有长篇的墨书铭文。"这声召唤,似乎惊醒了众人。大家四处张望,最终发现在洞窟内西北角崖壁上方涂有白粉底面的长方形方格内,还十分清晰地写着密密麻麻的墨书造像铭文。尽管当时因它的位置较高,我们一时难以认出其全部内容,但经过同志们的认真读识,也大致知道了这是一篇与造像有关的墨书铭文。全部的文字内容虽一下难以辨认清楚,但铭文末尾所书的"建弘元年岁在玄枵三月廿四日造"几个关键性的字迹,却清清楚楚地映入了我们的双眼。(图2)"建弘元年"不就是西秦时期第三代王乞伏炽磐的年号之一吗?但究竟具体是哪一年还需进一步查证。后经查证,这一年号为公元420年。由铭文内容得知,它并不是炳灵寺石窟的开创铭文,在其之前就有僧侣、众生在此奉佛、礼佛、修行,并有开龛造像的活动。西秦王朝本来就笃信佛法,而在第三代王乞伏炽磐时,佛法更盛。在此期间,很可能重新修缮过该窟,进行过超过前人的佛事活动。(图3)

我们几乎搜遍窟内四壁的每个角落,看看有无希望再找到一些较有价值的文字记录什么的,但无结果。后来大家又集中在墨书铭文的崖壁下方,仔细查看铭文下方的崖面。崖面上彩绘着两排供养人像,上排供养人为首的是一位面型方圆,满腮胡须,大眼,身着袒右肩袈裟,神情肃穆,虔诚敬佛的高僧,其像右侧上方墨书"护国大禅师昙摩毗之像"。其身侧也为一高僧,其像右侧上方墨书"比丘道融之

图2　建弘元年题记

图 3　第 169 窟西壁

像"。其余一些男女供养人墨书题名者还有"比丘惠普之像""博士安□□□之像""侍军□宁□□之像""乞伏罜集之像""清信女妾王之像"等等。（图 4）

崖壁上那一方方多姿多彩的壁画中，有单体的佛、菩萨像，也有简单的佛说法像或禅定佛像，佛、菩萨像大多有墨书题名。如"释迦文佛像""释迦牟尼佛像""无量寿佛像""药王佛""释迦多宝佛像""维摩诘像 / 侍者之像""弥勒菩萨像""华严菩萨像"等等。在墨书铭文右侧下方，依山崖修建了三瓣莲式半圆形平面的佛龛，内塑一佛二菩萨像。佛作磨光高肉髻，面形方圆、细眉大眼、高鼻厚唇、肩宽体健，身材高大伟岸，内着僧祇支，外着半披肩袈裟，结跏趺坐于椭圆形覆莲瓣式佛座之上，双手于腹下交合为禅定式印，双眼微下视，神情肃穆庄严，崇高而又神秘。衣纹简练，为稀疏的阴刻线。其体魄、神情和服饰，还具有一些西域人的造像特点，简练的阴刻衣纹，则融入了我国民族传统技艺的手法。从佛面部墨线描出双眉、八字形蝌蚪胡须等来看，似有重描之痕迹。圆形背项光两侧各绘五身姿态各异、持不同乐器的伎乐飞天。佛两侧各塑一立菩萨。其左侧的菩萨高发髻，面型方圆，上身袒，戴项圈、臂钏和手环，下着裙紧贴腿，左手下垂握披巾，右臂举于胸前，虔诚端立于半圆形覆莲台上。右侧菩萨似扇形高髻，面型方圆，细眉凤眼，高鼻唇薄，双耳饰长方形

图 4　昙摩毗及供养人画像

图 5　第 6 龛西方三圣

耳饰、戴项圈、臂钏、手环,内着僧祇支,外斜披络腋,下着紧贴双腿的长裙,披巾自双肩搭下穿臂下扬,左臂上举手内持物似莲蒂,右臂下垂,手握巾带,神情慈祥似略带微笑,向佛虔诚而立。三尊造像都有墨书题记。其中,佛题名"无量寿佛",一侧菩萨题名"大势至菩萨",另一侧菩萨题名"观世音菩萨"。这是目前为止最早有题名的"西方三圣"。(图 5)

佛龛北侧上方分两排绘"十方佛",均有墨书题名,能辨认的有"东方明智佛""北方行智佛""西方习智佛""南方智火佛""东□□□□"。下排为"上方伏恕智佛""下方梵智佛""西北方自在智佛""西南方上智佛""□□□□□"。(图 6)除"十方佛"外,还在其上端绘莲花化生童子等。佛龛左上方为建弘元年墨书题铭。当时,大家分析后认为这个佛龛应是建弘元年墨书铭文所指,现在已基本被学术界认可。

我们对此重要发现感到非常欣喜,认为这是对我们这次考察辛苦付出的回报。在之后的几天,我们都沉浸在喜悦中。每天攀登该洞窟时,也没有初次登窟时那样的恐惧与紧张了,攀绳登窟时,心情也似乎轻松平静多了。

进入洞窟后的首要任务是进行窟龛的编号。当时,大家经过认真地考察与分析,将分布于窟内的佛龛与壁画共编 1—24 号。再依炳灵寺石窟群分布于崖面的顺序与层位,

图 6　十方佛像

将这座位置最高、面积最大、时代最早、内容最丰富的洞窟编为第 169 窟。当时,岳邦湖同志在工人们的协助与保护下,独自腰系绳索,勇敢地站立在距地面高达 60 余米的悬空木桩之上,以他卓越的胆识和坚定有力的右手,艰难而又工整地在洞窟外沿崖面最高处写下了"169"几个闪亮的阿拉伯数字。这几个字至今仍然是那样的醒目和耀眼。在考察第 169 窟的那段日子里,我们每个人根据自己的专业方向与技能,有的做文字记录,有的摄影,有的测绘。位于窟群北端大佛左侧的洞窟(后来编号第 172 窟),因位置险峻,登临难度更大,为了安全,我们决定先暂时放弃调查,待以后修好栈道后再入洞考察。就这样,经过 50 余天的艰苦奋斗,我们关于炳灵寺的考察任务,终于顺利完成,画上了一个完美的句号,并得到上级部门的肯定与赞扬。

## 二、在研究甘肃其他早期石窟中的作用

回到兰州后,经过几天的休整,我们便开始整理调查所获资料,以便尽快向学术界展示我们的收获和成果。领导决定由我执笔撰写一份调查简报,我也愉快地接受了这个任务。综合参加此次调查的同志们的劳动成果,我撰写了《调查炳灵寺石窟的新收获——炳灵寺第二次调查简报》(后简称《简报》)。单位领导审核完这篇《简报》后,决定将其以单位名义发表,并将稿件投向在国内外有较大影响的《文物》月刊。由于这次考察所获得的第一手资料非常珍贵,《文物》月刊很快便在显著位置刊登这篇《简报》(1963 年 10 月刊)。《简报》刊出后,很快得到了国内外有关学界的关注与重视。自此以后,炳灵寺石窟凭借第 169 窟"建弘元年"墨书铭文和大量西秦时期造像与壁画的重大发现,其学术地位和影响力持续提升,强烈吸引了众多研究机构和学者们的目光。

第 169 窟"建弘元年"墨书铭文的发现在考古学界引起了较大的反应,主要因为它是迄今为止在我国各地石窟寺中所发现的年代最早的一方铭文(公元 5 世纪初期)。这为确定甘肃,特别是河西走廊的各重要石窟的开创年代,树立了一个标杆和旗帜。甘肃河西早期的石窟大多开创于十六国时期,但在过去除敦煌莫高窟名扬天下外,其他的一些石窟因位置偏远、交通不便等诸多因素,很少有学者对这些石窟进行全面和广泛的考察。再加上过去近百年来,中外学者在考察与研究中国石窟的起源与发展时,多以云冈、龙门、敦煌等石窟

为主,普遍地认为河西的其他一些重要石窟如文殊山石窟,马蹄寺石窟群中的千佛洞、金塔寺,天梯山石窟等,甚至包括敦煌莫高窟,其最早的造像与壁画大都始于北魏时期,甚至也有人认为全是北魏时期,没有十六国时期的作品。

在考察完炳灵寺石窟第 169 窟后,我们很快对河西地区比较重要的石窟进行了一次比较全面系统的考察,发现这些石窟大都分布在古代河西走廊的敦煌、酒泉、张掖、武威等附近,而且大多在祁连山境内的深山或河畔。其窟龛形制、造像与壁画的题材与风格都大同小异,与炳灵寺第 169 窟内的西秦造像与壁画比较,虽有各自的一些地域特色,但更多地体现了浓厚的时代共性。因此,现在留存的河西地区的绝大多数早期石窟也应是十六国前秦,特别是北凉时期的可能性最大,其造像与壁画体现了我国早期造像与壁画古雅朴实、挺健庄严的风格。在某些方面,如面型、体魄、服饰和雕刻绘画风格上都与炳灵寺第 169 窟西秦时期的造像与壁画有很多共同之处。同时,更进一步反映了我国石窟早期造像与壁画虽受到印度、希腊、罗马、中亚等地区的一些影响,但我国当时的能工巧匠们也不是把外来的佛教艺术照搬或抄袭,而是在我们民族优秀的文化传统技艺的基础上,不断地融合、发展和创新,使其更具我们民族的特色。因此,也可以这样说,在河西走廊上包括敦煌莫高窟在内的诸多早期石窟中的造像与壁画反映了我们中华民族在接受外来佛教艺术的同时,通过不断地交流与革新,使其更具有我们民族的特点,符合我们的审美习俗。这体现了我们民族的文化自信。炳灵寺石窟第 169 窟西秦时期造像与壁画的发现在很大程度上也解决了河西诸石窟造像与壁画的年代与开创等问题。就目前所知,国内外学者大多将河西诸石窟的开创与现存的造像壁画的年代定在十六国时期,特别是北凉沮渠蒙逊时期。炳灵寺第 169 窟"建弘元年"墨书铭文及大量西秦壁画的发现,不仅与甘肃河西走廊诸石窟早期造像有着密切和深刻的关系,同时也为研究我国早期石窟中的造像与壁画及其分布与断代等问题提供了重要的参考资料。

炳灵寺第 169 窟"建弘元年"铭文与窟内大量西秦时期的造像与壁画,从内容和题材看,不是单一的,而是多元的。如根据造像与壁画的铭文来看,有根据《无量寿经》修造的现存最早的"西方三圣",有据《法华经·见宝塔品》所绘的《释迦多宝佛》,据《维摩诘经问疾品》所绘的《维摩诘之像》,据《弥勒上生经》所绘的《弥勒菩萨》等,都体现出当时的信仰以大乘佛教内容为主。从佛教和佛教艺术发展的角度来看,炳灵寺第 169 窟在很大程度上促进了学界对我国早期佛教艺术及其相关问题进行重新审视与探讨,也为研究我国早期佛教艺术的创新与发展提供了非常珍贵的参考资料,并填补了我国早期佛教艺术的空白。

自"建弘元年"墨书铭文发现以来,60 年的岁月已经飞快地过去,我们这一代人从当年充满朝气的青年变成了白发苍苍的老翁,数十年的坎坷与艰辛的经历,也磨炼了我们这一代人的品质与个性。每当回忆过去,想想在那些艰苦的岁月努力工作所取得的点滴成就,我们感到充实又平静,更是无怨无悔。

炳灵寺石窟的研究与保护,在几代人的努力与坚持下,今非昔比,令人刮目相看。如今,对我们研究所年轻一代的领导和同仁来说,还需不断努力,你们的前途更远大。任重而道远,相信在上级领导的大力支持与关怀下,你们将会在保护、研究、弘扬炳灵寺石窟诸多方面取得更加突出的成就。

回顾过去的岁月,我们没有愧对人生,更没有放弃事业!

# 炳灵寺若干重要史实的再探讨

李并成

（西北师范大学　历史文化学院）

　　炳灵寺石窟,位于甘肃省永靖县城西南、黄河北岸,全国重点文物保护单位,世界文化遗产。对于炳灵寺石窟与丝绸之路交通的有关问题,我曾作过若干研究①,今拟对于该寺第 169 窟等的一些史实,做进一步的探讨。

## 一、丝路枢纽、西部命门——炳灵寺一带重要的地理位置与区位优势

　　考之炳灵寺一带的地理位置,无论从自然地理、经济地理、交通地理、军事地理,还是从民族地理、宗教文化地理等方面来看,其区位优势均十分突出,而且在许多方面其他地区无可取代。从自然地理上来看,炳灵寺坐落在黄土高原与青藏高原的过渡地带, 亦为我国东部季风区与青藏高寒区两大自然区的交会地带。

　　从经济地理上来看,炳灵寺一带是我国主要农耕区与畜牧区的过渡地带,也是旱作农业区与灌溉农业区的过渡带。

　　从民族地理上来看,这里为我国民族分布最多的地区之一,自古就为汉民族与我国西部的羌、匈奴、吐谷浑、吐蕃(藏族)、党项、唃厮啰以及蒙古族、回族、土族、撒拉族、东乡族、保安族等少数民族的杂居交融地带。从全国民族分布格局上看, 我国北方东西向的草原民族走廊与沿青藏高原东部边缘地带南北向的藏彝民族走廊共同构成了所谓童恩正边地半月形文化传播带,而其转

---

①李并成:《炳灵寺石窟与丝绸之路东段五条干道》,《敦煌研究》2010 年 2 期,第 75—80 页。

折点正是在炳灵寺及河湟一带，表明这里位居多民族及其文化走廊汇聚枢纽的地位。

从宗教文化地理上看，炳灵寺一带为汉传佛教、藏传佛教以及伊斯兰教等的汇聚地带。

从交通地理上看，炳灵寺一带恰处于丝绸之路东段五条主要干线（秦陇南道、羌中道、唐蕃故道、大斗拔谷道、洪池岭道）辐辏相聚之处，为丝路古道上一处极为重要的枢纽之地。该寺的兴盛发展与丝绸之路的畅通可谓息息相关，炳灵寺石窟也因之成为古丝路上留下的一处光辉的历史遗迹。

尤值得注意的是，炳灵寺一带位处中原腹地进入青藏高原的必经要径，即所谓的"河湟通道"，这里自古就为我国西部交通的一处"卡脖子"地段。祁连山脉余脉从西北方向绵延而来，卡在这一带黄河干流北岸，其南面地处青藏高原东部边缘小积石山、太子山等的北麓，包抄黄河干流及其支流湟水、大夏河、洮河等的南翼，由此形成近似椭圆形的较为封闭的"河州盆地"，或可名之为"临夏盆地"。其周围峻岭环峙，层峦叠嶂，"万笏朝天"，不便通行，而且由河州盆地向南千余公里皆为高耸挺拔的青藏高原，其通行条件亦颇为艰难。黄河及其湟水等支流自西向东切穿积石关、凤林关等关隘以及刘家峡、盐锅峡、八盘峡等峡谷，穿过河州盆地，向东流去。因而只有黄河及其支流湟水等沿岸成为中原、关中地区连通青藏高原的通道。炳灵寺正处于这一通道的黄河北岸。正是由于这一地形条件的制约，这一带遂成为我国西部地区东西向通行的重要咽喉，或曰"脖子"或"束口"，丝绸之路河陇段五条干道遂汇聚于炳灵寺及其周围一带，我国西部地区众多的民族亦积聚、生活在这一带。

从军事地理上来看，炳灵寺一带居于战略要冲地位。炳灵寺位处河州盆地河湟通道的黄河北岸左近，襟山带河，地势高峻，且距著名的凤林关、凤林津、凤林古渡不远，素为历代兵家之必争，具有十分重要的交通和军事地位。

兹举一例。安史之乱爆发后，吐蕃即利用这里的地形特点，实行"卡脖子"战术，从这处"脖子"地段乘虚东进，首先蚕食布局于这一带的唐朝边境军事据点，然后重点突破陇右，遮断河西，兵锋直指长安。史书记载，至德元年（756）陷威戎、宣威、制胜等军事据点，次年攻取廓（今化隆）、岷（岷县）等州及河源、莫名等军；宝应元年（762）陷兰州、临洮，取秦（天水）、成（成县一带）、渭（陇西）等州,宝应二年(763)又取洮(临潭)、河(临夏)、鄯(乐都)等州,于是陇右之地尽没。吐蕃即以陇右为根据地,连年进逼关中。同时回过头来,由东向西逐步吞并河西诸州县。广德二年(764)取凉州、甘州,永泰二年(766)陷肃州,大历十一年(776)陷瓜州,贞元二年(786)陷沙州,并由此一路向西,继续蚕食西域的许多地方,直到790年占领了大半个西域。

写到这里,可能有人会问,吐蕃进攻、蚕食河西、西域,为何不就近从吐蕃居地的青藏高原直接进军,向北穿越横亘在青藏北部的祁连山脉、阿尔金山脉、昆仑山脉,径直抵达河西、西域,却要绕经河湟通道这处"脖子"地带,然后再向西兜了一个大圈子呢? 其原因盖在于祁连、阿尔金、昆仑诸山脉皆海拔高峻,冰峰陡立,难以翻越,且山麓地带分布着大面积的洪积戈壁、荒漠地带,沿程干燥缺水,景物荒凉,人马跋涉颇为艰难。而绕行祁连山脉北麓的河西走廊乃至更向西进军西域的话,虽然路途要比直接向北翻越祁连等山脉远千余公里,然而途经河州盆地、河西走廊绿洲等地,沿程路况条件相对较好,人马水源、粮草的补给也相应较优。因而绕行河湟通道的"卡脖子"地段不仅是当时吐蕃向东进军陇右诸州进而威逼关中的必经通道,而且也是其绕行向西,进军河西,继而兵锋染指西域的唯一可供选择的要径。

由此可见,炳灵寺一带实为我国西部最重要的战略"命门"之地。

## 二、关于炳灵寺的始建年代

炳灵寺确切的建筑年代,据第169窟"建弘题记"为西秦建弘元年,即公元420年,考虑到当时炳灵寺应已开凿有部分洞窟,初具规模,毫无疑问其始建年代应在公元420年之前。

据有关史籍,炳灵寺的开凿时间可以追溯到公元4世纪的西晋中后期。唐前期著名僧人道世所撰《法苑珠林》卷53记:"晋初河州唐述谷,在今河州西北五十里……众峰竞出,各有异势,或如宝塔,或如层楼,松柏映岩,丹青饰岫,自非造化神功,何因绮丽若此。南行二十里,得其谷焉,凿山构室,接梁通水,绕寺花果蔬菜充满。今有僧住,有石门滨于河上,镌石文曰:'晋泰始年之所立也。'"西晋泰始年,即公元265—274年。据之,炳灵寺当始筑于这一时期,或曰始筑于公元3世纪60—70年代,抑或更早一些。笔者认为这一说法值得我们充分注意,不可轻易否认。

与此年代相近,敦煌莫高窟始建年代的最早记载,也在公元 3 世纪中后期。P.3720《莫高窟记》载:"晋司空索靖题壁号仙岩寺,自兹已后,镌造不绝,可有五百余龛。"索靖的生卒年代为公元 239—303 年,则其题壁无疑在公元 3 世纪中后期。莫高窟第 159 窟前室北壁晚唐墨书《莫高窟记》记载,该窟始建于西晋末年,即公元 3 世纪末或 4 世纪初。又据 P.2691《沙州地志》,该窟始建于东晋永和九年(353)。以上记载的年代均早于现今认为的前秦建元二年(366)。

公元 3 世纪后期至 4 世纪,佛教传入我国已有两三个世纪,正是各地开窟造像蓬勃兴起的时期,作为在丝绸之路上极为重要的枢纽之地炳灵寺,始建于这一时期是完全令人信服的。

炳灵寺第 169 窟 10 号龛"法显供养之像",则可进一步确切地证明,炳灵寺的始建年代,不晚于公元 400 年,较"建弘题记"又早了 20 年。若保守一些说,炳灵寺应始建于公元 4 世纪中后期。实际上该寺始建年代可追溯到公元 3 世纪后期。

## 三、法显西行求经时留在炳灵寺的供养画像及题记

第 169 窟 10 号龛壁画下层佛像左侧供养僧人题名:"法显供养之像"。该法显是否即东晋著名的遍游五天竺的高僧法显?目前学界的看法尚不一致,笔者认为肯定是此位法显。

能留有供养像和题名的僧人,当非一般僧侣,应为高僧。查南朝梁释慧皎《高僧传》,所载法显即往天竺求经的法显[1],别无第二个法显。且法显供养像的位置十分突出,绘于佛像的左上方,紧靠佛像,所绘形体较大,端庄富态,显示出其地位之尊崇。又据《法显传》载,法显于后秦弘始二年(400)往天竺求经:"初发迹长安,度陇至乾归国,夏坐。夏坐讫,前行至耨檀国。度养楼山,至张掖镇。"[2]"度陇",即翻越陇关(今甘肃清水县东陇山东麓);"乾归国"指西秦乞伏

---

①(梁)释慧皎撰,汤用彤校注,汤一玄整理:《高僧传》卷 3,北京:中华书局,1992 年,第 87—90 页。

②(东晋)法显,章巽校注:《法显传》,上海:上海古籍出版社,1985 年,第 3 页。

乾归之地,当时立都于今甘肃榆中县宛川;"耨檀国",为南凉秃发傉檀之域,时立都于今青海乐都;"养楼山",指今扁都口一带所在的祁连山脉东段。可见法显的行程是经由秦陇南道西行的。既过"耨檀国",必经炳灵寺,在此一带渡过黄河,然后转由大斗拔谷道至张掖继续西去。因而炳灵寺中自然应留有法显的供养像与题记。也由此可知,炳灵寺及第 169 窟的始建年代无疑应早于公元400 年,远在该窟著名的纪年题记"建弘元年"(420)之前,至迟法显所经的后秦弘始二年(400)炳灵寺就已具有一定的规模和影响了,炳灵寺当为我国开凿最早的石窟之一。

另有学者认为,此处"法显供养之像"题记为唐代游人所写,不是原题,画像所绘的法显亦非东晋西去求法高僧法显,而是另有其人。笔者对此持有疑义。其说缺少应有的证据,何以见得是唐代游人所题?就其画像风格及题写的字体来看,与同时期的画像相比,显然是两晋时期的笔法,与唐代的画法、写法大有所异。退一步说,即便是唐代人重新题写的话,也应依原题记字迹书写,以使其更加清晰,不可能另外编造一个姓名题写。

此外,值得提及的是,除法显外,唐贞观三年(629)玄奘大师西行求经时,也很有可能路过炳灵寺,至今当地仍然流传着唐僧当年住过炳灵寺下寺水帘洞的传说。玄奘弟子慧立、彦悰所撰《大慈恩寺三藏法师传》记玄奘在这一带的行程:"至秦州,停一宿,逢兰州伴,又随去至兰州。一宿,遇凉州人送官马归,又随去至彼。停月余日,道俗请开《涅槃》《摄论》及《般若经》,法师皆为开发。"[1]玄奘既至兰州,那么前往距离兰州不远且在佛教界享有崇高声誉的炳灵寺礼佛讲经想必也是情理之中的事情。由玄奘一路行程看,每经重要城市和寺院,大都要驻足礼佛讲经,如以上所记的凉州,还有高昌(今吐鲁番)等地。因之推测玄奘应到过炳灵寺。

## 四、王玄策晚年留在炳灵寺的石刻题记

炳灵寺下寺区中段崖面第 54 龛题记:"大唐永隆二年(681)闰七月八日,陇右道巡察使行殿中侍御史王玄策,敬造阿弥陀佛一躯并二菩萨。"此王玄策

---

①(唐)慧立、彦悰,孙毓棠、谢方点校:《大慈恩寺三藏法师传》,北京:中华书局,1983 年,第 11 页。

是否即唐代杰出外交活动家、曾四次奉敕出使天竺的王玄策？这很值得研究。王玄策虽然在中外文化交流史上建树过不朽的业绩，把大唐与五天竺诸国的交通和文化交流推向一个新的阶段，然而其本人官品不佳，一生中只做过五品的中下级官吏，故两唐书未为其立传,他所撰的《中天竺行记》一书和依该书为主要资料来源的官修《西国志》早在宋代即已亡佚，因而其事迹为历史所湮没，长期以来鲜有人知。

近百年来，不少学者关注于此，为之发隐钩沉，取得显著成绩。早在 1900 年法国汉学家烈维于《亚洲报》（该年三四月号）上发表《王玄策使印度记》一文，从与王玄策同时代僧人道世所撰的《法苑珠林》等典籍中辑得相关史料 20 余条。我国学者柳诒徵对其人进一步研究，于 1925 年 2 月在第 39 期《学衡》上发表《王玄策事辑》一文，新辑有关史料多条。其后冯承钧先生总结前人成果，共辑得玄策史料 36 条，著成《王玄策事辑》一文，发表于《清华大学学报（自然科学版）》1932 年 12 月 8 卷 1 期上。

王玄策事迹的这些史料，发历史之幽光，为我们在中西交通和文化交流史的研究上打开了一扇新的窗口，令人振奋。此后藏学家根敦琼培著《白史》、季羡林等的《大唐西域记校注》、范文澜《唐代佛教·隋唐佛教年表》、《新编尼泊尔史》等，均多所引用玄策有关资料。郑师许《王玄策使印度及其勋业》[1]、陆庆夫《论王玄策对中印交通的贡献》[2]，以及孙修身《王玄策事迹钩沉》[3]等，更是对玄策其人其事作了专题性深入研究，多有新见。孙先生还辑得有关新史料 10 余条。

学者们业已考得，王玄策一生曾 4 次奉旨西使。第一次于贞观十七年（643）至二十一年（647）出使天竺摩伽陀国，送婆罗门客使还国；第二次在贞观二十二年（648）前后，再经泥婆罗国往摩伽陀国、拘尸那揭国等地，取天竺制糖法及为大唐培养梵语翻译人员；第三次于高宗显庆二年（657）至龙朔元年（661），前往婆罗林佛涅槃处送袈裟；第四次于龙朔三年（663）六月至麟德二年

---

①郑师许：《王玄策使印度及其勋业》，《东方杂志》1944 年，第 40 卷 19 期。

②陆庆夫：《论王玄策对中印交通的贡献》，《敦煌学辑刊》1984 年第 1 期，第 100—109 页。

③孙修身：《王玄策事迹钩沉》，乌鲁木齐：新疆人民出版社，1998 年。

(665)出使，追玄照法师回京，并寻长年婆罗门卢迦逸多和长年药。

至于麟德二年以后玄策事迹如何，是否再使天竺？详况不明，亦未有人对其探讨。孙先生推测，玄策"自麟德二年九月十五日在龙门石窟内刻制了弥勒像之后，再未发现其活动的资料，我们推测他极有可能已离开了人世"。果如此吗？54龛题记的新发现为我们对这一问题的研究提供了新材料。该题记位置显著，字迹刻写清晰，唯"策"字因年久风化，有所剥落，稍显模糊。著名学者阎文儒先生一行于1963年8月对炳灵寺的系统调查中，即释此字为"策"①，当时字迹应更为清晰，距今已逾半个世纪。1999年魏文斌先生则将其释为"祚"字，并认为54龛题记之"王玄□"为"从七品的殿中侍御史，显然与王玄策的官品不符"，此人应为王玄祚②。2002年9月23日至25日笔者在出席"炳灵寺石窟学术研讨会"期间，特就此字再次细细辨认。其字形虽然有些模糊，但因系石刻，基本笔画仍历历可辨，特别是其上部的竹字头和下部的"木"字较为分明，此字确应为"策"，题记者确为王玄策。至于王玄策的官品也并非"从七品"。

研究者业已搞清，西使天竺之王玄策太宗时任长史，后擢拜朝散大夫，高宗时又任左骁卫府长史。据《新唐书·百官四》《旧唐书·职官三》，十六卫长史之官品为从六品上。至于朝散大夫，为隋文帝始置之文散官，正四品，唐代沿置，降为从五品。可见玄策在高宗时官品应不低于从五品。

54龛题记中王玄策的官职为陇右道巡察使行殿中侍御史。《唐六典》卷13《御史台》："殿中侍御史六人，从七品上""殿中侍御史掌殿庭供奉之仪式"。《旧唐书》卷42《职官一》亦载，殿中侍御史为从七品上阶。《新唐书》卷48《百官三》则曰："殿中侍御史九人，从七品下。"依唐代官制，大官兼代小官职事曰"行"。王玄策既为"行殿中侍御史"，则其实际官秩无疑高于从七品上，非如魏先生所说的"从七品"。《唐会要》卷77《诸使上》"贞观十八年(644)，遣十七道巡察"，以后又多次遣使巡察各道。"神龙二年(706)二月敕：左右台内外五品已上官，识治道通明无屈挠者二十人，分为十道巡察使，二周年一替，以廉按州部。"该王玄策既任陇右道巡察使，则其官秩当在五品或其以上，而这恰与上云多次奉

---

①阎文儒、王万青：《炳灵寺石窟》，兰州：甘肃人民出版社，1993年，第94—95页。
②魏文斌：《炳灵寺石窟唐"永隆二年"诸龛简论》，《敦煌研究》1999年3期，第11—19页。

敕旨出使天竺的王玄策之官品相合，说明题记炳灵寺的王玄策即应是出使天竺之王玄策。正因为玄策多次经由陇右奉敕西使,谙识这一带情况,故被委以巡察使重任再赴陇右。再则,从玄策巡察的时间上看,在其第 4 次西使的麟德二年之后 16 年,玄策还不至于年岁过高,故仍能担当重任。

与王玄策题记同一天书写的还有如下题记:51 龛题记:"大唐永隆二年闰七月八日,巡察使典雍州醴泉县县骆弘爽,敬造救苦观世音菩萨一躯。"唐"雍州醴泉县"在今陕西省礼泉县北。52 龛题记:"大唐永隆二年闰七月八日,御史台令史蒲州河东县张积善,奉为过往亡尊及见存眷属、一切法界众生,敬造救苦观世音菩萨一躯。"唐"蒲州河东县"在今山西省永济市。53 龛题记:"大唐永隆二年(681)闰七月八日,巡察使判官岐州郿县丞轻车都尉崔纯礼,为亡考亡妣敬造阿弥陀佛一躯并二菩萨。"唐"岐州郿县"在今陕西省眉县东。上述 3 位官员与王玄策一道,均于永隆二年闰七月八日来炳灵寺观瞻敬佛,魏文斌认为这些巡察使的题记可能与当时的唐、蕃关系有关,其说颇有道理。炳灵寺地连唐蕃,其交通地位的重要由是亦昭昭可见。

## 五、炳灵寺地当丝绸之路河陇段五条交通干道枢纽

笔者曾撰文考得,炳灵寺一带地当丝绸之路五条交通干线枢纽。[1]现拟就此问题再作一些简要陈述,并进一步凸显炳灵寺一地重要的交通、军事与宗教地位。

### 1. 秦陇南道

秦陇南道,即由长安沿渭河西行,从大震关或陇关(今甘肃清水县陇山东麓)翻越陇山,继续西行,经天水(秦州)、陇西(渭州)、临洮(狄道)等地至临夏(河州)或兰州(金城)渡过黄河,经永靖、炳灵寺,然后继续西行。

炳灵寺许多洞窟中保留了大量经由秦陇南道来往的僧人、行旅的有关题记,而尤以秦州(天水)等地的行旅为多,生动地反映了该道红尘走马、客旅络绎的史实。

第 169 窟 12 号龛壁画旁题记"秦州道人道聪供养佛时"等。第 6 龛"建弘"

---

①李并成:《炳灵寺石窟与丝绸之路东段五条干道》,《敦煌研究》2010 年第 2 期,第 75—80 页。

题记下方绘有成排西秦供养人像并题名"博士南安姚庆子之像""侍生广宁邢斐之像""侍生天水梁伯熙之像""侍生金城万□之像""侍生天水杨□之像"等。西秦置博士事不见于正史记载,对照汉晋以来的有关制度,该博士可能亦为学官之职;侍生可能是跟随博士的受业者。这几则题记对于补苴西秦学校教育制度有一定价值。南安位于今陇西县东南。广宁,治所在今漳县西南。

### 2. 羌中道(吐谷浑道)

羌中道,东接由兰州或河州西行的丝路大道,从炳灵寺附近渡黄河,取道湟水谷地继续西行,经乐都、西宁等地,翻越日月山(赤岭),经青海湖北岸或南岸,穿过柴达木盆地,再越阿尔金山噶斯山口可直达若羌,接通西域南道。

早在张骞"凿空"返回时"并南山",所行即应是羌中道。汉宣帝神爵元年(公元前 61 年)赵充国经营西羌,亦经此道往来。魏晋北朝时期此道沿途多为吐谷浑居地,故又称其为吐谷浑道。当时河西走廊大道因战乱受阻,该道愈显重要。北魏僧人惠生和宋云等西行求经,即由此道入西域再转赴天竺。

### 3. 唐蕃古道

唐蕃古道,东接由长安、兰州或河州而来的秦陇南道,在炳灵寺附近渡过黄河,取道湟水谷地西行,经乐都、西宁等地,翻越日月山,又穿过青海高原腹地,南越昆仑山,再越唐古拉山口,至拉萨(古逻些)或其以远。义净《大唐西域求法高僧传》中称其为吐蕃路。文成公主、金城公主入藏,唐使节王玄策出使天竺,刘元鼎入蕃会盟,均循此道。该道向南可进入尼泊尔、印度等地,故又成为一条唐代对外贸易的重要通道。

曾几何时唐蕃古道颇为繁荣,以至在炳灵寺石窟中留下了大量有关唐蕃关系的珍贵史料。例如,第 169 窟东壁 12 号龛壁画旁墨书题记:"佛弟子□秦州陇城县防秋健儿郭思□□□□□检校□□一心供养佛,故记之。""防秋健儿"是唐代边疆地区秋熟季节防御吐蕃前来抢夺粮食的特殊部队。《资治通鉴》卷 214 记,开元二十七年(739)一次就选募关内、河东壮士 5 万人,"诣陇右边遏,至秋末无寇,听还"。炳灵寺一地正是吐蕃前来的通道,也是"防秋"的重点地区之一和唐蕃交往的要地。

高宗仪凤元年(676)至三年,吐蕃连续入寇龙支、鄯州、河源(今河湟一带)等地,三年(678)由宰相李敬玄、工部尚书刘审礼等率领的大军出击吐蕃,就曾途经炳灵寺。李敬玄等出军吐蕃事,《旧唐书·高宗本纪》《新唐书·李敬玄传》《新唐书·吐蕃传》《资治通鉴》卷 202 等均有记载。同行的刑部侍郎张楚金于炳灵寺撰写长篇题记,刻在 64 龛上方。

该题记凡 40 行,每行 42 字,风化剥蚀严重,字迹模糊,约半数可辨认,其大意尚可明了。题记记载了当时的唐蕃关系及战事情况,以及对炳灵寺奇异幽雅的景色和佛教盛况的赞美,描述了凤林关、积石关的险峻:"……三日大军□□四明桥……阁道入灵岩寺□□西南……唯此石门最为险狭□□□氏导河□(禹)迹施功之一。"炳灵寺地处河湟战略重地,为内地通往吐蕃的要冲,也每每成为大军的出征要地,可见炳灵寺在唐蕃交通、唐蕃关系上的重要性非同寻常。

更值得注意的是,第 148 号窟外留有开元十九年(731)御史大夫崔琳率领的一支庞大的"和蕃使团"的副使膳部郎中魏季随所写《灵岩寺记》,灵岩寺即炳灵寺。此题记阴刻在距地面 30 多米高的悬崖上,凡 31 行,每行 40 余字不等。记曰:"钟羌不庭,疟乱西鄙,岁践更华,毒于年久。开元皇帝,大怜黔黎……谋尔孙式敬,惟畅德迹潜训,化融滋草,颛神钦开,且已百祀。泊开元岁,边守不□,度□□或金以……闲道洽,而拒壤制兵罗,而形来干戈,曰□徵委人衽金,以乱□□勒……王因忘怒,念其姻旧之戚,许以自新之惠,思所以还□□王命奉鸿,休克难其人异国……"

自崔琳以下题名者共有 71 人,多为各部、台、寺与内侍省官员,还有陇右节度、河州刺史、安乡县令和寺僧 5 人姓名。崔琳出使吐蕃事,《旧唐书·玄宗本纪》《资治通鉴》卷 213"开元十九年"条、《册府元龟》卷 654、《唐会要》卷 97 等皆有记载。崔琳出使的目的不仅是为了国事和边界问题,同时也是为了金城公主下嫁赞普之事前往吐蕃报娉。当时吐蕃亦频繁遣使请交马互市,立界碑等以求和,唐蕃关系维持了一段友好相处的时日。炳灵寺保存的上述题记,对于研究唐蕃关系的真实状况至为珍贵。

### 4. 大斗拔谷道

由炳灵寺附近渡过黄河,取道湟水谷地西行,于西宁附近折向西北,溯大通河谷而上,翻越祁连山脉垭口大斗拔谷(今扁都口),直达张掖,连接河西走廊大道。公元 400 年法显西行,609 年隋炀帝巡行河西,皆经由此道。

除法显外,第 169 窟壁画中还保存了其他一些高僧画像及题名,如道融、玄高、昙弘等。《高僧传》卷 11 记,玄高"乃杖策西秦……高徒众三百,往居山舍。神情自若,禅慧弥新,忠诚冥惑,多有灵异……有玄绍者,秦州陇西人。学究诸禅,神力自在……灵异如绍者,又十一人。绍后入堂术山禅蜕而逝"。堂术山即指唐述窟(炳灵寺)。

西秦统治者热衷于佛教,境内不仅延请高僧释译佛经,还有著名禅僧传经布道。《历代三宝记》卷 9 记载:"乞伏国仁……尊事沙门,时过圣坚行化达彼,仁加崇敬,恩礼甚隆。即播释风,仍令释译……"圣坚为东晋名僧,为西秦翻译佛经 15 部。西秦建国曾先后立都于苑川和枹罕,炳灵寺作为其"皇家"寺院,必然会汇集四方僧众,不少中外著名僧人在这里频频活动,由此充分显示了该寺在佛教传播和中西文化交流中的重大影响和地位。

### 5. 洪池岭(乌鞘岭)道

由炳灵寺以东的古凤林关或兰州附近渡过黄河,溯庄浪河谷而上,翻越洪池岭(今乌鞘岭),西北行直达武威,连接河西大道。据《大慈恩寺三藏法师传》记载,唐贞观三年(629)玄奘法师西行求经,由长安,经秦州等地到达兰州后,就是取洪池岭道而至凉州(武威)的。此为翻越乌鞘岭沟通黄河流域与河西走廊内陆河流域的必经通道。

第 169 窟"建弘元年"墨书题记下方画有两排供养人像,为首者画像昂首挺胸,气宇不凡,旁边墨书"□国大禅师昙摩毗之像"。学界普遍认为,昙摩毗即应是《高僧传》所记的外国禅师昙无毗,摩、无二音相近,以致译音时略有不同。题记第一个字"□"应为"外"字,也有学者将其释为"护"字。《高僧传》卷 11《玄高传》载:"时乞伏炽磐跨有陇西,西接凉土。有外国禅师昙无毗来入其国,领徒立众,训以禅道。然三昧正受,既深且妙,陇右之僧禀承盖寡。"昙摩毗来自外国,很可能是途经河西走廊、越过洪池岭而来。

第 168 窟窟外南侧崖面留有西夏文石刻题记 9 字,另在 8 号窟内正面塑像之后西壁壁画背光右边用坚硬物刻划西夏文六字真言 1 行。西夏兴起后曾向河湟一带扩张,并曾于公元 1215 年一度突入炳灵寺东北约 15 里的安乡关。西夏人前来亦应走此路。

由以上的探讨可进一步得知,地处丝路枢纽、西部命门的世界文化遗产炳灵寺石窟一带,汇聚有丝绸之路河陇段五大交通干线,在自然地理、经济地理、军事地理、民族地理、宗教文化地理等方面,其区位优势均十分明显;在中西交通上、文化传播上、民族关系上、政治军事上,乃至于艺术风格和成就上,居于非常重要的地位,享有十分崇高的声誉,对之我们应有充分的体认。

# 千年流韵
## ——甘肃的石窟艺术①

杜斗城

（兰州大学　历史文化学院）

在丝绸之路甘肃段 1000 多公里的沿线上，现保留着近百处规模不等的佛教石窟，重要的有 40 多处，列入全国重点文物保护单位的 18 处，数量位列全国第一，其如一串串明珠，镶嵌于酷似如意的甘肃大地上。

## 一、甘肃石窟的分布及分区

### 1. 莫高窟

佛教石窟艺术起源于印度，首先传入我国新疆，又从新疆传入甘肃的河西走廊。在甘肃最先映入眼帘的就是中国的四大石窟（莫高窟、云冈石窟、龙门石窟、麦积山石窟）中最辉煌的敦煌莫高窟了。

莫高窟现存洞窟 735 个，于十六国时期至元代开凿，前后延续 1000 多年，保存壁画 4.5 万平方米，彩塑 2400 余尊，唐宋木构窟檐 5 座，是中国石窟发展演变的一个缩影，被称为"东方绘画博物馆"。

### 2. 榆林窟

榆林窟现属瓜州县境。石窟开凿于榆林河谷两岸的砾石崖上，现存洞窟 43 个，壁画 5200 平方米，彩塑 270 余身。

此外，在敦煌市、瓜州县境还有东、西千佛洞等中小石窟，这些石窟在艺术

---

①基金项目：国家社科基金"炳灵寺石窟第 169 窟考古报告"（22BKG018）。

风格上与莫高窟同属一个系统。榆林窟壁画保存得很好,如 25 窟的经变画等;而东千佛洞又以回鹘、西夏艺术最具特色。

### 3. 昌马石窟

昌马石窟现属玉门市境。其石窟群由大坝和下窖等处组成。现有石窟 11 个,其中第 2 窟为中心塔柱窟,与新疆克孜尔中心塔柱窟相近,应为河西早期石窟之一。

### 4. 文殊山石窟

文殊山石窟现属肃南裕固族自治县境,距酒泉城区 30 公里。其窟最盛时期,有古建筑 300 多座,石窟 10 多个,其前山的千佛洞为中心塔柱窟,亦为河西早期石窟之一。

### 5. 五个庙石窟

该石窟群现属肃北蒙古族自治县境,现残存石窟 10 多个,其中有 5 个窟可以登临,故称"五个庙"石窟。

### 6. 马蹄寺石窟

马蹄寺石窟群现属肃南裕固族自治县境,石窟群包括马蹄寺南北二寺、上中下观音洞、金塔寺、千佛洞等。现存石窟总数达 70 多个。其中金塔寺的东西二窟,应为河西早期石窟。此外,在河西的民乐县境还有童子寺石窟、上天乐石窟,金昌的云庄寺和孩母寺(孩母洞)石窟等规模较小的石窟。

### 7. 天梯山石窟

天梯山石窟是古代文献中有明确记载的十六国北凉王沮渠蒙逊开凿的石窟,其位于武威城南 50 公里处的祁连山中,现存石窟 10 余个,大部分窟龛中的造像、壁画因 1958 年修水库搬迁(现多数在武威市博物馆、甘肃省博物馆展出),现保存完好的只有大佛窟。

以上石窟皆分布于甘肃的河西走廊地区。

### 8. 炳灵寺石窟

在甘肃、宁夏黄河以东地区,还保留着多处大大小小的石窟,其中最著名的是永靖的炳灵寺石窟。该石窟群坐落于黄河北岸的小积石山中,分上寺、洞沟、下寺三处,以下寺内容最为丰富。炳灵寺现存编号窟龛 216 个,保存有西秦、北魏、北周、隋唐、宋元、明清以来的造像 815 身,泥塑 82 身,壁画 900 多平方米。其中以十六国西秦开凿的 169 窟最为著名,以唐代雕刻最为精美。早在北魏郦道元的《水经注》中就有对该石窟的记载,1963 年又在第 169 窟中发现了西秦"建弘元年"(公元 420 年)墨书题记,故颇引有关研究者关注。

### 9. 麦积山石窟

麦积山石窟坐落于天水市区东南 45 公里的西秦岭之中,因其山势如农家麦垛,西魏时即称"麦积崖"。该石窟现存窟龛 221 个,造像 10632 身,壁画 1000 余平方米。有些窟龛距地面七八十米,悬崖峭壁,凌空飞栈,登临其上,近观诸像,远望浮云,犹如进入仙境,故有"陇上第一名胜"之称。麦积山最有特点的是凿于十六国后秦时代的三佛窟和北周李允信开凿的七佛阁等。麦积山的泥塑不但数量多,且非常精美,被称为"东方雕塑博物馆"。

### 10. 仙人崖石窟

仙人崖石窟位于天水市区东南 23 公里处的朱家后川。其石窟原来规模很大,现保存有北朝以来的塑像 197 身,壁画 87 平方米,明清时期殿宇 27 座。

天水市境内还有水帘洞石窟、木梯寺石窟、大像山石窟、华盖寺石窟等。其中以武山水帘洞石窟的拉稍寺摩崖大佛最有特点,其摩崖为北周贵族尉迟迥开凿,大佛造像连同佛座高达 40 余米,旁有开凿时的石刻题记,为国内最大的摩崖佛教雕刻。

此外,在天水市的南邻陇南市也保存着几处石窟,如西和县的法镜寺石窟和八峰崖石窟等。法镜寺现还保留窟龛 31 个,说明其窟原来规模不小。唐代大诗人杜甫入川,曾经此处,留下名作《法镜寺》等。

这些石窟均分布于陇中陇南地区。

### 11. 北石窟寺

北石窟寺位于庆阳市西峰区西南 25 公里蒲、茹两河交汇处的覆钟山下,其在长 200 米、高 20 米的空间内分上下层开龛造像,窟龛密集,犹如蜂房。现存窟龛 308 个,雕像 2429 身,以 165 号窟最大、最早,窟内造七佛像等,其为北魏永平二年(509)泾州刺史奚康生开凿。其后西魏、北周、隋唐、宋代均有修造,为陇东规模最大的石窟。

### 12. 南石窟

南石窟寺位于平凉市泾川县城东 7.5 公里处的泾河北岸,现存洞窟 5 个,其中第 3 窟亦为奚康生于北魏永平三年(510)开凿,与北石窟寺 165 窟在窟型、造像题材方面基本相同。

**13. 王母宫石窟**

该石窟位于泾川县城西北的回中山下,是陇东少见的规模最大的中心塔柱窟。泾川县境的泾河两岸,还有大大小小的石窟多处,号称"百里石窟长廊",其中的罗汉洞、丈八寺等还有不少遗存。

此外,在庆阳市合水等县还有保全寺、张家沟门、莲花寺等石窟,平凉市庄浪县还有云崖寺、陈家洞等石窟。

从以上甘肃石窟的分布来看,甘肃石窟可分为河西、陇中陇南、陇东三个大区。河西石窟造像以泥塑为主,陇中陇南泥塑雕刻兼而有之,陇东多为石雕。之所以如此,完全是地质条件使然,如河西地区多砂砾岩,不适合雕刻;而陇东多红砂岩,有一定的雕刻条件。至于陇中陇南,雕塑兼有,完全根据地质条件,如同一石窟的炳灵寺即有雕有塑。

## 二、甘肃石窟的时代及窟型、造像(包括壁画)特点

### 1. 时代

甘肃最早的石窟为"十六国时期"的石窟,如莫高窟的北凉三窟,河西走廊早期的中心塔柱窟及炳灵寺的 169 窟、麦积山早期三佛窟。在整个中国,除甘肃之外,均未发现此时期开凿的早期石窟。其次为"北魏时期"。在庆阳市华池县的张家沟门发现有太和十五年(491)的石雕佛像,其造像风格仍是孝文帝改制(495)之前的旧式样。再之后,发现有年代题记的为麦积山 115 窟的"景明三年"(502)墨书,甘肃东部北、南石窟的永平二年、三年(509、510)碑刻,炳灵寺 126 窟的延昌二年(513)石刻,最西的为莫高窟 285 窟的西魏大统四年(538)墨书。这些题记和较多北魏晚期石窟的出现,说明文成帝复法、孝文改制之后,甘肃又出现了一个石窟修凿的高潮。

中国的石窟造像,在孝文帝迁都洛阳、推行汉化政策之后(495 年左右)出现了一个明显的变化,即以前那种从印度传来的高大雄健、通肩大衣、半披肩袈裟的佛像,变为当时汉人贵族的双领下垂、"褒衣博带"式服饰和符合汉人贵族审美标准的"秀骨清相"式造像了。佛教造像艺术的"中国化"实际上是从这时开始的。

　　总之,从孝文帝改制之后,甘肃陇山左右及河西地区的石窟艺术由于受中原的直接影响逐渐"中国化"了。这种情况实际上反映了河西佛教因北凉政权衰落灭亡之后,又由东向西恢复发展的趋势。

　　紧接其后的北周和隋朝,甘肃又掀起了一个石窟修凿的高潮,在甘肃的各大石窟中都有此时修凿的石窟,且规模大,数量多,造像精美。其后的唐代更是中国石窟修凿的盛期,甘肃情况同全国一样,出现了很多规模宏大、造像精美的石窟,特别是甘肃各地出现的大像窟,更具特色。由于唐王朝延续时间长,国力强,唐代的甘肃石窟可分为初唐、盛唐、中唐、晚唐等时期的石窟。

　　此外,甘肃的河西等地区,在盛唐之后,分别被我国古代少数民族占据,这些民族同样信仰佛教,其在占据地区仍然开窟造像,故河西等地有不少"吐蕃时期""回鹘时期""西夏时期"的石窟存在。但这些洞窟往往是改建和利用前期洞窟,重绘壁画,新的创造不多。不过,在这些石窟中往往发现用古代少数民族文字墨写的题记和发愿文等,是研究古代少数民族不可多得的珍贵资料。

　　甘肃东部,情况较为复杂,除有不少宋代石窟之外,在庆阳市境内还有金代开凿的石窟等。但从总体上来看,唐代之后,甘肃的石窟修凿衰落了。

　　2. 窟型

　　甘肃石窟的窟型种类较多,有中心塔柱窟(塔庙窟)、佛殿窟、佛坛窟、禅窟、大像窟、摩崖浅龛和瘗窟(安置逝者的洞窟)等。

　　中心塔柱窟即是在平面呈方形的窟内中心位置凿一连通窟顶的佛塔,塔上分层开龛造像,可右旋观像礼佛。此类洞窟还可分型分式,如有些具有前后室,有些在窟的左右及后壁开龛造像等。这类窟型应是从印度经我国新疆传入河西地区的,是甘肃石窟中时代较早者。

　　佛殿窟是在平面方形开出类似殿宇的佛堂,在后壁正中开龛造像。造像主尊(佛)居中,其余弟子、菩萨、天王、力士左右排列。佛犹如帝王,高坐台上,弟子、菩萨等如文武大臣,分列两边。佛殿类似宫殿,故称佛殿窟。这类窟礼佛者一进窟门,即直面佛,不由心生敬意,向佛礼拜。佛殿窟的礼佛形式应是面佛礼拜观像,以前的右旋巡礼的礼拜方式被中国传统的礼拜方式取代了。这类窟也可分为各种型式,如有些佛殿窟左右和后壁三面开龛造像等。这类石窟是佛教

"中国化"之后,为符合中国传统礼拜方式而出现的一种石窟类型。此类石窟延续时间较长,数量较多。

佛坛窟亦为在平面方形的基础上开凿出殿宇式佛堂,但窟中地面往往设一方形佛坛,坛上安置诸像,其礼拜方式又为右旋绕坛观像礼佛。这类窟型甚至影响了同时期的木构建筑佛殿的布局,如山西大同华严寺等。佛坛窟是"唐密"流行后,受密宗作法必设"坛城"而出现的一种新窟型。当然,这类窟也可根据窟型、窟内布局、造像题材分为各种型式。

以上三类窟的相应时代大概为:中心塔柱窟主要流行于十六国北朝早期;佛殿窟主要流行于初唐、盛唐时期;佛坛窟流行于盛唐之后与宋、辽、金时期。当然,这种情况不是绝对的,如中心塔柱窟在北周时代还偶有发现,佛殿窟在佛坛窟出现后并未消失,甚至两者并存,说明"唐密"兴盛之后,还不能完全取代以前流行的传统佛教。

至于大像窟、禅窟、摩崖浅龛和瘗窟之类,几乎每个时期都有出现,不具有划分时代的意义。

### 3. 造像(包括壁画)题材

甘肃石窟的造像题材在十六国北朝主要有佛像、菩萨、弟子像等。佛像有单身佛像、二佛对坐像、三佛像、七佛像。还有一佛二弟子、一佛二菩萨和维摩文殊像等。菩萨、弟子像一般作为佛的胁侍,分列主尊(佛)左右两边。

壁画题材流行佛本生故事(佛前生的故事)与佛传故事(佛一生的传记)等。

隋唐造像主要为一铺数身的组像,如一佛二弟子、一佛二弟子二菩萨、一佛二弟子二菩萨二天王二力士等,最多可达十多身。

造像突出主尊佛像,其余弟子、菩萨、天王、力士分置左右两边,一字排列。壁画中以前流行的佛本生、佛传故事画被大型的"经变画"取代。所谓"经变",亦可称"变相",即把佛经的文字内容用图像(绘画或雕刻)表现出来。但因有些佛经部头很大,"经变"一般只能表现该经的部分内容,最常见的是绘(或雕刻)出该经的"序品"(即序言),常见的经变有《西方净土变》《东方药师变》《法华经变》《维摩诘经变》《华严经变》《弥勒经变》等等。这类经变画多为鸿篇巨制,往往一幅经变占据一个壁面。有些经变有经变榜题,容易辨识。如《西方净土变》,除绘主尊为阿弥陀佛外,还绘出左右胁侍观世音、大势至菩萨,以此为中心,众菩萨围绕;周边有殿宇建筑之类,上有天国,天花乱坠,天乐自鸣;下有栏楯,水池莲花,乐舞鼓吹等。又如《华严经变》,绘主尊毗卢遮那佛(大日如来),普贤、文殊菩萨为左后胁侍,其余细节与《西方净土变》类似。

经变虽描写的是"佛国世界",但往往能显示出"现实世界",如其中的木构建筑,应是唐代宫殿建筑的摹写;乐舞之类,应是唐代乐器、舞蹈的真实写照;甚至描绘古代田园劳作、婚丧嫁娶等反映当时现实生活的场面,在经变画中都可看到。

### 三、甘肃石窟研究中取得的成果与思考

1949年后特别是改革开放以来,甘肃石窟的保护与研究工作取得了很大成绩。特别是敦煌莫高窟,通过几代人的努力,在石窟保护、壁画临摹和洞窟分期断代等方面,都取得了前所未有的成果,如樊锦诗先生的早期石窟考古报告,即为以后莫高窟的考古报告树立了标杆,是改革开放后敦煌石窟研究最突出的成果。近些年来,有关敦煌和甘肃其他石窟研究的学术成果层出不穷,且有一定学术水平。

这里主要谈谈甘肃石窟研究中存在的问题。首先,最重要的一个问题,就是甘肃石窟研究应该把基础资料的整理工作放在第一位,也就是说要把各石窟的"考古报告"工作列在首位。作石窟考古报告的目的,一是永久保存该石窟的完整档案,二是为研究者提供全面资料。如今科学技术飞速发展,新的测绘手段、多维度的照相、先进的绘图甚至红外扫描技术等皆今非昔比,整理石窟报告的条件更加成熟,只要组织好各方面专家人才,整合各学科力量,作出更好的考古报告是完全可能的。

其次,要重视对甘肃中小石窟的调查与研究。甘肃石窟的保护与研究,由于敦煌的"龙头"作用,人们的关注点多倾向于莫高窟和一些重点石窟,对一些中小石窟的保护与研究还相对滞后。

还有,对甘肃早期石窟的年代问题,还须进一步研究,如炳灵寺169窟"建弘题记",是否为炳灵寺的开凿年代?文献中记载的西秦译经高僧圣坚是否为炳灵寺169窟壁画中出现的昙摩毗?麦积山的早期"三佛窟"是后秦的还是北魏的?天梯山是否为中国石窟的"鼻祖"等问题,都需要认真研究,彻

底搞清，因为这些现在涉及甘肃石窟的开创年代甚至中国石窟的开创年代
等问题。

这里还要说的是，研究甘肃石窟，要同石窟修凿的历史背景、社会因素，
特别是当时中国流行的佛教思想相联系，研究石窟中的造像、壁画题材等更
是如此。

# 炳灵寺 169 窟的三组叠压打破关系

韦 正

（北京大学 考古文博学院）

169 窟是一平面近椭圆形的不规则天然洞窟,宽 26.75 米,深 8.56 米,高约 15 米,窟口大致向东,所以通常以西壁为正壁,左右分别为南北壁。在窟口两侧与南北壁连接处还有部分石壁,可以称之为东壁,分别为窟口北侧东壁、窟口南侧东壁,如 24 号壁画就位于窟口西侧东壁之上。一直沿用的编号从北壁开始,转而向西、向南、向东,由于壁面不规则,有些编号兼跨两壁,如北壁编号 1—15,西壁编号 15—19,南壁编号 20—23,东壁编号 24。其中以塑像或龛像为主体内容的编号包括 1—5、7—9、16—18、20—22,塑像与壁画共处的编号包括 6、14、23,以壁画为主的编号包括 10—13、15、19、24。

第一组打破关系发生于 7 号、9 号塑像和 11 号、12 号、13 号壁画之间,具体位置在洞窟的北壁[1]。9 号为三尊一铺的佛像,皆站立于莲台之上,着通肩或袒右的大衣,衣缘有波褶纹[2]。项光内绘莲花纹、联珠纹、忍冬纹,或火焰纹,背光内绘联珠纹或火焰纹。7 号为两尊佛像[3],右侧（左右以遗存本身为准,下同）的一尊已残破,但还能看出都穿通身长的大衣,衣缘有波褶纹,背光中有火焰、伎乐天。左侧保存完好的佛像项光中有十三尊小坐佛。9 号东侧佛

---

①7 号、9 号塑像的关系从常青,11—13 号壁画的关系与常青的判断不尽相同。

②承李崇峰老师见告,波褶纹衣服即笈多时期秣菟罗式大衣,画史作"曹衣出水",笔者觉得这里还是用客观的描述较妥。

③有学者怀疑 7 号龛可能也是三尊一铺的佛像,可备一说,见贺世哲先生《敦煌图像研究》(甘肃教育出版社,2006 年)第 143 页。但是从两尊佛像左右两侧的壁面看,似乎已没有塑造第三尊佛像的余地。不过,古今壁面的变化较大,原来存在塑造三尊佛像的空间也未可知。

像的背光尖部剥落之后,显露出 7 号残佛足下莲台画迹,可知 7 号塑像的时代早于 9 号塑像。①虽然如此,从服饰和背光来看,7 号和 9 号塑像的特征和时代应该相当接近。7 号塑像的左侧有两排背向自己的供养人和立佛,他们直接绘在 7 号塑像延伸出去的泥层上,说明二者时间同时或壁画属于后来绘制。其中的女性供养人着裙,前有蔽膝,后有裙带飘于身后。

11—13 号壁画的内容很复杂,不过,原来的编号仍然基本能够满足叙述的需要,常青将这三幅壁画分成很多小幅单元,需要详细了解每一小幅情况的读者可以参阅其论文。11 号壁画由上至下可分为四部分,第一部分以两尊立佛画像为主,右下侧两个供养人,身穿交领衣,后面一人为女性,长长的裙带在身后飘扬,与 7 号塑像左侧女性供养人服饰一致。两个供养人背对两尊立佛画像,面向 9 号塑像,两个供养人应该与两尊立佛画像没有关系,而是 9 号塑像的供养人。后面女性供养人的裙带微微压住了 11 号壁画第二排的飞天的披帛,据此可知 11 号壁画的第二排早于第一排的两个供养人。第二排以一佛二菩萨的说法图为中心,右侧有一僧三女的供养人。一佛二菩萨中主佛的手印为双手前后重叠,拇指向内上方。胁侍菩萨、飞天的面部特征和发型基本相似,头顶束结大髻,戴圆形耳饰,头发分披于肩,菩萨穿袒右袈裟,飞天上身袒露。胁侍菩萨身体扭曲,微侧面。三位女性供养人前两人身份高,穿宽袖交领衣,下身着裙,后一人着窄袖上衣,下着竖向条纹裙,三人形象无一与第一排的两供养人相同,或可说明两组形象之间有较大的时间差。第二排飞天的脚部清晰地被 9 号龛左侧立佛的龛壁所打破,可知 11 号壁画第二排早于 9 号龛。第二排一佛二菩萨中的左侧"日光菩萨"在重新涂抹的白色粉底上绘成,这片白色粉底微微压住了其左侧的 12 号壁画的两个飞天的部分脚趾和裙带,可知 12 号壁画早于 11 号壁画的第二排。第三排分三个部分,中间一佛结跏趺坐于莲台上,

---

①金维诺先生认为 7 号龛修建于后,右侧佛像为了避让 9 号龛立佛背光,所以底部上提,造成 7 号龛双佛不在同一平面的现象。(见《中国石窟·永靖炳灵寺》附文《炳灵寺与佛教艺术交流》,文物出版社,1989 年)邓健吾支持金维诺先生的观点并作了补充论证。(见《中国石窟·天水麦积山》附文《麦积山石窟的研究及早期石窟的两三个问题》,文物出版社,1998 年)常青经过实地工作观察到 9 号东侧佛像的背光剥落后,露出了 7 号西侧佛像足下的莲台绘画。(见《炳灵寺 169 窟塑像与壁画的年代》,《考古学研究》(一),北京大学考古学系编,文物出版社,1992 年。)

题名为"无量寿佛",左侧是维摩诘卧病图,维摩诘与侍者的形象均同第二排的菩萨和飞天,右侧图像类似一佛二菩萨,菩萨穿袒右大衣,身体直立,发髻、耳饰都与第二排的菩萨和飞天相似。第四排比较清晰的部分在左下角,有覆钵形塔一座,三出的轮竿上都相轮,根据题名可知描绘的是释迦多宝说法图。由于第二、三排有诸多的相似之处,可作为同一时期的画迹看待。并且由于 7 号和 9 号塑像也可以作为时代非常接近的遗迹看待,这样,11 号壁画的层位关系可表述为:12 号壁画→11 号壁画的第二、三排→7 号塑像→9 号塑像与 11 号壁画的第一排。

12 号壁画的主体部分是一佛二菩萨的说法图,除了菩萨的花冠外,无论是菩萨和飞天的面相、发髻、耳饰,还是主佛的水池中莲座、花朵构成的伞盖,都与 11 号壁画第二、三排十分相似,因此,虽然 11 号壁画的第二排与 12 号壁画有叠压关系,还是可以认为它们的时间应很接近。12 号壁画上部的千佛不止一个被 12 号壁画主体部分叠压,但从其环绕主佛伞盖来看,似不宜作为不同时代的画迹来看。在千佛右侧有两个题名为"道聪"和"法显"的供养人,二人供养的对象应是千佛,11 号壁画第二排的日光菩萨头顶的白地是躲避法显的右脚而画出,道聪右履也被白粉涂层覆盖。对 12 号壁画的分析表明,它与 11 号壁画的第二、三排可作为基本同时的画迹。

13 号壁画相当残破,主体部分是与 11 号壁画第四排非常相似的一座覆钵形塔,塔中也是释迦多宝说法图,塔顶也带三个相轮。飞天、菩萨的面相、花冠、服饰都和 12 号壁画相同。覆钵塔右侧一尊菩萨的左手举于头顶之上,似乎在抓着个东西,这不见于 11 号、12 号壁画。13 号壁画画面局促,其左侧的飞天、菩萨形体都不能展开,中间的菩萨的肘部压了其左侧的一个交脚像的帛带,这个菩萨之下仅剩额头以上部分的另一菩萨与 12 号壁画左侧菩萨紧紧拥挤在一起,凡此均说明 13 号壁画是在 12 号壁画已经存在之后的创作。不过,13 号壁画与 12 号、11 号壁画相似之处很多,包括画面的色调、画法都很接近,不同之处只存在于一些细节方面,据此可以将 11—13 号壁画的主体图像视为同一时期的遗存。11—13 号壁画总长约 6 米,高 2 米,面积相当大,图像内容和表现形式又很相近,且被反复绘制,足以说明它们代表了炳灵寺 169 窟的某个重要阶段。

　　第二组叠压打破关系发生于 14 号的三尊佛像和其南侧的壁画之间①,具体位置在窟口北侧东壁。14 号为三尊结跏趺坐佛像,两尊保存完好,头部方圆,右侧佛像着通肩大衣,搭在左肩外侧的衣缘部分呈波褶纹。14 号南侧壁画为一佛二菩萨和三个供养人。一佛二菩萨中的右侧菩萨保存较好,上身袒露,束结大髻,戴环形耳饰,头发分披于肩,左手持拂尘高举于头顶之上。三个供养人头戴相同的两瓣式帽子,身穿交领式的宽袖袍服,墨书题名依次为"敦煌翟奴之像""麻口口之像""……之像"。14 号左侧佛像背屏延伸出的泥块覆盖了壁画中最后一个人物的半个帽子,之所以这么认为,是因为左侧佛像的题记就书写在佛像背屏延伸出的泥块上。在这组关系中,波褶纹佛装明确晚于那种菩萨手持拂尘的一佛二菩萨组合。

　　第三组关系发生在南壁的上部及毗连的窟口南侧东壁②。这组关系中时代最早的部分应是东壁,无论是从现在的崖面,还是从东壁壁画最下部分的断口看,东壁曾发生过严重的塌毁,致使现在的东壁成为悬凸的岩块。这一岩块的上部和与南壁连接处有两条清晰的大裂缝,存在着继续塌毁的可能。东壁壁面经过仔细打磨,然后似乎直接在岩石表面绘制壁画。壁面绘制了千佛与说法图,从崖面的形势、痕迹和悬空的高度看,在东壁壁面毁塌之后绘制这些壁画的可能性几乎不存在,因此这些壁画只能是在崖面崩毁之前绘上。时间上次早的是直接位于东壁之下的崖面上的一组覆钵形塔刹壁画,这组壁画所在的崖面已经可以改称为南壁了,其中东侧两壁画佛塔的地杖和部分壁画痕迹直接位于 24 号壁画崖块的下部,说明佛塔壁画极有可能是在 24 号壁画崖块崩落终结之后才绘制而成。时间上再晚一些的是覆钵塔前的五尊佛塑像(原编号169—23)。其中西侧两佛像的边沿压在东侧三佛像的边沿之上,可知东侧三佛像先行塑造。五尊塑像最东侧两尊的背光贴壁塑成,虽然已经损坏,但如作复原,其背光的尖部必然高于后面的覆钵塔壁画,因此覆钵塔壁画必须在五尊塑像出现在这个位置之前已经存在。另一支持五尊佛晚于壁画佛塔的重要证据是二者不处于同一崖面上,五佛中东侧两佛上部的题记部分显著内凹,目测崖

---

①这组关系与常青判断一致。
②这组关系常青没有涉及。

面脱落面积一平方尺见方,深度不下七八厘米,壁画佛塔绘制时,崖面脱落必然没有发生,才有可能将壁画佛塔绘于同一壁面之上。在五尊塑像之前,还有仅存两尊的一佛二菩萨塑像(原编号为169—22)。22号与23号没有发生接触,两铺造像之间的早晚关系不明。

第三组关系中的东壁壁画(原编号169—24)内容相当丰富。以三幅说法图为中心,东壁壁画似可以分成三个部分:中部说法图的一佛二菩萨与周围的小千佛、左下方的覆钵形塔及整个东壁的最下五排的大个千佛各构成一个单元,右下方的一佛二菩萨与其右侧四排和下方的两排稍大的千佛似也可以构成一个单元。①左下方的覆钵形塔刹上部第一排大个千佛头光压住上面小千佛的佛座,右下方的一佛二菩萨右侧第一排稍大个千佛的头光似压住上面小千佛的佛坐,而且中部说法图的规模最大,占据东壁的显要位置,凡此均说明中部说法图是东壁上最早形成的画迹。具体说来,中部一佛二菩萨说法图中,主佛结跏趺坐于莲座上,右肩半披袈裟,似作施无畏印,菩萨身体扭曲,头戴花蔓冠,上身袒露,璎珞交叉于胸前,交叉处用圆环穿系,下身着裙,裙摆呈尖角,从腰部翻出的裙带垂于臀部两侧,披帛绕体缠臂,动感不强,各以一手高扬拂尘于头顶,另一手提净瓶于体侧。右下部一佛二菩萨说法图中,人物面相皆较丰满,主佛结跏趺坐,着通肩大衣,作禅定印,双手前后叠置,拇指冲内,二菩萨头顶为大髻,用环带束结,耳戴圆环状饰物,头发分披于肩,着通肩衣,双手似作合十状。左下侧为覆钵形塔刹中的释迦多宝说法图,二佛之间的榜题为"多宝佛与释迦牟佛分半坐时"。②

晚于东壁壁画的南壁覆钵形塔刹壁画中有塔刹四座,方形塔基,覆钵部分水平分栏,最上和最下栏为仰覆莲纹,中间各栏分别填充三角、圆圈、绳索纹,

---

① 甘肃省文物工作队、炳灵寺文物保管所编《中国石窟·永靖炳灵寺》图版15说明文字认为:24号壁画现存千佛千余身,上下两段从图像单位的大小和颜色来看,明显为不同时间所绘:上部千佛尺寸小,色彩略旧;下部略大,色彩较新。相似内容又见同书所附《炳灵寺石窟内容总录》。

② 据云:"在释迦多宝说法图与墨书题记之间靠下边是一幅文殊问疾图,榜题'文殊师利/维摩诘'。"见杜斗成、王亨通先生主编《炳灵寺石窟内容总录》第205页,兰州大学出版社,2006年。梁晓鹏先生认为24号壁画可分为上下两大部分,从图像单位的大小和颜色来看明显为不同时间所绘。见梁晓鹏《敦煌莫高窟千佛图像研究》第33页,民族出版社,2006年。

钵顶为平头和山花蕉叶,其中竖三出轮竿,每个轮竿头上置相轮。覆钵形塔刹壁画前五尊佛像的姿态基本一致,都为结跏趺坐的禅定印,通肩大衣甩于上臂外侧的部分显得比较硬直。背光只有简单的圆圈纹和火焰纹。最东侧的两佛像背光之间的上部有题记一则,有"岁在丙申"等文字。五尊塑佛之前的基本完好的一佛一菩萨中,立佛袒右,左臂相当于衣袖的部分呈规整的波褶纹,背光较为华丽,有千佛。菩萨发髻呈圭形束于头顶前部,头发分披于肩,上身袒露,下身着前部开衩的大裙,背光比较朴素。

根据以上叙述,可以看出以下三个现象:

第一,壁画年代几乎均早于塑像[①]。上文讨论的 169 窟遗存中,壁画普遍出现较早,塑像普遍出现较晚。三组关系中的壁画有很强的共性,如一佛二菩萨说法图、带多个相轮的释迦多宝塔,佛和菩萨乃至飞天的相貌、服饰也比较程式化。结合有关题记还可以看出,壁画中的一佛二菩萨中,主佛几都是释迦,但胁侍菩萨的身份很不固定,有文殊、维摩、华严菩萨等等,表明这个时期以释迦为主尊的一佛二菩萨组合尚处于探索阶段。

第二,塑像题材一佛二菩萨仅出现一次,三佛出现二次,五佛出现一次,这是塑像题材与壁画题材的显著差异。而且,23 号五佛之外的佛像袈裟的衣缘部分都为波褶纹。

第三,虽然塑像中仅 22 号有一菩萨,但塑像菩萨与壁画菩萨的差别很大。塑像菩萨的显著特点是圭状大髻,上身裸露,下身着裙,壁画菩萨多为圆形大髻、着袒右大衣,项饰和耳饰也不相同。

覆钵形塔、大髻披发戴圆耳饰的菩萨和塑像的波褶纹衣服十分惹眼。波褶纹衣服出现于第一组的 7 号和 9 号塑像、第二组的三尊佛像、第三组的最前两尊塑像,在洞窟的南壁、北壁和东壁都出现类似的服装样式,可见其分布范围

---

[①]《炳灵寺一六九窟》认为 18 龛及其周围的十余龛雕像处于 169 窟的正壁,造像均为石雕,而且题材单一,均为或立或坐的佛像,因此,18 龛应该为 169 窟的始创之作。这一说法具有一定合理成分,不过,169 窟是一个天然洞窟,龛像的开凿和壁画的绘制没有统一的规划,而且窟内坍塌严重,多次重雕重绘,因此,将 18 窟视为现存最早的遗存,只是一并无确证的推测,不及从三组考古学关系中得出的先壁画后雕塑的认识来得可靠。

之广。覆钵形塔、大髻披发戴圆耳饰菩萨也是如此。波褶纹衣服与 11—13 号壁画的主体部分的菩萨形态、服饰一样,都应是某一阶段的流行样式,具有某种普遍性的意义。三组关系揭示了相近的遗迹演化顺序,在此基础上我们可以将三组遗迹关系简略地合并为由早到晚的两个小组:(24 号) 东壁右下方的说法图、左下方释迦多宝覆钵塔说法图、11—13 号壁画→穿波褶纹衣服的佛像。

　　以上从造像组合到服饰方面发生的变化是非常剧烈的,是从表现内容和表现方式上的全面变化,而且这是在同一石窟的不同位置都体现出相同的变化途径,因此,这些考古学单位可以称之为典型单位,彼此之间的关系可以称之为典型的考古学关系,它们所反映的现象是规律性现象。具有共同特征的遗迹或遗物的存在时间往往接近,这是考古学研究的基本原则,也是事物发展的基本规律,169 窟的龛像也应遵循这个规律。换言之,以上三组关系中的壁画代表了一个时间段,塑像代表了另一时间段,壁画和塑像中的典型特征如覆钵形塔、大髻披发戴圆耳饰菩萨和波褶纹衣服都具有指示时间段的意义。

　　上述典型特征所具有的时间指示意义,可以得到验证。譬如,上述三组关系中,圭形大髻菩萨只有一件,但检查其他材料,可以发现其与波褶纹袈裟佛像不是一种偶然关系。北壁 3 号龛是一佛一菩萨一天王的组合,以菩萨和天王配对胁侍主像,是一种新的组合方式,本身即暗示其时代可能较晚,但与两菩萨充当胁侍没有本质上的不同。3 号龛主佛的通肩大衣甩于左臂外的部分和天王披风的两侧边,都是波褶纹衣缘;菩萨像身体直立,头顶为束结而成的圭形高髻,头发分披于肩,略呈心形的项圈,裸露的上身;天王除了长胡须、穿铠甲之外,发型与菩萨其实没有什么两样,尽管发髻已残。而且,3 号龛佛像的有小坐佛的项光和有伎乐天的背光也与 7 号和 22 号塑像的非常相似,而与11—13 号壁画主体部分的菩萨的佛像背光不一样。圭形大髻菩萨与波褶纹衣缘构成共同的时段特征。这样,以波褶纹衣缘为出发点,包括波褶纹衣缘这个特点在内,上述造像的服饰、发型、姿态、项光和背光等特征所具有的共同性和普遍性意义,再次得到了确认。由此可知,3 号龛与 7 号、22 号塑像的时代相近,而且,这些龛像所具有的共同特征可以构成检查其他造像的可靠的出发点。

# 西秦"尊事沙门"与兰州阿干镇石窟的建造①

崔永利　刘再聪

（西北师范大学　历史文化学院）

西秦（385—400、409—431）是十六国政权之一，由陇西鲜卑族首领乞伏国仁所建。史载，"鲜卑乞伏国仁，出于陇西"②，"籍累世之资"③。可知乞伏氏是陇西世家，地方望族，社会基础雄厚。385 年，乞伏国仁称大单于，都勇士城（今甘肃榆中），后被前秦封为苑川王。388 年，国仁弟乾归立，称大单于，河南王④，迁都金城（今甘肃兰州西）。394 年，乾归称秦王。400 年，西秦灭于后秦。409 年，乾归复国，复称秦王，迁都苑川。乞伏炽磐又迁都枹罕（今甘肃临夏市）。西秦最盛时期，统治范围包括甘肃中部、东部及青海、宁夏部分地区，核心区在今甘肃兰州、白银、临夏一带。431 年，西秦被夏国所灭。历四主，两次立国共 37 年。西秦乞伏政权亦称河南国，存续时间较短，控制范围不大。但是，其建立者作为五胡之一，所建政权名列十六国之列。西秦立国，除去当时社会整体局势不稳、政权更迭频繁等一些共性条件外，重视文化也是不可忽视的因素。下面以崇佛为中心，从"尊事沙门"和修建石窟两方面做简单探讨。

## 西秦"尊事沙门"考

隋费长房《历代三宝记》记载："乞伏国仁，陇西鲜卑，世居苑川，为南单于。

---

①项目名称：国家社科基金重点项目："唐朝'村'制度与中国古代基层行政制度'西进化'历程研究"（21AZD129）　国家社科基金一般项目："仇池政权交往'四方'与入华各族整体'中华化'进程研究"。

②（北齐）魏收：《魏书》卷 99《乞伏国仁》，北京：中华书局，1974 年，第 2198 页。

③（唐）房玄龄等：《晋书》卷 125《乞伏国仁载记》，北京：中华书局，1974 年，第 3115 页。

④（北魏）崔鸿：《十六国春秋》之《西秦录》，上海：商务印书馆，1937 年，第 87 页。

前秦败后,遂称秦王,仍都子城,尊事沙门。"①乞伏国仁称秦王立国,乃开天辟地之大事。然立国措施仅提及"尊师沙门"一条,可见西秦对佛事之重视。下面按照时间顺序,梳理西秦所尊事的沙门,并对其事迹略作叙述。

## 一、圣坚

圣坚是有史记载的第一位在西秦活动的僧人,《历代三宝记》记载乞伏国仁称秦王后:

> 时遇圣坚行化达彼,仁加崇敬,恩礼甚隆。即播释风,仍令翻译,相承五主四十四年。……晋孝武世,沙门圣坚于河南国为乞伏乾归译,或云坚公,或云法坚,未详孰是,故备列之。

乞伏国仁在位时(385—388),圣坚到来。圣坚在西秦受到很高的待遇,倾心传播佛教、翻译佛经,直至乞伏乾归时期(388—412)。《开元释教录》②记:"沙门释圣坚,或云法坚,亦谓坚公。未详孰是,故备列之。器量弘普,利物为心。以乞伏秦太初年间,于河南国为乾归译《罗摩伽》等经一十五部。寻其圣坚游化。随处出经,既适无停所,弗知附见何代世禄为正。今依法上总注,入乞伏秦世录云。"圣坚似对西秦的译经事业十分用心,甚至离开西秦后也在坚持。日本京都国立博物馆藏《佛说摩诃刹头经》尾部题记云③:

> 1 右西秦太初年,乞伏氏都莞川。沙门圣坚
> 2 于江陵新寺译。庾爽笔。

"太初"(388—400)是西秦高祖武元王乞伏乾归的年号,莞川即甘肃榆中苑川一带。题记显示,《佛说摩诃刹头经》由圣坚翻译于江陵,"庾爽笔"意即庾

---

①《大正新修大藏经》卷 49《史传部》,台北:世桦印刷企业有限公司,1990 年,第 82 页。

②(唐)智昇撰,富世平点校:《开元释教录》,北京:中华书局,2018 年,第 257 页。

③[日]池田温:《中国古代写本识语集录》,东京大学东洋文化研究所,1990 年,第 79—80 页。

爽抄写。庾爽抄经地一时难明,估计也在江陵。然据"右西秦太初年,乞伏氏都
莞川"判断,此经译写必与西秦有关。甚至此件文书有可能为再抄本,抄写地点
在"莞川",只是抄写者不明。

## 二、玄高和昙无毗

《高僧传·玄高传》以玄高事迹为中心,集中记载了几位与西秦有关的高僧
的活动情况[①]:

> 释玄高,本名灵育,冯翊万年人也……高乃枚策西秦,隐居麦积
> 山,山学百余人。崇其义训,禀其禅道。时有长安沙门释昙弘,秦地高
> 僧,隐在此山,与高相会,以同业友善。时乞伏炽磐跨有陇西,西接凉
> 土。有外国禅师昙无毗来入其国,领徒立众,训以禅道。然三昧正受,既
> 深且妙。陇右之僧禀承盖寡,高乃欲以己率众,即从毗受法。旬日之中,
> 毗乃反启其志。时河南有二僧,虽形为沙门而权侔伪相。恣情乖律,颇
> 忌学僧,昙无毗既西返舍夷。二僧乃向河南王世子曼谗构玄高,云蓄聚
> 徒众,将为国灾。曼信谗便欲加害,其父不许,乃摈高往河北林杨堂山。

资料提及高僧玄高来自关中,同时来自关中的还有昙弘。玄高、昙弘都隐
居麦积山,传道生徒。此时是西秦国第三位君主乞伏炽磐统治时期(412—
428),西域高僧昙无毗来到西秦。玄高即从学于昙无毗,学业长进明显。另外,
资料中还记载了两位参与政事的沙门,言及二僧利用权势迫使昙无毗离去。

炳灵寺第 169 窟题记:"□国大禅师昙摩毗之像。"《高僧传·昙无谶传》记
载:"昙无谶,或云昙摩谶,盖取梵音不同也。"[②]从此可知,《高僧传》卷 11 记载
的昙无毗,即炳灵寺壁画题记中的"昙摩毗"。"来入其国,领徒立众,训以禅
道",表明昙无毗在西秦授法之事实,时在乞伏炽磐统治时期。炳灵寺第 169 窟
题记证明昙无毗于建弘元年(420)尚在西秦,与《高僧传》所记可相印证。

---

① (梁)释慧皎撰,汤用彤校注,汤一玄整理:《高僧传》卷 11《玄高传》,北京:中华书局,1992 年,第
410 页。
②《高僧传》卷 1《昙无谶传》,第 76 页。

### 三、玄绍

玄绍是玄高的弟子,其活动也见于《高僧传·玄高传》①。玄高隐居麦积山,领徒多达 300 余人,其中"游刃六门者,百有余人",玄绍是其中之一

> 有玄绍者,秦州陇西人。学究诸禅神力自在。手指出水供高洗漱。其水香净,倍异于常。每得非世华香以献三宝。灵异如绍者又十一人。绍后入堂术山蝉蜕而逝。

"堂术山"又名唐述山,即炳灵寺一带。《水经注·河水》卷二引《秦州记》:

> 河峡崖傍有二窟,一曰唐述窟,高四十丈。西二里有时亮窟,高百丈,广二十丈,深三十丈。藏古书五笥。亮,南安人也。崖下有水,导自是山,溪水南注河,谓之唐述水。

《秦州记》为南朝宋刘仲产所做。《法苑珠林》卷五十三载:

> 有石门滨于河上,镌石文曰:"晋太始年之所立也"。寺东谷中,有一天寺,穷探处所,略无定址,常闻钟声,又有异僧,故号俗名为"唐述,羌云鬼也"。

### 四、昙弘

昙弘是关中名僧,后隐居麦积山,其事迹也见于《高僧传·玄高传》②:

> 昔长安昙弘法师,迁流岷蜀,道洽成都。河南王藉其高名,遣使迎

---

① 《高僧传》卷 11《玄高传》,第 410 页。
② 《高僧传》卷 11《玄高传》,第 411 页。

接。弘既闻高被摈，誓欲申其清白。乃不顾栈道之难，冒险从命。既达河南，宾主仪毕。便谓王曰："既深鉴远识，何以信谗弃贤？贫道所以不远数千里，正欲献此一白。"王及太子赧然愧悔。即遣使诣高，卑辞逊谢，请高还邑。高既广济为怀，忘忿赴命。始欲出山，山中草木摧折，崩石塞路。高咒愿曰："吾誓志弘道。岂得滞方。"乃风息路开，渐还到国。王及臣民，近道候迎。内外敬奉，崇为国师。

据判定，此处的河南王为西秦王乞伏炽磐。[①]昙弘法师从成都一带被迎接至当时的西秦都城枹罕，为玄高辩解清白。玄高、昙弘均在西秦弘教，知西秦尊师沙门之风持续不减。

## 五、法显

中土僧人去印度求法，法显是最杰出的代表之一。梁启超说："法显横雪山而入天竺，赍佛典多种以归，著《佛国记》，我国人之至印度者，此为第一。"法显途经西秦，在《佛国记》中有记载：

　　法显昔在长安，慨律藏残缺。于是遂以弘始二年，岁在乙亥。与慧景、道整、惠应、慧嵬等同契至天竺寻求戒律。初发迹长安，渡陇至乾归夏坐，夏坐讫，前行至褥檀国。

"乾归"指乞伏乾归。"弘始"是后秦姚兴年号，"弘始二年"指 400 年。法显从长安出发，抵达西秦，后继续西行前往褥檀国。《佛国记》所记，在时间上、地域上均与其他文献所记相合。炳灵寺第 169 窟有"法显供养"题记，颇受学界关注。然是否为《佛国记》之作者，多有争议。阎文儒为此曾论道[②]：

　　度陇至乾归国，当然是西秦乞伏乾归。弘始二年（400）是后秦姚

---

①白雪：《西秦〈佛说摩诃刹头经〉译记及相关问题考释》，《敦煌学辑刊》2011 年第 3 期。
②阎文儒、王万青：《炳灵寺石窟》，兰州：甘肃人民出版社，1993 年，第 13 页。

兴时纪年,西秦乞伏乾归十三年失国,后又得国,国号更始。永康时乞伏炽磐当国,故乾归国即西秦国也。度陇坐夏于乾归国,或即在炳灵寺,因而有法显供养之像。

虽然有质疑之处,然最后倾向于肯定。从"尊事沙门"而言,法显至西秦,自然为历史事实。高僧坐夏,当选佛法兴盛之处。炳灵寺自古乃钟灵之地,法显至此,也在情理之中。

## 六、道融

炳灵寺第 169 窟昙摩毗题记后有"比丘道融之像"内容。道融在《高僧传》中有传[1]:

> 释道融,汲郡林虑人。十二出家,厥师爱其神彩,先令外学。往村借《论语》,竟不赍归,于彼已诵。师更借本覆之,不遗一字。既嗟而异之,于是恣其游学。迄至立年,才解英绝,内外经书,暗游心府。闻罗什在关,故往咨禀。什见而奇之,谓姚兴曰:"昨见融公,复是奇特,聪明释子。"兴引见叹重,敕入逍遥园,参正详译。因请什出《菩萨戒本》,今行于世。后译《中论》,始得两卷,融便就讲,剖析文言,预贯终始。什又命融令讲新《法华》,什自听之,乃自叹曰:"佛法之兴,融其人也。"

《高僧传》所记,道融活动的时代与西秦立国时间同时。道融从鸠摩罗什问学等活动尽在关中,后还彭城讲学,其中不见西行至于西秦之事迹。阎文儒曾讲,《高僧传》所记之道融"即可能为炳灵寺 169 窟题名之道融也"[2]。或言在 12 岁至"立年"之前,或在关中期间曾"游学"于西土,也不无可能。

西秦尊事沙门之事,早有学者关注。冯国瑞曾列出玄高、昙弘、玄绍,[3]这里

---

①《高僧传》卷 6《道融传》,第 241 页。
②《炳灵寺石窟》,第 12 页
③冯国瑞:《炳灵寺石窟勘察记》(初步调查报告),西北师范大学美术学院资料室藏,第 24 页。

又增加了圣坚、昙无毗、法显、道融 4 人。自然,随着资料的不断丰富,研究的不断深入,必将会发现更多的西秦名僧。西秦崇佛,出自统治集团利益之需要。利用佛法劝导民心,吸纳僧人进入统治阶层,为当时统治者通用。"虽形为沙门而权侔伪相"之态,[①]是当时政治生态之写照。

# 西秦佛事之盛与阿干镇石窟之修建

## 一、西秦通使东晋南朝的佛教交流

十六国时期,佛法兴盛。《全晋文》卷 20 记东晋王谧答桓玄之难,曾提出:"晋人略无奉佛,沙门徒众,皆是诸胡。"明确指出晋人不大崇佛,当时的沙门多出自胡人。"沙门"一词,是梵语"Sramana"之音译。佛教初兴印度,将凡出家修苦行、禁欲,或因宗教的理由以乞食为生的人称为"沙门"。佛教传入中国,"沙门"专指出家人,也译为僧。沙门、僧等概念,很早就出现在汉文历史文献中。晋袁宏《后汉纪·明帝纪下》:"浮屠者,佛也……其精者,号为沙门。沙门者,汉言息心,盖息意去欲而归於无为也。"南朝梁王简栖《头陀寺碑文》记载:"头陀寺者,沙门释慧宗之所立也。"李善注引《瑞应经》云:"沙门之为道,舍妻子,捐弃爱欲也。"[②]《魏书·释老志》记载:"诸服其道者,则剃落须发,释累辞家,结师资,遵律度,相与和居,治心修净,行乞以自给。谓之沙门,或曰桑门,亦声相近,总谓之僧,皆胡言也。"[③]至于"僧",东汉许慎就有解释,意为"浮屠道人也"。西秦乃鲜卑乞伏氏建立,本属诸胡之列,广修窟龛、广译佛经之风自然盛行。

西秦与东晋南朝交通,佛教方面的交流也是重要的内容,圣坚于江陵新寺翻译《佛说摩诃刹头经》即为典型。据史料记载,圣坚到达江陵可能与西秦战败仇池政权有关。太初七年(394)冬十月,乞伏乾归派遣乞伏柯弹、乞伏益州、洁归与仇池杨定大战,获胜,"于是尽有陇西、巴西之地"[④]。仇池政权统治的区域以武都郡、阴平郡等地为中心,占据秦州、金城通往益州、梁州的交通线。杨定

①《高僧传》卷 11《玄高传》,第 410 页。
②(梁)萧统:《文选》卷 59《王简栖〈头陀寺碑文〉一首》,北京:中华书局,1981 年。
③《魏书》卷《释老志》,第 3026 页。
④《晋书》卷 125《乞伏乾归载记》,第 3117 页。

战败,金城、枹罕通蜀地的东边道路得以通畅。太初十一年(398),西秦乞伏益州又大败吐谷浑王视罴,[1]使其退居白兰山,使得金城、枹罕通往蜀地的西边道路得以畅通。圣坚南下江陵很有可能取道仇池山—梁州一线。由此可以判定,圣坚于 388 年前到西秦,最迟于 400 年到江陵。

此后,西秦与东晋之间往来频繁。东晋义熙八年(412),乞伏乾归死,子炽磐立,"遣使诣晋朝归顺,以为使持节、都督河西诸军事、平西将军,公如故"[2]。义熙十二年(416),"枹罕虏乞佛炽槃遣使诣公求效力讨羌,拜平西将军、河南公"[3]。乞佛炽槃是西秦第三位君主,在位时灭了南凉,使西秦势力达到极盛。"公"指东晋大将刘裕,"羌"指后秦姚氏政权。枹罕即今甘肃临夏一带,西秦国都所在地。刘宋永初元年(420),进号安西大将军。从义熙十二至永初元年,8 年间凡来使 2 次,封拜 2 次。

## 二、西秦统治区域民间的佛教信仰

西秦统治者崇尚佛教,统治区民间佛教信仰的力量也不小。《晋书·石季龙载记上》记载:

> 安定人侯子光,弱冠美姿仪,自称佛太子,从大秦国来,当王小秦国。……转相扇惑,京兆樊经、竺龙、严谌、谢乐子等聚众数千人于杜南山,子杨称大黄帝,建元曰龙兴。……镇西石广击斩之。子杨颈无血,十余日而面色无异于生。

从自称佛太子、聚众数千人、死后面色不变等事实和异象,都证明侯子光的影响很大。安定即今甘肃平凉一带,属于西秦政权的统治范围。侯子光,又名刘光[4],估计为汉人。能够组织起数千人,开展有组织的行动,可证其具有很强的号召力。

---

①(宋)司马光:《资治通鉴》卷 110 西晋安帝隆安二年(398)十月条,北京:中华书局,1956 年,第 3483 页。

②(梁)沈约:《宋书》卷 96《鲜卑吐谷浑传》,北京:中华书局,1974 年,第 2372 页。

③《宋书》卷 2《武帝纪》,第 41 页。

④(宋)李昉等撰:《太平御览》卷 379 引《十六国春秋·后赵录》,北京:中华书局,2022 年,第 1752 页。

秦州一带,氐、羌聚居,广信佛法,尤重高僧,佛教的影响力也很大。《高僧传·帛远传》①记载:

> 帛远,字法祖……乃于长安造筑精舍,以讲习为业,白黑宗禀,几且千人……祖见群雄交争,干戈方始。志欲潜遁陇右,以保雅操。会张辅为秦州刺史,镇陇上,祖与之俱行。辅以祖名德显著,众望所归,欲令反服,为己僚佐。祖固志不移,由是结憾。……初,祖道化之声,被于关陇、崤函之右,奉之若神,戎晋嗟恸,行路流涕。陇上羌胡,率精骑五千,将欲迎祖西归。中路闻其遇害,悲恨不及,众咸愤激,预复祖之仇。辅迁军上陇,羌胡率轻骑逆战,时天水故帐下督富整,遂因忿斩辅。群胡既雪怨耻,称善而还,共分祖尸,各起塔庙。

帛远的受业弟子近千人,名声远播关陇,被奉之若神,不可不谓名僧。帛远"欲潜遁陇右,以保雅操",证明陇右有很好的佛教信仰氛围。晋秦州刺史张辅听信谗言杀死帛远后,招致羌胡结兵讨伐,可见羌胡信佛心之诚、义之重。张辅的部下天水人富整,气愤不过而加害于张辅,再次证明秦州佛教信仰基础之雄厚。西秦立国时期,秦州一带是其东向发展的重要区域。乞伏乾归曾说:"若枭翦姚兴,关中之地尽吾有也。"②可见,其进攻目标不仅限于秦州,而是远至关中。义熙六年(410),西秦"攻克兴略阳、南安、陇西诸郡"③。同年末,"河南王乾归攻秦略阳太守姚龙于柏阳堡,克之"④。至此,西秦占领了秦州的大部分地区。"陇上羌胡,率精骑五千",应该是西秦的力量。"将欲迎祖西归",则表明这是一次有计划、有目标的行动。

东晋十六国时期,佛教势力及影响何以能达到如此强大的程度,晋道恒《释驳论》有精辟的分析⑤:

---

①《高僧传》卷 1《帛远传》,第 27 页。
②《晋书》卷 125《乞伏乾归载记》,第 3120 页。
③《晋书》卷 125《乞伏乾归载记》,第 3122 页。
④《资治通鉴》卷 116 晋安帝义熙七年(411)八月条,第 3648 页。
⑤《弘明集》卷 6,《大正藏》卷 52,第 35 页。

且世有五横，而沙门处其一焉。何以明之？乃大设方便，鼓动愚俗。一则诱喻，一则迫胁。云行恶必有累劫之殃，修善便有无穷之庆。论罪则有幽冥之伺，语福则有神明之祐。敦厉引导，劝行人所不能行。强逼切勒，勉为人所不能为。

横，就是盛行。也就是说"势力大，本事也大。一方面是诱惑，一方面是威胁"[1]。胡人本信佛法，再加上形势所需，更是大行其道。汤用彤总结十六国佛法兴盛之原因有三：方术报应风气之传播，魏晋清谈时尚之助推，西北胡人信奉之扩大，著名高僧倾力之宣扬。[2]以史证之，确亦如此。

### 三、炳灵寺的早期洞窟

一般而言，把炳灵寺石窟中建于建弘年间以前的洞窟称为炳灵寺早期石窟。炳灵寺石窟建造的年代，在史书中有很多记载。其中，以第 169 窟中的西秦建弘题记最有影响。"建弘题记"发现于 20 世纪 60 年代，是中国石窟题记记年中的最早者。目前虽然尚未见到能够确定的早期石窟，但史书中关于建弘之前建窟的记载不少。1951 年，冯国瑞先生调查炳灵寺，记录炳灵寺一覆岩下的石刻题记：[3]

永康四年岁次乙卯三日□
□二十五日己丑，弟子□□□
□□□□河南王□□□□□
……
□□□□枹罕积石□□□□
□□□□敬造弥勒一区，上为
国家四方□□□□其愿。

---

① 葛兆光：《〈魏书·释老志〉与初期中国佛教史的研究方法》，《世界宗教研究》2009 年 1 期。
② 汤用彤：《汉魏两晋南北朝佛教史》第八章《道安》之《综论魏晋佛法兴盛之原因》，北京：商务印书馆，2015 年，第 155 页。
③ 冯国瑞：《炳灵寺石窟勘察记》（初步调查报告），西北师范大学美术学院资料室藏，第 23 页。

"永康"是西秦太祖乞伏炽磐年号,"永康四年"即 415 年,早于建弘年间。若此,永康题记当为中国石窟中最早的记年题记。在史书中,也有早于建弘期间凿窟的记载。《秦州记》[①]记载:

> 河峡崖傍有二窟:一曰唐述窟,高四十丈。西二里有时亮窟,高百丈,广二十丈,深三十丈。藏古书五笥。亮,南安人也。崖下有水,导自是山。溪水南注河,谓之唐述水。

《秦州记》为南朝宋刘仲产所做,所记内容多为东晋之事。《法苑珠林》[②]载:

> 晋初河州唐述谷,在今河州西北五十里,度风林津,登长夷岭,南望名积石山,即禹贡导河之极地也。众峰竞出,各有异势,或如宝塔,或如层楼,松柏映岩,丹青饰岫,自非造化神功,何因绮丽若此?南行二十里,得其谷焉。凿山构室,接梁通水,绕寺华果蔬菜充满,今有僧住。有石门滨于河上,镌石文曰:"晋太始年之所立也"。寺东谷中,有一天寺,穷探处所,略无定址,常闻钟声,又有异僧,故号俗名为"唐述,羌云鬼也"。

"太始"即"泰始",西晋武帝司马炎年号(265—274)。这些材料被学界广为引用,可证炳灵寺早期洞窟确实值得关注。[③]

高僧法显生活于东晋十六国时期,著有《佛国记》。东晋安帝隆安三年(399),65

---

① (北魏)郦道元著,陈桥驿校证:《水经注校证》卷 2《河水》,北京:中华书局,2007 年,第 44 页。
② (唐)释道世著,周叔迦、苏晋仁校注:《法苑珠林校注》,北京:中华书局,2003 年,第 1247 页。
③ 杜斗城云:"以上几条资料,说法虽各有异,但皆为记载炳灵寺的较早文献,特别是《水经注》引《秦州记》,来描写炳灵寺的情况,更应重视。至于《法苑珠林》中关于在今炳灵寺附近有'晋太始年'所立石门等记载,也是值得注意的。"(《炳灵寺石窟与西秦佛教》,《敦煌学辑刊》1985 年第 2 期)。曹学文云:"早期经营炳灵寺天桥洞的不一定是西秦,有可能在乞伏鲜卑控制整个河州前,早有人先入为主了。"(《炳灵寺石窟第 169 窟"建弘题记"研究述评》,《敦煌学辑刊》2020 年第 3 辑)。

岁的法显出游,同行者有慧景、道整、慧应、慧嵬 4 人。他们从长安出发西行至印度求法,至义熙 11 年(415)从海路返至青州长广郡牢山(今山东省青岛市即墨区)南岸,历时 15 年。如果炳灵寺第 169 窟中的"法显供养"题记所记法显,是《佛国记》的作者法显,那么,第 169 窟的创建年代就要早于建弘元年。实地考察发现,炳灵寺第 169 窟中的壁画和塑像多处出现叠压现象,也可证"晋泰始年之所立也"的可靠性。

## 四、阿干镇石窟的建造

费长房《历代三宝纪》称乞伏国仁在前秦败后,"遂称秦王,仍都子城,尊事沙门"。《大唐内典录》沿袭《历代三宝纪》记载:"有乞伏国仁者,陇右鲜卑也,代居苑川,为南单于。前秦败后,接统创业,都于子城,号为西秦,尊事沙门。"两条资料都记载沙门圣坚在西秦"播释风"、译佛经的史实。其中,"子城"最早于西魏建县,北周沿袭。581 年,隋设兰州,下辖金城、武始二郡。其中金城郡辖子城一县,在今兰州城区一带。583 年,隋撤郡,由州直接管县,兰州管子城、狄道二县。605 年,子城县改名金城县。《历代三宝纪》记载西秦"尊事沙门"在"都于子城"时期,可知西秦时期兰州佛教信仰很盛,阿干镇石窟的修建当与这一风气有关。

阿干镇石窟位于兰州市七里河区阿干镇苟家湾村,兰州第三十一中学旧址。目前,仅存一窟,洞窟依山而建,洞窟内空间较大,宽 6.5 米,进深 5.2 米,高 4.2 米,当在天然洞穴基础上经过进一步修整而成。顶部略呈方形,圆角平顶,四壁出现多处裂缝。窟内正中的石台上,有一尊佛像,仅存石胎。石像高 1.55 米,肩高 1.15 米,肩宽 1.22 米,肩部厚 0.38 米。石佛形体大体清晰,与身后的石壁、座下的石台相连,修建时留下的痕迹明显。石胎头部轮廓犹存,面部残损严重。身部肩胸宽壮敦厚,大体可判断是一尊呈跏趺坐的禅定坐佛像。石窟顶部烟火熏色厚重,褐红色斑点显示底层有壁画残留。从残存佛体的体格来看,隐约显示采用"褒衣博带"的装饰风格。洞口外两侧崖面上,可见数个小龛等痕迹。左侧的小龛内,有黑色字迹,可辨识"大魏""供"等。其中,"供"字十分清晰,"大"字也基本可以判定。至于"魏"字,初看不能判定,仅仅从残存笔画可做出大致推断。根据字迹渗入岩体和脱落程度,可判断题记年代较早。窟外崖面有数个方孔坑洞,当为窟檐木构建筑的痕迹。洞口有两层门框,门框上方空间用青砖砌堵,时代较晚。初步判断,阿干镇石窟造像与邻近的炳灵寺石窟的早期造像风格有相似之处。再根据佛教在兰州一带的发展情况,可初步认定阿干镇石窟开凿于北朝至隋唐时期。①

阿干本名沃干,指沃干阪、沃干岭,为今兰州城区以南的山系。《三国志·陈泰传》记载:蜀将姜维围攻临洮,"凉州军从金城南至沃干阪"②。《晋书·张轨传》记载:咸和初(326),前凉与前赵在狄道一带对抗。前凉武兴太守辛岩从金城督运粮食,前赵刘胤"率骑三千,袭岩于沃干岭,败之"③。史书所记沃干在金城南,与今阿干一带位置相符。阿干镇石窟依山而建,沿窟前河沟向南可达临洮(狄道)、枹罕(临夏)。

炳灵寺第 169 窟建弘题记附近有"侍生金城万□之像""清信士金城万温之像""清信女温妻□□□□□"等题记,④表明当时金城与炳灵寺两地来往之密切。联系费长房所记"都于子城,号为西秦,尊事沙门"之事,阿干镇石窟的建造年代可溯至十六国时期。

## 简单认识

西秦作为一割据政权,存续时间虽然不到 40 年,但在十六国中不算是最短者。考察其立国基础,除去当时整体局势不稳、政权更迭频繁等一些共性条件外,重视文化力量是不可忽视的因素。东晋太元十七年(392),乞伏乾归改制百官,除安置其长子炽磐领尚书令外,其余重要官员均为汉人,且强调"自余拜授一如魏武、晋文故事"⑤。409 年,乾归以南安名儒"焦遗为太子太师,参与军国大谋"⑥。《十六国春秋·西秦录》记载乞伏慕末"幼而好学,有文才"⑦。所学内容,自然包括诗书礼易之类。

①刘再聪、胡小鹏主编:《兰州通史》(秦元卷),北京:人民出版社,2021 年,第 301 页。
②《三国志》卷 22《陈泰传》,第 640 页。
③《晋书》卷 86《张轨传》,第 2234 页。
④张宝玺:《建弘题记及其有关问题的考释》,《敦煌研究》1992 年第 1 期。
⑤《晋书》卷 125《乞伏乾归载记》,第 3118 页。
⑥《资治通鉴》卷 115 晋安帝义熙五年(409 年)十月条,第 3621 页。
⑦《十六国春秋》之《西秦录》,第 89 页。

　　除了延纳汉族士大夫、学习汉人统治经验、推行封建政治制度之外,崇尚佛教也是鲜卑乞伏氏重视文化力量的又一表现。具体活动有:组织翻译佛经,供养高僧为国师,修建石窟寺供民众参拜等。尤其是尊师沙门、新造石窟两相助长,使佛教力量在统治中的作用发挥至极。十六国时期,内迁部族佛教信仰比较普遍,西秦统治区的佛教基础雄厚。炳灵寺石窟是中国已知年代的石窟中建造最早的一座,为西秦乞伏炽磐建弘元年(420)以前建成的,可证西秦对佛教的重视。目前看来,可知西秦尊崇的名僧有 6 人。另外,阿干镇距离子城及炳灵寺石窟不远,阿干镇石窟的修建与西秦推崇佛教关系密切。

# 炳灵寺 169 窟西秦千佛围绕说法图源流探

吴　荭

（甘肃省文物考古研究所）

## 一、炳灵寺 169 窟千佛绕说法图

炳灵寺 169 窟中共有 4 幅千佛图像，其中 2 幅为千佛墙，分别编号为 15、19 号。编号 24 号壁画，千佛中间绘二铺一佛二胁侍像、一铺二佛并坐像（图 1）。还有正壁未编号的千佛壁画 1 幅。24 号千佛图与 15、19 号壁画不同，其非统一的千佛，而是在千佛中间绘制一铺三尊说法图。

24 号壁画位于洞窟东壁南侧较高处，壁面以千佛为主，千佛中间大小二铺一坐佛二胁侍三尊像，略靠下的位置绘二佛并坐像。上部千佛均着通肩袈裟，附圆形头光和身光，头光顶上有简略的弧形华盖，禅定坐于莲台上。千佛中间绘较大的一坐佛二菩萨三尊像，佛结跏趺坐，右手施无畏印，左手抓握袈裟角，着覆肩袒右式袈裟。二胁侍菩萨头戴冠，上袒，下着裙，披 X 形短璎珞，帔帛绕臂外扬，内侧一手高举于头顶，手中持拂尘，外侧手提握帔帛，立于莲台上（图 2）。下部千佛较

图 1　炳灵寺 169 窟东壁上部壁画
（炳灵寺文物保护管理所提供）

图 2　炳灵寺 169 窟 24 号壁画说法图
（采自常青《炳灵寺 169 窟塑像与壁画的年代》）

上部略大。千佛图下有题记："比丘慧妙道弘 /□□昙（愿）昙要□化道融慧通 / 僧林道元道明道新□□□□□/ 等共造此千佛像愿生长□□佛……/……/□□妙化众生弥 / 勒初下……供养千佛成□众正 / 觉。"[①]因为此幅壁画上下千佛大小及佛座不同，学界对其是否同时代有一定的异议[②]。但即使如此，此幅壁画上部千佛与说法图应同时绘制，仍是较早的千佛及说法图，且与说法图等构成了一种组合关系。

关于千佛及其造像，学界有较多的研究成果，大多以佛教经典为依据，比对壁画中题名，探讨千佛图。实际上从图像观察，千佛图像有不同的类型，有仅表现统一千佛的，还有千佛与不同的图像组合式。前者在不同时期所依据的经典不同，后者表现了更加丰富的佛教意涵。

近年张同标以西印度石窟造像及壁画为对象，研究认为古印度的千佛图像源于大神变造像的省减，意在强调千佛化现；中国的千佛图源于印度图本，而非汉译佛经[③]。陈锽考察了放射状千佛造像，并认为其是"大光明神变"，与舍卫城神变相关[④]。王剑平等对中国境内千佛化现图像进行了研究[⑤]，宋沂航对比了中印舍卫城图像[⑥]。上述成果对于本文的研究具有很大的启发。

①甘肃省文物工作队、炳灵寺文物保管所：《中国石窟·永靖炳灵寺》，北京：文物出版社，1989 年，第 204 页。

②张同标：《中印佛教造像源流与传播》，南京：东南大学出版社，2013 年，第 335—337 页。

③张同标：《中印佛教造像源流与传播》，第 342 页。

④陈锽：《放射状千佛背屏式佛像"大光明神变"造像考——兼论托普鲁克墩 1 号小佛寺白衣立佛》，《新美术》2016 年 37 期。

⑤王剑平等：《中国内地舍卫城大神变造像遗存探索》，《石窟寺研究》第 1 辑，北京：科学出版社，2010 年，第 152—160 页。

⑥宋沂航：《中印"舍卫城大神变"图像对比研究》，硕士学位论文，郑州大学，2022 年。

## 二、舍卫城大神变经典及其印度图像

舍卫城神变故事发生在古印度十六国之一的拘萨罗国首都舍卫城。佛陀在祇园精舍讲经,并与外道发生激烈的论道之争。舍卫城神变就是双方交锋的体现。佛陀为了降服外道六师,显示了各种神通,最著名的如芒果树神变、水火双神变、无上大神变(化现千佛)等。

记载舍卫城大神变的佛典较多,有北传与南传之分。北传有《天譬喻经》《根本说一切有部毗奈耶杂事》等。其中《根本说一切有部毗奈耶杂事》是最早记载大神变的佛经①。《天譬喻经》第十二章《舍卫城神变经》也有相似的内容。南传以《本生经》最著名,其内容以芒果树神变为主。

另外,《四分律》《贤愚经·降六师品》《菩萨本生鬘论》《佛本行经》《佛所行赞》以及巴利文《法句经注》等都对这一佛传中较为重要的内容进行了记述。

从现存的佛教图像看,据神变内容不同,图像表现有异,特征明显。有各自表现的,也有混同表现的。其中的无上大神变与化现千佛图像关联紧密。

法国学者福歇最早对舍卫城大神变及其相关图像进行了较为全面的研究②。舍卫城大神变在印度不同地域、不同时代有不同的表现形式。贵霜时期的犍陀罗地区以无上大神变、双神变为主。其中双神变多以单独的形式表现,尤其以迦毕试地区最为流行,形成了地域特色。单独的芒果树神变较少见到。佛经中记载无上大神变具有无数神奇场景,人物众多,场面宏大。著名的穆罕默德·那利像③(图 3),主尊佛坐于硕大的莲花上,莲枝伸出两侧,其上站立胁侍,莲台下二龙王扶莲,周围密布听法圣众等,最上角两侧表现坐佛及身光中斜向的千佛化现。目前学界对于此像的认识仍存在分歧,福歇研究认为其表现了无上大神变内容;亨廷顿认为此图表现的是阿弥陀净土;宫治昭将其定名为"大

①[法]阿·福歇著,王平先、魏文捷译,王冀青审校:《佛教艺术的早期阶段——印度和中亚考古学论文集》,兰州:甘肃人民出版社,2008 年,第 122 页。

②[法]阿·福歇著,王平先、魏文捷译,王冀青审校:《佛教艺术的早期阶段——印度和中亚考古学论文集》,第 119—162 页。

③孙英刚、何平:《犍陀罗文明史》,北京:生活·读书·新知三联书店,2018 年,第 382 页,图 7-12a。

图 3　犍陀罗 穆罕默德·那利（Mohhamed Nari）出土浮雕（采自孙英刚、何平《犍陀罗文明史》图 7-12a）

图 4　大英博物馆藏佛三尊像

图 5　日本私人收藏品（采自《涅槃和弥勒的图像学：从印度到中亚》第 216 页图 219）

光明神变"，同时也认为这类浮雕图像与后来广为流行的净土变相密切相关①。无论如何，其表现了大乘佛教的意涵。

　　另外在犍陀罗存在一种佛三尊图像，以佛及两胁侍三尊形式表现，二胁侍多为菩萨形像。据宫治昭统计共有 40 件左右，并认为其发展成舍卫城大神变图像。这些三尊像从图像构成上可以分为几类：一为单纯的佛三尊形式，表现主尊及二胁侍菩萨。二是在第一种样式基础上，于胁侍菩萨与主尊间出现小像。三是在三尊像两上角刻画小佛像或菩萨像。前两者基本相似，后者应非仅表现佛三尊，其与单纯三尊图所表达的佛教含义有差别。第三种图像与舍卫城大神变图有紧密的联系②。著名的像例有大英博物馆藏品（图 4）、日本私人收藏佛三尊像（图 5）、白沙瓦博物馆藏萨利巴路尔出土三尊像（图 6）等。在这些图像中出现了神变的代表性内容，如硕大的莲花、龙王、主尊坐佛结说法印、两上角的二化佛等，与穆罕默德大神变图十分相似。其中两上角的二化佛

---

　　①[日]宫治昭著，李萍译：《犍陀罗寻踪》，北京：人民美术出版社，2006 年，第 173—181 页。

　　②[日]宫治昭著，李萍、张清涛译：《涅槃和弥勒的图像学：从印度到中亚》，北京：文物出版社，2009 年，第 204 页。

图 6　白沙瓦博物馆藏品　　　　图 7　拉合尔博物馆藏大光明神变

代表了化现千佛。另外还有一种从大神变中独立出来的大光明神变,典型图像是化佛斜向分列于主尊两侧,如拉合尔博物馆藏品(图 7),其与穆罕默德图像最上边二坐佛一致。

　　笈多时期犍陀罗地区少见神变类图像,而秣陀罗地区较为流行。但图像内容及样式发生了较大的变化,主要表现主尊、莲花、千佛(图 8)。此类图形中主尊较其他佛略大,有二胁侍菩萨,菩萨手均上举持拂尘。从主尊佛像中延伸出的莲枝将图像中化佛连接在一起。同时化佛表现了四威仪,其中立佛分为两种样式,一种正面两腿直立,代表了立威仪。一种身体略侧,呈游足样,似是行威仪的体现。在阿旃陀等西印度石窟中千佛化现同样表现了千佛、莲花、龙王,只是主尊与化现的千佛大小一样,并没突出表现,更无胁侍菩萨。

　　炳灵寺 24 号壁画上部壁画中千佛与中间佛三尊像与古印度舍卫城无上大神变及佛三尊像有一定的联系。

图 8　舍卫城大神变
(采自《犍陀罗美术寻踪》,178 页
图 V–3)

### 三、西域河西地区其他千佛造像及说法图

巴米扬石窟中部分窟顶部绘制千佛,虽然其中心多为菩萨像,但这种构图对龟兹石窟影响较大。

于阗地区洛浦县热瓦克佛寺中塑像,策勒县达玛沟佛寺、托普鲁克墩1号佛寺中塑像, 这些都与无上大神变中的光明大神变相关联。而龟兹地区克孜尔石窟中也出现立佛及其身光中小化佛[1]。除此以外,应对吐峪沟44窟给以特别关注,其为高昌地区年代最早的洞窟。平面方形, 平顶中央上凿出穹庐顶,穹庐顶辐射出29条幅, 每条幅内绘三层小坐佛或立佛, 条幅下缘三角带内

图9　文殊山千佛洞
（采自《文殊山石窟》第170页）

亦绘小立佛。平顶处绘坐于莲花上的小佛,洞窟四壁上部均绘千佛,中间位置绘一佛二胁侍菩萨。佛施无畏与愿印,菩萨双手合十立于两侧莲台上[2]。其与莫高窟北凉洞窟时代相近[3]。可见在高昌地区千佛及说法图是早期石窟中流行的题材。从壁画内容及构图看,其顶部千佛继承了龟兹地区样式,四壁构图与河西地区千佛及说法图相似,而不是新疆境内的以身光中斜向化佛的表现形式。在高昌地区千佛及一佛二菩萨图像还延续到二、三期。同时二期大立佛身光中也出现小坐佛[4]。

莫高窟早期的272窟北壁佛背光中绘制千佛,南北壁绘千佛与说法图。宿

---

①苗利辉:《克孜尔石窟"佛陀神变"故事画初探》,《西域研究》2019年第2期。

②林立:《高昌早期石窟的分期和年代》,《文博》2019年第3期。

③贾应逸:《吐峪沟第44窟和莫高窟北凉洞窟比较研究》,《敦煌研究》1988年第2期。

④林立:《高昌早期石窟的分期和年代》。

白先生指出窟壁画千佛是北凉石窟的特点之一①。除了北凉造像壁画外,在河西北魏时期石窟壁画中也流行千佛绕佛说法三尊像。如莫高窟北魏 271、251、257 窟两侧壁千佛及说法图,天梯山第 8 窟左右壁第一层千佛图及说法图,酒泉文殊山第 2 窟(前山千佛洞)右壁等②。

## 四、对东部地区的影响

目前中原东部地区发现的千佛及说法图主要在陕西、山西、河南等省。分石窟造像、单体造像、造像碑等几种。

### 1. 石窟寺

云冈石窟 2 期的 7、8 窟前室东西壁上中雕千佛,是云冈最早的千佛图像。7 窟西壁壁面千佛,下部北侧开龛,内雕一佛二胁侍图。8 窟千佛保存较差。10 窟明窗东西两壁千佛龛,中间一大龛内雕坐佛一身。6 窟东壁下层中央千佛龛,千佛中间有盝形龛,内雕坐佛及二胁侍菩萨。3 期 15 窟南壁、东壁、西壁上层千佛。东、西壁上层千佛中间开龛造像,内雕坐佛一身。16 窟南壁上层千佛,其下说法图。

巩县石窟 1、3、4 窟侧壁表现千佛及说法图。山西高平羊头山石窟亦如此③。上述石窟寺中千佛壁中间开一小龛,内雕一佛二菩萨像。与炳灵寺 169 窟、河西诸石窟及吐峪沟 44 窟千佛及说法图一致,延续了早期石窟中图像样式。

### 2. 单体造像

除了石窟寺外,金铜造像或背屏式造像中存在大量佛说法三尊像。其构图特征为主尊坐佛或立佛,两身胁侍菩萨,背屏头光上或碑的上下部刻千佛。一般背屏式造像限于载体,仅刻画数身化佛,学界一般称之为化佛或七佛,从图

---

①宿白:《凉州石窟遗迹与凉州模式》,《考古学报》1986 年第 4 期。

②敦煌文物研究所编:《中国石窟·敦煌莫高窟》(一),北京:文物出版社,1982 年,第 48 页;敦煌研究院、甘肃省博物馆编著:《武威天梯山石窟》,北京:文物出版社,2000 年,第 105—108 页;姚桂兰主编:《文殊山石窟》,兰州:甘肃人民出版社,2018 年,第 170—172 页。

③河南省文物研究所编:《中国石窟·巩县石窟寺》,北京:文物出版社,1989 年,第 255—257 页;张庆捷、李裕群、郭一峰:《山西高平羊头山石窟调查报告》,《考古学报》2000 年第 1 期。

像分析看六、七身化佛或可定为过去七佛，但其他数量的化佛似不宜定为七佛。且七身化佛也并非全部为过去佛，要视其与其他图像的关联来判定。

日本光出美术馆藏十六国—北魏金铜造像，主尊佛结跏趺坐，背光中七身化佛，主尊两侧立一菩萨一弟子，再外侧两身菩萨，站立于由主佛座上伸出的莲座上①。该像虽然不是佛三尊像，但整体与三尊像类似。河北石家庄北宋村出土十六国华盖金铜佛，佛禅定坐，二弟子立于两侧，背光上部有一小坐佛，两旁飞天，佛弟子上部及佛座前线刻莲花。四世纪后半段至五世纪的金铜佛禅定坐，二胁侍立于两侧，背光中五身化佛。这些金铜佛像虽然没有完全仿照舍卫城大神变的图样，但坐佛、莲座、飞天、化佛等基本因素都保留有大神变的特

图10　北魏金铜佛板
（采自《中国仏教雕刻史论》33b 页）

点。日本私人收藏金铜佛板②，主题为佛三尊像，坐佛及二身立菩萨，佛上部华盖、两侧飞天，佛板上部两角各一身坐佛（图10）。主尊佛虽坐于须弥座上，但其下部两枝莲枝伸出，寓意了莲座。造像整体与大英博物馆藏犍陀罗大神变造像极为相似，明显受到其影响。除此之外，美国旧金山亚洲艺术博物馆藏和平元年（460）比丘法亮造弥勒造像板及日本大阪美术馆藏延兴四年（474）比丘造释迦造像板等此类造像也表现出相似的内容。关于北魏中后期此类金铜造像板内容及特征来源，李静杰、张聪等学者有过较为细致的研究③，学者都认为其受到犍陀罗大神

①金申：《海外及港台藏历代佛像——珍品纪年图鉴》，太原：山西出版集团、山西人民出版社，2007年，第388页。

②[日]松原三郎：《中国仏教雕刻史论》，东京：吉川弘文馆，1995年，第10、14、33b页。

③李静杰：《北魏金铜佛板图像所反映犍陀罗文化因素的东传》，《故宫博物院刊》2016年第5期；张聪：《北魏铜铸佛板考论》，《美术学研究》第五辑，2016年12月。

变造像的影响。笔者完全赞同他们的观点。此类金铜佛板中有两件铭文中提及追远寺,他们是西安莲湖区出土北魏太和七年(483)追远寺众僧等造金铜佛板和日本藏北魏太和七年(483)追远寺众僧等造金铜佛板,两件像铭文大体一致。西安出土佛板背面铭文"大代太和七年岁次癸亥,合追远寺众僧、颍川公孙小,劝帅道俗,为皇帝陛下、太皇太后、皇太子,敬造千像一区……普济群生"[1]。日本私人藏佛板背面铭文:"大代太和七年岁次癸亥,合追远寺众僧、颍川公孙小,劝所道俗,为皇帝陛下、太皇太后、皇太子敬造千佛。愿缘此庆,福钟皇家祚隆万代,普济群生。"[2]其中"千佛""千像"学者认为是指造像数量。从上述两件造像的相似度看,有可能利用相同的模板制造了大量的此类佛板,但一般铭文中"敬造某某像"都指造像内容,故推测其或与所造像的内容有关,即此处千佛是否与所造为千佛化现有关?这两件造像发表资料均只有主体部分,上下情况不明,西安出土的那件,下部似有柄。另外,西安博物馆藏北魏王得造鎏金一佛二菩萨立像,背光上部一身化佛坐于莲座上,主尊佛像及菩萨均立于莲台上[3]。其是更为简洁的表现形式。

大量背屏式佛三尊造像中以佛说法图为主,背屏中刻化佛,如河北蔚县出土的太平真君五年(444)朱业微造像背光中两圈化佛[4],二胁侍菩萨内侧手高举,左侧可判定为拂子(图 11)。西安王家巷出土和平二年(461)佛说法三尊像,佛结跏趺坐,禅定印,二胁侍菩萨立像,右侧菩萨左手持拂子。头光中刻画十一身化佛[5]。保利博物馆藏北魏背屏式佛三尊像,主尊坐佛二胁侍菩萨立于莲台上,佛头光及背光中刻画化佛;其背面刻四排佛像,上面两排坐佛,下面两排立像,使人联想到此处或是表现大神变中四威仪中坐立或行的威仪,另外正

---

①翟春玲:《西安出土北魏铜佛造像研究》,《文博》2003 年第 5 期,第 45 页图 2;西安市文物保护考古所:《西安文物精华——佛教造像》,西安:世界图书出版西安有限公司,2010 年,图 7。

②金申:《海外及港台藏历代佛像——珍品纪年图鉴》,第 400 页。

③西安碑林博物馆:《长安佛韵——西安碑林佛教造像艺术》,西安:陕西师范大学出版社,2010年,图 11。

④蔚县博物馆:《河北蔚县北魏太平真君五年朱业微石造像》,《考古》1989 年第 9 期

⑤西安碑林博物馆:《长安佛韵——西安碑林佛教造像艺术》,第 44 页。

图 11　蔚县朱业微造像
（采自网络）

图 12　保利藏品正面
（采自《保利藏珍——石刻佛
教造像精品选》第 206 页）

图 13　保利藏品背面
（采自《保利藏珍——石刻佛
教造像精品选》第 207 页）

面头光中化佛中有几身斜向表现,显得较为特别①。该像背面细密线雕刻风格
为陕西地区特色(图 12、图 13)。该像与河北蔚县朱业微造像、宋德兴造像主尊
袈裟均覆肩祖右式、螺髻、禅定印,较为一致,其年代接近。

陕西长武出土了一大批北魏时期背屏式造像及龛像,多数像正中高浮雕
一佛或开龛造像,两侧二菩萨立像,头光中刻化佛,下部供养人。其中有太和三
年(479)刘元天造像、太和二十三年(499)张佰安造像。此类还有无纪年的何要
龙、刘范可造像。另延昌二年(513)比丘僧法慧碑,方形,中部开龛,内雕佛三尊
像,龛上刻化佛一排②。甘肃宁县博物馆藏北魏龛像,其与长武类似,中间开龛
雕佛三尊像,龛上部雕化佛③。宁县藏另一件北魏龛像,龛内雕佛三尊,龛外一
周刻化佛④。河北成安出土太和六年(482)三尊像,佛结跏趺坐,着覆肩祖右式
袈裟,右手施无畏印,左手抓握袈裟角。二胁侍菩萨立像,右侧菩萨左手持拂

---

①《保利藏珍》编辑委员会:《保利藏珍——石刻佛教造像精品选》,广州:岭南美术出版社,2000
年,第 206—211 页。

②刘双智:《陕西长武出土一批北魏佛教石造像》,《文物》,2006 年第 1 期。

③张宝玺:《甘肃佛教石刻造像》,兰州:甘肃人民美术出版社,2001 年,图 80。

④甘肃省宁县博物馆:《甘肃宁县出土北朝石造像》,《文物》2005 年第 1 期。

子,右手下垂。左侧菩萨右手抚于胸前,左手提净瓶。背屏上浅浮雕三身化佛①(图14)。保利博物馆藏另一件北魏背屏三尊像,正面一立佛二胁侍菩萨,均立于覆莲台上,两侧面刻千佛,背面中间开龛内雕一佛二菩萨三尊像,龛外千佛②。邺城出土谭副造像,年代定为五世纪后半段的北魏皇兴至太和年间,主尊虽为立佛,但施无畏与愿印,头光中化佛一圈,其胁侍菩萨着 X 形交叉的短璎珞③,也与炳灵寺 169 窟中菩萨一致。

图 14　成安太和六年像
(采自《邯郸古代雕塑精粹》图 39)

### 3. 造像碑

造像碑延续西秦的特点,千佛围绕说法图。山西地区此类千佛碑尤为突出。另外陕西、甘肃也有部分此类造像碑。

山西东南部地区是千佛造像碑主要发现地区,已知的有太和十七年(493)沁水千佛造像碑、高平建宁北魏太和二十年(496)邑子等千佛碑、山西博物院藏高平王黄罗造像碑、崇寿寺千佛碑、羊头山千佛碑、陵川千佛碑、北尹寨千佛造像碑等④。这些碑的共同特点是碑面大面积雕刻千佛,下部开龛内雕一佛二菩萨像。其中高平建宁乡建南村智积寺门前所立北魏太和二十年(496)邑子等千佛碑、山西博物院藏高平北魏中晚期之际王黄罗造像碑是其代表。建南村太和二十年邑子千佛碑正背两面均雕千佛,下部开龛造像。背面龛内一佛二胁侍立菩萨,佛肩部二化佛,龛内上角各一身飞天。二菩萨均内侧手上举持物。王黄

---

①邯郸市文物研究所编:《邯郸古代雕塑精粹》,北京:文物出版社,2007 年,图 39。

②《保利藏珍》编辑委员会:《保利藏珍——石刻佛教造像精品选》,第 36—43 页。

③何利群:《邺城遗址出土北魏谭副造像图像考释》,《考古》2020 年第 5 期。

④李静杰:《佛教造像碑分期与分区》,《佛学研究》1997 年第 10 期;胡春涛:《晋东南北魏千佛造像碑与风格渊源》,《西北美术》2017 年第 2 期;胡春涛:《山西五至八世纪造像碑的图像志研究》,南宁:广西美术出版社,2017 年,第 223—233 页。

图 15　王黄罗造像碑
（李静杰摄）

罗造像碑正面上部雕刻千佛，千佛下部开龛，内雕一佛二菩萨，菩萨立像，菩萨附圆形头光，戴花蔓冠，上袒，下着裙，帔帛绕臂外扬。内侧手高举过头顶，持拂子。另一手提净瓶①（图 15）。

陕西地区千佛碑与山西不同，其碑主体开龛，龛外刻千佛，如西安景明二年（501）四面塔龛、西安尤家庄出土神龟三年（520）造像碑、正光二年（521）像、正光四年（523）像碑、太昌元年（532）释迦弥勒造像碑正面、长武司家河重云造像碑②。

彬县县城衙属旧址背后出土六块造像碑，五块都雕刻有千佛题材，从内容看 3 号碑千佛中间开龛，内雕一佛二菩萨③。

甘肃宁县太和十二年（488）成丑儿造像碑与陕西像碑类似。中间开大龛造像，千佛位于其上。此碑较为特殊的是在龛外两上角各一小龛，内雕坐佛一身④（图16）。麦积山 133 窟中存有十八块造像碑，多为千佛题材，其中 1 号造像碑额部开龛，内雕一佛二菩萨像，佛坐于莲台上，胁侍菩萨立于莲台上，碑身刻千佛。11 号碑中间开龛造像，主尊佛坐于须弥座上，其下一朵硕大的莲花，佛座两侧伸出二枝上擎莲台，二身胁侍菩萨立于其上（图17）。龛楣上化身童子数

---

①山西博物院：《山西博物院藏品概览·石造像卷》，北京：文物出版社，2002 年，第 3 页。

②[日]松原三郎：《中国佛教雕刻史论》，第 103、104 页；西安市文物保护考古所：《西安文物精华——佛教造像》，图 17；[日]松原三郎：《中国佛教雕刻史论》，第 183b 页；陕西省耀县药王山博物馆等：《北朝佛道造像碑精选》，天津：天津古籍出版社，1996 年，第 87—91 页；西安市文物保护考古所：《西安文物精华——佛教造像》，图 21；张燕、赵景普：《陕西省长武县出土一批佛教造像碑》，《文物》1987 年第 3 期。

③罗宏才：《中国佛道造像碑研究》，上海：上海大学出版社，2008 年，第 143 页。

④甘肃省宁县博物馆：《甘肃宁县出土北朝石造像》，《文物》2005 年第 1 期，图 18。

身[1]。这种样式一望而知其脱胎于舍卫城大神变。甘肃天水市张家川回族自治县博物馆藏武威王千佛碑,该碑有永熙三年(534)题记,碑阴碑额中央雕一兽面,兽面下中间开小龛,内雕佛三尊像,碑身正背两面均刊刻千佛(图 18)[2]。甘谷县磐安镇千佛寺存龙骧将军千佛造像碑,同样为蟠龙碑额,下开龛雕一佛,碑身千佛[3]。这种碑的样式在天水地区较为流行,甘肃省博物馆藏西魏大统十二年(546)权氏造千佛碑仍延续此类样式。山西陵川千佛碑正面下部龛上亦出现兽面,两者间具有一定的相似性。

西部地区千佛碑下部增加了供养人内容,这是与北魏时期世族崇佛及佛教社邑组织发展有关。随着佛教教团兴起,制作造像与礼拜成为其重要的任务。

图 16　宁县
成丑儿像

图 17　麦积山 11 号碑
（麦积山石窟艺术研究所提供）

图 18　张家川武威王
千佛图
（张家川回族自治县博
物馆提供）

①天水麦积山石窟艺术研究所:《中国石窟·天水麦积山》,北京:文物出版社,1989 年,图 93、94、96。

②李宁民、王来全主编:《甘肃散见佛教石刻造像调查与研究·天水卷》,北京:文物出版社,2018 年,第 186—189 页。

③李宁民、王来全主编:《甘肃散见佛教石刻造像调查与研究·天水卷》,第 192—199 页;张驰:《甘肃甘谷叁交寺造像碑及上官洛炅造像碑考——兼论宇文建崇造像碑中的"铫国公"》,《石窟寺研究》第 11 辑,北京:科学出版社,2021 年,第 109—123 页。

### 五、中国千佛绕说法图特征

上述甘肃及其以东地区发现的石窟及造像中千佛围绕说法图与炳灵寺 169 窟中西秦壁画类似。仍能看出其保留有大神变的痕迹,如一佛二胁侍、莲座、大量化佛等。但西部地区早期千佛说法图中二龙王基本不见。莲座也以不同的形式表现,如麦积山 11 号碑须弥座下盛开的莲花,将须弥座与莲座复合在一起。主尊佛像犍陀罗地区多做转法轮印,化佛禅定印。西印度石窟中转法轮印、无畏印或抓握衣角都存在,而在中土主佛早期右手施无畏印,左手抓握袈裟角,之后禅定印、无畏与愿印流行。

敦煌莫高窟 272 窟中千佛说法图中胁侍菩萨戴 U 形短璎珞,保留犍陀罗样式,其他说法图中二胁侍菩萨戴 X 形短璎珞,手持拂子,与炳灵寺 169 窟 24 号壁画中菩萨一致。在和平元年 460 年比丘法亮造弥勒菩萨像、皇兴四年

图 19 庄浪县博物馆藏佛三尊
像图

(470)王钟夫妇造观音像、皇兴五年(471)仇寄奴造观音像及北魏金铜佛板中菩萨还见。山西区域造像碑中菩萨像持拂子较为普遍。陕北甘泉县老君寺北魏龛内亦见菩萨像持拂子造像,该石窟中造像虽重绘,两胁侍菩萨左手都上举,左侧菩萨左手举过头顶,右侧菩萨举于肩部[1]。甘肃庄浪县博物馆藏佛三尊像中也可见两侧菩萨手持拂子上举,拂子形如花束(图 19)。西安博物院藏永兴三年(534 年)像碑正面上下龛中二佛并坐与交脚菩萨像,背面上层表现一佛二半跏坐菩萨,菩萨半跏坐于束帛座上,内侧手持拂子,高举于头顶[2]。

---

①《陕西石窟内容总录》编纂委员会:《陕西石窟内容总录·延安卷》(上),西安:陕西新华出版传媒集团、陕西人民出版社,2017 年,第 302 页图 6-4-3、6-4-4。
②西安市文物保护考古所:《西安文物精华——佛教造像》,第 26 页图 22。

现藏台北"故宫博物馆"太和元年(477)阳氏造释迦文佛金铜造像,背面中间刻一佛二胁侍菩萨像,菩萨立像,内侧手中持物上举。原日本新田氏藏比丘法恩造释迦文佛金铜坐像,背面一佛二立菩萨像[1]。两身菩萨像着装与炳灵寺 169 窟 24 号壁画中菩萨极为相似。戴项圈,X 形短璎珞,下着裙,披帛绕臂外扬,表现出早期菩萨像的特点。

西安博物院藏太和四年(480)关中义造背屏式一佛二菩萨三尊像,主尊佛像立于硕大的莲台上,莲台上部两侧伸出两条龙,龙口中吐莲枝,上擎莲台及菩萨(图 20)[2]。该像虽然不见化佛,但硕大莲座及双龙造像,仍然留有大神变的痕迹,且是西部地区较为少见的,其表现出与青州造像的相似性。青州东魏北齐的背屏式造像中双龙莲台较为流行,而印度大神变中两位那伽龙王是其源头[3]。印度大神变中二龙王在中土演变为灵动的双龙,且在青州地区发挥到了极致。

图 20　太和四年(480)关中义造背屏式造像

作为佛传一部分的舍卫城大神变图像不仅在佛陀四相、八相图中表现,且能够独立出现,并影响佛说法的三尊像,其目的都是宣扬佛陀的神异,借此来弘扬佛教。此类图像传到中土,各地在接受大神变图像时保留了其基本元素,但又不断变化,发展出新的图像形式。十六国、北魏北方形成了千佛及说法图,新疆、四川地区呈现千佛化现神变。

①金申:《海外及港台藏历代佛像——珍品纪年图鉴》,第 405、406 页。
②西安市文物保护考古所:《西安文物精华——佛教造像》,第 16 页图 14。
③张同标:《中印佛教造像源流与传播》,第 315 页。

# 炳灵寺第 169 窟第 6 龛的上品上生变相
## ——兼谈建弘纪年题记

夏朗云

（敦煌研究院　麦积山石窟艺术研究所）

## 一、第 6 龛概貌

炳灵寺石窟第 169 窟第 6 龛（图 1），在第 169 窟的左侧壁处。主尊塑像为覆莲上的坐佛，面南，题记"无量寿佛"。右侧塑像在第 169 窟的内侧位置，为覆莲上的立菩萨，题记为"观世音菩萨"。左侧塑像在第 169 窟的外侧位置，为覆莲上的立菩萨，题记为"得大势志菩萨"。无量寿佛背光上绘有伎乐天和其身边飞动的莲苞。此 3 尊塑像的左（东）上侧壁面，在 3 尊塑像背项光东外侧，绘有附带榜书题记①的十方佛（图 2）。在此 3 尊塑像背项光和十方佛之间的上方，绘 1 身飞行的，于莲花中露出上身、戴璎珞、着披帛、有头光的"莲花童子"（图 3）。

此有头光的莲花童子较

图 1　第 6 龛

---

①上排题记自西向东为：东□明智佛，北方行智佛，西方习智佛，南方智火佛，东□□□□；下排题记自西向东为：上方伏怨智佛，下方梵智佛，西北方自在智佛，西南方上智佛，□□□□□。

大,正由东向西,朝此 3 尊塑像飞动,双手捧 1 物,似净瓶。十方佛在其东下方的身后处,最西上的一尊佛的左(东)肩上方,绘有莲花童子向其上方飞出的轨迹。故显示此莲花童子的状态,似为,在飞行状态中,依次供奉十方佛的结束状态。具体表现为,供奉完十方佛后,在十方佛最后一尊上方处,时披帛正呈散向左右的状态,更具体的状态是,莲花童子正作向右稍旋转状。这是稍停顿作向右的转身状,是正欲朝向无量寿佛去供奉的状态。莲花童子的这种对十方佛和无量寿佛的供奉状态,均表现为在佛的上方进行。这符合莲花童子手持净瓶的状

图 2　十方佛

图 3　莲花童子(上品上生者)

态。净瓶可向下洒甘露表示供奉,如同佛上方的飞天向下奏乐、飞舞、撒花均可表示供奉佛一样。

　　莲花童子下方,有 1 身天王画像。在十方佛的左(东)侧,绘有 1 身较大体量的立佛,题记为"释迦牟尼佛"。释迦立佛的左(东)侧上方,绘 1 尊较小的坐佛,题记为"药王佛"。释迦立佛的右(西)侧,绘 1 尊稍大的立菩萨,题记为"弥勒菩萨"。在左(东)上侧为西秦建弘纪年墨书题记。(图 1)

## 二、建弘"五"年字迹辨认

　　题记最后一行仅为落款"建弘□年岁在玄枵三月廿四日造"。建弘年号下

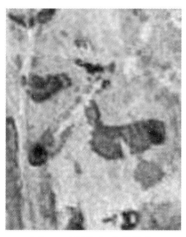

图4　建弘纪年中的数字

的那1字为序号数字（图4），残存整体似"兀"字。以前曾释读为"元"①，那应是认为"兀"字1横上原有1短横或表示1短横的斜点②。但观察"兀"字，1长横上面1短横或1斜点的迹象不确切。

首先，关于字距。落款文字较少，上下空间宽敞，字距应是均匀的。如果认为建弘下是1"元"字，此字就应有2横的空间，但实际上无那种均匀的空间。即，如果有2横，则此处的字距较局促。

其次，关于暗点。"兀"字1横上方是有1小暗点，但较淡。故"兀"字1横上方的1小暗点，也可不是表示1短横的斜点状墨迹，更似是泥皮白底色上自然暗斑点，其周边多有这种自然暗斑点。

故"建弘"2字之下的那1字，从书法的章法上看不似"元"字。

综观建弘题记的墨笔风貌，是带有汉隶或汉简笔意的楷书，因此"建弘"2字之下的那1字，可看作是带有汉隶笔意的"五"字。汉隶的"五"字，上下2横，中间是"×"状，如东汉《桐柏庙碑》。（图5③）"建弘"2字之下的那1字的笔画结构正大致如此"五"字的"上下2横中间×"状，其"×"的第2画即"向右下斜笔画"，在交叉以上部分基本残掉了；其"下长横"在2"×"脚之间的部分残掉了，以致整体字形似"兀"字。

---

①a.1963年，初世宾、乔今同录文。张宝玺：《建弘题记及其有关问题的考释》，《敦煌研究》，1992年第1期。b.1974年10月，马世长、樊锦诗、王万青录文，王万青整理。《炳灵寺石窟内容总录》，甘肃省文物工作队、炳灵寺文物保管所：《中国石窟·永靖炳灵寺》，北京：文物出版社，1989年。c.1980年10月，贺世哲、刘玉权、孙修身、张宝玺录文，张宝玺整理。《图版说明》，甘肃省博物馆、炳灵寺文物保管所《炳灵寺石窟》，北京：文物出版社，1982年。d.张宝玺录文。张宝玺：《建弘题记及其有关问题的考释》，《敦煌研究》，1992年第1期。

②张宝玺：《建弘题记及其有关问题的考释》，《敦煌研究》，1992年第1期。

③http://www.360doc.com/content/22/0406/00/41769495_1025026638.shtml（2024.4.22），个人图书馆："高清碑帖隶书（东汉）《桐柏庙碑》"，碑中，前后共3个"五"字，此是第2个"五"字。

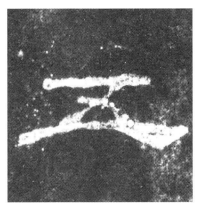

图 5 东汉桐柏庙碑的"五"字

"下长横"起笔有 1 顿笔的深墨点,然后继续写"下长横"时,先提笔使得笔画稍细(此处残失),再于长横的中部按笔并稍外拓成粗笔画①,再向右横移,渐收笔,顿笔成深墨点,完成。"下部长横"外拓笔画的下缘稍肥圆,其残存肥圆部分,残渣风化于圆润中,适与"向右下斜笔画"能连接呈弧状,形成似"竖弯钩"笔画的"竖弯"段,则整体字形更似"兀"字,更容易使人误释读出"元"字。

"下长横"中间的残损,明显来自鸟爪的划痕,较明显的是上下 2 道斜划痕,上处是自左上至右下的划痕,下处是更斜向左的自左上至右下的划痕,二者剪刀状划过,并辅以 2 道更微小的自左上至右下划痕,使得"下部长横画"的中间偏右部分的墨迹,在白粉表层处被揭除。

"五"字的这种保留汉隶字形结构的写法,出现在建弘年间是合理的,因为后世如唐代的欧阳询(图 6②)也有类同的写法。故"建弘"下一字应是"五"。"五"与"弘"字,字距与其他字距等同均匀,不存在迫近感。反之,如果是"元"字,有迫近感,不协调。

题记中"岁在玄枵"的"玄枵"③对

图 6 唐欧阳询"五"字

①此处运笔相似于写"之"字的第 2 转折部分外拓圆肥形式,题记正文中"之"字的写法也正是如此的外拓圆肥样。此题记用笔的横画也多后段向右下出圆点样肥状,其外拓的下缘有向右下弯曲之态。

②http://www.360doc.com/content/22/0106/06/65784766_1012051320.shtml(2024.4.22),个人图书馆:"(唐)欧阳询《化度寺碑》二玄社高清版附跋文",碑中,前后共 2 个"五"字,此是第 2 个"五"字"。

③https://www.zdic.net/hant/玄枵(2024.4.22),汉典,玄枵:"十二星次之一。与二十八宿相配为女、虚、危三宿,与十二辰(对应十二地支)相配为子,与占星术的分野相配为齐。"

应的是子年,建弘五年正是甲子年①,故此题记更应是上述辨字形释读所支持的"建弘五年三月"(424)时所题。②

## 三、"上品上生"变相

此时(424年3月),《佛说无量清净平等觉经》③《佛说阿弥陀三耶三佛萨楼佛檀过度人道经》《佛说阿弥陀经》《大阿弥陀经》)④《佛说无量寿经》⑤《佛说阿弥陀经》⑥《佛说观无量寿佛经》(简称《观经》),不止一种译本⑦,但内容应与所

①《中国历史年代简表》,北京:文物出版社,1973年。

②有学者已指出,玄朗对应子年的建弘五年,与所谓建弘元年矛盾,建弘纪年应为"建弘五年(424)",([日]福山敏男:《炳灵寺石窟の西秦造像铭について》,《美术研究》第276號,1971年7月)。其他学者也承认,若按纪年推算题记中的建弘纪年应为建弘五年,如,东山健吾:《敦煌莫高窟佛树下说法图形式的外来影响及其变迁》注8,《敦煌研究》1991年第1期(原载《成城大学文艺学部创立35周年纪年论文集》,1988年);张宝玺:《建弘题记及其有关问题的考释》,《敦煌研究》1992年第1期;王惠民:《炳灵寺建弘纪年应为建弘五年》,《敦煌研究》1998年第3期,第167页。东山健吾认为此题记虽题建弘元年,但应取玄朗甲子纪年为是,认为题记应题于建弘五年,建弘元年的"元"是误题。张宝玺仍坚持因题记中的"元年"二字是清楚的,应以建弘元年为是,意思即题记应题于建弘元年,"玄朗"为误题。如上文所示,"建弘"二字下的字本是"五",既不存在误题为"元",也不存在误题为"玄朗"。

③后汉月支国三藏支娄迦谶译:《佛说无量清净平等觉经》,CBETA电子佛典集成(CD),2004年。

④吴月支国居士支谦译:《佛说阿弥陀三耶三佛萨楼佛檀过度人道经》,CBETA电子佛典集成(CD),2004年。"(经名)佛说诸佛阿弥陀三耶三佛萨楼佛檀过度人道经,二卷,吴支谦译。与《佛说无量寿经》同本异译。外题略名《佛说阿弥陀经》,坊本表题曰:《大阿弥陀经》,三耶三佛萨楼佛檀为如来之尊号,过度是济度之义,此经说阿弥陀如来济度人道者。"丁福保编纂:《佛学大辞典》,北京:文物出版社,1984年。

⑤曹魏天竺三藏康僧铠译:《佛说无量寿经》,CBETA电子佛典集成(CD),2004年。

⑥姚秦龟兹三藏鸠摩罗什译:《佛说阿弥陀经》,CBETA电子佛典集成(CD),2004年。

⑦a.《观无量寿经》一卷。"释僧祐撰:《出三藏记集》录下,卷第4,《新集续撰失译杂经录》第1,CBETA电子佛典集成(CD),2004年。b."畺良耶舍,此云时称,西域人。性刚直寡嗜欲……以元嘉之初(424年8月)远冒沙河萃于京邑。太祖文皇深加叹异。初止钟山道林精舍。沙门宝志崇其禅法,沙门僧含请译《药王药上观》及《无量寿观》,含即笔受。以此二经是转障之秘术净土之洪因,故沈吟嗟味,流通宋国。平昌孟顗承风钦敬,资给丰厚,顗出守会稽固请不去,后移憩江陵。元嘉十九年(442)西游岷蜀。"梁会稽嘉祥寺沙门释慧皎撰:《高僧传》卷第3,电子佛典。c."昙摩密多,此云法秀,罽宾人也……以宋元嘉元年展转至蜀。俄而出岐止荆州,于长沙寺造立禅阁,翘诚恳恻祈请舍利,旬有余日遂感一枚,冲器出声放光满室。门徒道俗莫不更增勇猛,人百其心。顷之沿流东下至于京师,初止中兴寺,晚憩祇洹。密多道声素着,化洽连邦,至京甫尔倾都礼讯,自宋文哀皇后及皇太子公主,莫不设斋桂宫请戒椒掖,参候

谓置良耶舍译《观经》①大同小异)《华严经》60 卷②并行于世。炳灵寺第 6 龛景象,即主要反映了当时《观经》《华严经》流行时,影响炳灵寺石窟的一种状况。

具体看,第 6 龛所采用的《观经》应并不是后来于 424 年 8 月以后置良耶舍所译或校订的《佛说观无量寿经》,但内容应大同小异。因为,置良耶舍《佛说观无量寿经》的"大势至菩萨"在第 6 龛中为"得大势志菩萨",有 2 字小异,这或许是置良耶舍《佛说观无量寿经》之前《观经》的用词在第 6 龛的体现。

第 6 龛的 3 身塑像为西方三圣③。佛为坐姿,菩萨为立姿,与离开西方净土

---

之使旬日相望。即于祇洹寺译出《禅经》《禅法要》《普贤观》《虚空藏观》等。常以禅道教授。"梁会稽嘉祥寺沙门释慧皎撰:《高僧传》卷第 3,电子佛典。d."《观无量寿佛经》一卷",开皇十七年翻经学士臣费长房上:《历代三宝纪》卷第 7(译经东晋)、卷第 4(译经后汉)。电子佛典。e."《观无量寿佛经》一卷,宋罽宾三藏昙摩蜜(密)多译(出《宝唱录》第二译)。"庚午岁西崇福寺沙门智升撰:《开元释教录》,卷第 14(别录 4),别录中有译无本录第 2 之 1。电子佛典。按,上述《观无量寿经》《无量寿观》《观无量寿佛经》均为现在流传的《佛说观无量寿佛经》(简称《观经》)的别名,内容应大同小异。梁慧皎认为宋置良耶舍"译"《观经》(现继承,将《佛说观无量寿经》的译者归置良耶舍),唐沙门智升继承(宝唱录)的说法,认为宋昙摩密多另也"译"了《观经》。梁僧佑却认为《观经》"失译"(无译者)。这说明在置良耶舍、昙摩蜜多至刘宋之前已有《观经》的译本,但已不知译者,且译本不止 1 种,因此沙门僧含请译以校对成完善的通行本,昙摩密多也作了同样的工作但散佚,故他俩这样的工作可称"译",也可称"校定"。慧皎、智升所记载的"译",僧佑看作是对以前失译的不同译本对照胡本的"校定",故僧佑在《出三藏记集》录《观经》仍是失译的状态。因此,隋代费长房《历代三宝纪》继承僧佑的判断,更具体判断《观经》有汉代和东晋 2 种失译本。总之,我们应判断,现流行的置良耶舍译《佛说观无量寿经》应是置良耶舍对照胡本校勘南本的整理本。且《观经》在置良耶舍、昙摩密多来刘宋之前已流行,并有不同版本,至迟在东晋(420 年灭亡)应已流行其中一种版本。

①(南朝宋)置良耶舍译:《佛说观无量寿佛经》,CBETA 电子佛典集成(CD),2004 年。

②418 年至 421 年在建康(南京)道场寺译成,此经现流传为 60 卷本。"《华严经记》第一。出经后记:《华严经》胡本凡十万偈,昔道人支法领,从于阗得此三万六千偈,以晋义熙十四年(418)岁次鹑火三月十日,于杨州司空谢石所立道场寺,请天竺禅师佛度跋陀罗,手执梵文,译胡为晋,沙门释法业亲从笔受,时吴郡内史孟顗右卫将军褚叔度为檀越,至元熙二年(420)六月十日出讫。凡再校胡本,至大宋永初二年(421)辛丑之岁,十二月二十八日校毕。"释僧祐撰:《出三藏记集》序卷第 9,CBETA 电子佛典集成(CD),2004 年。

③"复当更作一大莲华左佛左边,如前莲华等无有异。复作一大莲华在佛右边。想一观世音菩萨像坐左华座,亦放金光如前无异。想一大势至菩萨像坐右华座。"(南朝宋)置良耶舍译:《佛说观无量寿经》,CBETA 电子佛典集成(CD),2004 年。龛中无量寿坐佛侧的 2 菩萨虽然采取立姿,其左右位置标错了,可能误将左右理解为面对佛的左右。

去接引众生的"来迎西方三圣"①的 3 身立像形象不同,应当表现的是西方净土中的"净土西方三圣"。

第 6 龛"十方佛"壁画显示的题记应当是《华严经》60 卷中的十方佛。②

第 6 龛壁画中的"莲花童子"应当为"莲花化生"。此种载童子飞翔的莲花,日本学者吉村怜曾认为是天人诞生于其中的莲花苞,作为载具,可往生西方净土。在莲花苞中,尚未露头的被称为"变化生",天人露出头的被称为"化生"。③

《观经》流行时,经文中的第十四、十五、十六观的"三品九生"④("三辈九生"⑤或"九品往生"⑥)内容,应是当时信众感到最新奇和关注的。

因此,如果当时的信徒要在石窟寺中用艺术形式表现《观经》,则西方三圣和三品九生应是其主要内容。而欲表现三品九生,则上品上生应是其代表。故,处在初步设计表现三品九生的阶段,应是简略地表现三品九生的状况,不会每

---

①"说是语时,无量寿佛(阿弥陀佛)住立空中,观世音、大势至是二大士(菩萨),侍立左右,光明炽盛,不可具见,百千阎浮檀金色,不得为比。"(南朝宋)畺良耶舍译:《佛说观无量寿佛经》,CBETA 电子佛典集成(CD),2004 年。

②"东方过十佛刹微尘数国,有世界名金色,佛号不动智……南方过十佛刹微尘数国,有世界名乐色,佛号智火……西方过十佛刹微尘数国,有世界名华色,佛号习智……北方过十佛刹微尘数国,有世界名蒼卜华色,佛号行智……东北方过十佛刹微尘数国,有世界名青莲华色,佛号明智……东南方过十佛刹微尘数国,有世界名金色,佛号究竟智……西南方过十佛刹微尘数国,有世界名宝色。佛号上智……西北方过十佛刹微尘数国,有世界名金刚色,佛号自在智……下方过十佛刹微尘数国,有世界名玻璃色,佛号梵智……上方过十佛刹微尘数国,有世界名如实色,佛号伏怨智。"东晋天竺三藏佛驮跋陀罗译:《大方广佛华严经》卷第 4《如来名号品》第 3,CBETA 电子佛典集成(CD),2004 年。张宝玺现指出题记十方佛系《华严》十方佛,张宝玺:《建弘题记及其有关问题的考释》,《敦煌研究》,1992 年第 1 期。

③吉村怜著,卞立强、赵琼译:《天人诞生图研究·东亚佛教美术史论文集》,北京:中国文联出版社,2001 年,第 44 页。

④"其有至心愿生彼国,凡有三辈……其上辈者……其中辈者……其下辈者……"曹魏天竺三藏康僧铠译:《佛说无量寿经》,CBETA 电子佛典集成(CD),2004 年。"上品上生者……上品中生者……上品下生者……中品上生者……中品中生者……中品下生者……下品上生者……下品中生者……下品下生者……"(南朝宋)畺良耶舍译:《佛说观无量寿佛经》,CBETA 电子佛典集成(CD),2004 年。

⑤"是名上辈生想……是名中辈生想……是名下辈生想。"(南朝宋)畺良耶舍译:《佛说观无量寿佛经》,CBETA 电子佛典集成(CD),2004 年。

⑥"凡生西方有九品人。"(南朝宋)畺良耶舍译:《佛说观无量寿佛经》,CBETA 电子佛典集成(CD),2004 年。

品均表现,于是则会用"上品上生"变相作为其代表来表现。

《观经》描述上品上生曰:"上品上生者……行者见已欢喜踊跃,自见其身乘金刚台,随从佛后,如弹指顷往生彼国。生彼国已,见佛色身,众相具足。见诸菩萨,色相具足。光明宝林演说妙法。闻已,即悟无生法忍。经须臾间,历事诸佛,遍十方界,于诸佛前次第受记,还至本国,得无量百千陀罗尼门。是名上品上生者。"①

《观经》中,上品上生者的形象自始至终是处在开放的状态中,其他飞行中的往生者均是不露头状②,故露出头和上身的"化生"即应是"上品上生者"。在炳灵寺第 169 窟第 6 龛中,欲在壁画中表现上品上生,有可能的具体表现应是,以 1 坐佛 2 立菩萨样的西方三圣代表西方净土,然后用飞过十方诸佛后飞回西方净土的"化生"童子的形式来表现。

这里,应是借用《华严经》中的"十方佛"表示"十方诸佛"。用飞过十方诸佛又飞向西方净土的捧净瓶的"化生"童子,表示上品上生者"历事诸佛,遍十方界,于诸佛前次第受记,还至本国"继续去"事"无量寿佛的景象。捧净瓶的"侍奉"状态,即表示"事"。

已往生至西方净土的上品上生者已然是菩萨了③,这种将上品上生者画成

---

① (南朝宋)畺良耶舍译:《佛说观无量寿佛经》,CBETA 电子佛典集成(CD),2004 年。

② 九品往生状态描述:"上品上生者……行者见已欢喜踊跃,自见其身乘金刚台,随从佛后,如弹指顷往生彼国。生彼国已……经须臾间,历事诸佛,遍十方界,于诸佛前次第受记,还至本国……上品中生者……行者自见坐紫金台……生彼国七宝池中,此紫金台如大宝花,经宿即开……上品下生者……即自见身坐金莲花,坐已华合,随世尊后即得往生七宝池中,一日一夜莲花乃开……(后面各品级的往生者也均是在合着的莲花中飞往西方净土的)"(南朝宋)畺良耶舍译:《佛说观无量寿佛经》,CBETA 电子佛典集成(CD),2004 年。

③ "上品上生者……生彼国已,见佛色身众相具足。见诸菩萨色相具足。光明宝林演说妙法。闻已即悟无生法忍。"(南朝宋)畺良耶舍译:《佛说观无量寿佛经》,CBETA 电子佛典集成(CD),2004 年。故按《观经》,上品上生者,往生至西方净土后,一俟见佛、菩萨,并听闻光明宝林法音,即悟得"无生法忍"智慧。"佛子,何等为菩萨摩诃萨无生法忍? 佛子,此菩萨不见有法生,不见有法灭。何以故? 若不生则不灭,若不灭则无尽,若无尽则离垢,若离垢则无坏,若无坏则不动,若不动则寂灭地,若寂灭地则离欲,若离欲则无所行,若无所行则是大愿,若是大愿则住庄严。佛子,是为菩萨摩诃萨第三无生法忍。"(东晋)佛陀跋陀罗译:(60 卷)《大方广佛华严经》卷第 24《十忍品》,CBETA 电子佛典集成(CD),2004 年。因此,悟得"无生法忍"者,就已是"菩萨"了。

有头光、戴璎珞、着披巾的童子形象,是初期创作此种图式时的设计者和画工的认知局限所致,或者设计者和画工认为菩萨也可以保留或化身为童子形象,但保留了菩萨该有的头光、璎珞、披巾,并认为这样画可以更好地表示刚刚"出生"不久的"童子菩萨"形象。

《观经》中,上品上生者所乘非"莲花",而是"金刚台"。这种将上品上生者画成"莲花"化生形象,是初期创作此种图式时的设计者和画工的认知局限所致。因为在《观经》的具体描述中,有将"上品中生"运载工具"紫金台"说成"如大莲华,经宿即开"①(此处重点在"如大莲花的经宿即开",重点非在"形如大莲花"),于是初期创作此种图式时的设计者和画工,误认为"紫金台"和"金刚台"均应"其形状如大莲华"。

如果认为此"化生"只是表示单纯的或笼统的、一般性的"往生者",只是为了突出而艺术性地露出其上身,那么为什么要在其下方身后着重表现"十方诸佛"呢? 如果认为此莲花化生者只是表示单纯的"往生者"形象,则可多绘几身,且可将基于西方净土的"十方诸佛"绘于无量寿佛周边,却没有这么做。何况在无量寿佛的背光中,已有封闭莲苞样的"莲花变化生"可表示一般性的"往生者"。故,还是应将此 1 身莲花"化生"认为是上品上生者,是"三品九生"者的代表为妥。

壁画中题记的"十方佛"设置在第 6 龛主尊无量寿佛的偏东侧,在无量寿佛与释迦牟尼佛之间是有用意的。一是基于西方净土中的无量寿佛(西方佛),应恒在最西方。二是此处题记中所示的"十方佛",是借鉴《华严经》中的以东方娑婆世界释迦为中心的"十方佛",不是以西方净土为中心的十方佛,不能围绕无量寿佛,故虽然此"十方佛"中,有另一个西方佛(西方习智佛),此佛及其他的佛也必须设置在偏东位置。三是为了将"十方佛"集中设置在上品上生者身后,以方便表现其"历事诸佛,遍十方界"(即历事除了无量寿佛外的十方诸佛)后向西飞回西方净土再"事"无量寿佛的状态。如果将"十方佛"设置在释迦的四周,则与其他佛(药王)、菩萨(弥勒)混淆,不利于集中表现上品上生者"事""十方(诸)佛"。

---

① "上品中生者……此紫金台如大宝花(莲花),经宿即开。"

《观经》中,描述上品上生者已往生至西方净土后,再"历事诸佛,遍十方界"的"十方诸佛",当指以西方净土为中心的十方诸佛,其中包含释迦。而《华严经》中的以释迦为中心的"十方佛"不包含释迦。于是在壁画中,如果借用《华严经》中的"十方佛"来表现西方净土为中心的十方诸佛,则必须加上"释迦佛"。

因此,从壁画中着重加上"释迦佛"以体现西方净土为中心的"十方诸佛"看,更证明第 6 龛总的图像表现的是"上品上生变相"。

## 四、题记用词佐证上品上生变相

第 6 龛所附的约 500 字的发愿文题记,前序后铭,有对偶的骈句。其文也可与《观经》中的往生、西方净土、上品上生内容联系上。

题记中多次出现了"化"字,有已不辨组词的"化"字,有可辨的"理与妙来,迹与化住""化之像"词组。此处的"化"字,可与"三品九生"中所示的"化生"①性质的"往生"内容有所联系。

题记有"神舟"字样。如果此 2 字是连读的词组,则可理解为对《观经》"三品九生"中 9 种往生"载具"的一种赞美。如果 2 字原不成组,单独的"舟"也可喻为往生的载具,后世广为流行的往生西方净土的"慈航普度"一语也正是此种"舟"喻的延续。

题记有"五清台郎""美苑清台"字样。"五清"正对应佛教中所示的现世界的"五浊"恶世②之名,表示往生到西方净土,则远离了五浊恶世到达五清净土了。上品上生和上品中生的载具是"金刚台""紫金台",上品下生已下诸品级的

---

①早在后汉、曹魏时期,佛经已指出往生西方净土的出生方式是"化生"。"诸生无量清净佛国(西方净土)者,都皆于是七宝水池莲华中化生。"后汉月支国三藏支娄迦谶译:《佛说无量清净平等觉经》卷第一,CBETA 电子佛典集成(CD),2004 年。"佛告阿难,十方世界诸天人民,其有至心愿生彼国,凡有三辈。其上辈者,舍家弃欲而作沙门,发菩提心,一向专念无量寿佛,修诸功德愿生彼国,此等众生临寿终时,无量寿佛与诸大众,现其人前,即随彼佛往生其国,便于七宝华中自然化生,住不退转。"曹魏天竺三藏康僧铠译:《佛说无量寿经》卷下,CBETA 电子佛典集成(CD),2004 年。

②"舍利弗,当知我于五浊恶世,行此难事,得阿耨多罗三藐三菩提,为一切世间说此难信之法,是为甚难。"姚秦龟兹三藏鸠摩罗什译:《佛说阿弥陀经》,CBETA 电子佛典集成(CD),2004 年。

载具是"莲花(台)",往生到西方净土者皆为男性①。汉代以来,"郎"可指他人的儿子②,则往生于西方净土者可被亲切地称为"台郎"。"美苑清台"是在结语铭文中,重新提到西方净土这样的美苑,拥有可远离"五浊"到达"五清"的载具"台"。

题记有"超于三荐(图7),登至极于萨之演声(图8)"字样。"荐"有介绍推

图7 "超于三荐"字样　图8 "登至极于　图9 "□寄理迹
　　　　　　　　　　萨之演声"字样　变超津涂"字样

送之义。"超荐"即"超度","三品九生""三辈九生"即是释迦佛和无量寿佛对众生介绍或提供的一种超荐方式,其"三品"或"三辈"可谓"三荐"。《观经》上品上生中有,上品上生者至西方净土后,"见诸菩萨色相具足,光明宝林演说妙法"的景象。题记"萨之演声"即可表示上品上生景象的"菩萨演说妙法"之义。此句结尾是平声,如在对偶句中应为下句。"萨"为菩萨的简称,在

---

①"其国(西方净土)中悉诸菩萨阿罗汉,无有妇女,寿命无央数劫,女人往生,即化作男子。"吴月支国居士支谦译:《佛说阿弥陀三耶三佛萨楼佛檀过度人道经》,CBETA电子佛典集成(CD),2004年。"其国中(西方净土)悉诸菩萨阿罗汉,无有妇女,寿命极寿,寿亦无央数劫,女人往生者,则化生皆作男子。"后汉月支国三藏支娄迦谶译:《佛说无量清净平等觉经》卷第1,CBETA电子佛典集成(CD),2004年。

②"还家十余日,县令遣媒来,云有第三郎,窈窕世无双。"《(东汉末)古诗无名人无为焦仲卿妻作》,(陈)徐陵撰:《玉台新咏》,卷1,第17页。(清)永瑢、纪昀主编:《钦定四库全书·集部8》,文渊阁四库全书原文电子版(CD),武汉:武汉大学出版社,1997年。

对偶句中,如受上句对偶词是 1 字词的制约,应可将 2 字词简为 1 字。

题记有"口寄理迹,变超津涂"(图 9)。此可指"口中念佛可得往生西方净土,超脱轮回"的"持名"念佛法门①。"津涂"指道路,可指众生的轮回状态。

题记有"庶欲洽普世以济四生,拜法藏以□九居"(图 10)。这可表示往生西方净土的意愿。"九居"②为佛家语,即欲界一处,色界四处,无色界四处。佛教谓众生轮回之地,凡三界九处,亦称"九有情居"。东晋刘宋间的谢灵运《佛影铭》也出现了"九居"一词③。"法藏"比丘即无量寿佛的前身。法藏四十八愿④主旨即为度九居众生超脱轮回至西方净土中。谢灵运《无量寿颂》也出现了"法藏"一词⑤。故,残掉的那 1 字"□"可为"出、离、脱"或其他同义字。

---

①"闻说阿弥陀佛,执持名号,若一日,若二日,若三日,若四日,若五日,若六日,若七日,一心不乱,其人临命终时,阿弥陀佛与诸圣众,现在其前,是人终时心不颠倒,即得往生阿弥陀佛极乐国土。""极乐国土(即西方净土),众生生者,皆是(能达到)阿鞞跋致。"姚秦龟兹三藏鸠摩罗什译:《佛说阿弥陀经》,CBETA 电子佛典集成(CD),2004 年。"佛告阿难,汝好持是语,持是语者即是持无量寿佛名。""又无量寿佛。其道场……一切皆得甚深法忍,住不退转至成佛道。"《佛说观无量寿佛经》曹魏天竺三藏康僧铠译:《佛说无量寿经》,CBETA 电子佛典集成(CD),2004 年。"阿鞞跋致:(术语)Avaivart,又作阿毗跋致,或作阿惟越致,译曰不退转。不退转佛进路之义,是菩萨阶位之名。"丁福保编纂:《佛学大词典》,北京:文物出版社,1984 年,第 734 页。因此,持无量寿佛或阿弥陀佛名号可得往生西方净土,会得不退转的菩萨果位,最终成佛,不再会轮回。

②"九众生居……何者是乎? 欲界,人天以之为一。(色界)初禅为二,二禅为三,三禅为四、无想为五。(无色界)空处为六,识处为七,无所有处以之为八,非想为九。此之九处,众生乐住名众生居。"(东晋)远法师撰:《九众生居义》,《大乘义章卷》第八,CBETA 电子佛典集成(CD),2004 年。

③"群生因染,六趣牵缠,七识迭用,九居屡迁。"谢灵运:《佛影铭》(并序),《广弘明集》卷第 15,CBETA 电子佛典集成(CD),2004 年。

④"法藏比丘……如我所愿当具说之:设我得佛,国有地狱饿鬼畜生者,不取正觉……设我得佛,他方国土诸菩萨众,闻我名字,不即得至第一第二第三法忍,于诸佛法不能即得不退转者,不取正觉(共 48 愿)……法藏比丘……法藏菩萨……佛告阿难,法藏菩萨,今已成佛,现在西方,去此十万亿刹,其佛世界名曰安乐……佛告阿难,无量寿佛威神光明最尊第一。"曹魏天竺三藏康僧铠译:《佛说无量寿经》,CBETA 电子佛典集成(CD),2004 年。法藏比丘曾发建立净土的 48 大愿,后成菩萨成佛,法藏即是今西方净土教主无量寿佛。

⑤"法藏长王宫,怀道出国城。愿言四十八,弘誓拯群生。净土一何妙,来者皆清英。颓年欲安寄,乘化好晨征。"《无量寿颂·和从弟惠连》,《广弘明集》卷第 15,CBETA 电子佛典集成(CD),2004 年。

图 10 "庶欲洽普世以济四生拜法藏以□九居"字样

图 11 "舍兹远备圣景熟追"字样

"舍兹远备，圣景熟追"(图 11)，是题记中的最后八字，可表示通篇的主旨是对西方净土"圣景"的向往，并表示此第 6 龛的开窟造像的功德和禅观的实践，是遥遥地面向西方净土所做的为了往生的一种准备。

题记中"全穹清音"，可表示对西方净土"圣景"之一的空中天乐的赞美①。

## 五、第 6 龛内其他佛菩萨壁画烘托上品上生变相

第 6 龛中的弥勒菩萨、药王佛、天王形象，与上品上生变相不矛盾，应是烘托上品上生变相。

"天王"位于上品上生者的下方，在以西方三圣所代表的西方净土的偏上方位置，且与壁画中的"华严十方佛"区域以及"释迦立佛"胸部以上区域基本平行。在此处绘天王，其用意当是表示天王及其以上区域为天空区域。因此，自然"华严十方佛"以及"释迦立佛"胸部以上处于天空区域，上品上生者处于在天空区域。

"弥勒菩萨"位于释迦立佛的右下侧，处于释迦立佛的胁侍地位。建弘题记中有"□作慈氏"字样，故题记也特别提到又称慈氏的弥勒。弥勒菩萨除了是释迦佛之后的未来佛，值得注意的是，弥勒菩萨也是往生西方净土的②。故此壁画

---

①《佛说无量寿经》："第六天上万种乐音，不如无量寿国诸七宝树一种音声，千亿倍也。亦有自然万种伎乐。又其乐声无非法音，清畅哀亮微妙和雅，十方世界音声之中最为第一。"《佛说阿弥陀经》："彼佛国土，常作天乐。"《观经》："乐器悬空，如天宝幢，不鼓自鸣，曾无间歇。"经中表示，在西方净土的天穹中充满清音。

②"次如弥勒者也，诸小行菩萨及修习少功德者，不可称计，皆当往生。"曹魏天竺三藏康僧铠译：《佛说无量寿经》，CBETA 电子佛典集成(CD)，2004 年。

可表示,弥勒菩萨是往生西方净土的楷模,将弥勒画在此,可引领或助力众生往生西方净土。

"药王佛"位于释迦立佛左上侧,是过去佛①。这样,以现代佛释迦为中心,结合未来佛弥勒,可形成"三世佛",代表"三世诸佛"。故此壁画这样的布局可表示,"十方诸佛"加"三世诸佛"所形成的"一切诸佛",皆助力众生往生西方净土②。

## 六、续语

"建弘元年"(420)时,《华严经》尚未翻译完成。有学者认为长篇的《华严经》在未完成翻译时就流行其先翻译出的有"十方佛"内容的《如来名号品》,或者认为当时可能流行现已佚失的某一《华严经》散本,致使建弘元年时早于《华严经》译出时(421)就出现华严"十方佛"③。但《华严经》尚未整体校好就流行于社会,以经文的神圣性和使用经文的严肃性看,似不大可能。另外,建弘元年时流行某一有此种华严"十方佛"内容的《华严经》散本,也无实际根据。

且古人在书写题记时应是很慎重的,也会复查,在关键处应不会将建弘元年的岁星纪年误题为玄枵。即使有笔误,当时也会、也有条件改正,而不会任其遗留。

谢灵运《佛影铭》中使用的"九居"一词、在《无量寿颂》中使用的"法藏"一词,在此建弘题记中也被使用。谢灵运《佛影铭》整体是先序后铭体,其主旨是

---

①姚秦龟兹三藏鸠摩罗什译:《维摩诘所说经·法供养品》,CBETA 电子佛典集成(CD),2004 年。

②"汝等众生当信是《称赞不可思议功德一切诸佛所护念经》""舍利弗,于汝意云何,何故名为《一切诸佛所护念经》? 舍利弗,若有善男子善女人,闻是经受持者,及闻诸佛名者,是诸善男子善女人,皆为一切诸佛共所护念,皆得不退转于阿耨多罗三藐三菩提。"姚秦龟兹三藏鸠摩罗什译:《佛说阿弥陀经》,CBETA 电子佛典集成(CD),2004 年。故《佛说阿弥陀经》也叫《称赞不可思议功德一切诸佛所护念经》,简称《一切诸佛所护念经》,此经名即表示一切诸佛均助力众生受持《佛说阿弥陀经》即助力众生往生西方净土。

③张宝玺观点,魏文斌附议。张宝玺:《建弘题记及其有关问题的考释》,《敦煌研究》1992 年第 1 期。魏文斌:《关于炳灵寺石窟研究的几个问题》,颜廷亮、王亨通主编:《炳灵寺石窟学术讨论会文集》,兰州:甘肃人民出版社,2003 年。

"群生因染(浊)",要致力于"获自拔之路,当相寻于净土"①。此建弘题记亦是先序后铭体,主旨亦是要出离"五浊"向往净土。这体现东晋刘宋间,有关西方净土铭文的常用文体和用词。故建弘题记作者很可能是多留意东晋、南朝文坛的高级文士。此高级文士,应不会出现"年号纪年"和"星岁纪年"矛盾这样的低级错误。

"玄枵"所对应的"子",虽然在十二辰或十二地支中排列为首,但"玄枵年"即"子年"不便借以表示年号为"元年"的那一年②,因为年号为"非元年"的那一年也可以是"玄枵子年"。

元嘉初(424)八月以后不久,想必不同版本的《观经》正盛行于世,僧含才会请畺良耶舍对照胡本"校订"此经③。因此,建弘五年(424)三月题记应正盛行不同版本《观经》,但包括上品上生景象的经文主旨,应与畺良耶舍所校订的后来通行本内容基本一致。

故根据第 6 龛的绘塑以及题记内容与《华严经》"十方佛"、《观经》"上品上生"的契合,再结合题记年份残迹似"五"与玄枵纪年的契合,炳灵寺第 169 窟建弘纪年为五年应较为妥当。

题记铭中有"庶弘四弘,圆机化机。乃功斑匠,神仪重晖"。"神仪"当指窟龛内的绘塑造像,主要指佛菩萨。"重"有"重新"义,"重晖"一词有"连续的事业"含义,这自然会使得石窟研究者见"重晖",联想到此 2 字可能指窟龛内绘塑造像的重修④。而且应是较大规模的整体重修,小修补,不足以在题记中隆重提到。

---

①谢灵运《佛影铭(并序)》其序文中句子。参见前注。

②阎文儒观点,魏文斌附议。阎文儒:《炳灵寺石窟总论》,兰州:甘肃人民出版社,1993 年。魏文斌:《关于炳灵寺石窟研究的几个问题》,颜廷亮、王亨通主编:《炳灵寺石窟学术讨论会文集》,兰州:甘肃人民出版社,2003 年。

③参见前文《观经》注。

④王亨通:《炳灵寺第 169 窟发现一些新题材》,《敦煌研究》1999 年第 3 期。

但不论第 6 龛或第 169 窟中是否真正存在于此阶段的大规模重修①,此建弘纪年题记中的"神仪重晖"还可以作不是大规模重修方面的理解。对照第 6 龛题材,这种不是大规模重修的理解,更应是其"本义"。

曹魏《佛说无量寿经》有"功祚成满足,威曜朗十方。日月戢重晖,天光隐不现。为众开法藏,广施功德宝"②。西晋陆机《元康四年从皇太子祖会东堂诗》有"帝在在洛,克配紫微。八风应律,日月重晖"③。北周庾信《秦州天水郡麦积山佛龛铭》有"壁累经文,龛重佛影"④。上述三例,"重"均指重叠义。因此,如同"重佛影"不是指重修,"重晖"也不是指重修。"重影""重晖"应是"光影或光辉的连接重叠"义,指光的"交相辉映"。

第 169 窟第 6 龛题记的"神仪"主要指绘塑的佛菩萨像,因此题记所谓"神仪重晖"主要可指,无量寿佛、释迦佛、华严十方佛、药师佛、观世音菩萨、大势至菩萨、弥勒菩萨、上品上生行者(有头光的菩萨童子)的头光、身光,光光相接之义。这里,用"神仪重晖",来总体描述下面结尾句"舍兹远备,圣景熟追"中的"圣景"。即概括性地表示,为了准备往生而绘塑的有关西方净土的"圣景",其总貌是"神仪重晖"状。

---

①王亨通、邓天珍在《炳灵寺石窟研究的过去、现状及未来》(颜廷亮、王亨通主编:《炳灵寺石窟学术讨论会论文集》,兰州:甘肃人民出版社,2003 年)首次提到第 169 窟第 6 龛中,存在 a.西方三圣塑像中的佛座莲花压大势至菩萨右脚、b.大势至菩萨头顶残损处露出曾被焚烧变黑的木骨、c.第 10、19 龛壁画有重层,并根据这 3 种层位关系,来推断第 169 窟出现重修现象,意在建弘题记时的塑绘已然是重修的作品。但是,因西方三圣各身塑像塑造风格一致,佛座莲花压大势至菩萨右脚可以是同时塑造时的所为。大势至菩萨头顶残损处露出曾被焚烧变黑的木骨,可以是塑造前,为防木骨变形而将木骨烤干时所造成。第 10、19 龛壁画重层是小规模的重层,且上下层壁画风格一致,也许是临时的修改。故上述 3 种层位关系,有可能是塑造时正常的重层,不能成为此窟曾遭到破坏焚烧而大规模重修的充分证据。因此第 169 窟从考古层位关系看,尚不能肯定经历过叠压式大规模重修。

②曹魏天竺三藏康僧铠译:《佛说无量寿经》,CBETA 电子佛典集成(CD),2004 年。

③https://so.gushiwen.cn/shiwenv_1421e446d203.aspx(2024.4.20),古诗文网,诗文:"元康四年从皇太子祖会东堂诗,陆机[魏晋]"。

④(北周)庾信:《秦州天水郡麦积崖(一作山)佛龛铭(并序)》,(宋)李昉:《文苑英华》卷 785,第 5、6、7 页。(清)永瑢、纪昀主编:《钦定四库全书》集部 8,文渊阁四库全书原文电子版(CD),武汉:武汉大学出版社,1997 年。

# 薪火赓续　奋楫笃行

## ——炳灵寺石窟第 169 窟"建弘题记"发现 60 周年回顾与展望①

曹学文

（敦煌研究院　炳灵寺文物保护研究所）

　　我是怀着无比的感恩之情来撰写这篇文章的，一是基以表达对 60 年前冒着生命危险，用云梯和绳索冒险攀登上第 169 窟的考古先辈们无限的崇敬之情；二是向 60 年来对研究和探索第 169 窟的核心价值所付出艰辛劳动和取得丰硕成果的前辈和同行们表示由衷的敬意；三是期待通过对先辈们历史功绩的回顾，激励我等晚辈不忘初心、牢记使命，进一步拓展炳灵寺石窟研究的范围，努力使炳灵寺石窟的学术研究向更深、更高、更广的目标前进。

## 一、探索发现

　　根据清朝同治九年（庚午年）（1870）金山泒道人绘制的《弥勒炳灵寺圣地图志》显示，炳灵寺石窟第 169 窟原有栈道是连通的，但在清朝同治（1862—1874）年间的战乱中，包括栈道在内的所有经堂、佛殿、阁楼等木构建筑全被烧毁。从此，第 169 窟长期处于与世隔绝的状态，到 1963 年正好过去了 100 年。

　　100 年前，在那个战乱频仍的年代，炳灵寺石窟里涌进了一伙人，他们烧杀抢掠，一把火将炳灵寺的所有寺院建筑付之一炬。100 年后的 1963 年，炳灵寺石窟又来了一伙人，他们是甘肃省文化局组织派遣的考古调查专家队，是为保护炳灵寺石窟而来的。他们的到来，为世人揭开了一层蒙在炳灵寺石窟这座

---

①基金项目：国家社科基金"炳灵寺石窟第 169 窟考古报告"（22BKG018）。

千年古刹身上的神秘面纱。不一样的年代,不一样的人群,给炳灵寺这座千年古刹带来不一样的结果。

1963 年 4 月 8 日至 5 月 30 日,这是一段极为平常的日子,但对炳灵寺石窟乃至整个中国石窟界来说却是一段石破天惊的日子。就在这一年,为了更好地保护刚刚公布为第一批全国重点文物保护单位的炳灵寺石窟,甘肃省文化局从全省抽调精兵强将组成了"炳灵寺石窟调查组",对炳灵寺石窟进行了为期 50 天的调查,这次调查活动又被称为"第二次考察"。调查组组员由当时甘肃考古界的精英组成,他们是岳邦湖、吴柏年、初世宾、赵之祥、乔今同、董玉祥和炳灵寺文管所的王有举、王万青等。

在这次调查之前,炳灵寺石窟已经经历了两次调查。1951 年,陇上著名学者冯国瑞先生借在临夏检查土改之机到炳灵寺石窟进行了调查,冯先生在他撰写的考察报告中称之为"初步调查"①。

1952 年,中央人民政府文化部和西北军政委员会文化部组织了"炳灵寺石窟勘察团"(即"第一次考察"),在冯国瑞初步调查的基础上进行了更全面的调查。由于是中央人民政府文化部和西北军政委员会文化部联合组团,因此阵容强大、精英尽出。由当时西北军政委员会文化部社会事业管理处处长赵望云任团长,中央美术学院教务长吴作人和敦煌文物研究所所长常书鸿任副团长,团员有中央美术学院张汀、李可染、李瑞年、夏同光、黄淑芳,西北图书馆冯国瑞,西北文化陈列馆范文藻,敦煌文物研究所段文杰、孙儒涧共 12 人。

冯国瑞先生的初步调查与中央人民政府文化部和西北军政委员会文化部的"第一次考察"均作了大量的基础性工作,涉及部分洞窟的记录、摄影、临摹、测绘、编号等方面,但由于受当时条件的限制,均未登上险峻的"天桥洞",也就是后来的第 169 窟。

"第二次考察"的目的是在冯国瑞初步调查和"第一次考察"的基础上进一步深入细致地调查炳灵寺石窟,彻底摸清家底。当然最重要的就是要登上"天桥洞",揭开萦绕在人们心中的重重谜团。

---

① 冯国瑞:《炳灵寺石窟勘察记(初步调查报告)》,北京:中央人民政府文化部社会文化事业管理局编印,1952 年,第 18、19 页。

天桥洞(第 169 窟),是炳灵寺石窟中位置最高的洞窟,位于距地面(大寺沟底)70 余米高的悬崖峭壁上,清同治(1862—1874)以前有栈道连通。据调查,第 169 窟最晚的题记是第 19 龛"康熙二十六年(1687)八月"的游人墨书题记。在相邻的第 172 窟(俗称"天桥北洞"),最晚的题记是"康熙五年(1666)"的游人题记,说明康熙以后第 169 窟再无佛教活动。同治战乱期间,包括通往第169 窟的栈道在内,炳灵寺石窟所有的木构建筑全部被战火烧毁。此后,通往天桥洞的天梯彻底断绝,再没有人能够登临天桥洞。这使天桥洞披上了一层神秘的面纱,留给后人的是一个个未解的谜团。又加之史书中有"藏古书五笥"①的记载,天桥洞就更加令人神往。民间传说在天桥洞里有几个大箱子,箱子里装有远古时代留下来的很多书籍。1951 年冯国瑞的初步调查和 1952 年的"第一次考察",均未能登上天桥洞,只是从望远镜中观测了一下。

1963 年的"第二次考察"较"第一次考察"有以下几个特点:一是提前做了精心而周密的准备;二是持续时间长,历时 50 多天,"第一次考察"仅仅为一周的时间;三是考古队做了明确合理的分工,分为窟龛编号、摄影、墨拓、文字记录、重点洞窟测绘等几个工作小组;四是由刚刚成立不久的炳灵寺石窟保护机构——永靖炳灵寺文物保管所(现炳灵寺文物保护研究所),为调查组提供了可靠充足的后勤保障;五是当地的村民和寺院的僧人提供了人力方面的支持。因此,"第二次考察"得以持续 50 余天之久,做了全面、细致的工作,这次考察为炳灵寺石窟后来的各项工作奠定了坚实基础。

在这具有历史意义的 50 多天中,究竟在哪一天哪一刻登上了天桥洞(第169 窟)并发现了"建弘题记"?因为当时没有留下记录,现已经无从考证了。当然这也不重要了,重要的是调查组组员们不畏艰险,克服重重困难,冒险登上了险峻而神秘的天桥洞,揭开了其神秘的面纱。虽然在洞窟中没有看到传说中装有古书的箱子,但发现了大量西秦时期的壁画和塑像,更重要的是组员们在洞窟北壁发现了一方宽 0.87 米、高 0.47 米的墨书题记,共 21 行,每行约 24字。在题记最后一行写着"建弘元年岁在玄枵三月廿四日造"的文字,故这一题记被后人称为"建弘题记",建弘元年即公元 420 年。在炳灵寺石窟中发现了中

---

① (北魏)郦道元:《水经注·河水》卷二,北京:商务印书馆,1958 年,第 27、28 页。

国石窟中最早的纪年题记,这是一个轰动世界的新发现。在由调查组组员之一的董玉祥先生执笔的调查简报中,对"建弘题记"发现的重大意义做了这样的评价:"一六九窟建弘元年题记的发现不仅为炳灵寺石窟的开创年代提供了重要的依据,而且也为我们研究西秦的佛教艺术,提供了珍贵的资料,同时也为全国其他各大石窟的早期造像与壁画,在分期断代方面,提供了一个新的标帜。"①

天桥洞的发现,使大量西秦时期的壁画和塑像呈现在世人面前,极大地丰富了中国石窟寺的内容,填补了石窟研究的空白。"建弘题记"的发现,使中国石窟寺考古研究进入了一个全新的时代。甘肃省文物工作队的第二次调查活动,为炳灵寺石窟后来的工作奠定了坚实的基础,开启了中国石窟研究的新篇章。

## 二、深入研究

"建弘题记"发现后,全国各地的专家学者不断涌向炳灵寺石窟,对包括"建弘题记"在内的第 169 窟所有的文化遗存从多角度、多方面、多层次地展开了解读和研究,取得了丰硕的成果。

研究"建弘题记"的学者当首推甘肃省文物考古研究所研究员董玉祥先生,他作 1963 年"炳灵寺石窟调查组"组员之一,亲身经历了"建弘题记"的发现过程。董玉祥先生亲自执笔了这一次的调查成果——《调查炳灵寺石窟新收获——第二次调查(1963)简报》。他在简报中虽然没有全文公布"建弘题记"的录文,但对"建弘题记"发现的价值和意义做了深刻的阐述:"据目前所知,在国内石窟中,如新疆诸石窟及敦煌、天梯山、麦积山、云冈、龙门等窟内所存的纪年题记,还没有比它更早的。敦煌莫高窟虽有唐武周圣历元年(698)李怀让'重修莫高窟碑记'记载了前秦建元二年(366)由沙门乐僔开始创建,但在现编的 486 窟龛中,究竟哪一个为乐僔所造,还很难确定。云冈石窟,据《魏书·释老志》记载,为北魏文成帝和平初年(460)由著名高僧沙门统昙曜修建五大窟开

---

① 董玉祥:《调查炳灵寺石窟的新收获——第二次调查(1963)简报》,《文物》,1963 年第 10 期,第 1—4 页。

始。这也比此方题记迟了近半个世纪。由此可见 169 窟建弘元年题记的发现不仅为炳灵寺石窟的开创年代提供了重要的依据，而且也为我们研究西秦的佛教艺术，提供了珍贵的资料，同时也为全国其他各大石窟的早期造像与壁画，在分期断代方面，提供了一个新的标帜。"①

1986 年，董玉祥先生发表了《炳灵寺石窟 169 窟内容总录》②一文，首次全文公布了"建弘题记"的录文。

"建弘题记"发现 3 个月后的 1963 年 8 月，北京大学著名学者阎文儒教授一行来炳灵寺石窟考察，对第 169 窟做了深入的研究，写成了《炳灵寺石窟总论》③一文。文中对"建弘题记"中的"玄枵"二字进行了考释："释名中固有玄枵，但无玄枵代表岁义，不识岁在玄枵者，有何根据也。但《辞海》玄枵条云：'十二次之一。与十二辰相配为子。'《尔雅》：'玄枵虚也，虚在正北。'岂正北为十二辰之始，'子'即代表元始。为建弘元年之'元'耶？"阎先生的此项研究成果直到 30 年以后的 1993 年才由甘肃人民出版社出版④。

甘肃炳灵寺文物保护研究所前所长王万青先生对"建弘题记"的内容作了初步的解读：

> 文内"遂请妙匠容慈尊像神姿所茂……""至极于隆玄睿倚天""全寄□音灵魔关像即灵舒光国家须……""谱与妙来迹随化佳日响迹变……""垂容世范停荫道枢唯钦唯尚宙□灵持美哉月台会旨""广弘□□圆机化极乃□斑匠神仪重晖舍兹远悟圣景熟道"。好像经过某种事端或某些原因之后，遂请来能绘善塑方面的一些匠工，将兹尊像描绘和銮饰的更为神姿华茂了。又云"灵持美哉月台会旨""圣景孰道"一段，是乞伏炽磐迁都枹罕（甘肃临夏）后将永康年号为建弘，可

---

①董玉祥：《调查炳灵寺石窟的新收获——第二次调查(1963)简报》，《文物》，1963 年第 10 期，第1—4 页。

②董玉祥：《炳灵寺石窟 169 窟内容总录》，《敦煌学辑刊》1986 年第 2 期，第 148 页。

③阎文儒、王万青：《炳灵寺石窟总论》，收录于阎文儒、王万青《炳灵寺石窟》，兰州：甘肃人民出版社，1993 年，第 1—93 页。

④阎文儒、王万青：《炳灵寺石窟》，兰州：甘肃人民出版社，1993 年。

能改年号时西秦王朝特意把炳灵寺重新修建,大事宣扬佛教。以佛教名义,来达到它向外扩张,向内缓和人民群众的反抗情绪。这样在政治上军事上所需求的目的这个旨意,被广弘、圆机、化机一些人会意,乃即斑匠,对炳灵寺神仪重新彩绘放出光晖(应与辉同),如果舍此不求去远寻觉悟则圣人景象孰或可追!

由此看来,建弘元年(420)的题记是"神仪重晖"的一个很有说服力的可靠证据。至于石窟开创年代,有可能早至西晋,当然更有待于文物考古工作者更深入细致的考察才能确定。①

王万青先生通过对"建弘题记"内容的研究,得出的结论是"建弘题记"是重修题记,而不是开窟题记。这一观点得到了学术界的广泛认可。

甘肃省文物考古研究所张宝玺先生对"建弘题记"进行了比较透彻细致的研究。其研究成果集中体现在《建弘题记及其有关问题考释》一文中。先生在文章中不仅对题记本身进行了标点、注解和考释,还对第 6 龛及周边的壁画、塑像和供养人题记进行了深入研究,旁征博引,阐述了"建弘题记"出现的历史背景、价值和意义。先生在文中写到:

题记的性质,肯定为造像发愿文,由于缺字太多,文意难通。根据这一时期流行的行文格式如北凉造像塔的发愿文来判断,大体可以肯定该题记前部残损部分为功德主造像缘起,中间部分为本文,后半部为颂语,最后两行为四字一句的"慈容世范,停荫道枢,唯钦唯尚,旨□灵符,美苑情豪,□□□□,庶弘四弘,圆机化机,乃妙斑匠,神仪重晖,捨兹□□,圣景熟追",可以看作是概括了全文的意旨。本文及颂语中都出现"遂请妙匠,容慈尊像,神姿琦茂"及"乃妙斑匠,神仪重晖",属请"妙匠"建龛题记。所建的龛像就是今天编号第 6 龛的无量寿佛龛,龛内还有释迦牟尼佛、弥勒菩萨,十方佛的壁画。建龛的供养

────────────

①王万青:《169 窟题记考释》,《敦煌学辑刊》1989 年第 1 期,第 128 页。

人,一排画在建弘题记的正下方,另一排画在无量寿佛龛左侧,僧俗侍从共 21 人①。

除了上述提到的专家学者及其研究成果外,还有不少学者对第 169 窟塑像壁画和题记也进行过深入研究,取得了丰硕的成果。日本学者福山敏男在日本《美术研究》1971 年 7 月第 276 号上发表文章《炳灵寺石窟の西秦造像铭について》,兰州大学杜斗城教授的《炳灵寺石窟与西秦佛教》②,敦煌研究院王惠民研究员的《炳灵寺建弘题记应为建弘五年》③,兰州大学魏文斌教授的《炳灵寺 169 窟的年代再认识》④和《关于炳灵寺石窟研究的几个问题》⑤,北京大学常青博士的《炳灵寺 169 窟塑像与壁画的年代》⑥,甘肃炳灵寺文物保护研究所前所长王亨通先生的《炳灵寺 169 窟发现一些新题材》⑦,等等。这些研究成果有力地推动了炳灵寺石窟第 169 窟的学术研究工作。

## 三、争议与讨论

随着对"建弘题记"研究的不断深入和成果的不断涌现,学术界对"建弘题记"在研究中出现的一系列问题展开了热烈的讨论。"建弘题记"引起的最大争议不在其具体内容上,而是在题尾的"建弘元年岁在玄枵三月廿四日造"这句话上,一是"元年"问题,二是"玄枵"问题。

最先提出问题的是张宝玺先生,他在《建弘题记及其有关问题考释》一文

---

①张宝玺:《建弘题记及其有关问题的考释》,原载于阎文儒、王万青《炳灵寺石窟》,兰州:甘肃人民出版社,1993 年,第 163 页。

②原载于杜斗城著《北凉译经论》,兰州:甘肃文化出版社,1995 年,第 114 页。

③《敦煌研究》1998 年第 3 期,第 167 页。

④原载敦煌研究院编《2000 年敦煌学国际学术研讨会文集——纪念敦煌藏经洞发现暨敦煌学百年(石窟考古卷)》,兰州:甘肃民族出版社,2003 年,第 386—405 页。

⑤颜廷亮、王亨通主编:《炳灵寺石窟学术研讨会论文集》,兰州:甘肃人民出版社,2003 年,第 127 页。

⑥郑炳林、石劲松主编:《永靖炳灵寺石窟研究文集(上)》,兰州:甘肃文化出版社,2011 年,第 207 页。

⑦《敦煌研究》1999 年第 3 期,第 8 页。

中提出:"题记尾书'建弘元年岁在玄枵三月廿四日造'。若按玄枵纪年推算应为建弘五年(424),'元年'二字是清楚的,应以建弘元年为是。"①

"建弘题记"发现不久,日本学者福山敏男在日本《美术研究》1971年7月第276号上发表文章《炳灵寺石窟の西秦造像铭について》,提出了"建弘五年"的观点。

敦煌研究院研究员王惠民先生就此问题专门写了文章——《炳灵寺建弘题记应为建弘五年》,他在文章中阐述道:"我们知道,'玄枵'系十二星次之一,与十二辰相配为'子'。建弘元年岁在庚申,与'子'无涉。建弘五年岁在甲子,此年即'岁在玄枵'。发愿文中'建弘元年'虽不误,但'玄枵'纪年要可靠的多,所以我们有理由怀疑题记的书写手在此将'建弘五年'误书为'建弘元年'。"②

王惠民先生提出的另一个佐证是位于6号龛的十方佛题材。他认为,此龛十方佛题材出自《华严经·如来名号品》,而此经的翻译地点在建康(南京),翻译时间大致是418—421年。王惠民先生认为:"建弘元年为420年,此时《华严经》尚未译出,该窟绝不可能采用次年才译出的佛经为依据的。若建弘五年建窟,则完全可能采用新译之经了。"③

王惠民先生的观点可谓是一石激起千层浪。

针对王惠民先生的观点,兰州大学魏文斌教授写了文章与之进行了讨论。魏教授在他的文章《关于炳灵寺石窟研究的几个问题》中论述道:"……总而言之,'建弘元年'这么重要的细节是不可能疏忽而致书写手笔误写错,而且改元在中国历史上作为一个王朝来说是十分重大的事情,不可能在两个月后在规格较高的功德主主持下而出现错误。关于'玄枵',阎文儒先生的推断应该是比较正确的。即'玄枵'与十二辰相配为子,但并不一定是'甲子'的意思,'岁在玄枵'即'岁在子',玄枵又为虚北之意,北可能为十二辰之始,即'子',则'子'即代表元始,与'元年'之元正相合。因此'岁在玄枵'就无笔误的可能。所以此墨

---

①张宝玺:《建弘题记及其有关问题的考释》,原载于阎文儒、王万青《炳灵寺石窟》,兰州:甘肃人民出版社,1993年,第163页。

②王惠民:《炳灵寺建弘题记应为建弘五年》,《敦煌研究》1998年第3期,第167页。

③王惠民:《炳灵寺建弘题记应为建弘五年》,第167页。

书造像题记中最末一句'建弘元年岁在玄枵三月廿四日造'既无笔误现象,又不存在相互矛盾之处,是正确的。"①魏先生同时也认为,晋译《华严经》在完全译出以前,位置靠前的《如来名号品》已经译出,并已经传到了西秦,这是完全合乎情理的。

## 四、"建弘题记"出现的背景

"建弘题记"是在一个特殊的国度,特殊的年份,出现的一个特殊的纪年题记,具有非凡的价值和意义。

众所周知,西秦是乞伏鲜卑在周边强敌环伺的地方所建立的割据政权,东有后秦,西南有吐谷浑,西北有南凉和北凉,东北有赫连勃勃的大夏,这些诸侯国雄踞一方,对西秦虎视眈眈。西秦共历四帝三十七年,国力不强,国运短暂,而且命运多舛。淝水之战后,原先依附于前秦的乞伏鲜卑在其首领乞伏国仁的率领下起义,宣布自立。385年,自称大单于,领秦河二州牧,筑勇士城(榆中东北大营川)为都,史称西秦。建义四年(388)乞伏国仁死,其弟乞伏乾归继位,称大单于,河南王,迁都金城(兰州西)。太初八年(395)乞伏乾归称"西秦王"。太初十三年(400)后秦攻打西秦,西秦大败而失国,乞伏乾归成了亡国之君。太初十五年(402)乞伏乾归之子乞伏炽磐受后秦姚兴委署为建武将军、西夷校尉、行河州刺史。六年后(408)乞伏炽磐击败南凉,攻克枹罕(临夏),拥戴其父乞伏乾归再度称王。永康元年(412)乞伏炽磐定都枹罕,国号为永康。420年乞伏炽磐立子乞伏暮末为太子,改国号为建弘,这一年就是建弘元年。428年,乞伏暮末继位改年号为永弘。永弘四年(431)大夏赫连定灭西秦。

西秦三十七年的历史,基本上是在飘摇动荡中度过的,外部强敌环伺,内部王族倾轧内讧,人民无不渴望一个和平安详的社会环境。这就不难理解为什么西秦这么一个国力羸弱且政局极不稳定的小王国,佛教何以兴盛若此。作为统治者的乞伏家族也十分崇信佛教,寄希望佛祖保佑政权永固。史书称:"乞伏国仁,陇西鲜卑,世居苑川,为南单于。前秦败后,遂称秦王,仍都子城,尊事沙

---

① 魏文斌:《关于炳灵寺石窟研究的几个问题》,颜廷亮、王亨通主编:《炳灵寺石窟学术研讨会论文集》,兰州:甘肃人民出版社,2003年,第127页。

门。时遇圣坚行化达彼,仁加崇敬,恩礼甚隆。即播释风,仍令翻译,相承五主四十四年。"①

对于西秦这样一个诸侯国而言,立太子乃是国之大事,在古代因立太子而改元也是常有的事。在这样一个举国喜庆的日子里修庙塑佛绘像是再自然不过了,"永初元年(420),春,正月,乙亥,魏主还宫。秦王炽盘立其子乞伏暮末为太子,仍领扶军大将军,都督中外诸军事,大赦,改元建弘"②。再从建弘题记所在的第 169 窟第 6 龛的修造供养人来看,更是些位高权重的人物,有国师高僧,有皇室眷属和达官贵人。如护国大禅师昙摩毗、比丘道融、博士安南姚庆子、侍生广宁邢斐,更有皇室成员"乞伏罡集""清信女妾王"等。

综上所述,公元 420 年,崇信佛教的西秦国王乞伏炽磐宣布立其子乞伏暮末为太子,改元建弘,并大赦天下。为纪念这一重大事件,西秦国的达官贵人们对当时的"皇家寺院"——唐述窟(炳灵寺)进行了重修,修完后留下了"建弘题记",这应该是"建弘题记"的缘起和来历。

关于对"建弘题记"内容本身的研究以及"岁在玄枵"究竟是建弘元年还是建弘五年之争论,在前文研究成果一节中也做了描述。阎文儒、张宝玺、董玉祥、王万青、王惠民、魏文斌等先生在题记内容的解读和研究上已经取得了令人钦佩的成果。

可以说,乞伏鲜卑留给我们的遗产完好地保留在了炳灵寺第 169 窟,炳灵寺第 169 窟是西秦历史文化的集中体现,而"建弘题记"是西秦历史文化皇冠上最耀眼的一颗明珠。对"建弘题记"的价值先贤们已经做过深刻而精辟的评论,归纳起来一句话,"它是研究中国早期石窟的一个标尺",在此不一一赘述。我要谈的是如何进一步拓展"建弘题记"及第 169 窟的研究领域问题。

## 五、展望未来

如何进一步拓展对包括"建弘题记"在内的第 169 窟的研究范围,深入发掘其内在的核心价值,推动炳灵寺石窟的学术研究水平向更高的目标和层次

---

① (隋)费长房:《历代三宝纪》卷九,高楠顺次郎编《大正藏》,第 49 册史部传,第 82 页。
② (北宋)司马光:《资治通鉴》卷 119,北京:中华书局,1956 年,第 3732 页。

图 1 炳灵寺石窟第 169 窟第 6 龛"建弘元年"题记

发展，我想应该从以下四个方面进行探讨。

一是要更深入地发掘炳灵寺石窟特别是第 169 窟所蕴含的普遍的价值。第一，历史价值。第 169 窟保存了大量的历史资料，炳灵寺石窟所在的河州地区由于种种原因，保存下来的历史文献资料不多。第 169 窟中的各类题记、榜题等历史遗存补阙了正史及地方史研究中的缺憾。第二，考古价值。在第 169 窟北壁发现的"建弘题记"是二十世纪石窟考古中的重大发现，是研究我国早期石窟的重要标尺。第三，文化价值。西秦国作为乞伏鲜卑建立的一个割据政权，国力弱小，国祚短暂，仅存了 37 年。但就是这么弱小，这么短暂的王朝，却创造了极其灿烂的文化，这些珍贵遗产是研究乞伏鲜卑民族和西秦国政治生态、哲学思想、文化背景、审美观念和生活方式等方面不可多得的资料，第 169 窟再现了乞伏鲜卑和西秦国的现实生活面貌。第四，艺术价值。第 169 窟中保存了来自印度、中亚、西域、河西走廊、平城、南朝等诸多不同风格不同流派的绘画与雕塑的技法，大大丰富了中国的文化艺术，为中华文明的发展做出了重要的贡献。

二是"建弘题记"研究应该在乞伏鲜卑族与西秦国的历史研究中发挥重要作用。第 169 窟"建弘题记"以及诸多塑像、壁画和大量榜题的发现极大地补阙了正史中对乞伏鲜卑和西秦的历史资料。在有关乞伏鲜卑与西秦历史的文献史料里几乎没有提及炳灵寺第 169 窟，更没有"建弘题记"。当然，1963 年以前的研究中没有提到第 169 窟和"建弘题记"是可以理解的，因为那时候第 169 窟还没有发现，不为世人所知。1963 年登上第 169 窟等于打开了尘封千年的西秦国和乞伏鲜卑民族历史文化的宝库，这里珍藏着 70 余尊各类佛教造像，100 多平米的壁画，尤其是"建弘题记""丙申题记"等纪年题记以及大量的人物榜题,这是中国其他石窟中见所未见、闻所未闻的宝藏,为研究乞伏鲜卑和西秦国历史,提供了极为丰富的资料。但是,第 169 窟及"建弘题记"发现已经过去了 60 多年,这些珍贵的资料,迄今尚未引起足够的重视,特别是未能引起研究十六国史和鲜卑民族史学者的重视,未能在十六国史和鲜卑民族史的研究中发挥重要的作用,这不能不说是一种缺憾。

三是充分发掘第 169 窟在多民族交往、交流和交融中所起的重要作用,为文化交流、文明互鉴的历史研究做出更大的贡献。晋代以来,先后有匈奴、鲜卑、羯、氐、羌、吐谷浑、吐蕃、党项等民族在炳灵寺经略营建、开窟造像,创造了灿烂辉煌的文化艺术。炳灵寺石窟既完全承袭了中华民族优秀传统文化的基因,更彰显了多民族文化交相辉映、兼容并蓄的面貌特征。经过 1700 余年的交流融合发展,形成了多元文化并存的局面。来自巴基斯坦白沙瓦地区的犍陀罗佛教艺术,中印度地区的马图拉佛教艺术,伊朗、阿富汗地区的波斯文化艺术在炳灵寺石窟得到真实地传承保存。佛教艺术进入中国后,与当地文化进一步融合发展,新疆阿克苏地区的龟兹佛教艺术、吐鲁番地区的高昌回鹘佛教艺术、河西走廊的凉州佛教艺术,从我国南方传来的南朝佛教艺术在炳灵寺石窟得到了充分的彰显和发展,第 169 窟是这些文化荟萃交融的集中体现。北魏时期,进一步中国化的佛教艺术——山西大同的平城佛教艺术传到了炳灵寺石窟,第 125、126 等窟龛是这一时期的代表作。唐朝时期,强大的中华文明吸引着世界各地的文化艺术汇聚长安,在与中原文化充分融合后,形成了独具魅力的长安佛教

图 2　炳灵寺石窟第 169 窟

艺术风格,炳灵寺石窟中唐代时期的洞窟和造像约占三分之二。中唐以后,雪域高原藏传佛教艺术通过唐蕃古道源源不断地传到了炳灵寺,在炳灵寺石窟中保存了藏传佛教各个流派的佛教艺术。来自世界各地各民族的文化艺术在炳灵寺石窟进行充分的融合发展,构成了绚丽多彩而又独特魅力的炳灵寺石窟艺术。

多地区的艺术风格,多民族的共同创造,长时期的发展演进,使炳灵寺石窟成为中华文化大观园里一朵最艳丽的奇葩,具有无可替代的文化和艺术价值。石窟中保存的汉文、吐蕃文、回鹘文、西夏文、藏文等摩崖石刻题记,是多民族文化在炳灵寺石窟交融互鉴的结晶。

四是将对第 169 窟的研究与河州地方史研究结合起来,相互促进,共同发展。第 169 窟及"建弘题记"在河州文化史上留下了浓墨重彩的一笔,炳灵寺石窟也该成为古老河州文化中一颗最亮丽的明珠。炳灵寺石窟之所以成为中国北方地区、黄河岸边和丝绸之路上具有无可替代价值的佛教石窟寺,与河州独特的地理位置和多元的古代民族文化分不开。

河州,这是一块神奇的土地,位于青藏高原和黄土高原的交会地带,有四条文化古道从这里穿越,在这里交会。一条是黄河,是我们中华文明的摇篮;一条是丝绸之路,是东西方文化交流的通道;第三条是唐蕃古道,是汉藏文化交流的道路;还有一条是茶马古道,是高原与中原及南方文化交流的线路。这种大文化的汇聚,为炳灵寺石窟的出现勾勒出了宏伟而壮阔的大背景、大舞台。自古以来,多种民族在这里繁衍生息,相互融合,包括羌族、匈奴、氐族、鲜卑、吐谷浑、吐蕃、党项等,创造了灿烂辉煌的文化。炳灵寺石窟留下了这些民族活动的印记,尤其是乞伏鲜卑,定都河州枹罕后,把炳灵寺的佛教活动推向了高潮。炳灵寺石窟西秦、北魏时期的造像、壁画绝大部分是乞伏鲜卑和拓跋鲜卑创作的。当然,我们也看到,在乞伏鲜卑经略河州之时,匈奴、羌、吐谷浑等民族也在河州大地上与乞伏鲜卑犬牙交错地存在着。特别是西秦国建立初期,其势力主要在兰州榆中一带与南凉对峙,而真正控制河州的未必是乞伏鲜卑,可能是先期抵达这里的吐谷浑势力。因此,我们认为,早期经营炳灵寺天桥洞的不一定是西秦,有可能是在乞伏鲜卑控制整个河州前,早有人先入为主了。这就不难理解炳灵寺第 169 窟中的壁画和塑像多次出现叠压关系、打破关系,也不难理解史书中有"晋泰始年之所立也"①的记载了。这种通过研究河州地区古代的民族文化的构成关系来研究炳灵寺石窟的发展演变或借助炳灵寺石窟的研究进一步推进河州文化的研究,还基本上处于空白状态。"建弘题记"及第 169 窟的塑像、壁画不应该仅仅是研究中国早期石窟的一把"标尺",更应该成为撬动研究河州乃至整个西北古代民族文化的一根杠杆。

但现状是,临夏当地的学者或研究河州历史文化的学者鲜有对炳灵寺石窟进行研究的。同样,研究炳灵寺石窟的人,也没有把炳灵寺石窟放到河州当地文化的大环境里去思考,二者不能有机地结合起来,这不能不说是研究河州或研究炳灵寺石窟者的缺憾。期待二者多互动,多交流,多联络。通过着力研究和发掘炳灵寺石窟的核心价值,进而带动整个河州历史文化的研究;把对炳灵寺石窟的研究放到对整个河州文化的研究之中,通过对河州地方文化的整体研究,把炳灵寺石窟的学术研究水平推向一个崭新的领域。这应该是我们面临的一个亟待重视和解决的问题。

近年来,有学者多次呼吁构建"河州学",如果"河州学"能够得以建立起来,成为一门新兴学科,炳灵寺石窟应该成为"河州学"重要的文化支撑。

---

① (唐)释道世著,周叔迦、苏晋仁校注:《法苑珠林校注》卷三十九,中华书局,2003 年,第 1247 页。

# 永靖炳灵寺北魏造像渊源及相关问题
## ——以第 126、128、132 窟为例

孙晓峰

（敦煌研究院　麦积山石窟艺术研究所）

　　位于黄河上游甘肃省永靖县境内刘家峡水库末端积石山一带的炳灵寺石窟,地处古丝绸之路南线,是连接古代长安、秦州至青藏高原和河西走廊的咽喉要道,其中第 169 窟 6 号龛内仍保存有国内最早的西秦建弘元年(420)造像题记,该窟造像、壁画等集中体现和反映了西秦乞伏炽盘政权统治时期当地佛教活动的兴盛与繁荣,也成为国内外学术界关注的重点。相比之下,北魏时期炳灵寺佛教造像的相关研究关注者较少, 本文拟在前辈学者研究成果的基础上,就北魏晚期炳灵寺佛教造像题材、渊源、技法、窟龛形制等方面所体现出的中西方文化的交流与互动谈点粗浅认识,谬误之处,敬请指正。

## 一、第 169 窟的北魏造像

　　与中国绝大部分早期窟龛一样, 炳灵寺第 169 窟也是一个充分利用天然洞穴的典范。根据董玉祥先生的研究成果,[1]第 169 窟北壁部分造像塑作时间应晚于西秦,当为北魏作品。笔者亦深以为然,这三尊坐佛(图 1)所处位置为北壁下方外侧,右上方为成片的西秦时期壁画,壁面狭小而紧促,[2]并非理想的

---

[1]董玉祥:《炳灵寺石窟综述》,甘肃省文物工作队、炳灵寺文物保管所:《中国石窟·永靖炳灵寺》,北京:文物出版社,1989 年,第 169—181 页。

[2]甘肃省文物工作队、炳灵寺文物保管所编:《中国石窟·永靖炳灵寺》,北京: 文物出版社,1989 年,图版 59。

图 1 炳灵寺第 169 窟北壁三佛

造像场所,显然是因为窟内其他较好壁面均被占据后的一种不得以选择。从佛背屏制作方式看,西秦主要采用木构架式背屏,这组坐佛背屏则直接依壁而塑,技法更加成熟,应是总结此前龛壁制作工艺后的一种表现。从造像题材和风格方面分析,这组造像为三尊基本等高的坐佛,这种坐姿与麦积山第 74、78 窟极为相近(图 2),体现出时代共性,也展现出两者之间的互动与内在联系;而与炳灵寺西秦以立佛或立坐结合的三佛组合样式则有明显区别(图 3)。从佛装样式分析,这三尊佛中间一尊为袒右披肩式贴体袈裟,左、

图 2 麦积山第 78 窟坐佛

图 3 炳灵寺第 169 窟北壁三身立佛

右两尊为圆领通肩式袈裟,阴刻衣纹线较为稀疏而均匀,袈裟略显厚重,佛衣下摆较短且呈三片式垂覆于座前,与麦积山第 74、78 窟佛装之间存在一定差异性,均带有犍陀罗佛装因素,特别是三片式下摆的处理带有鲜明的地域特色,应是在本地西秦佛衣下摆样式基础上演变而来。

造像风格方面,这三尊坐佛均低平磨光肉髻,面形圆润清秀,五官相对紧凑,短颈端肩,身形敦厚挺拔,均禅定印,结跏趺坐。与炳灵寺此前西秦佛像肉

图4　炳灵寺第169窟西秦佛头像

图5　炳灵寺第169窟6号龛伎乐图旁的联珠纹饰

髻浑圆呈球形,两眼平视,眼角细长,高鼻阔口的特点有明显区别(图4)。在形体处理方面,炳灵寺西秦佛像依然能部分体现出佛的形体特征和变化,而北魏时期的这三尊坐佛形体则明显被弱化,中土化倾向更为明显和突出,从一个侧面也显示出外来佛教造像艺术的中国化进程。

佛背项光图案方面,第169窟的这三尊北魏坐佛纹饰结构相对简单,主要装饰图案为火焰纹和折枝忍冬纹,变化较少,与同窟6号龛内坐佛背屏富丽堂皇的装饰图案相比,反差很大,某种程度上可能与功德主的身份、地位有一定关系。其中最值得注意的是内侧一尊坐佛头光外缘装饰的联珠纹饰带(图5),体现出萨珊波斯艺术的影响,也表明这一时期中亚与中国内陆之间文化艺术的交流与互动。

同壁后侧第169窟6号龛右下角的两身北魏佛像特点更为鲜明。这两造像佛装均已剥落无存,其中左侧一尊为变形的水波纹发髻,面形方正圆润清秀,眼角细长,悬鼻小口,双耳垂肩,脖颈修长,身躯残损严重,可辨禅定印,结跏趺坐;右侧一尊残损更为严重,原认定为佛,笔者认为其应该为弥勒菩萨。因为从残存痕迹可见,这身造像明显为束发髻,发髻上半部分远比一般佛像肉髻要大得多,且中间部分残毁,从边缘看,更类似一圆平置的圆环状发髻(图6)。帛带扎束的下半部分虽然开裂严重,但依稀可以看出,表面阴刻水波纹,与左侧佛发髻样式基本一致。更重要的是,这尊造像双手明显合十于胸前,双膝以下部分残损严重,但可以看出原为交脚坐姿或倚坐姿,这

图6 炳灵寺第169窟北　　图7 麦积山第169窟造像　　图8 麦积山第44窟佛头像
　　壁后侧头像

些特征均指向同时期弥勒菩萨的图像样式。况且,佛与菩萨并置,在北魏时期
也有先例,如麦积山北魏第69、169窟内造像即属于这种情况(图7)。关于这
两尊像的制作时间,笔者认为可能更晚一些,应在北魏末至西魏初年。主要证
据有两点:一是这两身造像所采用的变体水波纹是在犍陀罗佛像发髻样式基
础上的一种演变和改进,这种变化的时间在中原陇右一带大致出现在北魏晚
期,东、西魏阶段非常盛行,特别是在麦积山石窟比比皆是(图8)。当时炳灵寺
与秦州佛教艺术之间的互动又十分频繁,因此,这种发髻样式的佛像在炳灵寺
出现也是情理之中。二是造像面部方正之间,饱满而圆润,双眼细长,悬鼻小
口,透出一种安详和恬静之美,与北魏时期面带微笑的秀骨清像有着非常细微
差别,呈现出一种新的时代风尚。

## 二、其他窟龛的北魏造像

　　除第169窟外,炳灵寺北魏早中期较为沉寂,几乎不见窟龛开凿,这与炳
灵寺所属地理位置有密切关系。从前辈学者整理的相关史料[①]记载我们可以看
到,公元430年,北魏开始发动统一北方的战争,并很快占领陇东、平凉一带。

――――――――――

　　①张宝玺、黄文昆:《永靖炳灵寺大事年表》,甘肃省文物工作队、炳灵寺文物保管所:《中国石窟·永
靖炳灵寺》,北京:文物出版社,1989年,第223—237页。

这一时期的占据枹罕的西秦末代国主乞伏暮末饱受北凉政权侵扰,不得已焚城池、毁宝器,携众东奔上邽,又遇到大夏赫连勃勃阻击,只能暂居南安(天水秦安一带),其故地尽归吐谷浑。次年,西秦灭于大夏,后者乘胜又进攻北凉,被吐谷浑慕瑰攻灭。北魏为了安抚这股强大的力量,以全力进攻河西,遂默许吐谷浑尽取金城、枹罕、陇西之地。虽然慕瑰对佛教也是礼敬有加,但当时饱受兵火之苦的枹罕已失去了在炳灵寺开窟造像的社会信众基础。可知在这种情况下,炳灵寺石窟是不具备开窟和营建环境的,当然也不排除个别窟龛和塑像的营造。

公元439年,北魏消灭北凉后,对占据这一带的吐谷浑采取了安抚与打压相结合的策略。445年,北魏大将、天水公封敕文率军进攻枹罕,徙千家还上邽。吐谷浑慕利延西逃于阗,北魏始设枹罕镇。但世居这一带的吐谷浑、羌、敕勒等部族始终与北魏政权有着较大矛盾,双方之间纷争不断,战事频发,对当地社会经济发展造成很大影响。加之此间北魏太武帝的灭佛运动,可以想见对炳灵寺的影响还是很大的。480年,北魏正式改枹罕镇为河州,治枹罕。但周边的吐谷浑、羌等族依然对河州构成一定程度的威胁,可知这一时期河州一带整体上还是动荡不安的。随着北魏孝文帝迁都洛阳,推行一系列汉化政策,北魏境内民族矛盾有所缓解,相对稳定的社会环境也使炳灵寺石窟再次迎来开凿造像的高潮。最具代表性的当属位于窟区下方中部的第125、126、128、132等大小十多个窟龛。

特别是第126、128、132三个窟最具代表性,它们彼此相邻,均为平面方形,穹窿顶或覆斗顶,圆拱形窟门,造像题材均以体现法华造像思想的三佛为核心。值得注意的是,窟内正壁代表在世佛的释迦牟尼不是单尊样式,而是采用与多宝佛并坐形式出现,这在同时期北方地区石窟造像中也不多见。类似例证仅见于敦煌莫高窟北魏第259窟,该窟为半隐式中心柱窟,窟内主室中心柱正壁凿一个圆拱形大龛,龛内塑释迦、多宝并坐像(图9)。此外,在河西、陇东、山西、河南等地北魏晚期窟龛内鲜有这种主尊组合样式出现。在毗邻的麦积山石窟也是如此,如第142、163等窟,虽然正壁释迦牟尼佛已不再采用北魏中期和早期那种以略高大于左、右壁主尊的方式出现,但窟内左壁或右壁塑交脚弥勒菩萨的做法已清楚表明窟内造像表现的是代表法华三世造像思想的题材和内容。在这一点上,麦积山与炳灵寺北魏晚期造像体现出较多的一致性特征。除此之外,两地造像均体现出强烈的褒衣博带和秀骨清像特点,说明其在造像艺术风格方面深受当时关中和长安地区影响。特别是炳灵寺第 126 窟留下的北魏延昌二年(513)大夏郡武阳部郡本国中正曹子元造像题记内容更证明了这点,在发愿文中,功德主明确提到祈愿"皇帝百官百姓七世父母六亲往生西方净土",

图 9　莫高窟第 259 窟中心柱正面造像

这种思潮也是当地北魏洛阳一带高僧昙鸾、善导一系所倡导的净土思想盛行的一种具体表现。

同时,炳灵寺第 128 窟内表现出较多的以洛阳为代表的中原佛教文化因素,如窟内正壁上方开两个小龛,龛内分别雕维摩、文殊,以示两人对坐说法。这种图式多见于洛阳龙门石窟北魏中期以来的窟龛造像题材中,根据相关统计,数量近 130 幅之多。窟内前壁龛内出现的上、下分层配置的七佛虽然分别以坐、立两种形式出现,但这种样式和题材在云冈、龙门石窟中也比比皆是。特别是在龙门石窟多以龛楣装饰题材而大量出现,与炳灵寺北魏晚期出现的七佛有异曲同工之妙,故上述这两种造像题材应是中原佛教文化影响的产物。

值得注意的还有位于炳灵寺石窟大寺沟口姊妹峰半山腰的第 184 窟,俗称"老君洞"。该窟形制也为平面方形的半中心柱窟,穹窿顶,正壁中心柱原雕一身高约 5 米的立佛,后改为老君像。20 世纪 80 年代,在该窟清理出来的北魏壁画十分重要。内容主要包括 3 铺七佛,2 铺释迦多宝,其中北壁绘释迦、多宝并坐,佛上方绘山花焦叶宝盖,二佛并坐于一坛台,均身穿袒右披肩袈裟,体形清秀,袈裟下摆较短,垂覆于座前。两侧各一胁侍菩萨,帔帛膝前十字穿环,体姿清秀。其上方各绘一身坐佛。色彩除石青、石绿外,还大量运用土红色,使整个画面十分醒目。其中右侧佛旁边胁侍菩萨面形方正,束发髻,宝缯横折下垂,双肩各有一圆形饰物,金色帔帛腹前十字穿环,饰臂钏、手镯,跣足立于圆莲台上。①无论是佛还是菩萨的装束,均呈现出北魏孝文帝改制前后的特点,故该窟开凿时间也大致在这一范围内。此外,窟内东壁上部壁画也值得关注,下方右侧绘一身坐佛二菩萨,佛装束同前,背光两侧各一身小坐佛。右侧绘二佛并坐,均身穿圆领通肩袈裟,禅定印,结跏趺坐于圆莲台上,头顶绘伞式宝盖。②第 184 窟的形制整体上与莫高窟第 259 窟十分相近,即也采用了半隐式中心柱,可以说是中心柱窟的雏形。中心柱窟在陇东南地区十分罕见,但在河西走廊和敦煌地区较为常见,表明其与河西地区有着较密切的关系。窟内发现的北魏壁画也值得注意,特别是释迦多宝并坐图像的出现,实际上就在暗示我们以炳灵寺第 126、128、132 等窟为代表的将释迦、多宝佛做为窟内正壁主尊的做法在当地是有传承的。

通过上述分析,我们可以看到,炳灵寺石窟北魏晚期造像虽然整体上承袭了当时洛阳、长安地区的主流风尚,但在细部处理和表现形式上依然体现出浓郁的地域特色。最有趣的就是前面笔者所言的采用释迦、多宝并坐来表现或佐证释迦佛的方式。前述莫高窟第 259 窟中心柱正面龛内二佛均身穿袒右披肩袈裟,服饰轻柔贴体,造像特点依然带有粗壮挺拔的北方游牧民族人种特征,与炳灵寺这三个窟内完全秀骨清像装束的释迦、多宝佛有明显差异。但两者在表现题材方式上具有高度一致性,如除二佛并坐外,两侧亦各有一身胁侍菩萨。这种几乎相近的组合形式使我们不得不考虑,炳灵寺北魏晚期这种三佛样式的源头应在河西走廊、凉州和敦煌一线,而不是来自中原地区。

此外,在这几个窟内还有一些例证也可以说明北魏晚期炳灵寺石窟与河西、凉州、新疆及中亚地区关系密切。如第 132 窟前壁窟门上方圆拱形龛内雕的涅槃佛,身穿圆领贴体袈裟,右肋累足而卧,头枕方枕,右掌支颐。左壁贴膝而下,旁边雕一身弟子,跪坐扶枕,身后八弟子举哀。这种标准的中亚、犍陀罗和新疆地区流行的佛涅槃像与同时期中原北方地区出现的涅槃像是有显著差

---

①甘肃省文物工作队、炳灵寺文物保管所:《中国石窟·永靖炳灵寺》,北京:文物出版社,1989 年,图版 77、79。

②甘肃省博物馆、炳灵寺文物保管所:《炳灵寺石窟老君洞北魏壁画清理简报》,《考古》1986 年第 8 期。

别的。考察这一时期中原北方和陇右地区出现的涅槃图像时,我们会发现,佛的卧姿主要以双手贴膝、双腿并拢、仰面而卧为基本样式,如云冈第 11 窟、洛阳龙门石窟普泰洞内的相关涅槃图像均是如此。特别是后者,图中释迦仰卧于床榻之上,围屏边缘并列刻 4 个弟子头像,面露

图 10　龙门普泰洞涅槃图

哀悲泣和惊惧之色(图 10)。显然是将外来的涅槃观念与中国传统的死亡丧葬情形联系了一起。类似现象也见于陇东南一带,如甘肃庄浪北魏卜氏造像塔上浮雕的涅槃图中释迦卧姿也大体如此,床榻前面还夸张地雕几身并列跪在一起的信众,体姿、神态各异,哭天喊地,将逝者丧葬时礼仪表现得十分生动(图 11)。同时出现在麦积山石窟的涅槃图也是如此,如第 133 窟 10 号佛传故事碑浮雕的涅槃图中佛的卧姿也采用仰面而卧方式(图 12)。稍晚一点的第 127 窟正壁涅槃图中,在表现临终说法的场景里,佛也是双手贴膝而下,仰面朝上,卧于棺椁内,上半身微微抬起,为四周信众说法。而在一些相对偏远地区

图 11　庄浪卜氏造像塔上的涅槃像

图 12　麦积山第 127 窟正壁涅槃图(局部)

出现的涅槃图中,则直接将这一场景与丧葬礼仪合在一起。如山西沁县南涅水保存的造像碑中,其中一个造像碑上浮雕的涅槃图上,高大的圣树之下,仅刻一具头高尾低的棺材,棺椁末端佛双足伸出,最后赶来的弟子迦叶正在探视佛足。

反观炳灵寺第132窟涅槃像,从其与第126、128窟分布位置、窟龛形制、造像题材及艺术风格等综合分析,其开凿时间大体应是一致的,既均在公元519年前后。因此,这尊标准的涅槃像可以说是陇右一带出现较早的一例。实际上,因修建刘家峡水库而搬迁的第16窟涅槃像,在最里层北魏原塑部分也是这种标准的侧卧姿。这些现象表明,北魏时期炳灵寺涅槃佛样式没有受到洛阳、长安地区影响,而是另有来源。最大的可能性与是与北凉高僧昙无谶在凉州译《大般涅般经》一事有密切关系,应是当时这一系涅槃思想在河州一带传播和发展的具体表现。

炳灵寺第132窟顶部采用的覆斗式结构也非常值得注意,虽然被明代藏密绘画所覆盖,但其整体结构依然十分清晰完整,透过表层彩绘,依稀可辨原绘题材为正中绘莲花藻井,莲花内绘有化生童子,四周转角内体姿呈V形的伎乐飞天(图13)。这种斗四套顶样式在敦煌莫高窟、酒泉文殊山、玉门昌马等北朝早期窟龛顶部广泛采用,甚至阿富汗巴米扬石窟部分窟龛中也能看到它的影子,其来源显然是中亚和西域,而非中原。另外,该窟内左壁交脚菩萨双足下方雕一身地神,体姿敦厚,蹲坐姿,双手高举过头,各托交脚菩萨的一足(图

图13 炳灵寺第132窟顶部藻井

图14 炳灵寺第132窟左壁底部造像

14)。这种处理方式不由得让人想起马蹄寺石窟群千佛洞 1 窟中心塔柱塔基正面下排原绘供壁画中的地神形象,这身地神上半身为菩萨装束,双手至胸前捧一簇鲜花,下半身隐于呈圆形展开的多重莲瓣之中,榜边有墨书榜题"地神奉花供养"。①根据张善庆教授的系统研究,②这类形象最早源于古印度,又名"地天"或"坚劳",原为印度的大地女神波哩提毗,又被纳入佛教神祇体系,与水天、火天和风天并列,阶位较低。主要担当为佛陀证言或助佛破魔的职能,在《金光明经》《华严经》等佛典中都有其相关事迹的种种记载。特别是在北凉昙无谶译《大方等大集经》《大般涅槃经》《金光明经》等佛典中都有关于地神助菩萨教化众生的相关描述。通过考察,我们可以发现,在犍陀罗雕塑中,地神多以女性形象出现,并被安置在佛座或菩提圣树底部,在降魔变中表现得尤为突出和醒目。当佛教东渐到中国新疆以后,地神形象、职能等都有了新的变化,不仅从女性转为男女并行,而且托举式也成为主流,托举对象除佛以外,还有世俗社会中身份高贵的供养人,如国王或王室贵族,相关图像在克孜尔石窟第 76、175、198、205 等窟内相关壁画中均有反映和体现。③在当时于阗控制的南疆一带,毗沙门天王信仰是于阗佛教造像的一个重要题材,而其中以大力士形象出现的地神托举天王双足也成为于阗王室一个重要的代表符号。④由此可知,炳灵寺第 132 窟力士托举菩萨双足图像很有可能就是中亚、西域地区盛行的地神图像在这一时期发展和演变的结果,换言之,也是中亚、印度和西域美术对炳灵寺石窟造像产生影响的另一个例证。

## 三、结语

通过对炳灵寺以第 126、128、132 窟为代表的北魏中晚期窟龛的讨论和分析,我们可以看出,炳灵寺石窟由于其所处的特殊地理位置和历史背景,在石

---

①姚桂兰、格桑美卓:《张掖马蹄寺石窟内容总录》,《敦煌学辑刊》1995 年第 2 期。

②张善庆:《马蹄寺石窟群汉传佛教图像研究》,兰州:甘肃教育出版社,2022 年,第 127—185 页。

③霍旭初:《克孜尔石窟降魔图考》,《敦煌研究》1993 年第 1 期;彭杰:《库车克孜尔尕哈石窟壁画中的地神》,《西域研究》2007 年第 3 期。

④古正美:《于阗与敦煌的毗沙门天王信仰》,原载于敦煌研究院编《2000 年敦煌学国际学术研讨会文集·历史文化卷》,兰州:甘肃民族出版社,2003 年,第 39 页。

窟造像方面体现出十分复杂的地域特征,既有以洛阳、长安为中心的中原传统文化的影响,又有以凉州为核心的来自中亚、印度、犍陀罗造像艺术的因素,而且河西地区的影响更突出一些。这种现象表明,西晋十六国以来,以武威为中心的凉州佛教体系在外来佛教文化传播过程中的价值和意义不容忽视,而炳灵寺石窟恰恰是其中十分重要的一环和宝贵的历史见证,在今后的相关研究工作应得到更多的重视,也具有很大的研究空间。

# 炳灵寺石窟建弘元年墨书题记：
# 西秦政权在甘肃的重要实物见证

张有财

（临夏回族自治州博物馆）

在甘肃省永靖县城西面的寺沟峡谷中，隐藏着一个规模宏大的佛国圣地，那就是被称为中国六大石窟之一、甘肃四大石窟之一的炳灵寺石窟，其以开凿于西秦时期的 169 窟最为著名，窟内的建弘元年墨书题记更是我国最早的石窟题记，在我国石窟寺的研究方面占有十分重要的地位，也是西秦政权在甘肃的重要实物见证。

## 引言

炳灵寺 169 窟是一个距地面约 40 米的漏斗形天然溶蚀洞，后经人工稍加修整后设龛造像的洞窟，该窟是炳灵寺石窟中位置最险要、开凿时间最早、内容最为丰富的洞窟。现有造像 76 尊，壁画 100 平方米，其中西方三圣、释迦苦修像，以及维摩诘示疾、释迦多宝并坐、梵天劝请等是中国现存最早的佛教艺术题材，其造像壁画风格融印度犍陀罗和秣菟罗、西域、河西、中原、南朝艺术于一体，呈现出中西艺术初步结合的面貌特征，表现出浓郁的异域风格。

169 窟除精美的造像和壁画外，窟内东壁上还有一幅墨书题记，题记位于 169 窟 6 龛的左上方，宽 0.87 米，高 0.47 米，在白石灰底上用毛笔墨写有 21 行字，每行 22—24 字不等，全文 500 字左右，现能辨识的仅有 200 余字，题记的内容为造像发愿文，主要对 169 窟内画佛塑像和装饰进行了说明，题记的最末行有"建弘元年岁在玄枵三月廿四日造"，为我们提供了该窟创建年代的可靠资料。建弘元年即公元 420 年，这是迄今为止我国石窟中保存最早的造像题记。该墨书题记的发现，使我们对中国早期的佛教艺术有了一个较清晰的认识，它不仅为对研究炳灵寺石窟提供了可靠的依据，对全国其他石窟的断代也具有重要的参考价值，同时也是西秦政权在甘肃的重要见证。

## 一、西秦政权的历史

西秦政权（385—400、409—431）是南北朝时期的十六国之一，为鲜卑族乞伏部首领乞伏国仁所建的一个地方割据政权，其国号"秦"，以地处战国时秦国故地为名。《十六国春秋》始用"西秦"之称，以别于前秦和后秦，后世袭用之，历四主，共三十七年。公元 431 年被夏国所灭，其最盛时期统治范围包括甘肃西南部，青海部分地区。

鲜卑族是继匈奴之后在蒙古高原崛起的一个古代强盛的游牧民族，属阿尔泰语系蒙古语族，起源于东胡族，兴起于大兴安岭。秦汉之际，东胡被匈奴冒顿单于打败后，分为两部，分别退保乌桓山和鲜卑山，均以山名作为族名，分别形成了乌桓族和鲜卑族。到东汉建武二十一年(45)鲜卑族跟随匈奴侵犯汉境，开始正式登上了历史舞台，到魏晋南北朝时期，鲜卑族已成为对中国影响最大的游牧民族。

乞伏鲜卑为鲜卑族最强大的一支，乞伏鲜卑是原居于漠北的乞伏鲜卑部与原居于今贝加尔湖一带的丁零(南北朝时称"高车")融合后的鲜卑部落联盟，包括乞伏、斯引、出连、叱卢四部。东汉中后期开始，乞伏鲜卑先后南迁至大阴山(今内蒙古自治区境内的阴山山脉)，先后兼并了鲜卑族的鹿结部、鲜卑莫侯部，势力渐盛，并迁于土地肥沃的苑川(今甘肃榆中县大营川)，这一时期乞伏鲜卑联盟已增至十万余落。随着联盟的壮大发展和受到邻近封建政权的影响，乞伏鲜卑逐渐向国家政权过渡，建立了简单的官制。

公元 371 年，前秦大将王统前来攻打度坚山，乞伏鲜卑族首领乞伏司繁率三万骑兵在苑川阻击，王统则偷袭度坚山，乞伏司繁大败，其部众全部投降于王统，乞伏司繁被迫归降前秦，被前秦王苻坚封为南单于，留之长安，又以其叔乞伏吐雷为勇士护军，抚其部众。公元 373 年，前秦宣昭帝苻坚令乞伏司繁回镇勇士川(今甘肃榆中县东北)。①

次年,前秦灭前凉张氏政权,占有了河西、陇右大片地区。是年,乞伏司繁死,其子乞伏国仁继承父业,仍为前秦镇西将军,借前秦之威,逐渐发展壮大自己的势力。②

公元 385 年,前秦宣昭帝苻坚被后秦武昭帝姚苌擒杀,鲜卑族乞伏部落首领乞伏国仁趁机自称大都督、大将军、大单于,兼秦河二州牧,建立了西秦政权。同年鲜卑匹兰率众五千人投降乞伏国仁。③

公元 386 年,南安人秘宜与各部羌人联兵进攻西秦,被乞伏国仁率五千精兵击败,秘宜逃回南安。公元 386 年,秘宜和他的弟弟莫侯悌携三万多户部众投降西秦,乞伏国仁遂任命秘宜为东秦州刺史,莫侯悌为梁州刺史。④

公元 387 年,前秦皇帝苻登册封乞伏国仁为苑川王,此时西秦的实力还不如前秦,且主要敌人是后秦,因此乞伏国仁接受了前秦的册封,这是西秦君主称王的开始。同年,乞伏国仁率领三万骑兵在六泉袭击鲜卑大人密贵、裕苟、提伦等三部,不久后高平鲜卑没奕于、东胡金熙合军来袭,被乞伏国仁击败。没奕于和金熙的失败让鲜卑三部都很恐惧,纷纷率军投降西秦。⑤

公元 388 年,乞伏国仁在平襄讨伐鲜卑越质叱黎,取得大胜。同年乞伏国仁去世。由于乞伏国仁之子乞伏公府年幼,众朝臣便拥立乞伏国仁之弟乞伏乾归为大都督、大将军、大单于、河南王。乞伏乾归以其将乙旃音埿为左相,屋引出支为右相,独孤匹蹄为左辅,武群勇士为右辅,弟乾归为上将军,自余拜授各有差。置武城、武阳、安固、武始、汉阳、天水、略阳、滠川、甘松、匡朋、白马、苑川十二郡,筑勇士城以居之。乞伏乾归继位后迁都金城。⑥

公元 389 年,前秦皇帝苻登册封乞伏乾归为金城王。同年南羌独如率领七千人投降西秦。公元 390 年,陇西太守越质诘归占据平襄反叛,自称建国将军、

①《晋书》卷一百二十五《载记第二十五》

②《资治通鉴》卷一百四

③《晋书》卷一百二十五《载记第二十五》

④《资治通鉴》卷一百六

⑤《晋书》卷一百二十五《载记第二十五》

⑥《晋书》卷一百二十五《载记第二十五》

右贤王。公元 391 年,乞伏乾归击败越质诘归,越质诘归先逃后降,乞伏乾归任命其为立义将军,还将宗族之女嫁与他。①

公元 392 年,割据凉州的吕光派南中郎将吕方、右将军吕宝、振威将军杨范、强弩将军窦苟等人率军东下进攻西秦都城金城,遭乞伏乾归反击而大败,吕宝及将士万余人丧命。

公元 394 年,前秦皇帝苻登任命乞伏乾归假黄钺、大都督陇右河西诸军事、左丞相、大将军、河南王,兼领秦梁益凉沙五州牧,加九锡之礼。同年六月,前秦皇帝苻登被后秦皇帝姚兴攻逼,向乞伏乾归求援,并进封乞伏乾归为梁王。乞伏乾归随即派遣前将军乞伏益州和冠军将军翟瑥率领两万骑兵前去营救。谁料苻登不久后就被姚兴所杀,西秦军队只得返回。同年十月,氐王杨定与前秦末帝苻崇联兵进攻西秦,乞伏乾归派乞伏轲殚、乞伏益州、越质诘归抵御,取得大胜,并杀了杨定、苻崇以及他们的部众一万七千人,占据了陇西、巴西的全部地方。②

公元 395 年,乞伏乾归自封秦王,大封百官。同年天水人姜乳袭击并占据上邽,乞伏乾归派乞伏益州率军讨伐,遭遇大败。不久后乞伏乾归迁都西城,并向吕光称臣。公元 396 年,乞伏轲殚因与乞伏益州不和而投奔吕光。吕光得到乞伏轲殚后又开始攻打西秦。就在众朝臣都劝乞伏乾归往东投奔成纪时,乞伏乾归却坚决不同意,他说吕光没有远虑,不足为虑,相反吕光的弟弟吕延手握凉州精兵,威胁更大,便决定先进攻吕延。公元 397 年,吕延中了乞伏乾归的反间计而率军轻敌冒进,最终被乞伏乾归斩杀。

公元 398 年,南凉武王秃发乌孤派使者来西秦和亲。同年乞伏乾归派乞伏益州攻克支阳、鹯武、允吾三城。不久后又派乞伏益州、慕容允和翟瑥率领两万骑兵攻打吐谷浑王视罴,视罴被击败后据守白兰山,并以儿子宕岂为人质向西秦纳贡称臣。

公元 399 年,鲜卑族叠掘部落的首领河内率领五千户投降西秦,乞伏乾归

---

① 《晋书》卷一百二十五《载记第二十五》
② 《资治通鉴》卷一百一十一

任命河内为叠掘都统,并把宗族之女嫁给他为妻。

公元400年,乞伏乾归因金城南景门崩塌认为不吉而迁都苑川。同年,后秦皇帝姚兴派姚硕德率军讨伐西秦,乞伏乾归战败后投降南凉,但遭到南凉君臣猜忌,最终选择投降后秦,被授为兴晋太守、左贤王、主客尚书,立国十五年的西秦宣告灭亡。

公元401年,后秦皇帝姚兴派乞伏乾归返回西秦旧都苑川镇守。公元402年,乞伏乾归之子乞伏炽磐从南凉辗转投奔后秦,被授之为兴晋太守、护西夷校尉。公元408年,乞伏炽磐趁后秦发生长安战乱而招集部众两万多人反叛,在嵝嵣山筑城并占据此处。①

公元409年,乞伏炽磐攻克了枹罕,乞伏乾归得知后留下乞伏炽磐镇守枹罕,自己则招集了三万人马迁到度坚山。不久后群臣纷纷劝谏乞伏乾归称王,乞伏乾归推脱不过便僭称秦王,亡国九年的西秦得以复国。

公元410年,乞伏乾归派遣乞伏炽磐讨伐薄地延,薄地延选择投降,被任命为尚书。同年乞伏乾归还都苑川,并攻克后秦略阳、南安、陇西各郡。此时后秦已无力向西讨伐西秦,为了防止乞伏乾归侵扰边境,姚兴便册封乞伏乾归为使持节、散骑常侍、都督陇西岭北匈奴杂胡诸军事、征西大将军、河州牧、大单于、河南王。此时乞伏乾归欲图谋河西,不宜与后秦翻脸,便接受了册封向姚兴称臣。

公元411年,乞伏乾归派军攻打南凉王秃发傉檀,取得大胜。同年西秦又在伯阳堡攻克姚兴的别将姚龙,在水洛城攻克王憬。

公元412年,乞伏乾归率领步兵骑兵三万人在枹罕攻打西羌彭利发,彭利发被斩杀,羌人一万三千户归附西秦。同年乞伏乾归去世,在位十五年,其子乞伏炽磐继位。

公元413年,乞伏炽磐派龙骧将军乞伏智达、平东将军王松寿在浇河讨伐吐谷浑王树洛干,俘获吐谷浑将领呼那乌提和三千多户。又派镇东将军乞伏昙达和王松寿率领一万骑兵向东讨伐,在白石川打败吐谷浑休官权小郎、吕破

---

①《晋书》卷一百二十五《载记第二十五》

胡,俘获其男女一万多人,进据白石城。乞伏炽磐派安北将军乌地延、冠军将军翟绍在泣勤川讨伐吐谷浑别统句旁,大败句旁,俘获很多人。乞伏炽磐率领各路将领在长柳川讨伐吐谷浑别统支旁,在渴浑川讨伐掘达,前后俘获男女二万八千人。公元 414 年,有五色云在南山上升起。乞伏炽磐认为这是自己的吉兆,非常高兴,对大臣们说:"我今年应该能平定天下,大业就要告成了!"于是整修武器,训练兵马,以等待天下大乱。后来趁南凉王秃发傉檀向西征讨乙弗,后方空虚,率领二万步兵骑兵袭击南凉都城乐都,攻克了乐都,派遣平远将军键虔率领五千骑兵追击秃发傉檀,把乞伏武台和他的文武百官以及一万多户百姓迁徙到枹罕。秃发傉檀于是投降,南凉灭亡,秃发傉檀被暂任为骠骑大将军、左南公。随从秃发傉檀的文武百官,按照才干选授或提拔官职。乞伏炽磐兼并秃发傉檀以后,兵强地广,设置百官,立妻子秃发氏为王后。公元 415 年,乞伏炽磐攻克北凉的湟河太守沮渠汉平,任命其左卫匹逵为湟河太守,接着讨伐并降服乙弗窟干而回。派大将乞伏昙达、王松寿等人在赤水讨伐南羌弥姐康薄,并使他投降。乞伏炽磐又攻打漒川,军队驻扎在沓中,北凉沮渠蒙逊率领军队攻打石泉以救援漒川。乞伏炽磐听到后率领军队往回撤,派乞伏昙达和他的将领出连虔率领五千骑兵赶去救援。沮渠蒙逊听说乞伏昙达到来,领兵返回,派使者向乞伏炽磐行聘,于是双方结姻和亲。乞伏炽磐又派乞伏昙达、王松寿等率领一万骑兵攻打姚艾,姚艾逃到上邽。乞伏昙达进驻大利,攻破黄石、大羌两个营垒,把五千多户迁徙到枹罕。乞伏炽磐又命令安东将军木奕于率领七千骑兵在塞上讨伐吐谷浑树洛干,在尧圩川打败了堂弟树洛干阿柴,俘获五千多人而回,树洛干退守白兰山而死。①乞伏炽磐任命乞伏昙达为左丞相,儿子乞伏元基为右丞相,麹景为尚书令,翟绍为左仆射。派乞伏昙达、乞伏元基向东讨伐姚艾,姚艾投降。

公元 419 年,乞伏炽磐立次子乞伏暮末为太子,兼领抚军大将军、都督中外诸军事。

公元 428 年,乞伏炽磐去世,其子乞伏暮末继位。同月,乞伏暮末葬父乞伏炽磐于武平陵,上庙号为太祖。乞伏暮末任命右丞相乞伏元基为侍中、相国、都

---

① 《晋书》卷一百二十五《载记第二十五》

督中外诸军事、录尚书事等职务;同时任命镇军大将军、河州牧乞伏谦屯为骠骑大将军;征召安北将军、凉州刺史段晖为辅国大将军、御史大夫;任命叔父、右禁将军乞伏千年为镇北将军、凉州牧,镇守湟河;又任命征北将军乞伏木弈干为尚书令、车骑大将军;任命征南将军乞伏吉毗为尚书仆射、卫大将军。北凉趁西秦权力交接之际进攻西平,被丞相乞伏元基击退。不久后北凉王沮渠蒙逊再次回击西平,最终攻陷了城池并活捉西平太守。

公元 429 年,沮渠蒙逊讨伐西秦,乞伏暮末命丞相乞伏元基留守都城枹罕,自己则退守定连城。沮渠蒙逊一面以大军包围枹罕城,一面派世子沮渠兴国率军进攻定连。最终乞伏暮末击败了来犯定连的北凉军队,并生擒了沮渠兴国。沮渠蒙逊见世子被抓,无奈撤军。

公元 430 年 10 月,乞伏暮末在北凉的军事威胁下,派使臣王恺、乌讷阗出使北魏,请求派兵援助。北魏许诺把尚在大夏掌握中的平凉郡和安定郡封给乞伏暮末。乞伏暮末于是纵火焚烧城邑,捣毁宝物,统率部众一万五千户,向东前往上邽。乞伏暮末的大队人马刚走到高田谷,给事黄门侍郎郭恒等人阴谋劫持沮渠兴国,反叛西秦。郭恒的密谋泄漏,乞伏暮末杀掉了郭恒。大夏国主赫连定听说乞伏暮末的大军将来进攻,发兵抵抗。乞伏暮末只好就地固守南安,西秦的故土全被吐谷浑汗国占领。11 月,南安的各羌族部落一万余人背叛了西秦的统治,共同推举安南将军、督八郡诸军事、广宁太守焦遗为盟主,焦遗拒绝。羌族部众于是劫持焦遗的同族侄子、长城护军焦亮为盟主,聚众攻打南安城。乞伏暮末向氐王杨难当请求援兵,杨难当派将军苻献率骑兵三千人,赶赴救援,与乞伏暮末合兵反击各羌族部落军队的进攻。羌军溃败,焦亮逃回广宁。乞伏暮末进攻广宁,亲自下令命焦遗诛杀焦亮。12 月,焦遗将焦亮斩首,出城投降。乞伏暮末为焦遗加封号称镇国将军。西秦略阳太守弘农人杨显献出郡城,投降大夏。

公元 431 年正月,赫连定突袭西秦大将姚献,大败姚献军。随即又派其叔父、北平公赫连韦伐率领一万人攻打乞伏暮末据守的南安城。当时,南安城中正发生饥馑,人与人相食。西秦侍中、征虏将军出连辅政,侍中、右卫将军乞伏延祚,吏部尚书乞伏跋跋等,逃出城去,投降了大夏。乞伏暮末穷途末路,用车辆载着空棺材出城投降,西秦灭亡。赫连韦伐把乞伏暮末连同沮渠兴国,一并押送到上邽。同年 6 月,赫连定斩杀了乞伏暮末,以及西秦皇族五百人。①

## 二、西秦的历史影响

作为割据一方的西秦政权,虽然统治时间短暂,立国仅三十七年,但其建国及兴盛的历程中,对甘肃和临夏地区的交通、人口、文化的发展,以及各民族之间的相互交流和融合,都产生了重大的影响,从一个侧面向我们展示了一个古代王国的声威。

### (一)开拓了陇右地区的交通

西秦初期的活动仅限于苑川、金城、河州一带,公元 409 年,乞伏乾归复国后,以苑川、河州为中心,伺机向外扩张,用武力开拓疆域,从公元 410 年到 426 年的十余年中,先后从后秦、南羌、吐谷浑、南凉等国夺取了大片地盘,扩大了势力范围,在开拓疆域的过程中,为了保证军事扩张对军需物资的需要,西秦以河州为中心,对甘肃陇右地区分别通往青海、天水和陇南的不同方向的道路、交通进行了大力开拓,对陇右地区道路交通的发展,起了一定的促进作用,其中最著名的是在黄河上修建了"天下第一桥"。

公元 411 年西秦迁都枹罕后,为了便于对建都青海的南凉政权的进攻和保证对占领地方的物资运输,西秦于公元 412 年在今积石山县安集乡孕鲁坪的鲁班滩和永靖县炳灵寺姊妹峰之间的黄河上建造了一座飞桥,因两岸高而窄狭,桥似从天而降,故名"飞桥"。据《水经注》记载,"枹罕有河夹岸,岸宽四十丈,义熙中乞佛(乞伏)于此上作'飞桥',桥高五十丈,三年乃就。"唐太宗贞观年间,名将李靖出征吐谷浑时来到炳灵寺,看到这里的奇山异水,遂题写了"天下第一奇观",随同出征的官员同声称赞,便称飞桥为"天下第一桥"。西秦在当时战争频繁,科学技术极其落后的条件下,在波涛汹涌的黄河上建成了第一座飞桥,是一个伟大的创举,揭开了黄河桥梁建设的文明史。到了北宋年间,宋夏之战时,这座飞桥被毁。《西夏书事》载:"先断炳灵寺桥,星章峡栈道,四面急攻……"此后,"天下第一桥"就成了历史文献中的记载和文人墨客笔下凭吊的对象了。

---

① 《资治通鉴》卷一百二十二

图 1　西秦修建的"天下第一桥"

## （二）促进了陇右的人口发展

西秦连年与后秦、后凉、南凉、北凉、吐谷浑、南羌等进行战争,为了巩固其统治,实行了将征服地的人口强行迁徙到其统治中心或军事要地的措施,先后迁徙人口三十余次,共十四万户,其中掠夺万人以上的就有七次之多。仅《西秦录》中的记载就有十几条之多:"使乞伏益州攻克之阳、鹲武、允吾三城,俘获万余人而还。""乞伏乾归收众三万,迁于度坚山。"特别是从公元 410 年到 425 年,先后从上邽(今甘肃天水)、水洛城(今甘肃庄浪县)、褔川、临松(今张掖境内)等地就掠夺人口十八次,计十二万户,其中迁徙于枹罕的约有九万户。迁徙的民族有吐谷浑、鲜卑、羌、匈奴、氐、汉等族。这些大量迁徙的人口为西秦提供了源源不断的兵员和劳役,极大地补充了枹罕、苑川等地长期战乱造成的人口锐减,同时也增加了陇右地区的人口数量,客观上也促进了各民族的交流和民族大融合。

## （三）推动了陇右地区的文化进程

西秦建立政权后,其统治区域内多为羌族、鲜卑、吐谷浑、匈奴等少数民族,为了维护其统治,开始接受汉文化,延纳汉族士大夫,学习汉人的统治经验,在政治上推行封建政治制度。"置百官,仿汉制",西秦政府还设置了传授儒家经典的博士,延请名儒"以教生徒",对鲜卑族贵族子弟进行汉文化教育。据《通鉴》记载,乞伏炽磐以太子都督中外诸军、录尚书事,总揽全国军政,以名儒焦遗为太师,与参军国大谋,表明了儒文化已受到鲜卑统治者的高度重视。同时崇尚佛教,据《榆中县志》载,鲜卑乞伏氏"崇尚佛教,供养玄高、昙弘、玄绍 3

位高僧为国师,追随弟子 300 余人。东晋安帝隆安三年(399),名僧法显与同学慧景、道整、慧应、慧嵬等西行取经,到西秦国都苑川勇士城时,适逢佛教徒坐夏,留住 3 个多月"。这说明西秦已经有很好的佛学和修行氛围。另外在永靖县炳灵寺石窟中已确定的年代最早的 169 石窟,就是西秦乞伏炽磐建弘元年建成的。这些一系列汉化措施,客观上促进了陇右地区的文化发展。

## 三、西秦现存的历史遗迹

西秦距现在已有 1600 多年的历史了,在长达千年的历史进程中,由于天灾人祸,西秦大量的建筑、文化等历史遗存已消失不见,仅为我们留下了一鳞半爪的残存遗迹和墨书题记,成为西秦政权存在的实物见证和研究西秦的重要实物资料。

### (一)残存的都城遗迹

西秦先后迁都 6 次,修筑都城 7 处。分别为:公元 385 年,乞伏国仁建立政权时,筑勇士城(今甘肃榆中县夏官营),为西秦第一个都城。公元 388 年,乞伏乾归继位后,将都城迁到金城(今甘肃兰州西固城西)。公元 395 年,因金城南景门倒塌,出于忌讳,乞伏乾归又将都城迁回西城(今榆中县苑川西)。公元 409 年 7 月,西秦复国后又迁都于度坚山(今甘肃靖远县境)。公元 410 年 8 月,又复都苑川。公元 412 年,乞伏乾归迁都谭郊;同年 10 月乞伏炽磐继位后,又迁都枹罕(今临夏市),直至西秦灭国。在西秦的都城中,枹罕建都时间最长,为 19 年,谭郊建都时间最短,从修建到结束只有 11 个月。现大多数都城已无迹可寻,仅存榆中县的勇士城和积石山县的谭郊城遗迹。

勇士城位于甘肃省榆中县夏官营镇上堡子村西北 500 米处,又叫夏官营古城,此城为西秦的第一个国都。城址平面呈方形,边长 350 米。城垣虽然大都倾圮,墙基却基本保持完好。墙垣为夯土版筑,残高 4—10 米,基宽 8—12 米,顶宽 2—4 米,夯层厚 0.08—0.16 米。南、北、西三面的城门依稀可辨,城东、南、西三面外有壕沟,宽 30 米,深 10 米。西、北、南辟门,西门外有瓮城,南北长 30 米,东西宽 20 米,南门外瓮城东西长 40 米,南北宽 25 米。城内占地 120 多亩,现已全部辟为农田。地面采集有宋代釉陶片和瓷片。城址保存较好,对研究西秦城建史和榆中地方史有重要价值。

图 2　西秦的第一个都城——夏官营古城

　　谭郊城位于甘肃省积石山县刘集乡崔家村四、五社以北的平地上。根据史料记载,谭郊古城修筑历经 3 个月,参与筑城的人员有徒民和兵士 3 万多人,但作为都城共使用了 8 个月,是西秦历史上使用时间最短的都城,关于谭郊城很快便遭到废弃的原因,史料缺乏记载。根据后人的推测。可能有如下原因:一是该地周边群山环绕,交通不便,加之当地气候较为阴湿寒冷,周边人烟稀少,难于满足作为一国都城的必备条件;二是此地离西秦的劲敌南凉政权不远,虽然有黄河作为天险,但缺乏必要的缓冲迂回地带,不利于西秦都城的安全;三是该城址位于崔家峡河水下游的冲积扇上,如果上游的积石山出现大暴雨,奔腾的洪峰顺势而下,古城将会面临着被崔家峡河水冲毁的威胁;四是在该城发生了军事政变,西秦国主乞伏乾归及其子十余人被其侄子乞伏公府被杀害,这对于十分迷信吉凶的西秦来说,是不祥之地。该城虽然作为西秦都城的时间不长,但却是西秦政权在甘肃和临夏地区活动的实物见证。

图 3　西秦的第六个都城——谭郊古城

### （二）最早开凿了炳灵寺石窟

炳灵寺石窟位于甘肃省永靖县的黄河北岸积石山中,最早叫"唐述窟""龙兴寺""灵岩寺"。明永乐年后,取藏语"十万佛"之译音,取"炳灵寺"之名。石窟分布在大寺沟西北侧的红砂岩壁上,分上寺、洞沟、下寺 3 处,其中以下寺最为壮观。现保存有西秦、北魏、北周、隋、唐、元、明、清窟龛 183 个,大小石雕像近800 尊,分石雕、石胎泥塑和泥塑 3 种,壁画约 900 平方米。其中西秦时期的石窟主要有 169、192 和 195 窟,以 169 窟最为著名。这些丰富多彩的石窟艺术,是西秦留给我们珍贵的文化遗产。

图 4　炳灵寺石窟 169 窟西秦

图 5　炳灵寺石窟 169 窟西秦佛教造像

图 6　炳灵寺石窟 169 窟西秦建弘题记

# 大视野下的小视角
## ——以造像衣纹为切入点论早期造像艺术源流①

董广强

（敦煌研究院　麦积山石窟艺术研究所）

炳灵寺 169 窟有西秦建弘元年（420）题记，对于比照同时期其他石窟寺有重要价值。国内同期或稍晚石窟造像有麦积山石窟 74、78 窟和云冈石窟昙曜五窟等，作为时代相近石窟造像在艺术特点等方面有着诸多相同点，但同样有明确区域性特点。本文以造像衣纹表现形式作为切入点，对造像艺术源流进行简单讨论。

佛教造像作为雕塑形式存在其衣纹有诸多表现形式，以传达出更好的视觉效果，或利用衣纹本身形态，或利用凸起衣纹形成的光影效果等形成立体视觉感，常见如阴刻线、贴泥条、阶梯式、斜压刀式以及在此基础上其他变化形式。

### 一、前论：犍陀罗、秣陀罗以及中原早期造像的衣纹形式

关于佛教造像衣纹，先简单了解下犍陀罗和秣陀罗造像衣纹。整体观察秣陀罗造像衣纹，其形式比较写意，样式较为单一，造像身体表面以截面呈圆棱形凸起并整体呈流畅的 U 形衣纹。而犍陀罗衣纹形式较为写实，样式也更丰富。2023 年 9 月 8 日在甘肃省博物馆开展的"香远溢清——巴基斯坦犍陀罗艺术展"中，笔者仔细观察了造像衣纹形式，可以看出有多种衣纹形式，如阴刻线、凸棱形等，但最主要的衣纹形式只有一种，这种衣纹暂且无法以简单词语称呼，大概是圆凸棱形加阶梯形相结合的形式，即其衣褶边缘呈圆凸棱形明显凸起，和

---

①基金项目：国家社科基金西部项目"麦积山石窟第五窟考古报告"（22XKG004）

图1 犍陀罗造像典型衣纹

图2 犍陀罗造像简化衣纹

相邻一道衣褶大致呈阶梯形相交（图1）。多尊单体石刻佛造像均为这种衣褶形式，特征明显。但是一些小件造像上这种表现方法难度比较大，只能采用简化形式，衣褶边缘明显凸起的圆凸棱形不再表现，而直接以阶梯形衣纹表现（图2）。

在中原地区石窟造像大规模流行之前，小型铸造造像流行了较长时间。因为是以翻模工艺进行铸造，起伏太大或者是复杂衣纹对工艺要求难度很大，故只能采取简化形式；再者造像都是小型造像，也只能将原有衣纹形式进行简化，所以我们看到十六国时期的青铜佛像衣纹基本都是简化的阶梯形。这一方面是青铜铸造基本工艺限制，另一方面也是对犍陀罗地区小件石刻造像的模仿。

## 二、炳灵寺169窟造像衣纹

169窟西秦时期造像为木骨泥塑，造像身体表面有刻画衣纹。认真观察衣纹刻画方式，可以看出当时工匠首先完成泥塑整体身体起伏结构平面，然后在之上用塑刀刻画衣纹。塑刀切入塑像表面角度（或者是形成的衣纹和身体表面的角度）约为45°，这种衣纹形式从视觉上应该是介于绘画的"线"和雕塑的"面"之间形态（图3、图4）。

中国古代传统绘画以线条为主要表现形式。虽然雕塑和绘画表现手法完全不一致或者说有根本性差异，但两者可以相互借鉴，比如造像可以借鉴绘画的色彩表现或者是细节的刻画手法，如衣纹、五官表现等。传统绘画用线条表

图 3　炳灵寺 169 窟 9 号龛

现衣纹的形式在造像上就是大家熟知
的阴刻线形式,具体手法就是用塑刀在
泥塑表面用几乎垂直的手法切入从而
形成一个"V"形槽,这种表现形式在视
觉上完全是一种确定性线条。

图 4　炳灵寺 169 窟 6 号龛

　　但是十六国时期青铜造像衣纹表现形式和中原传统完全不同,没有阴刻线
表现手法,造像"着通肩大衣,胸部衣纹为'U'形平行排列,断面呈阶梯形"①,如
果再向前追溯,犍陀罗地区造像衣纹是"写实性的立体感很强的衣褶"。早期青
铜造像这种"断面呈阶梯形"的衣纹明显是犍陀罗地区石刻造像为适应青铜铸
造过程中的工艺而进行的简化(便于制模和脱模)。在石窟造像出现之前,这种
衣纹形式普遍流传,对后来石窟造像产生较大影响。

　　从纯技法角度看,这种衣纹和造像身体之间切面夹角在 30°以下或更小,
约在 10°—15°。炳灵寺 169 窟造像衣纹形式和这种有一定差异,偏向于阴刻线
形式但又不是纯粹或真正的阴刻线。所以结合时代背景,169 窟 45°—60°斜切
面衣纹形式应该是在十六国时期青铜造像衣纹基础上以传统绘画线条为参照
进行处理,在视觉上更接近线条形式。

①金申:《中国历代佛像发展的轮廓》,引自《历代纪年佛像图典》,北京:文物出版社,1994 年,第 2 页。

另外 169 窟第 9 龛造像面目形象庞圆，和云冈 20 窟造像面部形态相仿，与中原人物形象气质接近而和犍陀罗地区造像则相去甚远，这一点在后面和云冈石窟 20 窟一起讨论。

### 三、麦积山石窟 78 窟衣纹

麦积山 74 窟、78 窟是麦积山石窟中现存最早的洞窟，具体开凿年代现阶段争论较大，有后秦开凿（410--420）和北魏早期（470 年左右）开凿两种意见，长期争论，未有多数学者认可的结论。

74 窟和 78 窟造像均为大型泥塑，高 3 米左右（图 5）。仅观察衣纹表现方法，明显是在塑像表层泥质未干的情况下用塑刀在身体表面以 15°—20°切入压出衣纹（图 6），在起点或收刀位置可以看到塑刀转折痕迹，然后再对边缘进行修整。整体看完全接近十六国时期青铜造像那种"断面呈阶梯形"的衣纹形式，只不过因材质差异对边缘部分处理不同，再就是因体量原因 78 窟塑像表面衣纹更为密集。

相对于炳灵寺 169 窟造像的面部形态，麦积山 78 窟面部形态较为方正，高鼻深目、棱角感强。和犍陀罗地区造像之面部形态更为接近。

图 5　麦积山石窟 78 窟主佛　　　　　图 6　麦积山石窟 74 窟衣纹细节

## 四、云冈初期造像衣纹

以昙曜五窟为代表的云冈初期洞窟开凿于 460 年,我们以 20 窟为代表对衣纹进行讨论。

云冈 20 窟衣纹和炳灵寺与麦积山的相比,塑刀在塑像表面斜切入手法完全不同,是在平整的造像表面凸起立体线条,这种基本形式来源于秣陀罗地区造像的贴泥条衣纹。但秣陀罗衣纹较为简洁,表面呈圆弧隆起形态,而云冈 20 窟的衣纹则以此为样本,将其隆起表面压平,并且和传统阴刻线相互间隔,是一种创新性、组合性的衣纹样式(图 7、图 8)。

图 7　云冈 20 窟大佛　　　　　图 8　云冈 20 窟菩萨衣纹

## 五、基于以上早期造像衣纹的讨论

前面对炳灵寺、麦积山、云冈等初期洞窟的造像衣纹进行了介绍。总体观察,炳灵寺和麦积山造像的衣纹形式应该归为一类,是对石窟普遍开凿之前在中原地区流行的青铜造像"阶梯形"衣纹的模仿,而这种阶梯形衣纹则是对犍陀罗地区造像立体衣纹形式的简化。而云冈石窟初期洞窟衣纹形式则是以秣陀罗地区造像衣纹为基础再创造的。

　　石窟造像艺术并非一个独立的艺术系统，而是建立在各自地理区域文化传统之上的，是建立在各地区纯熟造像技艺之上的，此处"造像技艺"是佛教传入之前本土性质的雕塑（各种类型的木雕、石雕、泥塑、制陶甚至是建筑营造等）技艺，在此基础上才有大量的艺术工匠根据信徒需求塑造宗教性雕塑——佛像。而在这个过程中，从造型和认知角度对佛教造像有更多世俗化理解，才可以基于地方文化对佛像进行新认知和改造。无论这种改造是基于艺术工匠大胆创新还是信徒审美要求。

　　以炳灵寺 169 窟和麦积山 78 窟相比，麦积山 78 窟衣纹保持了更早的形式特点，塑刀切入塑像表面角度较小，和传统阴刻线形式有根本区别，其更大程度上是以"面"的形式表现衣纹。而炳灵寺 169 窟造像衣纹形式则是介于阶梯形衣纹和阴刻线之间的形式，塑刀切入塑像表面角度适中，明显是以阴刻线为参照对阶梯形衣纹进行改造的结果。仅就衣纹形式而言，麦积山 78 窟的形式应该更早，是十六国时期青铜造像衣纹形式的自然延续，在基本形态上改造程度并不是太大。

　　但早期的形式或者外来的各种形式在各个地区落地并得以发展是一个很复杂的过程，特别是在北朝早期政权割据、文化面貌地域性强的背景下就更是如此，不能以麦积山初期洞窟有更早的特点而断定麦积山 78 窟早于炳灵寺169 窟。

　　炳灵寺 169 窟的造像塑做于西秦时期，而西秦和南朝保持着较好的关系，和成都之间有"河南道"交通联系，故西秦佛教和成都佛教关系密切。而炳灵寺石窟 169 窟造像整体有较多秣陀罗地区造像特征。从传播线路分析，最大的可能就是秣陀罗造像艺术通过海路传播到南朝地区乃至成都，从成都再对西秦的炳灵寺石窟形成影响，这样的传播线路符合基本逻辑。但在衣纹表现手法上，炳灵寺并没有采用圆棱形凸起的贴泥条衣纹。故此我们推测，这种对衣纹形式的改造在成都佛教造像中已经完成，是以当时绘画衣纹表现为基本参照的。另造像的面部形态也全然看不出犍陀罗造像或秣陀罗造像特征，本土性特点较为突出。这种对造像进行整体本土化改造并且极为纯熟的艺术手法，和当时西秦政权范围小、区域性文化不突出，特别是造像绘画艺术缺乏社会基础的历史背景不相称，大概率还是受到成都造像艺术影响，主持艺术的工匠或是来自成都。

佛教艺术在古代中国发展,古代艺术家或造像的工匠并不是被动性接受,而在很早前就开始对佛教造像主动性改造,最典型或留下记录文字的就是戴逵,"(戴)逵既巧思,又善铸佛像及雕刻。曾造无量寿木像,高丈六,并菩萨。逵以古制朴拙,至于开敬,不足动心,乃潜坐帷中,密听众论。所听褒贬,辄加详研,积思三年,刻像乃成"。戴逵的这种改造是认为之前流行的"古制朴拙……不足动心",此处的古制应该是指犍陀罗和秣陀罗造像,因基本形象和中原人差别比较大,对当时信众没有引起心动或视觉美感,就以"潜坐帷中"的形式听大众对佛像评论,从而将更多俗众审美特征表现在塑像上,这种俗众审美就是以中原人形貌为基本特点的审美模式。故在此背景下对炳灵寺 169 窟表现出众多的中原特点并不感到突兀,而是合情合理。

云冈 20 窟的衣纹形式,无论是有规律且意向化的"U"衣纹乃至凸起的基本特点,明显是具有秣陀罗特点。《魏书·释老志》记载:"太安初(北魏文成帝,455 年),有师子国胡沙门邪奢遗多、浮陁难提等五人,奉佛像三,到京都。皆云,备历西域诸国,见佛影迹及肉髻,外国诸王相承,咸遣工匠,摹写其容,莫能及难提所造者,去十余步,视之炳然,转近转微"[①]。此处师子国僧人所带来的佛像相对之前信众所熟知的从西域诸国传播而来的佛像有很大不同,"视之炳然,转近转微",特别是"转近转微"说明造像在细节塑造方面更为细致入微,从其来自"师子国"看其携带的佛像明显是秣陀罗艺术造像,此条记载也说明秣陀罗造像在这个时期正式进入平城地区佛教信徒或艺术工匠视野。460 年云冈昙曜五窟开凿,我们需要把这条资料和云冈初期洞窟的开凿联系在一起,其表现出的艺术特点和略早几年在平城出现的秣陀罗造像有关联。

对外来的艺术特点进行整合、改造等,在云冈体现得更为明显,"师贤仍为道人统。是年诏有司为石像,令如帝身。既成,颜上足下各有黑石,冥同帝体上下黑子,论者以为纯诚所感"。此处"诏有司为石像,令如帝身",明显是以朝廷命令形式指定以皇帝的形象作为佛像的模本,这是此前道人统法果天子既如来思想的具体实施和体现。"法果每言:太祖明睿好道,即是当今如来,沙门宜

---

① (北齐)魏收:《魏书·释老志》,上海:古籍出版社,1974 年,第 3036 页。

应尽礼。遂常致拜，谓人曰：'能鸿道者，人主也。我非拜天子，乃是礼佛耳'"①。足以说明当时以皇家为背景的造像活动已经脱离宗教束缚，变成了为北魏皇室政权服务的文化工具。而"令如帝身"是无法在服饰、体态等方面体现，只能是在面部形态上体现。所以云冈20等窟的佛像几乎无法看到域外造型或气质特点，造型面部庞圆（图9），更具北方草原民族形象特点，明显是北魏鲜卑族帝王形象的直接反映，包括穹庐形洞窟空间也是以草原民族审美为参照依据②。

图9　炳灵寺、云冈、麦积山早期佛像面部形态对比

以此讨论为基点，我们把目光再返回炳灵寺169窟，西秦政权建立者为鲜卑族一支。"鲜卑乞伏国仁，出于陇西，其先如弗，自漠北南出。五代祖佑邻并兼诸部，部众渐盛。父司繁，拥部落降于苻坚，以为南单于，又拜镇西将军，镇勇士川。司繁死，国仁代统任。苻坚之伐司马昌明，以国仁为前将军、领骑先锋。及坚之败，国仁叔步颓叛于陇右，坚令国仁讨之，步颓大悦，迎而推之，招集部落，众十余万。太祖时，私署都督、大将军、大单于，秦州、河州牧，号年建义，署置官属，分部内为十一郡，筑勇士城以都之。"③而169窟以6、9龛为代表，造像面部形态庞圆，整体和云冈20窟极为相似。而这种相似在佛教造像艺术之间并

---

①（北齐）魏收：《魏书·释老志》，上海：古籍出版社，1974年，第3031页。

②董广强：《云冈和麦积山早期洞窟的简单比较》，《2005年云冈国际学术研讨会论文集·研究卷》，北京：文物出版社，2006年，第502—508页。

③（北齐）魏收：《魏书·鲜卑乞伏国仁传》，上海：古籍出版社，1974年，第2198页。

不存在交流或影响关系,而是参照人物形象都是鲜卑族人群的面部形象,所以才表现出总体相似性。

前者对 169 窟衣纹的讨论,可以看出艺术工匠基于阴刻线对衣纹进行融合改造,表现出明显的艺术主动性,而以当地鲜卑族人物面部形象作为佛像的参照则表现出更强的艺术主动性。这种主动性在更早时期的戴逵已经完成,故而在炳灵寺石窟表现出来也是正常艺术发展逻辑。

综上,我们以袈裟衣纹作为切入点,以炳灵寺 169 窟、麦积山 78 窟、云冈 20 窟为对象,讨论了样式源流乃至佛面部形象问题。可知因外来佛教艺术传播路线、北朝前期政权格局、区域性的文化强度、艺术工匠对佛教艺术改造的主动性等多种因素,在石窟造像艺术中表现出复杂性、多元性以及时空差异性(不平衡性)。在炳灵寺石窟中我们看到更多艺术改造的主动性,和临近的河西地区石窟如马蹄寺、文殊山、天梯山相比且其成熟的泥塑技法具有很强的跨越性,似乎和区域性的少数民族小政权的文化面貌不对应。但我们联系到西秦政权和南朝的关系、联系到丝绸之路河南道等、联系到南朝艺术家对造像的认识以及主动性改造,就理解了炳灵寺石窟造像相对于河西地区造像艺术的这种跨越性。而麦积山石窟则更多表现出犍陀罗艺术的特点,在衣纹、佛像面部形象、甚至于洞窟中的小龛布局等都能看出这一点,表现出更多的保守型,其存在的文化关联目前不是特别清楚,尚需要更多的思考。云冈石窟初期洞窟和炳灵寺情况类似,表现出更多的艺术创造性、融合性,显示出鲜卑政权对佛教艺术强势的改造性。

# 炳灵寺石窟所见维摩诘形象探究 [①]

**姜 涛 白 杨**

（兰州大学 历史文化学院考古学及博物馆学研究所）

炳灵寺石窟位于甘肃省永靖县刘家峡库区最上游,据史料记载,早在晋代就有佛事活动。十六国时期,佛教兴盛,炳灵寺开窟造像也出现了一个高潮,其中第 169 窟现存我国最早的造像题记——"建弘题记"和诸多十六国时期的壁画及造像,是国内有明确纪年的最早洞窟,也是中国早期石窟断代的重要标尺,在我国石窟寺中有着十分重要的地位。

## 一、炳灵寺石窟所见维摩诘形象

维摩诘题材自东晋一直延续至宋代,逐渐融入更多的中国本土思想,在佛教的中国化过程中有着重要的作用和深远的影响, 是石窟造像与壁画中最动人的篇章。[②]炳灵寺石窟现存的维摩诘形象(包括造像与壁画)共有六铺,其中四铺为壁画,两铺为造像,时间跨度从西秦一直到隋代。

炳灵寺石窟所见维摩诘形象最早出现于十六国西秦洞窟,即第 169 窟。第 169 窟是炳灵寺石窟中时代最早、规模最大、内容最丰富的洞窟。炳灵寺所见西秦时期维摩诘形象较为简单,共有三铺,分布于 169 窟第 10、11、24 号龛内。

---

①本文为国家社科基金项目"佛教艺术视域下的炳灵寺石窟研究"(项目编号 18XKG005)阶段性成果。

②谭淑琴:《维摩经变所体现的中国艺术精神的嬗变》,《中原文物》2003 年第 6 期,第 57 页。

表 1 炳灵寺石窟所见维摩诘形象

| 窟号 | 位置 | 年代 | 表现形式 | 表现品目 | 服饰 | 姿态 |
|------|------|------|----------|----------|------|------|
| 第 169 窟第 10 号龛 | 第 9 龛最东侧佛下,崖壁上层壁画 | 西秦 | 维摩诘单体像 | 弟子品、佛国品 | 菩萨装,头戴宝冠 | 年轻形象,立于释迦牟尼佛旁 |
| 第 169 窟第 11 号龛 | 第 9、10 龛东,崖面自上而下第三组壁画 | 西秦 | 维摩诘单体像 | 问疾品 | 菩萨装 | 长者形象,斜卧于榻上 |
| 第 169 窟第 24 号龛 | 东壁最上部,与窟顶相连,南侧底端壁画 | 西秦 | 维摩诘文殊对坐 | 问疾品 | 图像缺失 | 图像缺失 |
| 第 104 龛 | 北魏窟龛群中部造像 | 北魏 | 维摩诘文殊隔龛对坐 | 与第 103 窟构成问疾品 | 文人装 | 面部漫漶不清,侧坐于帐内,右手持尘尾 |
| 第 128 窟 | 正壁上方小龛内造像 | 北魏 | 维摩诘文殊隔龛对坐 | 问疾品 | 文人装 | 青年居士形象,坐于帐内,右手上举持尘尾,左手抚脚 |
| 第 8 窟 | 东壁南侧壁画 | 隋 | 维摩诘文殊隔门相向而立 | 问疾品、弟子品、方便品 | 文人装 | 老者形象,结跏趺坐于方座之上 |

## 1. 炳灵寺第 169 窟第 10 号龛

第 169 窟第 10 号龛壁画有两层,上层原画一佛二菩萨说法图。佛结跏趺坐,结说法印,身后有圆形背光,头顶有华盖,圆形头光,磨光高肉髻,着袒右式袈裟,内着僧祇支,背光和头光上画连珠

图 1 炳灵寺第 169 窟第 10 号龛维摩诘①

---

①图片来自《中国石窟·永靖炳灵寺》图版 41。

图2　炳灵寺第169窟第11号龛维摩诘①

纹和火焰纹,旁边墨书"释迦牟尼"佛。右侧胁侍菩萨为维摩诘,着菩萨装,头戴宝冠,颈有项圈,袒上身,装饰有臂钏、璎珞,左侧有榜题"维摩诘之像"。

**2. 炳灵寺第169窟第11号龛**

第169窟第11号龛壁画从上到下可分为四组,第三组无量寿佛说法图东侧,存有一维摩诘像。画面高26厘米,宽36厘米,长方形帷帐内维摩诘着菩萨装,斜卧于榻上,有病态状。维摩诘高髻长发,面相方圆,颈有圆形项圈,着袒右肩式大衣,头顶有华盖,背后有项光,旁立一侍者,亦着菩萨装,面部已毁,着袒右肩式大衣,二像之间有榜题"维摩诘之像/侍者之像"。

**3. 炳灵寺第169窟第24号龛**

第169窟第24号龛壁画左下部绘释迦、多宝并坐说法图,二佛坐于相轮刹柱龛内,仅存有中间墨书榜题"文殊师利/维摩诘",系《问疾品》。②

北魏时期炳灵寺保存有两铺摩诘造像,分别为第104窟和第128窟正壁上方的小龛。

**4. 炳灵寺第104窟**

第104窟为一长方形垂帐式浅龛,龛内石雕维摩诘像,高0.23米,发饰、面部均风化难以辨清,似着双领下垂式大衣,脖颈细长,右臂弯曲前伸,右手上举,手持尘尾,侧坐于帐内,该龛内维摩诘造像与第103窟内的文殊对坐,系《问疾品》。第103窟位于第104窟南侧,雕一立面长方形浅龛,龛内石雕文殊

①图片来自《中国石窟·永靖炳灵寺》图版37。

②杜斗城、王亨通:《炳灵寺石窟内容总录》,兰州:兰州大学出版社,2006年,第204页。

菩萨坐像,因龛内菩萨风化极
为严重,发饰、面目、服饰、姿
态不能辨识。

### 5. 炳灵寺第128窟

第128窟为北魏晚期洞
窟,正壁释迦多宝二佛顶雕二
摩崖小龛,龛内雕文殊菩萨与
维摩诘,北侧为维摩诘,南侧
为文殊菩萨,系《问疾品》。北
侧帐形龛内维摩诘束发髻,面
形瘦长,内着交领内衣,外着
双领下垂褒衣博带式袈裟,右
手上举持尘尾,左手抚脚,坐
于帐内。[②]文殊坐于方形台上,
束高发髻,面形清瘦,双肩披
巾,披巾交叉于胸前,左手上
举持拂尘,右手上举。

炳灵寺隋代洞窟也有维
摩诘形象出现,第8窟就是一
个维摩诘经变窟。

### 6. 炳灵寺第8窟

图3 炳灵寺第104窟维摩诘[①]

图4 炳灵寺第128窟龛维摩诘[③]

第8窟东壁绘维摩诘经变,位于门两侧,门北侧绘维摩诘,门南侧绘文殊
菩萨,系《问疾品》。窟门北侧的维摩诘像,为一老者形象,坐于屋中,结跏趺坐
于方座之上,头饰不清,面型方圆,着双领下垂宽袖大衣,衣饰较为华丽,身后
有五身随从或听法者,座下有三身供养比丘;窟门南侧画文殊菩萨,立于莲华

---

①图片来自《丝绸之路石窟艺术丛书:炳灵寺石窟(北朝至隋)》图3-135。

②杜斗城、王亨通:《炳灵寺石窟内容总录》,兰州:兰州大学出版社,2006年,第123页。

③图片来自《丝绸之路石窟艺术丛书:炳灵寺石窟(北朝至隋)》图3-65。

图5　炳灵寺第8窟东壁北侧维摩诘[1]

之上,着长裙,群腰系于胸际打结下垂,臂上有飘带,左手抚膝,右手上举;头顶有华盖,圆形项光,头戴三珠宝冠,蓝色头发披肩,面型长圆,戴耳环,颈有项圈。文殊前绘弟子一身站立,座下彩绘已模糊不清。

## 二、维摩诘形象的文本依据

炳灵寺中维摩诘的形象从西秦开始,经北魏到隋代发生了很大的变化,整理出维摩诘形象的文本依据,就能进一步分析维摩诘形象的来源及其变化的原因、影响等。维摩诘形象的文本依据最重要的自然是经典《维摩诘经》,另外《历代名画记》及一些诗词中也有维摩诘出现。

《维摩诘经》或《维摩经》,全称《维摩诘所说经》,亦称《不可思议解脱经》《净名经》《说无垢称经》,可见于历代经录,是早期大乘佛教的重要经典。

据宋代智圆撰《维摩经略疏垂裕记》载,《维摩诘经》的汉文译本共有六个版本,分别为:(1)后汉严佛调译一卷本《古维摩经》;(2)三国吴支谦译两卷本《佛说维摩诘经》;(3)西晋竺法护译一卷本《维摩诘所说法门经》;(4)西晋竺叔兰译三卷本《毗摩罗诘经》;(5)姚秦鸠摩罗什译三卷本《维摩诘所说经》;(6)唐玄奘译六卷本《佛说无垢称经》。[2]在这六个译本中,现仅存支谦、鸠摩罗什和玄奘译本,皆收录于《大正藏》第十四卷经集部中。[3]其中鸠摩罗什的译本对维摩诘的描述相对较为丰富,更具有形象性,且从后期形象所表品目和时间来看,鸠摩罗什译本被参考得较多。具体内容如下:

①图片来自《丝绸之路石窟艺术丛书:炳灵寺石窟(北朝至隋)》图5-23。
②《大正藏》,第38册,第715页b。
③姜涛:《后秦佛教研究——以译经为中心》,北京:中国社会科学出版社,2017年,第65页。

《方便品第二》："尔时毘耶离大城中有长者,名维摩诘,已曾供养无量诸佛,深植善本,得无生忍;辩才无碍,游戏神通,逮诸总持;获无所畏,降魔劳怨;入深法门,善于智度,通达方便,大愿成就;明了众生心之所趣,又能分别诸根利钝,久于佛道,心已纯淑,决定大乘;诸有所作,能善思量;住佛威仪,心大如海,诸佛咨嗟,弟子、释、梵、世主所敬。欲度人故,以善方便居毘耶离;资财无量,摄诸贫民;奉戒清净,摄诸毁禁;以忍调行,摄诸恚怒;以大精进,摄诸懈怠;一心禅寂,摄诸乱意;以决定慧,摄诸无智;虽为白衣,奉持沙门清净律行;虽处居家,不著三界;示有妻子,常修梵行;现有眷属,常乐远离;虽服宝饰,而以相好严身;虽复饮食,而以禅悦为味;若至博弈戏处,辄以度人;受诸异道,不毁正信;虽明世典,常乐佛法;一切见敬,为供养中最;执持正法,摄诸长幼;一切治生谐偶,虽获俗利,不以喜悦;游诸四衢,饶益众生;入治政法,救护一切;入讲论处,导以大乘;入诸学堂,诱开童蒙;入诸淫舍,示欲之过;入诸酒肆,能立其志……长者维摩诘,以如是等无量方便饶益众生。其以方便,现身有疾。以其疾故,国王、大臣、长者、居士、婆罗门等,及诸王子并余官属,无数千人,皆往问疾。其往者,维摩诘因以身疾广为说法。"①

《弟子品第三》："尔时,长者维摩诸自念:寝疾于床,世尊大慈,宁不垂愍?"②

《文殊师利问疾品第五》："尔时长者维摩诘心念:'今文殊师利与大众俱来!'即以神力空其室内,除去所有及诸侍者,唯置一床以疾而卧。文殊师利既入其舍,见其室空,无诸所有,独寝一床。"③

《香积佛品第十》："于是维摩诘不起于座,居众会前,化作菩萨,相好光明,威德殊胜……"④

---

① 《大正藏》,第14册,第539页a。
② 《大正藏》,第14册,第539页c。
③ 《大正藏》,第14册,第545页a。
④ 《大正藏》,第14册,第552页a。

《菩萨行品第十一》:"维摩诘即以神力,持诸大众并师子座,置于右掌,往诣佛所。到已著地,稽首佛足,右绕七匝,一心合掌,在一面立。"①

《见阿閦佛品第十二》:"於是维摩诘心念:吾当不起于座,接妙喜国,铁围、山川、溪谷、江河、大海、泉源。须弥诸山,及日月、星宿、天龙、鬼神、梵天等宫,并诸菩萨、声闻致之众。承邑聚落,男女小大。乃至无动如来及菩提树,诸妙莲华。能於十方作佛事者,三道宝阶,从延阎浮提至忉利天。以此宝阶,诸天下来,悉为礼敬无动如来,听授经法。阎浮提人,亦登其阶,上升忉利天,见彼诸天。妙喜世界成就如是无量功德,上至阿伽腻吒天,下至水际。以右手断取,如陶家轮,入此世界,犹持华鬘,示一切众。作是念已,入於三昧,现神通力,以其右手,断取妙喜世界置于此土。"②

从鸠摩罗什所译经文来看,虽对维摩诘形象的描述没有很具体,但维摩诘辩才无碍、悠然自得的形象是肯定的。

吴支谦译本《佛说维摩诘经》中也有对维摩诘形象的着重描写,其中《善权品第二》中描述尤多:

"是时维耶离大城中,有长者名曰维摩诘,在先佛已造行修善本。得法忍,已得辩才。神童不戏。得无所畏,降魔劳怨。深入微妙,出于智度无极。善权方便,博入诸道,令得所愿。人根名得生而具足。造成大道所作事胜。佛智善行,皆已得立。觉意如海,而皆已入。诸佛咨嗟。弟子、释、梵、世主所敬。欲度人故,居维耶离,矜行权道。资财无量,救摄贫民。以善方便摄诸恶戒。以忍调行,摄诸恚、怒。白衣,精进摄懈怠者,禅定正受,摄迷惑意。得智慧律,摄诸邪智。虽为白衣,奉持沙门至宾之行。居家为行,不止无色。有妻子妇,自随所乐,常修梵行。虽有家属,常如闲居。现相严身。被服饮食,内常如禅。若在博弈、戏乐,

---

① 《大正藏》,第 14 册,第 553 页 b。
② 《大正藏》,第 14 册,第 555 页 b。

辙以度人。受诸异道,导以佛教,不离盛典。因诸世间俗教善语,以法
乐而乐之。一切见敬,为供养中最。所有者旧,能喜世间,一切治生谐
偶。虽获俗利,不以喜悦。游诸四衢,普持法律。入于王藏。诸讲法众,
辄身往视,不乐小道。诸好学者,辄身往动,诱开蒙童。入诸淫种,除其
欲怒。入诸酒会,能立其志。如是长者维摩诘,不可称数善权方便,无
所不入。其以权道,现身有疾。以其疾故,国王、大臣、长者、居士、群臣
太子,并余众辈,从而问疾者,无数千人。其往者,维摩诘辄为说,是四
大身为死亡法。"①

除佛经以外的文献中,也有很多关于维摩诘形象的记载。张彦远在《历代
名画记》中记载了顾恺之、袁倩等人所创作的维摩诘画像,张彦远称"顾生首创
维摩诘像,有清羸示病之容,隐几忘言之状,陆与张皆效之,终不及矣""张墨、
陆探微、张僧繇并画维摩诘居士,终不及顾之所创也"。②又言:"长康又曾於瓦
官寺北小殿画维摩诘,画讫,光彩耀目数日。"《京师寺记》中记载:"兴宁中,瓦
棺寺初置,僧众设会,请朝贤鸣刹注疏,其时士大夫莫有过十万者;既至长康,
直打刹注百万。长康素贫,众以为大言。后寺众请勾疏,长康曰:'宜备一壁。'
逐闭户往来一月余日,所画维摩诘一躯,工毕,将欲点眸子。乃谓寺僧曰:'第一
日观者,请施十万;第二日可五万,第三日可任例责施。'及开户,光照一寺,施
者填咽,俄而得百万钱。"③由此可见,顾恺之所作的维摩诘像在当时非常流行,
且其所作维摩诘不是后来常见的与文殊对坐的维摩诘居士形象,而是文人名
士的形象。

对于袁倩所作《维摩诘》有这样的记载:"又《维摩诘变》一卷,百有余事,运
思高妙,六法备呈,置位无差,若神灵感会,精光指顾,得瞻仰威容。前使顾、陆
知惭,后得张、阎骇叹。"④此处虽没有对维摩诘的形象进行描述,但这里展现了

①《大正藏》,第14册,第520页c、第521页a。
②(唐)张彦远:《历代名画记》卷二,北京:人民美术出版社,1963年,第28页。
③(唐)张彦远:《历代名画记》卷五,北京:人民美术出版社,1963年,第113—115页。
④(唐)张彦远:《历代名画记》卷五,北京:人民美术出版社,1963年,第118—119页。

维摩诘从单一的像转变为"相变"的过程。

此外,诗歌中也有不少关于维摩诘形象的描写,并且影响到文学作品与壁画的创作①。

魏晋南北朝时期,由于玄学风气的盛行,士人们对《维摩诘经》十分推崇,诗歌中开始出现《维摩诘经》相关内容,此时维摩诘形象被刻画成名士的形象。支遁作为东晋时期的高僧、文学家,其诗作许多都与《维摩诘经》有关,《维摩诘赞》就是其代表作之一。南北朝时的著名诗人谢灵运也好维摩,作有《维摩经十譬赞》,诗中十譬皆出自鸠摩罗什译本中的《方便品》。

到了唐代时,儒、释、道三教并行,唐诗的创作很多都受到佛教影响。《维摩诘经》对文人影响很大,诗人李白、杜甫、白居易、王维等都对维摩诘十分推崇,甚至作为名与字。

李白个性豪放不羁,对佛教自然也有一定的接触。他曾在《答湖州迦叶司马问白是何人》中把自己比拟为维摩:"青莲居士谪仙人,酒肆藏名三十春。湖州司马何须问,金粟如来是后身。"②在李白的观念里仙、佛是等观的,这也是当时对维摩诘理解的一个方面。《维摩诘经》说维摩是"入诸酒肆,能立其志",因为他已得"无净三昧",做到"不断淫、怒、痴,亦不与俱",可以"同于烦恼,离清净法";而李白"酒肆藏名",则是以佯狂生活来寄托自己的高傲不群的性情③。

王维,字摩诘,唐朝诗人,有"诗佛"之称,有着很深的佛教修养。王维由于自身的政治遭遇,尤其喜爱《维摩诘经》,向往维摩诘的生活。王维的诗歌中,与《维摩诘经》有关的共有十四首,且涉及多个品目,主要有《方便品》《弟子品》《青莲佛目》《是身如空》等。相关诗句如下:

> 《胡居士卧病遗米因赠》"阴界复谁守""徒言莲花目""既饱香积饭"
> 《偶然作·其三》"禅寂日已固"
> 《过沈居士山居哭之》"丘井叹吾身"

---

①杨瑰瑰:《〈维摩诘经〉文献与文学研究》,博士学位论文,华中师范大学,2012年,第109页。
②(清)王琦注:《李太白全集》,北京:中华书局,1977年,第876页。
③孙昌武:《中国文学中的维摩与观音》,北京:中华书局,2019年,第180页。

《同比部杨员外十五夜游有怀静者季》"却将宴坐为行乐"

《与胡居士皆病寄此诗兼示学人二首·其二》"植福侍迦叶"

《登辨觉寺》"空居法云外"

《谒璇上人并序》序"不定不乱""夙承大导师""一心在法要"

《过卢员外宅看僧饭共题七韵》"青眼慕青莲""乞饭从香积"

《与胡居士皆病寄此诗兼示学人二首·其一》"因爱果生病"

《夏日过青龙诗谒操禅师》"遥知空病空"

综上,维摩诘形象在佛经、《历代名画记》以及诗歌中的出现都说明了其广受欢迎,这为我们研究维摩诘形象的发展演变提供了文本依据。

## 三、炳灵寺石窟所见维摩诘形象的演变

### 1. 维摩诘图像的来源

维摩诘图像主要来源于经典文本本身——《维摩诘经》、外来现成的造像模式以及本土艺术资源的启发三个方面。[1]其中"竹林七贤"是本土的图形参考来源,这种形象在顾恺之所作维摩诘图上面显得十分明显。

无论是佛教造像还是壁画,其创作目的就是为了传播佛法。画者对维摩诘形象的创作首先要参考的就是《维摩诘经》,这部佛经主要通过维摩诘和文殊师利论辩来宣扬佛教教义,"问疾品"是其中心与高潮,目前所见维摩诘变基本都主要展示这一内容,炳灵寺中也是如此。"问疾品"的大概情节是维摩诘是印度毗耶离城的一名居士,精通大乘佛教义理,辩才无碍,"现身有疾"。释迦牟尼知道维摩诘在家称病,便派十大弟子、四大菩萨前去"问疾",但他们都不敢去,最后只好派智慧第一的文殊师利菩萨去。"于是众中诸菩萨、大弟子、释梵四天王等,咸作是念,今二大士文殊师利维摩诘共谈,必说妙法,即时八千菩萨,五百声闻,百千天人,皆欲随从。于是文殊师利与诸菩萨、大弟子众,及诸天人,恭敬围绕,入毗耶离大城。"无论是早期以炳灵寺第 169 窟为代表的较为简单的维摩诘图像,还是后来以隋代第 8 窟为代表的绘塑结合的大型维摩诘变相,其

---

[1]肖建军:《图像与信仰——中古中国维摩诘信仰研究》,成都:巴蜀书社,2015 年,第 11 页。

来源均为《维摩诘经》这一经典本身。①

除此之外,本土资源的启发也是维摩诘图像的重要来源。维摩诘形象虽来源于印度,但是印度没有任何可以参考的模本,是完全由中国本土原创的图像。《维摩诘经》中维摩诘是拥有万贯家产、无上智慧且善于智度、通达无边、辩才无碍的老者形象。正是因为《维摩诘经》中对维摩诘的形象描述很少,这就给了我国本土艺术家发挥的空间。早期的维摩诘形象如炳灵寺第169窟中的维摩诘形象身后有头光,且着菩萨装,明显是将其当作菩萨来看待。到魏晋南北朝时期及以后,受中国传统文化尤其是魏晋玄学的影响,其逐渐演变为坐于榻上、身靠隐几、手持尘尾的文人名士形象,受到文人士大夫的极度追捧,这也是维摩诘形象本土化的结果。竹林七贤自由洒脱、豪放豁达,这与维摩诘形象有很强的相似性,魏晋时的维摩诘形象很有可能参考了竹林七贤。②

**2. 炳灵寺石窟中维摩诘形象的发展演变**

炳灵寺石窟中维摩诘的形象由西秦时的忠于佛经描绘逐渐故事化、经变化。《维摩诘经》中对维摩诘形象的描述并不多,与经文较为符合的只有炳灵寺西秦第169窟中的维摩诘形象。第169窟第11号龛中的维摩诘形象主题突出、构图简洁,这尊菩萨装半卧的维摩诘虽与后来龙门、云冈等石窟中所绘的那种神情昂然坐于榻上的形象有很大差别,但与经文相吻合,同样能使人联想起记载所述顾恺之在瓦棺寺内绘制的杰作。人物姿态上第169窟也是忠实于《维摩诘经》对维摩诘的描绘,维摩诘着菩萨装表明当时人们更多地将维摩诘视为诸菩萨之一。到了北魏时则更具故事性,开始出现文殊维摩对坐,第104、128窟中的维摩诘皆为与文殊对坐表现问疾品。维摩诘与文殊对坐在云冈、龙门石窟中是通例,北魏时炳灵寺石窟中维摩诘形象也深受其影响。炳灵寺隋代第8窟则发展为一个维摩诘经变窟,以绘塑结合的形式连续展现了《维摩诘经》的序品——佛国品、第三品——弟子品、第五品——"问疾品"的内容,全面展现了《维摩诘经》重要情节③。炳灵寺第8窟的文殊维摩位于东壁窟门两侧,

---

① 肖建军:《图像与信仰——中古中国维摩诘信仰研究》,第11页。

② 肖建军:《图像与信仰——中古中国维摩诘信仰研究》,第13—14页。

③ 赵雪芬:《炳灵寺第8窟维摩诘经变探析》,《考古与文物》2013年第2期,第101页。

这与敦煌莫高窟第 276 窟佛龛两侧外壁的维摩变十分相近，且这两处的维摩诘形象都表现出智慧与高傲，可能是同一范式所作。但这种形式与经文大相径庭，佛经中维摩诘是以其"方便""现身有疾"，藉以表明人生就是病痛，毫无意义，进而劝诱人们皈依佛门，出家修行，且顾恺之笔下的维摩诘是"清羸示病之容，隐几忘言之状"。但这两处的维摩诘明显不是这个样子，这说明我国古代画工塑匠有时是按照他们自己对生活的理解来创作佛教人物的。①

炳灵寺中维摩诘形象逐渐中国化。炳灵寺第 169 窟中的维摩诘明显受到了犍陀罗文化的影响，10 号龛内维摩诘着菩萨装，作为释迦牟尼的胁侍菩萨出现，这样的组合形式在犍陀罗造像中较为常见。同时本土画师为了更好地体现经文中"唯置一床，以疾而卧"的内容，以汉魏传统的线描手法表现出具有犍陀罗特点的人物形象，将西域菩萨的侧卧姿态表现在了中土的居室环境之内，形成了第 169 窟第 11 龛②。后北魏及隋代炳灵寺中的维摩诘形象皆是坐姿，说明其已本土化。维摩诘形象的中国化也具体表现在面貌上。炳灵寺第 169 窟第 11 号龛中的维摩诘形象是年轻的胡人面貌；到了北魏时，受魏晋玄学影响，炳灵寺中维摩诘形象转变为"秀骨清像""褒衣博带"，重点也变为与文殊对坐表现问疾品；发展到隋代，维摩诘的形象则变成了睿智豁达、昂扬奋发的文人形象。

炳灵寺中维摩诘形象内容逐渐丰富，由单体的符号象征逐渐转变为图像叙事。从第 169 窟中维摩诘的单体形象，到北魏时文殊维摩对坐表现"问疾品"，再到隋代时第 8 窟通壁巨构表现《维摩诘经》的内容，涉及品目也从"问疾品"扩充到"佛国品""弟子品"等，炳灵寺中维摩诘的形象逐渐饱满。且隋代第 8 窟经变画与西秦时期相比更加表现出追求画面内部人物之间、两壁画面之间的对称与错落的结构，西秦时期仅突出佛经中某品中的主要人物和重要情节但不求对称均衡布局③。

---

① 贺世哲：《敦煌莫高窟壁画中的〈维摩诘经变〉》，《敦煌研究》1982 年第 2 期，第 64—65 页。

② 唐宇：《会饮与示疾：炳灵寺第 169 窟维摩变相渊源考》，《湖北美术学院学报》2022 年第 3 期，第 62 页。

③ 赵瑞春：《炳灵寺石窟经变画调查与研究》，硕士学位论文，西北师范大学，2021 年，第 1 页。

在绘画方面，炳灵寺第 169 窟中第 10、11 号龛内壁画是线描与线描加晕染两种，表现方式率真质朴，构图简单，学者们大多认为其既有西域的风格又有中原汉地的风格。第 169 窟的壁画兼有西域凹凸画法与东方汉族线描风格，且第 169 窟中的大乘佛教题材是后秦长安影响的结果①。隋代时则采用线描与平涂的传统技法，造型准确；线描自然流畅，运笔细腻，对人物形态的刻画细致入微，饰色以石青、石绿为主，还创造性地运用了一些国外图案，非常醒目②。

### 3. 维摩诘形象演变的原因

（1）社会历史原因

炳灵寺所见西秦至隋维摩诘形象的演变主要是受社会历史的影响。十六国时期至隋，社会背景环境发生了很大的变化，佛教中的维摩诘形象也随之发展演变。炳灵寺西秦第 169 窟中的维摩诘形象的少数民族色彩较为明显，这与西秦统治者鲜卑乞伏氏直接相关。西秦（385—400、409—431）为五胡十六国时期鲜卑人乞伏国仁在陇西地区所建，先后建都于苑川（今甘肃榆中）、金城（今甘肃兰州）、枹罕（今甘肃临夏）。西秦建国者乞伏国仁十分崇信佛教，并将其作为统治的思想武器，所以西秦时期佛教得到了很大的发展，炳灵寺石窟的开凿也因此十分兴盛。据《历代三宝记》载："乞伏国仁，陇西鲜卑，世居苑川，为南单于。前秦败后，遂称秦王，仍都子城，尊事沙门。时遇圣坚行化达彼，仁加崇敬，恩礼甚隆。即播释风，仍令翻译，相承五主四十四年。"③由此可见西秦佛教的兴盛。

北魏是我国佛教发展的重要阶段，也是炳灵寺石窟开窟造像的兴盛时期。公元 431 年，西秦被大夏赫连定所灭，后吐谷浑又灭大夏。直至 445 年，北魏管辖枹罕全境。北魏自公元 398 年建国至 439 年统一北方，这期间战乱频繁、危机四伏，在这种局势下，北魏统治者无暇顾及在河西开凿石窟。炳灵寺北魏时期洞窟多开凿于公元 494 年平城迁都洛阳后，孝文帝进行汉化改革，同时大力弘扬佛教，兴建塔寺。北魏时炳灵寺石窟中维摩诘形象的表现形式多样化，较

---

① 常青：《炳灵寺第 169 窟西秦塑像与壁画风格渊源》，《美术观察》2021 年第 1 期，第 43 页。

② 赵雪芬：《炳灵寺第 8 窟维摩诘经变探析》，《考古与文物》2013 年第 2 期，第 101 页。

③（隋）费长房撰：《历代三宝纪》卷九，《大正藏》第 49 册，第 82 页 b。

西秦时有了进一步的发展,更加精细,出现了维摩诘造像,也出现了文殊维摩对坐,而不只是维摩单体,叙事性变得更强。同时,北魏时期炳灵寺中的维摩诘形象也是对西秦时期的继承和模仿,北魏与西秦同为少数民族政权,民族心理的趋同性决定了其精神追求的一致性,面对复杂多变的局势,北魏统治者更急于追寻一种精神文化上的认同①。炳灵寺石窟多次出现维摩诘经变"问疾品"图,北魏窟中亦数次雕出,可见维摩文殊"问疾品"经学在当时的广泛流传和它的深刻影响。②同时北魏时受南朝士大夫影响,玄学十分流行,尘尾是士大夫们谈玄的标志,当时的维摩诘形象中尘尾十分常见,炳灵寺第 104 窟中的维摩诘形象也出现了尘尾。

公元 581 年,隋文帝杨坚建立隋朝,统一全国,极力推崇佛教,形成了极具特色的中国化的发展阶段,奠定了佛教在唐朝进一步辉煌的基础。维摩诘信仰在隋代亦十分流行,当时名僧慧远、吉藏、智顗等人对《维摩诘经》多有注疏,敦煌莫高窟的维摩诘经变就开始于隋代。隋朝时炳灵寺的地理位置也相当重要,是古"丝绸之路"南段的一个要道,在中西方友好往来和文化交流史上起过重要作用。③隋代在炳灵寺石窟虽开窟不多,仅第 8、134 窟,但已经逐渐趋于完善。其中第 8 窟展现了四壁连续、场面壮观的维摩诘经变画,维摩诘形象也有了进一步的发展,变得更加丰富饱满并作为图像叙事。

(2)《维摩诘经》的重译

炳灵寺第 169 窟中的维摩诘形象也与后秦及鸠摩罗什在后秦译经有关。后秦长安在当时不仅是北方的政治、经济中心,也是北方的佛教中心。西域佛教艺术的表现手法(包括凹凸画法)东来长安后,与新译大乘佛教思想相结合,又融汇了东晋等地的中国传统艺术形式。后秦与西秦关系紧密,西秦壁画很有可能是受后秦的影响④。在西秦立国的 37 年间(385—400、409—431),西秦统

①王艳玲:《炳灵寺北魏造像的时代背景》,甘肃省敦煌研究会:《炳灵寺石窟学术研讨会论文集》,兰州:甘肃人民出版社,2003 年,第 181—182 页。

②王万青:《炳灵寺石窟西秦和北魏造像》,《敦煌学辑刊》1990 年第 1 期,第 108 页。

③王万青:《炳灵寺石窟隋唐造像和壁画》,郑炳林、石劲松主编:《永靖炳灵寺石窟研究文集》(上),兰州:甘肃文化出版社,2003 年,第 434 页。

④常青:《炳灵寺第 169 窟西秦塑像与壁画风格渊源》,《美术观察》2021 年第 1 期,第 49 页。

治者乞伏乾归(? —412)和乞伏炽磐父子曾多次臣附于后秦。乞伏乾归居长安三年(406—409),409 年回到苑川(今甘肃榆中),又称起来秦王,而据《开元录》记载,鸠摩罗什于弘始八年(406)夏,在大寺译出《维摩经》,此时乞伏乾归正居长安,必定会受后秦佛教及鸠摩罗什译经的影响①。

(3)维摩诘信仰的通俗化

维摩诘信仰在发展的过程中逐渐通俗化也是炳灵寺中维摩诘形象发展演变的重要原因。北魏上层社会对《维摩诘经》十分推崇,而且崇信者十分普遍,便出现了大量的对该经的讲解、注疏、写经及造像;上层社会的推崇也影响了基层民众,北魏平民造了大量维摩诘造像碑,维摩诘故事已进入北朝社会并对文化的各个层面产生了影响②。对于平民来说,《维摩诘经》故事内容简单明了,情节生动具有戏剧性,更容易被接受。

维摩诘信仰的世俗化反应在维摩诘的服饰和持物上③。西秦时期维摩诘着菩萨装,北魏后维摩诘开始着文人装,手持尘尾,在龙门、云冈还出现了隐几等。隋代后,维摩诘居士坐姿更加潇洒豪放,将两只脚伸出来露在了外面,所坐的榻装饰更加丰富,充满了生活的气息④。

**4. 对后世的影响**

作为国内最早的维摩诘形象,炳灵寺第 169 窟中的维摩诘对后世产生了一定的影响。在第 169 窟 10 号龛位置上维摩诘画在释迦牟尼佛旁边,这与隋代敦煌画出现的维摩变一致, 敦煌壁画通常将其画在佛龛两侧, 如第 276 窟等,也有胁侍的意味,这种布局的最早渊源是炳灵寺⑤。此外,第 169 窟中维摩诘居帐、蓄须、卧躺等细节特征被此后的维摩诘形象所吸收。如其坐于帐榻之中,与经文中"唯置一床,以疾而卧"的场景对应,与之相对说法的文殊菩萨则没有这样的配置,至龙门,"极简模式"的维摩诘也依然能够通过帐榻辨识⑥。

---

①安祎:《十六国北朝时期的维摩诘图像研究》,硕士学位论文,兰州大学,2022 年,第 123 页。

②何剑平:《中国中古维摩诘信仰研究》,四川:巴蜀书社,2009 年,第 183 页。

③张乃中:《五至十二世纪维摩诘形象研究》,硕士学位论文,东南大学,2018 年,第 35 页。

④张乃中:《五至十二世纪维摩诘形象研究》,第 35 页。

⑤赵声良:《炳灵寺早期艺术风格》,《佛学研究》1994 年第 00 期,第 47 页。

⑥李思思:《魏晋风度:龙门石窟的维摩变相》,《美成在久》2021 年第 3 期,第 46 页。

隋唐时,敦煌莫高窟中出现了大量的维摩诘形象,共有六十八铺。隋代莫高窟的维摩诘也是主要表现"问疾品",同时涉及《方便品》《弟子品》等四品。到唐前期发展到十品,逐渐形成大篇幅的维摩诘经变,且艺术风格朝气蓬勃,"满壁风动",这都说明维摩诘形象发展成熟。中唐时期由于中原与沙洲交通不便等原因,敦煌的佛教艺术逐渐格式化,《维摩诘经》的描绘重点也不再是维摩诘的善辩,而是转变为经变边沿的一些小插曲。晚唐时在构图上出现了一些小变化,其他都与中唐时期大同小异①。

## 四、结语

通过上述对从西秦到隋代这两百年间维摩诘形象发展演进的具体脉络的梳理,可以看出,炳灵寺石窟中维摩诘的形象由最初的忠于经文逐渐经变化,艺术风格上逐渐中国化;表现形式逐渐精细,内容不断丰富饱满,并由单体的象征逐渐转向作为图像叙事。这是受社会背景、《维摩诘经》的重译以及维摩诘信仰的通俗化等方面影响的结果。同时,炳灵寺中的维摩诘形象对后世尤其是莫高窟产生了一定的影响。西秦、北魏以及隋唐是炳灵寺石窟开窟造像的三大高潮,其间维摩诘形象的发展与演进也是炳灵寺发展的缩影。

①贺世哲:《敦煌莫高窟壁画中的〈维摩诘经变〉》,《敦煌研究》1982 年第 2 期,第 74 页。

# 近七十年来炳灵寺 169 窟研究综述①

## 姜 涛 任晶晶

（兰州大学 历史文化学院考古学及博物馆学研究所）

对炳灵寺石窟的研究肇始于 20 世纪 50 年代,1951 年冯国瑞的勘察拉开了炳灵寺研究的序幕。1963 年,甘肃省文物工作队首登 169 窟,西秦"建弘题记"的发现是 20 世纪中国石窟寺考古的一项重要成果,成为了研究中国早期石窟的年代标尺,也标志着炳灵寺石窟研究进入了发展新阶段。1980 年至今,炳灵寺石窟研究进入繁荣时期,特别是 2002 年 9 月甘肃敦煌学学会和炳灵寺文物保护研究所联合举办的炳灵寺石窟学术讨论会及 2006 年 9 月炳灵寺文物保护研究所举办的炳灵寺文物保护研究学术研讨会,更是把炳灵寺石窟研究推向了新高度。而 169 窟作为炳灵寺石窟中极其重要的一员,保留了相对较多的十六国北朝造像、壁画、题记与建筑等遗存,本文拟对近七十年来国内外学者对炳灵寺 169 窟在石窟历史、佛教艺术、考古、保护等领域所取得的成果进行梳理与总结,并尝试在此基础上,对未来的研究方向作一展望,以之求教于学界同仁。

## 一、勘察研究简史

在杜斗城、王亨通《五十年以来的炳灵寺石窟研究》②一文中就曾对炳灵寺

①本文为国家社科基金项目"佛教艺术视域下的炳灵寺石窟研究"（项目编号 18XKG005）阶段性成果。

②杜斗城、王亨通:《五十年以来的炳灵寺石窟研究》,《炳灵寺石窟学术研讨会论文集》,兰州:甘肃人民出版社,2003 年,第 1—13 页。

石窟整体的考察研究脉络进行过总结和回顾,文章记述较详,本文基于此进一步梳理炳灵寺 169 窟的勘察脉络,并以最新的考察研究进展作为补充。

**(一)初始阶段**(1950 年至 1960 年)

1951 年,冯国瑞参加临夏土改工作后赴炳灵寺考察并对其进行初步编号,撰《炳灵寺石窟勘察记》①《炳灵寺石窟的历史渊源与地理环境》②等文章,特别是《炳灵寺石窟勘察记》一文的发表引起了学界及有关部门的高度重视。

1952 年,经中央人民政府文化部社会文化事业管理局与西北军政委员会文化部商议决定组织"炳灵寺石窟勘察团"对炳灵寺石窟进行进一步勘察,此次勘察首次将炳灵寺洞窟编号为 124 个。1953 年,中央人民政府文化部社会文化事业管理局根据勘察结果编印了《炳灵寺石窟》③一书,书中收录了郑振铎所作《炳灵寺石窟概述》,其文不仅肯定了冯国瑞和第一次炳灵寺石窟勘察团所取得的成绩,而且对炳灵寺石窟的特点加以概述。

**(二)发展阶段**(1960 年至 1980 年)

1963 年,甘肃省文化局文物工作队组织了"炳灵寺石窟调查组",对炳灵寺进行了第二次考察,此次考察发现了具有里程碑意义的西秦建弘题记,并基于此重新进行了窟龛分期,考察成果见董玉祥的《调查炳灵寺石窟的新收获——第二次调查(1963)简报》④一文。

同年,北京大学的阎文儒对炳灵寺石窟所有窟龛内容、碑刻题记逐一进行了记录考释,考察范围较为详尽,这次考察成果主要体现在他与王万青合著的 1993 年版的《中国石窟艺术·炳灵寺石窟》⑤一书中。

---

①冯国瑞:《炳灵寺石窟勘察记》,《中国西北宗教文献——佛教甘肃(卷 2)》,兰州:甘肃民族出版社,2012 年,第 273—293 页。

②冯国瑞:《炳灵寺石窟的历史渊源与地理环境》,《文物参考资料》1953 年第 1 期,第 25—30 页。

③中央人民政府文化部社会文化事业管理局:《炳灵寺石窟》,中央人民政府文化部社会文化事业管理局,1953 年。

④董玉祥:《调查炳灵寺石窟的新收获——第二次调查(1963)简报》,《文物》1963 年第 10 期。

⑤阎文儒、王万青:《中国石窟艺术·炳灵寺石窟》,兰州:甘肃人民出版社,1993 年。

### (三)繁荣阶段(1980 年至今)

前辈学者们的四次全面考察,奠定了炳灵寺石窟考察研究的基础,学界以 169 窟为研究重点,在内容总录、考古分期、历史背景、艺术风格、石窟保护等各领域研究成果层出不穷,不断取得新的突破。

从 1984 年开始,在宿白的指导下,北京大学考古系越来越留意炳灵寺 169 窟对研究中国石窟考古的重要性,并于同年对该石窟进行了考古调查。1985 年,杜斗城发表《炳灵寺石窟与西秦佛教》[①],这是学界首次对西秦译经做详细论述。1986 年,宿白总结了中国新疆以东现存最早的佛教石窟模式——凉州模式,又将炳灵寺 169 窟中的西秦艺术划归到凉州模式之中。[②]北京大学考古系对炳灵寺 169 窟的考古工作最后由常青撰成《炳灵寺 169 窟塑像与壁画的年代》一文,于 1992 年发表,文中用考古类型学的方法将 169 窟分为八期,并在考虑壁画叠压打破关系的基础上列出了具体年代。同年,常青还对 169 窟雕像与壁画所表现的题材做了全面考证。[③]

1980 年以来,以王亨通为代表的文物保护工作者对炳灵寺石窟考察后,在炳灵寺石窟修复及石雕防风化研究方面做出了许多有益探索,王亨通撰有《炳灵寺石窟的修复及其风化石雕的保护》[④]等文章。

1989 年 12 月,文物出版社和日本平凡社合作推出《中国石窟·永靖炳灵寺》[⑤]一书,让炳灵寺研究走出了国门,书中收录张宝玺《炳灵寺石窟的西秦石窟》、金维诺《炳灵寺与佛教交流》两篇文章,其中很多资料记录和研究观点至今仍极具参考价值。

1990 年以后,董玉祥主编《炳灵寺一六九窟》,此书是对炳灵寺单个洞窟进

---

①杜斗城:《炳灵寺石窟与西秦佛教》,《敦煌学辑刊》1985 年第 2 期,第 84—90 页。

②宿白:《凉州石窟遗迹和"凉州模式"》,《考古学报》1986 年 4 期,第 435—446 页。

③常青:《炳灵寺 169 窟塑像与壁画的年代》,《考古学研究(一)》,北京:文物出版社,1992 年,第 416—446 页。

④王亨通:《炳灵寺石窟的修复及其风化石雕的保护》,《炳灵寺石窟研究论文集》,兰州:甘肃人民出版社,2003 年,第 450—458 页。

⑤甘肃省文物工作队,炳灵寺文物保管所:《中国石窟·永靖炳灵寺》,北京:文物出版社,1989 年。

行系统研究的首部著作。①

2003 年,《炳灵寺石窟学术研讨会论文集》②发表,收录了自 20 世纪 50 年代至 21 世纪初炳灵寺石窟的论文、介绍 60 余篇,由王亨通、杜斗城主编,由炳灵寺文物保护研究所编印发行,反映了 40 余年国内研究的重要成就。

2006 年,杜斗城、王亨通主编《炳灵寺石窟内容总录》③,对炳灵寺 216 个窟龛做了详细的文字记录,是研究 169 窟最翔实的基础性资料。2011 年,郑炳林、石劲松主编的《永靖炳灵寺石窟研究文集》(上、下两册)④,内容全面,是对炳灵寺石窟学术成果的阶段性总结。

## 二、炳灵寺 169 窟研究成果

1950 年以来,众多学者立足各自专长的研究领域,在对炳灵寺石窟 169 窟考察后,取得了丰富的研究成果,涉及石窟考古、西秦历史和佛教史的考证、佛教题材的解读、艺术源流的追溯、交通条件的探究,还有对石窟寺的保护等内容。

### (一)石窟考古

1. 分期断代

对炳灵寺石窟 169 窟的分期是炳灵寺研究的热点,也是开展其他研究的基础,学者们在这个问题上各抒己见,成果颇丰。

1980 年,董玉祥在《中国考古学会第一次年会论文集》中发表了《炳灵寺石窟的分期》一文。其文是在第二次调查的基础上对炳灵寺石窟进行了较细致的分期,并附有线描图,对炳灵寺石窟的分期研究具有重要参考价值。⑤1987 年

①董玉祥:《炳灵寺一六九窟》,深圳:海天出版社,1994 年。
②颜廷亮、王亨通主编:《炳灵寺石窟学术研讨会论文集》,兰州:甘肃人民出版社,2003 年。
③杜斗城、王亨通主编:《炳灵寺石窟内容总录》,兰州:兰州大学出版社,2006 年。
④郑炳林,石劲松主编:《永靖炳灵寺石窟研究文集》,兰州:甘肃文化出版社,2011 年。
⑤董玉祥:《炳灵寺石窟的分期》,《中国考古学会第一次年会论文集》,北京:文物出版社,1980 年,第 347—357 页。

又在《炳灵寺石窟第 169 窟》一文中不仅对 169 窟的位置、形制及创建历史进行了概述,还依据西秦佛龛的形制、造像及背光壁画的特点、有关题记的内容,对 169 窟进行了分期,大致将佛龛和壁画分为西秦和北魏两个阶段,又将西秦时期分为建弘元年以前,建弘年间,建弘以后。①

魏文斌在《炳灵寺第 169 窟的年代再认识》一文中,将 169 窟的西秦塑像与壁画分为四个阶段:前凉据有河州至西秦立国之前(344—385)、西秦立国之初至迁都枹罕之前(385—412)、乞伏炽磐定都枹罕至建弘年间(412—428)、乞伏暮末即位至西秦灭亡(428—431)。②

1992 年,常青在《炳灵寺 169 窟塑像与壁画的年代》一文中根据壁画的共存和叠压关系,对 169 窟中的造像和壁画题材进行了类型学的划分,依据各组的年代将 169 窟分为八期。③

1995 年,暨远志发表《中国早期佛教供养人服饰》,在前两个脚注中对常青和董玉祥所作的窟龛壁画编号进行了比较分析,思考了壁画叠压打破关系,对常青的编号予以肯定。④

金建荣的博士论文《中国南北朝时期佛教造像背光研究》通过对炳灵寺169 窟第 6 龛佛像背光形制与内容的比较分析,推测出第 7 龛与第 6 龛建造时间基本相近,第 3 龛的建造时间略晚,为西秦末年至北魏初年。⑤

---

①董玉祥:《炳灵寺石窟第 169 窟》,《敦煌学刊》1987 年第 1 期,第 126—131 页。

②魏文斌:《炳灵寺第 169 窟的年代再认识》,《甘肃佛教石窟考古论集》,北京:民族出版社,2009年,第 332—351 页。

③常青:《炳灵寺 169 窟塑像与壁画的年代》,《考古学研究(一)》,北京:文物出版社,1992 年,第416—446 页。

④暨远志:《中国早期佛教供养人服饰》,《敦煌研究》1995 年第 1 期,第 11 页。

⑤金建荣:《中国南北朝时期佛教造像背光研究》,南京:东南大学出版社,2016 年,第 262—284 页。

此外,宿白①、金维诺②、阎文儒③、王万青、魏文斌④、张宝玺⑤等先后发表了关于 169 窟的塑像、壁画内容及其年代等相关研究论文,为 169 窟的研究奠定了基础。宿白通过研究 169 窟的天然洞隙和造像内容,将 169 窟分为两期,第一期在公元 420 年间或稍后,第二期大约在凉州式样的尾声阶段。金维诺从佛龛、壁画的叠压关系以及全窟布局关系分析,认为 169 窟主要造像建于建弘前后等。张宝玺通过对建龛形式的比较,以建弘题记为佐证,主张大多造像、壁画的年代为西秦鼎盛时期永康、建弘年间,有的浅龛单身佛像甚至可能早于西秦。阎文儒的《炳灵寺石窟名称、历史及其造像题材》按照分期,以典型窟龛为例,总结了西秦至唐时期的造像、壁画的特点。⑥

除上述学者的讨论,在《甘肃炳灵寺第 169 窟法显供养人像及其意义》一文中,张南南通过对法显供养人像的研究,认为 169 窟的确切年代应至少提前到公元 399—400 年。⑦

2. 题记

学者们对炳灵寺石窟 169 窟分期断代的标准离不开窟内题记,以下从建弘题记、丙申题记、唐宋题记、明代题记、僧人题记和供养人题记六方面进行分述。

(1)建弘题记

在"建弘题记"录文方面,众多学者都进行过初步分析。

①宿白:《凉州石窟遗迹和"凉州模式"》,《考古学报》1986 年第 4 期,第 442—443 页。

②金维诺:《炳灵寺与佛教艺术交流》,《中国石窟·永靖炳灵寺》,北京:文物出版社,1989 年,第 193—202 页。

③阎文儒、王万青:《炳灵寺石窟总论》,《炳灵寺石窟》,兰州:甘肃人民出版社,1993 年。

④魏文斌:《炳灵寺 169 窟内容总录》,《炳灵寺 169 窟》,深圳:海天出版社出版 1994 年,图版后第 1—17 页。

⑤张宝玺《炳灵寺的西秦石窟》,《中国石窟·永靖炳灵寺》,北京:文物出版社,1989 年,第 182—192 页。

⑥阎文儒:《炳灵寺石窟名称、历史及其造像题材》,《永靖炳灵寺石窟研究文集》,兰州:甘肃文化出版社,2011 年。

⑦张南南:《甘肃炳灵寺第 169 窟法显供养人像及其意义》,《四川文物》2002 年第 2 期,第 56—61 页。

　　曹学文、丁万华的《炳灵寺石窟第 169 窟"建弘题记"研究述评》一文摘录了董玉祥、阎文儒、王万青、张宝玺、杜斗城、魏文斌关于"建弘题记"几个不同版本的录文,并对五十多年来"建弘题记"的研究成果做了系统的总结和梳理。①

　　研究"建弘题记"的学者当首推董玉祥,他参与了"建弘题记"的发现,并执笔了第二次考察成果——《调查炳灵寺石窟的新收获——第二次调查(1963)简报》,对"建弘题记"做了初步的介绍和评价。②1986 年,董玉祥发表了《炳灵寺石窟 169 窟内容总录》一文,首次公布了"建弘题记"的录文。③

　　1963 年,阎文儒在实地考察后,作《炳灵寺石窟总论》一文,对"建弘题记"中的"玄枵"二字进行了考释,④但此项研究成果直到 1993 年才出版。张宝玺对"建弘题记"进行了较详尽的研究,不仅对题记本身进行了标点、注解和考释,而且深入研究周边壁画、塑像,阐述了"建弘题记"出现的历史背景和意义。⑤

　　此外,涉及"建弘题记"研究的还有杜斗城的《炳灵寺石窟与西秦佛教》⑥、王惠民的《炳灵寺建弘题记应为建弘五年》⑦、常青的《炳灵寺 169 窟塑像与壁画的年代》⑧、魏文斌的《炳灵寺 169 窟的年代再认识》⑨和《关于炳灵寺石窟研究的几个问题》⑩、王亨通的《炳灵寺 169 窟发现一些新题材》⑪等。

---

①曹学文、丁万华:《炳灵寺石窟第 169 窟"建弘题记"研究述评》,《敦煌学辑刊》2020 年第 3 期,第 92—103 页。

②董玉祥:《调查炳灵寺石窟的新收获——第二次调查(1963)简报》,《文物》1963 年第 10 期。

③董玉祥:《炳灵寺石窟第 169 窟内容总录》,《敦煌学辑刊》1986 年第 2 期,第 148—158 页。

④阎文儒、王万青:《炳灵寺石窟总论》,《炳灵寺石窟》,兰州:甘肃人民出版社,1993 年,第 33—34页。

⑤张宝玺:《建弘题记及其有关问题的考释》,《敦煌学辑刊》1989 年第 1 期,第 128—133 页。

⑥杜斗城:《炳灵寺石窟与西秦佛教》,《敦煌学辑刊》1985 年第 2 期,第 84—90 页。

⑦王惠民:《炳灵寺建弘题记应为建弘五年》,《敦煌研究》1998 年第 3 期,第 167 页

⑧常青:《炳灵寺 169 窟塑像与壁画的年代》,《永靖炳灵寺石窟研究文集(上)》,兰州:甘肃文化出版社,2011 年,第 307—332 页。

⑨魏文斌:《炳灵寺 169 窟的年代再认识》,《2000 年敦煌学国际学术研讨会文集——纪念敦煌藏经洞发现暨敦煌学百年(石窟考古卷)》,兰州:甘肃民族出版社,2003 年,第 386—405 页。

⑩魏文斌:《关于炳灵寺石窟研究的几个问题》,《炳灵寺石窟学术研讨会论文集》,兰州:甘肃人民出版社,2003 年,第 127—135 页。

⑪王亨通:《炳灵寺 169 窟发现一些新题材》,《敦煌研究》1999 年第 3 期,第 8—10 页。

关于"建弘题记"的来历,众多学者强调"建弘题记"只是炳灵寺石窟的一个重修题记,而非开窟题记。此观点在董玉祥、张宝玺、魏文斌、王亨通、常青、王万青①等学者的文章中都有所著录。

"建弘题记"在学术界引起的最大争议在于题尾"元年"和"玄枵"的考证。张宝玺最先发问,在《建弘题记及其有关问题考释》一文中提出:"题记尾书'建弘元年岁在玄枵三月廿四日造'。若按玄枵纪年推算应为建弘五年(424),'元年'二字是清楚的,应以建弘元年为是。"②

诸多学者就此问题开展讨论。日本学者福山敏男发表《炳灵寺石窟の西秦造像铭について》,提出了"建弘五年"的观点。③王惠民在《炳灵寺建弘纪年应为建弘五年》中,根据六号龛的十方佛题材应该来自《华严经·如来名号品》,翻译时间大致是 418—421 年,该窟绝不可能采用次年才译出的佛经为依据。④针对以上观点,魏文斌在《关于炳灵寺石窟研究的几个问题》一文中肯定了阎文儒建弘元年的推断。他认为,晋译《华严经》虽未完全译出,《如来名号品》已经译出,并可能已传入西秦。⑤

(2)丙申题记

除建弘题记之外,学者们也不乏对丙申题记的探讨和研究。王万青在《169窟题记考释》中认为"丙申"应为北魏熙平元年(516)。⑥

董玉祥在《炳灵寺 169 窟概述》中提出此"丙申"为太初九年(396)或太安二年(456)皆有可能,而 456 年的可能更大一些。⑦

---

①王万青:《169 窟题记考释》,《炳灵寺石窟研究论文集》,兰州:甘肃人民出版社,2003 年,第 376—381 页。

②张宝玺:《建弘题记及其有关问题的考释》,《炳灵寺石窟》,兰州:甘肃人民出版社,1993 年,第 163—173 页。

③[日]福山敏男:《炳灵寺石窟の西秦造像铭について》,《美术研究》1971 年第 276 号。

④王惠民:《炳灵寺建弘纪年应为建弘五年》,《敦煌研究》1998 年第 3 期,第 167 页。

⑤魏文斌:《关于炳灵寺石窟研究的几个问题》,《炳灵寺石窟学术研讨会论文集》,兰州:甘肃人民出版社,2003 年,第 127—135 页。

⑥王万青:《169 窟题记考释》,《敦煌学辑刊》1989 年第 1 期,第 128 页。

⑦董玉祥:《炳灵寺一六九窟》,深圳:海天出版社,1994 年,第 29 页。

王亨通还提出了唐代某个"丙申"的观点,依据是题记中提到了"灵岩",但他也注意到23龛的造像风格不完全是唐朝样式。①

在第23龛塑像年代的考证上,常青提出了420—471年之间的说法②,这与董玉祥推断太安二年(456)的观点基本吻合。曹学文在《炳灵寺第169窟"丙申题记"的若干问题研究》中也赞同太安二年的观点。③但"丙申"的具体年代仍然是一个学术问题。

学者们探讨丙申题记,不仅为确认其具体的年代,也为研究炳灵寺早期名称问题。曹学文在《关于炳灵寺名称之争的学术史钩沉》一文中,对此话题进行了梳理。④

(3)唐宋题记

陶培如在《炳灵寺石窟唐代题记整理与研究》一文中对炳灵寺169窟2龛西侧佛背光右方唐人墨书、169窟3龛内西侧协侍菩萨右肘处唐代游人墨书、169窟第11龛第三组西侧画面佛束腰坐下墨书、169窟14龛东侧写经上方阿弥陀佛像左侧唐人题诗及其附近墨书进行录文和校勘,并对唐代题记所见人物及史实考论,如"第169窟11龛防秋健儿墨书题记:佛弟□□□/秦州陇城县防/秋健儿郎郭思士/于此修尊检",提出河州一带是与吐蕃交战的前线,这则题记即是证明。⑤

杨森也提到第169窟第13号龛左侧墨书题记中"洞府"是道家之语,进而提出此题记的年代可能为唐或唐宋以后。⑥

---

①王亨通:《炳灵寺石窟研究的过去、现状及未来》,《永靖炳灵寺石窟研究文集(下)》,兰州:甘肃文化出版社,2011年版,第982页。

②常青:《炳灵寺169窟塑像与壁画的年代》,《永靖炳灵寺石窟研究文集(上)》,兰州:甘肃文化出版社,2011年,第307页。

③曹学文:《炳灵寺第169窟"丙申题记"的若干问题研究》,《敦煌研究》2020年第3期,第86—90页。

④曹学文:《关于炳灵寺名称之争的学术史钩沉》,《敦煌学辑刊》2016年第1期,第92—99页。

⑤陶培如:《炳灵寺石窟唐代题记整理与研究》,硕士学位论文,西北师范大学文物与博物馆学,2018年,第33—34页。

⑥杨森:《炳灵寺石窟的道人、道士、道观、喇嘛及其他》,《炳灵寺石窟学术研讨会论文集》,兰州:甘肃人民出版社,2003年,第145—159页。

（4）明代题记

杨森在其《炳灵寺石窟的道人、道士、道观、喇嘛及其他》一文中提及 169 窟第 15 龛下方崇祯丙寅梅月墨书的内容，借以探讨炳灵寺名称的问题。[1]

（5）僧人题记

炳灵寺 169 窟僧人题记的研究大多涉及不同历史时期僧人名称的问题。

杨森吸收汤用彤[2]和俞美霞[3]的观点，提出炳灵寺石窟第 169 窟第 12 龛壁画旁的"恒州道人法显、康乐而也礼拜佛时"题记和第 169 窟第 3 龛内背拱侧面墨书"秦州道人法通□供养佛时"题记中的"道人"一词可见河西地区佛教在发展阶段，佛教大量假托道家已有的形式传播。[4]杨森还提到炳灵寺 169 窟第 15 龛墙背面隋代倒书"开皇十八年九月二日道□□……"题记中的"道□□"可能是"道人□"或"道士□"，他认为是"道士□"的可能性更大些。[5]

阎文儒和王万青也根据"清信弟子某某"（第 169 窟第 11 龛维摩诘像西侧墨书题记、第 23 龛东侧第一佛顶部墨书题记）、"信士某某"进香（第 169 窟第 12 龛佛西侧墨书、第 23 龛东侧第一佛顶部墨书）、"佛弟子某某"（第 169 窟第 14 龛和 15 龛之间唐代四行题记"郑宰佛弟子"、第 169 窟第 12 龛佛西侧明嘉靖三十三年墨书题记和第 23 龛东侧第一佛顶部墨书题记），归纳 169 窟僧人题记在唐宋时代多自称"道人"，而唐宋时及其以后多称"清信弟子某某"。[6]

关于第 169 窟第 7 龛泥塑立佛下说法图供养比丘题名"法显供养之像"

---

①杨森：《炳灵寺石窟的道人、道士、道观、喇嘛及其他》，《炳灵寺石窟学术研讨会论文集》，兰州：甘肃人民出版社，2003 年，第 145—159 页。

②汤用彤：《魏晋玄学论稿》，北京：人民出版社，1957 年，第 129 页。

③俞美霞：《画像石与敦煌壁画中的道教图像》，《21 世纪敦煌文献研究回顾与展望》，中华自然文化学会 1999 年，第 130 页。

④杨森：《炳灵寺石窟的道人、道士、道观、喇嘛及其他》，第 145—159 页。

⑤杨森：《炳灵寺石窟的道人、道士、道观、喇嘛及其他》，第 145—159 页。

⑥阎文儒、王万青：《炳灵寺石窟总论》，《炳灵寺石窟研究论文集》，兰州：甘肃人民出版社，1993 年，第 51—105 页。

"道聪之像"与第 12 龛的"恒州道人法显"是否是否为同一人，张宝玺①、金维诺等学者均持怀疑态度。

（6）供养人题记

在供养人题记方面，杨森根据炳灵寺 169 窟第 12 龛佛及菩萨顶部坐佛旁墨书题记中"敦皇（煌）翟奴之像"的记载，以及此题记附近"天宝十三年""正德四年""嘉靖三十三年"的题记，推测"翟奴可能是敦煌翟氏家族一员"。②

（7）题记价值

徐光文《甘肃临夏魏晋南北朝书法浅谈》对包括炳灵寺墨书题记在内的甘肃临夏魏晋南北朝书法进行了鉴赏，认为风格多样的魏晋书法与循规蹈矩的唐楷截然不同。③庄希祖《炳灵寺石窟题记的意义》借炳灵寺石窟 169 窟墨书题记中的楷书字体的发现，希望推动学界对魏晋南北朝书法的研究。④

3. 时亮窟、唐述窟和灵岩寺的争论

近七十年以来，考古界围绕"唐述窟"和"时亮窟"的论述亦是层出不穷。

冯国瑞在《炳灵寺石窟勘察记》中主张"唐述窟"即上寺，"时亮窟"即下寺。⑤张宝玺在《炳灵寺石窟》一文中引郦道元《水经注》的说法，提到"唐述窟"与"时亮窟"相隔"二里"之遥。⑥又在其《炳灵寺的西秦石窟》一文中提出，从相对位置看，第 169 窟不无可能是"时亮窟"。⑦此外，有学者认为炳灵寺 169 窟为"唐述窟"，水帘洞为"时亮窟"；还有学者认为 169 窟为"时亮窟"，炳灵上寺为"唐述窟"；亦有学者认为 172 窟为"唐述窟"，169 窟为"时亮窟"。在 1963 年考

①张宝玺：《炳灵寺的西秦石窟》，《中国石窟·永靖炳灵寺》，北京：文物出版社，1989 年，第 185 页。

②杨森：《炳灵寺石窟的道人、道士、道观、喇嘛及其他》，《炳灵寺石窟学术研讨会论文集》，兰州：甘肃人民出版社，2003 年，第 145—159 页。

③徐光文：《甘肃临夏魏晋南北朝书法浅谈》，《书法》2021 年第 2 期，第 88—91 页。

④庄希祖：《炳灵寺石窟题记的意义》，《中国书法》2011 年第 2 期，第 122—123 页。

⑤冯国瑞：《炳灵寺石窟勘察记》，郑炳林主编《永靖炳灵寺石窟研究文集》，兰州：甘肃文化出版社，2011 年，第 171 页。

⑥甘肃省博物馆、永靖炳灵寺文物保管所：《炳灵寺石窟》，北京：文物出版社 1982 年版，第 5 页。

⑦甘肃省文物工作队、炳灵寺文物保管所：《中国石窟·永靖炳灵寺》，北京：文物出版社，1989 年，第 183 页。

古工作者发现野鸡沟洞窟之前,大部分学者以为 169 窟是"唐述窟",而不是"时亮窟"。

在野鸡沟 192 窟发现以后,齐正奎发表《亦谈唐述与时亮二窟》一文,提到"169 窟原称'天桥洞',在方向、位置、距离、高度等诸方面完全吻合'时亮窟'的种种条件。野鸡沟 192 窟,古书称'天寺',其地理位置与'时亮窟'壁画造像风格皆吻合,故野鸡沟 192 窟即是'唐述窟'。"[1]但关于"唐述窟"和"时亮窟"的问题至今尚未定论。

在"炳灵"寺名的研究中,曹学文在《关于炳灵寺名称之争的学术史钩沉》一文中引用众多历史文献,认为炳灵寺石窟的开窟年代最早可上溯到《法苑珠林》所记载的"晋泰始元年"(265),西秦—北魏时期炳灵寺的名称为"唐述谷仙寺",到唐代时称作"灵岩寺"或"龙兴寺"。"炳灵寺"一名出现在唐宝应二年(763)以后,这时候吐蕃开始控制炳灵寺所在的河州地区。[2]他总结了之前学者对于"炳灵"寺名称的争议,考证详尽。

此外侯爱梅、彭向前也对"炳灵寺"得名来源进行考证,认为"炳灵"非"积石""十万"之义,而应为藏语"弥勒寺"的音译。[3]

### 4. 炳灵寺 169 窟相关历史

关于炳灵寺 169 窟的历史沿革,众多学者的论著中都有提及。

陈海涛和刘惠琴作《炳灵寺石窟及其三个重要阶段》,认为炳灵寺石窟在北朝一期、盛唐时期、元明清时期相对于全国各石窟最具特色。[4]《"十万佛"刹——炳灵寺》对炳灵寺石窟的历史沿革、保存现状进行概述。[5]郭友实《炳灵寺史话》在第二节"炳灵寺史话"部分对炳灵寺历史沿革进行了概述,讲述了佛教的发展演进情况。[6]

---

① 齐正奎:《亦谈唐述与时亮二窟》,《敦煌学辑刊》1996 年第 2 期,第 57 页。

② 曹学文:《关于炳灵寺名称之争的学术史钩沉》,《敦煌学辑刊》2016 年第 1 期,第 92—99 页。

③ 侯爱梅、彭向前:《"炳灵寺"得名来源考》,《西夏研究》2012 年第 2 期,第 64—68 页。

④ 陈海涛、刘惠琴:《炳灵寺石窟及其三个重要阶段》,《西北史地》1994 年第 4 期,第 50—53 页。

⑤《"十万佛"刹——炳灵寺》,《党的建设》2009 年第 3 期,第 45 页。

⑥ 郭友实:《炳灵寺史话》,兰州:甘肃文化出版社,2008 年,第 8—19 页。

陈守忠的《永靖县历史沿革考》①和李并成的《炳灵寺若干重要史实钩沉》②
等文章详细考证了永靖县的历史沿革以及与炳灵寺相关的历史事件和人物
（如法显、王玄策等）。

5. 交通地理

在炳灵寺石窟周围交通条件的研究方面，冯国瑞认为，在炳灵寺侧的寺沟
峡上"有桥，可能始于西秦时"，还提出"唐人有桥可渡无疑，至北宋绍圣时还是
有桥"。③冯国瑞此观点影响极大，但刘满通过对《水经注》《法苑珠林》《释迦方
志》《太平寰宇记》等著作中对炳灵寺石窟道路交通记载的梳理分析，认为自北
朝至清朝各代，除了进出炳灵寺石窟的黄河两岸崎岖小路外，是没有其他交通
要道的。④

有些学者重点论述炳灵寺石窟的交通枢纽地位。石磊的《炳灵寺附近城关
考》⑤分析炳灵寺附近的凤林关、安乡关、莲花城等关口的历史脉络，体现了炳
灵寺在丝绸之路上的重要意义。李并成、马燕云《炳灵寺石窟与丝绸之路东段
五条干道》一文基于先前研究，通过对该石窟中留存的大量游人题记等有关史
料的研究，探讨了炳灵寺石窟在丝绸之路五条干线上的重要地位，提出炳灵寺
所处的地理位置为"山结"所在，并为该石窟作为丝绸之路整体"申遗"入选的
重要景点之一提供新的历史依据。⑥此外，他所探讨的法显、王玄策与炳灵寺关
系的问题对后辈学者有一定的启发意义。在此基础上，李并成提出了对兰州在
丝绸路上重要地位的新认识。⑦

---

①陈守忠:《永靖县历史沿革考》,《炳灵寺石窟学术研讨会论文集》, 兰州: 甘肃人民出版社,2003
年,第 12 页。

②李并成:《炳灵寺若干重要史实钩沉》,《炳灵寺石窟学术研讨会论文集》,兰州:甘肃人民出版社,
2003 年,第 11 页。

③冯国瑞:《炳灵寺石窟勘察记》,郑炳林主编《永靖炳灵寺石窟研究文集》,兰州:甘肃文化出版社,
2011 年,第 171 页。

④刘满:《北朝以来炳灵寺周围交通路线考索》,《敦煌学辑刊》2014 年第 3 期,第 1—24 页。

⑤石磊:《炳灵寺附近城关考》,《西北史地》1996 年第 4 期,第 41—48 页。

⑥李并成、马燕云:《炳灵寺石窟与丝绸之路东段五条干道》,《敦煌研究》2010 年第 2 期,第 75—80 页。

⑦李并成:《"山结""水结""路结"——对于兰州在丝绸路上重要地位的新认识》,《历史地理》2010
年,第 255—262 页。

也有部分学者对炳灵寺石窟周围关隘渡口进行考订。吴景山、张洪结合历史文献、石刻材料对青海省及其东相毗邻的甘肃省临夏回族自治州,包括兰州地区,在古代的一些著名的桥梁关塞,即贯友河桥、吐谷浑河厉、临津关、炳灵寺桥、凤林关(安乡关浮桥)、广武梁的位置进行了分析。①但是吴炯炯、刘满进行了不同观点的回应,考订唐代凤林关不在原甘肃永靖县城所在地莲花城(现已没入刘家峡水库中),而在原永靖县唵哥集附近(现亦没入刘家峡水库中,即刘家峡水库蓄水前银川河入黄河口处)。吐蕃所建的河桥,不在"炳灵寺不远的黄河上",而当在今青海兴海县曲什安河入河口处的曲什安镇附近的黄河上。法显《佛国记》中所载的养楼山,亦不是指今扁都口一带所在的祁连山脉东段,应当是今青海大通回族土族自治县境内的北川河与东峡河交汇处的元朔山。②

## (二)佛教与艺术

### 1. 炳灵寺 169 窟与佛教史研究

众多学者的著述中对炳灵寺 169 窟相关佛教史或多或少都有提及,大多引用《晋书》《资治通鉴·晋纪》《宋书》《魏书》《水经注》《读史方舆纪要》《出三藏记集》《大正藏》《高僧传》《洛阳伽蓝记》《历代三宝记》《南海寄归内法传》等文献资料。

1985 年,杜斗城所作《炳灵寺石窟与西秦佛教》,根据西秦石窟资料和大藏经详论了西秦社会的佛经翻译情况,首次对西秦译经做详细论述,并在此基础上还提出了西秦佛教更多地受到关中地区的影响。1986 年宿白明确指出"炳灵寺 169 窟中出现的大乘佛教题材,应该更多地与后秦长安有着直接关系。"③《炳灵寺石窟第 169 窟》一文中,董玉祥还论述了西秦时期禅僧与修禅的内容,对炳灵寺佛教考古研究具有一定的启发意义。④张宝玺《炳灵寺的西秦石窟》中第一部分分析了西秦乞伏氏的政治形势和疆域,言及西秦乞伏氏崇信佛法,且

---

①吴景山、张洪:《青海东部古代著名桥梁关隘的位置》,《青海师范大学学报(哲学社会科学版)》2012 年第 34 卷第 2 期,第 57—62 页。

②吴炯炯、刘满:《也谈炳灵寺石窟周围的交通问题》,《敦煌研究》2015 年第 6 期,第 54—62 页。

③杜斗城:《炳灵寺石窟与西秦佛教》,《敦煌学辑刊》1985 年第 2 期,第 84—90 页。

④董玉祥:《炳灵寺石窟第 169 窟》,《敦煌学刊》1987 年第 1 期,第 126—131 页。

法显、智猛、昙无竭、慧览、圣坚、昙摩毗、玄高、玄绍、僧印、道韶、智绍、昙弘、昙霍等僧人都曾游访西秦。①常青在《炳灵寺 169 窟塑像与壁画的年代》一文中不仅对炳灵寺 169 窟壁画和塑像的年代序列进行了探讨，也从遗迹入手对西秦时期佛教、西秦以后的佛教、169 窟登窟栈道的兴废历史进行了分析和阐述，②为之后的学者研究炳灵寺石窟提供了更多视角。

21 世纪以来，祁永龙分析炳灵寺石窟因中西交通枢纽的地理位置、中西文化的交流与融合、独特的地质构造和气候条件而石窟艺术繁荣。③王艳玲认为炳灵寺石窟佛教之兴，缘于僧人之传播、统治者的支持和地理位置的优越，还认为从炳灵寺北魏造像题材的多样性及其集中体现亦可窥见北魏统一北方的彻底全面性和北魏政权与炳灵寺北魏造像的一致性。④杜斗城《玄高、昙无毗诸僧与西秦禅学》也是从禅僧角度对西秦佛教史的研究。⑤高海燕《释玄高之游历、修禅及与北魏初期政治的关系》分析了北魏佛教传播的原因。⑥他维宏分析北魏太武帝灭佛运动中炳灵寺石窟免遭破坏原因主要有三点：一、地形隐蔽，位置偏僻；二、氐羌叛乱，无暇顾及；三、影响深远，帝君慎之。⑦日本大竹宪治《河西回廊の石窟寺院に见ろ供养人物壁画考：炳霊寺石窟第一六九窟·敦煌莫高窟第 61 窟などの事例を中心に》对 169 窟中以禅僧为代表的供养人相关问题进行了论述。⑧此外姜涛著《后秦佛教研究——以译经为中心》，通过对后

①张宝玺：《炳灵寺的西秦石窟》，《中国石窟·永靖炳灵寺》，北京：文物出版社，1989 年，第 182 页。

②常青：《炳灵寺 169 窟塑像与壁画的年代》，《考古学研究》1992 年，第 416—481 页。

③祁永龙：《浅析炳灵寺石窟开凿的原因》，《西北民族大学学报（哲学社会科学版）》2005 年第 4 期，第 113—115 页。

④王艳玲：《炳灵寺北魏造像的时代背景》，《炳灵寺石窟学术研讨会论文集》，兰州：甘肃人民出版社，2003 年，第 8 页。

⑤杜斗城：《玄高、昙无毗诸僧与西秦禅学》，《永靖炳灵寺石窟研究文集（上册）》，兰州：甘肃文化出版社，2011 年，第 749—754 页。原载于《河西佛教史》2009 年版。

⑥高海燕：《释玄高之游历、修禅及与北魏初期政治的关系》，《河西学院学报》2014 年第 6 期，第 27—34 页。

⑦他维宏：《北魏太武帝灭佛运动中炳灵寺石窟免遭破坏原因初探》，《丝绸之路》2014 年第 12 期，第 35—36 页。

⑧[日]大竹宪治：《河西回廊の石窟寺院に见ろ供养人物壁画考：炳霊寺石窟第一六九窟·敦煌莫高窟第 61 窟などの事例を中心に》，立正大学考古学会编：《考古学論究》(17)2016 年版，第 489 页。

秦佛教译经的研究,更清晰地指出后秦佛教思想对西秦的影响。①

2. 艺术风格源流

对炳灵寺石窟的佛教艺术源流的探讨始于二十世纪八九十年代,因第 169 窟内西秦塑像与壁画风格的多样性,观点众说纷纭。

(1)西域影响说

1989 年,张宝玺的《炳灵寺的西秦石窟》介绍了西秦窟龛的情况,即 169 窟中的西秦建弘元年的墨书题记、造像和壁画的内容,最后探讨了炳灵寺西秦石窟的源流与特点。他认为炳灵寺西秦石窟的形成和发展与中原和西域犍陀罗(Gandhara)艺术有着密切关系,主要是对犍陀罗艺术的借鉴。②

1989 年,董玉祥提出第 169 窟造像是在中国民族传统艺术的基础上保留了一些犍陀罗和秣菟罗(Mathura)式痕迹,也和北凉石窟关系密切,同时还有地域性特点。③1989 年金维诺主张第 169 窟西秦塑像有犍陀罗和西域艺术影响,但又有自己特有的风貌。④1990 年,王万青在《炳灵寺石窟西秦和北魏造像》中认为炳灵寺 169 窟吸收了古印度、犍陀罗式各种造像风格。⑤1994 年,赵声良提出炳灵寺 169 窟作为中国早期石窟,其中的西秦塑像更多地体现出秣菟罗艺术的特征,并认为犍陀罗艺术对中国内地的影响晚于秣菟罗。⑥

2008 年王锡臻、仇宇提出炳灵寺第 1 窟和第 169 窟第 7 龛立佛基本特征是笈多样式,又有新疆地区犍陀罗的样式,最终形成了以秣菟罗—笈多(Gupta)造像样式为主体,还具有鲜明地方特色和民族风格的艺术形式。⑦陶涛通过

---

①姜涛:《后秦佛教研究——以译经为中心》,北京:中国社会科学出版社,2017 年。

②张宝玺:《炳灵寺的西秦石窟》,《中国石窟·永靖炳灵寺》,北京:文物出版社,1989 年,第 182—192 页。

③董玉祥:《炳灵寺石窟综述》,《中国石窟·永靖炳灵寺》,北京:文物出版社,1989 年,第 169—181页。

④金维诺:《炳灵寺与佛教艺术交流》,《中国石窟·永靖炳灵寺》,北京:文物出版社,1989 年,第 193—202 页。

⑤王万青:《炳灵寺石窟西秦和北魏造像》,《敦煌学辑刊》1990 年第 1 期,第 106 页。

⑥赵声良:《炳灵寺早期艺术风格》,《佛学研究》1994 年 3 期,第 144—149 页。

⑦王锡臻、仇宇:《炳灵寺西秦立佛造像风格的再认识》,《甘肃联合大学学报(社会科学版)》2008 年第 3 期,第 1—5 页。

分析炳灵寺 169 窟西秦立佛像和印度贾马尔普尔出土的笈多王朝时期立佛像风格上的相似性,探究印度笈多佛教艺术对中国早期佛像的影响。[①]2017 年,李静杰主张北壁 12 号壁画说法图为梵天劝请内容,北壁 3 号龛泥塑二胁侍应分别为菩萨、执金刚力士像,并进一步指出其犍陀罗和西域文化渊源,以及后续影响情况。他还分析了本窟中鲜花、花鬘及花树图像与犍陀罗和西域文化因素的联系。[②]此外,梁燕也于 2018 年对 169 窟的西秦塑像中笈多秣菟罗风格进行了分析。[③]

新加坡国立大学中文系教授古正美也主张河西早期石窟为犍陀罗模式。[④]范宏伟阐述了炳灵寺石窟各个历史时期的开凿及造像的不同风尚,分析了中国早期佛教的犍陀罗风格及盛唐佛教本土化的辉煌历程。[⑤]

(2)汉地影响说

宿白、常青、杜斗城、黄文昆、魏文斌等学者在后秦长安影响方面皆有著述。

1986 年,宿白提出"凉州模式",认为西秦佛教与凉州关系密切,而炳灵寺西秦石窟中的大乘图像,很可能更多地受到东方长安的影响。[⑥]

1992 年,常青曾发文进一步论述此观点,[⑦]还在《20 世纪东汉与魏晋佛教考古——中国佛教考古研究述评》中分析了炳灵寺 169 窟与河西早期石窟研究的关系。[⑧]又在《北魏平城佛教艺术与后秦长安的关系》一文中,通过比较云冈昙曜五窟和炳灵寺 169 窟塑像与壁画的相似性,认为它们均可看作是对后

---

①陶涛:《由两座佛像而想到的——试论印度笈多佛像对甘肃永靖炳灵寺西秦佛像的影响》,《河北函授大学学报》2013 年第 26 卷第 12 期,第 169—170 页。

②李静杰:《炳灵寺第 169 窟西秦图像反映的犍陀罗文化因素东传情况》,《敦煌研究》2017 年第 3 期,第 16—33 页。

③梁燕:《炳灵寺 169 窟北壁画塑源流》,《中国美术研究》2018 年第 2 期,封二、封三。

④张宝玺:《河西北朝中心柱窟》,《1987 年敦煌石窟研究国际讨论会文集·石窟考古编》,沈阳:辽宁美术出版社,1990 年。张宝玺:《甘肃石窟艺术雕塑编》,兰州:甘肃人民美术出版社,1994 年。

⑤范宏伟:《炳灵寺石窟历史性的多样取向》,《雕塑》2014 年第 3 期,第 48—49 页。

⑥宿白:《凉州石窟遗迹和"凉州模式"》,《中国石窟寺研究》,北京:文物出版社,1996 年,第 49 页。

⑦常青:《炳灵寺 169 窟塑像与壁画的年代》,《考古学研究(一)》,北京:文物出版社,1992 年,第 416—481 页。

⑧常青:《20 世纪东汉与魏晋佛教考古——中国佛教考古研究述评(一)》,《石窟寺研究》2011 年。

秦长安佛教的继承。①

任何艺术形式是其内在思想的外化,佛教造像和壁画的艺术风格亦然。杜斗城所作《炳灵寺石窟与西秦佛教》②和姜涛所著《后秦佛教研究——以译经为中心》③,从译经、佛教思想角度考证西秦和后秦的佛教史,更利于把握以炳灵寺石窟为代表的西秦石窟与后秦长安佛教艺术风格的内在联系。

黄文昆则认为炳灵寺西秦石窟塑像、壁画的作者可能直接来自长安,所以推测其受到后秦长安的影响。④依据是半披式佛像在西秦、云冈、北魏太平真君年间佛像中的出现。⑤此外,大同邢合姜墓石椁板画的发现,也为我们研究后秦长安对平城、对炳灵寺 169 窟的影响提供了极好的实物资料。

魏文斌在《麦积山石窟初期洞窟调查与研究》一文中也赞同西秦佛教以及炳灵寺西秦的造像与壁画的题材内容、风格受长安影响,并从供养人像、禅定佛像等角度加以论证,还提出不能因为玄高从麦积山去西秦,其佛教思想可能对西秦产生影响,而认为麦积山的佛教艺术影响了炳灵寺。⑥

韦正、马铭悦《北中国视野下的河西早期石窟——河西早期石窟研究之下》对河西早期石窟与炳灵寺第 169 窟、云冈石窟、麦积山第 74、78 窟关系的梳理表明,早期石窟在河西的传播并不一定由西到东,还应存在跳跃或迂回现象。此外长安佛教可能对炳灵寺和云冈石窟都产生了很大影响。⑦

(3)综合影响说

执综合影响说的学者多结合图像学的研究方法加以考辩。

①常青:《北魏平城佛教艺术与后秦长安的关系》,《故宫博物院院刊》2020 年第 8 期,第 4—24 页、第 108 页。

②杜斗城:《炳灵寺石窟与西秦佛教》,《敦煌学辑刊》1985 年第 2 期,第 84—90 页。

③姜涛:《后秦佛教研究——以译经为中心》,北京:中国社会科学出版社,2017 年。

④黄文昆:《炳灵寺石窟研究议》,《炳灵寺石窟学术研讨会论文集》,兰州:甘肃人民出版社,2003 年,第 14—21 页。黄文昆:《中国早期佛教美术考古泛议》,《敦煌研究》2015 年第 1 期,第 12 页。

⑤黄文昆:《中国早期佛教美术考古泛议》,《敦煌研究》2015 年第 1 期,第 1—20 页。

⑥魏文斌:《麦积山石窟初期洞窟调查与研究》,兰州:甘肃教育出版社,2016 年,第 596—602 页。

⑦韦正、马铭悦:《北中国视野下的河西早期石窟——河西早期石窟研究之下》,《敦煌研究》2022 年第 5 期,第 97—110 页。

1987 年,董玉祥从绘画技法角度提出第 169 窟西秦壁画中既有中国传统的淡彩线描,还有印度凹凸晕染法。①②

岳邦湖也认为,炳灵寺 169 窟塑像和壁画的绘画技法和色彩运用,虽然还带有浓郁的西域风格,但它所受到中原汉民族文化影响的因素是不可忽视的。③

1994 年,赵声良除主张炳灵寺 169 窟受到秣菟罗或笈多艺术的影响,也认为第 169 窟的壁画有传自龟兹等西域的画法,也有汉晋以来的传统画法。④

赵瑞春结合晕染法、线描法等绘画方法,以及颜色的选择,对以炳灵寺169窟为代表的西秦石窟的艺术特点加以分析,并与禅修相联系。⑤以此证明,任何外来的文化艺术,如不能与本地区、本民族文化艺术相结合,必将成为无源之水。

顾晓燕认为第 169 窟塑像与壁画受到了印度犍陀罗、秣菟罗以及新疆地区的西域石窟的影响,还有中原传统的魏晋之风、秦汉之风的影响因素,和西部的天梯山北凉石窟、东部的麦积山后秦石窟亦有交互渗透影响。⑥

常青除强调长安因素的影响之外,还在《炳灵寺第 169 窟西秦塑像与壁画风格渊源》中指出,西域技法东来长安后,与新译大乘佛教思想相结合,又融汇了东晋等地的中国传统艺术形式,造就了新的后秦佛教艺术样式,影响了在第 169 窟发现的大乘佛教题材。⑦

3. 经变画研究

炳灵寺 169 窟的经变画题材研究主要围绕维摩诘经变、西方净土变和法华经变三类经变画展开,其中关于维摩诘经变的研究较为显著。

---

①董玉祥:《调查炳灵寺石窟的新收——第二次调查(1963)简报》,《文物》1963 年第 10 期,第 3 页。

②董玉祥:《炳灵寺石窟第 169 窟》,《敦煌学辑刊》1987 年第 1 期,第 130—131 页。

③岳邦湖:《永靖炳灵寺·序》,《中国石窟·永靖炳灵寺》,北京:文物出版社,1989 年,第 5 页。

④赵声良:《炳灵寺早期艺术风格》,《佛学研究》1994 年,第 148 页。

⑤赵瑞春:《炳灵寺石窟经变画调查与研究》,硕士学位论文,西北师范大学文物与博物馆学,2021 年,第 73—79 页。

⑥顾晓燕:《炳灵寺 169 窟壁画塑像风格研究》,硕士学位论文,西北师范大学美术学,2009 年,第 1—37 页。

⑦常青:《炳灵寺第 169 窟西秦塑像与壁画风格渊源》,《美术观察》2021 年第 1 期,第 43—51 页。

（1）维摩诘经变

王亨通[1]、吴荭、魏文斌[2]、俄军、王琦[3]、梁银景[4]等学者的论著中都提到，炳灵寺 169 窟内所保存的三铺有关维摩诘内容的壁画应是根据《维摩诘所说经》绘制，是国内维摩诘经变画的先河之作。王万青[5]、董玉祥[6]均指出第 169 窟内第 11 号壁画中的维摩诘及侍者之像是我国时代最早的维摩诘经变画。

金维诺[7]、项一峰、陈绥祥等认为，169 窟着菩萨装斜卧于床上的维摩诘形象可能与顾恺之瓦棺寺所绘图像接近。肖建军关注炳灵寺第 169 窟造像题记下方供养人题记中"比丘道融之像"题记，他认为道融乃鸠摩罗什门下四圣之一，以注罗什所译《维摩诘经》知名，道融名字的出现透露出该窟造像尤其是维摩诘变相与关中义学的关系。[8]

杜斗城指出炳灵寺石窟现存比较简单的经变画有《维摩诘经变》和《法华经·见宝塔品变》等，并对《维摩诘经》中维摩诘居士的人物形象作了简单的介绍，指出维摩诘式的"清高"正是魏晋以来士族地主及没落的士族文人所向往的。[9]

但张宝玺认为维摩诘变相虽为中原首创，但 169 窟的相关壁画却是吸收西域佛画营养的地域性创作。他还在《炳灵寺的西秦石窟》一文中指出，炳灵寺石

①王亨通：《炳灵寺第 169 窟发现一些新题材》，《敦煌研究》1999 年第 3 期，第 8—10、186 页。

②吴荭、魏文斌：《甘肃中东部石窟早期经变及佛教故事题材考述》，《敦煌研究》2002 年第 3 期，第 19—25、114—119 页。

③俄军、王琦：《佛教东传与炳灵寺》，《炳灵寺石窟学术研讨会论文集》，兰州：甘肃人民出版社，2003 年，第 122 页。

④[韩]梁银景：《隋代佛教窟龛研究》，北京：文物出版社，2004 年，第 157 页。（梁银景提到了炳灵寺第 16 窟 10、11 两铺维摩经变，并指出其根据《维摩诘所说经》而绘制）

⑤王万青：《炳灵寺石窟的西秦造像和壁画》，《甘肃画报》1986 年第 1 期。

⑥董玉祥：《炳灵寺石窟综述》，《中国石窟·永靖炳灵寺》，北京：文物出版社，1989 年，第 173 页。

⑦金维诺：《炳灵寺与佛教艺术交流》，《中国石窟·永靖炳灵寺》，北京：文物出版社，1989 年，第 198 页。

⑧肖建军：《炳灵寺第 169 窟维摩诘变相与关中义学之关系》，《世界宗教文化》2015 年第 4 期，第 100—103 页。

⑨杜斗城：《炳灵寺石窟与西秦佛教》，《敦煌学辑刊》1985 年第 2 期，第 84—90 页。

窟的西秦维摩诘变,是包括文殊菩萨在内的构图完整的"文殊问疾品"的变相。[1]

关于维摩诘的"侧卧"姿势,邹清泉根据文献记载,认为顾恺之的维摩诘像当为坐姿,与 169 窟的样式不同。[2]唐宇在《会饮与示疾:炳灵寺第 169 窟维摩变相渊源考》一文也对侧卧的图像表达进行了探讨,认为其发端于古代的近东地区,对希腊、罗马和波斯均产生影响,进而影响到犍陀罗地区,随着犍陀罗与印度本土美术的交流,以及佛教美术向东传到中原,侧卧样式逐渐被吸收。[3]另有观点认为,绘于建弘元年(420)的炳灵寺 169 窟北壁卧姿维摩诘更接近瓦官寺维摩诘画像,项一峰[4]、陈绶祥[5]均认为该像"与所传顾恺之的维摩诘像极为接近"。

吴文星结合当时的时代背景分析了鸠摩罗什的《维摩诘经》译本比其他译本更为流行的原因。[6]俄军和王琦也结合佛教东传的历史,重点分析了炳灵寺与维摩诘信仰的关系。[7]安祎将炳灵寺 169 窟 11、10、24 龛的维摩诘形象与其他石窟进行对比梳理,以探求十六国北朝时期维摩诘形象的发展演变。[8]李正晓也对炳灵寺 169 窟维摩变有所论述。[9]

此外,赵雪芬《炳灵寺第 8 窟维摩诘经变探析》中认为包括第 169 窟西秦的"维摩诘、侍者之像"在内的维摩诘造像时代早,内容简单,唯第 8 窟全面展现了《维摩诘经》的重要情节,画师将"佛国品""弟子品""问疾品"在壁画中尽

---

①张宝玺:《炳灵寺的西秦石窟》,《中国石窟·永靖炳灵寺》,北京:文物出版社,1989 年,第 191 页。

②邹清泉:《维摩诘变相研究述评》,《文艺研究》2010 年第 5 期,第 127—132 页。

③唐宇:《会饮与示疾:炳灵寺第 169 窟维摩变相渊源考》,《湖北美术学院学报》2022 年第 3 期,第 59—64 页。

④项一峰:《〈维摩诘经〉与维摩诘经变——麦积山 127 窟维摩诘经变壁画试探》,《敦煌学辑刊》1998 年第 2 期,第 94—102 页。

⑤陈绶祥:《顾恺之》,北京:文物出版社,1998 年,第 2 页。

⑥吴文星:《浅议鸠摩罗什的〈维摩诘经〉译本比其他译本更为流行的原因》,《炳灵寺石窟学术研讨会论文集》,兰州:甘肃人民出版社,2003 年,第 14 页。

⑦俄军、王琦:《佛教东传与炳灵寺》,《炳灵寺石窟学术研讨会论文集》,兰州:甘肃人民出版社,2003 年,第 12 页。

⑧安祎:《十六国北朝时期的维摩诘图像研究》,硕士学位论文,兰州大学考古学,2022 年,第 16 页。

⑨李正晓:《中国内地早期佛教造像研究》,博士学位论文,中国社会科学院考古学与博物馆学,2002 年,第 80 页。

数描绘。①

（2）西方净土变

学界对炳灵寺石窟第 169 窟第 6 龛中的无量寿经变、第 3 窟正壁的观无量寿经变以及第 70 窟南壁上依据"净土三经"绘制经变的研究成果，为之后炳灵寺石窟此类经变研究提供了非常重要的参考。

赖鹏举的《北传佛教"净土学"的形成：西秦炳灵寺 169 窟无量寿佛龛造像的义学与禅法》一文，通过研究发现北传佛教净土学的源头除了净土经典外，还有《般若经》、龙树《大智度论》，再经由中亚禅法加以具体落实才得以完成，并提出在区域上不应将印度与中国的净土学分开讨论，要以整个北传的视野来看待其成长，鸠摩罗什提出"净土三因"的纲领，完成整个北传净土禅法的统摄工作，而后有了炳灵寺 169 窟无量寿佛龛的开凿。赖鹏举结合净土学的义理对炳灵寺 169 窟第 6 龛的造像与铭文、其所体现的"法身观"与"净土观"、"菩萨十方佛观"以及 7 号龛二立佛进行了细致详尽的分析。赖鹏举的研究为 169 窟西方净土变研究提供了新思路。②

魏文斌认为第 169 窟第 6 龛是一反映净土变内容的龛，是将塑像与壁画结合起来表现西方净土世界，而其壁画中出现的十方佛应是对塑像内容的补充。③常青在《炳灵寺第 169 窟西秦塑像与壁画风格渊源》一文中更明确指出，第 169 窟第 6 龛是根据《无量寿经》而创作的，十方佛壁画是对西方三圣信仰的补充。④肖建军在《炳灵寺第 169 窟维摩诘变相与关中义学之关系》中也有相同的观点。⑤

但是熊烨对此提出了不同看法，考虑了佛龛的形态、佛经的主题、佛经的

---

①赵雪芬：《炳灵寺第 8 窟维摩诘经变探析》，《考古与文物》2013 年第 2 期，第 98—101 页。

②赖鹏举：《北传佛教"净土学"的形成：西秦炳灵寺 169 窟无量寿佛龛造像的义学与禅法》，《圆光佛学学报》2000 年第 5 期，第 1—45 页。

③魏文斌：《关于炳灵寺石窟研究的几个问题》，《炳灵寺石窟学术研讨会论文集》，兰州：甘肃人民出版社，2003 年，第 136—144 页。

④常青：《炳灵寺第 169 窟西秦塑像与壁画风格渊源》，《美术观察》2021 年第 1 期，第 43—51 页。

⑤肖建军：《炳灵寺第 169 窟维摩诘变相与关中义学之关系》，《世界宗教文化》2015 年第 4 期，第 100—103 页。

翻译和传播史以及佛像的内容,而得出结论:得大势至菩萨和第6龛应该受到《法华经》的显著影响,但并不否认净土经典对无量寿佛三圣雕像在重修过程中所产生的间接的、局部的影响。这一发现不仅揭示了法华图像的构成,也为今后探讨《法华经》与净土宗的关系提供了艺术史依据。[1]

（3）法华经变

《法华经》作为大乘佛教的重要经典,依据该经文所绘制的经变画,学界基本达成共识,包括俄军、王琦[2]在内的众多学者都认为炳灵寺石窟第169窟所保存的第11、13号和第24号壁画中依据《法华经·见宝塔品》而绘制的作品,是国内此类经变的先河。

起初,甘肃省文物工作队所编《中国石窟·永靖炳灵寺》指出炳灵寺169窟的两铺法华经变。[3]随后,张宝玺的《〈法华经〉的翻译与释迦多宝佛造像》分析了第169窟内三铺释迦多宝对坐图及其绘制时间,指出此壁画只是流,而不是源。[4]除张宝玺之外,丁万华、黄平的《浅议炳灵寺石窟释迦、多宝造像》也提到炳灵寺石窟第169窟、184窟有释迦、多宝题材壁画,第2窟、125窟、126窟、128窟、132窟、144窟有北魏时期释迦、多宝题材的石雕造像。这些北魏时期的释迦、多宝并坐作品受到《法华经》广泛传播的影响。[5]王亨通、邓天珍也指出,炳灵寺石窟表现《法华经》思想的释迦多宝对坐图在169窟内有三铺,184窟有两铺。[6]上述文章也肯定了炳灵寺石窟第169窟所存三铺法华经变的学术价值,但总的来说还有更进一步的研究价值和空间。

---

① Ye Xiong: Rediscovering the Textual Sources of the "De Dashizhi Pusa 得大势志菩薩" in Cave 169 of Bingling Temple, *Religions*, 2023, 14, no.7, 915.

② 俄军、王琦:《佛教东传与炳灵寺》,《炳灵寺石窟学术研讨会论文集》, 兰州: 甘肃人民出版社, 2003年, 第124—135页。

③ 甘肃省文物工作队、炳灵寺文物保管所:《中国石窟·永靖炳灵寺》,北京:文物出版社,1989年,图版15、36。

④ 张宝玺:《〈法华经〉的翻译与释迦多宝佛造像》,《佛学研究》1994年年刊,第142—143页。

⑤ 丁万华、黄平:《浅议炳灵寺石窟释迦、多宝造像》,《丝绸之路》2009年第18期,第20—22页。

⑥ 王亨通、邓天珍:《炳灵寺石窟研究的过去、现状及未来》,《炳灵寺石窟学术研讨会论文集》,兰州:甘肃人民出版社,2003年,第68—83页。

　　杜斗城的《炳灵寺石窟与西秦佛教》①、王亨通的《炳灵寺第 169 窟发现一些新题材》②、吴荭和魏文斌的《甘肃中东部石窟早期经变及佛教故事题材考述》③、俄军和王琦的《佛教东传与炳灵寺》④等文章在探讨炳灵寺各种经变画时亦提及炳灵寺石窟法华经变的内容。

　　赖文英发表《北传早期的"法华三昧"禅法与造像》一文,将义学与造像相互引证,对早期法华造像的思想内涵进行解读,并以炳灵寺 169 窟为例,说明了鸠摩罗什所传的般若义学是如何应用于后世的法华造像以及如何落实在法华三昧禅法中的。⑤对之后的学者开拓炳灵寺 169 窟法华经变研究具有一定的借鉴意义。

　　龙忠的研究扩大了题材和历史范围,认为十六国北魏时期炳灵寺石窟中,受到大乘系列经典《法华经》《佛说观佛三昧海经》的影响和修习禅观的需要,开窟造像观佛三昧,大量雕刻或彩绘释迦多宝、弥勒及千佛题材。炳灵寺石窟 169 窟第 12、13、24 号西秦时期的壁画题材影响到了北魏时期开凿的 126、128、132、144、183 窟的造像。到了隋唐以后,由于弥陀信仰、净土思想的流行,此类题材逐渐退出石窟造像的选材范畴。⑥

　　4. 其他佛教题材

　　除经变画之外,炳灵寺 169 窟的其他佛教题材也皆受到学界关注,且或多或少有一定成果产出。王万青在《炳灵寺石窟西秦和北魏造像》一文中也阐述了 169 窟的西秦造像题材和特征。⑦

---

①杜斗城:《炳灵寺石窟与西秦佛教》,《敦煌学辑刊》1985 年第 2 期,第 84—90 页。

②王亨通:《炳灵寺第 169 窟发现一些新题材》,《敦煌研究》1999 年第 3 期,第 8—10、186 页。

③吴荭、魏文斌:《甘肃中东部石窟早期经变及佛教故事题材考述》,《敦煌研究》2002 年第 3 期,第 19—25、114—119 页。

④俄军、王琦:《佛教东传与炳灵寺》,《炳灵寺石窟学术研讨会论文集》,兰州:甘肃人民出版社,2003 年,第 124—135 页。

⑤赖文英:《北传早期的"法华三昧"禅法与造像》,《敦煌佛教艺术文化国际学术研讨会论文集》,兰州:兰州大学出版社,2002 年。

⑥龙忠:《炳灵寺石窟释迦多宝、弥勒、千佛题材造像探析》,《雕塑》2017 年第 5 期,第 62—63 页。

⑦王万青:《炳灵寺石窟西秦和北魏造像》,《永靖炳灵寺石窟研究文集》,兰州:甘肃文化出版社,2011 年。

（1）七佛图像

在七佛图像考证方面，董玉祥指出炳灵寺 169 窟内保存有两铺过去七佛图像，分别位于南、北两壁，均未有明确纪年，但他主张南壁塑绘过去七佛的第 23 龛约开凿于公元 385—419 年。①关于第 23 龛中五身造像的尊格，赖鹏举在其专著中曾进行研究，也认为这应当是一组过去七佛与弥勒菩萨造像。与之相对的北壁存有时间稍晚的一铺三尊佛像壁画，从其上方佛背光处残存"第七释迦牟尼佛"的榜题来看，原本应为呈"上三下四"布局的一铺过去七佛。②

王楠楠则进一步探究 169 窟七佛图像的存在意义及艺术风格源流。其在《炳灵寺石窟第 169 窟过去七佛图像研究》一文中认为 169 窟过去七佛图像应是作为禅观对象出现，其题材内容更为直接地受到了东晋及后秦长安佛教的影响。③其博士论文中尝试对比十六国时期遗存的过去七佛图像，考察过去七佛图像传入及传播的路线，从而对炳灵寺石窟中过去七佛图像进行溯源，提出源自西域、凉州的影响和源自东晋佛教、后秦长安佛教的影响的观点。④

（2）十方佛与三世佛

张宝玺认为 169 窟第 6 龛十方佛题材出自晋译《华严经》，宿白也持同样观点。张宝玺在《建弘题记及其有关问题的考释》一文中考证了炳灵寺 169 窟第 6 号龛十方佛的名号，认为皆出于佛陀跋陀罗于东晋元熙二年（420）译出的《华严经》卷四《如来名号品》。⑤王惠民在《炳灵寺建弘纪年应为建弘五年》中也认为第 6 龛的十方佛题材应该自于《华严经·如来名号品》。⑥

但魏文斌执不同观点，认为第 169 窟第 6 龛是一反映净土变内容的龛，是将塑像与壁画结合起来表现西方净土世界，而其壁画中出现的十方佛应是对

---

①董玉祥：《炳灵寺石窟第 169 窟》，《敦煌学辑刊》1987 年第 1 期，第 126—131 页。

②赖鹏举：《丝路佛教的图像与禅法》，台北：圆光佛学研究所，2002 年。

③王楠楠：《炳灵寺石窟第 169 窟过去七佛图像研究》，《南京艺术学院学报：美术与设术》2002 年第 3 期，第 101—106 页。

④王楠楠：《魏晋南北朝至隋唐过去七佛图像源与流》，博士学位论文，南京艺术学院美术学，2002 年，第 119—129 页。

⑤张宝玺：《建弘题记及其有关问题的考释》，《敦煌研究》1992 年第 1 期，第 11—20、118—119 页。

⑥王惠民：《炳灵寺建弘纪年应为建弘五年》，《敦煌研究》1998 年第 3 期，第 167 页。

塑像内容的补充。①马德也提出了炳灵寺第 169 窟 6 号龛应该是"十方十智佛"的猜测，并认为佛名应当源自《佛名经》，是一种十方佛与十智佛的重新组合。②

贺世哲于 1992 年发表《关于十六国北朝时期的三世佛与三佛造像诸问题（一）》，分析炳灵寺 169 窟中第 1 号龛等七个西秦龛的三佛造像表现的是竖三世佛，第 6 号龛内的十方佛表现的是横三世佛，故 169 窟西秦诸龛的主题是表现三世十方佛。③杨紫雁提出炳灵寺北魏造像题材以二佛并坐造像、千佛造像、涅槃造像和三世造像最具代表性，从中反映出大乘佛教中法华信仰、涅槃信仰及三世佛信仰在炳灵寺北魏时期的盛行及其对北魏窟龛造像的开凿产生的深远影响。④

（3）千佛

关于千佛题材，林梅在《北方石窟千佛问题探讨》主要以炳灵寺 169 窟为中心，结合高僧译经、西秦历史背景、北方石窟大乘千佛题材等对北周以前千佛内容展开论述。⑤

（4）梵天请示说法图

张宝玺主张炳灵寺石窟 169 窟西秦壁画梵天劝请图像内容是梵天劝请释迦说法图。梵天劝请源于印度犍陀罗艺术。犍陀罗艺术中，都是梵天与帝释天侍于释迦两侧，而本图则是梵天单一跪拜求请，他认为更接近佛经的描述。⑥

（5）文殊

张惠明《中古中国文殊五台山图像学——根据公元 7 至 10 世纪的敦煌资

①魏文斌：《关于炳灵寺石窟研究的几个问题》，《炳灵寺石窟学术研讨会论文集》，兰州：甘肃人民出版社，2003 年，第 136—144 页。

②马德：《炳灵寺第 169 窟 6 号龛"十方十智佛"臆测》，《炳灵寺石窟学术研讨会论文集》，兰州：甘肃人民出版社，2003 年，第 7 页。

③贺世哲：《关于十六国北朝时期的三世佛与三佛造像诸问题（一）》，《敦煌研究》1992 年第 4 期，第 1—20、105、125、128 页。

④杨紫雁：《炳灵寺石窟北魏洞窟调查与研究》，硕士学位论文，西北师范大学文物与博物馆学，2022 年，第 99 页。

⑤林梅：《北方石窟千佛问题探讨》，《炳灵寺石窟学术研讨会论文集》，兰州：甘肃人民出版社，2003 年，第 234—248 页。

⑥张宝玺：《梵天劝请图像考释》，《敦煌研究》2017 年第 3 期，第 66—70 页。

料的研究》指出炳灵寺 169 窟北壁第 11 龛与第 10 龛壁画中的文殊菩萨像为中国境内现存最早的文殊图像,并对早期文殊像的特征进行分析。[①]

王玲秀的《炳灵寺文殊题材与文殊信仰初探》通过分析炳灵寺石窟各历史时期洞窟中的文殊形象,展示了文殊信仰从传入到发展、传播的历史过程。[②]

(6)弥勒

从造型的整体因素分析,张东方认为甘肃永靖炳灵寺 169 窟中的弥勒立像与印度弥勒造像的诸多共同点表明我国早期的弥勒造像受到了明显的印度弥勒造像的影响。此外,他还将其进一步与莫高窟交脚弥勒像对比,认为其受到印度马图拉风格影响之外,还融入了不同的地域特色。[③]李婷对炳灵寺石窟各时期弥勒形象造型风格进行梳理,并进一步探讨了北魏时期与明代弥勒形象相关内容。[④]此外,王惠民对弥勒信仰的起源进行了系统梳理。[⑤]张敏《从印度到中国——弥勒图像入华考》也对弥勒信仰的传入进行了探讨。[⑥]刘慧《中原北方弥勒造像研究》认为炳灵寺 169 窟弥勒立像是中国年代最早的石窟弥勒立像,并对其进行了专门介绍。[⑦]此外,日本学者前田たつひこ作有《西域·中国の弥勒》[⑧]、井上隆史作有《弥勒の道を辿る》[⑨]也对弥勒造像进行了研究。

(7)苦修像

在金申的《关于释迦的苦行像》一文中提到炳灵寺 169 窟的南壁有五佛并

---

①张惠明:《中古中国文殊五台山图像学——根据公元 7 至 10 世纪的敦煌资料的研究》,上海:上海古籍出版社 2018 年版。

②王玲秀:《炳灵寺文殊题材与文殊信仰初探》,《丝绸之路》2010 年第 12 期,第 26—29 页。

③张东方:《我国北魏以前的弥勒造像》,《艺术探索》2007 年第 2 期,第 21、23、139。

④李婷:《炳灵寺石窟弥勒形象的调查与研究》,硕士学位论文,西北师范大学文物与博物馆学,2023 年,第 1—77 页。

⑤王惠民:《弥勒信仰起源的史学考察》,《炳灵寺石窟学术研讨会论文集》,兰州:甘肃人民出版社,2003 年,第 12 页。

⑥张敏:《从印度到中国——弥勒图像入华考》,《中国美术研究》2021 年第 1 期。

⑦刘慧:《中原北方早期弥勒造像研究》,博士学位论文,上海大学美术学,2010 年,第 44—45 页。

⑧[日]前田たつひこ:《西域·中国の弥勒》,前田耕作、井上隆史、前田たつひこ主编《みろくへの道》,《サンエムカテー》,2023 年,第 212 页。

⑨[日]井上隆史:《弥勒の道を辿る》,前田耕作、井上隆史、前田たつひこ主编《みろくへの道》,《サンエムカテー》,2023 年,第 244 页。

坐像,其中四佛着通肩大衣,第 3 尊为苦行塑像,从其上身坦、下着裙的衣着、肋骨和胸部骨珠以及上臂部表现手法、禅定趺坐的姿势分析其受到犍陀罗原型的影响,其磨光肉髻为十六国到北魏初期的通用样式,认为南壁五佛与建弘题记大致同时。此外,还将金阁寺、莫高窟第 260 窟和第 248 窟、云冈石窟第 12 窟和第 6 窟等与之进行对比,并结合炳灵寺 169 窟第 6 龛无量寿佛像龛题记"(外)国大禅师昙摩毗之像"说明了十六国到北魏重视禅修的传统,认为苦行像是禅观的重要观想对象之一。①刘祺分析与论证了苦行的渊源、苦行的早期造像及苦行像的中国化三个方面,提到了炳灵寺第 169 窟南壁下部的苦行像在造像和构思上的中国化表现。②

(8)飞天和伎乐

王征在《龟兹石窟飞天图像的艺术形式——与炳灵寺 169 窟等甘肃早期石窟飞天图像的比较》一文中对龟兹石窟进行全面考察,对龟兹飞天的风格造型、表现特点和形式渊源进行分析,并与龟兹以东炳灵寺等内地的早期飞天相比较。③

庄壮所撰《甘肃炳灵寺石窟第 169 窟佛背光乐伎研究》中提到:产生于西秦时期的甘肃炳灵寺石窟乐伎,比麦积山、莫高窟的同类乐伎造型要早,并以其整体规模、选用乐器及组合配置、乐与舞的完美配合、佛与乐舞的密切关系等,反映了我国早期石窟音乐文化艺术表达的方式。④陈静静在此基础上发表《炳灵寺第 169 窟伎乐研究》一文,介绍了 169 窟伎乐形象的分布,从乐伎用乐、乐器组合、乐舞形象来分析 169 窟伎乐,又从佛教的传播和佛教发展趋势来分析 169 窟伎乐形象的成因。⑤宗学良和李琦的《炳灵寺石窟壁画中的乐伎形象初探——以第 169 窟为例》一文中在背光伎乐之外提到了说法伎乐,此外

---

① 金申:《关于释迦的苦行像》,《美术研究》1994 年第 3 期,第 6 页。

② 刘祺:《释迦苦行像研究》,《齐鲁艺苑》2016 年第 2 期,第 69—74 页。

③ 王征:《龟兹石窟飞天图像的艺术形式——与炳灵寺 169 窟等甘肃早期石窟飞天图像的比较》,《炳灵寺石窟学术研讨会论文集》,兰州:甘肃人民出版社,2003 年,第 300—309 页。

④ 庄壮:《甘肃炳灵寺石窟第 169 窟佛背光乐伎研究》,《炳灵寺石窟学术研讨会论文集》,兰州:甘肃人民出版社,2003 年,第 120—123 页。

⑤ 陈静静:《炳灵寺第 169 窟伎乐研究》,硕士学位论文,西北师范大学文物与博物馆学,2018 年,第 1—46 页。

还将炳灵寺石窟放在丝绸之路文化传播的大背景下思考。[①]

5. 169 窟服饰、装饰研究

(1)供养人服饰

暨远志在《中国早期佛教供养人服饰》一文中对炳灵寺 169 窟建弘元年题记龛和第 7、8、11、12、18 号壁画中的供养人题记和供养人形象进行梳理,从桂衣(祭礼服)、深衣袍(朝服)和常服(广袖襦裙)三种服饰对女供养人服饰进行分析,反映了西秦女服继承了汉魏西晋的服制。他还主张炳灵寺 169 窟第 4、18、12 号壁画中西秦时期男供养人服饰,也是继承汉魏古制,一般为戴进贤冠,穿深衣袍,脚穿勿头服的形象,这是当时男子的朝服。[②]黄良莹《北朝服饰研究》一文与以上观点类似。[③]

(2)佛衣样式

费泳撰《汉地佛像衣着本土化进程中的几种新样式》和《佛衣样式中的"半披式"及其在南北方的演绎》,文中涉及"通肩式""右袒式""敷搭双肩下垂式""钩纽式"四种样式,以炳灵寺石窟 169 窟中的第 6 龛主尊无量寿佛、第 22 龛主尊立佛及第 9 龛东向两立佛所着袈裟样式为"半披式"佛衣的代表,并未提及炳灵寺 169 窟中其他佛衣样式。[④][⑤]此观点参考了殷光明《北凉石塔分期试论》[⑥]和《美国克林富兰艺术博物馆所藏北凉石塔及有关问题》[⑦]。费泳在《七世纪前汉地佛像服饰研究》中对炳灵寺石窟中的通肩式佛衣、变异的通肩式佛衣、半披式佛衣三种样式都进行了阐述,此外还分析了炳灵寺 169 窟西秦佛衣风格成因,认为上述三种样式均不出自律典,亦不见于印度和我国新疆地区,应为原创,并从中土以丝织品作为袈裟材料,以及沙门着偏衫两个角度来进行

---

[①]宗学良、李琦:《炳灵寺石窟壁画中的乐伎形象初探——以第 169 窟为例》,《艺术教育》2022 年第 2 期。

[②]暨远志:《中国早期佛教供养人服饰》,《敦煌研究》1995 年第 1 期,第 11 页。

[③]黄良莹:《北朝服饰研究》,博士学位论文,苏州大学设计艺术学,2009 年,第 237 页。

[④]费泳:《汉地佛像衣着本土化进程中的几种新样式》,《美术学研究》2011 年第 1 辑,第 53—73 页。

[⑤]费泳:《佛衣样式中的"半披式"及其在南北方的演绎》,《敦煌研究》2009 年第 3 期,第 25—34 页。

[⑥]殷光明:《北凉石塔分期试论》,《敦煌研究》1997 年第 3 期,第 84—92 页。

[⑦]殷光明:《美国克林富兰艺术博物馆所藏北凉石塔及有关问题》,《文物》1997 年第 4 期。

论述,对认识十六国时期造像风格的变化具有一定的启发性。①

何志国的《论汉晋佛像三个阶段及对南北朝初期佛像图像志的影响》在"佛装菩萨像"部分提到炳灵寺 169 窟 12 号龛胁侍立菩萨戴花冠、耳环,身穿通肩袈裟,赤足立于莲座,也是一尊佛装菩萨像。②

(3)背光图像

金建荣的《中国南北朝时期佛教造像背光研究》第五章"中国南北朝时期佛像背光的图像意义"中通过对炳灵寺 169 窟第 6 龛造像背光形制与内容的比对分析,推测出 169 窟第 3 龛、第 7 龛等造像背光图像制作的时间范围及其发展规律。他认为背光上的化佛、莲花、水域、伎乐天、供养天人等内容不仅具有宣传佛教思想的目的,还可以满足僧人坐禅观像的需要。其中莲花化生、水域是净土观想图,但这些净土观想图像与中国早期净土图像还存在较大差距。③此外,金建荣在《甘肃炳灵寺 169 窟第 6 龛造像背光图像与禅观》一文中考察了佛经与背光图像的对应关系,也有佛龛造像背光内容与禅观经典有紧密联系的论述。④

高平传、石尚的《云冈石窟北魏时期彩绘背光研究》从纹饰组合,到头光和身光最基本的分层,以及彩绘背光的遗存等角度,将炳灵寺西秦 169 窟与云冈北魏造像相印证。⑤

6. 169 窟观法研究

就第 169 窟所体现的观法而言,已有诸位学者进行了相关的研究。例如,赖鹏举曾在其专著《丝路佛教的图像与禅法》第十章中详细地分析了第 169 窟

① 费泳:《七世纪前汉地佛像服饰研究》,博士学位论文,南京艺术学院美术学,2007 年,第 55—61 页。

② 何志国:《论汉晋佛像三个阶段及对南北朝初期佛像图像志的影响》,《民族艺术》2014 年第 2 期,第 145—153、161 页。

③ 金建荣:《中国南北朝时期佛教造像背光研究》,南京:东南大学出版社 2016 年版,第 262—268 页。

④ 金建荣:《甘肃炳灵寺 169 窟第 6 龛造像背光图像与禅观》,南京艺术学院学报(美术与设计)2015 年第 3 期,第 106—112、202 页。

⑤ 高平传、石尚:《云冈石窟北魏时期彩绘背光研究》,《云冈研究》2022 年第 2 卷第 3 期,第 79—96 页。

的具体内容。其中既阐述了第 169 窟中的壁画、题记,也包括了相关的禅法。①
赖鹏举在《炳灵寺 169 窟无量寿佛龛所涉之义学与禅学》中也详细地分析了第
169 窟中与禅观相关的具体内容。②熊烨在《浅议炳灵寺第 169 窟中的早期观
法》一文中根据第 169 窟中相关内容来探讨净土观法、禅观的姿势、法界观、十
方佛观等早期观法的一些共性,进而归纳西秦与北魏时期佛教在河西地区的
发展状态,特别是早期观法在河西地区呈现的实修概况。③

**(三)石窟形制与建筑**

由于炳灵寺 169 窟原窟前建筑残毁,研究较少,以下主要对洞窟本身形
制、石刻中的佛塔建筑和木构建筑三方面的研究进行概述。

1. 洞窟形制

1993 年,阎文儒和王万青主编的《炳灵寺石窟》以时间顺序为切入点,对
炳灵寺窟龛造像进行了分述,确定了窟龛造像的形制与特点。④

董玉祥《炳灵寺石窟综述》总结了西秦至唐时期洞窟形制,他认为"北魏时
期的佛窟,已不只是利用现成洞穴造像,改变了西秦时期原始的简单的形式,
窟龛形制已具备宏伟建筑的特点"。又根据唐代洞窟形制、造像内容、特点以及
有关的造像题记等,将唐代洞窟分为三个阶段。⑤

国家文物局教育处编的《炳灵寺西秦窟龛造像与壁画》简单介绍了 169 窟
的内容、绘画技法、造像组合、重层和打破关系,并绘制有 169 窟的平剖面图。⑥
董玉祥和岳邦湖在《炳灵寺等石窟雕塑艺术》中系统地介绍了甘肃地区的石窟
寺,还对炳灵寺石窟各个历史阶段窟龛的状况进行了简单论述。⑦

---

①赖鹏举:《丝路佛教的图像与禅法》,财团法人圆光佛学研究所,2002 年,第 140—166 页。
②赖鹏举:《炳灵寺 169 窟无量寿佛龛所涉之义学与禅学》,《东方宗教研究》1990 年第 2 卷,第
159—182 页。
③熊烨:《浅议炳灵寺第 169 窟中的早期观法》,《中国佛学》2021 年第 2 期,第 297—311 页。
④阎文儒、王万青:《炳灵寺石窟》,兰州:甘肃人民出版社,1993 年。
⑤董玉祥:《炳灵寺石窟综述》,《永靖炳灵寺石窟研究文集》,兰州:甘肃文化出版社,2011 年。
⑥国家文物局教育处编:《炳灵寺西秦窟龛造像与壁画》,《永靖炳灵寺石窟研究文集》,兰州:甘肃
文化出版社,2011 年。
⑦董玉祥、岳邦湖:《炳灵寺等石窟雕塑艺术》,《永靖炳灵寺石窟研究文集》,兰州:甘肃文化出版
社,2011 年。

安东蕾在《炳灵寺石窟洞窟形制研究》中分析 169 窟平面图,认为其是 A 型 I 式,即天然洞窟,且认为 169 窟的方向、位置、距离、高度等诸多方面完全吻合"时亮窟"的各种条件;通过实地考察、整理分析《炳灵寺石窟内容总录》两种方法,以时间为轴,对炳灵寺 216 个窟龛进行类型式的划分,将炳灵寺石窟分为七期,归纳不同时期洞窟形制的演变及更替。①

2. 石刻中的佛塔研究

高娜作《炳灵寺石窟佛塔调查与研究》,将炳灵寺 169 窟置于"早期佛塔形制"部分,对 169 窟第 23 龛上方壁画中的石刻塔、169 窟的壁画佛塔石刻的壶门图案、169 窟桃形龛式石刻塔等内容进行解读,从塔基、塔身、塔刹三方面开展研究。②

3. 木构建筑

1994 年宿白在考察 169 窟期间,认为 169 窟 14 龛前现存的一根古代立柱、斗拱,及一根横梁为唐代木建筑,第 172 龛北壁崖壁上现存的一铺望柱扶手也是唐代建筑。③

**(四)石窟保护和宣传**

专门针对炳灵寺 169 窟一窟提出保护方案的文章较少,大多从炳灵寺石窟整体保护出发,从地质、气候、病虫害、清理、颜料、法律等领域进行探讨。此外,还有围绕题记、彩塑、壁画保护的专题研究。而政府和民间的宣传在一定程度上也对炳灵寺石窟的保护产生了积极意义。

1. 保护

1955 年 11 月,永靖炳灵寺文物保管所正式成立。1961 年 3 月,炳灵寺石窟被国务院列为第一批全国重点文物保护单位,1973 年改属甘肃省文化局管辖。2000 年,永靖炳灵寺文物保管所更名为甘肃炳灵寺文物保护研究所。2014

---

①安东蕾:《炳灵寺石窟洞窟形制研究》,硕士学位论文,西北师范大学文物与博物馆学,2019 年,第 11 页。

②高娜:《炳灵寺石窟佛塔调查与研究》,硕士学位论文,西北师范大学文物与博物馆学,2019 年,第 20、36—37 页。

③王亨通、邓天珍:《炳灵寺石窟研究的过去、现状及未来》,《炳灵寺石窟学术研讨会论文集》,兰州:甘肃人民出版社,2003 年,第 59—74 页。

年 6 月,炳灵寺石窟被联合国教科文组织世界遗产委员会列入"丝绸之路:长安—天山廊道的路网"世界文化遗产。2017 年 1 月,炳灵寺文物保护研究所整建制划归敦煌研究院统一管理。

王亨通,曾任炳灵寺文物保护研究所所长,在炳灵寺石窟保护方面贡献巨大,且负责修复过第 2、10、11、169 窟等众多窟龛,撰有《温差变化对炳灵寺石窟的影响》①《炳灵寺石窟的环境保护问题》②《炳灵寺北魏卧佛的材质分析及修复》③《保护炳灵寺第 16 窟始末》④《炳灵寺石窟保护工程大事记》⑤《炳灵寺石窟的修复及其风化石雕的保护》⑥等文章。针对从 1997 年开始的炳灵寺石窟加固工程,王亨通作《炳灵寺石窟加固工程评价》一文进行总结,工程主要对 169 窟及窟外崖面进行了全面加固,文章回顾了工程的整个过程并对其重大意义和不足作了评价。⑦在管理体制、技术措施和保护手段方面都积累了宝贵经验,为日后的石窟维修打下了坚实基础。

关于炳灵寺石窟自身的病虫害问题和面临的地质环境问题,以及防治方法的介绍有很多。李最雄《炳灵寺、麦积山和庆阳北石窟寺石窟风化研究》探求石窟风化的主要因素,以便开展防风化和封化加固相关工作。⑧张明泉等分析了炳灵寺石窟保护面临的主要环境地质问题。⑨赵雪芬等人指出刘家峡水库建成后对窟区周围的水环境产生了影响,通过分析石窟环境现状和大寺沟淤沙

---

① 王亨通:《温差变化对炳灵寺石窟的影响》,《敦煌学辑刊》1990 年第 2 期,第 106—111 页。

② 王亨通:《炳灵寺石窟的环境保护问题》,《丝绸之路》1996 年第 2 期,第 18—19 页。

③ 王亨通、刘阿妮:《炳灵寺北魏卧佛的材质分析及修复》,《敦煌研究》2002 年第 6 期,第 85—91、114—116 页。

④ 王亨通:《保护炳灵寺第 16 窟始末》,《昔日炳灵寺》,北京:科学出版社,2004 年。

⑤ 王亨通:《炳灵寺石窟保护工程大事记》,《昔日炳灵寺》,北京:科学出版社,2004 年。

⑥ 王亨通:《炳灵寺石窟的修复及其风化石雕的保护》,《炳灵寺石窟研究论文集》,兰州:甘肃人民出版社,2003 年,第 450—458 页

⑦ 王亨通:《炳灵寺石窟加固工程评价》,《丝绸之路》2000 年第 5 期,第 29—32 页。

⑧ 李最雄:《炳灵寺、麦积山和庆阳北石窟寺石窟风化研究》,《文博》1985 年第 3 期,第 66—75 页。

⑨ 张明泉、张虎元、许敬龙等:《炳灵寺石窟保护面临的主要环境地质问题》,《干旱区资源与环境》1996 年第 1 期,第 58—63 页。

的成因,从植被保护、固沙、治水等方面提出治理措施①。李文军分析了大寺沟泥沙堆积不断抬高的三个原因和刘家峡水库库水倒灌问题。②张明泉等人阐明了对炳灵寺石窟文物产生危害的一系列问题,如洞窟崖壁渗水和裂缝、窟底潮湿、酥碱等,对这些问题进行了分析并提出了治理办法。③毛惠民、夏朗云对中原北方地区的炳灵寺、麦积山、云冈、龙门四大石窟早期洞窟形制的自然因素作了探讨。④此外,还有曹学文和唐正宪《炳灵寺石窟淤积泥沙状况、成因分析及治理措施》⑤、李建厚《炳灵寺崖壁坑穴的危害及其演化趋势浅析》、马卿《炳灵寺石窟保护历史与现状研究》⑥、陈章等《炳灵寺石窟鸟类多样性及其危害研究》⑦、赵雪芬等《大寺沟淤沙对炳灵寺石窟的影响及治理措施》⑧、王周萼等《刘家峡水库大寺沟泥石流基本特征与防治对策》⑨、陈章等《炳灵寺石窟第 169 ~ 172 窟鸟类病害调查及防治对策研究》⑩、李隆等《炳灵寺石窟鸟类群落的时空变化特征及鸟害》⑪、刘宗昌等《炳灵寺石窟第 147 窟风化病害与气象

①赵雪芬、贺延军、闫海明等:《大寺沟淤沙对炳灵寺石窟的影响及治理措施》,《敦煌研究》2015 年第 4 期,第 136—140 页。

②李文军:《甘肃省炳灵寺大寺沟淤积及黄河水倒灌问题初探》,《中国地质灾害与防治学报》1997年第 3 期,第 92—94 页。

③张明泉、张虎元、许敬龙、曾正中、王亨通:《炳灵寺石窟保护面临的主要环境地质问题》,《干旱区资源与环境》1996 年第 1 期,第 58—63 页。

④毛惠民、夏朗云:《黄河流域以东早期石窟形制自然因素研究》,《丝绸之路》2014 年第 18 期,第 8 页。

⑤曹学文、唐正宪:《炳灵寺石窟淤积泥沙状况、成因分析及治理措施》,《丝绸之路》2011 年第 20期,第 105—107 页。

⑥马卿:《炳灵寺石窟保护历史与现状研究》,硕士学位论文,西北民族大学中国史,2022 年,第 1—96 页。

⑦陈章、李隆、武发思、赵雪芬、朱非清、杨小菊、刘宗昌、汪万福:《炳灵寺石窟鸟类多样性及其危害研究》,《石窟与土遗址保护研究》2022 年第 1 卷第 3 期,第 4—17 页。

⑧赵雪芬、贺延军、闫海明等:《大寺沟淤沙对炳灵寺石窟的影响及治理措施》,《敦煌研究》2015 年第 4 期,第 136—140 页。

⑨王周萼、王英奎:《刘家峡水库大寺沟泥石流基本特征与防治对策》,《水利水电快报》2021 年第 42 卷第 3 期,第 18—22 页。

⑩陈章、武发思、张国彬、贺东鹏、方晓芸、张亚旭、徐瑞红:《炳灵寺石窟第 169—172 窟鸟类病害调查及防治研究》,敦煌研究院,2021 年 10 月 1 日。

⑪李隆、陈章、武发思等:《炳灵寺石窟鸟类群落的时空变化特征及鸟害》,《兰州大学学报(自然科学版)》2022 年第 58 卷第 6 期,第 796—803 页。

环境特征》①、Wenwu Chen 等《Effects of experimental frost-thaw cycles on sand-stones with different weathering degrees：a case from the Bingling Temple Grottoes，China》②等文章。

在石窟监测和数字化技术应用方面，孙淑梅《简析炳灵寺石窟监测预警体系》一文就炳灵寺石窟的监测预警体系的发展、面临的问题等进行了简单分析。③刘宗昌、孙淑梅《炳灵寺石窟环境与 169 窟温湿度特征对比分析》一文研究了炳灵寺石窟环境及 169 窟从 2011 年 2 月到 2012 年 1 月温湿度监测数据。④苟彦梅、强德霞、吴凯诺《倾斜摄影测量技术在大场景古遗址保护工程中的应用》总结了大场景炳灵寺石窟项目工程中数字化的采集方式与实施。⑤

在炳灵寺石窟壁画保护方面，最早有李现的《炳灵寺石窟老君洞早期壁画的清理和科学保护》⑥，王进玉较早对青金石颜料进行了 X 荧光分析⑦，此后马清林、周国信、陈怀文、王亨通、王世儒所作《炳灵寺石窟彩塑、壁画颜料分析研究》⑧，实验中沿用 X 射线衍射分析和 X- 荧光分析，对炳灵寺石窟的颜料进行了取样分析，对石窟保护有一定意义。王进玉还作有《敦煌、麦积山、炳灵寺石

---

①刘宗昌、武发思、孙淑梅等：《炳灵寺石窟第 147 窟风化病害与气象环境特征》，《西北大学学报（自然科学版）2023 年第 53 卷第 3 期，第 423—432 页。

②Wenwu Chen、Ruxue Liao、Nan Wang、Jingke Zhang：Effects of experimental frost‐thaw cycles on sandstones with different weathering degrees：a case from the Bingling Temple Grottoes，China，*Bulletin of Engineering Geology and the Environment*（2019）78：5311—5326.

③孙淑梅：《简析炳灵寺石窟监测预警体系》，《丝绸之路》2016 年 12 期，第 68—69 页。

④刘宗昌、孙淑梅：《炳灵寺石窟环境与 169 窟温湿度特征对比分析》，《丝绸之路》2017 年第 20 期，第 65—68 页。

⑤苟彦梅、强德霞、吴凯诺：《倾斜摄影测量技术在大场景古遗址保护工程中的应用》，《电子世界》2020 年第 16 期，第 124—125 页。

⑥李现：《炳灵寺石窟老君洞早期壁画的清理和科学保护》，《考古》1986 年第 8 期，第 749—755 页。

⑦王进玉：《古代青金石颜料的质子激发 X 荧光分析》，《核技术》1995 年第 3 期，第 183—187 页。

⑧马清林、周国信、陈怀文、王亨通、王世儒：《炳灵寺石窟彩塑、壁画颜料分析研究》，《考古》1996 年第 7 期，第 80—90 页。

窟青金石颜料的研究》①、《中国古代青金石颜料的电镜分析》②等文章。21 世纪以来,于宗仁等报道了炳灵寺明代壁画颜料的种类,对比讨论了马蹄寺、天梯山和炳灵寺石窟颜料的种类和特点。③李娜、崔强、王卓等人也对炳灵寺石窟明代重绘壁画材料进行了无损分析和微量样品分析。④闫海涛等在《炳灵寺石窟171 窟大佛发髻上蓝色颜料的分析与讨论》中使用了傅里叶变换红外光谱及电子扫描电镜等方法。⑤2014 年 6 月,炳灵寺文物保护研究所又组织专业人员针对壁画存在的病害制订了详细的修复计划,使窟内文物病害得到了有效控制。针对壁画的脱落、缺失起甲、开裂、空鼓、变色、污染等多种病害问题,刘亨发在《炳灵寺石窟第 93 窟壁画加固修复研究》中采取了清理表面污损、开裂壁画加固回贴、空鼓壁画粘接压平、已脱落壁画断面封护、起甲壁画回贴压平等措施后,达到了预想的效果。⑥在壁画的临摹传承方面,有郝励、梁瑾《岩彩颜料与古代壁画临摹的关系研究——以炳灵寺石窟为例》⑦、《炳灵寺石窟敷彩造像中的岩彩颜料应用》⑧等文章,提出通过不断临摹诸如炳灵寺壁画等古代遗存壁画中的形象,一方面使得岩彩颜料技法得以良好的传承与延续,另一方面还可以对古代不同时期的壁画有一个较为全面的了解。

针对题记保护,陶培如在《炳灵寺石窟唐代题记整理与研究》中对炳灵寺石窟题记的保护现状进行了梳理,并从文化和技术两个层面提出了炳灵寺石

---

①王进玉:《敦煌、麦积山、炳灵寺石窟青金石颜料的研究》,《考古》1996 年第 10 期,第 77—92、103—104 页。

②王进玉:《中国古代青金石颜料的电镜分析》,《文物保护与考古科学》1997 年第 1 期,第 25—32 页。

③于宗仁、赵林毅、李燕飞等:《马蹄寺、天梯山和炳灵寺石窟壁画颜料分析》,《敦煌研究》2005 年第 4 期,第 67—70 页。

④李娜、崔强、王卓等:《炳灵寺石窟明代重绘壁画材料的无损与微量样品分析》,《石窟与土遗址保护研究》2022 年第 1 卷第 3 期,第 52—65 页。

⑤闫海涛、周双林:《炳灵寺石窟 171 窟大佛发髻上蓝色颜料的分析与讨论》,中国文物保护技术协会第六次学术年会论文集,2009 年,第 4 页。

⑥刘亨发:《炳灵寺石窟第 93 窟壁画加固修复研究》,《丝绸之路》2016 年第 2 期,第 68—70 页。

⑦郝励、梁瑾:《岩彩颜料与古代壁画临摹的关系研究——以炳灵寺石窟为例》,《才智》2014 年第 10 期,第 278—279 页。

⑧郝励、梁瑾:《炳灵寺石窟敷彩造像中的岩彩颜料应用》,《雕塑》2014 年第 3 期,第 52—53 页。

窟碑记保护的方案。①

　　法律层面有秦安娜的《炳灵寺石窟保护与开发的法律考察——以〈甘肃炳灵寺石窟保护条例〉为抓手》,对《甘肃炳灵寺石窟保护条例》进行了探析,从保护文物资源与开发旅游文化资源两方面提出了完善法律建议。②

　　2. 宣传

　　政府和各类民间组织在炳灵寺石窟的宣传方面做出了贡献,对于提升景区知名度,扩大影响力有着积极意义。

　　2019年,炳灵寺石窟旅游服务公司注册成立,使石窟的管理工作更加具体、细化。炳灵寺文物保护研究所设有社会教育部,在每年的"文化和自然遗产日"积极开展文化弘扬活动;此外,还推出了一系列的直播讲解活动向公众进行宣传。一些社会媒体也让炳灵寺走进了更多观众的视野,如《锵锵行天下》节目组于2021年取景炳灵寺,还有众多民众以自媒体的方式自发加入炳灵寺石窟的宣传行列。

　　相关学者的论著层出不穷,也对宣传炳灵寺石窟有着积极意义。王万青和王亨通合作出版过的《炳灵寺历代诗词选》③一书,有利于炳灵寺石窟宣传推广工作的开展。陈雪雪的《炳灵寺石窟》不仅对炳灵寺的历史背景、地理知识进行了介绍,还对西秦、北周、隋唐三个时期和藏传佛教的建筑、造像与壁画艺术进行了剖析。④此外,一些图录书籍的出版为炳灵寺的研究带来便利的同时,也促进了石窟艺术的传播。张宝玺与黄文昆合编的《永靖炳灵寺大事年表》,载于《中国石窟·永靖炳灵寺》一书。由郑炳林教授主编,张景峰、魏迎春、郑怡楠编著的《炳灵寺石窟》(全5册)属《丝绸之路石窟艺术丛书》系列⑤,从多角度展现

---

①陶培如:《炳灵寺石窟唐代题记整理与研究》,硕士学位论文,西北师范大学文物与博物馆学,2018年,第33—34页。

②秦安娜:《炳灵寺石窟保护与开发的法律考察——以〈甘肃炳灵寺石窟保护条例〉为抓手》,硕士学位论文,甘肃政法学院法学理论,2019年。

③王万青、王亨通:《炳灵寺历代诗词选》,兰州:兰州大学出版社,1998年。

④陈雪雪:《炳灵寺石窟》,杭州:中国美术学院出版社,2019年。

⑤《郑炳林教授主编〈炳灵寺石窟〉(全5册)由安徽美术出版社出版》,《敦煌学辑刊》2021年第1期,第2页。

了石窟内容,精美丰富。沙武田读后,强调了该图册对造像和画面小细单元或细部的重视,提出了随着数字时代背景下历史学、艺术学、考古学、图像学研究的新思潮,"以图证史"成为新时代史学的重要方向。①王琪斐评介该图册展现出炳灵寺石窟寺艺术的全貌,是迄今为止公布炳灵寺石窟图像数量最多、信息最可靠的石窟研究工具书。②

镰田茂雄《石窟巡礼》③、杜澄摄《甘肃炳灵寺石窟艺术》④、代彦玲《塞外风情——甘肃》⑤、窦贤《丹砂之上的俗世佛国》⑥、杨毅等《黄河三峡:中国西部休闲水乡》⑦、马玉蕻等《炳灵遗珍——"炳灵寺佛教文物展览"简介》⑧、刘晶等《丹霞地貌中国原创地质品牌》⑨、孙淑梅等《炳灵寺石窟中的佛教艺术之最》⑩、欧阳山《欣赏甘肃炳灵寺石窟的风韵》⑪、冯岩《东方明珠炳灵寺》⑫、王玲秀供图《甘肃炳灵寺第 169 窟佛教艺术欣赏》⑬、王玲秀《天乐佛国天桥洞——论炳灵寺第 169 窟佛教艺术》⑭等介绍了包括炳灵寺石窟在内的丝绸之路上的石窟历

---

①沙武田:《〈丝绸之路石窟艺术丛书·炳灵寺石窟〉读后》,《敦煌学辑刊》2022 年第 1 期,第 209—212 页。

②王琪斐:《印记丝路艺术助力石窟研究——〈丝绸之路石窟艺术丛书·炳灵寺石窟(5 卷本)〉评介》,《丝绸之路》2022 年第 3 期,第 75—77、85 页。

③镰田茂雄著,黄玉雄译:《石窟巡礼》,《五台山研究》1999 年第 1 期,第 38—47 页。

④杜澄摄:《甘肃炳灵寺石窟艺术》,《世界宗教文化》2017 年第 3 期,第 2、159—160 页。

⑤代彦玲:《塞外风情——甘肃》,《青年科学》2005 年第 4 期,第 52—53 页。

⑥窦贤:《丹砂之上的俗世佛国》,《西部资源》2008 年第 6 期,第 48—52 页。

⑦杨毅、王薇、朱江漫等:《黄河三峡:中国西部休闲水乡》,《中国经济时报》2008 年 3 月 11 日。

⑧马玉蕻、王文元:《炳灵遗珍——"炳灵寺佛教文物展览"简介》,《丝绸之路》2008 年第 7 期,第 16—19 页。

⑨刘晶、宋举浦、贾欣:《丹霞地貌中国原创地质品牌》,《文明》2009 年第 2 期,第 30—62、6 页。

⑩孙淑梅、高庆军:《炳灵寺石窟中的佛教艺术之最》,《丝绸之路》2009 年第 17 期,第 56—60 页。

⑪欧阳山:《欣赏甘肃炳灵寺石窟的风韵》,《中国地名》2012 年第 8 期,第 63 页。

⑫冯岩:《东方明珠炳灵寺》,《档案》2015 年第 1 期,第 18—23 页。

⑬王玲秀供图:《甘肃炳灵寺第 169 窟佛教艺术欣赏》,《法音》2020 年第 1 期,第 46—47 页。

⑭王玲秀:《天乐佛国天桥洞——论炳灵寺第 169 窟佛教艺术》,《法音》2020 年第 1 期,第 46—49 页。

史及其造像艺术,描绘了炳灵寺石窟各个历史时期的艺术作品,体现了炳灵寺石窟独特的艺术价值,对炳灵寺石窟的国际宣传有一定意义。

景永时等《西夏故地河西行》①、徐晓卉《积石山旁湖万顷,佛光奇景话炳灵——炳灵寺访古记》②、陈维杰《游刘家峡水库》③、陈超《炳灵上寺:逆行寻"三宝"》④等文章都是作者赴炳灵寺考察游览后的记述。高祥恒《传统的维度——中央美术学院美术馆藏展回眸(下)》展示了 1953 年之后,美院师生走出校园到敦煌、炳灵寺、麦积山、永乐宫等地,临摹古代工匠制作的壁画的经历。⑤王金坪《李可染与炳灵寺石窟考察》一文通过回忆录、口述史、书信,考证李可染两幅作品为 1952 年炳灵寺考察时所作。⑥这些游记、见闻、口述资料都有利于石窟文化的普及

石劲松《以人为本服务社会——全力提升炳灵寺景区旅游品质》⑦、孔维宝等《"黄河三峡风景区"旅游资源现状调查及分析》⑧、部晓磊《基于游客视角的石窟型旅游景区吸引力提升研究》⑨、刘宗昌《炳灵寺石窟游客承载量研究》⑩、

---

①景永时、邬志斌:《西夏故地河西行》,《宁夏画报》2000 年第 1 期,第 16—21 页。

②徐晓卉:《积石山旁湖万顷,佛光奇景话炳灵——炳灵寺访古记》,《炳灵寺石窟学术研讨会论文集》,兰州:甘肃人民出版社,2003 年,第 7 页。

③陈维杰:《游刘家峡水库》,《河南水利与南水北调》2007 年第 6 期,第 84 页。

④陈超:《炳灵上寺:逆行寻"三宝"》,《检察风云》2022 年第 13 期,第 92—93 页。

⑤高祥恒:《传统的维度——中央美术学院美术馆藏展回眸(下)》,《艺术品》2016 年第 5 期,第 10—19 页。

⑥王金坪:《李可染与炳灵寺石窟考察》,《收藏》2016 年第 21 期,第 128—131 页。

⑦石劲松:《以人为本服务社会——全力提升炳灵寺景区旅游品质》,《丝绸之路》2009 年第 14 期,第 2、129 页。

⑧孔维宝、刘娜:《"黄河三峡风景区"旅游资源现状调查及分析》,《甘肃农业》2003 第 1 期,第 41—43 页。

⑨部晓磊:《基于游客视角的石窟型旅游景区吸引力提升研究》,硕士学位论文,西北师范大学旅游管理专业,2017 年,第 1—62 页。

⑩刘宗昌:《炳灵寺石窟游客承载量研究》,硕士学位论文,兰州大学环境工程专业,2018 年,第 1—61 页。

管宏玉《炳灵寺石窟导游陪同口译实践报告》[①]、王俊杰《基于 RMP 分析的炳灵寺石窟旅游产品开发研究》[②]、胡志西《炳灵寺石窟品牌视觉形象设计研究》[③]、邬娜《炳灵寺石窟西秦壁画在文创产品中的应用研究》[④]等文章依托实地调研和问卷调查的方法,针对炳灵寺石窟现状,解决实际问题,从注重原生文化、创新文化共生、重构业态布局、丰富旅游产品、特色服务设施和打造空间意象等方面提出了相关的提升建议,以增强炳灵寺石窟景区区域竞争力。

## 三、炳灵寺 169 窟研究的发展方向

回顾近七十年来关于炳灵寺 169 窟的研究成果,学界在分期断代、佛教艺术研究、佛学研究等方面取得了突出成就,同时也十分重视石窟保护研究。但是有些研究领域还有待开拓,这也许是炳灵寺研究未来的发展方向。

其实,王亨通和邓天珍在 2002 年炳灵寺石窟学术研讨会上发表的《炳灵寺石窟研究的过去、现状及未来》一文中,就曾提出了十个努力方向:"1. 关于第 169 窟的年代问题;2. 关于"丙申"的年代问题;3. 关于道融的问题;4. 关于法显的问题;5. 关于《法华经》的流传问题;6. 炳灵寺与麦积山之间佛教相互影响问题;7. 吐蕃文化在佛教造像上的影响;8. 藏传佛教的传入问题;9. 关于唐述窟和时亮窟的问题;10. 关于炳灵寺石窟的保护问题。"[⑤]现如今在这十个努力方向上都有一定的研究成果,但总体来说关于道融和法显的研究较少。肖建军的《炳灵寺第 169 窟维摩诘变相与关中义学之关系》涉及对道融的研究[⑥]。利

---

①管宏玉:《炳灵寺石窟导游陪同口译实践报告》,硕士学位论文,西北师范大学英语口译专业,2019 年,第 1—28 页。

②王俊杰:《基于 RMP 分析的炳灵寺石窟旅游产品开发研究》,《旅游纵览(下半月)》2019 年第 14 期,第 140,142 页。

③胡志西:《炳灵寺石窟品牌视觉形象设计研究》,硕士学位论文,兰州大学艺术设计,2020 年,第 1—60 页。

④邬娜:《炳灵寺石窟西秦壁画在文创产品中的应用研究》,《中国包装》2023 年第 43 卷第 5 期,第 78—81 期。

⑤王亨通、邓天珍:《炳灵寺石窟研究的过去、现状及未来》,《炳灵寺石窟学术研讨会论文集》,兰州:甘肃人民出版社,2003 年,第 59—74 页。

⑥肖建军:《炳灵寺第 169 窟维摩诘变相与关中义学之关系》,《世界宗教文化》2015 年第 4 期,第 100—103 页。

用法显供养人像进行分期研究的有张南南《甘肃炳灵寺第 169 窟法显供养人像及其意义》①一文。此外,在炳灵寺与麦积山之间佛教相互影响问题上,魏文斌等学者都进行过比较研究,但是还有待深入。虽然众多学者对"丙申题记"进行了探讨,但"丙申"的具体年代和炳灵寺石窟名称问题还未达成一致,仍然需要持续考证。

曹学文和丁万华的《炳灵寺石窟第 169 窟"建弘题记"研究述评》一文中也提出两个未来努力方向:一是"建弘题记"研究应该与乞伏鲜卑和西秦国历史研究相结合。二是将第 169 窟及"建弘题记"研究与河州地方史研究结合起来。②如今看来,与炳灵寺相关的西秦史和河州地方史的研究依然是一个亟待开拓的领域。

在以上观点的基础上,炳灵寺研究应拓宽研究视野,在丝绸之路的大背景下,结合前沿考古发现,将其放在中国早期石窟的大框架中进行对比研究,与其他的石窟寺、佛教寺院、佛教遗址、墓葬壁画等遗存相联系。一方面有利于对具体佛教题材的考释,如李裕群的《佛殿的象征——山西大同全家湾北魏佛教壁画石椁》中引用炳灵寺石窟 169 窟法华经变的壁画材料来论证石椁葬具北壁(正壁)的释迦多宝二佛并坐像。③对千佛、七佛、弥勒、飞天等佛教题材的横向研究是未来的一个发展方向。另一方面有利于探究早期佛教的传播轨迹和佛教艺术之间的相互影响,如韦正、马铭悦《北中国视野下的河西早期石窟——河西早期石窟研究之下》论证佛教传播非单一路线。④八木春生、姚瑶《7 世纪 80 年代至 8 世纪 10 年代中国各地佛教造像诸相——以与西安造像的关系为中心》概观西安宝庆寺造像为代表的佛教造像对炳灵寺石窟等地造

---

①张南南:《甘肃炳灵寺第 169 窟法显供养人像及其意义》,《四川文物》2002 年第 2 期,第 56—61 页。

②曹学文、丁万华:《炳灵寺石窟第 169 窟"建弘题记"研究述评》,《敦煌学辑刊》2020 年第 3 期,第 92—103 页。

③李裕群:《佛殿的象征——山西大同全家湾北魏佛教壁画石椁》,《文物》2022 年第 1 期, 第 52—61、1 页。

④韦正、马铭悦:《北中国视野下的河西早期石窟——河西早期石窟研究之下》,《敦煌研究》2022 年第 5 期,第 97—110 页。

像风格的影响。①

　　石窟功能与寺院仪轨研究仍然是学界的一个研究趋势。石窟和图像的作用不仅在于表达佛教思想和信徒崇拜，还是寺院仪轨开展的场所和礼拜禅观的中心。赖鹏举从北传净土禅法的大视角研究炳灵寺 169 窟西方净土变②，赖文英将义学与造像相结合，来分析法华三昧思想。③所以结合历史背景，与具体佛教经典相联系，来探讨禅观也应是炳灵寺研究的新视角。

　　关于炳灵寺石窟题记、墨书的考证和释读，由于题记风蚀日久，识读相当困难，以致成果单薄，只有 1987 年阎文儒发表的《炳灵寺一六九窟〈佛说未曾有经〉释文》，以董玉祥《炳灵寺石窟第 169 窟内容总录》④为依据，对墨书《佛说未曾有经》进行释读。⑤基于此，对炳灵寺石窟题记、墨书的释读也是未来持续研究的潜在领域。结合科技手段还原恢复壁画和题记，有利于发现新的研究课题。

　　此外在日益开放的历史背景下，各国学者的交流日渐频繁，立足国际视野，探究炳灵寺石窟对其他国家和地区历史文学、佛教艺术、社会风俗的影响也是一条发展新方向。

　　最后，炳灵寺石窟申遗成功后，文化遗产保护的工作成为重中之重。也由于石窟寺的不可再生性，在传统保护的基础上，各类数字化信息技术亟待应用于石窟保护领域，如 3D 立体影像的呈现，可以极大程度地保留这一文化遗产。

## 结　语

　　炳灵寺石窟是丝绸之路上一座佛教艺术的宝库，而第 169 窟是炳灵寺石

---

　　①[日]八木春生、姚瑶:《7 世纪 80 年代至 8 世纪 10 年代中国各地佛教造像诸相——以与西安造像的关系为中心》,《中国美术研究》2019 年第 2 期,第 4—8 页。

　　②赖鹏举:《炳灵寺 169 窟无量寿佛龛所涉之义学与禅学》,《东方宗教研究》1990 年第 2 卷,第 159—182 页。

　　③赖文英:《北传早期的法华三昧禅法与造像》,《敦煌佛教艺术文化国际学术研讨会论文集》,兰州:兰州大学出版社,2002 年。

　　④董玉祥:《炳灵寺石窟第 169 窟内容总录》,《敦煌学辑刊》1986 年第 10 期,第 148—158 页

　　⑤阎文儒:《炳灵寺一六九窟〈佛说未曾有经〉释文》,《敦煌学辑刊》1987 年第 2 期,第 9—18 页。

窟中一颗闪耀的明珠,为佛教考古提供了珍贵的实物遗存。目前来说,中国学者对佛教遗迹的研究还是多从美术史的角度来进行,侧重记录、描述以及风格分析,但实际上考古研究的目的,除分期断代之外,还在于以实物遗存来证经补史。一切艺术形式的外在表现都有其内在思想,佛教造像、壁画亦有其佛学思想内核。当今的佛教考古不仅需要借助考古、美术之方法,也要重视对佛教史和佛教思想的研究,通过对石窟寺等遗存进行正确的研究和解读,还原历史真相,探讨石窟寺作为宗教场所的礼拜功能和寺院仪轨,把握佛教东传过程中本土化的规律,才能在 21 世纪的佛教考古研究中实现新的突破。

# 视觉图式的跨文化迁移：中亚与中原造像焰肩与羽翼的文化流变[①]

魏健鹏

（敦煌研究院）

在十六国至隋代的佛教造像中,常出现在肩部饰以火焰的情形,以突显其神性或独特性。这些火焰肩通常相对较小,在形式上主要用作背光和头光之间的装饰图案。隋代之后,随着头光和身光形式的变化,以及身光在功能上对焰肩意义的消解,这一形式可能最终与身光中常见的火焰纹合二为一。陈清香先生较早对佛教造像火焰肩出现的文本依据和其在犍陀罗地区至克孜尔、库木吐喇石窟以及内地金铜造像中的传播进行了梳理,指出这一装饰在克孜尔石窟主要出现在公元三至八世纪左右,在五世纪左右的敦煌、云冈、龙门等石窟的造像中也出现了焰肩形象,这些火焰肩纹饰传承了中亚焰肩佛的创意和表现方式。[②]孙机先生也对火焰肩佛教造像的形态和起源进行了基本分析,得出了不同的结论,指出佛像以及一些贵霜钱币上出现的火焰肩,可能受到了东王公、西王母等中国传统仙人形象肩部羽翼的影响,并提及在一些铜镜上的佛像图案中,佛像被放置在东王公、西王母的位置上,这可能对后来佛像的火焰肩表现方式产生了影响;但也同时指出,肩生羽翼这种表现方式始终是东王公、西王母等神仙形象的特征,在魏晋时期的铜镜上的佛教图像并不具备

---

①基金项目:敦煌研究院 2023 年度院级科研课题:"敦煌与长安往来视域下的莫高窟第 332-335 窟营建背景研究"(2023-SK-YB-I)。

②陈清香:《北朝佛教造像源流史:法相纹饰在埃及、印度、中亚、中土的传承演变》,新北:空庭书苑有限公司,2012 年,第 81—109 页。

这一特征。①二位先生的观察和观点为我们进一步讨论焰肩造像的来源提供了极具价值的启发，在此基础上，我们在下文中将主要依据欧亚各地的图像资料，探讨中国佛教造像中火焰肩形象的来源以及其与汉画中仙人肩部羽翼和前述的贵霜君主肩部火焰的关联。希望这些讨论能够为我们更好地理解这一主题提供有益的信息，不足之处，敬请批评指正。

## 一、佛教造像中的焰肩形象

石窟寺中最早出现焰肩装饰的佛像，可能见于龟兹石窟的克孜尔和库木吐喇石窟等（图 1）。龟兹之外的高昌等各地的石窟，诸如吐峪沟石窟、伯孜克利克石窟、七个星石窟等，基本再无焰肩装饰的佛像或弟子像出现。据陈清香先生梳理，焰肩佛在龟兹石窟出现于三世纪初，盛于四五世纪前后，在内容上主要包括分因缘佛传和天象图中的释迦佛像，以及因缘佛传中的神足比丘等三大类。②

1.　　　　　　　　　　2.　　　　　　　　　　3.

图 1　克孜尔石窟券顶或甬道中脊天相图中焰肩立佛像

（1.第 38 窟券顶天相图中身出水火的立佛像　2.克孜尔石窟第 69 窟主室前壁上侧有焰肩的释迦鹿野苑初转法轮　3.克孜尔石窟第 205 窟券顶中脊须摩提女因缘龙座上的焰肩弟子毗迦叶像）

---

①孙机:《佛像的火焰肩与火焰背光》,《从历史中醒来——孙机谈中国古文物》,北京:生活·读书·新知三联书店,2020 年,第 263—265 页。

②陈清香:《北朝佛教造像源流史:法相纹饰在埃及、印度、中亚、中土的传承演变》,第 92 页。

相近的时代，出现焰肩的佛像主要见于炳灵寺石窟的西秦壁画中，在第169窟左壁第12号说法图以及佛爷台等处，都可见到佛像两肩有呈波浪纹状上升的火焰(图2)，相近的火焰装饰也见于第169窟左壁及第10号龛维摩诘前方的佛像。这些火焰纹装饰于佛像肩部两侧，作为身光与头光缝隙的填充，与身光中的火焰纹共同起到烘托佛身出火特质的作用。

1.　　　　　　　　2.

图2　炳灵寺石窟西秦壁画中的焰肩佛像

（1.炳灵寺西秦第169窟左壁第12号说法图　2.炳灵寺佛爷台西秦说法图）

类似的形态，在北朝的云冈、龙门、麦积山和敦煌石窟中都有相关案例的发现，多以绘画的形式，在壁画或塑像背后以小型尖状焰的形式出现(图3)。至隋代，随着佛教中国化的不断加深，这些具有外来文化因素的图式则随着佛像背光和头光形态的调整而消失(图4)。正如孙机先生观察所言，这些焰肩正好处于造像的背光和头光之间的三角间隙，在一定程度上填补了两大光圈之间的空白，是背光的组成部分，直到六世纪末，才完全与背光融为一片。①

---

①孙机:《佛像的火焰肩与火焰背光》，第266—267页。

图 3　云冈、敦煌石窟中的焰肩立佛像

（左：云冈石窟第 6 窟南壁中层中部佛龛内的焰肩佛像　右：莫高窟第 263 窟南壁带焰肩的禅定像）

图 4　莫高窟初唐第 332 窟中心柱北向面释迦灵鹫山说法图

整体而言,这些造像背光中肩部出现的小型火焰,在形式上的确受制于背光和头光之间空间的制约,但在具体内涵上,可能仍与身光或头光稍有不同。身光是表现佛像庄严神圣的重要方式,且发光是常态,佛身体的各个部位,如头、手、肩、臂、足、毛孔等,都可发出无量光明,不同名称的佛,其身长度不等,所放光明和范围也有所异,经典中对佛光的形态、色彩、尺寸和所射范围等,都有具体的描述。①焰肩则主要是在一些特定场合诸如说法或降魔时,为使在场者产生皈依心和信心所做神变的重要体现方式。虽然二者在二维平面的壁画中表现类似,但在单体造像的三维空间中却有明显不同。典型且常见的单体焰肩佛像主要为哈佛大学美术馆藏东魏焰肩佛像(图 5)。造像中清楚地表明,火焰是发自身体内部,由肩部两侧生出,在身后并非贯通的形态,在制作方式上,与背光或身光有明显区别。

图 5　哈佛大学美术馆藏东魏焰肩佛像

## 二、佛教造像的焰肩形态与汉画羽人及主神像双翼关联之探讨

自先秦以来,双肩生翼的羽人形象,不论是商周时代的神鸟文化崇拜,抑或是战国时期的羽人国想象,还是汉代送药与接引的仙人使者,都是将肩生羽翼的人鸟结合体,作为承托各种关于飞翔或升天愿望的载体,根植于传统文化

---

①金建荣:《中国南北朝时期佛教造像背光研究》,南京:东南大学出版社,2016 年,第 28—32 页。

体系之中。尤其汉晋北朝以来跨越六个多世纪的羽人形象,在中外文化交流相对以往空前频繁的大背景下,仍然体现出了高度一致的图像特征,相对具有较好的延续性与传承性。因此基本可以明确,在汉代以来的壁画和画像石中的羽人图像中,相对少有外来文化因素的影响,应是中国固有传统文化的形象体现,与本文讨论的焰肩佛像双肩生焰的表现方式,可能并无直接关联。虽然如此,和羽人关联密切的主神像——西王母、东王公和伏羲、女娲像——本无羽翼,但在东汉中后期以来,双肩也出现了类似羽翼或弯月的形象,似乎是在羽人图像传统影响的基础上,同时受到了外来文化因素的影响,对相关内容的讨论,或许能对包括敦煌在内早期佛教图像中双肩生焰的形态分析有所贡献。

正如西王母名称的字面称谓,其仙位属地在西方,研究者一般多将西王母和羽人相关的文本材料共同溯源至《山海经》。《山海经》在《海外南经》记载羽人国在海外东南方,"羽民国在其东南,其为人长头,身生羽。一曰在比翼鸟东南,其为人长颊"[1]。在《西山经》中记述西王母位于西方"又西三百五十里曰玉山,是西王母所居也。西王母其状如人,豹尾、虎齿而善啸,蓬发戴胜,是司天之厉及五残"[2]。其后又在《海内北经》中具体明确该山在西北"在昆仑虚北"[3]。最后又在《大荒西经》中称昆仑之丘在"西海之南,流沙之滨,赤水之后,黑水之前"[4]。以相对循序渐进的方式,逐渐指明西王母的方位。因此,在撰写者的观念中,显然未将其与海外东南方的羽民国混为一谈。与此相似,东汉时期王充批判时人追求羽化成仙的思想时,也提到羽人和西王母的关联,指出《山海经》中并未记载西王母有羽毛,羽翼与修道和长寿并无关联:"毛羽之民,土形所出,非言为道身生毛羽也。禹、益见西王母,不言有毛羽。……毛羽之民,不言不死;不死之民,不言毛羽。毛羽未可以效不死,仙人之有翼,安足以验长寿乎?"[5]因此,在早期文本记述中,西王母的身体形态上并不包括肩生羽翼的特质。

---

[1]（清）郝懿行:《山海经笺疏》卷 6《海外南经》,沈海波校点,上海:上海古籍出版社,2019 年,第 192 页。

[2]（清）郝懿行:《山海经笺疏》卷 2《西山经》,第 47 页。

[3]（清）郝懿行:《山海经笺疏》卷 6《海内北经》,第 216 页。

[4]（清）郝懿行:《山海经笺疏》卷 16《大荒西经》,第 263 页。

[5]（东汉）王充:《论衡校释》卷 2《无形篇》,第 66—67 页。

图 6　陕西定边郝滩乡新莽至东汉墓壁画羽人奉药图

图 7　河南偃师辛村新莽壁画墓中
西王母形象

直至汉初,《淮南子》提及西王母开始掌管不死之药,身份陡然尊贵:"譬若羿请不死之药于西王母,姮娥窃以奔月,怅然有丧,无以续之。"[1]这种掌管不死之药的永生女神在形态上与羽人有明显区别,陕西定边郝滩乡新莽至东汉墓壁画羽人奉药图即是对这一主题的反映,西王母与二侍者端坐于云柱之上,右侧为一羽人为之托举长柄华盖,左侧即为另一羽人奉药的情形(图6)。图像中西王母与身侧二侍者皆无羽翼,而举华盖和奉药者皆为羽人,作为主神的西王母与之在形态上有明显的区别。更早类似的现象见于洛阳西汉时期的卜千秋墓[2]、海昏侯刘贺墓衣镜框两侧的东王公和西王母图像[3],双肩皆无羽翼等相关修饰内容。时代再晚一些的河南偃师辛村新莽壁画墓中,在中、后室之间的横额正中也绘有西王母像(图7),西王母头戴胜,端坐于云上,右侧为玉兔捣药,下部为若干蟾蜍、狗等动物。较有

---

①（西汉）刘安编,何宁撰:《淮南子集释》卷6《览冥训》,第502页。

②李淞:《论汉代艺术中的西王母图像》,长沙:湖南教育出版社,2000年,第39—40页;贺西林:《洛阳卜千秋墓墓室壁画的再探讨》,《故宫博物院院刊》2000年第6期,第73页。

③庞政:《从海昏侯墓衣镜看西王母、东王公图像的出现及相关问题》,《江汉考古》2020年第5期,第83页。

趣的是,这些蟾蜍、狗等动物皆是肩生双翼的形态。这些图像层面肩生双翼形象内容,似乎都在反复强调,羽翼只属于使者、接引者等各类天界的劳动者,作为主神的西王母与羽翼之间仿佛有着明确的界限,和前述相关文本述及西王母形态时并不涉及羽翼的方式一致。

然而,从东汉中后期开始,山东和四川等地区的东王公、西王母和伏羲、女娲等主神组合,都开始出现双肩生翼的形态,但又明显不同于周围常见的羽人形象。陕北地区东汉永元八年(96)杨孟元画像石墓第一道墓门中的西王母像,被认为是该地区最早出现西王母像的纪年墓,大约在 110 年,陕北及周边地区汉画中的主神像开始出现类似双翼的形象。[1]和山东、陕西等地相比,四川地区东王公、西王母形象约迟至东汉中晚期才出现,但数量远多于前述各地。整体而言,作为肩生双翼的主神诸如东王公、西王母,展开的双翼大体呈两种表现方式:一是类似武氏祠堂中西王母的形象,双翼展开合起来呈弯月形,可能受到画像石材质对表现细节的制约,该式样后来多在主神后以弯月的形式出现(图 8);二是双翼主干羽毛以类似光芒放射状向左右两侧展开(图 9),类似的双翼在忙碌的羽人上相对不多见。

1.                                           2.

图 8　东汉中晚期双肩弯月式双翼的主神像

(1.沂南汉墓东、西门立柱画像　2.四川合江县四号石棺神灵像)

---

①李凇:《从"永元模式"到"永和模式"——陕北汉代画像石中的西王母图像分期研究》,《考古与文物》2000 年第 5 期,第 57、63 页。

图 9　东汉中晚期双肩呈光芒放射状双翼主神像

（1.费县垺庄镇潘家疃画像石东王公像　2.临沂白庄画像石东王公像　3.四川新都出土画像砖西王母像）

图 10　四川博物院藏成都新都区新繁镇清白乡出土日神、月神画像砖

在上述主神像呈现肩生双翼形象的同时，还有一种类似向上展开原本作为光芒放射状或弯月状羽翼的变体，形如触须，在形态上与传统的羽翼表现方式有明显区别，可能主要作为一种神性特质的表现方式。诸如成都新都区新繁镇清白乡出土日神、月神画像砖，二神皆有展开的丰满羽翼，在两肩上方又向上发展出似较柔软的类似羽翼的须状物（图 10）。与此相似，江苏徐州睢宁九女墩汉墓出土蒲莆画像（图 11）还有更为形象的表现，蒲莆双肩有下垂的丰满双翼，此外两侧又有向上展开的类似弯月的双翼状物，似乎已经较为清楚地表明该形态并非羽翼，正在或者已经脱离双翼的内涵，更接近于作为其神性特征的强调。山西离石马茂庄三号墓门左立柱上的人物画像亦有类似表现，人物双肩仅绘出类似光芒放射状双翼的形象，但并无羽翼的形态（图 12）。虽然这些图像资料多数并无确切可考的时代，但似乎表明在东汉中晚期，墓葬画像

图 11　江苏徐州睢宁九女墩汉墓出土蓬莆画像　　图 12　山西离石马茂庄东汉三号
　　　　　　（局部）　　　　　　　　　　　　　　　　墓门左立柱画像

中主神或重要神祇及人物双肩的表现形态正处于一种变革当中，从肩生双翼
到由翼转化为一种类似光芒或向上展开的鱼骨状图案，以作为神格的重要体
现形式。

　　与此前述光芒状延伸的羽翼状物相似，东汉中后期至三国时期，若干向
上延伸羽翼状物的弧形线条似有向上靠拢的趋势，似乎有类似佛教造像的头
光形态，诸如四川大邑县文
管所收藏三国时期画像砖
上西王母肩后的类似双翼
状物（图 13），即由肩部两
侧向上靠拢，几乎成为佛像
头光的样式。以往学者诸如
仝涛先生和王苏琦女士，对
西王母与东汉佛像的分布
范围做了统计，认为二者在
区域上有较大的关联性，并

图 13　四川大邑县文管所收藏三国时期西王母画像砖

对东王公、西王母与早期佛像之间的形态互动进行分析。[①]霍巍先生也指出,四川地区的西王母(也包括东王公)与早期佛像之间是一种转换式的演变关系,位于主尊位置上的西王母,在一定的时空范围内,被转换成了佛像。[②]

佛教传入中国之初,正值西王母信仰在南北方都处于如火如荼的发展阶段,因而西王母像和佛像在造像特征上,时有借鉴和交融,诸如山东沂南东汉墓中八角柱上双肩生焰或羽翼的佛像,其双肩生出类似西王母羽翼状的双翼或火焰(图14)。湖北鄂州出土的三国时期四叶八凤铜镜上,出现四身坐于龙虎莲花座上、带圆形头光的佛像(图15)。龙虎座是东汉以来西王母的标准座具,此时开始与莲花座结合,产生深度受到西王母图像特征影响的佛教造像。

相对而言,西王母受佛像或者佛教影响目前所见的材料则主要见于四川。诸如四川新都胡家墩东汉画像砖墓墓壁左侧上层第二块上的西王母像(图16),显

图 14　山东沂南东汉墓中所出双肩生焰或羽翼的佛像

图 15　湖北鄂州出土四叶八凤铜镜

图 16　四川新都胡家墩东汉画像砖墓墓壁左侧上层第二块上的西王母像

①仝涛:《东汉"西王母+佛教图像"模式的初步考察》,《四川文物》2003 年第 6 期,第 75—79 页;王苏琦:《汉代早期佛教图像与西王母图像之比较》,《考古与文物》2007 年第 4 期,第 35—43 页。

②霍巍:《四川何家山崖墓出土神兽镜及相关问题研究》,《考古》2000 年第 5 期,第 76—77 页。

示出佛像顶上肉髻的特征①；成都市钱币协会收藏有一件东汉摇钱树，顶端为
笼袖坐于龙虎座上的西王母(图17左)，肩生弯月状双翼，弯月两端几近连接
在一起，形成类似佛像头光的形态。这种西王母近似头光的弯月形双翼形象的
出现，可能与同类摇钱树上佛像头光互相影响。四川绵阳安州区文管所藏铜质
摇钱树的顶端为一例左手做施无畏印、右手持衣角的佛像(图17右)，其出现
位置及所代表意涵应该与前述西王母像一致。这些材料表明，汉晋以来，西王
母像和佛像在造像特征上存在互相影响的过程。巫鸿先生也认为西王母像整
体构图出现正面对称的供养型偶像图式，正是受到佛教图式传入的影响②

图17　四川出土东汉摇钱树顶端的西王母像(左)和佛像(右)

　　通过前述分析大体可知，羽翼原本并非西王母等主神形象中必要的组成
部分，但在东汉中后期约二世纪以后开始在各地都有较多出现。肩生羽翼作为
主像神性象征的出现，应当主要是受此前长期传统羽人形象及信仰的影响，但
随着羽翼的形态越来越抽象化，并同时与具象化的羽翼共同出现，甚至表现出
前述类似触须或佛像头光状的形态，表明其在功能上似乎也不同于传统羽人
的双翼，反映出图像的发展可能受到外来文化因素影响的一面。因此，对这一

①张德全：《新都县发现汉代纪年砖画像砖墓》，《四川文物》1988 年第 4 期，第 26 页。
②巫鸿：《武梁祠：中国古代画像艺术的思想性》，北京：生活·读书·新知三联书店，2006 年，第 157 页。

变化的现象及相关问题的探讨，既有中国本土佛教造像和西王母等主神像交流融合的一面，又可能也涉及西王母信仰中外来文化因素相关的研究，我们将在下一部分进行梳理。

## 三、东汉西王母等主神像双翼的西方来源

以往关于西王母信仰的相关研究中，整体倾向于认为该信仰及形象主体源于中国文化体系本身，但关于其中包含的外来因素或外来因素影响的相关讨论，则长盛未衰。[①]这些研究都认识到西王母名称中的西方属性，并将来自中亚、西亚或欧亚草原文化的一些因素与西王母的图像因素进行比较，以明确其中的文化交流背景，我们也将基于这些文化交流背景，对西王母及相关主神像上的双翼或类似双翼的形象试做探讨。

羽翼作为飞翔的象征，出现在诸神双肩时，常常赋予其自由、神圣和超凡的内涵。尤其在古希腊神像中，翅膀往往被视为神灵和英雄的象征，作为其与凡人在力量和神格方面的重要区别，诸如意大利发现的公元前六至公元前五世纪之间的胜利女神 Nike 肩部两侧即有展开类似弯月形的双翼（图 18），与前述西王母弯月形双翼的形态有高度相似之处。晚一些的阿富汗蒂拉丘地遗址（黄金之丘，Tillia Tepe）也出土有一件肩生弯月形双翼的爱情女神阿佛洛狄忒（维纳斯）像（图 19），双翼主要通过两三根线条明显的羽毛组成，与汉画中西王母的线条状双翼亦有些许相似之处。

稍需说明的是，在希腊本土或其他地区的阿佛洛狄忒像多重在表现女神的唯美形象，肩生双翼的形态并不多见。由于该像制作年代约为公元 25—50 年，正值贵霜帝国首任君主丘就却统治时期（约公元 16—65 年），其后不久贵

---

[①]李凇：《论汉代艺术中的西王母图像》，长沙：湖南教育出版社，2000 年，第 290—296 页；周静：《汉晋时期西南地区有关西王母神话考古资料的类型及其特点》，四川大学历史文化学院考古系编：《四川大学考古专业创建四十周年暨冯汉骥教授百年诞辰纪念文集》，成都：四川大学出版社，2001 年，第 388—389 页；霍巍：《胡人俑、有翼神兽、西王母图像的考察》，霍巍、赵德云：《战国秦汉时期中国西南的对外文化交流》，成都：巴蜀书社，2007 年，第 187、193—194 页；王煜、唐熙阳：《汉代西王母图像与西方女神像之关系及其背景》，《考古与文物》2015 年第 5 期，第 88—94 页。

1.               2.

图 18　意大利发现的公元前六至公元前五世纪之间的胜利女神 Nike

（1.意大利西西里造胜利女神像香炉，公元前 500—前 475 年　2.平山郁夫丝绸之路博物馆藏意大利胜利女神像，约公元前 5 世纪）

霜君主像上即开始较多出现肩部生焰的形象。稍晚些时候，在迦腻色伽一世和胡毗色伽时期，源于琐罗亚斯德教的智慧之神——玛诺巴格（Manaobago）也常出现在钱币背面，和肩部生焰的君主像共同位于钱币的两面（图 20）。

　　类似的肩部弯月形态还见于和玛诺巴格联系更紧密的琐罗亚斯德教月神 Mao，同样在迦腻色伽一世和胡毗色伽时期的钱币上较常出现（图 21）。而 Mao 又常被与希腊月神塞勒涅（Selene）联系在一起，后者多被视作月亮的人格化象征，同样以肩部出现弯月形态的装饰，出现于迦腻色伽一世和胡毗色伽时期的钱币上（图 22）。

　　类似于前述黄金之丘（TilliaTepe）出土贵霜

图 19　黄金之丘（Tillia Tepe）出土带翼女神阿佛洛狄忒像

图 20　迦腻色伽一世时期钱币,背面为玛诺巴格(Manaobago)

图 21　胡毗色伽时期的钱币,背面为月神 Mao

图 22　迦腻色伽一世金币上的月亮女神塞勒涅(Selene)

帝国时期带翼的阿佛洛狄忒像,相对少见于其母体常出现的希腊核心文化区,月亮女神塞勒涅(Selene)的形象也有类似特点。意大利罗马和奥斯提亚(Ostia)发现的公元二世纪中期到三世纪的大理石石棺上,雕刻有这一时期墓葬美术中常见的月神塞勒涅下马车去看望爱人牧羊人 Endymion 的场景,图像中央为月亮女神像,除了表现唯美的女性形体特征之外,在其头顶有一轮弯月以类似发饰或冠饰的形态出现(图 23)。类似的形象还见于意大利罗马贝佐卢地区(Belluzzo)三世纪初建造的戴里克先浴场(Baths of Diocletian)中的大理石浮雕,月亮女神塞勒斯的头顶,同样出现以类似弯月形冠饰的形态(图 24)。这些相似形象的月亮女神像多次出现,表明其头顶的弯月形类似冠饰形态的内容,应当是月亮女神身份特质的重要标志,但并未出现在肩部两侧延伸的弯月形装饰。

图 23　意大利罗马和奥斯提亚(Ostia)发现的大理石石棺上的月亮女神像

因此,仅就上述对贵霜和罗马周边地区月神形象的简单比对而言,弯月是月神神格化的重要象征。贵霜地区月神的形象应当源于希腊文化中对月亮的人格化表现,但该形象在贵霜出现以后,在形式上强化了月神头顶的弯月特征,将之放大后置于月神的肩部两侧,形成类似焰肩或羽翼的图像特征。贵霜地区这种形式上强化肩部羽翼或弯月装饰的原因我们尚不得而知,但考察这一地区的图像传统,至少可发现这些做法并非贵霜人首创。类似的

图 24　戴里克先浴场(Baths of Diocletian)大理石浮雕上的月亮女神像

表现方式早在公元前两千年的两河流域即已出现。1891 年发现于伊拉克南部的一件小型绿玉圆柱体印章(图 25),在左下方有太阳神沙玛什(shamash)持锯刀状武器处于两山之间,沙玛什虽是侧面,但可从其左肩部看到波浪状上升的光芒或火焰类形象。类似的印章在相关地区都有较多出现,上面多有波浪状光芒或火焰的人物。

伊朗埃兰古城出土稍晚的汉谟拉比法典石柱上,有国王从太阳神沙玛什手中接过象征权力的权杖(图 26)。在该场景中,沙玛什的双肩有清晰可见的波浪状火焰或光芒状装饰,其形态与贵霜时期钱币上君主像焰肩的表现方式

图 25　伊拉克南部出土的绿玉圆柱体印章（约公元前 2300 年）

图 26　伊朗埃兰古城出土汉谟拉比法典石柱　图 27　美索不达米亚地区阿卡德（Akkadian）
　　　　（约公元前 1750 年）　　　　　　　　　　帝国时期的太阳神沙玛什（shamash）像
　　　　　　　　　　　　　　　　　　　　　　　　（约公元前 2350—前 2150 年）

基本一致，让人很难想象二者是无关独立发展的状态。此外，另一处美索不达米亚地区阿卡德（Akkadian）帝国时期的太阳神的浮雕中，沙玛什肩部的火焰或光芒形态的装饰被调整为弯月的形态（图 27），似乎又表明对于太阳神的神格表现而言，火焰或弯月可能都表示相似的内涵，即光明相关的象征意涵。一直到公元 2 世纪前后，太阳神沙玛什之子巴尔玛任（Barmaren）像的两肩上，仍然常出现弯月状的装饰（图 28），大体能够表明该类图像传统在这一地区源远

流长。因此，源自希腊罗马的
月神像，传至贵霜地区以后，
可能又受到周边区域数千年
来为重要人物或神像增加焰
肩的图像传统，将月神原本作
为类似冠饰的弯月饰，转变成
大型的弯月置于肩部两侧，成
为光明的象征。

　　类似的巴尔玛任（Bar-
maren）和月神图像再经过继
续发展以后，又出现一种正面
端坐月神像的形态（图 29），与
本节前述东汉中晚期出现较
多的双肩弯月式双翼的西王
母等主神像在形态上较为相
近，似乎表明二者存在一定图
式上的交流。除此之外，为中
西亚多个宗教共尊的娜娜
（Nana）女神像上，肩部也有出
现弯月形态装饰的形态，诸如
阿富汗拉格曼峡谷（Laghman
valley）出土的坐于狮子上的娜
娜女神像（图 30）。囿于所见材
料，我们尚不能对前述金币上
的月亮女神像和后来银盘上
女神像的演变做进一步梳理，
但从其背后的弯月形装饰和
类似长凳状座具的形态比对，
可知二者基本仍属于同一主

1.　　　　　2.
图 28　太阳神沙玛什（shamash）之子巴尔玛任
（Barmaren）像（公元 2—3 世纪）
（1. 伊拉克埃尔比勒文明博物馆藏巴尔玛任像
2.伊拉克国家博物馆藏巴尔玛任像）

图 29　俄罗斯艾尔米塔什博物馆藏月神像银盘

图30 阿富汗拉格曼峡谷(Laghman valley)出土的坐于狮子上的娜娜女神像

题图像在不同载体的呈现。

上述关于贵霜和罗马等地区月亮女神相关图像的梳理,似乎表明在贵霜帝国初期,可能在希腊化巴克特利亚文化的影响下,继续流行希腊罗马文化中的众神信仰,同时可能也受到数千年来西亚中亚太阳神等相关信仰中用光芒或火焰装饰神像肩部做法的影响,致使贵霜时期流行或热衷于给特殊人物或神像的肩部增加双翼或火焰的表现形式,以明确其不同于凡人的神圣地位。在这种文化的影响下,贵霜君主转轮王形象上的焰肩、黄金之丘阿佛洛狄忒像肩部两侧的翅膀、月神肩部两侧出现的弯月形装饰,乃至迦毕式等地区出土两肩生焰的各类佛像,可能都是这一影响的形象体现。

在此基础上,我们推测,可能在该种文化的影响下,随着贵霜僧人和商旅的东向发展,将之带到了贵霜以东的中国西域和中原等地区。同时由于西王母相关信仰本身所具备的西方文化因素,以及自汉代以来,基于中西方使者的见闻,向西方对西王母相关信仰的探索得以不断积累。在中西双方互动及交流的共同推动下,中原及内地原本与羽人有明显区别的西王母等主神,可能受到类似贵霜帝国为特殊人物或神灵添加羽翼或火焰的文化或图式的影响,以格式套用或借鉴的形式,也额外增加了双翼或类似双翼的弯月或其他相似形态,以进一步强化其神圣特质。后续随着佛教的发展,佛教造像在受到西王母等主神造像传统影响的同时,也使双翼或火焰状的肩部装饰逐渐回归到光明的象征上,因而在北朝的龙门、敦煌石窟等,佛像肩部时有弯月形图像的出现。

### 四、关于佛像焰肩纹饰传播路径的推测

肩生火焰或羽翼的形象虽然广泛见于古希腊至东亚各地的各类物质文化遗存中,但在贵霜帝国时期似乎有更为明显的强调或偏爱,作为犍陀罗艺术的起源地,对这些图式要素的关注无疑应将其置于希腊文化在中亚的本土化背景下讨论。贵霜可能是大夏人复国所建,虽然目前对大夏属性的讨论仍有争议,①但其与希腊化的巴克特利亚王国之间的渊源则相对较为明确。作为亚历山大东征后的重要遗产,出现君主像的印度—希腊王国钱币无疑是重要体现,虽然早期米南德一世后的诸多印度—希腊君主可能出于政治考虑,开始采用巴利文头衔 Dharmikasa(正法的追随者),但直到贵霜时期,尤其迦腻色伽一世及其后继者胡毗色伽时期,钱币上带焰肩的君主形象越来越多地出现,其直接来源,可能在于此时初步成熟的佛教王权思想。

几乎同一时代安息僧人安世高译出的经典《犍陀国王经》可知"其德无量,后上天上,亦可得作遮迦越王,亦可得无为度世之道"②。遮迦越王(cakravartī-rāja)即转轮王,西晋法炬和法立所译《大楼炭经》亦有相关内容。③根据这些经典的描述,信奉佛法将大大有助于君主向转轮王的形态转变,大体属首次将转轮王纳入到佛教思想体系中,由此促成佛教与君主之间的良性互动,带来了佛教在贵霜王朝时期飞跃性的发展。可能受到佛教文本中关于佛及弟子身出水火神变特质的影响,图像中的君主形象增加了双肩生焰的表现方式,玄奘西行求法时,在迦毕试国听闻贵霜帝国君主迦腻色伽在佛加持下,两肩生火焰降伏恶龙,"于两肩起大烟焰,龙退风静,雾卷云开"④。或许也可以和这些钱币上的焰肩君主像一起,被视作君主转轮王身份进一步融入佛教信仰体系的形象体现。可能受此影响,作为贵霜统治核心区的迦必试等相关区域,成为早期犍陀罗佛教造像的初创和核心区域,开始出现诸多身出水火的佛像,涵盖舍卫城大神

---

①余太山:《贵霜史研究》,北京:商务印书馆,2015年,第6—7页;孙英刚:《犍陀罗文明史》,第102—103页。

②(东汉)安世高译:《犍罗国王经》,《大正藏》第14册,第774页。

③(西晋)法炬、法立译:《大楼炭经》卷3《高善士品》,《大正藏》第1册,第290页。

④(唐)玄奘、辩机著,季羡林等校注:《大唐西域记校注》,北京:中华书局,2007年,第824页。

变、双神变、燃灯佛授记等题材。

由于贵霜与龟兹之间的密切联系,可能使焰肩作为一种不同于身光的特殊表现形式得以东传。龟兹作为贵霜与中原文化交流往来的重要中转地,有多种材料可以佐证。东汉永元二年(90)贵霜第二任君主阎膏真欲求娶汉朝公主被拒,遂发兵攻打班超,战事失利求救于龟兹,反映出二者之间关系可能较为密切:

> 永元二年,月氏遣其副王谢将兵七万攻超。……谢果遣骑赍金银珠玉以赂龟兹。超伏兵遮击,尽杀之,持其使首以示谢。……月氏由是大震,岁奉贡献。[①]

次年,龟兹、姑墨等城皆降于班超,此后班超即居龟兹它乾城,以之作为整个东汉时期的西域都护府驻地。永元六年(94)秋,班超发龟兹、鄯善等兵力七万余人,讨伐焉耆,从此以后西域诸城尽数归于东汉,出现"西域五十余国悉皆纳质内属焉"[②]的局面。

永元二年至六年(90—94)发生的相关战事,正是班超任西域都护以后,平定诸城的重要时期,在这一过程前期,贵霜与龟兹的密切关系显而易见,而此后班超平定龟兹后,即长居龟兹它乾城作为都护府驻地,使龟兹得以长期受到汉朝的管辖和治理。这种转变无疑奠定了龟兹作为贵霜和汉朝通过丝绸之路交流的重要中转站地位,以龟兹作为文化中转站,随着贵霜僧侣及粟特等东西方商队、使者等人员在丝绸之路上的往来交流,焰肩图像形象也传播至中原地区。

陕西定边出土有"龟兹丞印"封泥(图 31),印面篆书"龟兹丞印"四字,其中"丞"字大部已缺失,为汉代龟兹属国所用封泥。[③]龟兹属国位于上郡(今陕西榆林北部),《汉书·地理志》述及上郡时,提到"龟兹,属国都尉治"。颜师古注曰:

①(南朝宋)范晔:《后汉书》卷 47《班梁列传·班超》,第 1581 页。

②(南朝宋)范晔:《后汉书》卷 47《班梁列传·班超》,第 1583 页。

③徐亚平主编:《定边瑰宝》,北京:文物出版社,2023 年,第 209 页。

"龟兹国人来降附者,处之于此,故以名云。"[1] 龟兹属国是以西域国名命名汉地县治的唯一一例。《汉书·郑吉传》记载西汉神爵年间匈奴日逐王降汉,西域都护郑吉

图31　陕西定边出土有"龟兹丞印"封泥

调拨渠黎、龟兹等地五万人押送匈奴降人至京师:"神爵中,匈奴乖乱,日逐王先贤掸欲降汉,使人与吉相闻。吉发渠黎、龟兹诸国五万人迎日逐王,口万二千人、小王将十二人随吉至河曲,颇有亡者,吉追斩之,遂将诣京师。"[2]王子今先生指出,数量可观的龟兹人归附,并以属国治之,可能与此次押解匈奴降人的龟兹、渠黎人的到来有关。[3]

此外,河南新郑、密县一带的汉代画像墓中较多出现一类装饰砖,常在菱格中绘祥瑞图像或纹样(图32),常有凤鸟、钱纹、柿蒂纹等。类似的绘画方式

图32　河南新郑画像砖中的菱格凤鸟纹(左、中)、变形柿蒂纹(右)

---

①(汉)班固:《汉书》卷28《地理志》,北京:中华书局,1962年,第1619页。

②(汉)班固:《汉书》卷70《郑吉传》,第3006页。

③王子今:《上郡"龟兹"考论——以直道史研究为视角》,《咸阳师范学院学报》2017年第3期,第3—4页。

在其他地区的画像砖、石中并不常见，却与克孜尔石窟券顶左右两侧的菱格故事画的构图组合方式较为相似，类似的菱格构图组合却并不见于中亚等犍陀罗佛教影响区域。徐涛先生指出，克孜尔石窟的菱格故事画的组合方式，可能与中原地区汉画中的菱格图像有直接关联。

这些都表明处于天山廊道的龟兹，在强大汉朝的治理下，作为重要的中西交通和文化枢纽，不断通过丝绸之路与中原保持着密切的往来关系。早期汉画西王母等主神像上的双翼，乃至此后北朝佛教造像中的焰肩图像，可能都是通过这种往来被传播至中原，再借由都城的影响，散播至各地。

由于龟兹和贵霜的重要地缘位置和互动往来关系，使得贵霜相关的焰肩内涵在龟兹石窟中得以保留，在克孜尔石窟中多处可见的焰肩佛即是这一交流有效性的重要体现。而传至中原以后，双肩装饰羽翼或火焰的做法虽然在时代相近的东汉早期佛教造像中并不流行，但在佛像依附发展的东王公、西王母和伏羲、女娲等主神像中部分地得到了回应，即假借当时相对成熟的羽人双翼表现方式，在西王母等主神的双肩饰以类似弯月形态的展开双翼，作为其神性的象征。而此后，随着双方文化交流的深化，以及佛教身光等内涵的影响，可能使西王母等神像肩部的弯月形态逐渐和双翼得以区分。中国早期佛教造像在东汉长期依附于西王母等主神像，因此可能在形象上也相对容易吸收西王母等主神肩部两侧的弯月形象，至北朝时期成为龙门石窟等焰肩佛像造型的重要来源。当然，云冈、龙门和敦煌石窟的北朝焰肩佛像受到贵霜或犍陀罗文化的直接影响亦不容忽视，这需要我们进行更多细致的比较研究工作。

需要略微多做说明的是敦煌石窟中出现的焰肩像，除了前述在身光和头光之间的空隙中的小型焰肩装饰以外，还有两处带焰肩弟子像值得注意，即前述陈清香先生提及克孜尔石窟中的神足比丘。这种形象似乎不见于敦煌以东地区的佛教造像中，主要在莫高窟北魏第 257 窟须摩提女因缘故事画（图 33）中的弟子像和第 285 窟顶升天图下方山间禅定的僧人像（图 34）中，出现类似的弯月形表现方式，部分起到类似身光的作用。

神足比丘像主要见于克孜尔石窟中的须摩提女因缘故事画和涅槃经变等个别图像，李其琼和施萍亭先生根据人物造型和艺术风格，指出敦煌和龟兹的须摩提女因缘故事画之间有较为密切的关系，敦煌壁画中的须摩提女因缘故

图 33　莫高窟第 257 窟北壁须摩提女因缘故事画

图 34　莫高窟第 285 窟覆斗顶东披北侧下部山间禅定僧人像

事画是在中原艺术的传统上吸收了西域艺术的精华。[1]而莫高窟第 285 窟壁画中所包含的中原与西域文化的交流因素也在以往研究中被多次强调。该洞窟的开凿与北朝时期僧人真身或舍利骨灰供奉有密切的关系，其思想性和功能性更多的是为供养者、功德主或本地佛教徒、普通信众往生天国服务的。[2]虽然窟顶的升天与狩猎图组合的直接来源是中原无疑，但山间禅定者的弯月形焰肩形象却在中原石窟相对较少。类似的形态却又见于中原及相邻地区的汉画

---

　　①李其琼、施萍亭：《奇思驰骋为"皈依"——敦煌、新疆所见〈须摩提女姻缘〉故事画介绍》，《敦煌学辑刊》1980 年第 1 期，第 77 页。
　　②沙武田：《北朝升天成仙思想在佛教石窟中的实践："天"图像再利用与莫高窟第 285 窟功能再探》，《台湾大学美术史研究集刊》第 54 期，2023 年，第 46 页。

中,前文所述山东沂南东汉墓中所绘佛像即是类似双肩生焰的形象,因而敦煌石窟中这些禅定僧人像出现双肩生焰的形态,可能与早期佛教造像在汉画中与西王母等主神呈依附或共生关系的背景有关。整体而言,第 257、285 窟中的焰肩弟子和僧人像应当是龟兹或相关区域的美术传统,与中原的汉画美术传统的共同融合而成的结果。对这些图像的分析,可能部分地有助于我们理解古代敦煌与周边地区的文化互动和交流。

## 结　语

肩生羽翼的形象,可能是东西方共同出于对鸟类、自由、飞翔等相关含义崇拜的象征,衍生出各种形态肩生羽翼的神像。类似于西方的天使和源自中国本土的羽人,都是作为人神和生死之间沟通的使者,往来于天地之间,身份和地位相对都较为固定。至公元前后,贵霜帝国及周边,可能流行给特殊的人物和神像加上双翼或火焰,以强化其神圣性特质,并随着贵霜的僧侣或商旅传至东方。永元六年(公元 94 年)以后,西域地区重获安定,丝绸之路上的文化交流亦由此得以再度恢复。这一重要的时间节点,使我们很容易联想到,东汉时期山东及陕北、四川各地西王母等主神像肩部出现展开双翼的大致时间。正如前述李淞先生关于陕北汉画中西王母等像的分析所言,陕北及周边地区汉画的主神像肩部出现双翼的时间在 110 年前后,而山东地区应略早一些,但具体时代仍不明确。如此,我们或可推测,正是由于永元六年以后丝绸之路的畅通,使此前贵霜地区流行给主神像或重要人物肩部装饰双翼或火焰的风气,经由龟兹传至中原,进而在各地石窟寺等壁画中开枝散叶形成多种造型的发展形态。

# 炳灵寺第 169 窟题材中的南朝因素考论
## ——以法显译经弘法活动为中心①

### 姚志薇

（敦煌研究院）

## 一、问题的提出

炳灵寺西秦第 169 窟，除"建弘题记"是迄今为止中国石窟考古中发现的最早纪年题记外，还存在众多中土佛教石窟中首次出现的题材，如：最早纪年西方三圣和莲华化生图像②，现存最早维摩诘壁画，最早多宝塔壁画，最早华严题材和药师佛③，最早弥勒造像龛④，最早说法听法因缘故事壁画⑤，最早石窟墨书写经《佛说未曾有经》，最早千佛和七佛题材，最早的菩萨、天王协侍组合，内部装饰中更有最早的背光飞天和火焰纹等⑥。此窟内容和题材组合涉及《法华经》《维摩经》《无量寿经》《华严经》等大乘经典"法身""净土"思想，涵盖了十六

---

①基金项目：国家社会科学基金项目"敦煌藏经洞出土布帛画研究"获准立项，批准号 22BZJ022。
②宿白：《南朝龛像遗迹初探》，宿白著：《中国石窟寺研究》，北京：生活·读书·新知三联书店，2019 年，第 230 页。
③根据赖鹏举先生考证，第 169 窟 11 龛"华严菩萨""药师佛""燃灯""月光菩萨"等题材，来自东晋译本《灌顶神咒经》，可以证明西秦石窟较早接受南方佛教影响。赖鹏举：《敦煌石窟佛教造像思想研究》，北京：文物出版社，2009 年，第 77 页。
④冯国瑞：《炳灵寺石窟勘察记(初步调查报告)》，郑炳林、石劲松主编：《永靖炳灵寺石窟研究文集》(上册)，兰州：甘肃文化出版社，2011 年，第 176 页。
⑤常青：《炳灵寺 169 窟塑像与壁画题材考释》，中国社科院考古所编：《汉唐与边疆考古研究》第一辑，北京：科学出版社，1994 年，第 125 页。
⑥赵声良《敦煌石窟艺术简史》，北京：中国青年出版社，2016 年，第 56 页；关友惠主编《敦煌石窟全集·图案卷上》，北京：商务印书馆，2003 年，第 94 页。

国至北朝多种主要禅法禅观,形成中土石窟经变画雏形。同时代的西秦第 16 窟卧佛还塑造了内地十六国时期唯一涅槃佛像①。西秦石窟已有研究成果,多从陇右佛教与河西佛教、关中佛教艺术图像学关联角度展开研究,对东晋、刘宋佛教关注较少,因而无法解释大量首创题材集中出现于西秦石窟而非佛教更早传入或佛学更兴盛地区,如果从政治史、佛教史和石窟题材内容角度分析,第 169 窟这种题材开创性,有一部分似来源于法显西行见闻和携回经像,以及所译大乘佛经的传播,似与法显归国后弘法活动和西秦与刘宋政权外交往来有关,又受到陇右地区禅学兴盛和长安佛学从般若到涅槃学术思潮影响。

## 二、法显的交游、译经及弘法活动对西秦石窟的影响

### (一)西秦、刘宋政权交流对法显弘法活动的促进

法显公元 400 年前后的西行求法,旨在求取经律、阐扬大乘佛学,弥补汉地佛教缺憾。其归国后在彭城和建康的建寺、译经等佛事活动,以弘法为根本目的,其影响在中印文化交流史和中国大乘佛教发展史中与玄奘并称。"法流中夏,自法显始也。"②"陆去海还,广游西土,留学天竺,携经以归者,恐要数法显为第一人。"③结合时代背景,这种佛教史先驱之功与炳灵寺第 169 窟在中土石窟艺术题材中的首创性值得联系起来考察。当法显于义熙十年(414)写出《佛国记》,义熙十二年(416)在建康道场寺同佛驮跋陀罗、宝云等译出《摩诃僧祇律》《僧祇比丘戒本》《僧祇比丘尼戒本》《大般泥洹经》等典籍后,以其影响力,借助此时期南北政权对佛事的重视,其所译经律、所宣扬义理和携至中土佛像摹本,在南北各地僧团和世俗政权必定会迅速、广泛传播。此时正值西秦政权国力鼎盛和佛教活动兴盛时期,炳灵寺第 169 窟大规模重修正在此时,而法显本为北方僧人,与长安佛教、西秦政权、河西佛教均有交集,炳灵寺石窟又处于陇右交通要道,为法显相关经律、图像、见闻传播北方必经之地。西秦政权

①初世宾:《麦积崖的开创年代与相关问题——兼论早期佛教艺术》,李勇锋编选:《陇上学人文存·初世宾卷》,兰州:甘肃人民出版社,2015 年,第 59 页。

②郦道元著,陈桥驿校释:《水经注校释》卷 25,杭州:杭州大学出版社,1999 年,第 454 页。

③法显撰,章巽校注:《法显传校注·序》,北京:中华书局,2008 年,第 3 页。

此时期灭南凉,征服吐谷浑,势力扩展至巴西,使陇右—吐谷浑—益州—建康这条南朝至陇右交通路线空前畅通,为南北僧人往来提供了极大便利,保障了宋永初元年(420)法勇等人效仿法显经过西秦的西行求法等活动。法显归国后也有意再赴长安,"夏坐迄,法显远离诸师久,欲趣长安。但所营事重,遂便南下向都,就禅师出经律"①。因此,尽管法显归国后无缘再至陇右,理论上却会重视发起经、律、像向河西、关中等地的弘扬、传播活动,并迅速影响到炳灵寺西秦佛教艺术。第 169 窟绘塑技法和无量寿佛、维摩诘像等题材,完全有可能受到此时期南方佛教艺术影响。除前述赖鹏举先生考证的此窟药师、华严题材可能来自东晋译本《灌顶神咒经》之外,第 169 窟佛像微笑样貌和飞扬状飘带的南朝渊源,已经被阎文儒等研究者注意到②,加之首先流行于南方的无量寿佛信仰及相关造像艺术出现在第 169 窟,此窟七佛、维摩图像,在艺术史中最早也由东晋张墨、卫协等人绘制③,可证法显译经时期南方建康佛教题材与艺术影响炳灵寺证据存在多处。

1. 政治因素——西秦与南朝的政治文化往来

西秦建弘元年(420)前后,正值西秦与东晋、刘宋政权频繁往来,从政治史角度可以增加法显建康译经迅速传播至陇右的可能性。此时期南北政权往来至少包括东晋义熙十二年(416)、宋永初元年(420)两次:"枹罕虏乞伏炽盘遣使谒帝,求效力讨姚泓,拜为平西将军、河南公"④"甲辰,镇西将军李歆进号征西大将军,平西将军乞伏炽盘进号安西大将军,征东将军高句丽王高琏进号征东大将军,镇东将军百济王扶余映进号镇东大将军"⑤。可以判断,建弘年间,西秦与南方政权始终保持往来,西秦与刘宋政权又都重视佛事活动,此时在建康道场寺大规模译经的法显,与双方政权都曾产生联系,以其影响力,在双方文化、政治往来中很可能充当重要角色,从而使新传译经典和佛教图像从建康传

---

①法显撰,章巽校注:《法显传校注》,第 148 页。

②费泳:《"建康模式"的形成及佛像样式特征》,《南京艺术学院学报: 美术与设计版》2017 年第 1 期,第 112 页。

③张彦远:《历代名画记》卷 5,北京,人民美术出版社,1983 年,第 108 页。

④李延寿:《南史》卷 1《宋本纪上》,北京:中华书局,2012 年,第 19 页。

⑤李延寿:《南史》卷 1《宋本纪上》,第 25 页。

往陇右。而此时期关中后秦政权与刘宋处于敌对状态,也是法显所持经、像必须先至陇右后至关中、河西原因之一。法显之于西秦,正如 421 年到达姑臧的昙摩谶之于北凉。而西秦石窟与同时期北凉石窟、麦积山石窟题材相似较少,从风格到题材都不属于"凉州模式",第 169 窟建窟图像摹本,有很大几率直接来自南方法显等人。

2. 佛教史因素——西秦佛事活动的繁盛

西秦对石窟营建之重视和佛事活动之规模,也是第 169 窟最早集中出现北朝石窟众多主要题材又一原因。炳灵寺石窟创始于西晋,石窟艺术积累极早,西秦统治者石窟营建可能涉及炳灵寺石窟、麦积山石窟、靖远县法泉寺石窟[①]、榆中县千佛洞(尖山大佛寺)四地,均在西秦各时期政权中心附近。结合西秦佛教其他资料,如译经、贵族佞佛、僧人干政等史料,乞伏氏统治者应是很早就将佛教奉为国教,鼓励境内佛教僧团利用政策和地理优势,集中众多陇右、关中名僧禅修、弘法。初世宾先生将甘肃石窟自西向东划分为五个区系[②],炳灵寺石窟为独具特征的甘肃中部石窟代表,特征为石窟题材、技法、风格的独立、多元,与西秦政权佛教活动和陇右地区文化交流痕迹密切相关。同时很可能由于长安佛教作为城市佛教,不重视石窟营建,前后秦均未在政权核心长安地区开凿皇室石窟,使炳灵寺和麦积山石窟能够吸引关中僧人石窟禅修,从而义理上体现鸠摩罗什关中佛教精神,风格技法上又较为独立,题材上也较多样。这种区域特征,能佐证第 169 窟西秦佛教艺术并非从西域、凉州直接传来,而来自其他地区。西秦政权自身译经活动,限于国力,所译多为小部头经典和大经节译,与第 169 窟题材所依据大乘经典存在差异[③],说明西秦统治者和僧人对南来大乘经像正有吸收需求,也间接说明关中、建康两个重要译场对陇右佛教艺术之影响。

3. 文化政策因素——西秦政权对文化建设和文化交流的重视

西秦政权的文化政策,也有利于南方佛教思想迅速北传。西秦承担文化、

---

①初世宾:《麦积崖的开创年代与相关问题——兼论早期佛教艺术》,第 25 页。

②初世宾:《麦积崖的开创年代与相关问题——兼论早期佛教艺术》,第 33 页。

③杜斗城:《西秦佛教述论》,《中华佛学学报》第 13 期,2000 年,第 218 页。

教育职能官员,有"太子太师""太子詹事""禁中录事""太子司直"等①。炳灵寺石窟第 169 窟北壁西秦供养人行列图中,有博士、国师题名。博士掌管经学研究和人才教育;国师曾由僧人玄高担任,应为宗教事务领袖;"禁中录事"当有书记职能,接近史官。这些职位的设置,显示出偏重军事立国的西秦政权以两汉、魏晋文教制度和中原文化为仪轨,在文治方面做出的努力。乞伏氏支持下的译经和石窟营建反映了对南朝文化的吸收,礼待僧人、支持译经活动、僧人参与政治活动更与西秦社会现实和统治者心理需求密切相关,成为乞伏氏化解境内多民族矛盾、除灾消患、获取百姓支持的政治手段之一。炳灵寺石窟西秦遗迹和建弘题记即体现乞伏氏统治者以佛教护国意图,河西地区与中原的经学、佛学交流在此地必有许多汇集,从而使政权鼎盛时期的石窟题材,容纳吸收了时代流传最广的佛学经典和义理。西秦政权在地缘上始终四面受敌及战争不断的特殊形势,可能也是乞伏氏政策上重视接受大乘佛法护佑和礼敬名僧以祈福的原因。

**(二)法显南朝交游对西秦石窟影响**

法显与南朝佛学派别之交游,尤其是与慧远、佛驮跋陀罗的往来,对时代佛教思想的影响,很可能是炳灵寺第 169 窟出现维摩、西方净土和华严等题材的原因之一。

1. 法显与慧远、佛驮跋陀罗的交游促使时代佛学思潮传至北方

法显与慧远、佛驮跋陀罗的往来,一是慧远迎请法显论道,"晋义熙十二年,岁在寿星,夏安居末,慧远迎法显道人。即至,留共冬斋。因讲集之际,重问游历"②。章巽先生认为,慧远迎请法显首要目的,即是在道场寺与觉贤(即佛驮跋陀罗)合作翻译法显新携经律③。二是法显与佛驮跋陀罗共同译经。《六卷泥洹出经后记》:"禅师佛大跋陀手执梵本,宝云传译。"④《婆麤富罗律后记》(《摩诃僧祇律》):"摩诃僧祇者,言大众也。沙门法显游西域……以晋义熙十二年,

---

① 练恕:《西秦百官表》,《二十五史补编》刊行委员会编:《二十五史补编》,上海:开明书店,1937 年,第 4061 页。

② 法显撰,章巽校注:《法显传校注·跋》,第 153 页。

③ 法显撰,章巽校注:《法显传校注》,第 154 页。

④ (梁)释僧祐撰,苏晋仁、萧炼子点校:《出三藏记集》卷 8,北京:中华书局,1995 年,第 119 页。

岁次寿星,十一月,共天竺禅师佛驮跋陀罗于道场寺译出,至十四年二月末乃讫。"①佛驮跋陀罗是 60 卷本《大方广佛华严经》和禅籍《观佛三昧海经》译者,无量寿佛是《观佛三昧海经》卷 9《本行品》记载的禅修观想四方佛之一②,慧远为南方无量寿佛信仰等"净土"法门重要倡导者,三人互有交集,又都与关中佛教产生过关联,对戒律、净土、华严、涅槃等思想和相关禅观的南北传播均有重要贡献。与法显同行的宝云,传译《大般泥洹经》之外,此时亦在道场寺译出《新无量寿经》③。炳灵寺第 169 窟中土石窟艺术最早的华严十方佛、西方三圣和净土化生题材,除来自鸠摩罗什所译经典之外,与建弘年间围绕法显的建康佛教系统很难脱离关系,更体现出北土禅法禅观与此时期南方佛教思潮之间的联系,构成大乘佛学完整的戒律、义理与修持途径。章巽先生考证《法显传》中与法显共同西行的慧达,即佛教史中影响凉州佛教的名僧刘萨诃④。而北魏郦道元《水经注》更是引用《法显传》20 余处⑤,可见法显活动对北方社会之影响。尽管鸠摩罗什译《维摩诘经》最为流行,文献记载最早维摩图像却来自东晋顾恺之和张墨等人。因此从艺术图像角度,第 169 窟此题材仍以南朝佛教和法显关联最大。以上史料和 420 年前后新出佛籍资料,均可证明南朝佛教和法显弘法、交游活动如何作用于北朝佛教思想、艺术,而炳灵寺西秦石窟在此北朝佛学史、石窟艺术史中,至少应为重要开端和传播地点之一。

2. 西秦石窟大乘佛教菩萨观念与《法显传》的对应

第 169 窟题材所体现大乘佛典和菩萨精神,有一部分与《法显传》所记载的见闻和对摩诃衍人的强调能够对应,反映阐扬大乘佛学志愿。如中天竺秣菟罗国"摩诃衍人则供养般若婆罗蜜、文殊师利、观世音等……佛泥洹以来,圣众所行威仪法则,相承不绝"⑥;如《维摩诘经变》"善巧方便"观念与法显摩竭提国

---

①（梁）释僧祐撰,苏晋仁、萧炼子点校:《出三藏记集》卷 3,第 119 页。

②高楠顺次郎、渡边海旭监修、都监小野玄妙等编:《大正藏》第 15 册,东京:大正一切经刊行会,1925 年,第 688 页。

③（梁）释僧祐撰,苏晋仁、萧炼子点校:《出三藏记集》卷 15,第 688 页。

④法显撰,章巽校注:《法显传校注》,第 156 页。

⑤法显撰,章巽校注:《法显传校注·校注说明》,第 25 页。

⑥法显撰,章巽校注:《法显传校注》,第 47 页。

巴连弗邑所见大乘婆罗门子文殊师利信仰起源①；如弥勒题材与法显北天竺陀
历国所见弥勒菩萨木像，"大教宣流，始自此像，非夫弥勒大士继轨释迦"②；如
为观经像停留于阗三月所见之一佛二菩萨绘画构图③；如中天竺取得写经与画
像摹本，包括巴连弗邑的《摩诃僧祇律》《方等般泥洹经》，"法显住此三年，学梵
书、梵语，写律"④。多摩犁帝国的经像："法显住此二年，写经及画像。"⑤中天竺
是法显求取经像主要地区，有传说中的佛住 25 年的舍卫城祇洹精舍，是中土
视为《大般涅槃经》代表图像的"得眼林"故事发生地。炳灵寺第 169 窟西秦造
像秣菟罗风格与三世佛、大乘菩萨题材之间，似都与法显这种经历有关。第
169 窟西秦建弘年间造像风格接近秣菟罗风格，不同于西域河西佛教艺术犍陀
罗风格，如果并非从中亚、西域传来，而是法显直接所录代表"摩诃衍无碍之
智"的中天竺佛教图像，为其弘扬大乘佛教戒律、仪轨、义学服务，则能将时代
佛学思潮与石窟艺术风格统一起来，也符合西秦政权地理特征和此时期的国
力、政策。

**（三）北朝初期佛性解脱思想传播与炳灵寺西秦石窟营建**

法显传译和弘法活动，以六卷本《大般泥洹经》影响最大。"显即出《大泥洹
经》，流布教化，咸使见闻。"⑥禅学兴盛的北方石窟中，炳灵寺西秦第 16 窟最先
出现涅槃佛造像，与法显译《大般泥洹经》之间似存因果；大乘佛教的泥洹佛性
常住之说又与禅学、净土观念之间存在诸多联系，可能也涉及第 169 窟主题中
的大乘佛教解脱观念，反映出此时代佛学从法华到涅槃、净土的会通问题，从
昙摩毗等僧人的建窟整体规划角度，也只有大乘佛教涅槃学的解脱精神、"法
身常住"、"佛性普存"等观念，可以将第 169 窟华严、维摩、法华、千佛、弥勒、三
世十方诸佛、七佛等题材与禅观统一起来，归入中土大乘佛教"如来藏"思想早
期艺术表现。

---

①法显撰，章巽校注：《法显传校注》，第 87 页、90 页。

②法显撰，章巽校注：《法显传校注》，第 22 页。

③法显撰，章巽校注：《法显传校注》，第 12 页。

④法显撰，章巽校注：《法显传校注》，第 120 页。

⑤法显撰，章巽校注：《法显传校注》，第 124 页。

⑥（梁）释僧祐撰，苏晋仁、萧炼子点校：《出三藏记集》卷 15，第 576 页。

　　炳灵寺第 16 窟涅槃像和六卷本《大般泥洹经》均为时代佛学思潮从般若到涅槃、从大乘空宗到有宗发展产物。鸠摩罗什译有《无量寿经》和记载观无量寿佛法门的《思维略要法》,以"净土三因说"和净土禅法开启净土学,其杰出弟子包括"涅槃圣"竺道生和著《涅槃无名论》的僧肇,以及在炳灵寺第 169 窟留下题名的道融。关中学派僧人以《维摩诘所说经》《法华经》等会通般若、涅槃倾向明显,"《维摩诘所说经》十卷……姚兴迎长安,译经於逍遥园。凡四十部,此其一也。本三卷十四品,其后什之徒僧肇、道生、道融等为之注,为十卷"①。而僧肇、道生、道融对《涅槃经》均有造诣。与鸠摩罗什同时代的庐山慧远,亦持涅槃佛性常住之说。"先是中土未有泥洹常住之说,但言寿命长远而已。远乃叹曰:'佛是至极,至极则无变。无变之理,岂有穷耶。'因著《法性论》曰:'至极以不变为性。得性以体极为宗。'"②结合对炳灵寺第 16 窟涅槃像和法显翻译六卷本《泥洹经》的时代背景分析,此时期南有"涅槃圣"竺道生,西有昙摩谶凉州翻译《大般涅槃经》,关中僧人亦精研涅槃学。从般若到涅槃,探讨"佛性""法身"本体论逐渐成为时代佛学主流,涅槃佛性学说即将开始对北朝佛教和石窟艺术产生深远影响。除炳灵寺第 16 窟之外,第 169 窟的法华、维摩、诸佛、弥勒等题材,亦蕴涵大乘涅槃学说改易"无常苦空"为"常乐我净"的现世解脱以及大乘菩萨道—摩诃衍大般泥洹精神,"菩萨摩诃萨成就四法。能为人说大般泥洹经。何等为四。能自专正。能正他人。能随问答。善解因缘。是为四法"③。此窟邻近建弘题记的墨书写经《佛说未曾有经》,与《法华》《涅槃》同为记录佛入灭前最后说法经籍,经文写于石窟,涉及释迦入灭后无佛时代的佛法常住问题,亦与法显等人求法、译经意愿接近。此外,法显《泥洹经》和昙摩谶《大般涅槃经》未提及的佛入灭后诸情节,属于《大般涅槃经·后分》,能够在十六国时期即出现于西秦石窟,亦可能来自法显西行见闻中的拘夷那竭城佛涅槃传说,如双树间泥洹、须跋得道、金棺供养、金刚力士、八王分舍利、黎车部族等故事细节④。

　　①马端临:《文献通考》卷 226,北京:中华书局,1986 年,第 1817 页。

　　②(梁)释慧皎撰,汤用彤校注,汤一玄整理:《高僧传》卷 6,北京:中华书局,1992 年,第 218 页。

　　③法显译:《大般泥洹经·四法品第八》,高楠顺次郎、渡边海旭监修,小野玄妙等编:《大正藏》第 12 册,东京:大正一切经刊行会,1925 年,第 868 页。

　　④法显撰,章巽校注:《法显传校注》,第 76 页、79 页。

总体看来,西秦石窟的涅槃造像和绘塑涅槃解脱思想,应来自相同动机:佛涅槃后的末法时代,南北僧团大乘正法、戒律的守护与传播问题,也即北朝涅槃学派法身观之发端,这种对正法流传的重视和末法时代的警惕,也是第 169 窟共出现 11 铺说法图的原因。

第 169 窟二佛并坐图像,也来自涅槃思想与法华的会通①。"佛性"义为法显、昙摩谶等人《大般涅槃经》译本核心思想,以"方便""圆融"观念协调各派学说的《法华经》也主张人人皆可成佛,是涅槃师用来阐扬佛性义理经典之一。道生在南方提出"一阐提人皆可成佛"后,即用《妙法莲华经·见宝塔品》阐释"佛性":"既云三乘是一,一切众生,莫不是佛,亦皆泥洹……本在于空理,如塔住于空中……所以分半座共坐者,表亡不必亡,存不必存。"②围绕佛性论的排斥与争议中,道生支持者也以《法华经》为经典佐证,视之为鸠摩罗什般若思想之继承,如慧睿《喻疑论》"什公时虽未有《大般泥洹》文,已有《法身经》,明佛法身即是泥洹,与今所出,若合符契。此公若得闻此,佛有真我,一切众生,皆有佛性,便当应如白日朗其胸襟,甘露润其四体,无所疑也"③。可见涅槃佛性学说和法华思想同为涅槃学僧人弘扬"正法"与"法身观"、排斥小乘的工具。炳灵寺西秦石窟最早的二佛并坐图像和最早的涅槃佛像,能够共同反映出大乘佛教涅槃学的传播,即法显、慧远代表的南朝佛教与北土关中佛教的交汇,共同服务于"佛性""法身"常住的大乘有宗涅槃思想,即法显所译《大般泥洹经》所言佛灭度后教化众生之正法和"如来常住之性",与敦煌莫高窟北朝后期 5 个涅槃窟中多见法华题材原因相同。

陇右禅观中的七佛与法华三昧观,使第 169 窟体现了大乘禅观与"如来藏"思想的结合。二佛并坐题材,除与涅槃师阐释佛性思想有关之外,研究者多认为出自鸠摩罗什根据《法华经·见宝塔品》整理出的法华三昧禅。此禅观载于《思惟略要法·法华三昧观》,以观释迦多宝并坐为主要方法,往往与北朝石窟

①王万青:《炳灵寺石窟西秦和北魏造像》,《敦煌学辑刊》,1990 年第 1 期,第 108 页。

②竺道生:《妙法莲华经疏·见宝塔品第十一》,前田慧云、中野达慧等编:《卐续藏经》,第 150 册,东京:京都藏经书院,1912 年,第 823—824 页。

③(梁)释僧祐撰,苏晋仁、萧炼子点校:《出三藏记集》卷 5,第 234、235 页。

涅槃、七佛等题材组合。如莫高窟西魏第 285 窟,北魏宣武帝时期开凿的炳灵寺第 132 窟等,炳灵寺第 169 窟七佛题材与法华组合最早。根据《出三藏记集》失译杂经目录,"法华三昧"禅观的出现可能还要早于鸠摩罗什[①]。赖鹏举先生考证,陇东地区南、北石窟寺中的过去七佛题材,为经罗什弟子僧肇弘扬的中土早期修习法华三昧禅实例[②],而观想七佛禅观主要来自《增一阿含经》和佛驮跋陀罗译《观佛三昧海经》。汉地佛教七佛造像以炳灵寺第 169 窟最早,而艺术史文献中,最早"七佛"记载来自南朝画家卫协:"顾恺之论画云:'七佛与大列女皆协之迹,伟而有情势。'"卫协绘有一种"楞严七佛",[③]与禅观似更相关。炳灵寺第 169 窟为禅窟,七佛题材功能上来自《观佛三昧海经·念七佛品》最为可能。这又与法华禅观构成整体,围绕佛驮跋陀罗、鸠摩罗什、法显译经,形成时代主要大乘禅观笼罩下涅槃佛性信仰自南朝、中原向陇右、河西传播之开始,体现了南来弘法僧人与关中鸠摩罗什一系禅僧学术思想、修行途径的共性,与此窟的涅槃解脱思想、三世十方诸佛题材,构成僧人从修行途径到终极解脱理想的完整道场组合。随着涅槃题材进入石窟,陇右石窟艺术禅观也更多渗透进大乘佛教"中道""第一义空""真实之我"等形而上学内核,更多反映南北佛教交流中的禅智双弘特征。

## 三、结语

炳灵寺西秦第 169 窟,存在较多中土佛教石窟中首次出现,后来广泛流行于北朝石窟的大乘佛教题材。这些题材内容、绘塑组合形式以及绘塑技法,受到了南朝建康佛教法显等人新出经像、陇右禅学、关中义学等多方面的影响,与法显西行和归国后译经、弘法活动存在着关联,体现了西秦石窟不同于河西佛教、关中佛教艺术的独特面貌。而 420 年前后建康佛教经像的集中传入,可能也是西秦统治者汇集境内高僧大规模重修第 169 窟的原因之一。

---

①(梁)释僧祐撰,苏晋仁、萧炼子点校:《出三藏记集》卷 4,第 173 页。

②赖鹏举:《丝路佛教的图像与禅法》,台北:圆光佛学研究所,2002 年,第 206—217 页。

③张彦远:《历代名画记》卷 5,第 108、109 页。

# 炳灵寺第 169 窟造像座具特征及图像来源考①

### 赵雪芬

（敦煌研究院　炳灵寺文物保护研究所）

　　5 世纪初,第 169 窟造像活动进入高峰期,现有编号佛龛 24 个,保存较完整塑像 62 身,另有 4 身塑像残缺但莲花座保存完整,壁画约 100 平方米。造像以坐像为主,坐姿有结跏坐、半跏坐、善跏坐、交脚坐 4 种,结跏坐像坐莲座或平台,半跏趺坐、交脚坐、善跏坐像均坐高形座具。《炳灵寺一六九窟》《炳灵寺石窟内容总录》中对第 169 窟的高形座具描述各不相同,如第 3 龛佛坐于束腰莲座上,第 11 龛二佛坐于莲座上,第 12 龛菩萨交脚坐于束腰座上,第 16 龛菩萨坐于圆形束腰座上。②第 169 窟造像座具的造型,可归纳为莲花座、束帛座、床座、金刚座和台座(表 1)。目前,学界尚未对第 169 窟座具展开研究,本文从图像学的角度对座具的特征及来源尝试性探讨,以就教于方家。

表 1　第 169 窟造像座具统计表

| 类型　　　　龛号 | 莲花座 | | | | 束帛座 | 床座 | 金刚座 |
|---|---|---|---|---|---|---|---|
| | 尖瓣型 | 圆瓣型 | | | | | |
| | 覆莲 | 覆莲 | 仰莲 | 前覆后仰 | | | |
| 2 龛 | | 坐佛 -1 例 | 立菩萨 -1 例<br>坐佛 -1 例 | | | | |
| 3 龛 | | 坐佛 -2 例<br>头光坐佛 -9 例 | | | 善跏佛 -1 例 | | |

　　①基金项目:国家社科基金"炳灵寺石窟第 169 窟考古报告"(22BKG018)。
　　②魏文斌:《炳灵寺 169 窟内容总录》,载于董玉祥编《炳灵寺一六九窟》,深圳:海天出版社,1994 年,第 3—12 页。

续表

| 类型 龛号 | 莲花座 | | | | 束帛座 | 床座 | 金刚座 |
|---|---|---|---|---|---|---|---|
| | 尖瓣型 | 圆瓣型 | | | | | |
| | 覆莲 | 覆莲 | 仰莲 | 前覆后仰 | | | |
| 6 龛 | 无量寿佛 -1 例 协侍菩萨 -2 例 | | 十方佛 -10 例 释迦立佛 -2 例 | | | | |
| 7 龛 | | 头光坐佛 -12 例 大势至 -1 例 立佛 -2 例 | | | | | |
| 9 龛 | 立佛 -1 例 | 立佛 -2 例 | | | | | |
| 10 龛 | | 释迦坐像 -1 例 文殊坐像 -1 例 | | | | | |
| 11 龛 | | 坐佛 -2 例 | 立佛 -2 例 | 协侍菩萨 -4 例 | | 维摩诘卧床 -1 例 二佛并坐 -1 例 | 半跏坐佛 -1 例 |
| 12 龛 | 坐佛 -1 例 | 坐佛 -12 例 立佛 -3 例 梵天 -1 例 | | 协侍菩萨 -1 例 | 交脚弥勒 -1 例 | | |
| 13 龛 | | 定光佛 -1 例 释迦佛 -1 例 协侍菩萨 -2 例 | | 立佛 -1 例 | | | |
| 14 龛 | | 坐佛 -1 例 协侍菩萨 -2 例 | | | | | |
| 15 龛 | | 千佛 -805 例 | | | | | |
| 16 龛 | | 立菩萨 -1 例 | | | 半跏坐菩萨 -1 例 | | |

续表

| 类型 | 莲花座 | | | | 束帛座 | 床座 | 金刚座 |
|------|------|------|------|------|------|------|------|
| | 尖瓣型 | 圆瓣型 | | | | | |
| 龛号 | 覆莲 | 覆莲 | 仰莲 | 前覆后仰 | | | |
| 17 龛 | | 立佛 –1 例<br>协侍菩萨<br>–2 例 | | | | | |
| 18 龛 | 立佛 –1 例 | | | | | | |
| 19 龛 | | 千佛 –166 例 | | | | | |
| 22 龛 | | 身光坐佛<br>–17 例 | | | | | |
| 24 龛 | | 千佛 –76 例 | | | | | |
| 小计 | 6 | 1124 | 16 | 6 | 3 | 2 | 1 |
| 合计 | 1152 例 | | | | 3 例 | 2 例 | 1 例 |

## 一、第 169 窟造像莲花座

莲花为多年水生草本植物,浮水或挺水开花,花单生,由萼片、花瓣、雄蕊、雌蕊组成,花瓣长卵形,有单瓣、复瓣、多重瓣 3 种形态,花瓣脱落露出莲蓬(雌蕊)。莲花在亚热带和温带地区都可种植,莲花生命力强,有出淤泥而不染的特性,被视为圣洁、美丽的化身,在古印度、古波斯、古埃及雕刻艺术中广泛运用,中国古代美术中较少使用,佛教传入中国后广泛使用于佛教艺术中。

莲花座不属于座具,是佛教美术中的表象座。第 169 窟佛像以坐像为主,莲花座的数量最多,佛、菩萨、梵天皆可坐。莲花的形状表现为尖瓣和圆瓣两种类型,尖瓣型以泥塑为主,圆瓣型均为彩绘。

### 1. 尖瓣型莲花座

尖瓣型莲花座均为覆莲,有单瓣和复瓣 2 种,复瓣花瓣呈交错和重叠式排布。

单瓣式:莲花宽厚、尖头、下垂,花瓣排布均匀、有间隙,花瓣中间有一道脉线、两侧鼓起,佛像立于莲花上,如第 18 龛莲花座(图 1)。

复瓣交错式:莲花宽厚、尖头、下垂,花瓣排布均匀、无间隙。上层花瓣中间一道脉线、两侧鼓起,下层花瓣露出尖头,莲蓬凸起,佛跏趺坐于莲蓬上。菩萨莲座的花瓣没有脉线,如第 6、9 龛莲花座(图 2)。

复瓣重叠式:莲花上、下层花瓣重叠,上层花瓣勾出中脉线,沿花瓣边缘勾重层花瓣轮廓线,如第 12 龛,仅此 1 例(图 3)。

表 2　尖瓣型莲花座比较

| 炳灵寺<br>第 169 窟<br>莲花座 | | | | |
| --- | --- | --- | --- | --- |
| | 图 1　第 18 龛佛像单瓣莲台 | 图 2　420 年第 6 龛佛像复瓣莲花座 | 图 3　第 12 龛佛像复瓣莲花座 | |
| 印度前<br>佛像时代<br>莲花座 | | | | |
| | 图 4　莲花花瓣、雄蕊、莲蓬形态 | 图 5　公元前 2 世纪巴尔胡特宝瓶莲花(引自《由"托举式"侧立莲花看印度早期莲花座的形成》第 64 页) | 图 6　桑奇 1 号塔阿克希米坐莲花(引自《由"托举式"侧立莲花看印度早期莲花座的形成》第 65 页) | |

续表

| 犍陀罗莲花座 | | | | |
| --- | --- | --- | --- | --- |
| | 图7 2世纪迦腻色伽大塔佛像莲花座(引自《犍陀罗文明史》191页) | 图8 2—3世纪犍陀罗太子莲花座 | 图9 2—3世纪马尔丹沙赫里、巴合娄尔舍卫城神变莲花座 | 图10 3—4世纪斯瓦特赛杜佛塔莲花座 |
| 中国汉晋十六国时期莲花座 | | | | |
| | 图11 262年武昌莲溪寺铜带饰佛像莲花座 | 图12 咸阳成任东汉墓出土铜佛像莲台 | 图13 429年大夏金铜佛像狮子莲花座(引自《十六国时期的金铜佛造像》) | 图14 304—439年金铜佛像狮子莲花座 |

公元前2世纪北印度巴尔胡特、桑奇大塔,及南印度阿玛拉瓦蒂佛塔上有莲花装饰图案,其中巴尔胡特、桑奇大塔浮雕莲花上出现人物立像和坐像。巴尔胡特宝瓶中插5朵莲花,2朵含苞,中间3朵盛开的莲花上站立人和大象,这是印度教"拉克希米"的典型形象。拉克希米坐或站立在莲花上,两头大象(加哈斯,gajas)向其灌水,象证着赐于财富和繁荣,该题材在巴尔胡特窣堵坡和桑奇大塔上多见。巴尔胡特宝瓶莲花有含苞、盛开和凋零3种形态,坐人像

莲花为盛开型,花瓣表现为复瓣、尖头,花瓣舒展,上层花瓣中间阴刻一道脉线,莲蓬高高凸起,雄蕊呈点状排布在莲蓬周围,莲花花瓣、雄蕊、莲蓬(雌蕊)写实(图4、图5)。桑奇大塔莲花有仰莲和覆莲,上面坐拉克希米,莲花的样式与巴尔胡特一致(图6)。

张同标教授认为印度巴尔胡特窣堵坡上的莲花图案不等同于佛像莲花座,作为佛陀造像而言的莲花座,初步兴起于公元200年前后龙树时代。"[1]

2—3世纪,佛像大量出现,佛像莲花座也随之出现,确切的时间不明确。2世纪犍陀罗迦腻色伽大塔塔基装饰的佛像坐莲花座,莲花单瓣、尖头、下垂,佛像禅定坐于凸起的莲蓬上(图7)。2—3世纪犍陀罗(白沙瓦博物馆藏)太子后宫入定浮雕莲花座,莲花复瓣、下垂,上层花瓣中间阴刻一道脉线,雄蕊竖直排布在莲蓬周围,下层花瓣露出尖头,太子禅定坐于高高凸起的莲蓬上(图8)。2—3世纪马尔丹(白沙瓦博馆藏)片岩浮雕舍卫城神变像坐莲花座,莲花有萼片,仰莲瓣环抱莲蓬,佛坐于凸起的莲蓬上(图9)。3—4世纪斯瓦特赛杜佛塔莲花座为单瓣,莲花的样式与太子入定莲花座基本一致(图10)。从已知图像资料看,印度莲花座集中于犍陀罗文化圈(犍陀罗、马尔丹、斯瓦特),秣菟罗地区莲花座仅见1例,样式与犍陀罗相似,阿玛拉瓦蒂不见莲花座佛像。犍陀罗地区莲花座莲花座以禅定佛为主,立佛和菩萨像坐莲花座较少,莲花座以覆莲居多,莲花花瓣、雄蕊、莲蓬的刻画与巴尔胡特莲花基本一致。

莲花座之名最早见于后汉《佛说兴起行经》:"舍利弗自从华座起,整衣服,偏露右臂,右膝跪莲华座,向佛叉手,问世尊言。"[2]龙树菩萨造,鸠摩罗什译《大智度论》卷八:"问曰:何以故光明中变化作此宝华?答曰:佛欲坐故。问曰:诸床可坐,何必莲华?答曰:床为世界白衣坐法。又以莲华软净,欲现神力,能坐其上令花不坏故;又以庄严妙法座故……梵天王坐莲华上,是故诸佛随世俗故,于

---

[1]张同标:《论印度佛像莲花座起源于龙树时代》,《艺术探索》2016年第4期,第89页。在印度巴尔胡特窣堵坡和桑奇大塔浮雕了许多莲花图像,前者的数量更多,莲花也被普遍理解为佛国世界的圣花,但是莲花庄严并不等同于佛像莲花座。

[2](后汉)康孟详译:《佛说兴起行经》卷上《佛说孙陀利宿缘经》,《大正藏》第4册,CBETA电子佛典集成(CD),2006年,No:197。

宝华上结跏趺坐,说六波罗蜜。"①龙树活动的年代在 2—3 世纪,龙树首次对莲花座的来源做了说明,莲花座源自梵天座,佛、菩萨随俗坐莲花座。佛像时代莲花座与前佛像时代托举人物莲花的造型基本一致,莲花被佛教吸收为佛座后,赋予莲花座名号,并被视为佛教圣花,莲花座的样式继承了前佛像时代莲花。

何志国教授研究长江流域早期(汉晋)造像时指出:"中国早期佛像在长江流域的流行是从 2—4 世纪,大约 200 年,而这一时期中原和北方其他地区的早期佛像则少见。"②长江上游不见莲花座佛像,长江中下游湖北、湖南、浙江、江苏等地(陶、瓷、铜佛像)有莲花座佛像。东吴永安五年(262)武昌莲溪寺佛像足踏莲台,莲茎左右各分出一根细枝,枝端有莲花,这可能是中国纪年造像中出现的首例莲花座……长江中下游的莲花座佛像流行了 50 年左右的时间(262—313)。③莲溪寺铜带饰上莲花单瓣,花瓣瘦长如榆叶(图 11)。何志国教授统计长江下游汉晋魂瓶有 39 例,其中 34 例有莲花座佛像,占比 87.2%。④从已刊布的资料看,汉晋时期长江中下游地区莲花座的造型古拙,花瓣瘦长,排布紧密或覆压,制作工艺粗糙,不见犍陀罗莲花座的花脉线、雄蕊及高高凸起的莲蓬特征。

十六国时期,中国北方莲座佛像存世罕见,2021 年咸阳成任汉墓(约 158 年)出土铜立佛像足踩覆莲台,莲花单瓣、宽短,排布均匀,花瓣中间一道脉线,莲蓬较低(图 12),该佛像的年代存疑,有汉代说和十六国说。陕西省考古研究院李建西等对佛像的铸造技术和合金成分分析表明:"成任墓地出土的两件金铜佛像是在犍陀罗艺术影响下采用中国技术在中国本土制造的宗教

---

① 龙树菩萨造,鸠摩罗什译:《大智度论》卷八,《大正藏》第 25 册,CBETA 电子佛典集成(CD),2006 年,No:1509。

② 何志国:《论早期佛像在长江流域的传播——以汉晋考古材料为中心》,《东南文化》2004 年第 3 期,第 27 页。

③ 张同标:《论武昌莲溪寺东吴永安五年佛像的莲花座渊源》,《华东师范大学学报(哲学社会科学版)》2012 年 01 期,第 135—136 页。

④ 何志国:《长江下游地区出土的汉晋佛像》,《中国美术研究》2013 年第 8 辑,第 9 页。

艺术品。"①大阪市立美术馆藏大夏圣光二年(429)鎏金铜狮子莲花座佛像,座中间铸覆莲,花瓣单瓣、尖头,花瓣中间一道脉线,莲蓬凸起(图 13)。美国哈佛大学赛克勒博物馆藏金铜佛像坐狮子莲座,座中央为宝瓶莲花,瓶中插 5 朵莲花(图 14)。十六国时期铜佛像座具以方形台座为主,在台座中央铸印度宝瓶莲花,象征莲花座,除以上 2 例外,同样莲花座可见 6 例(河北石家庄北宋村、河北定州静志塔、甘肃泾川玉都、辽宁博物馆藏),莲花的造型稚拙、不固定,为草创阶段的莲花。

炳灵寺第 169—6 龛无量寿三尊像塑于 420 年,佛结跏趺坐于覆莲座上,莲花复瓣、宽厚、尖头,上层花瓣中间一道脉线、两侧鼓起,下层花瓣露出尖头,莲蓬凸起,边缘勾雄蕊竖线,佛坐于莲蓬上,莲子勾勒清晰。第 169 窟佛像莲座花瓣排布均匀,制作手法娴熟,与犍陀罗佛像莲花座高度相似(图 15、图 16)。炳灵寺莲花座在犍陀罗艺术的基础上,进一步发展出具有凹凸感的莲花座,花瓣中脉线两侧鼓起,增加了花瓣的立体感。从莲花座的年代看,这种塑造手法以炳灵寺为最早,后流行于北魏、北齐,一直延续至唐代。

图 15　420 年炳灵寺第 169—6 龛莲花座

图 16　2—3 世纪犍陀罗莲花座

①李建西、邵安定等:《咸阳成任墓地出土东汉金铜佛像科学分析》,《考古与文物》2022 年第 1 期,第 128 页。

### 2.圆瓣型莲花座

第169窟圆瓣型莲花座见于壁画中,表现为覆莲、仰莲、前覆后仰莲,花瓣有单瓣和复瓣(表3)。

覆莲:花瓣长圆、下垂,内勾"U"形纹,黑线勾莲蓬、莲子,莲花白、绿、红色,或内圈白色、外圈红色的双色花瓣,如第10、15、19、24龛莲花座(图17)。

仰莲:花瓣宽圆,内勾"U"形纹,花瓣环抱莲蓬,勾莲子,如第2龛菩萨及第6、11龛佛像仰莲座(图18)。

前覆后仰莲:该样式为立像莲台,以佛、菩萨双足为界,足前为覆莲,足后为仰莲,如第11、12、13龛莲台(图19)。

圆瓣型莲花座不见于印度,4世纪中叶至5世纪龟兹石窟壁画中有圆瓣型莲花座,克孜尔第114窟菩萨结跏趺坐覆莲座,莲花单瓣、长圆(图20)。库木吐喇第21窟莲花井心周边排布众菩萨,菩萨莲花座为前覆后仰式,莲花重瓣、长圆,内勾"U"形纹,内圈涂白色,外圈涂红色,莲子清晰(图21、22)。

#### 表3 炳灵寺、龟兹石窟圆瓣型莲花座

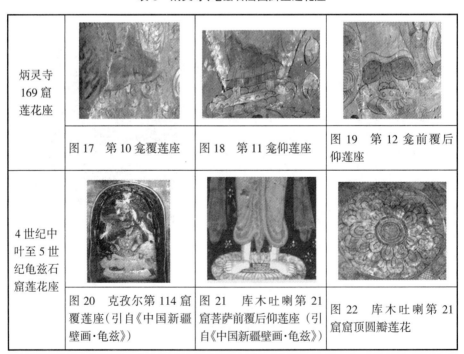

| 炳灵寺169窟莲花座 | | |
| --- | --- | --- |
| 图17 第10龛覆莲座 | 图18 第11龛仰莲座 | 图19 第12龛前覆后仰莲座 |
| 4世纪中叶至5世纪龟兹石窟莲花座 | | |
| 图20 克孜尔第114窟覆莲座(引自《中国新疆壁画·龟兹》) | 图21 库木吐喇第21窟菩萨前覆后仰莲座(引自《中国新疆壁画·龟兹》) | 图22 库木吐喇第21窟窟顶圆瓣莲花 |

圆瓣、内勾"U"形纹莲花座发端于龟兹石窟,后传入河西、炳灵寺一带,长江流域、中原等地不见圆瓣型莲花座。炳灵寺第 169 窟圆瓣型莲花座占比99%,花瓣内勾"U"形纹,内圈涂白色,外圈涂彩色,花瓣前覆后仰的画法与龟兹石窟一脉相承,圆瓣莲花座流行的时间短、范围小,北魏以后逐渐消失。

## 二、第 169 窟造像束帛座

第 169—12、16、3 龛佛和菩萨坐圆形束腰高形座具,这种座具常见于十六国时期中国北方石窟,南方石窟少见。中国传统坐式为席地坐,没有高形座具,5 世纪初中国北方佛教石窟中出现了高形座具。丝绸之路交流西方产品输入中国,影响了中国座具,出现了胡床、方凳、坐墩等高形坐具。圆形束腰座具之名不见于汉文典籍,也不见于佛典,现实中没有与之对应的座具名称,译师们普遍译为"坐具、座具",如东晋僧伽提婆译《中阿含经》:"如是人者,施衣饮食,床榻茵褥,及诸坐具。"[1]学界命名为:高形坐具、高足坐具、束腰高圆座、束帛座、筌蹄等。

犍陀罗、秣菟罗和阿马拉瓦蒂地区高形座具为台座和编制座(藤座),台座以佛座为主,藤座以菩萨和婆罗门为主。犍陀罗婆罗门占梦和睒子本生雕刻中,占梦者、睒父坐圆形藤座,藤座敷帛,帛边波折起伏,下方露出腾座编制纹(图 23)。半跏坐思惟菩萨和交脚坐菩萨坐筒形藤座,座上敷双层帛,露出藤座编制纹(图 24)。南印度纳加尔朱纳康达大塔佛传故事石刻占梦者坐方形藤座,冉万里教授认为占梦场景中的占相师和摩耶夫人所坐束帛座形如圆鼓,其上束帛。在座子的上下部位各束缚条带子,使得束帛座中部鼓起,侧面看起来上部、中部、下部三部分,凸出在束帛座中部一般用斜线菱形格纹表示布帛的纹饰,下部雕刻圆弧状的布帛下摆[2](图 25)。笔者观察该坐具为藤座,菱形编制纹为藤条纹,这种纹饰在同时期藤座中常见,纺织品的纹理非常细密,而座具

---

①(东晋)僧伽提婆:《中阿含经》卷二《七法品世间福经》,《大正藏》第 1 册,CBETA 电子佛典集成(CD),2006 年,No:26。

②冉万里:《藤座、束帛藤座与筌蹄——一种坐具从图像到实物的传播与演变》,《西部考古》第 20辑,第 199 页。

上的网格纹显著。座面上敷帛或束帛是犍陀罗藤座的普遍做法,而不是另一种材质或形式的座具。

表 4　束帛座比较

| | | | |
|---|---|---|---|
| 2—3 世纪印度藤座 | 图 23　马尔丹婆罗门坐敷帛藤座 | 图 24　犍陀罗半跏坐菩萨敷帛藤座(平山郁夫藏) | 图 25　印度纳加尔朱纳康达佛传故事摩耶夫人和占相师坐方形藤座 |
| 4 世纪中叶至 5 世纪中叶新疆束帛座 | 图 26　克孜尔第 84 窟主室正壁婆罗门坐束帛座(现藏于德国柏林亚洲艺术博物馆) | 图 27　克孜尔第 114 窟券顶婆罗门束帛座(引自《中国新疆龟兹》) | 图 28　魏晋丝帛图(高台许三湾古城遗址墓葬(引自《魏晋墓壁画》第 470 页) |
| 5 世纪上半叶河西束帛座 | 图 29　428 年高善穆石塔神王像束帛座 | 图 30　交脚弥勒菩萨束帛座 | 图 31　金塔寺西窟中心柱半跏思惟菩萨束帛座 |

续表

| 5 世纪初<br>炳灵寺<br>第 169 窟<br>束帛座 |  |  |  |
| --- | --- | --- | --- |
| | 图 32　第 12 龛交脚弥勒菩萨束帛座 | 图 33　第 16 龛半跏思惟菩萨束帛座 | 图 34　第 3 龛释迦牟尼佛善跏坐束帛座 |

4 世纪中叶至 5 世纪中叶克孜尔石窟壁画中出现了一种圆形束腰座,第 84 窟因缘故事画中婆罗门双腿相交坐筒形束腰座,座具白色、腰束绿带(图 26)。第 114 窟佛本生故事画中婆罗门坐圆形束腰座,座具白色、较粗,腰部束带收紧,座面呈圆鼓形,弧线勾勒束帛褶皱,座底帛边波状起伏(图 27)。《中国新疆壁画·龟兹》:"三身婆罗门,一人跪,一人托钵,一人高坐束帛座上。"①筒形束帛座仅见于第 84 窟,腰鼓形束帛座最早见于第 114 窟,样式比较固定,一直延续至 8 世纪。

束帛座不见于文献记载。《周礼注疏》:"孤执皮帛。疏:束者十端,每端丈八尺,皆两端合卷,总为五匹,故云束帛也。"②束帛,捆为一束的五匹帛,从河西魏晋壁画丝帛图可见其样式(图 28)。克孜尔第 114 窟束帛座腰部收紧呈腰鼓形,捆扎丝帛的褶皱表达清晰,从座具的腰部束带和捆扎褶皱看,应在藤座外覆盖丝绸,从腰部捆扎形成束腰高形座具,坐者的身份与犍陀罗藤座一致。西域束帛座由犍陀罗藤座进一步发展而来,成为后来流行的一种新型高形座具。

5 世纪初,束帛座传入河西、炳灵寺一带。5 世纪中叶,关中地区、云冈石窟出现束帛座,如北魏和平二年(461)西安西关王家巷出土石碑上可见束帛座,云冈昙曜五窟(460 年始凿)可见束帛座。

酒泉北凉马德惠、高善穆、程段儿石塔上菩萨和神王像坐束帛座。428 年

---

①新疆龟兹石窟研究所:《中国新疆壁画·龟兹》,乌鲁木齐:新疆美术摄影出版社,2008 年,36 页。
②(东汉)郑玄注,(唐)贾公彦疏:《周礼注疏》卷十八。

高善穆石塔雕七坐佛一交脚弥勒菩萨像,线刻八神王像,[1]神王像垂足坐束帛座,座瘦高,腰部束带收紧,褶皱稠密(图 29);交脚弥勒菩萨坐束帛座,座较低,腰部束带收紧,没有束帛纹(图 30)。张掖金塔寺(401—439)东窟中心柱西向面主佛左侧半跏菩萨坐于白色束帛座上,西窟中心柱西向面中层半跏思惟菩萨坐于黑色束帛座上,2 身泥塑菩萨像束帛座瘦高,腰部没有束带(图 31)。酒泉北凉石塔线刻束帛座腰部束带、褶皱清晰,帛的柔软性明显。张掖金塔寺束帛座造型简略,座上没有束带,生硬地模仿出克孜尔石窟束帛座收腰的样式。

炳灵寺第 169 窟束帛座共 3 例,其中 2 例为单体菩萨座,1 例为佛座,根据第 169 窟造像纪年和碳十四测试,3 例束帛座的时间在 5 世纪初。

第 12 龛交脚弥勒菩萨束帛座:菩萨戴发冠,覆披帛,上袒下裙,双手说法印,交脚坐于白色束帛座上,座具腰部束带收紧,黑线勾出褶皱(图 32)。

第 16 龛半跏坐菩萨束帛座:菩萨侧面,束发,上袒下裙,双手残缺,右腿下垂、左腿盘曲,坐于红色束帛座上,座瘦高,上、下面等大,腰部束带收紧,通体阴刻竖线褶皱(图 33)。

第 3 龛佛像束帛座:佛传故事画,释迦牟尼佛右手说法印,左手握衣角,垂足坐于红色束帛座上,座墩较粗,上、下面等大,腰部束红带,勾竖线褶皱,座底饰一周莲瓣纹(图 34)。

3 例束帛座坐者身份为佛和菩萨,样式与克孜尔石窟基本一致,腰部的束带收紧,褶皱较密,座具的柔软感突出。

冉万里教授考证高形坐具实物传入的时间大约在东魏、北齐时期(6 世纪中后期),[2]炳灵寺束帛座出现于 5 世纪初,这时中国还没有束帛座实物,因此,炳灵寺束帛座为西域图像粉本传播。

有学者认为圆形束腰座是一种从印度经由丝绸之路传来的中部带有束腰的圆形高足坐具,由于早期佛经翻译标准的不统一,还被译为"筌提""迁提"

---

①张宝玺:《北凉石塔艺术》,上海:上海辞书出版社,2006 年,第 18 页。

②冉万里:《藤座、束帛藤座与筌蹄——一种坐具从图像到实物的传播与演变》,《西部考古》2020 年 20 辑,第 198 页。

"先提""荃提""筌台",后亦被称为束帛圆墩、束帛座。①印度圆形束腰编制物仅见于南印度,编制物置于婆罗门像前,上面放置物品,显然此物不是座具。"筌蹄"一词最早见于春秋《庄子·外物》:"筌者所以在鱼,得鱼而忘筌;蹄者所以在兔,得兔而忘蹄。"②筌蹄是中国一种捕捉鱼兔的竹笼。汉译佛经"筌蹄"一词最早见于南朝陈国(559),印度真谛译《佛说立世阿毗昙论》:"不见若男若女疾病困苦极难,或滞床席、或据筌提(蹄)、或眠地上。"③中国北方实物高形座具出现的时间早于南方,江南地区日常生活中仍维持席地起居的旧习俗。传统习惯的阻力,使东晋南朝的上层人士极力排斥垂足坐姿和高足坐具。6 世纪中叶南朝才有了筌蹄座具,译师翻译时使用"筌蹄"。5 世纪初中国还没筌蹄座具,故第169 窟中的圆形束腰座具不是筌蹄。

## 三、第 169 窟佛像床坐

第 169—11、13、24 龛壁画依据《法华经·见宝塔品》绘制,3 幅经变画构图一致,第 11 龛壁画保存较完整,第 13、24 龛下部残缺。第 11 龛覆钵式佛塔内释迦多宝并坐说法,二佛像造型相似,右手说法印,左手握衣角,垂足坐于高形座具上,二佛间墨书"释迦牟尼佛 / 多宝佛说法时"。第 13 龛二佛间墨书"多宝佛……说法教……",第 24 龛二佛间墨书"多宝佛为释迦牟佛分半坐时"。《炳灵寺一六九窟》:"(第 11 龛)二佛高肉髻,内着僧祇支,外穿半披肩袈裟,均善跏趺坐于莲座上。"④笔者观察发现二佛的座具既不是莲花座,也不是束帛座,样式与犍陀罗佛像的床相似。

5 世纪前有 2 部《法华经》的汉译本传世,286 年竺法护译《正法华经·七宝塔品》:"时多宝佛则以半座与释迦文,七宝寺中有声出曰:'释迦文佛! 愿坐此床。'释迦文佛辄如其言,时二如来共同一处,在于虚空,七宝交露坐师子

①吕万芳:《筌蹄对中国传统家具发展的影响及其传承研究》,《家具与室内装饰》2023 年第 6 期,第 17 页。
②吕万芳:《筌蹄对中国传统家具发展的影响及其传承研究》,第 16 页。
③(陈)真谛译:《佛说立世阿毗昙论》卷八《第十阎罗地狱品》,《大正藏》第 32 册,CBETA 电子佛典集成(CD),2006 年,,No:1644。
④魏文斌:《炳灵寺 169 窟内容总录》,载于董于祥编《炳灵寺一六九窟》,深圳:海天出版社,1994 年,第 8 页。

床。"①403 年鸠摩罗什《妙法莲华经·见宝塔品》:"尔时多宝佛于宝塔中分半座与释迦牟尼佛……尔时,大众见二如来在七宝塔中师子座上结跏趺坐。"②鸠摩罗什译《大智度论》:"问曰:何以名'师子座'?……答曰:是号名'师子',非实师子也。佛为人中师子,佛所坐处若床若地,皆名'师子座'。"③经文中的狮子为佛陀,狮子床即佛床,狮子座是对佛座的统称。

第 11 龛二佛像座具长 0.46 米,高 0.1 米,座具两端有立柱,柱宽 0.03 米,柱上勾圆圈纹,立柱与塔外沿平齐,座前饰红、绿、白色相间的垂蔓(图 35),样式与上方的维摩诘卧具一致。壁画中维摩诘半卧于床上,床长 0.38 米,高 0.07米,柱宽 0.02 米,床尾立柱上圆圈纹清晰,床前垂蔓绿、白、红色相间,部分被下方佛塔相轮覆压(图 36)。《维摩诘经》:"(维摩诘)即以神力空其室内,除去所有及诸侍者;唯置一床,以疾而卧。"④经文说明维摩诘卧具为床。第 24 龛二佛并坐题记"多宝佛为释迦牟佛分半坐时",题记没有说明座具的名称。汉刘熙《释名》:"人所坐卧曰床。"⑤孙机先生指出:床亦非专用之寝具。《说文》认为床是"安身之坐者"。宋王观国《学林》卷四:"古人称床、榻,非特卧具也,多是坐物。"在汉代,床是陈于堂上显著位置的家具,尊者应坐床(图 37)。⑥床是古代日常起居常用的坐卧具,身份尊贵者坐床,不同于现代床。"床三尺五曰榻,板独坐曰枰,八尺曰床。"⑦床、榻的区别在于尺度,大者为床,小者为榻(图 38),床可卧可坐,如第 11 龛二佛坐于狮子(佛)床上。中国古代床的四足与床面榫卯连接,床前空置或设壶门,一般不做装饰(图 39)。

---

①(西晋)竺法护:《正法华经》卷六《七宝塔品》,《大正藏》第 9 册,CBETA 电子佛典集成(CD),2006 年,,No:263。

②(姚秦)鸠摩罗什译:《妙法莲华经》卷四《见宝塔品》,《大正藏》第 9 册,CBETA 电子佛典集成(CD),2006 年,No:262。

③龙树菩萨造,鸠摩罗什译:《大智度论》卷七《大智度初品中放光释论》,《大正藏》第 25 册,CBETA电子佛典集成(CD),2006 年,No:1509。

④(姚秦)鸠摩罗什译:《维摩诘所说经》卷中《文殊师利问疾品》,《大正藏》第 14 册,CBETA 电子佛典集成(CD),2006 年,No:475。

⑤(汉)刘熙:《释名》卷六《释床帐》。

⑥孙机:《汉式家具上》,《紫禁城》2010 年第 7 期,第 61 页。

⑦孙机:《汉式家具上》,第 62 页。

表5　炳灵寺、中原、犍陀罗床坐

| 炳灵寺<br>第 169 窟<br>床座 |  | 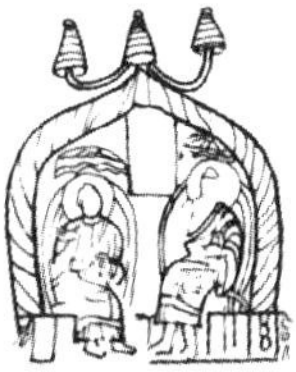 |  |
|---|---|---|---|
| | 图 35a　第 11 龛二佛并坐床座 | 图 35b　二佛并坐线图 | 图 36　第 11 龛维摩诘卧床 |
| 中国床榻 | 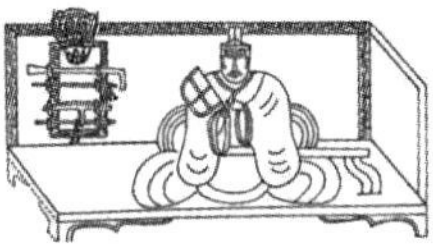 |  |  |
| | 图 37　东汉山东安丘王封村出土画像石床 | 图 38　魏晋嘉峪关新城砖画宴乐图榻 | 图 39　北魏升仙石棺方士床 |
| 印度犍陀<br>罗床座<br>2—3 世纪 |  |  |  |
| | 图 40　拉瓦尔品第石雕太子夫妇床座（巴基斯坦博物馆藏） | 图 41　犍陀罗悉达多夫妇坐床座 | 图 42　马尔丹释迦牟尼涅槃卧床 |

　　印度床的结构、装饰与中国不同，印度床两端有柱，柱上置床板，双柱上装饰图案，柱间饰垂蔓（图 40）。

　　印度佛床注重装饰，经文中有关床座装饰的描述较多。如晋《普曜经》："璎珞之饰床座綩綖，诸好机延之中思善……以若千种众杂天华金银床榻，细软綩綖以布其上。"①杨之水考证"缑綖"是佛座上的一种异域高档装饰物,大约与中土的绢、绮、缯之精好者相仿佛,而以柔软光润精细华美为特色。②炳灵寺 169—11 龛二佛床座双柱上勾圆圈纹,这种做法与犍陀罗柱上雕圆形纹异曲同工,垂蔓(缑綖)饰绿、白、红色。双柱、"缑綖"是犍陀罗早期床座装饰的标配(图41),秣菟罗和南印度地区不见床座。由此可知,第 11 龛二佛座具为床座,样式来自犍陀罗佛床。

释迦多宝二佛并坐于塔中的像不见于印度、西域,首见于炳灵寺第 169 窟。画师紧扣佛经"狮子床"的表述,仿照犍陀罗覆钵塔和床座,创作出多宝塔内的二佛并坐像,此后"二佛并坐"作为《法华经》的象征,成为北魏时期最流行的佛教艺术题材。二佛并坐床的样式没有流行开来,北魏二佛像一般坐台座。

## 四、余论

炳灵寺第 169 窟造像以坐像为主,座具表现为莲花座、束帛座、床座 3 种,台座仅 1 例(有后期改造的痕迹,本文没有讨论)。2—5 世纪犍陀罗造像座具以台座、床座为主,藤座和莲花座较少;西域、河西地区造像座具以台座为主,束帛座和莲花座较少;中国北方造像以台座为主。台座是十六国时期座具的主流,而炳灵寺石窟是个例外,第 169 窟莲花座数量多达 1152 例,占比 99.6%,束帛座 3 例,床座 2 例,台座仅为 1 例。从已知图像资料看,印度、西域、长江流域莲花座佛像以禅定佛居多,第 169 窟莲花座突出可能与禅修有关。

第 169 窟莲花座、束帛座、床座均来自犍陀罗文化圈,地域特征明显,传播脉络清晰,莲花座和床座样式源自犍陀罗,束帛座源自西域。十六国时期中国北方少数民族帝王、贵族崇信佛教,吸引印度、西域僧人来华译经传教。郭储对魏晋南北朝时期域外来华僧人进行统计:"有明确驻锡地的域外来华僧人有 44人,活动区域以长安最多(占比 26%),建康第二(占比 20%),凉州第三(占

① (西晋)竺法护译:《佛说普曜经》卷一《所现象品》,《大正藏》第 3 册,CBETA 电子佛典集成(CD),2006 年,No:186。

② 杨之水:《丹枕与缑綖——佛教艺术名物考》,《传统中国研究集刊九十合辑》,2012 年,第 306—307 页。

10%）。"①382—424 年见诸记载的来华罽宾僧人有 16 人，其中 12 人从陆路经西域来华，大多数活跃于关中地区，②昙无谶、鸠摩罗什、佛驮跋陀罗等是活跃在长安和凉州的著名译师。炳灵寺石窟是丝绸之路中原至河西走廊南道上的重要石窟寺，西秦统治者崇信佛教，请圣坚来西秦翻译佛经，奉佛驮跋陀罗弟子玄高为国师，北印度高僧昙摩毗、鸠摩罗什弟子道融等参与第 169 窟佛事活动，域外座具在第 169 窟大量出现与域外僧人直接或间接参与营建第 169 窟有关。

第 169 窟莲花座、束帛座、床座均为图像粉本传播：莲花座为佛表象座具，现实生活中没有莲花座，图像为犍陀罗和西域的粉本传播；束帛座不见于佛经和文献，当时中国还没有出现高形座具实物，束帛座形成于西域，图像粉本随佛教传入炳灵寺石窟；床座的样式具有犍陀罗艺术特点，不具备中国本土床座特征，为犍陀罗图像粉本传播。

---

①郭储：《魏晋南北朝时期域外来华僧人群体研究》，硕士学位论文，西北大学，2019 年，第 34 页。

②黄蕾：《两晋南北朝时期罽宾来华僧人与佛经传译》，《兰州学刊》2015 年第 2 期，第 120—122 页。

# 炳灵寺第 169 窟保护研究史述略①

王玲秀　刘宗昌　曹学文

（敦煌研究院　炳灵寺文物保护研究所）

　　炳灵寺第 169 窟俗称"天桥南洞"，位于石窟群北端崖壁上层，是一个不规则漏斗形的自然大窟，高约 15 米，宽 26.75 米，深 19 米②，距离 1967 年修建石窟护坝前的原始地面约 60 米，现距地面约 40 米。通往该窟的木栈道清末毁于同治战乱，此后该窟便处于与世隔绝状态，直至 1973 年由炳灵寺文物保管所重建栈道，才得畅通无阻。鉴于窟中"建弘题记"及大量西秦时期的佛教遗迹在中国石窟史上举足轻重的学术地位，此窟自 20 世纪发现至今的 60 年间，吸引了众多的中外学者前来考察研究，积累了丰硕的研究成果。本文拟从几个时代特色鲜明的时间段，对第 169 窟的学术研究情况做一简要分析梳理，旨在回顾历史，缅怀前贤，并继往开来，为今后更深入开展科学保护研究提供借鉴和目录参考。

## 一、新中国成立初期　重获新生

　　新中国成立后，百废待兴，中国石窟寺考古调查工作也全面启动。1951年 10 月，陇上学者冯国瑞先生首次探访考察炳灵寺石窟。根据郦道元《水经注》引《秦州记》中"河峡崖傍有二窟，一曰唐述窟，高四十丈。西二里，有时亮窟，高百丈，广二十丈，深三十丈，藏古书五笥"的记载，以及天桥南洞的

---

　　①基金项目：本文为 2023 年敦煌研究院院级科研课题"炳灵寺文物保护研究所所史整理与研究（2023–SK–YB–3）阶段性成果。

　　②此尺寸为甘肃省文物工作队 1963 年第二次考察炳灵寺石窟时赵志祥测绘的数据。

窟型特征和地理位置,初步判断其为《秦州记》所载的"时亮窟",炳灵上寺为"唐述窟"①。在利用望远镜远距离观察时,冯先生还记录了一则寸楷题记:
"永康四年岁次乙卯三日□/□二十五日己丑,弟子□□□/□□□□□河南王□□□□□□/□□□□□□□□□□□□□□□□□/□□□□□□□□□□□□□□□□□□/□□□/□□□□枹罕积石□□□□/□□□敬造弥勒一区,上为/国家四方□□□□其原"②。永康四年即公元 415 年,这是有关西秦乞伏氏在炳灵寺发愿造像最早的记载。在考察报告《炳灵寺石窟勘察记(初步调查报告)》中,冯国瑞凭借渊博的文史知识,首次对炳灵寺石窟相关的史料记载、史地关系、西秦时期炳灵寺与麦积山石窟之间的高僧史迹等问题作了梳理介绍,考察报告于当年在《光明日报》和《甘肃日报》发表后,引起了西北军政委员会文化部的高度重视,也开启了对炳灵寺石窟调查研究的先河。

1952 年 9 月,中央人民政府文化部和西北军政委员会文化部组成专家考察团,对炳灵寺石窟开展第一次大规模系统考察,共编窟龛 124 个,"天桥南洞"被编为第 115 窟。但此次考察中并未发现冯先生记录的"永康题记",考察报告《炳灵寺石窟第一次勘察报告》中分析,新发现的北魏曹子元延昌二年(公元 513 年)凿窟题记可能是"冯国瑞初次勘查时误认为永康的题记"③。对此也有异议者,猜测该题记在冯国瑞之后或即脱落不存。近期张含悦博士在《炳灵寺石窟早期调查中的重要遗迹——以冯国瑞〈炳灵寺石窟勘察记〉为中心》一文中即提出,冯先生录文中"年号、干支、人物、地名都符合史实,没有相悖之处",认为"'永康题记'也并非冯国瑞错认,其位置可能不在第 169 窟中"④。此次考察,学者们对底层窟龛进行了编号、拍照、测绘、临摹、记录、写生工作,天

---

① 冯国瑞:《炳灵寺石窟勘察记(初步调查报告)》,北京:中央人民政府文化部社会文化事业管理局编印,1952 年,第 30 页。

② 冯国瑞:《炳灵寺石窟勘察记(初步调查报告)》,第 23 页。

③《炳灵寺石窟勘察团工作日记》,收录于炳灵寺石窟勘察团《炳灵寺石窟第一次勘察报告》,见郑炳林、石劲松主编《永靖炳灵寺石窟研究文集》(上册),兰州:甘肃文化出版社,2011 年,第 197 页。

④ 张含悦:《炳灵寺石窟早期调查中的重要遗迹——以冯国瑞〈炳灵寺石窟勘察记〉为中心》,《四川文物》2022 年第 1 期,第 90、83 页。

桥洞因高悬于崖壁上部,栈道已毁条件有限而未能抵达。此时的炳灵寺石窟依然处于无人管理状态,考察团遂提出了系统保管意见和计划,促成了 1955 年保护机构"永靖炳灵寺文物保管所"的正式组建。

1963 年 4 月至 5 月,甘肃省文化局文物工作队组织"炳灵寺石窟调查组",由岳邦湖、初世宾、吴柏年、董玉祥、赵之祥、乔今同六位省内专家组成,并有炳灵寺文管所工作人员王有举、王万青等人参加,对炳灵寺石窟开展了第二次有准备、有组织的大规模调查。这一次深入石窟,炳灵寺保护机构的建立使得后勤有了基本保障。专家们在当地木匠的协助下,借助首尾相接的多架木梯,腰系绳索,冒险登临天桥南洞,发现了西秦建弘元年(420)的墨书造像题记,以及大量西秦时期的佛教造像和壁画。"建弘题记"是中国佛教石窟寺迄今为止发现最早的纪年题记,不仅为炳灵寺石窟的开创年代提供了确凿的证据,也为中国佛教石窟寺的分期断代提供了一个标尺。这一石破天惊的重大发现,为当时的中国石窟考古赋予了划时代的历史意义。此次调查,在原来 124 个窟龛编号的基础上,又将炳灵寺石窟的窟龛数增补至 183 个,将 1952 年编号为第 115窟的天桥南洞改编为第 169 窟[1]。由董玉祥先生执笔的《调查炳灵寺石窟的新收获——第二次调查(1963)简报》一文,在《文物》1963 年第 10 期公开发表后,引起考古学术界的轰动。

同年 8 月,北京大学阎文儒教授应中国佛教协会之请,携研究生赴炳灵寺开展了为期一个月的全面考察,对第 169 窟诸龛佛像作了更加系统的分期研究论述。此次调查成果直至 20 年后,经当时炳灵寺文物保管所王万青所长校订补充后成书为《炳灵寺石窟》,由甘肃人民出版社出版发行。

在炳灵寺石窟先后开展的这几次系统考察,渐次揭开了第 169 窟尘封百年的神秘面纱,使其以中国早期石窟的面貌特征成为石窟寻根溯源的必往之地,吸引了国内外学界的普遍关注。1971 年日本学者福山敏男发表《炳灵寺石窟の西秦造像銘について》[2]一文,这座深处大寺沟中的丝路佛教遗迹开始声

---

①甘肃省文化局文物工作队:《调查炳灵寺石窟的新收获——第二次调查(1963)简报》,《文物》1963 年第 10 期,第 1—2 页。

②[日]福山敏男:《炳灵寺石窟の西秦造像銘について》,选自東京文化財研究所文化財情報資料部編《美術研究》(通号 276),1971 年 7 月,第 33—35 页。

扬海外,走向世界。

## 二、改革开放　焕发生机

改革开放后的 80—90 年代,炳灵寺石窟的学术研究也焕发出新的生机。1973 年窟龛栈道的建成通达又为深入现场实地考察提供了极大便利,使得对第 169 窟的学术研究有了飞跃式发展。

1985 年,杜斗城教授在《炳灵寺石窟与西秦佛教》①一文中,对以第 169 窟为代表的西秦佛教做了综述研究,对诸龛内的塑绘题材做了大致分类,论述了各自的典籍来源和历史背景。1986 年,宿白先生发表《凉州石窟遗迹与"凉州模式"》一文,从塑做形式、造像题材等的分类异同,将第 169 窟龛像分为一期(公元 420 年或稍后)、二期(较一期为晚)两个阶段。同时,将第 169 窟造像与凉州石窟做了对比概述,把窟内的西秦佛教归入凉州佛教系统,认为"凉州样式可分为两个阶段:早期可参考天梯山残存的遗迹,酒泉等地出土的北凉石塔和炳灵寺第一期龛像;晚期可参考肃南金塔寺、酒泉文殊山前山千佛洞和炳灵寺第二期龛像。炳灵寺第二期龛像中最晚的如 169 窟第 3 龛的时间,大约已到了凉州式样的尾声阶段"②。1989 年,由甘肃省文物工作队和炳灵寺文物保管所合编的《中国石窟·永靖炳灵寺》由文物出版社印刷出版,以图版、实测图及文字描述相结合的形式,对炳灵寺包括第 169 窟在内的重点窟龛做了详细介绍。书中收录的董玉祥《炳灵寺石窟综述》、张宝玺《炳灵寺的西秦佛教》、金维诺《炳灵寺与佛教艺术交流》三篇论稿,对以第 169 窟为代表的西秦佛教历史、艺术形式与源流、佛教题材、创作技法、艺术成就等分别做了专题论述。董玉祥先生在文中将第 169 窟的营建大致分为建弘元年前 (以第 18、10 龛为代表)、建弘年间(以第 6、7、11、16、17 龛为代表)和建弘以后(以第 3、5、8 龛为代表)三个阶段③。书中另附有炳灵寺文物保管所编包括第 169 窟 24 个龛在内的炳

---

①杜斗城:《炳灵寺石窟与西秦佛教》,《敦煌学辑刊》1985 年第 2 期,第 84—90 页。

②宿白:《凉州石窟遗迹与"凉州模式"》,《考古学报》1986 年第 4 期,第 442—443 页。

③甘肃省文物工作队、炳灵寺文物保管所:《中国石窟·永靖炳灵寺》,北京:文物出版社,1989 年,第 171—173 页。

灵寺石窟内容总录,和张宝玺、黄文昆编"永靖炳灵寺大事年表",呈现了当时对第 169 窟最综合全面的研究成果。1992 年,常青教授发表《炳灵寺 169 窟塑像与壁画的年代》一文,以考古类型学的方法对窟内各龛中的菩萨、飞天、千佛的样式,和塑像与壁画的类型分组排比,通过对比构图与题材、技法与形象特征,并与其他早期石窟造像等进行比对研究,将 169 窟的营建具体划分为约 412—420 年、420 年前后、420—471 年、471—494 年、495—515 年、512—534 年、581—618 年、650—741 年八个阶段。①1992 年,贺世哲先生《关于十六国时期的三世佛与三佛造像诸问题(一)》一文,对 169 窟内的三世佛图像进行了剖析考证②。1993 年,阎文儒教授与王万青所长编著的《炳灵寺石窟》出版。书中在此前的考察基础上,对石窟做了更详细具体的时代分期。在记录 169 窟诸龛时,采用"按""注"等形式,对诸龛中涉及题记纪年、地名、人物、历史等问题做了考释说明,对各龛的创建时间做了大致判断,由第 10 龛下层壁画的人物画风、榜题书写形式,提出 169 窟的最初营建时间可能早至晋代,并通过与云冈等石窟的横向比较,将 169 窟归于北朝第一期石窟③。书中收录的张宝玺《建弘题记及有关问题的考释》一文,对 169 窟第 6 龛中建弘题记、十方佛、弥勒菩萨及供养人做了初步识读考释,指出龛中十方佛的经典依据为晋译《华严经》④。1994 年,张宝玺发表《〈法华经〉的翻译与释迦多宝佛造像》一文,对包括炳灵寺 169 窟第 11、13、24 龛,及北魏诸窟龛中的释迦多宝图像首次做了调查研究⑤;赵声良研究员《炳灵寺早期艺术风格》一文,对第 169 窟中西秦佛教艺术的风格特色及其源流问题做了深入探讨⑥。同年,由董玉祥主编、甘肃省文物考古研究所和炳灵寺文物保管所合编的《炳灵寺一六九窟》出版。图书以线描图、

---

①常青:《炳灵寺 169 窟塑像与壁画的年代》,《考古学研究》1992 年,第 472—473 页。

②贺世哲:《关于十六国时期的三世佛与三佛造像诸问题(一)》,《敦煌研究》1992 年第 4 期,第 5 页。

③阎文儒、王万青:《炳灵寺石窟总论》,见阎文儒、王万青《炳灵寺石窟》,兰州:甘肃人民出版社,1993 年,第 3—32 页。

④张宝玺:《建弘题记及有关问题的考释》,见阎文儒、王万青《炳灵寺石窟》,第 165—168 页。

⑤张宝玺:《〈法华经〉的翻译与释迦多宝佛造像》,《佛学研究》1994 年 00 期,第 142—143 页。

⑥赵声良:《炳灵寺早期艺术风格》,《佛学研究》1994 年第 3 期,第 144—149 页。

文字描述、图版相结合的形式,对窟内 24 个龛进行了详细记录,对西秦佛教及 169 窟的创建背景,塑像、壁画的制作工艺、风格特点、分期、艺术成就,窟内建弘题记和丙申题记相关问题等做了阐释,并在之前的研究基础上,将 169 窟内西秦时期的造像与壁画进一步具体划分为建弘元年以前(约公元 385—419 年)、建弘年间(约在公元 420—427 年前后),和建弘以后(约在公元428—431 年前后)三个阶段。书中还收录了魏文斌所做《炳灵寺 169 窟内容总录》,和王万青《169 窟题记考释》等文章,成为研究第 169 窟最具权威性的专著①。1995 年,暨远志先生《中国早期佛教供养人服饰》②对包括炳灵寺第 169 窟在内的早期石窟中供养人的衣着服饰做了分析研究;1996 年,齐正奎先生《亦谈唐述与时亮二窟》一文,认为第 169 窟为古籍所载"时亮窟",而新发现的野鸡沟第 192 窟则为"唐述窟"③。1997—1999 年,国家文物局投资实施炳灵寺石窟崖体加固及渗水治理工程,对第 169 窟危岩体进行了重点加固。在施工过程中,时任炳灵寺文物保管所所长王亨通借助脚手架之便近距离观察时有了诸多新发现,遂发表《炳灵寺第 169 窟发现一些新题材》,就第 169 窟第 6 龛内大势至菩萨头顶洞内被烧过的木骨等新发现做了介绍,并由此提出第 6 龛系 420 年重修龛,并非原龛造像,使得对第 6 龛的研究认识有了新的突破④。

这一阶段,中国石窟寺考古研究方法不断发展成熟。学界对第 169 窟的研究重点,突出表现在对窟内 24 个龛像的分期断代、内容总录、实测绘图、历史背景、创作技法、艺术风格、建弘题记考释与十六国时期的宗教文化传播等的整体综述研究方面。图书出版上,以炳灵寺文物保管所与其他科研院所或专家学者合作的方式,编辑出版了几部有分量的学术专著。前辈学者们宏观上的深远把握为后期的西秦佛教石窟研究奠定了坚实的基础。

保护方面,修建窟龛栈道和岩体加固及渗水治理两个重大项目,也主要在这个时段完成了工程施工。

---

①董玉祥:《炳灵寺一六九窟》,深圳:海天出版社,1994 年。

②暨远志:《中国早期佛教供养人服饰》,《敦煌研究》1995 年第 1 期,第 135—145 页。

③齐正奎:《亦谈唐述与时亮二窟》,《敦煌学辑刊》1996 年第 2 期,第 57—60 页。

④王亨通:《炳灵寺第 169 窟发现一些新题材》,《敦煌研究》1999 年第 3 期,第 8—10 页。

　　炳灵寺石窟自营造起始,崖面栈道与窟外建筑一直是石窟必要的附属建筑,目前石窟中也有明确的此类建筑构件的遗址遗迹。1955年成立炳灵寺文物保管所时,石窟中大部分建筑已不存,地面至洞窟、洞窟与洞窟间通道不畅,严重限制了石窟保护、研究等工作的开展。1957年修建石窟防护堤坝过程中,炳灵寺文物保管所就提出了修建栈道、洞窟之间通道的意见。1957年6月,甘肃省文化局就栈道修建问题特报中央人民政府文化部批示,待刘家峡水库建成后再进行考虑恢复。直至1963年甘肃省文化局函请北京古代建筑修正所专家,于1964年3月进行了实地勘测调查,并于4月25日由古建筑学家余铭谦提出石窟栈道建设方案的意见。1964年6月1日,甘肃省文化局接中央人民政府文化部"(64)文文字第124号函",同意恢复炳灵寺石窟栈道的意见,以及设计方案。此后受"文革"影响,石窟栈道的修建停滞,至1972年炳灵寺文物保管所再次上报关于修建石窟栈道、门窗及修通简易小道的计划,甘肃省革命委员会政治部分别于1972年拨款1.1万元、1973年拨款2.5万元,作为石窟栈道及门窗的修建费用。至此,炳灵寺石窟完成了通往下层第147、93等窟,以及最上层第169、172窟的栈道建设,并安装洞窟门窗63个,结束了长年靠云梯进入洞窟的艰难历史,有效防护了飞禽虫兽肆意进入洞窟对文物带来的危害,开启了炳灵寺石窟保护管理工作的先河。

　　至90年代末,木栈道逐渐呈现出年久失修后的一系列问题。炳灵寺文物保管所考虑借正在开展石窟岩体加固及渗水治理工程,栈道周边已搭建脚手架之便,适时开展栈道重建恢复工作。1998年1月9日,邀请山西省古建筑保护研究所专家,就石窟栈道设计及部分窟檐恢复进行调研,并在6月提交甘肃省文物局《炳灵寺石窟栈道勘察报告及现状维修方案》;甘肃省文物局随后向国家文物局呈报了《炳灵寺石窟栈道修复初步方案》;9月2日,国家文物局以司室函件"对关于呈报《炳灵寺石窟栈道修复初步方案》的报告意见的函"[保函(98)88号],向甘肃省文物局下发了意见,同意石窟栈道的修复,并提出具体意见。根据批复意见,炳灵寺文管所与山西省古建筑保护研究所协商,对修复方案进行修改并再次呈报国家文物局审批。1999年国家文物局下发"对《关于呈报炳灵寺石窟栈道维修方案的报告》的批复"(文物保函[1999]213号),同意按方案实施项目,最终确定栈道为类唐代建筑勾栏风格,勾栏盆唇与地栿之间使用"栿条"的横向构件。方案获批复后,炳灵寺文管所委托湖北省大冶市园林仿古建筑工程公司在 2001 年底提交工程施工预算,2002 年 2 月底开始施工,至年底完成了所有项目施工内容。至此为目前第 169—172 窟栈道的最终样貌。

中国的石窟加固开始于二十世纪中叶。60 年代莫高窟先后完成了 1—3 期大规模石窟加固,80 年代完成了第 4 期加固工程。1984 年麦积山石窟完成了岩体加固、渗水治理等重大工程,为后来的石窟加固保护积累了经验和技术理念。在炳灵寺,岩体裂隙渗水同样是影响石窟稳定性的重大课题,构造裂隙与卸荷裂隙相互切割,岩面节理、裂隙发育,多处岩体被切割成碎块,产生剥落、崩塌;由于岩体岩性不均,在重力、风蚀、雨水等多种破坏应力作用下,形成多处凹槽,进一步加速卸荷裂隙发展;在高程 177m 上下,形成多处渗水点,渗水侵蚀软化岩体,加速风化,部分渗水直接侵入洞窟,造成石雕风化、壁画脱落,对整个石窟造成严重危害。1955 年成立炳灵寺文物保管所以后,有记录的大型危石坍塌有 4 次,对文物以及人员安全带来严重威胁。

为了根治炳灵寺石窟存在的危岩体及渗水病害,确保文物及游客安全,1991 年国家文物局以"(91)文物计批字 025 号"文批准炳灵寺石窟加固工程立项;1992 年 12 月甘肃省文化厅文物处组织相关专家探讨炳灵寺石窟加固工程事宜;1993 年 4 月甘肃省文化厅成立"炳灵寺石窟加固维修工程领导小组",负责开展炳灵寺石窟加固工程的前期准备工作,并委托铁道部科学研究院西北分院对炳灵寺石窟存在病害进行治理。其间,敦煌研究院保护所骊伟堂、孙毅华完成石窟崖面及 65 个洞窟的测绘工作,兰州大学地质系张明泉、张虎元等教授完成石窟水文地质工程等地质专题调查研究报告,查清石窟存在的主要地质病害及在工程中解决的主要问题,与此同时甘肃省建筑科学研究院完成岩体加固锚固拉拔试验。1994 年 1 月甘肃省测绘局完成石窟正面及 18 个窟龛的立体近景摄影;在此基础上,12 月铁道部科学研究院西北分院完成了《炳灵寺石窟抢险加固工程设计方案》,针对石窟病害,提出锚固技术加固危岩体,同时清除小块危石,对主要裂隙进行灌浆,并用个仰斜排水孔截排崖面渗水的综合治理措施;1995 年 1 月,该方案通过省级专家论证,报国家文物局审批。

1996 年 3 月 10 日,中国文物研究所黄克忠教授、国家文物局郭旃来到炳灵寺,就方案中石窟存在的病害及加固工程需要解决的问题进行调研,提出由于 169 窟内岩体构造复杂,裂隙发育较多,岩体加固及渗水治理难度较大,为保证施工质量及文物安全,需对 169 窟单独做方案。因此,8 月中国文物研究所、铁道部科学研究院西北分院完成了《炳灵寺石窟 169 窟加固方案》的设计;9 月 4 日及 10 月 27 日,甘肃省文物局向国家文物局分别呈报了《炳灵寺石窟 169 窟补充加固方案》及《炳灵寺石窟抢险加固工程方案》;1997 年 2 月 1 日,上报了工程用料运费预算;2 月 19 日国家文物局以"文物保函〔1997〕35 号文"批复了《炳灵寺石窟抢险加固方案》及《炳灵寺石窟 169 窟补充加固方案》。

1997 年 5 月 10 日,铁科院西北分院施工人员进驻现场,开始在大佛南侧 169 窟下方搭设脚手架,进行工程开工前的准备工作。8 月 7 日,甘肃省文物局向国家文物局上报"关于炳灵寺石窟加固工程中有关问题的紧急请示",9 月 2 日,甘肃省文物局以"甘文局发〔1997〕61 号"文成立炳灵寺石窟加固维修工程管理办公室,具体负责该工程有关的日常事务,工程甲方确定为"甘肃省文物保护维修工程管理办公室",并与铁科院西北分院于 1997 年 9 月签订了施工合同,兰州冶金工程建设监理公司为此项目监理。9 月 29 日,在炳灵寺石窟加固工程现场,举行了"炳灵寺石窟岩体加固及渗水治理工程"开工典礼,邀请了甘肃省文化厅、甘肃省文物局及其他相关单位业内专家等 200 余人参加了会议,新华社甘肃分社、《甘肃日报》社、甘肃电视台、《科技日报》社、《兰州晨报》社等新闻媒体单位进行了采访播报。

根据设计方案,采用分段加固及渗水治理措施,石窟整体从北至南分为 6 段。炳灵寺石窟第 169 窟段属于第 I 段。1997 年 10 月 6 日,脚手架搭至 169 窟内,发现壁画、塑像等存在严重病害,现场会议决定更改原加固方案施工顺序,先进行文物保护加固,再解决岩体及渗水问题。10 月 15 日,敦煌研究院保护所李云鹤等人至炳灵寺石窟进行 169 窟文物病害调查,并制订了塑像、壁画保护加固方案,最终于 1997 年和 1998 年两年完成,共修复壁画 46.9m²,塑像 20 身。1998 年 6 月 11 日,在炳灵寺文管所召开 169 窟壁画塑像加固验收会,通过 169 窟文物修复项目。

1997 年 10 月 20 日,甘肃省文物局以"甘文局发〔1997〕86 号"文向铁道部科学研究院西北分院下达"关于同意炳灵寺石窟岩体加固及渗水治理工程正式开工的通知",此工程正式开始现场施工。截至 1998 年 7 月,169 窟岩体加固工程竣工。7 月 13 日,铁科院西北分院提交了《169 窟岩体加固工程—竣工报告》。7 月 24 日,在炳灵寺文管所召开 169 窟加固维修工程验收会,验收专家委员会由中国文物研究所高级工程师姜怀英、甘肃省建筑科学研究院教授郑必勇、铁道部第一勘测设计院高级工程师曾经道、兰州有色冶金设计研究院教授高级工程师赵同春、敦煌研究院研究员李最雄等组成,认为 169 窟抢险加固工程达到了设计要求,通过验收。在完成 169 窟抢险加固后,依次开展了炳灵寺石窟所在大佛山Ⅰ区、Ⅱ区、Ⅲ区、Ⅳ区等其他岩体加固分部工程。

1999 年 10 月 5 日,兰州大学地质工程研究院提交了《甘肃省永靖县炳灵寺石窟加固工程裂隙灌浆质量评价报告》。由于在 169 窟岩体加固工程验收中,与会专家对渗水建议以"原地疏导,引离崖面"为原则进行治理,8 月 26 日,国家文物司室函件"保函[98]98 号",向甘肃省文物局下发《关于炳灵寺石窟 169 窟抢险加固工程验收有关情况的报告》意见的函。甘肃省文物保护维修工程管理办公室(文物局)再次委托铁道部科学研究院西北分院重新提交渗水治理设计方案,并上报国家文物局审批。1998 年 10 月,铁道部科学研究院西北分院依照新的治理原则对 4# 渗水点进行了试验性治理;1999 年 4 月提交了试验报告,经专家对试验情况进行现场验收评估后,分院根据专家意见提交了补充意见报告;1999 年 7 月底,国家文物局对该渗水治理方案予以批复,8 月 10 日文物局组织专家评审并通过了施工图设计和施工组织设计。随后,铁道部科学研究院西北分院开始安装渗水导排水管,至 1999 年 10 月中旬完成了所有渗水治理工程的现场施工任务;2001 年 5 月,铁道部科学研究院西北分院提交《炳灵寺石窟岩体加固与渗水治理工程—验收资料》;2003 年 11 月,甘肃省文物局组织的专家一致通过整体验收,至此这项工程最终完成。这是我省继莫高窟、麦积山之后进行的又一重大石窟加固维修工程,是我省积极贯彻执行"保护为主,抢救第一"文物工作方针的又一重大举措,在当时西部大开发的新形势下,为做好文物的保护和利用这两篇大文章,产生了积极影响[1]。

---

[1]王亨通:《炳灵寺石窟加固工程评价》,《丝绸之路》2000 年第 5 期,第 29—32 页。

炳灵寺石窟的加固在总结过去莫高窟和麦积山两次加固工程经验教训的基础上,扬长避短,充分考虑到保持石窟外观的历史风貌这一问题,采用了先进的错索锚杆技术。在管理体制、技术措施方面均体现出了时代特征,具有先进性、科学性和适用性,符合文物保护"修旧如旧""不改变文物原貌"的原则。该项工程的顺利完成,使炳灵寺文物保管所在管理体制、技术措施和保护手段方面积累了宝贵的经验,为日后的石窟维修打下了坚实基础。

## 三、21 世纪　全面发展

2000 年 11 月,永靖炳灵寺文物保管所更名为甘肃炳灵寺文物保护研究所,昭示着机构职能从最初的保护、管理正式转型为保护、研究并重! 在 2002 年召开的炳灵寺石窟学术研讨会上,王亨通所长首先在《炳灵寺石窟研究的过去、现在与未来》一文中,将当时学术界对 169 窟的研究现状及未来需进一步解决的诸多问题,如 169 窟的开创年代问题,第 6 龛的重建历史,天桥栈道的修建历程,"道融""法显""法华经"的流传等问题做了梳理介绍[1]。王惠民与魏文斌二位研究员,分别著文《炳灵寺建弘纪年应为建弘五年》和《关于炳灵寺石窟研究的几个问题》,就"建弘题记"的纪年应为"建弘五年"还是"建弘元年"、第 6 龛中的十方佛所依佛典是否为晋译《华严经》的问题,阐述了各自的不同观点[2]。马德研究员《炳灵寺第 169 窟 6 号龛"十方十智佛"臆测》一文,认为第

---

[1] 王亨通、邓天珍:《炳灵寺石窟研究的过去、现在与未来》,见阎廷亮、王亨通主编《炳灵寺石窟学术研讨会论文集》,重庆:重庆出版社,2003 年 10 月,第 69—72 页。

[2] 王惠民分析题记落款"建弘元年岁在玄枵",认为十二星次之一的"玄枵"与十二辰相配为"子",而建弘元年岁在庚申,建弘五年则岁在甲子,故此年应即"岁在玄枵"。又从晋译《华严经》译成于 421 年的时间节点,认为 420 年时此经尚未译出,此窟不可能采用次年才译成的经典为营建依据,若建弘五年(425)建窟则符合经籍传播流布常理,从而提出第 169 窟中建弘题记有可能是书写手将"建弘五年"误写为"建弘元年"。针对这一观点,魏文斌也以两点提出反对意见。其一是赞同阎文儒先生关于题记岁星纪年的解释:岁在"玄枵"即岁在"子",玄枵又为虚北之意,北可能为十二辰之始,即"子",则"子"即代表元始,与"元年"之元正相合。因此"岁在玄枵"书写正确,无笔误可能。其二是晋译《华严经》在译完之前,位置靠前的《如来名号品》先行译出并传至西秦也不无可能。他认为在规格如此之高的功德主主持下营建的第 169 窟,不可能出现改元、书写手笔误之类的疏忽。王惠民《炳灵寺建弘纪年应为建弘五年》,见《炳灵寺石窟学术研讨会论文集》第 173—274 页;魏文斌《关于炳灵寺石窟研究的几个问题》见《炳灵寺石窟学术研讨会论文集》第 127—134 页。

6 龛内的十方佛是依据窟主意愿和当时的社会需要,根据《佛名经》,将十方佛与十智佛重新排列组合而成的十方十智佛[①];庄壮《甘肃炳灵寺石窟第 169 窟佛背光乐伎研究》,对第 6 龛内乐伎所持中西各类乐器的来源、特征,乐与舞的配合关系、佛与乐舞的关系等内容作了深入研究[②];金申《关于释迦的苦行像》、王征《龟兹石窟飞天图像的艺术形式——与炳灵寺 169 窟等甘肃早期石窟飞天图像的比较》、林梅《北方石窟千佛问题探讨》三篇文章,分别就涉及炳灵寺第 169 窟释迦苦行像、飞天和千佛题材进行了研究论述。上述论文均收录到次年结集出版的《炳灵寺石窟学术研讨会论文集》[③]中。与此同时,魏文斌在敦煌学国际学术讨论会上提交的《炳灵寺第 169 窟的年代再认识》一文,从文献记载、第 18 龛的崖面利用情况、第 6 龛的始作年代、第 10 龛下层壁画年代、窟内建弘元年前后的作品等问题出发, 对第 169 窟中塑像与壁画的年代问题等做了进一步讨论[④];台湾学者赖鹏举《北传佛教"净土学"的形成:西秦炳灵寺 169 窟无量寿佛龛造像的义学与禅法》,从佛学义理的视角,对第 6 龛所反映的净土思想及其相关禅法的产生、流布、华严十方佛在净土造像中的意义等问题做了深刻阐释[⑤];张南南《甘肃炳灵寺第 169 窟法显供养人像及其意义》[⑥],杜斗城《玄高、昙无毗诸僧与西秦禅学》[⑦],及日本大竹宪治《河西回廊の石窟寺院に见

---

①马德:《炳灵寺第 169 窟 6 号龛"十方十智佛"臆测》,见《炳灵寺石窟学术研讨会论文集》第 93—98 页。

②庄壮:《甘肃炳灵寺石窟第 169 窟佛背光乐伎研究》, 见《炳灵寺石窟学术研讨会论文集》第 111—114 页。

③阎廷亮、王亨通:《炳灵寺石窟学术研讨会论文集》,兰州:甘肃人民出版社,2003 年。

④魏文斌:《炳灵寺第 169 窟的年代再认识》,见敦煌研究院编《2000 年敦煌学国际学术讨论会文集——纪念敦煌藏经洞发现暨敦煌学百年》(石窟考古卷),兰州:甘肃民族出版社,2003 年,第 386—405 页。

⑤赖鹏举:《北传佛教"净土学"的形成:西秦炳灵寺 169 窟无量寿佛龛造像的义学与禅法》,原载于赖鹏举 2002 年编著出版的《丝路佛教的图像与禅法》,后收录入《永靖炳灵寺石窟研究文集》(下册),第 774—798 页。

⑥张南南:《甘肃炳灵寺第 169 窟法显供养人像及其意义》,《四川文物》2002 年第 2 期,第 56—61 页。

⑦杜斗城:《玄高、昙无毗诸僧与西秦禅学》,原载于《河西佛教史》,2009 年出版。后录入《永靖炳灵寺石窟研究文集(上册)》,第 749—754 页。

ろ供養人物壁画考：炳霊寺石窟第一六九窟・敦煌莫高窟第 61 窟などの事例を中心に》[1]，对 169 窟中以禅僧为代表的供养人相关问题进行了论述。

2006 年，杜斗城、王亨通主编的《炳灵寺石窟内容总录》[2]出版，对炳灵寺 216 个窟龛做了详细的文字记录，绘制了包括第 169 窟在内共 62 个重点洞窟的平、剖面图，拍摄了部分洞窟图版，还收录了董玉祥、魏文斌、张宝玺分别所做三个版本的第 169 窟内容总录，是目前为止对此窟最翔实全面的基础研究资料。2011 年，郑炳林、石劲松主编的《永靖炳灵寺石窟研究文集》（上、下册）[3]，对 2011 年前涉及炳灵寺石窟既往公开刊发的所有论文做了汇总结集，涵盖本文述及的以上文章，是对炳灵寺石窟包括第 169 窟学术成果的阶段性总结。

近年来相继发表的一些文章中，高海燕《释玄高之游历、修禅及与北魏初期政治的关系》[4]，金建荣《甘肃炳灵寺 169 窟第 6 龛造像背光图像与禅观》[5]，韦正《炳灵寺 169 窟第 6 龛的年代问题——兼及有关佛经的形成和流转时间》[6]，杨童舒、魏文斌《甘肃十六国时期石窟寺的禅观理念与表现》[7]，熊晔《浅议炳灵寺第 169 窟中的早期观法》[8]，王玲秀《炳灵寺 169 窟第 6 龛"西方净土"信仰及其禅观源流与实践对象刍议》[9]等，对 169 窟中呈现的禅僧、禅观义学与

---

①[日]立正大学考古学会编：《考古学論究》(17)，2016 年 1 月。

②杜斗城、王亨通：《炳灵寺石窟内容总录》，兰州：兰州大学出版社，2006 年。

③郑炳林、石劲松：《永靖炳灵寺石窟研究文集》，兰州：甘肃文化出版社，2011 年。

④高海燕：《释玄高之游历、修禅及与北魏初期政治的关系》，《河西学院学报》2014 年第 6 期，第 33—40 页。

⑤金建荣：《甘肃炳灵寺 169 窟第 6 龛造像背光图像与禅观》，《南京艺术学院学报》（美术与设计版）2015 年第 3 期，第 120—126 页。

⑥韦正：《炳灵寺 169 窟第 6 龛的年代问题——兼及有关佛经的形成和流转时间》，《华林国际佛学学刊》2018 年，第一卷·第二期。

⑦杨童舒、魏文斌：《甘肃十六国时期石窟寺的禅观理念与表现》，《西北民族大学学报（哲学社会科学版）》2019 年第 5 期，第 81—90 页。

⑧熊晔：《浅议炳灵寺第 169 窟中的早期观法》，《中国佛学》2021 年第二期，第 305—319 页。

⑨王玲秀：《炳灵寺 169 窟第 6 龛"西方净土"信仰及其禅观源流与实践对象刍议》，《石窟艺术研究》第七辑，2023 年，第 229—236 页。

佛经信仰的流传等问题进行了反复探讨;李静杰《炳灵寺第 169 窟西秦图像反映的犍陀罗文化因素东传情况》①、张宝玺《梵天劝请图像考释》②、张聪《炳灵寺一六九窟第 3 龛造像内容新证》③、王玲秀《炳灵寺 169 窟第 3 龛造像题材再认识》④、张敏《从印度到中国——弥勒图像入华考》⑤、王楠楠《炳灵寺石窟第 169 窟过去七佛图像研究》⑥、唐宇《会饮与示疾:炳灵寺第 169 窟维摩变相渊源考》⑦等文章,针对 169 窟第 12 龛说法图、第 3 龛一铺三尊造像组合,及窟中的弥勒、七佛、维摩诘等题材,从图像的尊格辨识、图像源流及文化传播与演变的进程方面,做了相应阐释;梁艳《炳灵寺第 169 窟北壁画塑源流》⑧、常青《炳灵寺第 169 窟西秦塑像与壁画风格渊源》⑨、宗学良、李琦《炳灵寺石窟壁画中的乐伎形象初探——以第 169 窟为例》⑩等,从佛教美术史的角度,对窟中壁画塑像及伎乐相关的图像风格特征与形象样式进行了探索分析;日本学者前田たつひこ《西域·中国の弥勒》⑪、井上隆史《弥勒の道を辿る》⑫分别对丝绸之路上

---

①李静杰:《炳灵寺第 169 窟西秦图像反映的犍陀罗文化因素东传情况》,《敦煌研究》2017 年第 3 期,第 22—39 页。

②张宝玺:《梵天劝请图像考释》,《敦煌研究》2017 年第 3 期,第 72—76 页。

③张聪:《炳灵寺一六九窟第 3 龛造像内容新证》,《南京艺术学院学报》(美术与设计版)2014 年 4 月,第 96—98 页。

④王玲秀:《炳灵寺 169 窟第 3 龛造像题材再认识》,《石窟寺研究》2021 年第 12 辑,第 86—94 页。

⑤张敏:《从印度到中国——弥勒图像入华考》,《中国美术研究》2021 年 6 月,第 2、179 页。

⑥王楠楠:《炳灵寺石窟第 169 窟过去七佛图像研究》,《南京艺术学院学报》2022 年第 3 期,第 115—120 页。

⑦唐宇:《会饮与示疾:炳灵寺第 169 窟维摩变相渊源考》,《湖北美术学院学报》2022 年第 3 期,第 61—66 页。

⑧梁艳:《炳灵寺第 169 窟北壁画塑源流》,《中国美术研究》2018 年第 2 期,第 2、151 页。

⑨常青:《炳灵寺第 169 窟西秦塑像与壁画风格渊源》,《美术观察》2021 年第 1 期,第 45—53 页。

⑩宗学良、李琦:《炳灵寺石窟壁画中的乐伎形象初探——以第 169 窟为例》,《艺术教育》2022 年第 2 期,第 181—184 页。

⑪[日]前田たつひこ:《西域·中国の弥勒》,前田耕作、井上隆史、前田たつひこ主编《みろくへの道》,《サンエムカテー》,2023 年,第 212 页。

⑫[日]井上隆史:《弥勒の道を辿る》,前田耕作、井上隆史、前田たつひこ主编《みろくへの道》,《サンエムカテー》,2023 年,第 244 页。

包括炳灵寺 169 窟在内各地区的弥勒图像和弥勒信仰进行了梳理研究；曹学文、丁万华《炳灵寺石窟第 169 窟"建弘题记"研究述评》[①]，曹学文《炳灵寺第 169 窟"丙申题记"的若干问题研究》[②]，黄兆宏等撰《炳灵寺石窟题记与榜题研究述评》[③]，梳理述评了前贤对"建弘题记"的历次研究成果，并阐述了自己对"建弘题记"和"丙申题记"等的最新认识；刘宗昌、孙淑梅《炳灵寺石窟环境与 169 窟温湿度特征对比分析》[④]，李隆、陈章等撰《炳灵寺石窟鸟类群落的时空变化特征及鸟害》[⑤]，分别对第 169 窟气象环境和长期遭遇的鸟害问题做了针对性研究。其中，熊烨博士在《Religions》发表的《Rediscovering the Textual Sources of the "De Dashizhi Pusa 得大势志菩萨" in Cave 169 of Bingling Temple》一文（中文名《炳灵寺第 169 窟"得大势志菩萨"文本来源的重新发现》）一文，首次注意到第 6 龛中左胁侍菩萨榜题名号为"得大势志菩萨"，讨论了近几十年来大多数录文对此榜题中"志"的录文瑕疵。通过分析多部现存经文与"得大势志菩萨"之间的联系，对图像文本来源做了重新确定。在此基础上，从佛龛配置、佛经主题、经文的翻译和流传历史等方面剖析论述，认为"得大势志菩萨"以及第 6 龛造像主要依据《法华经》创作，而净土经典的影响则体现在第 6 龛特别是三尊像的修复过程中[⑥]。这一发现及其观点，打破了长期以来学界对第 6 龛中西方三圣造像主要是反映西方净土信仰的一贯认识，对早期《法华经》的图像配置，以及《法华经》与净土经典的关系等问题产生新的思考。在另一篇

---

① 曹学文、丁万华：《炳灵寺石窟第 169 窟"建弘题记"研究述评》，《敦煌学辑刊》2020 年第 3 期，第 97—108 页。

② 曹学文：《炳灵寺第 169 窟"丙申题记"的若干问题研究》，《敦煌研究》2020 年第 3 期，第 92—96 页。

③ 黄兆宏等：《炳灵寺石窟题记与榜题研究述评》，《丝绸之路》2022 年第 3 期，第 88—93 页。

④ 刘宗昌、孙淑梅：《炳灵寺石窟环境与 169 窟温湿度特征对比分析》，《丝绸之路》2017 年第 20 期，第 65—68 页。

⑤ 李隆、陈章等：《炳灵寺石窟鸟类群落的时空变化特征及鸟害》，《兰州大学学报》（自然科学版），2022 年第 6 期，第 796—803 页。

⑥ Ye Xiong：《Rediscovering the Textual Sources of the "De Dashizhi Pusa 得大势志菩萨" in Cave 169 of Bingling Temple》，*Religions*，2023，14，no. 7，915.

文章《永靖炳灵寺石窟造像榜题名号混用现象探究——以第 169 窟为中心》[1]
中,熊博士对 169 窟中诸多的造像榜题、同尊格造像名号混用问题做了系统梳
理和研究,使得对第 169 窟中诸多细节问题的关注更加深入。

2018 年,中国国家画院美术研究所张惠明研究员在法文版专著《Iconogra-
phie de Mañjuśrī et du mont Wutai en Chine médiévale — Une étude d'après les
matériaux picturaux de Dunhuang du VIIᵉ au Xᵉ siècle》(《中古中国文殊五台山图
像学——根据公元 7 至 10 世纪敦煌绘画资料的研究》)一书中,对文殊图像做
了深入研究,指出炳灵寺 169 窟北壁第 11 龛与第 10 龛壁画中绘制于西秦建
弘年间的文殊菩萨像,是目前中国境内现存最早的文殊图像。并以第 11 龛"维
摩诘经变"图中的文殊菩萨像为例,说明公元 5 世纪的文殊图像有两大特征:
一是文殊菩萨常与维摩诘像呈对称形式出现,其本身尚未具备明确可辨的图
像特征,形象比定上常常需要通过与其对称出现的维摩诘作为辨识依据;二是
早期的文殊图像并非如 6 世纪初的云冈、龙门石窟中的同类图像那样,出现手
持如意的标志物,而是双手结说法印,坐势为"舒相坐"(或称游戏坐),这种坐
姿可见于犍陀罗艺术菩萨图像样式,其样式可追溯至贵霜时期反映宫廷生活
女子形象的世俗艺术样式[2]。

这一时期对第 169 窟的研究,多针对窟内特定的龛像或诸多庞杂具体的
佛教题材、对象进行专题剖析论述,内容涉及禅观义学、造像题材、图像辨识、
宗教文化传播、佛教美术、题记考释研究、保护监测、病害调查与防治等,研究
范围和深度不断延展。关注热度重点集中在对此窟所蕴含的浓郁禅观,丝路文
化东西交流中的佛教信仰、图像传承与演进、窟内题记背后的西秦政治文化背
景等方面。对 169 窟的价值挖掘,已越来越广泛地超越了西秦佛教本身,转向
更加纵深的东西方丝路文化传播交流和多元文化互鉴汇聚方向拓展。

在此过程中,科技手段在保护研究和文化弘扬中得到了初步应用。2019

①熊晔:《永靖炳灵寺石窟造像榜题名号混用现象探究——以第 169 窟为中心》,《法音》2024 年
第 1 期,第 61—65 页。

②张惠明:(Iconographie de Mañjuśrī et du mont Wutai en Chine médiévale — Une étude d'après les
matériaux picturaux de Dunhuang du VIIᵉ au Xᵉ siècle)(法文版)《中古中国文殊五台山图像学——根据公
元 7 至 10 世纪敦煌绘画资料的研究》,上海:上海古籍出版社,2018 年。

年,由英国国家环境研究委员会、英国科学院中英研究基金共同资助的科研项目——"中国河西走廊早期佛教石窟年代序列调查汇总——碳十四测年的可行性分析"在炳灵寺开展工作,项目负责人 Mark Pollard 教授与刘睿良博士对169 窟壁画风格、层位、制作工艺及题记进行了仔细考察记录,制订了详细的采样方案,为碳十四贝叶斯建模提供了重要依据。2020 年,敦煌研究院丁得天副研究员在国家社科基金考古学项目"早期敦煌与河西石窟年代学研究"资助下,针对第 169 窟早期遗迹的年代问题,带领课题组成员党燕妮、王旭升等进行了壁画地仗层的采样和测年。该项工作的前期处理和测年均在兰州大学年代学实验室进行,目前已进入数据整理分析阶段。

为推动石窟文化弘扬普及,炳灵寺文物保护研究所还以广大游客和石窟文化爱好者为目标受众,先后编辑出版了《炳灵寺石窟艺术》①、《中国石窟艺术——炳灵寺》②、《高峡平湖的石室造像——炳灵寺石窟》③、《永靖炳灵寺》④等几部图录,以图文结合的形式,采用多种框架结构,从不同视角层面展示介绍了包括第 169 窟西秦艺术在内的炳灵寺石窟的文化内涵,集资料性、科普性、美术欣赏性于一体,取得了良好的社会效应。2022 年,浙江大学文化遗产院李志荣副院长带领的团队,等比例 3D 数字化复制的 169 窟第 20 龛造像,和第11、12 龛壁画,参展国家博物馆"盛世修典——'中国历代绘画大系'成果展",使得窟内文物在数字化技术的介入下得以冲破载体的地域限制,远赴首都,尽展西秦佛教的艺术魅力,开拓了优秀传统文化展示利用的空间。

2017 年,炳灵寺文物保护研究所整建制划归敦煌研究院后,在研究院的引领支持下,炳灵寺文物保护研究所在遗产管理上不断提质升级。近几年,针对第 169 窟的保护、研究、展示弘扬工作,炳灵寺文研所先后申报了"炳灵寺第

①《炳灵寺石窟艺术》由王惠民策划、炳灵寺文物保护研究所编,兰州:甘肃人民美术出版社,2006年 9 月出版。

②《中国石窟艺术——炳灵寺》,江苏凤凰美术出版社,2015 年 6 月出版。

③《高峡平湖的石室造像——炳灵寺石窟》为中央文化产业发展专项资金资助项目——"丝路物语"系列文化丛书,李炳武主编,贺延军本册主编,西安出版社,2019 年 11 月出版。

④《永靖炳灵寺》为史家珍总编、杨超杰执行总编的"中国石窟文化丛书"之一,由董婷婷主编本册,上海交通大学出版社,2022 年 3 月出版。

169窟与第172窟防鸟工程""炳灵寺石窟第169窟前期勘察研究""炳灵寺石窟第169窟栈道加固前期勘察研究""第169窟数字化采集与展示利用""第169、147窟造像和壁画临摹",以及由曹学文副所长主持的国家社科一般项目《炳灵寺石窟第169窟考古报告》共六个项目,目前正在整合筹备开展中。下一步拟在洞窟中搭建脚手架,几个项目同时打包实施,以实现对窟内文物的最小干预和工程项目的高效推进。对第169窟的保护、研究、弘扬工作在21世纪得到了全面发展。

## 四、展望未来　任重道远

党的十八大以来,以习近平同志为核心的党中央前所未有高度重视文物保护利用和文化遗产保护传承。习近平总书记在敦煌研究院座谈时指出,研究和弘扬敦煌文化,既要深入挖掘敦煌文化和历史遗存背后蕴含的哲学思想、人文精神、价值理念、道德规范等,推动中华优秀传统文化创造性转化、创新性发展,更要揭示蕴含其中的中华民族的文化精神、文化胸怀和文化自信,为新时代坚持和发展中国特色社会主义提供精神支撑;提出"努力把研究院建设成为世界文化遗产保护的典范和敦煌学研究的高地"。党的二十大报告提出,要坚守中华文化立场,提炼展示中华文明的精神标识和文化精髓,加快构建中国话语和中国叙事体系,讲好中国故事、传播好中国声音,展现可信、可爱、可敬的中国形象。在这样的发展背景下,有关文化遗产保护利用的系列指导意见和利好政策也先后发布出台,石窟寺文化遗产正面临着前所未有的挑战和发展机遇。

第169窟作为中国早期石窟的杰出代表、十六国西秦佛教及社会文化的实物证据、丝绸之路上炳灵寺石窟中最具价值的文化瑰宝,在厘清早期石窟传播发展轨迹、彰显多元一体化的中华民族文化构成中具有至关重要的作用。如何在文化大繁荣大发展的时代潮流中把握机遇,在新时期文物工作方针指导下,深化学术交流合作,推动文化遗产与科技深度融合,多学科协同探索挖掘包括第169窟在内的炳灵寺石窟蕴含的丰富的价值内涵,提炼其丝路文明交融汇聚过程中凝聚的中华民族文化血脉和文化精神,不断丰富展陈形式,推动遗产价值创造性转化和创新性发展,惠利社会民生,服务"一带一路"和文化强国建设,是我们今后的使命和课题,任重道远!

# 炳灵寺石窟早期千佛图像调查研究①

## 刘宗昌

（敦煌研究院　炳灵寺文物保护研究所）

千佛是佛教图像中较为普遍的题材，其产生和发展是与佛教思想的不断分化演变相关的。作为我国佛教发展早期的十六国北朝时期，千佛图像十分盛行。对于千佛的定义，不同学者通过研究某一具体洞窟内壁画内容及其依据佛经，有贤劫千佛、三十五佛与五十三佛、三劫三千佛、化佛等②。狭义的千佛指的是有比较确定的数量和名号的佛群体，而广义的千佛指没有确定数量且没有具体名号的群体佛像③。作为早期千佛图像的统一学术定名，为了使用简便，统一名之曰"千佛"，言佛数之多，包括佛经中说的过去、现在、未来十方三世尽虚空一切诸佛以及由诸佛化现的其数无量的各种化佛④。

从图像学看，千佛图像由六大部分组成：佛体、台座、背光、华盖、题榜、边框。这六大部分可兼而有之，也可只有其中的几个。但总体上可以认为前三大部分为基本特征，不可或缺；而后三大部分属选择性特征，可有可无⑤。本文所涉及的千佛为广义上的，以符合图像学内容的千佛为主。

炳灵寺石窟第169窟是目前已知的最早的具有明确纪年题记的洞窟，窟

---

①基金项目：国家社科基金"炳灵寺石窟第169窟考古报告"（22BKG018）。

②贺世哲：《敦煌图像学研究——十六国北朝卷》，兰州：甘肃教育出版社，2008年，第120—121页。

③梁晓鹏：《敦煌千佛图像的符号学分析》，《敦煌研究》2006年第2期，第11–15、114—115页。

④贺世哲：《敦煌图像学研究——十六国北朝卷》，第132页。

⑤梁晓鹏：《敦煌学研究文库——敦煌莫高窟千佛图像研究》，北京：民族出版社，2006年，第112页。

中千佛题材目前以编号为第 12、15、19、24 龛等广为学术界熟悉，也是作为研究千佛的主要对象，其中第 24 龛的千佛图像也被认为是国内最早的千佛图像。除此之外，炳灵寺石窟第 192 窟中第 1 龛内千佛也基本被认为是西秦时期的。2006 年出版的《炳灵寺石窟内容总录》中，对于炳灵寺石窟早期洞窟所存千佛图像也再无刊载。但经笔者调查研究，第 169 窟内还存在较多千佛题材，因其面积较小、位置隐蔽、脱落、漫漶不清等原因，不为学者注意。并且在 2019 年，炳灵寺文物保护研究所在对 20 世纪 70 年代揭取的原 16 窟内壁画进行保护修复后，又发现一方残存壁画，上有千佛题材。而 16 窟卧佛目前基本观点是北魏[1]，但也有西秦之说[2]，此方千佛壁画的发现，可为其年代的确定提供又一证据。

笔者对这些新发现的千佛图像进行调查研究，以增补学界相关研究材料，希望能对炳灵寺石窟佛教发展研究有所裨益。

## 一、第 169 窟第 2 龛上方崖壁上

第 2 龛主要内容是位于崖面上木胎泥塑的大小两尊坐佛。此次调查的千佛图像就位于此坐佛右上方的崖面上，其上残存壁画分布较零散，可见的壁画内容主要是千佛。就千佛绘画风格及榜题等内容，此区域千佛分为两部分（图 1）。

图 1 第 2 龛上方千佛位置及分区

### （一）2 龛 1 区千佛图像内容
在坐佛头顶正上方有上下两排千佛，以坐佛头顶突出的岩

①张宝玺：《炳灵寺石窟第 1、16、90、133 窟的清理与研究》，《炳灵寺石窟学术研讨会论文集》，兰州：甘肃人民出版社，2003。

②初世宾：《麦积崖的开场年代与相关问题——兼论早期佛教艺术》，初世宾著，李勇峰编选：《陇上学人文存·初世宾卷》，兰州：甘肃人民出版社，2015 年，第 59 页。

图 2　2 龛 1 区千佛图局部及线描图

体为边际向右侧绘制。残存可见的千佛形象有 2 尊(图 2),其余较残不可分辨,但是从头光、莲座残余边沿可明确是千佛无误。千佛通高约 0.22m,通宽0.15m,残存颜色主要为黑褐色和绿色,在头背光和莲座交叉使用。千佛之间有墨线勾勒出的榜题,位于千佛左侧,榜题上题名已脱落,残留墨书的痕迹。千佛手印等不可见,圆形头背光,头背光在头部交汇处又绘画两双弧线绕头光形成华盖,这与169 窟第 24 龛内部分千佛头顶的华盖绘制方式相同。千佛有座但不可辨别。图像中未见明显起稿线,但在上下两层佛像间以及佛像头光处露出横向的贯穿 2 尊佛像的红色线条,当为绘制时的坐标线。不同于以往常见的千佛坐标线,线条较粗,宽约有 0.1m,此坐标线同样见于此壁画右侧零星壁画表面。这些千佛正上方残存一褐色图像,为一造像身体及衣襟的下摆,此区域千佛图像应该就是围绕这一图像而绘制的。

**(二)2 龛 2 区千佛图像内容**

位于更上方区域,残留两块壁画中千佛形象较为明显,上下两块壁画从形象及用色看应该属于同一区域。此区域千佛大小较 1 区小,因太高尺寸不可量。千佛红色起稿线,墨色勾勒填充颜色,绿色背光、红色大衣。上方千佛(图3)为一行中残存的两尊,佛着通肩大衣,拇指翘起相抵,双手交叠,作禅定印于莲花座上,圆形头光和背光都为单层。佛右下部有白底黑框榜题,上有题名为"□陁如来",这与已知的榜题在佛像斜上方的形式不同,且榜题是属于两尊佛的哪一个也不能确定。千佛是否有华盖不明。

图 3　2 龛 2 区千佛图局部及线描图

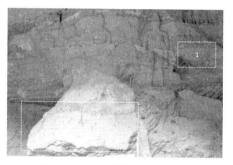

图 4　18 龛千佛位置图及分区

## 二、第 169 窟第 18 龛千佛

18 龛内一方千佛位于中间立佛左侧两尊一大一小两坐佛下方,另一方位于西壁第 18 龛众石雕造像右下方崖面上,第 19 龛千佛壁正上方(图 4)。

### (一)18 龛 1 区千佛图像内容

残存图像(图 5)可见千佛及莲花,千佛位于莲花两侧。右侧残存 2 尊造像及榜题,左侧只有一榜题,右侧第一尊佛像榜题可见红色起稿线,从莲花左侧榜题可看出,此处榜题位于佛像右侧,榜题上无题名。佛像着通肩大衣,拇指翘起相抵,双手交叠禅定印于莲座上,圆形头光和背光,头光上有上窄下宽的类梯形带垂蔓华盖。整体颜色为红色、绿色和白色,佛衣和背光用红色和绿色交叉使用,空白处用白色填充。

图 5　18 龛 1 区千佛图像及线描图

### (二)18龛2区千佛图像内容

千佛(图6)绘制在靠下部长约4.7m、高约2m整体不规则的泥层上,其中千佛较大,莲座底至华盖顶通高0.3m,通宽为背光中心0.22m。佛像着通肩大衣,拇指翘起相抵,双手交叠禅定印于莲座上,圆形头光和背光,头光上有上窄下宽的类梯形带垂蔓华盖,两两千佛华盖之间绘制一朵莲花。千佛起稿线为刻画线,只是标定最终绘画各部位的相对位置(如双手位置就简单刻画一三角形标识),头光、背光、佛衣等用绿、白、红等色彩填色,因大部分千佛漫漶不清,各千佛色彩使用规律不明,千佛主画面之间空白处用白色填补。

图6 18龛2区千佛图像局部及线描图

## 三、第16窟揭取壁画中的千佛内容

第16、90、133窟原位于炳灵寺石窟所在大佛山最底层,1967年刘家峡水库开始兴建时, 处于设计水位以下淹没区。为配合水库建设,1967年春夏之际,由甘肃省博物馆文物工作队、敦煌文物研究所、麦积山文物保管所协同炳灵寺文物保管所,对这几个洞窟进行了考古清理,并对部分造像和壁画实施了揭取搬迁。16窟卧佛于2001年择址在石窟对面卧佛院进行了修复并且展示。2013年,炳灵寺文物保护研究所启动壁画保护修复工作,直至2019年完成。其中第16窟内残存壁画共有4块,1967年揭取后在固定壁画木质夹板背面标识有"炳16窟像6""炳16窟像7""卧佛头顶天花""炳16窟与90窟之间崖壁零星壁画"等字样,其中有千佛内容的为"炳16窟与90窟之间崖壁零星壁画"。

　　此壁画应原位于第 16 窟至第 90 窟之间崖壁上，残存壁画宽 0.58m，长 0.75m，壁画地仗厚度 0.2m，因揭取后保存在洞窟内近半个世纪，壁画被雨水浸泡严重，表面霉变、污染严重，但画面内容在修复后仍然较为清晰(图 7)。揭取下来的壁画与早期搬迁第 1、16、90、133 窟时的调查记录内容相吻合①。

图 7　16 窟揭取壁画及线描图

　　画面内容应为一立佛左腿部，站于蒲团上，两层佛衣上下交叠，左手持襟，最外侧背光为火焰纹；佛左脚旁面佛立一供养菩萨，身材修长，颔首送胯整体呈反"S"型，高发髻，红色发带束发，上身赤裸，一飘带自肩背环绕垂于身体两侧，下着绿色长裙，腰两侧挽节，裙襟在左腿下方也挽节，与天梯山石窟北凉菩萨裙带处理方式相同。供养菩萨再左下，为一女供养人，残存画面敞袖长袍，双手拱于胸前，其上方与菩萨间有 3 瓣式莲花，其后似还有排列供养人。供养菩萨头顶上方与佛背光间有竖排 3 个三角形器物，或同为莲瓣。

────────────────

　　①张宝玺：《炳灵寺石窟第 1、16、90、133 窟的清理与研究》，《炳灵寺石窟学术研讨会论文集》，兰州：甘肃人民出版社，2003 年，第 75—92 页。文中"窟外北壁崖面上一身残立佛身侧的小供养菩萨和数身千佛"应指此方壁画。

立像左侧则为残存并列 4 行 3 列的千佛形象,从残存几尊佛像看,其排列方式为斜上方并列。千佛平均通高 0.17m,通宽 0.1m 左右。千佛所在画面整体为土红色底色,起稿线为刻划线,后用白色或黑色勾勒轮廓填充颜色。佛像都着通肩大衣,拇指翘起,双手交叠

图 8　16 窟壁画千佛名称

禅定印置于腹部,坐于莲花座上,面部曲线圆润,肉髻高圆,圆形头光,圆形近椭圆形背光,头顶有上窄下宽的类梯形带垂蔓华盖,千佛右侧上方有榜题,白色底色上用黑色墨书,笔迹较为随意,艺术性不高。可辨识的榜题(图 8)第一排自立像左向右分别为"增□□""无边缘□见佛",第二排依次为"无上光佛""□□□佛""师子音佛",第三排第二位为"绽? 明佛"。

## 四、讨论

### (一)第 169 窟内各龛千佛的年代推断

第 169 窟内各龛塑像壁画大部分都为西秦时期,其中常青对 169 窟通过考古类型学方法进行了系统的分期断代研究[1],第 2 龛塑像划归为第 169 窟第四期(471—494),其间壁画则未涉及。常青文中将第 18 龛此两处壁画第 1 区编号为 B21,第 2 区编号为 B23,在对此处壁画绝对年代推断中,通过对他分组的第八组(第 169 窟中第 3 龛塑像、第 23 龛西侧二佛、第 3 龛东侧壁画)塑像壁画艺术形式与云冈、敦煌二期造像的相似性,最终确定此处壁画年代与第八组基本一致,断代分期同为第 169 窟第四期。

1. 第 2 龛千佛

第 2 龛 1 区壁画,由于大部分残缺,无法从绘画艺术角度对比分析,现存

①常青:《炳灵寺 169 窟塑像与壁画的年代》,《考古学研究》,1992 年,第 416—481 页。

的可判断年代的约为两点,其一是头光上部的圆弧形华盖,其二是榜题。圆弧形华盖,在炳灵寺石窟千佛绘制中出现在第 169 窟第 24 龛(图 9),以及第 192 窟第 1 龛中(图 10)。目前对此两处壁画的分期断代,基本都定为西秦最早期壁画,常青①、张含悦②等学者都将其定为第 1 期(412—420)中段,此后期的千佛绘制都基本为梯型带垂蔓华盖,不见此类。并且残存壁画色彩以绿色、黑灰色为主,不见白色底色,起稿线为墨线而不是类第 15 龛的刻划线。此外,头光与背光相交而不是包含于背光中的特点,也是早期千佛绘制的形制。这表明此千佛壁画为 169 窟内早期的可能性较大,至迟在常青所划第二期,即 420 年左右。

图 9　第 169 窟第 24 龛千佛

图 10　第 192 窟第 1 龛千佛

第 2 龛 2 区千佛壁画,其残存榜题是推断年代的线索之一。考虑到"陁"为"陀"的异体字,"佛"和"如来"混用③,以及当时工匠在制作壁画时将字体残缺误写"施"为"陁"等现象,在早期汉译各佛名经中筛查可能存在佛名,其中:《贤劫经》中"阿弥陁"佛名出现在"所以者何? 斯经至要,去来今佛之所由生,大目、阿弥陀、阿閦如来,贤劫千佛三世无限,皆由是定自致成佛"④句中;而《贤劫经

---

①常青:《炳灵寺 169 窟塑像与壁画的年代》,第 416—481 页。

②张含悦:《炳灵寺石窟分期研究》,硕士学位论文,北京大学,2023 年。

③宁强、胡同庆:《敦煌莫高窟第 254 窟千佛画研究》,《敦煌研究》1986 年第 4 期,第 22—36、103—105、108—113 页。

④高丽藏:《贤劫经》第 8 卷第 25 张。

第七·千佛兴立品第二十一》中有"顶髻施如来①""龙施如来②""精进施如来③"等佛名;《现在贤劫千佛名经(阙译本)》有"南无鸯伽陁佛④""南无婆耆罗陁佛⑤"等;《佛说佛名经》中有"南无阿弥陁如来"出现在"南无现在住十方世界。不舍命说法诸佛。所谓安乐世界中阿弥陀如来为上首⑥"这句话中,"南无阿弥陁佛"在此经中多处地方都有出现⑦,而做"陀"字时也多有出现⑧,表明当时两字通用是较为常见的。从佛经翻译时间考虑,《贤劫经》由西晋高僧竺法护译出于永康元年(300),后秦弘始四年(402)鸠摩罗什重译《贤劫经》,此两译本在河西地区具有较广的传播和影响⑨。《现在贤劫千佛名经》译于南朝梁代(502—557),译者不详,有两个版本:其一为阙译人名今附梁录(以下称阙译本),另一为开元拾遗附梁录(以下称开元本)。《佛说佛名经》为北魏菩提流支所译,译出时间约在 508—535 年之间。若根据常青的断代第 2 龛属 169 窟第四期(471—494),那么只有两个版本的《贤劫经》可与此方壁画对应。

从绘画艺术风格来看,2 龛 2 区的千佛近似于 169 窟 12 龛说法图上方禅定小佛,尤其胸前通肩衣纹和手下方纹饰的处理以及莲台莲瓣的绘制方式与第 24 龛千佛和 192 窟第 1 龛近似,与 15、19 龛千佛明显不同,也不同于第 18 龛 1、2 区千佛。根据常青分期,18 龛千佛绘制于第四期(471—494),15、19 龛千佛绘制于第五期(495—515)。那么 2 龛壁画定早于 18 龛千佛,再若按照先营建 169 窟北壁再至西、南壁的时间顺序,先从较容易再至较困难的营建顺序推断,第 2 龛 2 区壁画应早于第四期,至迟在第三期(420—471)。

---

①高丽藏:《贤劫经》第 7 卷第 13 张。

②高丽藏:《贤劫经》第 7 卷第 22 张。

③高丽藏:《贤劫经》第 7 卷第 23 张。

④高丽藏:《现在贤劫千佛名经》第 1 卷第 3 张。

⑤高丽藏:《现在贤劫千佛名经》第 1 卷第 34 张。

⑥高丽藏:《佛说佛名经》第 4 卷第 4 张。

⑦高丽藏:《佛说佛名经》第 13 卷第 1 张,第 28 卷第 9 张。

⑧高丽藏:《佛说佛名经》第 1 卷第 9 张,第 2 卷第 2 张。

⑨李金娟:《丝绸之路上的贤劫信仰与千佛图像——以〈贤劫经〉的译传为背景》,《敦煌学辑刊》2023 年第 1 期,第 148—165 页。

2. 第 18 龛千佛

第 18 龛 1、2 两区千佛,其衣纹线条绘制晕染处理,刻划的起稿线方式,头光包含于背光中,华盖的形状,佛像之间空白处白色填充等多种特征都与第 15、19 龛千佛相同或相近(图 11、图 12);不同之处只是 15 龛千佛在肉髻处绘有一串白色联珠,表明其同时期绘制的可能性。但在常青文中,将此处千佛归于 18 龛造像的附属壁画而断代为第四期(471—494)。18 龛面积较大、造像众多,没有明显的证据表明造像都为同时期开凿,并且壁画是否与造像为统一设计的整体还不确定,尤其第 2 区千佛壁画离上方塑像还较远,其上方还有一方较大面积壁画模糊不可见,因此 18 龛此两方千佛壁画时代还有待商榷,应该较第四期迟。

图 11 169 窟第 15 龛千佛　　　　图 12 169 窟 18 龛 2 区千佛

## (二)第 16 窟揭取壁画的年代推断

1. 绘制工艺及艺术风格

16 窟千佛主要特点为佛衣都为通肩式,佛衣领、袖以及背光等边沿处用白色或黑色墨线勾勒,头光包含于背光中,梯形带垂蔓华盖,刻划起稿线,多种特征接近 169 窟中 15 龛千佛。

### 2. 佛名的来源推断

根据千佛榜题,查阅南北朝时期佛名经中相同佛名号。梁僧佑撰《出三藏记集》记载的相关佛名经较多,但真正入藏的佛名经只有《过去庄严劫千佛名经》《现在贤劫子佛名经》《未来星宿劫千佛名经》《十方千五百佛名经》《佛说决定昆尼经》《佛说观药王药上二菩萨经》和《佛说佛名经》等①。

查"增□□佛":《贤劫经》中有"转增益"②。《现在贤劫千佛名经》中有"南无增益佛"③"南无最增上佛"④。《未来星宿劫千佛名经》中有"南无增益如来"⑤。《佛说佛名经》中较多,有"南无增上力佛"⑥"南无增上行佛"⑦等。

查"无边缘□见佛":《贤劫经》中有"无边际"⑧"无虚见"⑨佛名。《过去庄严劫千佛名经》《现在贤劫千佛名经》《未来星宿劫千佛名经》中也无相同佛名,相似有 "南无无边 ** 佛""南无 *** 见佛", 名号较多但都缺字,"南无因缘助佛"⑩。《佛说佛名经》中也无相同佛名,相似有"南无无边门见佛"⑪"南无无边见佛"⑫"南无东南方无缘庄严佛"⑬"南无因缘光明佛? "⑭。

查"师子音佛":《贤劫经》《过去庄严劫千佛名经》《现在贤劫子佛名经》《未来星宿劫千佛名经》《佛说佛名经》等经中具有。

查"无上光佛":《过去庄严劫千佛名经》中为"南无上光佛"⑮,《佛说佛名

①梁晓鹏:《敦煌学研究文库——敦煌莫高窟千佛图像研究》,北京:民族出版社,2006 年,第 129 页。

②高丽藏:《贤劫经》第 6 卷第 25 张。

③高丽藏:《现在贤劫千佛名经》第 1 卷第 31 张。

④《中华大藏经·现在贤劫千佛名经(开宝藏)》,第 22 册,第 041 页。高丽藏中无此名。

⑤高丽藏:《未来星宿劫千佛名经》第 1 卷第 27 张。

⑥高丽藏:《佛说佛名经》第 8 卷第 8 张。

⑦高丽藏:《佛说佛名经》第 11 卷第 8 张。

⑧高丽藏:《贤劫经》第 6 卷第 26 张。

⑨高丽藏:《贤劫经》第 6 卷第 15 张。

⑩高丽藏:《未来星宿劫千佛名经》第 1 卷第 8 张。

⑪高丽藏:《佛说佛名经》第 18 卷第 2 张。

⑫高丽藏:《佛说佛名经》第 22 卷第 3 张。

⑬高丽藏:《佛说佛名经》第 6 卷第 13 张。

⑭高丽藏:《佛说佛名经》第 17 卷第 7 张。

⑮高丽藏:《过去庄严劫千佛名经》第 1 卷第 3 张、第 24 张、29 张。

经》中为"南无无上光佛①"。

查"绽？明佛"：在《贤劫经》中有"锭明王佛②"为相似佛名，其他佛经中均无接近佛名。

佛经在翻译传抄和不同译者编译中的增删，不同佛名存在差异③，并且在绘制壁画中佛名誊抄也会产生异字、错字等现象④。受当时条件所限，并且从榜题艺术角度看，与 169 窟内 6 龛内十方佛题记相较为差，其绘制可能不是皇室或者有权势王族为之，因此榜题所本经文或许本来就不完整，甚至可能由多种经文拼凑而成，这就能解释为什么有较早翻译的《贤劫经》中的相似佛名，也有后期翻译而成的《佛说佛名经》内容，并且佛名顺序在不同佛经中也不对应。相似情况也存在于河西其他石窟中，如北凉时期的天梯山第 1 窟中千佛图像、酒泉文殊山前山千佛洞窟内前壁千佛图像⑤。

综上所述，16 窟揭取壁画的千佛名经，其榜题佛名经可能出自以《佛说佛名经》为主的多种佛名经杂合版本。常青认为炳灵寺 169 窟在北魏时期，窟内无足够空间满足洞窟修建活动而逐步转移至下层，说明 16 窟开凿的年代较 169 窟内各龛迟，再考虑其与 169 窟 15 龛艺术风格相同，应基本在同时期开凿，即属 169 窟开凿第 5 期（495—515），也基本与《佛说佛名经》译出年代区间重叠。但这只是 16 窟外崖壁上的千佛绘制年代，卧佛的制作年代应该要早于此时间。

## 五、结论

（一）第 169 窟中 2 龛 1 区壁画至迟在常青所划第二期（420 年左右）；2 龛 2 区壁画应早于第四期，至迟在第三期（420—471）。

---

①高丽藏：《佛说佛名经》第 2 卷第 6 张。
②高丽藏：《贤劫经》第 6 卷第 21 张。
③李灿：《399 年宝贤写卷即东晋昙无兰抄略〈千佛名号〉考——兼论 5 世纪前的古法唱导与佛名抄略本的关系》，《文献》2020 年第 1 期，第 92—115 页。
④梁晓鹏：《敦煌学研究文库——敦煌莫高窟千佛图像研究》，第 152 页：附录——贤劫千佛名号对比一览表。
⑤李金娟：《丝绸之路上的贤劫信仰与千佛图像——以〈贤劫经〉的译传为背景第》，148—165 页。

（二）第 169 窟中第 18 龛两方千佛壁画，与第 18 龛内造像不属于同期，更接近于第 169 窟第五期(495—515)。

（三）第 16 窟揭取壁画中千佛名号可能出自以《佛说佛名经》为主的杂糅早出的多种佛名经，整体壁画绘制年代接近于第 169 窟第 5 期(495—515)，而卧佛的修建时间应早于此时间。

# 炳灵寺石窟早期调查中的重要遗迹

## ——以冯国瑞《炳灵寺石窟勘察记》为中心

张含悦

（上海大学　文化遗产与信息管理学院）

自 1951 年炳灵寺石窟重新发现至今已 70 载，除了文物古迹随时间的自然损坏，还经历了 20 世纪 60 年代刘家峡水库蓄水工程导致下层洞窟被淹没，加之历年的保护工程，如今的石窟全貌相比当时已发生了巨大变化。所以冯国瑞先生 20 世纪 50 年代初参与的对炳灵寺石窟的两次考察和所发表的成果就格外重要，尤其是一些重要遗迹现已无存，我们更需要回归最初的考察记录并进行详细分析，以求确认当时这些遗迹和题刻是否存在、其位置在何处。

## 一、1951 年的初步考察

炳灵寺石窟在学术意义上的再发现始于 20 世纪 50 年代初。1951 年冬季，西北人民图书馆的冯国瑞先生与当时甘肃省委孙作宾副书记在参加临夏地区的土改工作时，从农民处得知炳灵寺石窟，后来在中共甘肃省委的帮助下进行了初步考察。

冯国瑞(1901—1963)，甘肃天水人，字仲翔，号麦积山樵、石莲谷人。少年时，其父请前清进士为之讲习古文辞，奠定了其坚实的史学基础。1921 年至 1926 年就读于南京高等师范学校，之后考入北平清华学校国学研究所，1927 年毕业，其间受业于梁启超、王国维等学者。1928 年起，先后任甘谷县立中学教员、甘肃省通志局分纂、兰州中山大学教师、青海省通志馆馆长、西宁县长、青海省政府秘书长、陕西省政府顾问等职。1938 年至 1948 年，任教于三台东北大学历史系、西北师范学院国文系，于兰州筹建西北图书馆。先后四次考察麦积山石窟,并撰写《麦积山石窟志》《调查麦积山石窟报告书》《天水麦积山西窟万佛洞铭》等论文与专著。1950 年,任兰州大学中文系主任,并被国务院任命为甘肃省政府文化教育委员会委员,其间考察炳灵寺石窟,并发表多篇相关论文。1962 年受聘为甘肃省文史馆馆员。1963 年病逝于兰州①。

冯国瑞先生对炳灵寺初步考察的成果主要发表在《炳灵寺石窟勘察记》(图1,以下简称《勘察记》)②、《永靖发现西晋创始炳灵寺石窟》③和《甘肃永靖县炳灵寺附近石窟初步考察》④三文中,主要考证和说明了炳灵寺石窟的历史地理、文献材料⑤、当地见闻、保存现状、水陆交

图 1  《炳灵寺石窟勘察记》印刷册
(印刷于 1956 年,由冯国瑞先生赠予,现藏于炳灵寺文物保护研究所资料室)

通、所获文物、周边胜迹等多方面内容,并首次提出外来佛教艺术对炳灵寺的影响,对了解炳灵寺的情况提供了全面、翔实的参考。

其中最重要的莫过于对当时炳灵寺石窟遗迹、遗物的记录。即使限于条件,"设法攀登的石窟不及全部的百分之一"⑥,但他仍通过望远镜观察并记录

---

①孙士智:《冯国瑞先生的生平简介、学术成就及历史贡献》,夏晓虹、吴令华编:《清华同学与学术薪传》,北京:生活·读书·新知三联书站,2009 年,第 281—288 页。原载冯国瑞百年诞辰学术纪念筹委会编:《冯国瑞百年诞辰学术纪念会会刊》,2001 年。

②冯国瑞:《炳灵寺石窟勘察记》,炳灵寺文物保管所编:《炳灵寺石窟研究论文集》,第 1—21 页,甘肃宝隆印务有限公司,1998 年。原文于 1951 年在《光明日报》《甘肃日报》先后发表。

③冯国瑞:《永靖发现西晋创始炳灵寺石窟》,《文物参考资料》1953 年第 1 期。原载 1952 年 4 月11 日《甘肃日报》。

④《甘肃永靖县炳灵寺附近石窟初步考察》,《文物参考资料》1952 年第 1 期。

⑤包括《水经注》《法苑珠林》《元和郡县图志》《游仙窟》《太平御览》《解学士文集》《风雅堂稿》《河州志》《导河县志稿》等,对后来的研究产生了重要影响。

⑥冯国瑞:《甘肃永靖县炳灵寺附近石窟初步考察》,《文物参考资料》1952 年第 1 期。

了大量内容。由于是首次考察,还未对石窟进行编号,且时人对于佛教石窟的了解程度有限,对窟龛形制、造像题材的用词都不尽准确,导致其中所描述的窟龛方位、行进路线等都略显模糊。因此细读《勘察记》就能发现,很多重要的窟龛、纪年题刻的位置难以确定,这个问题十分重要,却未曾有过深入探讨。

首先,需要理清冯国瑞先生当年考察的实际路线,以及《勘察记》对遗存的记录顺序。20 世纪 50 年代,炳灵寺大多窟龛位于崖壁中间(图 2),位置较高,

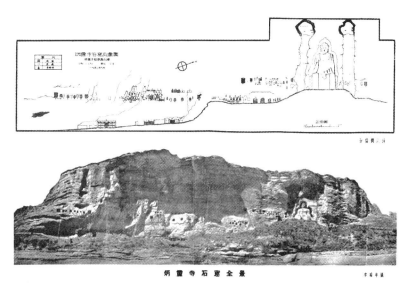

图 2　20 世纪 50 年代炳灵寺下寺立面图及全景照片(孙儒僴测绘、李瑞年摄)
(采自《炳灵寺石窟》)

图 3　炳灵寺崖壁底部道路(张宝玺摄)
(采自《昔日炳灵寺》,第 24—25 页)

而考察者所能走的路线则是崖面最下方卧佛洞(现编号第 16 窟)前的土路。这条路沿崖壁底部向东北,在第 144 窟处开始向上抬升,此处往回延伸出向南的一小段路,北面又继续连接着大佛前的平台(图 3)。而根据《勘察记》的内容顺序,对石窟主体部分先后记录

了卧佛洞区域、"武德二年"题记所在区域、石塔群及何灌题记、永康题记所在区域、观音岩、大佛及天桥洞(图4)。由此可推断,初次考察时,冯先生首先从南至北记录了步行所能及的部分,随后又从南至北记录了在对岸用望远镜看到的部分。

本文结合前述考察路线和记录顺序,并参考《勘察记》和《永靖发现西晋创始炳灵寺石窟》二文,将炳灵寺石窟遗迹分为如下几个部分进行梳理。

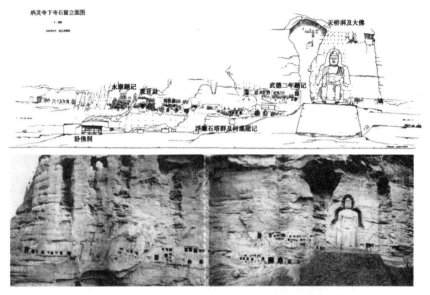

图 4  20 世纪 60 年代炳灵寺下寺立面图及石窟总貌(赵之祥测绘、张宝玺摄)①
(采自《中国石窟·永靖炳灵寺》附页;《昔日炳灵寺》,第 22—23 页)

### (一)"石门"遗迹至卧佛洞

冯先生一行首先"渡黄河入寺沟峡",此处的"寺沟峡"当为现在的大寺沟,即黄河北岸一道东北—西南向的沟峡。炳灵寺下寺的主要洞窟几乎全部位于大寺

①由 1965 年赵之祥测绘《炳灵寺下寺石窟立面图》(甘肃省文物工作队、炳灵寺文物保管所编:《中国石窟·永靖炳灵寺》附页,北京:文物出版社,1989 年)及《昔日炳灵寺》中炳灵寺石窟总貌照片(张宝玺、王亨通主编:《昔日炳灵寺》,北京:科学出版社,2004 年)对接而成。立面图中方框为示意本文涉及的遗迹所在区域。石窟总貌照片分段拍摄、拼接而成,但在大佛南侧处有拼接错误,遗漏了第 168、167 窟。

图 5　20 世纪 50 年代大寺沟口照片
（李瑞年摄）（采自《炳灵寺石窟》）

沟内的西侧崖壁上。据《勘察记》，"我们登了崖上，向东直入寺沟峡，峡口风景雄奇。这条峡内，南北山相对，北山遍是洞窟，中间有条沟水……"①。此处以及全文的方位描述都略有偏差，是由于大寺沟方位并非正南北向或正东西向。

在寺沟峡峡口（图 5、图 6），冯先生见到了巨石累积的"石门"遗迹。根据《法苑珠林》"有石门滨于河上，镌石文曰：晋太始年之所立也"，他认为此"石门"，虽已毁坏成乱石堆，但其残存部分与文献记载完全符合。水库蓄水后，如今的大寺沟口已经见不到冯先生所说的"石门"的遗迹了②。

图 6　20 世纪 60 年代大寺沟口照片（张宝玺摄）
（采自《昔日炳灵寺》，第 6—7 页）

---

①冯国瑞：《炳灵寺石窟勘察记》，炳灵寺文物保管所编：《炳灵寺石窟研究论文集》，第 7 页。
②冯国瑞：《永靖发现西晋创始炳灵寺石窟》，《文物参考资料》1953 年第 1 期。原载 1952 年 4 月 11 日《甘肃日报》。

接着，"越过乱石堆石门不远，直北又有一深沟，南北对峙，有与河边石柱峰相同的无数高峰……北面的山上多原始石窟，最先看见北岩中间的一佛二菩萨。有好几丈高，未曾走近它的附近"①。这一条深沟可能是进入大寺沟、经过姊妹峰之后的第一道接近东西向的沟，位于大寺沟西北一侧。冯先生在这里最先看到的一佛二菩萨龛，当为现在编号的第1龛，位置在姊妹峰附近的下层的崖壁上，1968年刘家峡水库蓄水后被淹没。

之后"由石门迤东，更向东望，可以从侧面看见石窟群……路左发现大石座，有五台，是原来宝塔的座子……由塔座旁直东望深岩下坐的弥勒大佛的侧面，更进有后来修的一道围墙，人从墙的缺口出入，围墙北悬岩之下，是卧佛洞，洞顶上层，栈道毁坏……"②。这里所说的"大石座"，现在已不存。从石座向东望见的"深岩下坐的弥勒大佛"即是现在编号第171窟的大佛，其侧面的围墙，应当是由现在编号第16窟的卧佛洞外的围墙延伸出去的，当时冯先生一行应该就是从这里开始进入窟群区。卧佛洞上方的"悬岩"即一布满方形深孔的陡峭崖面，现在仍然可见。

**（二）卧佛洞及其以北无法登临的窟龛**

崖面底部的卧佛洞（第16窟）区域也因后来的蓄水工程而被淹没。当年进入该区域后，冯先生写道，"洞左石级，也可能是攀登栈道的起点"。另外，他还提到洞口有木构门窗，洞内有卧佛和多层壁画，且"几层泥皮下，有北魏书迹"。洞侧存有明正德十二年的石碑（简称"大明碑"）——《重修古刹灵岩寺碑记》，《勘察记》中有其完整录文。此碑现存放于第146窟内。碑文中提到了现存的北宋何灌题记，以及"……观音岩圣水露口流……"等内容③，对此后研究非常重要。

之后，一行人从卧佛洞出发，继续向东北行（图7），"卧佛洞迤东，路陡崖窄，绝壁间的石窟，碍于无容足宽敞之地，富丽的壁影崖雕，势难迥望，只好忽

---

①冯国瑞：《炳灵寺石窟勘察记》，炳灵寺文物保管所编：《炳灵寺石窟研究论文集》，第7页。
②冯国瑞：《炳灵寺石窟勘察记》，炳灵寺文物保管所编：《炳灵寺石窟研究论文集》，第7页。
③冯国瑞：《炳灵寺石窟勘察记》，炳灵寺文物保管所编：《炳灵寺石窟研究论文集》，第7—8页。

图 7　卧佛院入口处(张宝玺摄)
(采自《昔日炳灵寺》,第 22 页)

略过去！更进到崖岸稍宽处,崖壁下层,有多列印度式的石塔,并不高,有四五尺不等,浮雕在崖壁上"[1]。也就是说,他们离开卧佛洞后,首先经过了一片位置较高、无法攀登的窟龛,遂继续前行,直至浮雕石塔群处,即现编号第 134 窟至第 140 窟的崖面上。根据冯先生的描述,这些石塔的高度在 1.3 米—1.7 米不等,现存石塔的尺寸确实与之符合。只是冯先生所说"小塔里有坐立的石像"不知为何物,目前只有个别石塔塔身的方孔内有一些擦擦,或许是当时距离较远无法看清,导致讹误。

(三)"武德二年"题记所在区域

"武德二年"题记现已无存,仅能从当时考察记录的相关描述中大致判断其可能的位置。冯先生在《勘察记》中写道,"再东行连续还有小塔小窟,在有小佛像的双石塔左,发现上下两大窟,上窟较完好,也不能进入,由西边一排威神,可看见立的两位威神,坐的一位菩萨,可断为初唐。下窟一半被崖石压塞,左排存在的威神菩萨,和上窟一样。可以攀登进去,在窟壁上发现石刻题记:武德二年,龙兴寺、释玄□、□□御史大夫□□□□"[2]。这里的"威神"应该也指"神王"。自第 140 窟继续向东北前进,有上下两层窟龛,下层是第 144、145、146 窟,上层是第 147 窟至第 168 窟,其间亦夹杂有浮雕石塔(图 8)。如果按照上文推测,塔中小像可能为擦擦,则冯先生所谓的"有小佛像的双石塔"就很可能是第 167 窟和第 168 窟南侧的两个左右并列的浮雕石塔,因为其中一个石

---

①冯国瑞:《炳灵寺石窟勘察记》,炳灵寺文物保管所编:《炳灵寺石窟研究论文集》,第 9 页。

②冯国瑞:《炳灵寺石窟勘察记》,炳灵寺文物保管所编:《炳灵寺石窟研究论文集》,第 9 页。

塔内仍存有擦擦。这两个唐代洞窟恰好在该区域内呈上下排列，下窟（第167窟）距离当时的地面不算太远，可以攀登，而且它的下半部分至今保持着被填埋的状态。此外，这个区域唯有第168窟内有坐姿的菩萨，舒相坐于须弥座上，其余窟龛内的菩萨均站立。故从《勘察记》和现存遗迹判断，有"武德二年、龙兴寺、释玄□、□□御史大夫□□□□"题记的洞窟最可能为第167窟。但从

图 8　炳灵寺石窟第 144、145、146 窟及附近窟龛外景（张宝玺摄）（采自《昔日炳灵寺》，第 51 页）

第167窟和周围洞窟的关系及窟内造像来看，这一问题还需更多讨论。

**（四）浮雕塔群及"何灌题记"**

从道路升高处再顺着残存的一小段二层道路略往西南方向走，恰好最远可以走回到前述塔群处，则可见第135窟旁塔群之间的北宋政和二年"何灌题记"，《勘察记》中有全部录文①。这方题刻至今仍十分清晰，保存状况较好。至此，冯先生一行已经自南向北走完了大寺沟西北崖大佛以南所有可通行的路径。

**（五）"永康题记"**

如前所述，冯先生已至对岸通过望远镜继续观察之前未能登临的窟龛，因此又重新开始记录南边的遗迹，包括永康题记、观音岩和天桥洞等。

据《勘察记》："从这塔群迤南行三十多步，在十五六丈的悬崖上，左边竖立三个大窟，右边平列三个大窟。这三窟上，还有露立的两尊立佛像，大窟窟形，都是石雕穹窿的犍陀罗式，窟外有威神②二，很像麦积石窟牛儿堂外的威神。这

①冯国瑞：《炳灵寺石窟勘察记》，炳灵寺文物保管所编：《炳灵寺石窟研究论文集》，第 10 页。
②此处所说的"威神"应指神王。

些大窟相当深,那天阳光很好,在望远镜中,把两旁的菩萨,屋顶的藻井画,和两旁壁画,有的图案,有的经变等,完全看见,在图版上也可看见。在大窟下层的好几列浅窟群间,发现几处的佛窟,横檐上都有造像记,楷体的,峻整方块字,字均寸许。那大窟中,可能有题记,不是悬揣,字迹很显的题记,因久视的望远镜中,摆动不稳,仅仅看见是十行,记录下的字数,不到五分之一,而字迹在覆崖下,一字未损坏。"①

　　塔群以南窟龛众多(图 9、图 10),要判断此处记录的到底是哪个区域,重点在"露立的两尊立佛像",应指现在编号的第 25 龛和第 26 龛。而所谓"左边竖立三个大窟,右边平列三个大窟",在老照片中格外清楚,分别是第 20、23、24 窟和第 27、28、29 窟,且横向排列的这三个洞窟正好在第 25、26 龛两立佛龛的下方。其中第 29 窟窟门外两侧有浮雕的神王,应当就是冯先生所说的窟外二"威神",很像麦积山牛儿堂(麦积山第 5 窟)外的神王(图 11)。这六个窟相对于同区域的浅龛较深,窟内保存有佛、弟子、菩萨等造像,窟下方有几排唐代的浅龛,也都符合上述记录。由于冯先生在当时的学术背景下,对佛教石窟

图 9　炳灵寺石窟第 17—48 窟龛外景(李瑞年摄)
(采自《炳灵寺石窟》)

---

①冯国瑞:《炳灵寺石窟勘察记》,炳灵寺文物保管所编:《炳灵寺石窟研究论文集》,第 10—11 页。

图10　炳灵寺第3—88诸窟龛(张宝玺摄)

(采自《昔日炳灵寺》,第27页)

方面的专业术语可能不是很了解，所以将这几个窟外的尖拱形龛楣说成了"石雕穹窿的犍陀罗式"的窟形，因为"穹窿"一词本身可以泛指高起成拱形的东西。如果据"穹窿"二字便将这几个大窟判定为第126、128、132窟或是第144、145、146窟这几个北魏

图11　麦积山第5窟(牛儿堂)外景(张宝玺、陈志安摄)

(采自《中国石窟·天水麦积山》,图版277)

的穹窿顶窟，则与其他描述都不符合。又，从冯先生所做"永康题记"的部分录文来看，它和"延昌题记"除行数均为十行(列)外，文字内容全然不同。所以，如果《勘察记》没有出错，那么可以推测"永康题记"当非次年《炳灵寺石窟勘察团工作日记》中所说被冯先生误认的、位于第126窟斜上方的"延昌题记"，其中可能存在误会。另外，笔者认为"永康题记"在第169窟或第172窟中的可能性也较小，这个题记并非出现在后文关于"天桥洞"的记述中，且冯先生一直称这两窟为"天桥洞"，和此处所谓"大窟"应该有所不同。

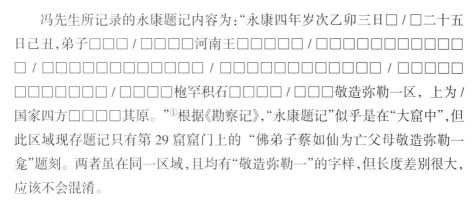

冯先生所记录的永康题记内容为:"永康四年岁次乙卯三日□ / □二十五日己丑,弟子□□□ / □□□□河南王□□□□□ / □□□□□□□□□□□ / □□□□□□□□□□□ / □□□□□□□□□□□ / □□□□□□□□□□□ / □□□枹罕积石 / □□□敬造弥勒一区,上为 / 国家四方□□□□其原。"①根据《勘察记》,"永康题记"似乎是在"大窟中",但此区域现存题记只有第 29 窟窟门上的 "佛弟子蔡如仙为亡父母敬造弥勒一龛"题刻。两者虽在同一区域,且均有"敬造弥勒一"的字样,但长度差别很大,应该不会混淆。

且冯先生的录文中"永康四年岁次乙卯""河南王""枹罕"这些年号、干支、人物、地名都符合史实,没有相悖之处,不可能是伪造,也没有伪造的必要。他在《勘察记》中也对相关史事做了详细的考证。根据现存遗迹,如果确实存在"永康四年"题记,那么它原来的位置是否有可能在第 26 龛旁的一块目前不明性质的凹槽遗迹处?或许类似第 169 窟内的一些于岩体上搭木架泥塑而成的小龛一样。但若如此,则又不能符合《勘察记》和《永靖发现西晋创始炳灵寺石窟》中对于题记在"大窟中""覆崖下"和位于"中、上层石窟群中间"②等位置描述。

无奈这次考察的时间和条件都有限,关于"永康四年"题记的记录也比较少,况且距今已过去近 70 年,炳灵寺石窟外貌变化很大,导致我们现在难以确认这方题记的具体情况,只能通过当时的记录尽可能做出一些推测和假设。

**(六)观音岩区域**

接下来一段记录"观音岩附近石窟及残存木建"的内容③,疑点较多,只能推测观音岩更有可能是第 70 窟和第 82 窟所在的区域(图 12)。首先,根据段末"在观音岩石窟迤东,上边又有三大石窟,方形窟檐,有石雕部分。下边有两大窟,顶门亦圆形,上下窟中,间有无数贤佶(劫)千佛,石雕几排",基本可以确

①冯国瑞:《炳灵寺石窟勘察记》,炳灵寺文物保管所编:《炳灵寺石窟研究论文集》,第 11 页。

②冯国瑞:《永靖发现西晋创始炳灵寺石窟》,《文物参考资料》1953 年第 1 期。原载 1952 年 4 月 11 日《甘肃日报》。

③冯国瑞:《炳灵寺石窟勘察记》,炳灵寺文物保管所编:《炳灵寺石窟研究论文集》,第 12 页。

图 12    炳灵寺石窟第 70、82 窟及附近窟龛，第 126、128、132 窟及附近窟龛（张宝玺摄）

（采自《昔日炳灵寺》，第 50—51 页）

定，上面的三个方形大窟是指第 91、92、93 窟，下面的两窟为第 126、128 窟，上下之间的几排"无数贤估（劫）千佛"其实是第 96 至 129 龛，几乎全部是北魏的浅浮雕小龛。那么，观音岩区域应当在这一区域的西南边，且有残存的木建结构，只能是第 70 窟和第 82 窟的区域了。在第 70 窟上方的第 49 龛至第 58 龛（即"永隆列龛"），可能就是《勘察记》中所说的"一长排小石窟，整有十龛可数"。又据"有一大石窟，前面窟顶，有一小排佛像，此窟漆黑，似乎很深。前崖面木栈的长梁，存有一长排，与左边的观音岩石窟相接连"，这个大石窟很可能是窟门上方有一排小造像的第 70 窟，且根据《昔日炳灵寺》中的老照片，当时从第 70 窟到第 88 窟北侧应该确实都残存木结构。"左边门口，站有一位高与檐齐的菩萨，不是仁王威神……这位大菩萨的脚下，及腋旁，都有小龛佛像，不是贤估千佛"，这里说的可能就是第 82 窟窟门外南侧的浮雕造像了。

**（七）大佛及天桥洞**

观音岩以东的部分，冯先生还记录了"大佛弥勒坐像……鼻梁两臂，损坏较重，余尚完好……差不多要过十丈"。还有"大佛顶上的左右两洞，是全部石窟中最大的洞叫天桥洞"，即现在的第 169 窟和第 172 窟。值得注意的是，《勘察记》中提到"右边的长廊部分，不如左洞长，但很方大，里边有一大石似的，望远镜中也辨识不清,是满刻了小块贤估千佛,或是方块正体字,不能臆断?"①这里的石柜可能指第172窟中的木阁。

以上就是依据《勘察记》第四部分"炳灵寺石窟尚存的精华部分"做的梳理。冯国瑞先生通过这次短暂的考察,首次从学术角度对炳灵寺进行了当时力所能及的记录,尤其文中提到的一些遗迹、题刻现已无存,他的记录遂成为唯一的资料。他针对炳灵寺石窟考察及整理的初步意见,即测绘、编号、清理、搭架等,为进一步勘察作了重要准备。此次考察及所撰文章也引起了西北军政委员会文化部对炳灵寺石窟的重视,因而促成了一年后秋季的正式勘察。

## 二、1952年第一次正式勘察

1952年,中央人民政府文化部、西北军政委员会文化部和敦煌文物研究所共同组成的炳灵寺石窟勘察团于9月18日从兰州出发前往炳灵寺,9月20日正式开始勘察工作,到9月29日结束。这次勘察冯国瑞先生也参与其中,此外勘察团人员还有:团长赵望云,副团长吴作人、常书鸿,团员张仃、李可染、李瑞年、夏同光、萧淑芳、范文藻、段文杰、孙儒僩、史苇湘、王去非、曹陇丁、窦占彪等。相关的材料有《炳灵寺石窟勘察团由兰州出发赴永靖》②和《炳灵寺石窟勘察团完成勘察工作》③两篇报道,以及《炳灵寺石窟的历史渊源与地理环境》④、《炳灵寺石窟勘察团工作日记》⑤(以下简称《工作日记》)、《炳灵寺石窟第一次勘察报告》⑥(以下简称《勘察报告》)和《炳灵寺石窟编号及其内容》⑦四篇文章及图版。另有勘查团成员孙儒僩《我曾经参加过的几次石窟考察》⑧一文。

据《工作日记》,这次勘察搭建了木梯以攀登在高处的洞窟,最终除第118

①冯国瑞:《炳灵寺石窟勘察记》,炳灵寺文物保管所编:《炳灵寺石窟研究论文集》,第12—13页。

②《炳灵寺石窟勘察团由兰州出发赴永靖》,《文物参考资料》1952年第2期。

③《炳灵寺石窟勘察团完成勘察工作》,《文物参考资料》1952年第3期。

④冯国瑞:《炳灵寺石窟的历史渊源与地理环境》,《文物参考资料》1953年第1期。

⑤《炳灵寺石窟勘察团工作日记》,《文物参考资料》1953年第1期。

⑥炳灵寺石窟勘查团:《炳灵寺石窟第一次勘察报告》,《文物参考资料》1953年第1期。

⑦《炳灵寺石窟编号及其内容》,《文物参考资料》1953年第1期。

⑧孙儒僩:《我曾经参加过的几次石窟考察》,《敦煌研究》2000年第2期。

洞窟(即"天桥洞",现编号第 169、172 窟)外,其余窟龛均得以登临。根据《炳灵寺石窟编号及其内容》,此次考察编号了共计 124 个窟龛,其中有窟 36 个,龛88 个。勘察团分成窟内、窟外两组开展工作。他们攀登的洞窟有:第 82 窟(现编号第 132 窟),并于魏窟附近发现了题记数则,但未能辨认准确;第 83 窟(现编号第 134 窟),发现了唐人墨迹题记一则,供养人题记六则;第 80、88 两窟(现编号第 126、138 窟),发现了北魏延昌二年曹子元造窟题记并施拓,在《工作日记》中说"此即冯国瑞初次勘察时误认为永康的题记"[①],并从魏窟内将断佛头吊下以供研究;第 58 窟(现编号第 70 窟);第 3、4 窟(同现编号);第 92 窟(现编号第 147 窟),相传清同治时寺僧于此窟藏火药,后因火灾炸毁,于此窟中拾得造像残块,清理出了铜制唐代造像及同治时期残余田契等;第 124 窟(现编号第 183 窟),发现了明代藏文写经 29 种,其中包括《造像度经》(应即《造像量度经》)。此外还于工作间隙考察了洞沟区,并听说现编号第 172 窟内有大量藏书[②]。

此外,还发现了"弟子蔡如仙为亡父母造弥勒一龛"的题刻(位于现编号第29 窟窟门上)、西夏文石刻大字、"李慈"二字(似为匠人名字)、《灵岩寺记》(30行,行 43 字,并施拓)。另有寺中喇嘛出示所藏炳灵寺大幅画图,并摄影。

勘察团所做记录包括:对窟龛、造像、壁画进行彩绘临摹及摄影记录,有拼接而成的石窟全貌照片[③],绘制了环境写生、工作场景的油画和水彩画,以及石窟全景图(加注题刻部位)、平面图,并由常书鸿先生根据全景图对窟龛进行编号。清理、打包窟外所获文物,共分十七号,编制清册 4 份,分存中央人民政府文化部、西北军政委员会文化部、甘肃省人民政府、临夏专署。最后推定由赵望云、吴作人、常书鸿、冯国瑞起草勘察报告。

---

①《炳灵寺石窟勘察团工作日记》,《文物参考资料》1953 年第 1 期。冯国瑞先生在其所撰《炳灵寺石窟的历史渊源与地理环境》一文中记录了"延昌题记"的全部录文,却未曾提及此即 1951 年考察时误认的"永康题记"。由于根据目前的资料无法确知《炳灵寺石窟勘察团工作日记》具体是由勘察团哪一位成员撰写的,却恰恰于此文中提到"延昌二年"题记"即冯国瑞初次勘察时误认为永康的题记",或非冯先生本人观点,可能有误。

②孙儒僴:《我曾经参加过的几次石窟考察》,《敦煌研究》2000 年第 2 期。

③孙儒僴:《我曾经参加过的几次石窟考察》,《敦煌研究》2000 年第 2 期。

　　《勘察报告》中介绍了炳灵寺石窟的环境、位置、交通、石质、气候等情况，梳理了石窟所经历的历史与人为的破坏；将炳灵寺石窟分作上寺与下寺两部分，然后详述了下寺的内容。其中包括延昌二年题记、《灵岩寺记》以及第 4 窟内的嘉靖十六年题刻，这些题记现仍留存，并讨论了炳灵寺石窟壁画、造像的艺术风格。最后提出有关保管规划和交通改善的意见。此外还建议将炳灵寺石窟称为"永靖石窟"或"小积石山石窟"。

　　另外，在《炳灵寺石窟的历史渊源与地理环境》一文中还记录了"大代延昌二年曹子元题记"的完整录文①。提到了一块"小字唐碑"，"远看字迹尚存，但已不能施拓"②，不确定具体所指，可能现已不存，或为现编号第 64 龛上方的仪凤三年题记。还有西夏文石刻、藏文石刻、魏唐窟前的明代墨书题记等等。

　　此次考察之后，由中央人民政府文化部社会文化事业管理局出版了《炳灵寺石窟》③一书，其中包括郑振铎先生的《炳灵寺石窟概述》一文，以及永靖县附近略图，石窟全景，石窟立面图和平面图，第 80、81、102 窟（现编号第 126、128、146 窟）测绘图，工作场景彩绘图，以及部分洞窟、壁画、造像的照片，最后还附有炳灵寺石窟图片展览目录。随后于 1953 年 10 月 7 日起，在北京历史博物馆举办了"炳灵寺石窟图片展览"④。

　　炳灵寺石窟勘察团一行十余人，实际工作时间仅十日，其间成功攀登了除天桥洞之外的所有窟龛并将其编号、记录内容，绘制了整个石窟的平面图、立面图，拍摄并拼接出了全景照片，还对部分窟龛、造像和壁画进行测绘、临摹、摄影等工作。在有限的时间和艰苦的条件下，此次勘查收集的材料较为全面、准确，十分不易，也为后来的研究提供了宝贵的资料。

## 三、结语

　　20 世纪 50 年代初对炳灵寺的这两次考察，均有冯国瑞先生参与。他凭借

---

①冯国瑞：《炳灵寺石窟的历史渊源与地理环境》，《文物参考资料》1953 年第 1 期。
②冯国瑞：《炳灵寺石窟的历史渊源与地理环境》，《文物参考资料》1953 年第 1 期。
③中央人民政府文化部社会文化事业管理局：《炳灵寺石窟》，中央人民政府文化部社会文化事业管理局，1953 年。
④《北京历史博物馆举办"炳灵寺石窟图片展览"》，《文物参考资料》1953 年第 10 期。

自己深厚的史学素养,在两次短暂的考察中对各类遗迹,尤其是碑刻题记,尽可能地作了记录,留下许多独一无二的材料。此外,还非常详细地论述了炳灵寺石窟的实地情况,成为后来进一步研究的重要基础。尤其是他的第一次考察,几乎凭借一人之力,在非常有限的条件下,记录了大量资料。他在土改工作的过程中重新发现了炳灵寺石窟,将这处重要的石窟寺遗址重新带到世人面前,引起了政府和学术界对其的关注和重视,从而促进了对炳灵寺石窟的研究和保护工作。因此,我们在讨论炳灵寺石窟研究史的时候,更应当注意冯国瑞先生当时所做的记录,并加以辨析和说明。

(本文原刊《四川文物》2022 年第 1 期,此次重刊对内容稍有改动。)

# 炳灵寺石窟与龟兹石窟飞天图像的比较研究

杨　雪

（西北师范大学　历史文化学院）

## 一、飞天的概念

飞天在我国石窟中大量地出现,但"飞天"一词在佛经中却很少出现。在日本学者长广敏雄先生的《飞天的艺术》一书指出飞天形象通常以奏乐和起舞的形式出现,此与佛教中的天歌神"乾闼婆"与天音神"紧那罗"有关。[1]常书鸿先生在《敦煌飞天》一文中说:"飞天,就是佛教图像中最令人喜爱的形象,梵音叫她犍达婆,又名香音神,是佛教图像中众神之一。"[2]段文杰先生在《飞天——乾闼婆与紧那罗》一文中说:"飞天是佛教艺术中佛陀的八部侍从之两类,即佛经中的乾闼婆与紧那罗。"[3]《敦煌学大辞典》中解释:"敦煌飞天:飞天又名乾闼婆、紧那罗,飞行于佛国天空的天人。在佛教神灵中具有特殊职能。"[4]这是学术界目前所遵从的飞天定义。

飞天这一形象传入中国之后与中国道教的神仙思想开始结合,形象也开始变得飘逸。飞天起源于印度,由乾闼婆与紧那罗演变而来,飞天在中国的表现形式与印度则大不相同,但还是可以看见某些印度特征。在印度较为常见的是男女双飞天,在佛上部两侧各有一身飞天相对而飞,或两身飞天上下紧挨飞

---

[1] 长广敏雄:《飞天的艺术》,东京:朝日新闻社,1949 年。

[2] 敦煌研究院编:《常书鸿文集》,兰州:甘肃民族出版社,2004 年,第 220 页。

[3] 段文杰:《飞天——乾闼婆与紧那罗》,《敦煌研究》1987 年 01 期。

[4] 季羡林:《敦煌学大辞典》,上海:上海辞书出版社,1998 年,第 166 页。

向佛,表示在佛讲经说法时,飞天以散花来作以供养。这种双飞天在中国看不出男女区别,并且飞天不仅限于出现在佛的背光两侧,还出现在石窟窟顶的藻井,人字坡两侧,平棋四角、龛顶、龛楣、龛壁、龛两侧,环窟四壁上端,以及经变画、故事画、说法图中都可以看见飞天的身影。

## 二、炳灵寺石窟与龟兹石窟飞天图像概述

### (一)炳灵寺石窟飞天图像概述

炳灵寺石窟位于永靖县城西南三十五公里的地方, 坐落于杨塔乡与王台乡之间的小积石山群峰丛中。唐释道世在《法苑珠林》卷五十三载:"晋初河洲唐述谷,在今河洲西北五十里……众峰竞出,各有异势,或如宝塔,或如层楼,松柏映岩,丹青饰岫,自非造化神功,何因绮丽若此。南行二十里,得其谷焉,凿山构室,接梁通水,绕寺华果蔬菜充满。今有僧住,有石门滨于河上,镌石文曰:'晋泰始年之所立也'。"炳灵寺石窟在晋初已有僧侣活动,到西秦时已成为规模宏大的佛教活动中心。炳灵寺石窟历经西秦、北魏、北周、隋、唐,到宋代由于西北民族地区征战频繁,炳灵寺石窟随之开凿减少。宋代和西夏在个别洞窟加以修饰和彩绘,其他仅有一些游人题记。明代初期,藏传佛教在西北地区盛行,炳灵寺石窟有百分之七八十洞窟的壁画都被重绘,全属密宗内容。炳灵寺石窟的飞天图像贯穿炳灵寺石窟发展的始终,见证了炳灵寺石窟的兴衰历程。

1. 西秦时期

炳灵寺石窟西秦时期 169 窟中包含了飞天和伎乐飞天, 出现的场景主要是位于佛背光两侧的伎乐飞天,背光上部两飞天对飞,也有单飞天向佛飞来,或有两身飞天上下紧挨在空中散花礼佛。主要的形象特征为椭圆脸,上身袒露,下着裙或裤,手托花盘,或手持莲蕾、璎珞等供器,在 169 窟第 6 龛中的伎乐飞天手持排箫、古筝、羌笛、细腰鼓、竖箜篌、阮咸。总体来看西秦时期的飞天比较古朴、稚拙。

2. 北魏、北周时期

北魏、北周时期的飞天,由于历史以及自然原因,大部分壁画已经残损,但是从残存的飞天依然可以看出北魏、北周时期的飞天风貌。北魏飞天的面部变得狭长,有北魏秀骨清像的特征。飞天的飘带变细且加长,使得这一时期的飞

天看起来更加飘逸灵动。到北周时期,飞天不仅限于佛的背光两侧,开始出现在窟顶的斗四平棋中。

3. 隋唐时期

隋代的飞天承上启下,既有北周飞天的风貌,又有本时代的特征。隋代飞天出现在窟顶的藻井中。在经变画中,飞天面相清秀,体态轻盈,腰肢柔软,动作柔美。唐代的飞天或在莲花藻井中围绕着莲花盘旋飞天,或在龛顶散花礼佛。龛顶的飞天旁绘有云朵等装饰物,飞天的形象整体比较圆润,具有典型的唐代审美特征。

**(二)龟兹石窟飞天图像概述**

约公元 3 世纪中叶,龟兹地区的佛教已经广泛传播。《龟兹佛教的鼎盛时期》一文说:"公元 3 世纪时,龟兹之佛教徒来中原传教,译经者已不绝于途,不仅有一般的沙门,还有王族的子弟和虔诚的居民。"公元 4 世纪时,龟兹地区已经修建了很多寺院,同时也开始大量开凿石窟寺。在《大唐西域记》中载:"(龟兹)伽蓝(寺庙)百余所……国王、大臣、士庶、豪右四事供养,久而弥敬。"[1]龟兹石窟在吸收、融汇、改造了印度、中亚佛教艺术的基础上形成了具有龟兹地区独特民族特色的石窟艺术。

1. 克孜尔石窟

公元 3 世纪至 4 世纪中叶,是克孜尔石窟的初创期。龟兹石窟中的飞天初期出现在涅槃题材中,主要以克孜尔 48、77 窟为代表。飞天头戴宝冠,有头光,肩披披巾,袒上身,下着大裙子,或手托花盘,或弹奏乐器,或双手合十向佛作供养状。这一时期的飞天形象造型粗犷,飞动感不强烈。

4 世纪中叶至 5 世纪,是克孜尔石窟的发展阶段。有关于飞天内容的壁画也是非常的丰富。如克孜尔的 38 窟,其主室两侧壁上方绘有一列天宫伎乐图,画面中的 28 身伎乐天,东西壁各有 7 组,共有 14 组,均为男女搭配,肤色均为一棕一白。手弹各类乐器,或手托花盘,每身飞天都神态逼真,互相呼应,栩栩如生。在克孜尔的 98、100、175 窟和森木塞姆第 26、44 窟中也保存着天宫伎乐图。

---

①(唐)玄奘、辩机:《大唐西域记校注》,北京:中华书局,2000 年,第 54—62 页。

公元 6 至 7 世纪,是克孜尔石窟的繁盛期,这一时期飞天形象相比早期姿态更加优美,飞动感强烈。如克孜尔石窟第 8 窟前壁的说法上部残存了 4 身飞天,为两队男女成组的飞天向中央飞去,右侧上部为女性飞天头戴花冠,上着紧身衣,下着长裙,一手作散花状,一手托花盘。下部男性飞天头戴珠冠,裸上身,下着裙,双手弹奏琵琶。与右飞天相比,左侧的女性飞天手持璎珞,男性飞天作散花状。

这一时期保存有飞天图像的洞窟有克孜尔 1、8、69、99、100、195、196、198窟等。

公元 8 世纪以后,克孜尔石窟逐渐走向衰落。在 129 窟主室的穹窿顶,窟顶有 9 身伎乐天,伎乐天交脚盘坐于莲花之上,头戴宝冠,袒上身,披巾下垂,下着裙裤,或弹琵琶,或击腰鼓。在 227 窟中也保存有飞天图像。

2. 库木吐拉石窟

库木吐拉石窟 58 窟,年代大约为 7 至 8 世纪。主室正壁开龛,龛上方半圆形的壁面上有 8 身飞天,分为两列对称排列。这 8 身飞天或散花,或奏乐,或擎宝盖,或执花绳,姿态优美。在 16 窟,主室正壁下方的低台附近也存有一身飞天,飞天双手捧花盘作供养状,头束高髻,戴珠冠,袒上身,佩璎珞、腕钏,长裙裹足,绕臂的披帛向上飘扬,显得满壁风动。

3. 森木塞姆石窟

森木塞姆石窟早期壁画中的飞天,受到印度艺术的影响。以第 26 窟的天宫伎乐图为例。在 26 窟左右甬道外侧壁上方各绘有一栏天宫伎乐,脸型略长,双目下视,显得端庄慈祥。颜面、五官外轮廓和眉毛用白色勾勒。公元 6—7 世纪,森木塞姆石窟这一阶段的飞天形象也已经完全龟兹化了。柔和,晕染出的肌肤丰满。8 世纪以后,森木塞姆石窟进入回鹘时期。这一时期壁画中的飞天造型已没有了昔日的风采和魅力,人物形象呆滞,色彩单调。

4. 克孜尔尕哈石窟

克孜尔尕哈的第 30 窟后室券顶绘有 8 身飞天,分为两列,每列分为两组向中间飞去,靠近佛龛这列左起第一身飞天,一手托花盘,一手作散花状;第二身侧身吹笛,一脚向上翘起,一脚伸直;第三身飞天一手托花,一手作散花状;第四身飞天侧身演奏排箫。另外一列飞天也一样,只是乐器变为琵琶和箜篌。

这几身飞天都身材修长,有的披着披巾,有的仅着长裙。第 16、23 窟中也保存着较为完整的飞天图像。

## 三、炳灵寺石窟与龟兹石窟飞天图像的艺术特征比较

炳灵寺石窟飞天的时代特征明显,每个朝代飞天的形象都大不相同,并且飞天的性别特征不明显。龟兹的飞天,或头戴花鬘冠,或戴散珠宝冠,面相圆润,五官集中,形象健壮,比例协调。上身或裸或着紧身衣,下着裙。早期的飞天形态、动作有印度和中亚飞天形象特征。大部分为男女成对,晚期飞天的性别特征不明显,或画胡须以表示男性。

炳灵寺西秦时期作画的顺序是首先用土红色的线起草,在佛、菩萨、飞天的黑色线条下都可以看到土红色的起草线;其次是涂色,主要以平涂为主,局部复色平涂。飞天的面部和肌肤涂接近肤色的浅赭色,头光、发带、耳饰施绿色,飘带、长裙施绿色、红色,头发施黑色。最后是描定稿线,用墨线勾勒出飞天的整体形象,飞天的服饰及飘带用曲线,增强了飞天的舞动感;飞天的身体应用流畅的弧线搭配随着身体弯曲的飘带给人飞动的视觉感受。北魏时期的绘画主要以线描为主,笔法更加准确细腻,颜色以黑、蓝、黄、红为主,颜色对比强烈,比西秦时期的飞天更加轻盈灵活、不呆滞。北周时期线条简单凝练,色彩以单色平涂为主,以白、黑、蓝为主。隋代第 8 窟的飞天,首先用的是淡墨色起稿,再平涂肌肤、服饰,最后用较粗的淡蓝色线条定型,颜色主要以淡蓝、白、红、灰白为主,画面整体色彩较为暗淡,偏冷色系。隋代的绘画技法较前代有很大的突破。唐代的绘画技法首先用淡墨色起稿,线描精细准确,构成一幅白描,再进行施色,色彩主要以红、绿、白为主。唐代的飞天笼罩在轻松的动势里,表现出了佛国世界的和平与安宁。

龟兹飞天,绘画技法主要以屈铁盘丝为主,绘出衣的襞褶。以曲线、直线相互交叉使用绘出飞天的身姿,曲直线巧妙融合充分体现了龟兹画工对于线纹的力度美的追求。例如克孜尔尕哈石窟第 30 窟后室的顶部共绘有 8 身飞天形象。飞天均束发,戴宝冠,有项光;或袒右肩,或裸上身,或着浅色镶深色花边的紧身上衣;或手托花盘,或弹奏乐器。他们的身姿上势腾跃飘动,大都是上身仰起,下身伸直,赤裸双足。曲线的穿插运用,打破了画面的沉闷气氛,给人以轻

盈、柔美之感,从而创造了无数飞天婀娜多姿的美好形象。

凹凸晕染法也是龟兹画风的一大特色。炳灵寺石窟 169 窟 13 龛飞天的眉毛、眼睛、鼻梁上用白色晕染,突出了这些部位的立体感。在唐代第 11 窟中藻井上的飞天的脸、颈部、胸部、手臂下侧、手掌心及腰部边缘都用橘黄色晕染,可见凹凸晕染在炳灵寺石窟并未广泛应用。龟兹石窟中的飞天色彩对比强烈。龟兹的飞天肤色和飘带颜色对比强烈,深色肌肤搭配亮色飘带,在暖色肌肤上搭配冷色飘带,颜色冷暖对比强烈。炳灵寺石窟 169 窟西秦时期的飞天或肌肤、飘带、裙施不同颜色;或肌肤与飘带为同色,与裙不同色;或飘带与裙为同色,与肌肤不同色,颜色搭配比较单一,色彩对比效果不明显。例如 169 窟 11 龛飞天肌肤与飘带颜色对比不明显,直到隋唐时期飞天裙与飘带色彩对比明显。而克孜尔尕哈第 30 窟飞天黑色肌肤搭配绿色飘带,色彩对比强烈。龟兹向来"服饰锦褐",龟兹式的飞天,不仅肩披飘带,而且也有身系披帛,头戴薄纱或头绳之类饰物的,有的还持宝珠、法器、乐器,这就从侧面反映出经"丝绸之路"往来的多彩丝绸在龟兹的直接影响。炳灵寺石窟飞天的形象基本为裸上身,下着裙裤,飘带绕臂飞扬,在 169 窟第 3 龛有着袈裟飞天,在隋代之后飞天上身有项圈、臂钏等装饰,手上或托花盘、果盘,或手持莲枝,或手持乐器等。炳灵寺石窟伎乐飞天手持的乐器大多属于龟兹体系的乐器。169 窟第 6 龛的伎乐飞天与龟兹石窟中的飞天和乐伎联系较为紧密,可以看出 169 窟第 6 龛伎乐飞

图 1　炳灵寺石窟 169 窟 11 龛飞天[①]　　图 2　克孜尔尕哈石窟第 30 窟飞天[②]

①图片由炳灵寺文物保护研究所提供。
②图片来源:李肖冰《中国新疆古代佛教图案纹饰艺术》,乌鲁木齐:新疆人民出版社,2004。

天是对龟兹石窟乐伎的继承与发展。而其中还有羌族的乐器羌笛,乐器交错排列,体现出了西秦文化的兼容并蓄。炳灵寺石窟 169 窟第 6 龛中佛背光伎乐飞天是中国古代石窟音乐艺术的代表之一,其造型生动、色彩艳丽,展现了古代艺术家们高超的艺术技巧。这些乐伎的形象栩栩如生,既有高贵典雅的气质,又有婀娜多姿的风采。他们手持各种乐器,演奏着悠扬动听的音乐,为石窟增添了浓厚的艺术氛围。

## 结束语

炳灵寺石窟位于"丝绸之路"起始段,是中原地区与河西走廊交界地带最早的石窟,炳灵寺石窟是佛教初传汉地中国早期石窟面貌的特殊证据。通过对石窟艺术发展历史和风格变化的研究,可以看到龟兹文化一直处于对其他文化的吸收、融合、创新的动态发展中,"丝绸之路"在一定程度上加强了东西方文化之间的交流。本文对炳灵寺石窟与龟兹石窟的飞天形象进行了比较研究,从线条勾勒与色彩搭配的角度,可以看出这两个石窟飞天的形象有很大的差别,但炳灵寺石窟作为内地石窟,在一定程度受到了龟兹石窟的影响,炳灵寺石窟飞天艺术是由外来文化与本土特征相结合而形成。

# 炳灵寺石窟植物图像考辩

董文斌

（兰州大学　敦煌学研究所）

炳灵寺石窟保存了自西秦至明清时期的洞窟 216 个,壁画 1000 多平方米。壁画内容丰富,题材迥异。这些壁画中描绘了不同时期、各式各样的植物图像。有写意类(抽象性)的植物图像,也有写实类的植物图像,多具有装饰性。其中写实类的植物图像大多具有明显的植物学特性。写意类的往往比较抽象,植物学特征较为模糊, 这一类往往是匠人为营造壁画的整体画面感而创作的植物图样。植物纹饰图案虽或多或少地保留了部分植物的植物学特性,但在壁画中因其自身的装饰属性,其植物学的特性又往往被抽象化、夸张化。

## 一、炳灵寺石窟植物图像的分类与鉴定依据

炳灵寺石窟壁画中所涉及的植物图像有 112 幅,雕塑类植物百余件。根据壁画与雕塑所反映植物的生长类型可分为常绿针叶树、乔木、花灌木、丛木类、匍地类、藤蔓植物。其中匍地类与藤蔓类植物又通过各种演变组合成具有时代特征的植物纹饰图案。不同类型的植物分布在壁画与造像中相对较为固定。如雕塑类的植物以莲花为主,大多分布于底座与龛型,以及造像手持物。基座的表现形式有单瓣莲花、重瓣莲花,龛型大多模仿莲花的花瓣造型,如尖拱龛、楣拱龛等少数以宝盖的形式出现。手持物主要表现为莲蕾、莲茎。壁画中的植物以莲花与七叶树为主。主要有两种表现形式:第一是场景画,第二是构图画。场景画中的莲花与七叶树以经变画的内容为主, 以佛教圣物圣树的形式在壁画中表现, 此类植物图像造型往往更接近实物样式, 在绘画中常运用写实类技法,并且将该植物关键的植物学特性清晰描绘出来。构图画中的花卉与乔灌木造型基本无特定的表现意义,均以壁画整体的完整性、色彩的协调性需要而穿

插在壁画的不同位置,其中大多以"花供"或"圣树"的形式出现在壁画中。例如:有单独出现的莲蕾、莲花、莲叶、莲瓣、莲藕等;还有以组合形式出现的,如叶藕组合、花叶组合、花藕组合等。

在确定植物名称时往往遇到的首要问题是:植物分类学中所描述的植物特征与壁画或雕塑中所反映的植物特征的匹配性问题。植物分类学中对植物的每个部分与元素有严格的分类描述,并且大部分植物的特征描述要持续一个或多个生长周期。然而图像中大多为构图的方便并不能完全清晰地描绘出每个部分的特征,更不能完整描绘一个生长周期的全部特征。这就使得我们在判断植物名称时无法全面、系统、准确地对该植物进行分类定名。其实不论是植物分类学还是图像与造像中植物各元素的表现,其本身反映着植物的特性,而这些特性又是最容易被人们认知或最能区别于其他植物的关键特征。因此判断植物首要是获取植物的关键特征,如针叶树与阔叶树,枝条对生、互生、轮生,掌状复叶与羽状复叶等。根据这些关键特征再进一步参考相关佛教经典,缩小植物科、属、种的大致范围,最后通过壁画或雕塑所表现的相关佛教故事画场景、植物图像的时代风格、不同区域特征等进一步缩小植物科、属、种的范畴。验证阶段可分为两部分:第一部分,有明显的植物学特征且属于关键特征的植物,通过《中国植物志》[①]中植物的特征与植物标本图像进行确定。第二部分,特征不太明显但是植物图像在不同时期、不同地区的演变已经非常清晰,这部分当参考各个时期的考古遗存与文献记载。例如壁画中的银杏虽相对抽象,但扇形叶的特征较为清晰,同时与《南京西善桥南朝墓及其砖刻壁画》[②]中银杏扇形叶描绘一致,由此证明壁画中的植物即是银杏。同时银杏属于中国特有物种,在不同时期、不同地区的佛教洞窟中出现即是佛教中国化的证明。

## 二、西秦时期的植物图像考析

炳灵寺石窟西秦时期的植物图像主要集中在第169窟内,该窟保存有大

---

①中国科学院中国植物志编辑委员会:《中国植物志》,北京:科学出版社,1959年—2004年。

②南京博物院、南京市文物管理委员会:《南京西善桥南朝墓及其砖刻壁画》,《文物》1960年第8、9期合刊。

量西秦时期的造像与壁画。其中莲(荷)花雕塑与图像占植物总量的 80% 以上。按植物分类学,莲与荷是睡莲属的不同种植物。荷花(Nelumbo sp.拉丁文),是莲科莲属多年生草本植物,根茎肥大多节,横生于水底泥中;叶盾状圆形,表面深绿色,被蜡质白粉,背面灰绿色;花单生于花梗顶端,高于水面之上,花色有白色、深红色、淡紫色或间色等变化,花后结实;果为椭圆形。莲(Nelumbo nucifera Gaertn.)是莲科莲属的水生草本植物。莲的根茎肥厚,横生地下;叶盾状圆形,伸出水面,叶柄中空,经常带有刺;花单生于花葶顶端,萼片早落,花瓣多数为红、粉红或白色;果为坚果椭圆形或卵形,黑褐色;种子卵形或椭圆形,为红或白色;花期 6—8 月;果期 8—10 月。莲的原产地在印度,分布在中国南北各地,俄罗斯、朝鲜、日本、印度、越南等国家及亚洲南部和大洋洲也有分布。那么这些雕塑莲(荷)与壁画莲(荷)到底是莲还是荷?

"莲"起源较早,是被子植物中起源最早的种属之一。据《渤海沿岸地区早第三纪孢粉》一书记载,在辽宁省盘山县、天津市北人港、山东省东营市垦利区、广饶县,及河北省沧州市等地发现有两种莲的孢粉化石,第三纪热带植物地理区内的我国海南琼山长昌盆地地层中也有莲属植物化石出现。[①]我国考古发现莲科植物最早的有浙江余姚河姆渡遗址,在 7000 年以前的新石器时代,当地就有了莲的生长。[②]1972 年在河南省郑州市北部大河村发掘"仰韶文化"房基遗址,台面上有碳化粮食和两粒莲子,经 C14 测定,距今有 5000 年。可见莲花在中国生长的历史相当久远。《尔雅·释草》载:"荷,芙渠。其茎茄,其叶蕸,其本蔤,其华菡萏,其实莲,其根藕,其中的,的中薏。"邢昺疏曰:"皆分别莲、茎、叶、华、实之名。芙渠,其总名也。别名芙蓉,江东呼荷。菡萏,莲华也。的,莲实也。薏,中心也。郭璞云:蔤,茎下白蒻在泥中者。今江东人呼荷华为芙蓉,北方人便以藕为荷,亦以莲为荷,蜀人以藕为茄。或用其母为华名,或用根子为母叶号,此皆名相错,习俗传误,失其正体者也。"[③]由此可知,在古代莲与荷被

---

①石油化学工业部石油勘探开发规划研究院、中国科学院南京地质古生物研究所:《渤海沿岸地区早第三纪孢粉》,北京:科学出版社,1978 年,第 93 页.

②孙秋明:《七千年的变迁》,《植物》1978 年第 6 期。

③(晋)郭璞注,(宋)邢昺疏:《尔雅注疏》卷 8《释草》,北京:北京大学出版社,2000 年,第 274 页.

视为同一种植物,并没有如今植物分类学的严格区分。莲、荷互用且别名较多,如:芙蕖、荷花、芙蓉、水芝、菡萏等等。然而在早期壁画与塑像中均不能精细且全面地表现其明显的植物学特征,而且莲花与荷花在实际运用的过程中又互相作为别名出现。基于佛教植物的环境以及表现的模糊性,笔者认为炳灵寺的莲花或荷花统一称为"莲"为宜。

西秦时期基座类莲花均呈现出主尊佛像基座以重瓣莲花座为主,菩萨均以单瓣莲花为主。如:第 169 窟第 18 龛造像基座(图 1)、第 6 龛主尊造像基座(图 2)、第 11 龛画像基座(图 3)、第 12 龛画像基座(图 4)等。壁画中的莲花图像有单一的花朵、花蕾形式,也有花、枝、蓬的多种组合形式。如:第 169 窟第 10 龛的单个莲花与莲蓬(图 5),第 11 龛与第 12 龛佛像头顶的五朵莲花组合成的菩提树(图 6、图 7),第 6 龛供养人手持莲花就是莲花、莲蓬与莲枝的组合(图 8),第 169 窟第 23 龛的花、叶组合(图 10)。在莲花的表现形式上,西秦时期的莲花造型基本偏向于写实为主,基本均描绘出莲花的植物学特性。西秦时期壁画中的莲花大体表现出了莲花生长周期内各个不同时期的植物学形象:莲花生长早期莲叶期,即花朵还未露出水面阶段,如第 169 窟第 23 龛的莲叶(图 11);中期花蕾期,即含苞待放阶段,如第 169 窟第 6 龛的莲蕾、169 窟第 10 龛的莲蕾;后期花朵期,花朵全面绽放阶段,如第 169 窟第 11、12 龛的莲花宝盖;末期果实阶段,莲花与莲蓬同时出现,如第 169 窟第 6 龛。

从绘画视角来看,炳灵寺石窟莲花的表现形式主要有两种:一种是供养人视角,以供养人视觉出发表现植物侧立面或正立面的植物形象。这大多集中在菩萨、金刚以及供养人造像附近。另一种是俯视视角,以正射投影的植物现象表现出莲花绽放时期的繁荣形象。这大多集中在佛祖释迦牟尼造像周边,往往又以组合式花朵组成菩提树宝盖的形式,以凸显佛祖法力无边与佛光普照的盛大形象。如佛经云"佛有时放大光明,现大神力。始生时、得道时、初转法轮时、诸天圣人大集会时、若破外道时,皆放大光明"[1]。

---

① (后秦)鸠摩罗什译《大智度论》卷 7,《大正藏》,第 25 册,台北:新文丰出版有限公司,1983 年,第 112 页上栏。

表 1

| 西秦 | | | |
|---|---|---|---|
| | | | |
| 图 1　第 169 窟第 18 龛<br>图片来源:《炳灵寺石窟·西秦》 | 图 2　第 169 窟第 6 龛<br>图片来源:《炳灵寺石窟·西秦》 | 图 3　第 169 窟第 11 龛<br>图片来源:《炳灵寺石窟·西秦》 | 图 4　第 169 窟第 12 龛<br>图片来源:《炳灵寺石窟·西秦》 |
| | | | |
| 图 5　第 169 窟第 10 龛<br>图片来源:《炳灵寺石窟·西秦》 | 图 6　第 169 窟第 11 龛<br>图片来源:《炳灵寺石窟·西秦》 | 图 7　第 169 窟第 12 龛<br>图片来源:《炳灵寺石窟·西秦》 | 图 8　第 169 窟第 6 龛<br>图片来源:《炳灵寺石窟·西秦》 |
| | | | |
| 图 9　第 195 龛<br>图片来源:《炳灵寺石窟·西秦》 | 图 10　第 169 窟第 23 龛<br>图片来源:《炳灵寺石窟·西秦》 | 图 11　第 169 窟第 23 龛<br>图片来源:《炳灵寺石窟·西秦》 | |

### 三、北朝至隋植物考析

北朝至隋炳灵寺石窟保存的雕塑与壁画植物图像相较于西秦时期有所增加。特别是植物种类上新出现了针叶长青树与忍冬纹(金银花)植物图样。雕塑类植物造型单一,技法刻板,细节上基本体现不出植物学的相关特征。按照植物雕塑残存轮廓造型大致可分为两类。第一类:枝、叶、果实组合,主要表现为有明显的枝条,枝条上对生两苞片或萼片,顶端有圆锥状花苞或果实造型,苞片或萼片长卵状自基部外翻下垂。如:第 126 窟西壁北侧菩萨手持植物(图12)、第 126 窟北壁西侧胁侍菩萨双手合十夹植物(图 13)、第 128 窟南壁西侧菩萨右手所持植物(图 14)、第 128 窟西壁南侧菩萨右手所持植物(图 15)。第二类:单个植物元素,多以果实、花朵为主,主要表现为椭圆形球状或莲蓬状,以及"Y"型枝条。如:第 126 窟南壁东侧胁侍菩萨右手上举植物(图 16)、第 126窟北壁东侧菩萨右手高举植物(图 17)、第 128 窟北壁西侧菩萨右手所持植物(图 18)、第 128 窟北壁东侧菩萨右手三指轻托植物(图 19)、第 132 窟西壁北侧菩萨双手置于胸前托莲蕾状植物(图 20)、第 2 龛右侧胁侍菩萨掌持椭圆状植物(图 21)、第 2 龛左侧菩萨左手上举"Y"型雕塑植物(图 22)。这两类植物造型被定名为莲属植物的各个部分,如莲蕾、莲枝、莲花等[1]。其造型的轴对称特点与北魏时期《狩猎纹鎏金银盘》(图 23)中的植物极为相似,夏鼐研究《狩猎纹鎏金银盘》中的植物为"芦苇"[2]。"芦苇"属于禾本科植物,其叶、苞片、花萼与雕塑植物较为相似,然而芦苇顶端的穗与雕塑中的形象就完全不符了。这种长杆轴对称树木造型在北魏时期较多。经相关学者研究认为这是汉代树木图式在长期发展演变过程中逐渐沉淀下来的固定程式,同时又是受汉文化影响的西域民族主动选择了某几个兼容多民族审美观念的图示,这两点综合造成了长杆轴对称树木造型始终停留在早期相对原始的集合形态中。[3]就植物学本身特征来说,这种苞片与花萼对生,顶端有圆锥状花苞或果实造型,叶片长圆状披

---

①张景峰、魏迎春、郑怡楠:《炳灵寺石窟·北朝至隋》,合肥:安徽美术出版社,2021 年。

②夏鼐:《北魏封和突墓出土萨珊银盘考》,《文物》1983 年第 8 期,第 5—7、9 页。

③彭汉宗:《山水的化外潜流——敦煌壁画树石造型研究》,博士学位论文,上海大学,2019 年,第66 页。

针形,先端渐尖,叶柄处外翻下垂的植物大多属于漆树科杧果属植物或禾本科植物,其植物种可能是"杧果"或"芦苇"。

综上,基于植物雕塑本身造型的粗犷,细节处植物学特征又较为模糊,通过植物分类学定名就显得十分困难。但是参考出土文物中植物样式的相似性,并结合相关学者的研究成果,可大致判断这类轴对称造型的植物是北朝时期较为流行的一种植物雕塑形象,基于佛教的环境中结合佛教经典将其定名为"莲"的各个部分较为合适。

壁画类莲花造型表现较为突出的是不同科、属、种互相搭配构图。如第 172 窟西壁佛帐内南壁塑一佛二菩萨像(图 24),其中主尊佛像基座正面绘制的莲花图案就是用莲花花朵的样式与忍冬纹做枝条装饰进行组合构图。图像中莲花花朵的植物学特点较为明显,花重瓣,圆状椭圆形至倒卵形花瓣,由外向内渐小,先端圆钝或微尖。枝叶的形象却与莲枝、莲叶完全不符。根据枝叶图像样式分析并结合同时期莫高窟第 248 窟忍冬纹图样[1]、云冈石窟第 8 窟忍冬纹样[2]等类似图像发现,该枝叶图像当属南北朝时期较为流行的忍冬纹装饰图案。忍冬在植物学上属于被子植物门忍冬科忍冬属植物,别名有金银花、金银藤、鸳鸯藤、双花等。是半常绿藤本植物,叶纸质,卵形至矩圆状卵形,有时卵状披针形,稀圆卵形或倒卵形,极少有一至数个钝缺刻,顶端尖或渐尖,少有钝、圆或微凹缺,基部圆或近心形,有糙缘毛,上面深绿色,下面淡绿色,小枝上部叶通常两面均密被短糙毛,下部叶常平滑无毛而下面多少带青灰色;密被短柔毛。[3]这种新型的以莲花为主体,搭配其他植物花叶构成的富有装饰性与综合性的艺术图像被统称为"宝相花"[4]。供养人手持组合式莲花依旧与西秦时期相同,均以单瓣莲花造型为主,如隋代第 8 窟供养人手持莲花造型(图 25)。

---

① 张春佳、赵声良:《莫高窟北朝忍冬纹样的艺术特征》,《敦煌研究》2021 年第 6 期,第 19—35 页。
② 赵声良、张春佳:《莫高窟早期忍冬纹样的源流》,《敦煌研究》2022 年第 1 期,第 49—62 页。
③ 中国科学院中国植物志编辑委员会:《中国植物志》,北京:科学出版社。
④ 吴山:《中国工艺美术大辞典》,江苏:江苏美术出版社,1988 年,第 1102 页。

表 2

| 北朝至隋 | | | |
|---|---|---|---|
| | | | |
| 图 12　第 126 窟西壁北侧<br>图片来源:《炳灵寺石窟·北朝至隋》 | 图 13　第 126 窟北壁西侧<br>图片来源:《炳灵寺石窟·北朝至隋》 | 图 14　第 128 窟南壁西侧<br>图片来源:《炳灵寺石窟·北朝至隋》 | 图 15　第 128 窟西壁南侧<br>图片来源:《炳灵寺石窟·北朝至隋》 |
| | | | |
| 图 16　第 126 窟南壁东侧<br>图片来源:《炳灵寺石窟·北朝至隋》 | 图 17　第 126 窟北壁东侧<br>图片来源:《炳灵寺石窟·北朝至隋》 | 图 18　第 128 窟北壁西侧<br>图片来源:《炳灵寺石窟·北朝至隋》 | 图 19　第 128 窟北壁东侧<br>图片来源:《炳灵寺石窟·北朝至隋》 |
| | | | |
| 图 20　第 132 窟西壁北侧<br>图片来源:《炳灵寺石窟·北朝至隋》 | 图 21　第 132 窟第 2 龛右侧<br>图片来源:《炳灵寺石窟·北朝至隋》 | 图 22　第 132 窟第 2 龛左侧<br>图片来源:《炳灵寺石窟·北朝至隋》 | 图 23　狩猎纹鎏金银盘<br>图片来源:《北魏封和突墓出土萨珊银盘考》 |

　　北朝至隋时期壁画类莲花构图线条柔和,造型清爽婉约,整体风格不同于西秦时期的大气、浑厚而更显得清秀、简洁。这与魏晋时期的整体绘画风格以及社会思潮有很大关系。

　　除了莲花类植物,炳灵寺石窟北朝至隋时期的壁画中还出现了两种乔木树种,即第 6 窟(北周)南壁、西壁、北壁千佛周边阵列乔木图像(图 26、图 27)与第 6 龛南壁菩萨造像东侧残存壁画中的乔木(图 28)。相关研究将其分别命名为"宝树"与"垂柳"。然而"宝树"在植物学上没有相关植物品种。根据图像,该树种植物学特性如下:有明显高大直立主干,枝条依主干轮生或互生,叶似

表 3

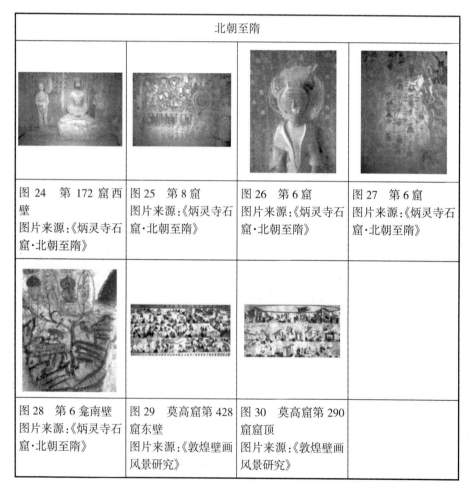

| 北朝至隋 | | | |
| --- | --- | --- | --- |
| 图 24　第 172 窟西壁<br>图片来源:《炳灵寺石窟·北朝至隋》 | 图 25　第 8 窟<br>图片来源:《炳灵寺石窟·北朝至隋》 | 图 26　第 6 窟<br>图片来源:《炳灵寺石窟·北朝至隋》 | 图 27　第 6 窟<br>图片来源:《炳灵寺石窟·北朝至隋》 |
| 图 28　第 6 龛南壁<br>图片来源:《炳灵寺石窟·北朝至隋》 | 图 29　莫高窟第 428 窟东壁<br>图片来源:《敦煌壁画风景研究》 | 图 30　莫高窟第 290 窟窟顶<br>图片来源:《敦煌壁画风景研究》 | |

针形类、条形类、披针形,叶片横向并排,似簇状或团状,主干顶端皆有簇状或团状枝叶,枝干与叶均为新绿色,树形巨大部分呈现主干轴对称型。根据以上特性,大致判断其属于松科、杉科、柏科类植物。与此植物相似的图像有莫高窟第 428 窟东壁(北周)萨埵那太子本生画中植物(图 29)、莫高窟第 290 窟窟顶(北周)佛传故事画中植物(图 30)。由此可知,此类树形当属北朝至隋时期较为流行的松柏类植物图像。根据图像的大致植物学特性推断其大概属于松科松属的植物。第 6 窟南壁菩萨造像东侧的残存壁画描绘了一幅近景画,图中有植物、猴、鸟等。该窟南壁、西壁、北壁下方壁画虽已残存不堪,但大致能看出与上方的千佛是一个整体,描绘了一个丛林茂密、猴鸟嬉戏、悠然恬静的禅修之地。结合远近构图大小关系,以及动物与植物大小比例可确定该树木的植物学特征如下:乔木,树干弯曲粗壮,枝细长,直立或斜出,叶披针形,对生或互生。由此可大致推断其为杨柳科柳属下的某植物种,依据柳属常见品种并结合西北地域干旱环境大致推断其为旱柳。部分学者认为是垂柳或绦柳,此判断有误,垂柳与绦柳区别于旱柳的最关键特征表现在枝条的走向上,垂柳与绦柳枝条下垂,旱柳枝条直立或斜展。

## 四、唐代植物图像考析

炳灵寺石窟唐代雕塑与壁画植物种类丰富,色彩艳丽,造型优美。不论是植物数量还是植物品种,在炳灵寺石窟植物群中均占较大比重。特别是壁画植物,写实类栩栩如生,写意类线条柔美,错落有致,远近景搭配协调统一,构图完整,当属顶峰之作。

炳灵寺石窟唐代壁画植物按其形态特征可分为乔木、灌木、花卉、藤蔓植物、植物纹饰五大类。其中具有明显植物学特性的乔木类图像有第 10 窟西壁主尊佛像两侧绘两株高大乔木(图 31)、第 11 窟西壁双树(图 32)、第 61 龛弟子与菩萨之间所绘乔木 (图 33)、第 131 龛主尊佛像两侧所绘两株乔木 (图 34)。第 131 龛的两株阔叶乔木佛像左侧只保存上部树冠部分,右侧保存基本完好。图像植物学特征如下:阔叶乔木,树皮红褐色、片状剥落,小枝粗壮。掌状复叶、小叶 5—7 片,倒卵状长椭圆形至长椭圆状披针形,先端渐尖,果实桃形或倒卵形。根据这些特征大致可判断其为七叶树科七叶树属七叶树种。七叶树又名梭椤树①。《大般涅槃经》记载:"世尊,如七叶花无有香气,是身亦尔无我无主。我等如是心常修习无我之想,如佛所说一切诸法无我我所。汝诸比丘应当修习,如是修已则除我慢,离我慢已便入涅槃。"相传印度"王舍城五大精舍之一"的"七叶岩"又名七叶窟、七叶园,因其周围长满七叶树而得名。隋代虞弘墓石棺中的圣树图像(图 35),唐连珠翼马人物纹中的圣树造型②(图 36),唐

表 4

| 唐代 | | | |
|---|---|---|---|
| 图 31 第 10 窟西壁<br>图片来源:《炳灵寺石窟·唐》 | 图32 第 11 窟南侧<br>图片来源:《炳灵寺石窟·唐》 | 图33 第 61 龛<br>图片来源:《炳灵寺石窟·唐》 | 图34 第 131 龛<br>图片来源:《炳灵寺石窟·唐》 |
| 图35 隋代虞弘墓石棺<br>图片来源:《中国神树图像设计研究》 | 图36 唐连珠翼马人物纹<br>图片来源:《唐系冀马纬锦与何稠仿制波斯锦》 | 图37 唐四天王狩狮纹锦<br>图片来源:《中国神树图像设计研究》 | 图38 莫高窟第 431 窟<br>图片来源:《敦煌阴氏与莫高窟研究》 |

---

①陈有民、王玉华、张秀英等:《园林树木学》,北京:中国林业出版社,1990 年,第 543—544 页。
②赵丰:《唐系翼马纬锦与何稠仿制波斯锦》,《文物》2010 年第 3 期,第 74 页。

四天王狩狮纹锦圣树图案①（图 37），莫高窟第 431 窟宝树观双树团②（图 38）等清晰地描绘出七叶树较为关键的特点及掌状复叶与小叶 5—7 片。大多学者通过研究印度石刻造像与出土文物，并结合佛教经典，将该树型统一汇总为芒果树（植物学命名为杧果树）。杧果树属于漆树科杧果属植物，叶片对生或轮生。与图上明显由 7 小叶组成的复叶完全不同。故而按植物学特性与佛教场景的适用性，该植物定名为"七叶树"较为妥帖。与此相似的晚唐第 10 窟主尊佛像两侧乔木大致造型也与第 131 窟相似。这两株"七叶树"两侧有两株小乔木，树型优美、花叶相依、单瓣花朵，每朵由 5 片花瓣组成，主干明显呈扭曲状，叶椭圆状或卵状，先端稍尖。根据以上植物学特性结合佛教场景的适用性推断其大致范围是蔷薇科杏属植物。

晚唐第 11 窟主尊佛像两侧植物关键特征明显，其树形是棕榈科植物。依据羽状叶分裂以及图像上果实的大小判断其应该是椰子属椰树。然而有部分研究认为其是棕榈，棕榈叶的表现为：叶掌状分裂，叶簇竖干顶，近圆形，掌状裂深达中下部。所以此植物为棕榈的判断是错误的。唐代乔木还有第 61 龛弟子与菩萨之间所绘植物。图像特征如下：无明显主干；无叶片，枝条对生，稀互生；枝顶端有丛状穗或果实。与此特征相似的植物种类甚广，较难判断所属植物种类。

唐代壁画灌木与花卉以及藤蔓植物图像相对写实的植物壁画有：第 28 窟菩萨与弟子之间植物（图 39），第 29 窟主尊佛像两侧后壁植物（图 40），第 29 窟菩萨后壁两侧植物（图 41），第 29 窟弟子旁植物（图 42），第 86 窟主尊佛像后壁两侧与顶部植物（图 43）。其中第 29 窟佛像与弟子像旁边的植物、第 86 窟主尊佛像两侧及顶部的植物以及第 28 窟菩萨与弟子之间的植物均有较为相似的特性。其叶片均为 3 深裂，根据花朵造型与花瓣外沿有浅裂似波浪状的表现可大致推断其为毛茛科芍药属牡丹种。牡丹图案在北魏时期的云冈石窟

---

①中国织绣服饰全集编辑委员会编：《中国织绣服饰全集·第 1 卷　织染卷》，天津：天津人民美术出版社，2004 年，第 133 页。

②中国敦煌壁画全集编辑委员会：《中国敦煌壁画全集·5·敦煌初唐》，天津：天津人民美术出版社，2006 年，第 65 页。

表 5

| 唐代 | | | |
|---|---|---|---|
|  <br>图 39　第 28 窟<br>图片来源:《炳灵寺石窟·唐》 | 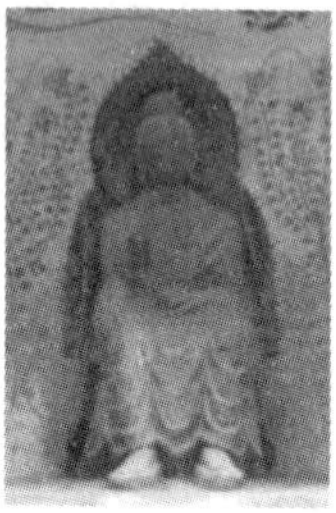 <br>图 40　第 29 窟<br>图片来源:《炳灵寺石窟·唐》 |  <br>图 41　第 29 窟<br>图片来源:《炳灵寺石窟·唐》 | 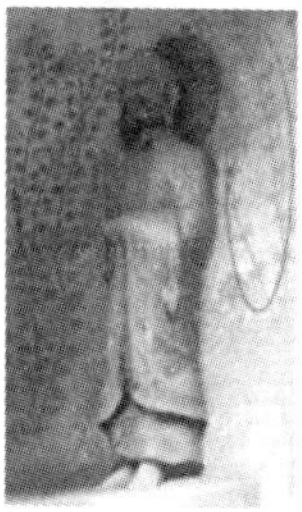 <br>图 42　第 29 窟<br>图片来源:《炳灵寺石窟·唐》 |
| 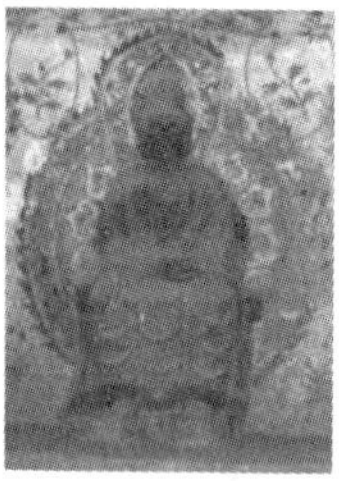 <br>图 43　第 86 窟<br>图片来源:《炳灵寺石窟·唐》 |  <br>图 44　唐代牡丹纹织锦<br>图片来源:《敦煌历代服饰图案》 |  <br>图 45　唐代鸟纹夹缬绸<br>图片来源:《中国织绣服饰全集　织染卷》 |  <br>图 46a　唐鎏金双凤纹大银盒<br>图片来源:镇江博物馆 |
|  <br>图 46b　唐鎏金双凤纹大银盒<br>图片来源:《唐代牡丹装饰纹样的艺术应用研究》 |  <br>图 47　第 28 窟<br>图片来源:《炳灵寺石窟·唐》 |  <br>图 48　第 130 窟<br>图片来源:《炳灵寺石窟·唐》 |  <br>图 49　第 46 龛正壁左上角<br>图片来源:《炳灵寺石窟·唐》 |

中就有出现,其花型饱满,姿态丰盈,3 深裂叶片形状清晰。到唐代牡丹图像或纹样已经非常丰富了,如织锦类,唐代牡丹纹织锦(图 44);丝绸服饰类,唐代花鸟纹夹缬绔(图 45);出土金银器物类,唐鎏金双凤纹大银盒(镇江博物馆)(图 46)。由此可确定炳灵寺第 28、29、86 窟中叶片为 3 深裂的植物为毛茛科芍药属,结合植物的佛教运用场景可确定为牡丹种。具备类似关键特征的洞窟壁画植物还有第 28 窟主尊佛像后壁两侧牡丹纹(图 47)、第 130 窟主尊佛像头顶的牡丹纹华盖(图 48)、第 46 龛正壁左上角牡丹纹(图 49)。还有一类花朵似牡丹但叶片又是先端稍尖的椭圆状,这一类植物较为符合山茶的植物学特性。山茶又名曼陀罗树,常绿灌木或小乔木,叶卵形、倒卵形或椭圆形,花瓣 5—7瓣,单瓣少重瓣。在佛教故事画场景中运用较多,如炳灵寺石窟第 150 窟主尊佛像后壁头光周边的山茶花(图 50),第 138 窟弟子像后壁山茶(图 51)。

唐代莲花植物在炳灵寺石窟壁画中表现一般,从植物的描绘手法与图像的创造技法来看均未有大的突破。有相对写实的,如第 149 窟南侧菩萨肩部的莲花图案(图 52);写意类,如第 11 窟莲花藻井(图 53),第 10 窟莲花藻井(图54),第 23、24 窟莲生千佛图像(图 55、图 56)。还有绝大部分佛像的莲花基座造型,但是单瓣与重瓣的使用场景已不再如西秦、北朝至隋代般严谨。

唐代炳灵寺壁画植物还有一类组合类植物图像。这一时期的组合类植物图像不同于以往的单个种之间的组合,而是通过艺术再创造的手法将不同种植物的元素进行组合,以求壁画整体效果的丰富性与造像之间的和谐性。如第 29龛弟子造像右后壁植物图像,将竹子的主干和叶片与牡丹的花朵进行组合。第29 窟菩萨右侧植物则是将柳树枝叶与牡丹花朵进行组合。第 61 窟主尊佛像两侧植物图像(图 57)则是将竹子的叶片与牡丹花朵进行组合。第 168 窟力士两侧植物(图 58)则是将莲花与山茶花(又名曼陀罗树)进行组合。

唐代炳灵寺残存的雕塑类植物大致有两类:一是莲花、莲蕾、莲藕,二是杨柳科柳属的旱柳或垂柳。这两类都是造像手持植物。因其造像的分化、侵蚀等原因已无较为清晰的植物学特性。但是这两类植物的关键特征较为明显,莲类植物大部分带有莲花、莲藕,少有叶片,柳属植物又有明显的狭长状披针形叶片且枝条下垂的特征。所以判断并不复杂。需要特别关注的是第 68 龛的植物造型(图 59)较为独特。有明显的主干,小叶对生轮状分布,梢部有莲苞状花

朵,枝或叶基部又生卵状果实或花苞。根据前文所论,这种主干轴对称植物属
于不同种植物的组合样式,属于竹子的干和叶与莲花、莲蕾或莲藕多重组合植物。

表 6

| 唐代 | | | |
|---|---|---|---|
| 图 50 炳灵寺石窟第 150 窟<br>图片来源:《炳灵寺石窟·唐》 | 图 51 第 138 窟<br>图片来源:《炳灵寺石窟·唐》 | 图 52 第 149 窟南侧<br>图片来源:《炳灵寺石窟·唐》 | 图 53 第 11 窟<br>图片来源:《炳灵寺石窟·唐》 |
| 图 54 第 10 窟<br>图片来源:《炳灵寺石窟·唐》 | 图 55 第 23 窟<br>图片来源:《炳灵寺石窟·唐》 | 图 56 第 24 窟<br>图片来源:《炳灵寺石窟·唐》 | 图 57 第 61 窟<br>图片来源:《炳灵寺石窟·唐》 |
| 图 58 第 168 窟 | 图 59 第 68 龛 | | |

## 五、明清时期植物考析

明清时期炳灵寺植物主要以壁画为主且数量较少。植物图像整体偏向于写实且大部分均能反映出该植物的植物学特性,同时颜色主要以新绿色为主,更接近植物本身色彩,如第 95 窟的牡丹(图 60)、第 91 和 93 窟的莲花(图 61、图 61)、第 135 和 136 窟的山茶(图 63、图 64)、第 3 窟的竹子(图 65)等。其中手持莲花造型较为独特,不同于以往的内翻下垂,而是外翻上扬。组合式植物图像较少,单一植物的描绘更具真实性。明清时期的洞窟植物详见植物名称与洞窟及壁画位置表。

表 7

| 明清时期 | | | |
|---|---|---|---|
| 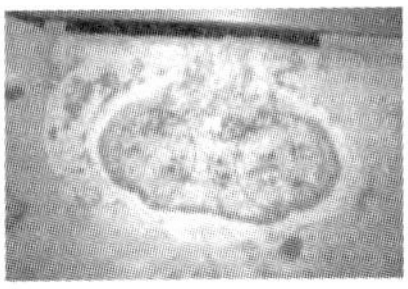 图 60　第 95 窟图片来源:《炳灵寺石窟·明清》 | 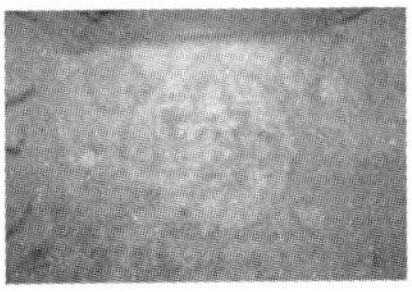 图61　第 91 窟图片来源:《炳灵寺石窟·明清》 |  图62　第 93 窟图片来源:《炳灵寺石窟·明清》 | 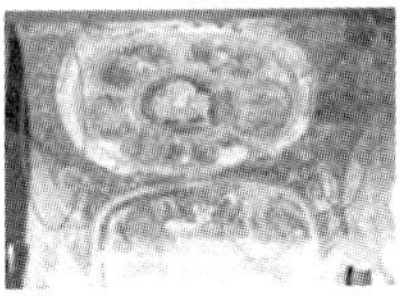 图 63　第 135 窟图片来源:《炳灵寺石窟·明清》 |
| 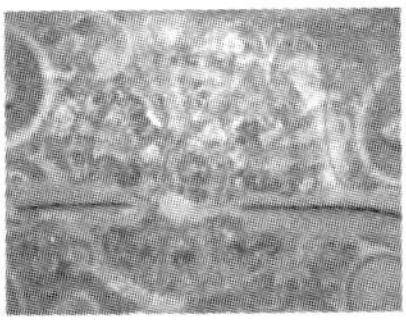 图 64　第 136 窟图片来源:《炳灵寺石窟·明清》 | 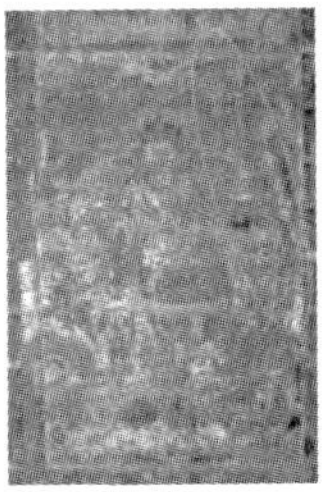 图 65　第 3 窟图片来源:《炳灵寺石窟·明清》 | | |

## 六、小结

炳灵寺石窟植物的种类有花卉类,如莲花、牡丹、山茶等;乔木类,有松树、旱柳、杜果、竹子等;纹饰类,有忍冬纹、牡丹纹、莲花纹等。这些不同种的植物在不同时期有部分被相互取代,有部分则通过演变形成了新的艺术题材。从功能上来看,不论是雕塑类植物还是壁画中的植物均有一定的实用性与装饰性。具有实用性功能的植物往往是依据经变画内容来表现故事场景,或者通过植物雕塑来表现某些特定的佛教义理;装饰性的植物图像则大多是为了画面饱满、充实,起点缀作用。

从整体植物艺术风格来看:西秦时期,线条刻板、生硬,造型简约;北朝至隋,植物线条以柔美为主;至唐代进入植物创作与绘画的高峰期,其样式多样,品类丰富,组合类植物更是达到高峰;明清时期主要特征为写实,色彩艳绿。组合式植物造像与图像亦经历了一个萌芽、发展、消失的过程。自西秦至隋,组合式植物造型由单一的莲花组合逐步发展到牡丹、银杏、松柏等多种植物组合;唐代进入了发展与演变的高峰期,植物组合的种类更加丰富,样式也更加抽象,不同种植物的各个要素之间进行组合已经非常普遍,并延伸出多种纹饰图像;到元明清时期,植物图像的造型越来越回归植物本身的形态,组合式植物造型逐渐消失。

表 8　植物名称与洞窟及壁画位置表

| 时期 | 类别 | 洞窟位置 | 植物名称 |
|---|---|---|---|
| 西秦时期 | 雕塑 | 第 169 窟、第 18 龛 | 莲花 |
| | | 第 169 窟、第 6 龛 | 莲花 |
| | 壁画 | 第 169 窟、第 16 龛 | 莲花 |
| | | 第 169 窟、第 6 龛 | 莲花、莲藕 |
| | | 第 169 窟、第 10 龛 | 莲花、莲苞 |
| | | 第 169 窟、第 11 龛 | 莲花 |
| | | 第 169 窟、第 11 龛 | 莲花 |

续表

| 时期 | 类别 | 洞窟位置 | 植物名称 |
|---|---|---|---|
| 西秦时期 | 壁画 | 第 169 窟、第 12 龛 | 莲花 |
| | | 第 169 窟、第 12 龛 | 莲花、莲枝 |
| | | 第 169 窟、第 23 龛 | 莲花 |
| | | 第 169 窟、第 23 龛 | 莲花 |
| | | 第 195 龛 | 莲花 |
| | | 第 192 窟(野鸡沟) | 莲花 |
| 北朝至隋 | 雕塑 | 第 172 窟,西壁佛帐内(明代重修) | 莲花、莲蕾 |
| | | 第 126 窟,西壁北侧菩萨 | 莲蕾 |
| | | 第 126 窟,南壁东侧胁侍菩萨 | 莲蕾 |
| | | 第 126 窟,北壁西侧菩萨 | 莲花 |
| | | 第 126 窟,北壁东侧菩萨 | 莲蕾 |
| | | 第 128 窟,西壁南侧菩萨 | 莲枝 |
| | | 第 128 窟,南壁西侧菩萨 | 莲蕾 |
| | | 第 128 窟,北壁西侧菩萨 | 莲蕾 |
| | | 第 129 窟,北壁东侧菩萨 | 莲花、莲蕾 |
| | | 第 132 窟,西壁北侧菩萨 | 莲蕾 |
| | | 第 132 窟,藻井 | 莲花 |
| 北朝至隋 | 壁画 | 第 172 窟,西壁佛帐内南壁(明代重修) | 荷花 |
| | | 第 172 窟,西壁佛帐内北壁(明代重修) | 荷花 |
| | | 第 126 窟,窟顶四壁千佛 | 莲花 |
| | | 第 126 窟,窟顶藻井外围 | 莲花 |
| | | 第 128 窟,南壁上方东侧(明代) | 莲花 |
| | | 第 128 窟,北壁上方(明代) | 莲花 |
| | | 第 132 窟,南壁东侧菩萨斜上方(明代) | 莲花 |

**续表**

| 时期 | 类别 | 洞窟位置 | 植物名称 |
|------|------|----------|----------|
| 北朝至隋 | 壁画 | 第 132 窟,南壁西侧菩萨斜上方(明代) | 莲花 |
| | | 第 132 窟,西壁上方(明代) | 莲花 |
| | | 第 132 窟,藻井(明代) | 莲枝、忍冬 |
| | | 第 140 窟,北侧菩萨颈部附近 | 莲花 |
| | | 第 6 窟,西壁 | 旱柳 |
| | | 第 6 窟,南壁 | 旱柳 |
| | | 第 8 窟,南壁下部供养人 | 莲花、莲蕾 |
| | | 第 8 窟,藻井 | 莲花、忍冬 |
| | | 第 82 窟,窟顶(明代) | 莲花 |
| 唐 | 雕塑 | 第 21 龛,菩萨 | 莲蕾 |
| | | 第 23 龛,北侧菩萨像 | 莲蕾 |
| | | 第 23 龛,南侧菩萨像 | 杨柳枝 |
| | | 第 24 龛,南侧雕塑弟子、菩萨像各一身 | 杨柳枝 |
| | | 第 24 龛,北侧雕塑弟子、菩萨像各一身 | 莲蕾 |
| | | 第 27 龛,南侧雕塑弟子、菩萨像各一身 | 杨柳枝 |
| | | 第 27 龛,北侧雕塑弟子、菩萨像各一身 | 莲蕾 |
| | | 第 28 龛,南侧菩萨像 | 莲蕾 |
| | | 第 28 龛,北侧菩萨像 | 杨柳枝 |
| | | 第 29 龛,南侧菩萨像 | 莲蕾 |
| | | 第 30 龛,南侧菩萨像 | 莲蕾 |
| | | 第 30 龛,北侧菩萨像 | 莲蕾 |
| | | 第 32 龛,菩萨 | 杨柳枝 |
| | | 第 33 龛,南侧菩萨 | 莲蕾、杨柳枝 |
| | | 第 34 龛,南侧菩萨 | 莲蕾、杨柳枝 |

续表

| 时期 | 类别 | 洞窟位置 | 植物名称 |
|---|---|---|---|
| 唐 | 雕塑 | 第 36 龛,北侧菩萨 | 莲蕾 |
| | | 第 37 龛,北侧菩萨 | 莲蕾 |
| | | 第 38 龛,北侧菩萨 | 莲蕾 |
| | | 第 41 龛,菩萨 | 莲蕾 |
| | | 第 42 龛,北侧菩萨像 | 莲蕾 |
| | | 第 43 龛,菩萨 | 莲蕾 |
| | | 第 44 龛,北侧菩萨像 | 莲蕾 |
| | | 第 47 龛,南侧菩萨像 | 莲蕾 |
| | | 第 50 龛, | 杨柳枝 |
| | | 第 51 龛, | 莲蕾 |
| | | 第 52 龛, | 杨柳枝 |
| | | 第 53 龛,菩萨 | 莲蕾 |
| | | 第 54 龛,菩萨 | 莲蕾 |
| | | 第 55 龛,菩萨 | 柳枝 |
| | | 第 56 龛,南侧菩萨 | 杨柳枝 |
| | | 第 58 龛,菩萨 | 杨柳 |
| | | 第 62 龛,菩萨 | 莲苞 |
| | | 第 63 龛,菩萨 | 柳枝 |
| | | 第 68 龛,菩萨 | 莲枝、莲蕾 |
| | | 第 69 龛,佛、菩萨 | 莲枝、莲花 |
| | | 第 3 窟,南壁下层龛内西壁菩萨 | 莲花、莲蕾 |
| | | 第 72 龛 | 柳枝、莲蕾 |
| | | 第 75 龛 | 莲蕾 |
| | | 第 79 龛 | 柳枝、莲蕾 |

**续表**

| 时期 | 类别 | 洞窟位置 | 植物名称 |
|---|---|---|---|
| 唐 | 雕塑 | 第 80 龛 | 柳枝、莲蕾 |
| | | 第 83 龛,龛内造菩萨立像一身 | 莲蕾 |
| | | 第 84 龛,龛内雕有菩萨立像一身 | 莲蕾 |
| | | 第 85 龛,龛内南侧菩萨像 | 柳枝 |
| | | 第 85 龛,龛内北侧菩萨像 | 莲苞 |
| | | 第 87 龛南侧菩萨像 | 莲苞 |
| | | 第 87 龛北侧菩萨像 | 莲蕾 |
| | | 第 89 龛,龛内雕有一身菩萨立像 | 柳枝 |
| | | 第 91 窟,南侧菩萨像 | 柳枝 |
| | | 第 93 窟,北壁菩萨像 | 莲蕾 |
| | | 第 95 窟,北侧菩萨像 | 柳枝 |
| | | 第 138 窟,南侧菩萨像 | 莲蕾 |
| | | 第 138 窟,北侧菩萨像 | 柳枝 |
| | | 第 141 窟,两侧菩萨像 | 柳枝、莲蕾 |
| | | 第 174 龛,南壁菩萨 | 莲蒂 |
| | | 第 174 龛,北壁菩萨 | 莲蒂 |
| | | 第 182 龛,菩萨像一身 | 莲蕾 |
| | | 第 23 龛,主尊佛像两侧 | 莲花 |
| | | 第 23 龛,西壁和顶部壁画 | 忍冬 |
| | | 第 28 龛,主尊佛像 | 花卉 |
| | | 第 28 龛,天王 | 莲蕾 |
| | | 第 29 龛,主尊佛像 | 藤蔓植物 |
| | | 第 29 龛,北侧弟子像 | 竹 |
| | | 第 46 龛, | 彩色花卉 |

续表

| 时期 | 类别 | 洞窟位置 | 植物名称 |
|------|------|----------|----------|
| 唐 | 壁画 | 第 61 龛,主尊佛像两侧 | 藤蔓花卉 |
| | | 第 61 龛,菩萨弟子中间 | 树 |
| | | 第 3 窟,石塔塔顶 | 山茶花 |
| | | 第 4 窟,弟子菩萨周边 | 藤蔓植物 |
| | | 第 86 龛,一佛二弟子二菩萨 | 莲花、莲叶、莲蕾 |
| | | 第 87 龛,龛顶壁画 | 牡丹 |
| | | 第 91 窟,南侧菩萨像 | 柳枝 |
| | | 第 92 窟,南壁菩萨像 | 莲花 |
| | | 第 130 龛,龛顶壁画 | 花卉 |
| | | 第 131 龛,主尊佛像 | 桃树 |
| | | 第 135 窟,南侧菩萨 | 长叶植物 |
| | | 第 138 窟,南侧弟子像 | 藤蔓植物 |
| | | 第 139 窟,中央佛像 | 莲花 |
| | | 第 141 窟,一佛二菩萨 | 莲花 |
| | | 第 148 窟,窟顶壁画 | 莲花 |
| | | 第 149 窟,南侧菩萨 | 莲花 |
| | | 第 150 窟,主尊佛像 | 莲花 |
| | | 第 155 龛,龛顶壁画 | 曼陀罗 |
| | | 第 168 窟,南壁天王像 | 山茶花 |
| 晚唐 | 雕塑 | 第 12 龛,左侧菩萨 | 柳枝 |
| | | 第 137 窟,南侧菩萨像 | 莲蕾 |
| | | 第 137 窟,北侧菩萨像 | 莲蕾 |

续表

| 时期 | 类别 | 洞窟位置 | 植物名称 |
|------|------|---------|---------|
| 晚唐 | 壁画 | 第 5 龛, 西壁 | 牡丹 |
| | | 第 5 龛, 龛顶壁画 | 牡丹 |
| | | 第 9 龛, 西壁南侧壁画 | 柳枝、花卉 |
| | | 第 10 窟, 西壁残存佛像 | 树 |
| | | 第 10 窟, 龛顶 | 宝相花 |
| | | 第 11 窟, 西窟南侧壁画 | 棕榈树 |
| | | 第 11 窟, 窟顶 | 莲花、莲瓣 |
| | | 第 46 龛, 墓内景 | 莲花 |
| | 雕塑 | 无 | |
| 明清 | 壁画 | 第 95 窟, 窟顶部壁画 | 牡丹 |
| | | 第 151 窟, 西壁南侧壁画 | 菩树 |
| | | 第 91 窟, 窟顶壁画 | 花草 |
| | | 第 93 窟, 南壁上方壁画 | 莲花、莲叶 |
| | | 第 136 窟, 窟顶 | 曼陀罗 |
| | | 第 135 窟, 窟顶 | 曼陀罗 |
| | | 第 147 窟, 窟顶壁画 | 曼陀罗 |
| | | 第 148 窟, 主尊佛像 | 莲花、莲苞 |
| | | 第 155 龛, 主尊佛像 | 曼陀罗 |
| | | 第 180 窟, 北壁 | 三叶植物 |
| | | 第 82 窟, 窟顶壁画 | 莲花 |
| | | 第 3 窟, 石塔西壁壁画 | 竹 |
| | | 第 3 窟, 南壁东侧下排东侧菩萨像 | 莲花 |
| | | 第 3 窟, 南壁下层龛顶西侧菩萨像 | 莲花 |

续表

| 时期 | 类别 | 洞窟位置 | 植物名称 |
|------|------|----------|----------|
| 明清 | 壁画 | 第 3 窟,西壁北侧上方故事画 | 莲花 |
| | | 第 3 窟,西壁北侧上方故事画 | 竹 |
| | | 第 3 窟,北壁西侧说法图内北侧的胁侍菩萨 | 莲花 |
| | | 第 4 窟,南壁第一列上方明王像 | 花朵 |
| | | 第 4 窟,南壁第一列下方绘宗喀巴像 | 藤蔓植物 |
| | | 第 4 窟,北壁第一列下方绘八思巴像 | 藤蔓植物 |
| | | 第 4 窟,南壁第二列下方菩萨像 | 花 |
| | | 第 4 窟,北壁第二列下方观音菩萨像 | 荷花 |
| | | 第 70 窟南壁 | 莲花 |
| | | 第 70 窟,藻井 | 莲花 |
| | | 第 140 窟,窟顶 | 莲花 |
| | | 第 165 龛,西壁 | 树 |
| | | 第 143 龛,西壁 | 莲花 |
| | | 上寺第 4 窟北壁 | 树 |
| | | 洞沟第 2 龛龛顶东侧 | 花卉 |
| | | 洞沟第 2 龛北壁 | 花卉 |
| | | 洞沟第 5 龛龛外北壁 | 莲花 |

**中国敦煌石窟保护研究基金会资助**

《炳灵寺石窟"建弘题记"发现60周年研讨会论文集》编委会


主 任：贺延军

编 委：曹学文　丁万华　赵雪芬　王玲秀　刘宗昌

　　　　刘亨发　杨彩霞　陈克云　庞广萍　孙淑梅

# 炳灵寺石窟"建弘题记"发现60周年研讨会论文集

## 下

甘肃炳灵寺文物保护研究所 编

甘肃教育出版社

甘肃·兰州

**图书在版编目（CIP）数据**

炳灵寺石窟"建弘题记"发现60周年研讨会论文集：
上、下册／甘肃炳灵寺文物保护研究所编. -- 兰州：
甘肃教育出版社，2025.5. -- ISBN 978-7-5423-6055-7

Ⅰ. K879.26-53

中国国家版本馆CIP数据核字第2025CK3834号

**炳灵寺石窟"建弘题记"发现60周年研讨会论文集(上、下册)**
甘肃炳灵寺文物保护研究所　编

责任编辑　谢　璟
封面设计　石　璞

出　版　甘肃教育出版社
社　址　兰州市读者大道568号　730030
电　话　0931-8436489（编辑部）　0931-8773056（发行部）
传　真　0931-8435009

发　行　甘肃教育出版社　印　刷　甘肃日报报业集团有限责任公司印务分公司
开　本　787毫米×1092毫米　1/16　印张　42.75　插页　14　字数　706千
版　次　2025年5月第1版
印　次　2025年5月第1次印刷
书　号　ISBN 978-7-5423-6055-7　　定　价　120.00元

# 目　录

## 上　册

下　册

# 石窟寺研究展望

王惠民

（敦煌研究院）

## 一、石窟寺研究的现状

20 世纪 80 年代可作为石窟寺研究的一个里程碑,具体表现在:一是随着国家对文物保护事业的重视、交通和科研条件的改善,几乎所有石窟寺内部都建有档案,记录在册;二是在资料刊布与研究上,有了突飞猛进的发展。在资料刊布上,从中日合出的 17 卷《中国石窟》开始,40 年来,多数重要的石窟寺出版有图录。在学术研究上,发表的论文较多,学术会议也是从 20 世纪 80 年代才开始举办的,较大的石窟保护单位都举办过学术研讨会。

石窟寺保护与研究工作从 20 世纪 80 年代开始,出现欣欣向荣的景象。在学者们多年的努力下,石窟寺内容的调查与考证工作基本完成,现在从事石窟寺研究的学者要写篇原创性的论文,需要费尽心血,以致炒冷饭的学者、甚至一二十年没有一篇论文的学者越来越多。

## 二、石窟寺研究趋势

石窟寺研究的大趋势是:

### 1. 继续重视考古报告

目前云冈、龙门、敦煌、麦积山、大足等石窟以及一些中小石窟都有考古报告出版。

撰写、出版的考古报告目前初具规模,并且是将来很长一段时间的工作重点。目前考古报告的撰写体例还不统一,将来会形成相对统一的体例。

**2. 充分利用数字技术,促进学术研究向"广、博、深"方向发展**

先进的测绘技术、先进的数字技术大大丰富了石窟考古报告的内容。

数字技术最大的优点是可以方便获取图片,这是最初级的阶段,目前我们研究工作基本还处在这一阶段。

数字技术对学术研究具有重要价值。目前学者尚未充分利用数字技术开展学术研究,但将来趋势是充分利用数字技术促进学术研究向"广、博、深"方向发展。目前之所以学术研究未能充分利用数字技术,是因为科学技术水平尚未达到可供利用的阶段,但未来的发展方向肯定是朝着"运算"发展。这是学术研究,也是考古报告撰写过程中需要注意的问题。举例而言,我们现在研究北魏造像的时候,主要靠记忆和有限的照片,如果对云冈石窟、龙门石窟、麦积山石窟以及大量佛教造像碑中的全部北魏造像进行"运算",或可取得更多的新成果。但目前尚不具备"运算"条件。

## 三、人才培养的困境依然严峻

从事人文科学研究需要长时间的知识与经验积累,这是人文科学与自然科学最大的区别。各石窟寺的人才目前基本靠各单位自己培养,引进人才政策远远没有达到预期效果,体现在:

1. 各单位主流是从零基础(学历低、专业不对口)开始培养科研人员,往往视野不够广阔,论文水平较低。

2. 各单位重视引进人才,但引进的人才对新的岗位有一个熟悉过程,他们多数不熟悉本石窟的学术史和学术资料,很难马上成为单位的学术骨干(领军人才)。

3. 如何管理、培养人才,防止人才流失,各单位依然缺乏有效的经验与手段。科研人员往往为几节电池、几个U盘、一张办公桌等与具体负责管理的部门沟通不畅。

比较切实可行的石窟寺研究,可能还是要各单位加强内部培养,自己培养某一方面有专长的人才(传、帮、带),这比高大上的"人才引进战略"要现实得多。2023年9月17日在云冈石窟举办了"中国石窟文化联合研究生院成立大会暨首届研究生开学典礼",希望新成立的研究生院有所作为,培养新的科研人才。

# 美国弗利尔美术馆藏中国石窟文物述略

肖 波 许 迪

（武汉大学 国家文化发展研究院）

作为集古代建筑、雕塑、壁画等为一体的重要文化遗产形态,中国石窟寺历史悠久、分布广泛、规模宏大、体系完整,凝结着宗教、文化、艺术发展形成的灿烂成就。①关于石窟文物,有一个沉重又绕不开的话题,那就是流失海外的中国石窟文物。我国石窟文物在 20 世纪初的动荡年代中风雨飘零,为数不少的珍贵遗产流落到世界各地博物馆和私人收藏家中,弗利尔美术馆便是其中的一个重要收藏机构。该馆是美国史密森尼学会旗下一座以亚洲艺术收藏为主的国家级博物馆,其中国藏品尤为出色,特别是石窟文物、安阳出土文物、玉器等。

该馆由对东亚艺术情有独钟的美国企业家查尔斯·朗·弗利尔（Charles Lang Freer）捐资设立。1895 年、1907 年、1909 年至 1911 年,弗利尔四度赴东亚,与当地收藏家及研究人员互动交流,并收购了大量艺术品,包括中国石窟文物。1919 年,弗利尔辞世;1923 年,弗利尔美术馆向公众开放。在一个世纪的历程中,弗利尔美术馆多次举办石窟文物相关的主题展览,来自世界各地的文物齐聚一堂,我国石窟艺术因此在海外大放异彩。

## 一、缘起:弗利尔美术馆与中国石窟珍藏

### （一）美国收藏趣味的中国转向

19 世纪末 20 世纪上半叶,西方"东方探险热"队伍与大量中国古董商人

---

① 霍政欣、陈锐达:《文化主权视域下流失文物追索的法理思考——基于石窟寺流失文物的分析》,《学术月刊》2022 年第 1 期,第 112—116 页。

等中外人士合作牟利,掀起贩售和偷盗中国文物之风,诸多精品中国文物在此期间流入世界各地的博物馆。弗利尔美术馆成立时的 3000 多件中国文物也是在此期间由弗利尔购买后入藏。弗利尔中国馆藏文物的缘起与 19 世纪末20 世纪初美国东亚艺术收藏的发展有着重要联系,主要表现为在美国的中国艺术收藏领域有着浓厚的"日本趣味",费诺罗萨等人的东亚文化一体性研究中"日本艺术起源自 11、12 世纪的中国, 了解东亚艺术必须深入探究这一阶段的中国艺术"等艺术理论建构,直接促使中国艺术收藏与研究在美国的复兴。①弗利尔的珍藏展现了其注重艺术品质的甄选式收藏观,作为反物质主义价值精神的商人践行了前人的东亚艺术史观并影响了收藏的价值取向。弗利尔美术馆所藏从中国古玩商卢芹斋处购入的精品,构成了馆藏中国古代青铜器、玉器和佛教造像的核心。

**(二)弗利尔美术馆收藏石窟造像**

弗利尔美术馆与赛克勒博物馆合称为"美国国立亚洲艺术博物馆",博物馆藏佛教主题雕塑 739 件,可能来自中国的佛教主题雕塑 550 件。②这些佛教造像的质地有陶瓷、镀金青铜、象牙、漆器和木质等,其中石质雕像数量最多。③来自我国石窟寺的佛教造像堪称精美,作为中国海外石窟文物珍品具有重要的研究价值,并起到文化交流桥梁的作用。

弗利尔对东亚艺术的收藏偏好在费诺罗萨等人的影响下由日本转向中国。起初弗利尔对中国佛教造像研究一知半解,而当 1910 年他在中国旅行、游览和考察时,西方对于龙门石窟的研究已有一定成果。受到西方沙等学者《北中国考古图录》影响"指引",弗利尔在 1910 年 10 月 20 日至 11 月 15 日历时近一个月的河南考察中对龙门石窟进行了详细记录。④

---

①郑涛:《从范罢览到弗利尔——中国艺术收藏在美国的建立与转向》,博士学位论文,中国美术学院,2022 年第 24 页。

②数据源于美国国立亚洲艺术博物馆官网, 可参见:https://asia.si.edu/explore-art-culture/collections/search/? edan_fq[ ]=object_type:Sculpture&edan_fq[ ]=place:China&edan_q=buddhism,2024 年 2 月 15 日。

③简·斯图尔特、常青、魏文捷:《对弗利尔美术馆藏品中的中国佛教雕像的新认识》,《敦煌研究》2004 年第 6 期,第 51—55 页。

④王春悦:《弗利尔搜集中国文物过程研究》,硕士学位论文,兰州大学,2021 年。

表 1　1910 年弗利尔在龙门石窟的旅游、考察轨迹①

| 龙门石窟轨迹 | 次数和日期 |
|---|---|
| 奉先寺、潜溪寺、东山石窟、香山寺、老龙洞、莲花洞、慈香洞、万佛洞、极南洞等 | 各小于 4 次,10 月 29 日至 11 月 3 日 |
| 宾阳三洞 | 大于等于 4 次,10 月 31 日、11 月 1 日、11 月 4 日、11 月 6 日 |
| 古阳洞 | 大于等于 4 次,11 月 2 日、11 月 3 日、11 月 4 日、11 月 6 日 |

此次旅行弗利尔对佛教造像的文物收藏产生了更大兴趣,是其馆藏诸多佛教造像门类的开端,1910 年后弗利尔美术馆诸多中国佛教类造像集中购买入库。目前已确定弗利尔美术馆的石窟造像共 24 件,来源主要为河北响堂山石窟寺、河南龙门石窟寺、巩县石窟寺,其中河北响堂山石窟造像 13 件,龙门石窟造像 10 件,巩县石窟造像 1 件。弗利尔从前拥有者购入这些石窟造像的时间集中在 1911 年至 1919 年,正是弗利尔最后一次中国旅行考察后对中国石窟造像研究日益深入、兴趣愈加浓厚的体现。

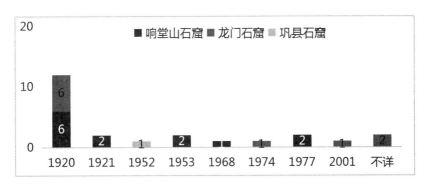

图 1　弗利尔美术馆中国石窟造像入藏时间②

① 王春悦:《弗利尔搜集中国文物过程研究》。

② 数据整理自弗利尔美术馆官网,河北响堂山、河南洛阳龙门、河南巩县石窟寺佛教造像来源已标注,未标注石窟来源的造像不计入统计。可参见,https://asia.si.edu/explore-art-culture/collections/search/edan_fq[]=object_type:Sculpture&edan_fq[]=place:China&edan_q=buddhism,2024 年 3 月 11 日。

## 二、概略:弗利尔美术馆所藏中国石窟文物

### (一)现展中国石窟文物

2017 年 10 月 14 日至今,弗利尔美术馆举办了主题为"Promise of Paradise: Ancient Chinese Buddhist Sculpture"的中国佛教雕塑展览,此部分即介绍笔者所参观的在展石窟文物。据官网统计,弗利尔美术馆目前在展中国佛教雕塑文物 29 件,其中石窟文物 14 件:河北响堂山石窟寺 11 件,龙门石窟 2 件,巩县石窟 1 件,展示我国北齐、北魏时期的石窟佛教文化。值得关注的是,该主题虽标明内容为中国 6—8 世纪的佛教雕塑,但有两尊日本镰仓时期佛教雕塑,这种弹性空间是东亚文化一体性展陈理念的体现。

1. 在展河南龙门石窟佛教造像

北魏龙门石窟开凿于公元 5 世纪末,是统治者汉化政策在佛教领域的重

要体现,影响了北魏龙门石窟造像审美意识的汉文化推崇。龙门石窟的汉化推崇不仅表现在服饰方面的由鲜卑式的洒脱奔放转变为含蓄的"宽衣薄带",还表现为面部塑造的"瘦骨清像""面浅而短",且佛教群的等级关系也更加的深化。①图 2 可见南朝士人所追求的"瘦俊"对于造像样式创新的影响,该佛首面部做微笑之态,表现出面部塑造的温和特点,体现汉化民族的包容性。

2. 在展河南巩县石窟佛教造像

从云冈石窟到龙门石窟、万佛山石窟、巩县石窟寺,其窟龛造像,时代相延、一脉相承。②作为北魏四大皇窟之一的巩县石窟寺在继承北魏前期造像的基

图 2　观世音菩萨佛首③

---

①马培杰:《犍陀罗样式的汉化终点——论北魏龙门石窟造像的审美变化》,《艺术研究》2022 年第 3 期,第 8—11 页。

②宫大中:《从皇家石窟群到民间造像龛——巩县石窟寺皇家、民间相继共存的奇特景观》,《中国书法》2019 年第 24 期,第 15—35 页。

③本文图片均来源英国弗利尔美术馆官网。http://www.freersackler.si.edu,2024 年 4 月 20 日。

础上,不断吸收和融合汉民族文化,风格与以往有所不同。巩县石窟的造像手法更显写实之风,相较于龙门石窟的"瘦骨"风格,其造型渐趋丰满。在衣饰的表现上,巩县石窟也呈现出由繁缛向简练的过渡趋势。如图4所示,菩萨立像展现出一种庄重而沉静的整体风格,其造像姿容安详,衣裾飘带自然下垂,褶纹以平行曲线为主,直达足底,折叠层次并不繁复,两侧飘带张开,既体现了巩县石窟造像的简洁雅致,又凸显了其沉静内敛的艺术特点。

图 3　龙门石窟维摩诘

3. 在展河北响堂山石窟佛教造像

一般认为响堂山石窟寺修建于国祚短暂的北齐,北齐时期上至帝室、下至庶民百姓皆崇佛事佛,反映出从魏晋第一个开凿造像高峰至唐代第二个高峰的过渡特征,且与前大不相同,造像风格骤然突变,形成"北齐样式"。北齐样式鲜明独特,关于响堂山石窟为代表的北齐石窟造像特征,多有学者涉及。如李文生认为:"响堂山石窟北齐式佛教造像的一般形象特征是硬直少曲线,两肩齐亭较宽,脖较粗,鼻短而翼宽,眉梢低垂,身体粗壮,下姿似乎显短。"[1]唐仲明比较了响

图 4　菩萨立像

堂山石窟与东魏—北齐其他地区的石窟特征,提出在造像样式上,响堂山石窟表现出非常大的变化:"一改北魏时期的秀骨清像,以健壮的身躯、饱满的胸部示人,而且其通肩式的袈裟,衣纹稠密,呈阶梯状,表现出厚重的质感。"[2]张英

---

① 李文生:《响堂山石窟造像的特征》,《中原文物》1984 年第 1 期,第 30—34 页。

② 唐仲明:《论"响堂样式"的特征及形成》,《敦煌研究》2015 年第 5 期,第 58—63 页。

群通过探讨北齐佛教造像题材的变化、装饰的时代特点指出北齐佛教造像从窟形与装饰、形象的塑造、雕刻手法上体现了北方少数民族的纯朴特征以及北齐独特的艺术与传统艺术，较之北魏融合得更加得体，为佛教艺术融合起到承上启下、继往开来的重要作用。①图5所示菩萨立像的"僧祇支"在敷搭双肩式袈裟内，菩萨头冠宝缯较

图 5　菩萨立像　　　　图 6　菩萨坐像

长垂到肩上，是响堂山石窟造像典型特征。图 6 菩萨披帛呈"X"形于腹前交叉并穿臂，反映了北魏中期以来传统样式的回归。②

弗利尔美术馆对藏品信息进行了详尽的归档整理，展出的响堂山作品主

图 7　佛首　　　　图 8　弟子阿难佛首图　　　图 9　菩萨佛首(大释尊)

---

①张英群:《试论北齐佛教造像艺术》,《中原文物》1987 年第 2 期,第 154—160 页。
②唐仲明:《论"响堂样式"的特征及形成》。

图 10 诸佛菩萨像

图 11 西方净土变浮雕

题较为详细,如"分裂时期(200—589)"的社会背景、"寺庙"的建筑特色、"北齐"的历史时期、"菩萨"的神祇形象、"莲花"的宗教寓意、"禅修"的修行实践等,还通过"佛教徒""中国"的文化背景标签揭示深厚文化根源和历史脉络。①

河北响堂山全窟共 26 身跪翼兽,弗利尔馆藏 5 身跪翼兽,图 12 展出的 4 身跪翼兽通高相似,可以确定为真迹。这 4 身跪翼兽是来自响堂山的"鬼兽",獠牙突出,瞋目,拥有双翅、肚子圆滚、爪扶膝,呈跪姿。其主要作用为承柱镇墓。图 12 中左二跪翼兽曾作为卢芹斋举办的"中国石雕展"的广告照片,刊登于 1939 年 12 月号《艺术杂志》封底。

图 12 跪翼兽

### 4. 在展主题中其他中国佛教雕塑

除河北响堂山、河南巩县、龙门石窟寺佛教雕像外,同主题在展的还有来

---

①注:展品信息可从官网通过标签筛选查询,可参见:https://asia.si.edu/explore-art-culture/collections/search/? edan_q=buddhism&edan_fq[ ]=object_type:Sculpture&edan_fq[ ]=place:China&edan_fq[ ]=place:Hebei%20province,2024 年 3 月 11 日.

自西安、河北曲阳等地具备珍贵历史价值的精美造像,材质以石质和铜制为主。其中有两尊由武则天下令修建的唐朝西安光宅寺七宝台的十一面观音像(图13、图14)。七宝台造像龛是 8 世纪初中国佛教艺术的代表作,已知存世的有 32 件佛教造像,其中 7 件十一面观音像俱在海外,美国有 3 件,除弗利尔美术馆的 2 件外,另外一件收藏于波士顿美术馆;日本有 21 件七宝台佛教造像,其中 2 件一面观音

图13 十一面观音残片　图14 十一面观音菩萨

造像龛收藏于东京国立博物馆,奈良国立博物馆和根津博物馆各收藏 1 件十一面观音造像龛。①

**(二)曾展或未展中国石窟文物**

由于展厅空间的限制和为保持雅致的展陈氛围,或因展品残缺等因素,部分石窟文物曾出现在历代弗利尔展览中或未曾展出过。弗利尔在其《赠品契约》(Deed of Gift)中强调"博物学院将用遗赠金额修建与装备该美术馆,致力于为学生与其他希望有机会对藏品进行深入研究的人提供方便"。②因此,对于库房内收藏的其他艺术品,任何对这些文物感兴趣的人均可通过预约程序进入库房进行参观、摄影,不仅展现了弗利尔对艺术的深厚热爱,同时也巩固了弗利尔美术馆在亚洲艺术研究领域的重要地位。该部分主要介绍弗利尔美术馆官网未展出或曾展出的龙门、响堂山石窟寺的石窟造像。

---

①注:数据来源于博物馆官网。可参见:波士顿美术馆,https://www.mfa.org. 东京国立博物馆,https://www.tnm.jp. 奈良国立博物馆,https://www.narahaku.go.jp. 根津美术馆,https://www.nezu-muse.or.jp,2024 年 3 月 11 日。

②常青:《弗利尔:热爱中国文化的美国工业家——谈华盛顿弗利尔美术馆的中国藏品》,《中国美术》2009 年第 1 期,第 147—155 页。

1. 河南龙门石窟造像

龙门石窟经北魏始凿,又陆续有东魏、西魏、北齐、隋唐、五代、北宋、明代的龙门石窟,但规模最大的是北魏、唐朝,且唐朝洞窟占比六成,数量最多。[1]弗利尔美术馆当前展览未展出的龙门石窟文物以唐代为主。唐代龙门石窟采用圆雕刀法,图15、图18与卢舍那大佛面容具有相似特点,面容圆润,目光慈祥,眉如弯月,耳垂造型整体丰满为美,肩膀圆润。与二者形成鲜明对比的是图16天王佛首,该造像面容怒目而嗔,颇似强悍骁勇的将领与武士,更突出前二者的慈悲悯怀。

图 15 佛首　　　图 16 天王佛首(曾展)　　图 17 (未展)　　图 18 (未展)
　　　　　　　　　　　　　　　　　　　　菩萨佛头　　　观音菩萨立像

龙门石窟菩萨佛教造像赋予了女性温柔秀美、雄浑大气的审美特征,菩萨并非垂直站立,而把头微微向佛祖的方向倾斜,胯部微转身,形成灵动的 S 形,如图18、图19所示。拈花微扬的左手与轻松下垂的右臂,左偏的丰盈的面庞与右斜的身躯,彰显唐朝特有的外向开拓的、兼收并蓄的审美文化理想。[2]同时,印度佛教的圣洁肃穆气息在唐代的佛教造像审美中被大大减弱,取而代之的是唐代现实精神的自信、欢乐的民族美学基调。

图20是7—8世纪可能来自龙门石窟的残片,可能是与图19菩萨立像相近或相同的造像残片遗存。

①任凤霞:《研究历史变迁对龙门石窟造像艺术的影响》,《收藏》2023 年第 5 期,第 88—90 页。
②杨建宏:《从龙门石窟造像艺术看唐代审美特征》,《时代文学》(双月上半月)2010 年第 2 期,第155—156 页。

图 20 （未展）残片：躯干和右前臂的一部分

图 19 （未展）可能是观世音菩萨

图 21 （未展）三乘佛像

图 22 （未展）众佛墙局部

龙门石窟浮雕内容丰富，可归纳为经变画、本生故事、佛转、礼佛图、二佛并坐、千佛、供养人像、装饰故事等。装饰类图案有飞天、狮子、菩提树、莲花、忍冬、千佛、火焰等图案。[①]

据此可推测，图 22 是可能来自龙门石窟的唐代装饰性浮雕局部，高36cm，长 33.6cm，高 10cm。

2.曾展—未展河北响堂山石窟佛教造像

据推测，跪翼兽(图 23)高 88.4 厘米，因其真伪存在争议未一并展出。这尊造像系北洞中心柱两壁转角处作品，相同位置 4 身跪翼兽中确有东北隅的一

①夏琳瑜：《龙门石窟佛教造像的考古学研究》，博士学位论文，郑州大学，2021 年。

身整体被盗,但这一位置跪翼
兽造像通高约为 139 厘米,体
量上绝难吻合,且刻工拙劣,
可以认定为赝品。①

**(三)中国石窟文物相关
展览**

观察当前的主题展览,弗
利尔美术馆的展览呈现出国
际化、地域性、历史性的特点。
国际化表现在展览中不仅展

图 23 (曾展)跪翼兽　　图 24 (未展)佛首石像

出了我国佛教雕塑,还涵盖了镰仓时期日本雕塑。在同一空间内,展览凸显了
地域性和历史性的双重特质,通过展示陕西、河北、河南以及其他地区的同期
和不同时期佛教雕塑,为我国佛教雕塑研究提供了横向和纵向的对比研究视
角,同时也提升了观众在观赏过程中的直观体验和认知广度。通过分析弗利尔
展览藏品的特点,能够为我国石窟研究国际视角提供思路。

表 2　当前展览佛教造像地区和朝代分布情况②

| 省份\朝代 | 北魏 | 北齐 | 北周 | 隋 | 唐 | 宋元 | 总和 |
|---|---|---|---|---|---|---|---|
| 陕西 | | | 1 | 2 | 3 | | 6 |
| 河北 | 1 | 12 | | | | | 13 |
| 河南 | 3 | 1 | | | 1 | | 5 |
| 中国其他地区 | 2 | 1 | | | 2 | | 5 |
| 日本 | | | | | | 2 | 2 |
| 总和 | 6 | 14 | 1 | 2 | 6 | 2 | 31 |

---

①孙迪:《流失海外响堂山石窟造像新识》,《敦煌研究》2006 年第 2 期,第 18—22 页。

②该表根据弗利尔美术馆当前展览整理, 可参见:https://asia.si.edu/whats–on/exhibitions/
promise–of–paradise/,2024 年 3 月 12 日.

　　根据馆藏中国石窟文物展出记录,弗利尔美术馆石窟文物展览在 20 世纪前期至 20 世纪中期举办 11 次,20 世纪中期至 20 世纪末举办 9 次,21 世纪以来举办 7 次。从展出记录可以看出藏品的来源"中国"是主要分类标准,其次是"雕塑""佛教",部分以材质"石质"为关键词,同时也根据弗利尔美术馆收藏具有意义的纪念日进行展出。21 世纪以来所举办的展览具有专题性质,例如"历史的回响:响堂山石窟寺""与佛陀相遇:横跨亚洲的艺术与实践"。体现出对中国石窟研究的深入以及东亚石窟艺术在历史、宗教、审美等方面的交融与交流。同时也见证了世界文化多样性在石窟艺术领域的体现,关注到不同时期、不同地域的艺术风格之间的互动与影响。

表 3　弗利尔美术馆中国石窟文物展出记录和主题①

| 展出记录 | 时间 | 展出主题 |
| --- | --- | --- |
| 中国早期陶器和雕塑,大都会艺术博物馆 | 1916.3.6—10.15 | 中国雕塑 |
| 查尔斯·朗·弗里尔收藏的中国古代绘画、雕塑和玉器 | 1917.11.15—12.8 | 中国雕塑 |
| 石雕,1923 年 17 号画廊 | 1923.5.2—1955.11.17 | 石质雕塑 |
| 无题展,亚洲雕塑,北走廊 | 1923.5.2—1955.10.28 | 亚洲,雕塑 |
| 石雕、佛像青铜、中国画 | 1923.5.2—1956.2.25 | 石质,佛教,中国 |
| 中国艺术展览 | 1929.1.12—4.2 | 中国 |
| "中国古代艺术"无题展 | 1943.3.22—1944.11.17 | 中国 |
| "中国佛教雕塑无题展" | 1944.6.2—3.13 | 中国佛教雕塑 |
| "中国绘画与雕塑无题展" | 1944.11.15—1956.2.25 | 中国雕塑 |

　　①该表根据弗利尔美术馆官网中国河南、河北佛教造像目录整理, 可参见:https://asia.si.edu/explore – art – culture/collections/search/? edan_q = buddhism&edan_fq[ ] = object_type:Sculpture&edan_fq[ ]=place:China&edan_fq[ ]=place:Henan%20province,2024 年 3 月 15 日。https : // asia. si. edu / explore – art – culture / collections / search /? edan_q = buddhism&edan_fq[ ] = object_type:Sculpture&edan_fq[ ]=place:China&edan_fq[ ]=place:Henan%20province,2024 年 3 月 17 日。

续表

| 展出记录 | 时间 | 展出主题 |
|---|---|---|
| 无题展览,大都会艺术博物馆 | 1945.8—1946 | 无题 |
| 无题展,中国艺术,西走廊 | 1947.1.8—2.10 | 中国 |
| 百年纪念展览,17 号画廊 | 1955.11.17—1963.1.1 | 百年纪念 |
| 中国佛教艺术无题展 | 1958.7.19—1960.4.26 | 中国佛教 |
| 中国艺术 | 1963.1.1—1981.3.6 | 中国 |
| 无题展览,北走廊 | 1969.11.20—1984.12.11 | 无题 |
| 十年发现:1970—1980 精选收购 | 1979.11.9—1980.3.22 | 十年发现 |
| 中国艺术——石刻 | 1979.9.1—1982.3.14 | 中国,石质雕塑 |
| 鉴赏学研究 1923-1983 | 1983.9.23—1984.3.1 | 1923—1983 |
| 佛教艺术 | 1993.5.9—2004.9.21 | 佛教 |
| 佛教艺术 | 1993.5.9—2011.8.9 | 佛教 |
| 中国佛教雕塑新象 | 2002.4.14—2003.9.8 | 中国佛教雕塑 |
| 弗利尔美术馆,南入口 | 2002.3.4—2016.1.3 | 无题 |
| 历史的回响:响堂山石窟寺 | 2011.2.26—2013.1.6 | 响堂山 |
| 早期佛教雕塑 | 2012.12.1—2016.1.3 | 佛教雕塑 |
| 《虔诚之身:三维神佛》 | 2016.1.30—2017.7.9 | 佛教 |
| 与佛陀相遇:横跨亚洲的艺术与实践 | 2017.10.14—2022.2.6 | 亚洲,佛教 |
| 天堂的承诺 | 2017.10.14 至今 | 佛教 |

## 三、展望:石窟研究的国际视角

### (一)石窟文物海外交流研究的可能性与意义

2009 年 9 月至 2013 年 1 月,"响堂山石窟造像特展"在美国芝加哥大学斯玛特博物馆、华盛顿赛克勒博物馆、达拉斯草原博物馆、圣地亚哥博物馆、纽约大学古代世界研究所巡回展,这是第一次流散世界各地的精美石刻重新聚集在一处进行展出，体现出当今西方学术界和社会公众对东亚艺术的兴趣日渐浓厚，也是东亚文化一体化研究的重要表现。除了实物展览以外，芝加哥大学东亚研究中心与北京大学的研究人员共同对响堂山石窟进行了数码摄影和三维扫描工作，这次合作是我国中外石窟研究上的一次重要突破。我国海外石窟溯源已有诸多机构和学者统计、研究，据中国文物学会统计，1840 年后超过1000 万件中国文物流失到海外[①]。联合国教科文组织统计在 47 个国家的 200多家博物馆中有中国文物 164 万件，而民间收藏中国文物是馆藏数量的 10 倍之多，即表明海外中国文物超过 1700 万件。[②]根据国家文物局组织开展的全国石窟寺专项调查结果，全国共有石窟寺 2155 处，摩崖造像 3831 处，共计 5986处。[③]我国如此庞大的石窟文物库量在一个多世纪西方所谓的"文化考察"旗号下被大量夺走和破坏，造成了当今海内外中国石窟"身首异处"的局面。

当今世界，保护和利用文化遗产是全人类共同的价值理念，众多流失海外的石窟残存瑰宝需要创新石窟保护的国际研究视角，以交流与合作研究促进文化遗产的保护和传播。首先，海外的石窟文物为中西方研究人员的合作研究提供了实物媒介，成为连接中西方文化的纽带，通过联合展览和研究等形式，中外学者共同为世界文化遗产的保护与传承作出贡献。我国文化权威机构和重要的西方博物馆紧密的交流还有助于政府处理鱼龙混杂的文物交易所导致的考古遗址的盗掘。[④]此外，海外收藏机构不仅有大量的中国石窟文物，还有诸多亚洲其他地区的石窟造像，通过研究海外不同国家的佛教造像有助于揭示石窟艺术的本质特征、佛教艺术传播的路径和地域文化差异。例如，佛教在中国的发展经历了汉传、藏传、南传等不同阶段，形成了各具特色的佛教文化。对比分析国内外石窟艺术的异同，探讨其历史背景和文化内涵，可进一步推进东亚一体化研究，例如中国的敦煌、云冈、龙门等石窟，印度的艾拉奥拉、阿旃陀

---

①崔莹：《千万中国文物如何流失海外》，《深圳将区报》，2015-04-16（B05）。

②孟健、余嘉敏、杨肇原等：《如何让海外流失文物"堂堂正正回家"？》，《南方日报》，2023-09-15（A11）。

③赵晓霞：《守护石窟寺》，《人民日报海外版》，2023-09-04（011）．

④沈辰、何鉴菲：《海外博物馆收藏中国文物的主旨演变及时代挑战》，《中国博物馆》2015 年第 4 期，第 52—61 页。

等石窟,以及日本的法隆寺、东大寺等佛教建筑,在题材、技法、风格等方面存在一定的相似性,是佛教文化与传入地文化交融的体现。在全球化的背景下,对佛教艺术的研究不仅有助于加深各国之间的文化交流和理解,还可以促进东亚地区文化共识的达成,高质量共建"一带一路",为构建人类命运共同体贡献力量。《中国石窟寺考古中长期计划(2021~2035 年)》总体目标是"搭建中国石窟寺考古的总体框架和谱系传承,促进以中华文化传承和中外文明交流互鉴为核心的中国石窟寺考古研究等","2035 年之前石窟国际学术交流、考古合作、比较研究更加频繁"。①石窟寺考古成为"一带一路"人文交流、传承弘扬中华优秀传统文化、铸牢中华民族共同体意识、传播中国声音的重要领域。

**(二)海内外石窟交流研究的建议**

增强中西方石窟文化交流与研究,需推进现代科技应用以还原石窟原貌,促进国内外机构的联合展出,建立海外中国石窟的数据库,加强石窟造像的比较研究,综合利用海内外石窟文物推进文化的创造性转化与创新性发展。

*1. 海内外石窟文物的数字复位,让残缺文物"合璧"*

随着科技的发展,数字技术在文化遗产保护领域中的应用日益广泛。通过数字复位技术,将分散的海内外石窟文物虚拟整合,让原本残缺的文物"重现完整"。基于图像的三维重建技术相较于传统的三维建模方式,与如利用建模软件(3DMax,AutoCAD 等软件)以及使用三维扫描仪获取立体模型的方法相比,成本低、速度快、自动化程度高,得到了广泛的应用。②在我国文博学界,此技术有了很多成功的应用。③除此之外,三维激光扫描仪以及多图像三维建模技术和 GIS 地理信息系统、全站仪、无人机航测、RTK 等现代技术也得到广泛应用,例如"数字敦煌""圆明园数字复原"等。石窟数字复原技术重塑了石窟原貌,促使人文学科的研究重心从石窟造像风格转向其与原址石窟及周边环境的关联。而利用数字技术加强国际研究机构的合作,为海外石窟文物探源,一

①《"十四五"石窟寺保护利用专项规划》,《中国文物报》,2021-12-10(003).

②唐仲明:《基于三维技术的海外收藏"响堂"造像研究——以南响堂石窟第 2 窟为例》,《故宫博物院院刊》2018 年第 4 期,第 22—29 页。

③周振宇:《多视角三维重建技术在旧石器时代遗址田野考古中的应用》,《考古》2016 年第 7 期,第 102—110 页。

是利用在海外"移动"了的碎片和在国内被破坏的遗址进行数字化"撮合",二是对碎片进行数字化完整性"塑身",不仅有助于充分利用双方的文物资源,还有助于充分发挥各方的科技优势,最大限度地提升考古的精确程度。特别是通过国际合作,实现我国石窟造像的复原数字展,对我国石窟寺、博物馆等机构来说是实现数字文旅和文化创意产业发展的重要举措。在国际研究机构的研究中,我国石窟保护学科体系也不断完善,推动了文化遗产的数字重构和阐释,是深化全球文化交流与发展的有力举措。

2. 石窟文物国际联合办展,促进文化阐释的多样性

博物馆间通过相互借展和组织临时展览,成为展示异域文化的重要方式,特别是在 20 世纪 60 年代独立策展人出现后,跨国和跨地区的借展活动逐渐增多,成为国际博物馆界交流的主要内容。[①] 石窟文物是亚洲文明的重要载体,石窟造像的艺术特征以及所含佛教文化的传播路径与演进有力地阐释了中华文化在世界文化多样性发展中的重要作用。通过著名策展人与国内外权威博物馆之间的"桥梁"作用,利用国家"一带一路"倡议纽带凝练石窟丝路文化的主题,对文化交流蕴含的复杂内涵进行"切片"式处理,进行石窟造像的深度解读与展示,挖掘石窟文明交流中深刻的文化内涵和历史价值。通过现代科技满足观众的感官体验,注重不同地域石窟文化元素和风格,体现展览对文化多样性的包容和多元化的文化表达。以展览为依托策划教育活动、讲座、研讨会等,延伸联合办展项目的价值,扩大国际合作规模和深度。联合办展还可以通过多方渠道对展览进行宣传推广,提升展览的知名度和影响力的同时,向世界传达出中国声音和中国故事。在石窟交流的后续合作中,各国博物馆可以建立长期合作关系,提升我国博物馆在国际博物馆界的声誉,增强我国运输保险、协议签署、展览策划等方面的国际水平,共同推动文化旅游事业的发展。

3. 海外中国石窟文物普查,建立相关数据库

2023 年我国启动了第四次全国文物普查工作,通过摸清我国不可移动文

---

① 陈淑杰:《多国联合办展的尝试与思考——以"殊方共享"展为例》,《中国国家博物馆刊》2019 年第 12 期,第 145—154 页。

物分布的数量、特征、保存现状、周围环境等情况,为系统廓清我国文物资源家底、准确判断文物保护形势、科学制定文物保护政策提供依据。①石窟寺与摩崖造像的普查与流失在海外的石窟文物研究关系是紧密的,摸清不可移动文物的状况,需要开展海外石窟文物普查工作。鉴于我国海外石窟文物繁多,普查工作涉及多方利益主体,实施过程中面临诸多困难,因此亟须加强国际合作与交流。对于已登记在册的国外博物馆馆藏石窟文物,可借助我国海外国家文物普查专项计划,设立专项资金,组建专业团队,并与海外知名高校或博物馆开展学术合作,如英、法、美、日等国的美国大都会博物馆、大英博物馆、吉美博物馆、东京国立博物馆馆藏我国文物众多,推动我国故宫博物院、敦煌研究院、国家博物馆等博物馆、科研机构,以及北京大学、南京大学、武汉大学、西北大学等高校与前者的学术合作,采用现代数字技术对我国石窟造像进行详尽普查,构建数据库以实现石窟文化的共建共享,进而完善我国石窟寺考古谱系。党的十八大以来,我国在文物回归方面取得了显著的成果,共有 32 批次、1800 余件(套)流失文物回归祖国②,在此背景下,全面调查海外石窟文物状况的重要性愈发凸显,全面调查海外石窟文物状况,通过加强与国际组织的合作,充分利用国际公约和法律法规,有助于掌握我国流失文物现状,为未来追索与保护工作提供依据。

4. 中外石窟文物比较研究,深化文明交流互鉴

石窟文化是亚洲各国文明的交汇点,通过比较研究深化文明交流互鉴,凝聚亚洲文化共识。我国莫高窟已举办"从巴米扬到敦煌""从阿旃陀到敦煌""从波斯波利斯到敦煌"系列"丝绸之路文化艺术研究班",国内外一流丝绸之路研究学者和敦煌学家授课交流前沿研究成果,但中外石窟比较研究的范围和深度还需在未来国际交流合作中不断扩大,尽可能增加石窟遗产保护、佛教造像艺术等方面的广度和深度,形成较为清晰的石窟寺发展序列。全面探讨我国与印度、巴基斯坦等国家,以及中亚、东亚、东南亚的区域合作可能性,探索石窟寺文化的源流与演变,深入剖析石窟寺中国化进程,例如中印石窟寺、犍陀罗

---

①《国家文物局关于开展第四次全国文物普查工作的通知》,《中国文物报》,2023-08-11(001)。
②黄培昭、陈茜、徐刘刘等:《流失文物"回家"之路该如何打通》,《环球时报》,2023-09-27(007)。

与中国早期汉传及晚期藏传寺院、犍陀罗与秣菟罗造像艺术的比较研究,厘清我国佛教造像发展演变的源流与谱系。借助石窟文明交流互鉴,增进东亚地区文化体系的共识,推动国际话语体系的"去西方中心化",强化本地区文化体系对抗西方文化冲击和文化霸权主义的能力,构建东亚文化合作与交流机制,特别是西方博物馆"去殖民化"思考的进程中,重构原有文化权力的建制与体系贡献东亚文化价值精神,加深人类命运共同体意识,展示中国在文明交融与发展中卓越的贡献,展现中国美好共享、开放包容的大国风范。

5. 海内外石窟文物综合利用,更好弘扬石窟文化

在抢救保护石窟寺文物本体、改善生存环境的同时,利用国内国际石窟文化资源,加快石窟研究成果转化,传承弘扬中华优秀传统文化和世界珍贵石窟文化遗产。开展常态化国际学术活动,推进设立国际石窟研究永久会址。利用海内外石窟研究成果,打造石窟寺遗址精品旅游线路和旅游文创产品,通过虚拟现实技术,将"数字+"和国内石窟旅游深度结合,为游客展示石窟的开凿过程、壁画绘制、国外流失石窟文物复位等细节,开展石窟寺国际旅游与周边的风景名胜、历史文化名城、民俗旅游相结合,形成集群效应,提升石窟文化旅游的整体竞争力。开展海外石窟特色的大国外交,积极凝聚多方力量,共同保护人类文明的瑰宝。培养具有国际视野和专业素养的石窟文物保护人才,通过选派优秀学生赴海外学习、与国际知名院校开展合作等途径,提升我国石窟文物保护人员在国际化进程中的专业素养,为我国石窟遗产保护事业注入新的活力。

## 四、小结

史密森尼学会亚洲国立博物馆的弗利尔美术馆,仅仅是收藏我国及其他国家文物的庞大博物馆体系中的一个,全球知名博物馆普遍拥有大量来自各国的文化珍品。追索文物体现了主权国家对本国文化完整性的热切向往与积极维护。习近平总书记高度重视文物保护,十八大以来,我国流失文物追索返还工作的"中国实践"取得了崭新的进展,在取得海外文物回流现有成果过程中,中国积极参与开展国际文物合作,推进文明交流互鉴。"十三五"期间,美国、英国、意大利、日本、埃及等国共计返还 1300 余件(套)中国流失文物;2021年,"完善流失文物追索返还制度"写入国家"十四五"规划纲要;2022 年,国家

文物局设立流失文物追索返还办公室,流失文物追索返还工作制度化、体系化程度不断提高。①实现海外流失文物回流的主要途径包括回购、捐赠、借助国际条约及跨国文物追索诉讼等。然而,回购与捐赠方式在提升文物回流数量及效率方面存在局限,而运用国际条约及文物追索诉讼等法律途径则在实践中遭遇法律障碍。②依法追索文物的国际文物治理体系面临西方"后殖民主义"文化价值体系的影响,文物持有者与原属国双方利益博弈运动,所谓"公约"的模糊语境和解释力度与现存各国法律相冲突,为我国追索文物带来极大挑战。③且石窟寺文物流失背景具备特殊性,外国考古队于近代进入我国西北地区,也并非与战争直接相关,相反,大多数是在获得中国政府签发的"护照"后进入的。④因此在石窟流失的复杂历史背景下,无法适用国家公约追索文物,且文物盗凿走私团伙的责任主体众多,所有权"转让"的合法性难以界定,在非法流失文物追索中面对所有权保护规则等法律冲突时,处于不利的一方。因此这些流散海外的文物通过谈判、购买等方式回归原籍国的道路颇为艰难。当前,文物回流的主要方式仍然依赖经济手段购回,这既要求具备充足的财力,也需要强大的国力,以实现文化对话中的平等地位。鉴于各国国家财政状况或观念认知等主客观方面的因素,流失文物目前尚不可能悉数归至原籍。加强国际交流与合作,是做好追索文物回流的前置工作,也是促进各国文化遗产在"异域"传递本国文化内涵的关键桥梁与纽带。只有在国际社会增进石窟文化遗产共识,增强各国交流互鉴,才能更好地保护和尽可能地争取文化瑰宝的回归,推动中华优秀石窟文化传承发展。

---

①国家文物局有关负责人就推动对外文物交流合作,深化中外文明交流互鉴接受记者专访[EB/OL].(2023-03-12)[2024-04-03].http://www.shaanxi.gov.cn/hdjl/zxft/202303/t20230314_2278400.html.

②吴劭姮:《海外流失文物回流法律障碍及解决路径探析》,《中国文化遗产》2023 年第 3 期,第 104—112 页。

③注:联合国教科文组织针对战时、和平时期文化遗产的保护,1954 年通过了《武装冲突情况下保护文化财产的公约》(即"1954 年公约"),1970 年国际社会在联合国教科文组织的倡导下通过了《关于禁止和防止非法进出口文化财产和非法转让其所有权的方法的公约》(即"1970 年公约"),国际统一私法协会在"1970 年公约"的基础上于 1995 年在罗马外交大会上通过了《国际统一私法协会关于盗窃或非法出口文物的公约》(即"1995 年公约")。

④霍政欣、陈锐达:《文化主权视域下流失文物追索的法理思考——基于石窟寺流失文物的分析》.

## 表 4 馆藏中国石窟文物基础信息①

| 序号 | 入藏号 | 名称 | 时期 | 地理 | 尺寸 |
|---|---|---|---|---|---|
| 1 | F1913.71 | 观世音菩萨佛首<br>Bodhisattva Avalokiteshvara<br>（Guanyin），Head | 北魏 | 龙门石窟 | 47.6×19.3×23.3cm |
| 2 | F2001.7 | 龙门石窟维摩诘<br>Figure of Wei Mo Chi from the<br>Longmen Grottoes | 北魏 | 龙门石窟 | 170.5×141.4×16.4cm |
| 3 | F1952.15 | 菩萨立像<br>Standing figure of a bodhisattva | 北魏 | 巩县石窟<br>1 号窟 | 104.1×47.4×27.2cm |
| 4 | F1968.45 | 菩萨立像<br>Standing Bodhisattva | 北齐 | 南响堂山<br>2 号窟 | 172.5×51.8×42.9cm |
| 5 | F1913.57 | 菩萨坐像 Seated Bodhisattva | 北齐 | 北响堂山<br>北洞 | 118×75.7×74.3cm |
| 6 | F1913.67 | 佛首 Head of a Buddha | 北齐 | 北响堂山<br>南洞 | 63.4×41.4×27.4cm |
| 7 | F1913.134 | 弟子阿难佛首<br>Head of the disciple Ananda | 北齐 | 北响堂山<br>南洞 | 32.1×23.2×18.8cm |
| 8 | F1916.346a–b | 大释尊菩萨佛首（大释尊）<br>Head of the Bodhisattva<br>Mahasthamaprapta（Dashizhi） | 北齐 | 南响堂山<br>4–6 号窟 | 36×24.5×24cm |
| 9 | F1921.1 | 诸佛菩萨像<br>Gathering of Buddhas and<br>Bodhisattvas | 北齐 | 南响堂山<br>2 号窟 | 120×34cm |
| 10 | F1921.2 | 西方极乐净土<br>Western Paradise of the Buddha<br>Amitabha | 北齐 | 南响堂山<br>2 号窟 | 159.3×334.5cm |
| 11 | F1953.87 | 跪翼兽 Kneeling winged monster | 北齐 | 北响堂山<br>北洞 | 84.4×53.4×28cm |
| 12 | F1977.8 | | | | 79×57.5×31.6cm |
| 13 | F1977.9 | | | | 79×53.4×30.5cm |
| 14 | F1953.86 | | | | 80.5×55.7×30.5cm |

①该表根据弗利尔美术馆官网中国河南、河北佛教造像目录整理，可参见：https://asia.si.edu/ explore–art–culture/collections/search/?edan_q=buddhism&edan_fq [ ] =object_type:Sculpture&edan_fq [ ] =place:China&edan_fq [ ] =place:Henan% 20province，2024 年 3 月 18 日。https://asia.si.edu /explore–art–culture/collections/search/?edan_q=buddhism&edan_fq [ ]=object_type： Sculpture&edan_fq[ ]=place:China&edan_fq[ ]=place:Henan%20province，2024 年 3 月 26 日。

续表

| 序号 | 入藏号 | 名称 | 时期 | 地理 | 尺寸 |
|---|---|---|---|---|---|
| 15 | F1914.55 | 十一面观音残片<br>Fragment of Guanyin of Eleven Heads | 唐 | 光宅寺 | 77.8×31.5×18.8cm |
| 16 | F1909.98 | 十一面观音菩萨<br>Bodhisattva Avalokiteshvara（Guanyin）with 11 heads | 唐 | 光宅寺 | 108.8×31.7×15.3cm |
| 17 | FSC-S-30<br>（未展） | 佛首<br>Head of a Buddha | 7—8世纪 | 龙门石窟 | 11.8×7×5.8cm |
| 18 | F1914.20<br>（曾展） | 天王佛首<br>Head of a Buddhist guardian（deva-king） | 7—8世纪 | 龙门石窟 | 38.8×19.8×14.8cm |
| 19 | fsg_FSC-S-31<br>（未展） | 菩萨佛头<br>Head of a Bodhisattva | 7—8世纪 | 可能龙门石窟 | 10.5×5.8×3.3cm |
| 20 | F1916.364<br>（未展） | 观音菩萨立像<br>Bodhisattva Avalokiteshvara（Guanyin） | 唐 | 龙门石窟 | 210.4×51.4×45cm |
| 21 | fsg_F1974.4a-b（未展） | 可能观世音菩萨<br>Probably Bodhisattva Avalokiteshvara（Guanyin） | 唐 | 可能龙门石窟 | 49.3×35.5×9cm |
| 22 | F1911.548<br>（未展） | 残片：躯干和右前臂的一部分 | 7—8世纪 | 可能龙门石窟 | 19.5×17.2×8.3cm |
| 23 | F1912.97<br>（未展） | 三乘佛像 Buddhist stele | 唐 | 龙门石窟 | 59.1×52.5×17cm |
| 24 | F1911.421<br>（未展） | 众佛墙局部<br>Wall fragment with multiple Buddhas from the Longmen Grottoes | 唐 | 龙门石窟 | 36×33.6×10cm |
| 25 | fsg_F1916.345<br>（曾展） | 跪翼兽<br>Kneeling winged monster | 北齐 | 北响堂山中洞 | 88.4×47.3×28.5cm |
| 26 | F1913.135<br>（未展） | 佛首石像<br>Head of a Buddha | 北齐 | 南响堂山，4-6号窟 | 42.7×25.3×32.2cm |

# "法华经"的译本与流传①

秦丙坤

（西北师范大学　历史文化学院）

《法华经》是大乘佛教的重要经典,僧叡称:"《法华经》者,诸佛之秘藏,众经之实体也。"②"妙法"是指佛法微妙无穷,关于"妙法"的解释,各家宗派表述繁富而丰杂,尤其以法华宗代表人物智顗的解释最为详赡,据《法华文句》所说就有"心法妙""佛法妙""众生法妙"三妙,从"迹门"来看有"境妙""智妙""行妙""位妙""三法妙""感应妙""神通妙""说法妙""眷属妙""功德利益妙"等十妙;从"本门"来看又有"本因妙""本果妙""本国土妙""本感应妙""本神通妙""本说法妙""本眷属妙""本涅槃妙""本寿命妙""本利益妙"等十妙。③"莲华"比喻本经的高华圆美,洁净雅致,僧叡说:"以华为名者,照其本也,称芬陀利者,美其盛也,……夫百卉药木之英,物实之本也。八万四千法藏者,道果之原也,故以喻焉。诸华之中,莲华最胜,华尚未敷,名屈摩罗,敷而将落,名迦摩罗,处中盛时,名芬陀利。未敷喻二道,将落譬泥洹,荣耀独足以喻斯典。"④《法华经》以莲花之妙洁譬喻经典之妙法,获得"诸经中王"的称誉。

---

①项目:2015 年度教育部人文社科规划基金项目"敦煌讲唱文学与佛典的世俗化"(15XJA730001)阶段性成果。

②僧叡:《法华经后序》,僧祐:《出三藏记集》卷 8,北京:中华书局,1995 年,第 306 页。

③智顗:《妙法莲华经文句》卷 2 上、卷 7 上,《大正藏》卷 33,台北佛陀教育基金会出版部 1990 年影印本,第 692—698 页、761—768 页。

④僧叡:《法华经后序》,僧祐:《出三藏记集》卷 8,北京:中华书局,1995 年,第 306 页。

## 一、八个译本的考察

学术界关于《法华经》传译的研究,有梁启超、季羡林、杨富学、方广锠等中国学者及岩本裕、辛岛静志、菅野博史等日本学者的探讨与考证。其中梁启超的《佛典之翻译》中对《法华经》前后不同版本的翻译情况作了介绍,提到了支谦译《佛以三车唤经》、支强梁接译《法华三昧经》、鸠摩罗什译《妙法莲华经》、崛多与笈多合译的《添品妙法莲华经》。①菅野博史的《日本对中国法华经疏的研究》,介绍了日本学者对中国《法华经》疏,尤其是对智顗的《法华文句》和《法华玄义》、竺道生《妙法莲华经疏》等的研究。②季羡林、杨富学、岩本裕等则多侧重对梵文本及各种域外文本的考察。季羡林《论梵本"妙法莲华经"》主要通过对梵文本《法华经》不同抄本之间的俗语、读音、方言、文法特征等的考察,认为《法华经》是从印度东部传到西北部,再传到中亚以及中国和日本。③岩本裕的《梵语〈法华经〉及其研究》把《法华经》梵文原典流传的版本分为尼泊尔本、吉尔吉特本、中亚本 3 种,认为《法华经》的汉译本中包括全译和抄译有 16 次之多,对《正法华经》、《妙法莲华经》、《添品妙法莲华经》的异同做了初步探讨,并对梵文本《法华经》在印度的形成经过做了考证。④杨富学的《〈法华经〉胡汉诸本的传译》对印度《法华经》的形成进行了概述,并结合域外馆藏版本状况,侧重对喀什梵文本写卷、于阗语译本、回鹘文写本、西夏文译本等进行了研究。⑤倒是方广锠的《敦煌遗书中的〈妙法莲华经〉及有关文献》比较多地对各种汉译本进行了研究,虽然重点在于考察敦煌写本《法华经》的文献状况,但也较集中地论述了传统经藏中汉译本翻译情况及译本来源,对比分析竺法护本、鸠摩罗什本、隋译本之间内容次序、异文、省漏情况及其原因。⑥

---

①梁启超:《佛典之翻译》,《佛学研究十八篇》,上海古籍出版社,2001 年,第 257—258 页。

②菅野博史:《日本对中国法华经疏的研究》,《世界宗教研究》2000 年第 2 期,第 137—141 页。

③季羡林:《论梵本"妙法莲华经"》,《中印文化关系史论丛》,北京:人民出版社,1957 年,第 24—30 页。

④[日]岩本裕著,刘永增译:《梵语〈法华经〉及其研究》,《敦煌研究》1994 年第 4 期,第 117—124 页。

⑤杨富学:《〈法华经〉胡汉诸本的传译》,《敦煌吐鲁番研究》第 3 卷,北京:北京大学出版社,1998 年,第 23—43 页。

⑥方广锠:《敦煌遗书中的〈妙法莲华经〉及有关文献》,《敦煌学佛教学论丛》(下册),香港:中国佛教文化出版有限公司:1998 年,第 65—103 页。

这里侧重对传统佛教经藏中的汉文本《法华经》不同版本形态进行考察。岩本裕所说的 16 次翻译包括了情况纷繁复杂的全译和抄译,为了头绪清楚,这里主要对季羡林先生所列的比较重要的八次翻译进行较为细致的考察和比较。

季羡林先生在《论梵本"妙法莲华经"》一文中据日本学者南条文雄的说法列出这部经的前后八个译本,即:"第一译(缺),'佛以三车唤经'一卷,吴月支优婆塞支谦译;第二译(缺),'法华三昧经'六卷,吴外国三藏支强良接译;第三译(缺),'萨芸芬陀利经'六卷,西晋三藏竺法护译;第四译(存),'正法华经'十卷,西晋月支国三藏竺法护译;第五译(存),'萨昙分陀利经'一卷,失译人名今附西晋;第六译(缺),'方等法华经'五卷,东晋沙门支道根译;第七译(存),'妙法莲华经'八卷二十八品,或七卷,姚秦龟兹国三藏法师鸠摩罗什奉诏译;第八译(存),'添品妙法莲华经'七卷二十七品,或八卷,隋天竺三藏阇那崛多共笈多译。"并指出,另外还有许多节录的译本,这是较为重要的八次翻译。①

这八次翻译之中就有第一译、第二译、第三译、第六译四次翻译都已经佚失。

《佛以三车唤经》一卷,支谦译,已佚失。考察经目著录,隋代费长房《历代三宝纪》载,"《佛以三车唤经》一卷,出《法华经》",②智升《开元释教录》卷 14 指出,此经"出《法华经》中异译,应是《譬喻品》",③道宣的《大唐内典录》卷 2、静迈的《古今译经图纪》卷 1、圆照的《贞元新定释教目录》卷 3 都有著录。以上情况可以表明,《佛以三车唤经》是《法华经·譬喻品》内容的译本。但考梁代僧祐《出三藏记集》,未著录《佛以三车唤经》,在卷 4 著录多部譬喻经典,亦非智升所说之《譬喻品》。④

《法华三昧经》六卷,支强良接译,已佚失。佛典著录的《法华三昧经》有两种,其一为一卷本《佛说法华三昧经》,南朝宋智严译,被认为是"法华支流"、"法华支派",梁代僧祐《出三藏记集》说是"新集所得,今并有其本,悉在经藏",⑤其内容并不与《法华经》内容相对应。其二为六卷本《法华三昧经》,三国

---

①季羡林:《论梵本"妙法莲华经"》,《中印文化关系史论丛》,人民出版社,1957 年,第 24—25 页。

②费长房:《历代三宝记》卷 5,《大正藏》卷 49,台北佛陀教育基金会出版部 1990 年影印本,第 58 页。

③智升:《开元释教录》卷 14,《大正藏》卷 55,台北佛陀教育基金会出版部 1990 年影印本,第 629 页。

④僧祐:《出三藏记集》卷 4,北京:中华书局,1995 年,第 174—175 页。

⑤僧祐:《出三藏记集》卷 4,北京:中华书局,1995 年,第 180 页。

时支强良接译,季羡林先生所指的"第二译"即为此译本。《历代三宝纪》《大唐内典录》《古今译经图纪》《大周刊定众经目录》《开元释教录》《贞元新定释教目录》等都有著录。①由于佛经已经佚失,现在无法确定其内容是《法华经》的哪些部分。不过,僧祐著录有"《正法华三昧经》六卷",说"目录缺经,未见经文",②并自注"疑即是《正法华经》之别名",③然而,这种"以疑出注"的方式是无法给出确论的,梁启超就以《佛以三车唤经》(第一译)和《法华三昧经》(第二译)"皆不见于《祐录》,疑皆赝品"。④但是,以上情况又颇有疑问,值得探索:《正法华经》乃晋太康七年由竺法护等人译出,而六卷本《法华三昧经》乃三国时支强良接译本,僧祐又言"《正法华三昧经》六卷,疑即是《正法华经》之别名",如果《正法华三昧经》与《法华三昧经》为同译,即当为三国时所译,此时《正法华经》尚未译出,此经名称怎么会出现"正法华"字样? 僧祐又怎能称为"《正法华经》之别名"? 费长房说"一本有'正'字,祐云失译",正是指僧祐著录的《正法华三昧经》,又说"房检及见竺道祖《魏世录》及《始兴录》"之著录,而据《魏录》收。⑤可见,虽同为六卷本,《法华三昧经》与《正法华三昧经》应该不是同一译本。

《萨芸芬陀利经》六卷,竺法护译,已佚失。僧祐《出三藏记集》载"旧录有《萨芸分陀利经》,云是异出法华,未详谁出,今阙此经"。⑥在《历代三宝纪》《大周刊定众经目录》《开元释教录》《贞元新定释教目录》等佛经目录文献中都有著录,译主都归于竺法护。⑦智升《开元释教录》的记载最具代表性,"《萨芸芬陀利经》六卷",并自注"太始元年译,见竺道祖《晋世杂录》第二,《出隋录》云萨

①分别见费长房《历代三宝纪》卷五、道宣《大唐内典录》卷二、静迈《古今译经图纪》卷一、明佺《大周刊定众经目录》卷二、智升《开元释教录》卷二、圆照《贞元新定释教目录》卷三,《大正藏》卷 49、卷 55,台北佛陀教育基金会出版部 1990 年影印本,第 56、227、352、385、491、788 页。

②僧祐:《出三藏记集》卷 4,北京:中华书局,1995 年,第 180 页。

③僧祐:《出三藏记集》卷 4,北京:中华书局,1995 年,第 181 页。

④梁启超:《佛典之翻译》,《佛学研究十八篇》,上海古籍出版社 2001 年版,第 257 页。

⑤费长房:《历代三宝纪》卷 5,《大正藏》卷 49,第 56 页。

⑥僧祐:《出三藏记集》卷 2,北京:中华书局,1995 年,第 67 页。

⑦分别见费长房《历代三宝纪》卷 6、明佺《大周刊定众经目录》卷 2、卷 13、智升《开元释教录》卷 2、圆照《贞元新定释教目录》卷 3,《大正藏》卷 49、卷 55,台北佛陀教育基金会出版部 1990 年影印本,第 62、385、443、495、792 页。

昙芸者恐误,祐录中无"。①

《方等法华经》五卷,支道根译,已佚失。据佛经目录文献所载,五卷本《方等法华经》的最早著录是竺道祖的《晋世杂录》,《历代三宝纪》就著录说"《方等法华经》五卷,咸康元年译","成帝世,沙门支道根出,并见竺道祖《晋世杂录》"。②竺道祖生活在东晋时期,卒于元熙元年,深得慧远器重,《高僧传》载"道流撰诸经目未就,祖为成之"。③《大唐内典录》、《古今译经图纪》、《大周刊定众经目录》、《开元释教录》、《贞元新定释教目录》等都有著录。④关于本经内容,武周时明佺《大周刊定众经目录》卷二载,据"萧梁代《宝唱录》云,……《妙法莲华》、《三昧芬陀利》、《方等法华》同本别译",⑤同是《法华经》中的内容。

现存的四部是第四译《正法华经》、第五译《萨昙分陀利经》、第七译《妙法莲华经》和第八译《添品妙法莲华经》。

《正法华经》十卷,竺法护译,现存。是现今所存最早的完整译本,《出三藏记集》载:"《正法华经》十卷二十七品,旧录云《正法华经》或云《方等正法华经》,太康七年八月十日出。"⑥所收录的《正法华经记》中说,"敦煌月支菩萨沙门法护,手执胡经,口宣出《正法华经》二十七品,授优婆塞聂承远、张仕明、张仲政共笔受","九月二日讫,天竺沙门竺力、龟兹居士帛元信共参校"。⑦十卷本《正法华经》在隋唐众多经录中都有著录,这些著录大都依据聂道真的《众经录目》。据佛教史传载,聂道真为聂承远之子,竺法护除译经外还曾撰《众经录目》收录自己的译经,聂承远父子帮助译经和整理佛经目录,聂道真更是在此基础上又撰《众经录目》,所以收录竺法护的译经切实可信,多被后来的佛经目录所宗承。

---

①智升:《开元释教录》卷2,见《大正藏》卷55,台北佛陀教育基金会出版部1990年影印本,第495页。

②费长房:《历代三宝纪》卷7,见《大正藏》卷49,台北佛陀教育基金会出版部1990年影印本,第69页。

③慧皎:《高僧传》卷6,北京:中华书局,1992年,第238页。

④分别见道宣《大唐内典录》卷3、静迈《古今译经图纪》卷2、明佺《大周刊定众经目录》卷2、智升《开元释教录》卷3、圆照《贞元新定释教目录》卷5,《大正藏》卷55,台北佛陀教育基金会出版部1990年影印本,第244、356、385、503、800页。

⑤明佺:《大周刊定众经目录》卷2,见《大正藏》卷55,台北佛陀教育基金会出版部1990年影印本,第385页。

⑥僧祐:《出三藏记集》卷2,北京:中华书局,1995年,第32页。

⑦僧祐:《出三藏记集》卷8,北京:中华书局,1995年,第305页。

《萨昙分陀利经》一卷,失译人名(或竺法护译),现存。《萨昙分陀利经》被诸经目录归入失译经类,但是也有典籍认为是竺法护所译,如《法华经传记》就说"古录竺法护译",不过又指出"唐朝录者附失译录"。①关于本经内容,隋法经《众经目录》中著录"《萨昙分陀利经》一卷,是《法华经》《宝塔品》少分及《提婆达多品》",并说"是《法华经》别品殊译"。②由于是失译经,并且曾经收录本经的道安经录中也没有标明时代,所以译经时间很难确定,《开元释教录》就著录说"梁僧祐录云,安公录中失译经","安既不标时代,今且附于晋末",也是以没有准确凭依的推测来暂做结论的。《大正藏》中收录全文,也就以"失译人名,今附西晋录"这样的文字列于经题之下了。③

《添品妙法莲华经》七卷(或八卷),达磨笈多共阇那崛多译,现存。《添品妙法莲华经》是隋仁寿元年南天竺的达磨笈多和北天竺的阇那崛多二法师,"因普曜寺沙门上行所请",④于大兴善寺重勘各本而共同翻译的经文。本经品数在出经前序中已做过明言,"虽千万亿偈,妙义难尽,而二十七品,本文且具",⑤所以著录无差异,《开元释教录》解释说,"《宝塔》、《天授》连之为一故二十七"。⑥但卷数却不统一,《开元释教录》载"《妙法莲华经添品》七卷,或八卷",⑦而《佛祖统纪》则径称笈多和崛多"于大兴善寺重译法华为八卷,名曰添品",⑧不过,经录一般著录为七卷,与今汉文经藏所收卷数相同。

《妙法莲华经》八卷(或七卷),鸠摩罗什译,现存。与《正法华经》、《萨昙分陀利经》、《添品法华经》一样流传至今,并且影响更广泛深邃的是《妙法莲华经》。据道宣所述,"东晋安帝隆安年中,后秦弘始,龟兹沙门鸠摩罗什次翻此经,名妙法莲华",⑨因为前有竺法护翻译的《正法华经》,所以道宣说"次翻"。僧

---

① 僧详:《法华经传记》卷 1,见《大正藏》卷 51,台北佛陀教育基金会出版部 1990 年影印本,第 52 页。
② 法经:《众经目录》卷 1,见《大正藏》卷 55,台北佛陀教育基金会出版部 1990 年影印本,第 120 页。
③ 见《大正藏》卷 9,台北佛陀教育基金会出版部 1990 年影印本,第 197 页。
④《添品妙法莲华经序》,见《大正藏》卷 9,台北佛陀教育基金会出版部 1990 年影印本,第 134 页。
⑤《添品妙法莲华经序》,见《大正藏》卷 9,台北佛陀教育基金会出版部 1990 年影印本,第 134 页。
⑥ 智升:《开元释教录》卷 7,《大正藏》卷 55,台北佛陀教育基金会出版部 1990 年影印本,第 548 页。
⑦ 智升:《开元释教录》卷 7,《大正藏》卷 55,台北佛陀教育基金会出版部 1990 年影印本,第 548 页。
⑧ 志磐:《佛祖统纪》卷 39,见《大正藏》卷 49,台北佛陀教育基金会出版部 1990 年影印本,第 361 页。
⑨ 道宣:《妙法莲华经弘传序》,见《大正藏》卷 9,台北佛陀教育基金会出版部 1990 年影印本,第 1 页。

叡参加了助译工作,鸠摩罗什"于草堂寺共三千僧,手执旧经而参定之"时,"有僧叡兴甚嘉焉,什所译经叡并参正"。①关于卷数,僧祐《出三藏记集》载"鸠摩罗什出新《妙法莲华经》七卷",费长房《历代三宝纪》及法经、彦悰、静泰各自撰写的三部《众经目录》,及静迈《古今译经图纪》、明佺《大周刊定众经目录》等经录文献都同此说。②道宣《大唐内典录》没有著录确定卷数,而是说"《妙法莲华经》七卷或八卷";③智升《开元释教录》卷四中说"《妙法莲华经》八卷",并解释说,"僧祐录云新《法华经》初为七卷,二十七品,后人益《天授品》成二十八",而在卷十一又说"《妙法莲华经》八卷二十八品,或七卷",④圆照《贞元新定释教目录》也沿袭这种先说"八卷"后说"八卷或七卷"的说法,今汉文经藏所存《妙法莲华经》为七卷二十八品。

由于提倡"会三归一""开权显实"和宣传法华信仰,致使《法华经》有"功德弘远,莫可涯涘"的赞誉和"诸经中王"的称号,⑤所以经本翻译也繁富纷杂。除了以上八次翻译之外,部分品节篇章也有另译本流传,如其中的《宝塔品》、《提婆达多品》和《观世音菩萨普门品》就屡有单品译本传续。

## 二、异本间的比较及《法华经》的流传

八次翻译中《佛以三车唤经》一卷(已佚)和《萨昙分陀利经》一卷(现存)被认为内容不足,剩下的六次翻译译本屡被佛经目录,如《开元释教录》卷14、《贞元新定释教目录》卷24 等,著录为"三存三缺"。⑥这"三存"的译本分别是竺法

①静迈:《古今译经图纪》卷3,见《大正藏》卷55,台北佛陀教育基金会出版部1990年影印本,第359页。

②分别见僧祐《出三藏记集》卷2,中华书局1995年,第49页;《历代三宝纪》卷8,《法经录》卷1,《彦悰录》卷2,《静泰录》卷2,静迈《古今译经图纪》卷3,《大周刊定众经目录》卷2,《大正藏》卷49,卷55,台北佛陀教育基金会出版部1990年影印本,第77、117、156、189、359、385页。

③道宣:《大唐内典录》卷6,见《大正藏》卷55,台北佛陀教育基金会出版部1990年影印本,第286页。

④分别见智升《开元释教录》卷4、卷11,《大正藏》卷55,台北佛陀教育基金会出版部1990年影印本,第512、591页。

⑤分别见《御制大乘妙法莲华经序》和《妙法莲华经》卷6,《大正藏》卷9,台北佛陀教育基金会出版部1990年影印本,第1、54页。

⑥分别见智升《开元释教录》卷14,圆照《贞元新定释教目录》卷24,《大正藏》卷55,台北佛陀教育基金会出版部1990年影印本,第628、962页。

护译的《正法华经》、鸠摩罗什译的《妙法莲华经》、阇那崛多和达摩笈多共译的《添品妙法莲华经》，经目撰述称"同本异译"，称"异译"当然没有问题，但是称为"同本"却颇存问题，因为《添品妙法莲华经》出经前序中就说：

> 昔敦煌沙门竺法护，于晋武之世，译《正法华》；后秦姚兴，更请罗什译《妙法莲华》。考验二译，定非一本，护似多罗之叶，什似龟兹之文，余捡经藏，备见二本，多罗则与《正法》符合，龟兹则共《妙法》允同。①

这里明明白白地叙述了竺法护和鸠摩罗什翻译依据的底本，前者为多罗叶本，后者为龟兹本，不但如此，还检括经藏，亲见两个底本。关于"三存"译本内容的比对，序文又说到：

> 护叶尚有所遗，什文宁无其漏，而护所阙者，《普门品》偈也；什所阙者，《药草喻品》之半，《富楼那》及《法师》等二品之初，《提婆达多品》《普门品》偈也。什又移《嘱累》在《药王》之前。二本《陀罗尼》，并置《普门》之后，其间异同，言不能极。窃见《提婆达多》及《普门品》偈，先贤续出，补阙流行，余景仰遗风，宪章成范。……大隋仁寿元年辛酉之岁，于大兴善寺，重勘天竺多罗叶本，《富楼那》及《法师》等二品之初，勘本犹阙，《药草喻品》更益其半，《提婆达多》通入《塔品》，《陀罗尼》次《神力》之后，《嘱累》还结其终，字句差殊，颇亦改正。②

当然这是《添品妙法莲华经》译者的一面之词，评判三种译本的优劣和内容取舍是否恰当并非如此简单，这从后世鸠摩罗什译本仍然大行于世而崛多共笈多译本作为后出者影响却没有超越前者的状况就可以得到很大启示。不过，这篇序文提供的线索却可以帮助我们确切考察三种译本的版本状态。

---

① 《添品妙法莲华经序》，见《大正藏》卷 9，台北佛陀教育基金会出版部 1990 年影印本，第 134 页。
② 《添品妙法莲华经序》，见《大正藏》卷 9，台北佛陀教育基金会出版部 1990 年影印本，第 134 页。

　　岩本裕的《梵语〈法华经〉及其研究》、杨富学的《〈法华经〉胡汉诸本的传译》、方广锠的《敦煌遗书中的〈妙法莲华经〉及有关文献》等,都对这段经序的内容给予关注。岩本裕说,"《添品法华》依《妙法华》之译文,依校勘本补足了《妙法华》的不足部分,将《提婆达多品》编入了《宝塔品》中,调换了《陀罗尼品》和《嘱累品》的位置"。①杨富学说,"拿罗什本与竺法护《正法华》相比较,前者所缺内容甚多。例如《正法华》的《药草品》后半部曾讲到菩萨修行的归宿是"成就平等法身",罗什本未译;《正法华》中的《五百弟子授记品》、《法师品》,罗什本仅译了后半部分,《提婆达多品》和《普门品》末尾的偈颂等内容也都付之阙如;《正法华》的最后一品《嘱累品》在罗什译本中成了第二十二品"。②

　　对于文句的不同理解往往造成不同的判断结果,这在版本考证中不乏实例,所以有必要对《添品妙法莲华经》出经前序的部分文句予以更为详细和深入的考察。(1)"……《提婆达多品》、《普门品》偈也"是指什译本缺少这两品的偈颂,而不可理解为"《提婆达多品》、《普门品》偈也",因为放在原文中如果标点不正确的话,很容易造成认为《提婆达多品》中混入了《普门品》偈颂的误会,下文说"窃见《提婆达多》及《普门品》偈,先贤续出,补阙流行,余景仰遗风,宪章成范",是说由于这二品偈颂的缺失,后人有所续补,正好从另一个方面证明了这一理解;(2)"……《富楼那》(即《五百弟子授记品》)及《法师》等二品之初,《提婆达多品》、《普门品》偈也",在原文中也不可理解为《富楼那》和《法师》"二品之初"的文字分别是后面《提婆达多品》和《普门品》的偈颂,而应该理解为这两品的开始部分文字有所缺失,这在下文交代勘订版本状况的表述"《富楼那》及《法师》等二品之初,勘本犹阙"中可以找到对应;(3)崛多共笈多对内容进行了补缺和调整,序文中说"重勘天竺多罗叶本","多罗叶本"是竺法护译《正法华经》的底本;又说"《富楼那》及《法师》等二品之初,勘本犹阙",表明勘本是鸠摩罗什译的《法华经》或底本"龟兹本";又说"《药草喻品》更益其半,《提婆达多》通入《塔品》,《陀罗尼》次《神力》之后,《嘱累》还结其终,"是对经文顺序的

---

　　①岩本裕:《梵语法华经〉及其研究》,《敦煌研究》1994年第4期,第119页。
　　②杨富学:《〈法华经〉胡汉诸本的传译》,《敦煌吐鲁番研究》第3卷,北京:北京大学出版社,1998年,第29页。

调整,这里所说的顺序符合现行的《添品妙法莲华经》。

那么,调整的依据是什么呢? 显然不是"龟兹本"。关于"多罗叶本",经序中的"二本《陀罗尼》,并置《普门》之后",也指出了"多罗叶本"顺序的失当,所说的不是很明朗,真成了序文中所说的"其间异同,言不能极"。岩本裕在《梵语〈法华经〉及其研究》一文中开列了三种梵语原典体系,即尼泊尔本、吉尔吉特本和中亚本,并将现存的三个汉译本进行原典系统的归类:鸠摩罗什译本因为以"龟兹本"为底本,所以"《妙法莲华经》的原典亦应归入中亚本这一系统";"《正法华》由敦煌出生的月支人后裔竺法护据历游西域时所得该经'胡本'所译","此言'胡本'为何地传本不得而知,但得自中亚某地似无疑义";"《添品法华》依《妙法华》之译文,依校勘本补足了《妙法华》的不足部分,将《提婆达多品》编入了《宝塔品》中,调换了《陀罗尼品》和《嘱累品》的位置,其结果与现行泥婆罗(即尼泊尔)传本相一致。也就是说,《添品法华》译出时所用校勘本与现行泥婆罗(即尼泊尔)本为同一形式,换言之,为同一系统的原典"。该文还依照尼泊尔本的章节列出了与《正法华经》、《妙法莲华经》的顺序对照表,颇具说服性。①

从版本的完整性来说,《妙法莲华经》确实存在删削的现象,方广锠《敦煌遗书中的〈妙法莲华经〉及有关文献》中说:"其实,《妙法华经》还有缺漏这一事实,隋代以前人们就已经知道。故曾经有人将南齐法献与达摩摩提译的《妙法莲华经·提婆达多品》收入罗什译本,作为第十二品单独列为一品,使得《妙法华经》从此成为二十八品。另外,人们又把北周阇那崛多译的《普门品》重颂收入罗什译本。这就在原罗什本的基础上出现了一个修订本。"②但这种删削正是鸠摩罗什在盘活经文义理和文学色彩的基础上有意为之,以彼本补此本只是徒劳而已,并不能根深蒂固地适应中土的接受习惯。《添品妙法莲华经》出经前序虽然强调其译本内容之完整,但即使达到了"真"的标准却未必能够尽"善"。朱封鳌、韦彦铎的《中华天台宗通史》中就指出了人们对《添品妙法莲华经》的不满:

---

①岩本裕:《梵语〈法华经〉及其研究》,《敦煌研究》1994 年第 4 期,第 117—124 页。
②方广锠:《敦煌遗书中的〈妙法莲华经〉及有关文献》,《敦煌学佛教学论丛》(下册),(香港)中国佛教文化出版有限公司,1998 年,第 70 页。

当时及后来的法华论师对这个译本却极为不满意。他们认为：首先罗什本《药草喻品》中所未译出的内容，乃是属于枝蔓横生的重复内容，应当删除；其次，有关提婆达多的内容与《见宝塔品》中的内容，主旨各异，不应合成一品；其三，《陀罗尼品》与《如来神力品》没有什么必然的联系，因此，变换次序，也没有必要；其四，《嘱累品》移置于全经的结尾，其他经是如此，对《法华经》来说，为了显示其威力之大，《嘱累品》以下，叙五大菩萨皆为此经化他流通：《药王》以苦行乘乘，《妙庄严》以誓愿乘乘，《普贤》以神通乘乘。作此解着，于化他流通义便也。"(智者：《法华文句·药王菩萨本事品》)唐代湛然在《法华文句记》中，更提出"八不可"的说法。因此，总的说，由于罗什译的《妙法莲华经》已深入人心，《添品妙法莲华经》的译本，基本上未被人们所接受。①

一般来说，佛教经典的流传靠的是佛学义理与中国思想的融合，而不是靠版本是否符合原典的形式和义理是否忠于原初的思想，印度佛学在中国并没有按照原来的思想发展，阵容庞大的唯识宗也没有在中国站住脚跟，都说明了这个道理。《妙法莲华经》与其他两个译本相比会显示出内容不够全面，但意脉贯通、文气畅顺的优点却使它很好地表达了"会三归一"的佛学义理，符合大乘佛学在中国发展的趋势，使它的流行成为必然。

---

① 朱封鳌、韦彦铎：《中华天台宗通史》，北京：宗教文化出版社，2001 年，第 40—41 页。

# 克孜尔石窟的禅定问题初探

苗利辉

（新疆维吾尔自治区克孜尔石窟研究所）

## 一、绪论

"定"，又名禅定，是使心专注于某一对象而不散乱。佛教为防止心意散乱以求达到安宁的精神状态，提出了种种禅定方法。它是佛教最为重要的修行方式，也是佛教修行者最终获得涅槃不可跨越的一步。

禅定是佛教戒定慧三学中的重要中介。由戒生定，由定生慧，即持戒清净始可得禅定寂静，具有禅定寂静有助于开发智慧。当然，除了持戒，禅定前还需要通过闻慧和思慧的方式理解佛教哲学，并通过禅定的方式修慧，从而最终获得智慧，到达涅槃的境地。

不同的佛教派别的禅定方法有共同点，也有不同点。小乘说一切有部是部派佛教中非常重要的部派，该派重视禅定。这无论从其经典中，还是与其相关的佛教艺术中都能发现。龟兹地区是小乘说一切有部流行的地区，保存有大量佛教壁画，也出土了一些与禅定有关的佛教文书。根据这些出土文书和龟兹石窟的建筑、壁画等去研究这一地区的禅定特点，无论对于龟兹佛教史的解读，还是龟兹石窟艺术的传承和创新，都具有重要的意义。

相关的研究材料包括：鸠摩罗什所译《坐禅三昧经》和《禅法要解》（鸠摩罗什以传承弘扬大乘中观学说为主，但小乘禅法却是他传承禅法的基础），克孜尔石窟出土《梵文禅定修习法要》和《六经品》等佛教文书，克孜尔石窟中建筑和图像遗存。

## 二、内容

贪嗔痴是使人沉沦于生死轮回的根源,号为三毒。为了去除三毒,小乘佛教用不净观、慈心观和思惟观加以对治。克孜尔石窟中可以看到相应的内容。
不净观:

> 淫欲多人习不净观,从足至发不净充满,发毛爪齿、薄皮厚皮、血肉筋脉、骨髓肝肺、心脾肾胃、大肠小肠、屎尿洟唾、汗泪垢坋、脓脑胞胆、水微肤、脂肪脑膜,身中如是种种不净。复次不净观者:观青瘀膖胀、破烂血流、涂漫臭脓、噉食不尽、骨散烧焦,是谓不净观。复次多淫人有七种爱:或着好色、或着端正、或着仪容、或着音声、或着细滑、或着众生、或都爱着。若着好色,当习青瘀观法,黄赤不净色等亦复如是!若着端正,当习[＊]膖胀身散观法;若着仪容,当观新死血流涂骨观法;若着音声,当习咽塞命断观法;若着细滑,当习骨见及干枯病观法;若爱众生,当习六种观;若都爱着,一切遍观,或时作种种更作异观。是名不净观。问曰:"若身不净如臭腐尸者,何从生着?"若着净身,臭腐烂身亦当应着;若不着臭身,净身亦应不着。二身等故。若求二实,净俱不可得,人心狂惑为颠倒所覆,非净计净。若倒心破,便得实相法观,便知不净虚诳不真。复次死尸,无火无命无识、无有诸根,人谛知之,心不生着;以身有暖、有命有识、诸根完具,心倒惑着。复次,心着色时谓以为净,爱着心息即知不净。若是实净应当常净,而今不然。如狗食粪谓之为净,以人观之甚为不净,是身内外无一净处。若着身外,身外薄皮举身取之,缠得如? 是亦不净,何况身内三十六物? 复次,推身因缘种种不净,父母精血不净合成,既得为身常出不净,衣服床褥亦臭不净,何况死处? 以是当知,生死内外都是不净。复次,观亦有三品:或初习行、或已习行、或久习行。若初习行,当教言作破皮想,除却不净,当观赤骨人,系意观行,不令外念;外念诸缘,摄念令还。若已习行,当教言想却皮肉,尽观头骨,不令外念;外念诸缘,摄念令还。若久习行,当教言身中一寸心却皮肉,系意五处:顶、额、眉间、鼻端、

心处。如是五处住意观骨,不令外念;外念诸缘,摄念令还,常念观心,
心出制持。若心疲极,住念所缘,舍外守住。譬如猕猴被系在柱,极乃
住息。所缘如柱,念如绳锁,心喻猕猴。亦如乳母,常观婴儿不令堕落。
行者观心亦复如是,渐渐制心令住缘处。若心久住是应禅法,若得禅
定即有三相:身体和悦柔软轻便,白骨流光犹如白珂,心得静住。是为
观净。是时便得色界中心,是名初学禅法得色界心。心应禅法即是色
界法,心得此法,身在欲界,四大极大,柔软快乐,色泽净洁,光润和
悦,谓悦乐。二者、向者骨观白骨相中,光明遍照净白色。三者、心住一
处是名净观,除肉观骨故名净观。如上三相皆自知之,他所不见。上三
品者,初习行,先未发意;已习行,三四身修;久习行,百年身学。①

　　由此经文,我们可以看到修习此观的针对人群是淫欲重的人。采用的方法
是观想法。从脚开始,依次观想人体内外各组成部分的不洁净。然后针对人们
对人体不同部位的爱执,采取不同的观想方法。此外,修行不同阶段的人观想
的内容也有所变化。修行此观有所成就,会有身体和悦柔软轻便,白骨流光犹
如白珂,心得静住等结果。

　　不净观的图像,我们在克孜尔石窟第110、116、212、213和222窟的壁画
中可以看到。

　　克孜尔石窟第116窟位于克孜尔石窟苏哥特沟内的悬崖上。为一方形窟,
盝顶。略高于两侧的第115窟和第117窟。窟的平面为横长方形。窟左侧壁绘
图像。画面中下部绘层叠的小山丘为背景。山峦的中间绘一具骷髅,从半圆形
的顶部向下延伸,将画面分成两部分。左半部分(面向画面)绘一位坐禅僧侣颔
首面对一具正被鸟兽啄食的尸体。右半部分绘这位僧侣的尸体,可能裹着长
袍,正被豺狼或秃鹫噬咬,内脏流出体外。画面以数只不祥的秃鹫为主,其中部
分在搜寻猎物,部分可能在饱腹后踱步消食。这幅图像可能是为初修禅定的人
准备的。克孜尔石窟第213窟,拱券顶,也是一个方形窟,洞窟左侧壁绘有一身
骷髅,其功用应该和116相同。此外,220窟也绘有同样功能的图像。该窟也是

①《大正藏》,第15册,第271—272页。

一个方形窟,穹隆顶。该窟被重绘过。正壁白灰层下原绘有壁画,后被用白石灰覆盖,但仍然可以辨认出绘制内容。以被辨识。画面分为上下两部分,有两身尸体,仰卧,旁边均有野兽啮咬。尸体上部和尸体间可见四散分离的头骨和其他骨头。

另外几个洞窟则可能提供了修行中期阶段的壁画图像。如第110窟和212窟。这两个窟均为纵券顶方形窟。110窟主室券顶的菱形格中绘有禅定比丘,比丘身前可见有骷髅头。212窟右侧壁绘有坐禅比丘,而壁面的装饰带中可见有骷髅头。

慈心观:

> 若瞋恚偏多,当学三种慈心法门:或初习行、或已习行、或久习行。若初习行者,当教言慈及亲爱。云何亲及愿与亲乐?行者若得种种身心快乐,寒时得衣,热时得凉,饥渴得饮食,贫贱得富贵,行极时得止息,如是种种乐愿亲爱得,系心在慈不令异念;异念诸缘,摄之令还。若已习行,当教言慈及中人。云何及中人而与乐?行者若得种种身心快乐,愿中人得,系心在慈,不令异念;异念诸缘,摄之令还。若久习行,当教言慈及怨憎。云何及彼而与其乐?行者若得种种身心快乐,愿怨憎得,得与亲同,同得一心,心大清净,亲中怨等,广及世界,无量众生,皆令得乐,周遍十方,靡不同等。大心清净,见十方众生皆如自见,在心目前,了了见之,受得快乐,是时即得慈心三昧。①

此观中的慈指慈悲。慈爱众生并给予快乐,称为慈;同感其苦,怜悯众生,并拔除其苦,称为悲。在不同阶段采用了由近及远,逐渐扩大范围的观想方法。刚开始修行,要有把自己所得种种喜乐让亲近喜欢的人也能获得的愿望;修行中期,要有把所得种种喜乐让关系一般的人也能获得的愿望;修行到后期,则要有把所得种种喜乐让自己讨厌的人也能获得的愿望,进而由此,愿意自己所得种种喜乐让十方众生都获得。《梵文禅定修习法要》中也有相似内容。

---

①《大正藏》,第15册,第272页。

克孜尔石窟第175窟左甬道内侧壁绘制的图像可能就是与此有关的禅观图像。

克孜尔石窟第175窟为中心柱窟。佛居中交腿而坐,右臂举至肩处,手掌伸出,食指和拇指相捏,周围绘三层身光。每层身光内都绘有小立佛,小立佛间绘出地狱、饿鬼、畜生、人和天五道。此图像展示了修行慈心观的最后境界。

思惟观:

> 若愚痴偏多,当学三种思惟法门:或初习行、或已习行、或久习行。若初习行,当教言生缘老死,无明缘行。如是思惟,不令外念;外念诸缘,摄之令还。若已习行,当教言行缘识、识缘名色、名色缘六入、六入缘触、触缘受、受缘爱、爱缘取、取缘有。如是思惟,不令外念;外念诸缘,摄之令还。若久习行,当教言无明缘行、行缘识、识缘名色、名色缘六入、六入缘触、触缘受、受缘爱、爱缘取、取缘有、有缘生、生缘老死。如是思惟,不令外念;外念诸缘,摄之令还。问曰:"一切智人是有明,一切余人是无明,是中云何无明?"答曰:"无明名一切不知。此中无明能造后世有,有者无、无者有,弃诸善、取诸恶,破实相、着虚妄。……如是略说,无明乃至老死亦如是。"①

此观想方法用缘起观观察人生,并逐步深入化、系统化为十二因缘观。克孜尔石窟大部分中心柱主室券顶绘制了因缘故事,深刻地阐释了佛教的缘起学说,是佛教禅定观想的理论基础之一,也可看作与禅定有关的图像。

念佛三昧:

> 念佛三昧有三种人:或初习行、或已习行、或久习行。若初习行人,将至佛像所,或教令自往谛观佛像相好,相相明了,一心取持。还至静处,心眼观佛像,令意不转,系念在像,不令他念;他念摄之,令常在像。若心不住,师当教言:"汝当责心:'由汝受罪,不可称计,无际生

---

①《大正藏》,第15册,第272—273页。

死,种种苦恼,无不更受。若在地狱,吞饮洋铜,食烧铁丸;若在畜生,食粪噉草;若在饿鬼,受饥饿苦;若在人中,贫穷困厄;若在天上,失欲忧恼。常随汝故,令我受此种种身恼心恼、无量苦恼。今当制汝,汝当随我。我今系汝一处,我终不复为汝所困更受苦毒也。汝常困我,我今要当以事困汝。'"如是不已,心不散乱,是时便得心眼见佛像相光明,如眼所见无有异也。如是心住,是名初习行者思惟。是时当更念言:"是谁像相?则是过去释迦牟尼佛像相。如我今见佛形像,像亦不来我亦不往。"如是心想见过去佛,初降神时震动天地。有三十二相大人相:一者、足下安平立。二者、足下千辐轮。三者、指长好。四者、足跟广。五者、手足指合缦网。六者、足跌高平好。七者、伊尼延鹿。八者、平住手过膝。九者、阴马藏相。十者、尼俱卢陀身。十一者、一一孔一一毛生。十二者、毛生上向而右旋。十三者、身色胜上金。十四者、身光面一丈。十五者、皮薄好。十六者、七处满。十七者、两腋下平好。十八者、上身如师子。十九者、身大好端直。二十者、肩圆好。二十一者、四十齿。二十二者、齿白齐密等而根深。二十三者、四牙白而大。二十四者、颊方如师子。二十五者、味中得上味。二十六者、舌大广长而薄。二十七者、梵音深远。二十八者、迦兰频伽声。二十九者、眼绀青色。三十者、眼如牛王。三十一者、顶发肉骨成。三十二者、眉间白毛长好右旋。复次八十种小相:一者、无见顶。二者、鼻直高好孔不现。三者、眉如初生月绀琉璃色。四者、耳好。五者、身如那罗延。六者、骨际如钩锁。七者、身一时回如象王。八者、行时足去地四寸而印文现。九者、爪如赤铜色薄而润泽。十者、膝圆好。十一者、身净洁。十二者、身柔软。十三者、身不曲。十四者、指长圆纤。十五者、指纹如画杂色庄严。十六者、脉深不现。十七者、踝深不现。十八者、身润光泽。十九者、身自持不委陀。二十者、身满足(三月受胎二月生)。二十一者、容仪备足。二十二者、住处安(如牛王立不动)。二十三者、威振一切。二十四者、一切乐观。二十五者、面不长。二十六者、正容貌不挠色。二十七者、唇如频婆果色。二十八者、面圆满。二十九者、响声深。三十者、脐圆深不出。三十一者、毛处处右旋。三十二、者手足满。三十三者、手足如意(旧言内外握者是)。三十四者、手足文明直。三十五者、手[＊]文长。三十六者、手[＊]文不断。三十七者、一切恶心众生见者皆得和悦色。三十八者、面广姝。三十九者、面如月。四十者、众生见者不怖不惧。四十一者、毛孔出香风。四十二者、口出香气众生遇者乐法七日。四十三者、仪容如师子。四十四者、进止如象王。四十五者、行法如鹅王。四十六者、头如磨陀罗果(此果不圆不长)。四十七者、声分满足(声有六十种分,佛皆具足)。四十八者、牙利。四十九者、(无汉名故不得出也)。五十者、舌大而赤。五十一者、舌薄。五十二者、毛纯红色色净洁。五十三者、广长眼。五十四者、孔门满(九孔门相具足满)。五十五者、手足赤白如莲华色。五十六者、腹不见不出。五十七者、不凸腹。五十八者、不动身。五十九者、身重。六十者、大身。六十一者、身长。六十二者、手足满净。六十三者、四边遍大光,光明自照而行。六十四者、等视众生。六十五者、不着教化不贪弟子。六十六者、随众声满不减不过。六十七者、随众音声而为说法。六十八者、语言无碍。六十九者、次第相续说法。七十者、一切众生目不能谛视相知尽。七十一者、视无厌足。七十二者、发长好。七十三者、发好。七十四者、发不乱。七十五者、发不破。七十六者、发柔软。七十七者、发青毘琉璃色。七十八者、发绞上。七十九者、发不稀。八十者、胸有德字手足有吉字。光明彻照无量世界,初生行七步,发口演要言,出家勤苦行,菩提树下,降伏魔军,后夜初明,成等正觉,光相分明,远照十方,靡不周遍,诸天空中,弦歌供养,散华雨香,一切众生,咸敬无量,独步三界,还顾转身,如象王回,观视道树,初转法轮,天人得悟,以道自证得至涅槃。佛身如是,感发无量,专心念佛,不令外念;外念诸缘,摄之令还。如是不乱,是时便得见一佛、二佛乃至十方无量世界诸佛色身,以心想故皆得见之,既得见佛又闻说法言。或自请问,佛为说法解诸疑网。既得佛念,当复念佛功德法身,无量大慧,无崖底智,不可计德。①

---

①《大正藏》,第 15 册,第 276—277 页。

与此禅定相关的图像可见于克孜尔中心柱窟中。如克孜尔石窟第 7、13、17、178 和 198 等窟。

克孜尔石窟第 13 窟,为中心柱窟,由主室和后室组成。除主室正壁塑佛像外,主室空间从上至下,依次绘制了表现天界的天相图和佛于三界修行及度化众生的故事画,全景式地表现了释迦于婆娑世界度化众生的场景。其造像内容与上面佛经描述观想内容吻合。主室正壁佛龛中佛像即为佛像观的对象,而主室侧壁及后室甬道的佛传故事则是佛最后身的事迹,属于生身观的内容。主室券顶中脊绘制本生故事,则是对佛功德的观想,属于法身观的内容。

## 三、场地

僧侣修行禅定的场所一般在禅窟内。这类窟主室平面多为方形。有四类,一类窟没有壁画,多和中心柱窟、僧房窟组合,如克孜尔石窟第 9 和 39 窟;第二类洞窟壁面有简单壁画,壁面涂白灰粉(也可不涂),再用单色线条绘制,有的画立姿瘦骨人形,如第 213 窟。上述壁画中,除 116 窟外,技法均不好。估计不是画工所作。有可能是该窟使用者的作品。这类洞窟的设施过于简单,而且一般其周围多有中心柱窟。依据其所处位置及绘画内容推测可能为禅窟。[①]第三类也有绘出禅修僧人,如克孜尔石窟第 16 窟。也有的绘制壁画,通常会出现禅坐比丘或与禅观有关的图像,如克孜尔石窟第 12、110、116、212 和 220 窟。第四类此洞窟地处偏僻,规模不大,仅容一人禅坐,这类洞窟往往成群分布,反映出古代龟兹佛教集中禅修的特点。[②]如克孜尔石窟 25A、25、25B、25C、109、109A、109B、216A、216B 和 216C 窟。

此外,根据一些学者的研究,禅窟也可能在僧房窟里。[③]

---

①若初习行人,将至佛像所,或教令自往谛观佛像相好,相相明了,一心取持。还至静处,心眼观佛像,令意不转,系念在像,不令他念。《坐禅三昧经》,《大正藏》,第 15 册,第 276 页。

②这些禅窟由于平面一般为方形,常常也被归入方形窟中。

③Did Monks Practice Meditation in Indian Rock-Cut Monasteries and If Afffrmative, Where in the Monastery, *International Journal of Buddhist Thought & Culture* 33(1),2023.

# 吐峪沟石窟"树下诞生"图浅析

吾买尔·卡得尔[1]　徐亚新[2]

（吐鲁番学研究院[1]　河北美术学院[2]）

吐峪沟石窟位于新疆维吾尔自治区吐鲁番鄯善县吐峪沟乡吐峪沟村。这里地处火焰山山脉，石窟开凿在火焰山中段的一道峡谷断崖边上。2010—2018年间，中国社科院考古研究所、吐鲁番市文物局、吐鲁番学研究院先后 8 次对吐峪沟石窟进行考古发掘工作。根据考古发掘成果显示，吐峪沟石窟现存洞窟153 个，主要分布于沟西、沟东两侧崖壁上，共分为 5 个区域：沟东北部区域（主要集中区域）、沟东南部区域、沟西北部区域、沟西中部高台区域（主要集中区域）、沟西南部区域。

吐峪沟石窟东区沟口新发现的洞窟位于沟东区南部洞窟群。该窟群发掘简报未公布，临时编号不明确。据敦煌莫高窟藏经洞出土的《西州图经》记载，唐代西州有"山窟二院：丁谷窟有寺一所，并有禅院一所"[1]，丁谷窟就是现在的吐峪沟石窟。

## 一、洞窟现状与画面描述

吐峪沟石窟东区沟口新发现洞窟为长方形纵券顶中心柱窟。窟外围有竹披保护。前室（前院）已毁，主室前壁上边和顶部前边已坍塌。主室前壁（西）开个门，门道宽 1.23 米，进深 1.30 米，门顶已塌；主室内（东西）长 2.27 米，宽（南北）3.45 米，现高约 3.24 米。该窟中间设计中心柱，三面开佛龛。正壁前残存有一佛二菩萨莲花底座，上面塑像已毁。

---

① 王仲荦、郑宜秀：《敦煌石室出〈西州图经〉残卷考释》，《文史哲》1991 年第 6 期，第 73 页。

右甬道长 1.89 米，甬道内和口的宽度不一致，内宽 0.88 米，入口宽 0.67 米，现高 1.82 米。左侧（北）壁中间，从地面 0.39 米处，开个小佛龛，佛龛宽 0.83 米，深 0.36 米、现高 1.17 米。

后甬道（南北）长 5.06 米，宽 1.18 米，高 1.90 米。后甬道西侧壁中间，从地面 0.38 米处，开个小佛龛，佛龛宽 0.85 米，深 0.31 米、现高 1.24 米。

后甬道北侧壁和南侧壁前残存佛底座，底座上边北侧部分为长方形，下面南侧部分为半圆形。长方形部分长 0.84 米，宽 0.36 米，高 0.16 米，其余已毁；半圆形部分直径 0.34 米，高 0.08 米。南侧壁前只有残存长方形部分，长 1.01 米，宽 0.39 米，高 0.08 米，其余已毁。

左甬道长 1.88 米，甬道内和入口的

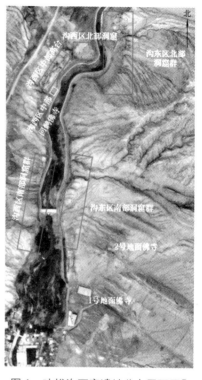

图 1　吐峪沟石窟遗址分布平面图①

宽度不一致，内宽 0.88 米，入口宽 0.59 米，现高 1.83 米；左甬道南侧壁中间，从地面 0.34 米处，开个小佛龛，佛龛宽 0.83 米，深 0.34 米、现高 1.15 米。后甬道南北两侧开龛。

正壁壁画脱落，剩白灰，正壁明显看出背光形状，左右两侧壁壁画脱落，剩白灰，左右甬道后期抹泥，左甬道有一龛，龛位于中心柱左侧壁中间部位，左甬道壁画脱落，剩白灰。中心柱后壁有壁画，壁画中间有一龛，位于中间部位，龛的两边绘有两身菩萨形象，靠右边的一幅，菩萨面部脱落，剩余头部上方的冠式，冠式上有白花 2 组和 6 个蓝色花苞 1 组，头发后面为白色系带，绕耳后，剩余的垂于胸前，绘有头光，头光中间为蓝色，头光上绘有祥云或火焰纹样，头光

---

①图片引自《新疆鄯善县吐峪沟西区中部回鹘佛寺发掘简报》。

图 2　吐峪沟东区沟口新发现洞窟外观图

上方绘有装饰花纹,中间龛的上方有两个小坐佛,头绘红色头光,红棕色袈裟,里衣为蓝色,坐莲花,于祥云之上。龛的左边菩萨与右边对称,但头光上的装饰有明显区别,明显看出是火焰纹,冠式与右边相比有明显的变化,上绘蓝花,耳饰样式与柏孜克里克石窟第 28 窟天神的耳饰样式相似,菩萨手持净瓶。

后甬道后壁绘"树下诞生""降魔成道",最后一幅已毁,从残存的外观推测其可能是涅槃图。整个画面题材表现的是四相图。后甬道左右两边有塑像,塑像已毁,剩塑像台座,台基座,右甬道壁画残存一些火焰花纹,中心柱右壁与中心柱左壁样式一样,也是中间部分一龛,明显有塑像,已毁,龛的顶部绘有装饰花纹,中心柱右壁壁画绘于龛的两侧壁和外围,中心柱右侧壁靠中心柱后壁位置,绘有一身菩萨形象,头光上有火焰纹,发冠有 5 朵蓝色花苞两组。面部脱落,剩白灰。券顶绘有团花,与后壁连接处绘两条分隔装饰。

## 二、"树下诞生"图像分析

### (一)经典及内容

释迦诞生故事场景描述的是在迦毗罗卫国兰毗尼园的无忧树下,人物有佛母摩耶夫人、扶持佛母的妹妹摩诃波罗奢波提、以天缯接托释迦的帝释天等。

吐峪沟石窟发现的"树下诞生"图,摩耶夫人绘有头光,头戴凤首冠,身穿襦裙。右手上举抓握着树枝,左手扶在妹妹的肩膀上,两脚交叉站立(已脱落),

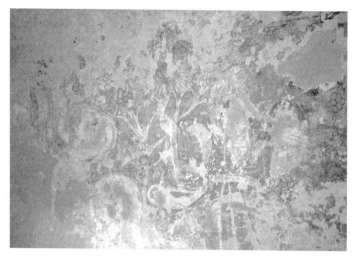

图3　吐峪沟东区沟口新发现的中心柱窟后甬道东壁"树下诞生"图

图4　吐峪沟新发现"树下诞生"图线描稿

太子从右胁出生。帝释天跪在摩耶夫人的右侧以天缯承接太子。图像中主要人物均绘圆形头光,人物形象面部破损严重。画面与有关经典描述一致。记载释迦诞生的经典有:《修行本起经》《过去现在因果经》《佛本行集经》《普曜经》《方广大庄严经》《中阿含经》《太子瑞应本起经》《根本说一切有部毗夸耶破僧事》《付法藏因缘传》等。

表 1 "树下诞生"图对应文本依据

| 序号 | 经名 | 情节内容 | 译者 |
| --- | --- | --- | --- |
| 1 | 《修行本起经》 | 四月七日,夫人出游,过流民树下,众花开化、明星出时,夫人攀树枝,便从右胁生堕地 | (后汉)竺大力、康孟祥译 |
| 2 | 《过去现在因果经》 | 夫人见彼园中。有一大树,名曰无忧,花色香鲜,枝叶分布,极为茂盛。即举右手,欲牵摘之。菩萨渐渐从右胁出。时四天王,即以天缯接太子身 | (宋)天竺三藏求那跋陀罗译 |
| 3 | 《佛本行集经》 | 是时摩耶立地以手执波罗叉树枝讫已,即生菩萨。菩萨初从右肋出已 | (隋)天竺三藏阇那崛多译 |
| 4 | 《普曜经》 | 尔时菩萨从右胁生……堕地行七步显扬梵音……天帝释梵忽然来下,杂名香水洗浴菩萨,九龙在上而下香水,洗浴圣尊 | (西晋)月氏三藏竺法护译 |
| 5 | 《方广大庄严经》 | 尔时圣后放身光明,如空中电,仰观于树,即以右手攀树东枝……满足十月,从母右胁安详而生 | 中天竺国沙门地婆诃罗奉诏译 |
| 7 | 《太子瑞应本起经》 | 菩萨初下,化乘白象,冠日之精,因母昼寝,而示梦焉,从右胁入……到四月八日夜明星出时,化从右胁生堕地 | 吴月支优婆塞支谦译 |

20 世纪初,日本大谷探险队在吐峪沟石窟考察发掘时发现了一幅绢画版"树下诞生"图。

图5 "树下诞生"图绢画吐峪沟石窟寺发现①

这幅"树下诞生"图画面残缺,从画面上汉文题记中,可看清"摩耶夫(人)与诸婢女弥尼……""园举手采花右胁生太子……"等汉字,此画面上方左边树林下也有残存题记"生太子",下边绘制与"树下诞生"图有关的五位人物像。另外,2010年春季,中国社会科学院考古研究所边疆民族考古研究室、吐鲁番学研究院和龟兹研究院联合对吐峪沟石窟进行发掘工作,清理发现,K14窟内倒塌堆积出土绢画榜题残件"人右胁生太子时"。②

（二）技法

目前在吐鲁番石窟中仅发现以上两幅"树下诞生"图,是明显的中原绘画艺术风格作品。绘画技法与吐峪沟石窟早期壁画使用的凹凸晕染法不同。早期画面色块分明,画匠运用不同程度的晕染来增强人物立体感。也不同于回鹘时期柏孜克里克石窟运用的铁线描,线条流畅,更为匀硬连绵,画面大面积使用

---

① 西域考古图谱有大谷探险队拍摄的照片,图片引自孟凡人《高昌壁画辑佚》书中的线描稿。孟凡人:《高昌壁画辑佚》,乌鲁木齐:新疆人民出版社,1995年,第253页。

② 中国社会科学院考古研究所边疆民族考古研究室、吐鲁番学研究院、龟兹研究院:《新疆鄯善县吐峪沟东区北侧石窟发掘简报》,《考古》2012年第1期,第13页。

赭、红等暖色调。吐峪沟新发现的"树下诞生"图,绘画技法使用上,注重线描运用,线条飘逸,用粗线勾勒,线条柔软,色彩只用褐色、蓝色等,色调素雅。先用墨色勾勒轮廓,再搭配淡淡的晕染,整个画面赋彩简淡。另一幅绢本画,多用单线描绘,画面没有晕染的痕迹。画面中心描绘的女子明显是唐代侍女形象,她虽不像唐代侍女装扮烦琐,贴花钿、梳螺髻,簪花耀顶。虽看不清她的妆容,但她头梳高髻,这种发髻流行于盛唐及中的晚唐时期,发髻下梳,遮耳,略显蓬松,与浦城李宪墓墓室甬道壁画中贵妇形象相似,髻发垂于肩后,身穿服饰也基本相同。李宪墓墓室东壁南部的"奏乐图"中男子形象也与绢画中仆人形象类似。吐峪沟新发现的"树下诞生"壁画中的摩耶夫人,虽然面部残损,但还可以看清她的发髻,头戴凤冠,髻发垂于左肩。从总特征表明,吐峪沟石窟出土的"树下诞生"图呈现出盛唐时期人物特征。

图6 唐李宪墓甬道壁画

## 三、吐峪沟"树下诞生"图与不同地区图式比较

### (一)构图与人物姿态比较

各地区发现的"树下诞生"图构图形式有两种:一图一景式、佛诞组合式。一图一景式多数与四相图、八相图或者其他佛传故事组合绘制,这种往往将故事场景刻画在一个规定的范围内,故事情节单独表现。佛诞组合式构图则绘制

的是"树下诞生"、七步宣言、九龙洗浴。这几个情节连续表现,绘制在一幅画面上。

克孜尔 175 窟"树下诞生"图(图 7),画匠将与释迦诞生故事有关的情节图示化表现在一幅画面中,画中摩耶夫人双脚交跌,太子从右腋降生,摩耶夫人的右侧是承接释迦太子降生的帝释天,左侧是佛母的妹妹。释迦太子人物比例与其他人物身高比例相近,是画匠绘制时一特点。其右侧绘制的是七步宣言,画面中释迦太子多次出现,这种构图形式也叫作"异时同图",是燃灯授记图像常用的构图形式。

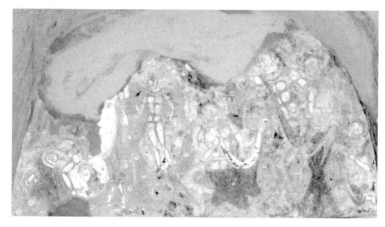

图 7　克孜尔第 175 窟　后甬道东端壁"树下诞生"图

吐峪沟石窟新发现"树下诞生"图不是作为单个题材流播而来,其周围绘制着降魔成道、涅槃图像,表现释迦一生较重要的事迹,称为四相图。其构图采用的是一图一景式构图,画面叙述的是释迦诞生时的场景。与其构图相同的"树下诞生"图在犍陀罗浮雕中,及克孜尔石窟 205 窟、北周莫高窟第 290 窟、榆林第 3 窟均有发现。

华盛顿弗利尔美术馆所藏犍陀罗雕刻的"树下诞生"图(图 8),摩耶夫人居中,两腿交叉而立,右手牵树枝,左手挽侍女肩部,悉达多太子从右胁诞生,戴冠帝释天持锦缯接生太子,其后梵天合掌赞叹,再后一者惊讶不已,摩耶夫人其后另有持镜者、持孔雀扇者等。犍陀罗地区出土的"树下诞生"图,除了帝释天姿态略有变化之外,其他形象大都采用相同粉本。

图8 "树下诞生"浮雕现藏
华盛顿弗利尔美术馆①

图9 "树下诞生"浮雕
拉合尔博物馆②

图10 阿阇世王
闻佛涅槃闷绝苏醒图局部

在克孜尔石窟第 205 窟《阿阇世王闻佛涅槃闷绝苏醒图》中,行雨大臣手中持的白色画布上绘制的是佛传四相图:"树下诞生"、降魔成道、初转法轮、涅槃图。其中"树下诞生"只表现了释迦诞生时的场景。内容题材亦与新发现洞窟四相图相同。但图中人物方位与之相反。

北周莫高窟第 290 窟人字坡东坡上段绘有"树下诞生"(图11),摩耶夫人右手攀附树枝,太子自右腋而出,承接太子者呈跪拜姿态。290 窟"树下诞生"图,采用一图一景式构图,以人物为中心,用建筑物或山石树木既表示场景,又作为图与图之间的分界。

莫高窟 61 窟"树下诞生"图是以屏

①孙英刚、何平:《图说犍陀罗文明》,北京:生活·读书·新知三联书店,2019 年,第 147 页。
②孙英刚、何平:《图说犍陀罗文明》,第 148 页。

图 11　北周　树下诞生　莫高窟 290 窟①

风画的形式叙述情节。画面中情节分散,人物众多,场面壮观。摩耶夫人左右有嫔妃相随,后有甲士与侍女护送。②其与克孜尔石窟"树下诞生"图构图形式分属截然不同的两个系统。构图采用的是一图一景式构图。

　　莫高窟第 76 窟八塔变相之第一塔绘"树下诞生"(图 12),③画面中摩耶夫人右手高举攀树、左手弯臂横至前胸。夫人头戴宝冠,佩戴耳饰,上身裸露,胸前佩戴璎珞,手臂戴臂钏。下身着短裤,腰围珠链。释迦太子从胁下出生,赤祖全身,似从腋下腾飞而出,回望母亲。下方的太子站立在莲花上,一手指天,一手指地。九龙从天而降,为太子洗浴。76 窟的"树下诞生"图像根据《八大灵塔名号经》绘制,由迦湿弥罗僧人天息灾译制,是第 76 窟八塔变相图像出现的直接经典来源。④宋初,北宋统治者推行振兴佛教的政策,皇室出资鼓励宋朝僧人前往印度地区求法,中原僧人西行求法亦吸引大批印度僧侣来华弘法。⑤敦煌地区是中印僧侣往来的必经之路,不少中印往来僧侣都曾留居敦煌,在此巡礼圣

①樊锦诗:《敦煌石窟全集·佛传故事画卷》,香港:商务印书馆(香港)有限公司,2004 年,第 62 页。
②樊锦诗:《敦煌石窟全集·佛传故事画卷》,第 139 页。
③袁頔:《莫高窟第 76 窟八塔变相相关问题再探》,《西夏研究》2020 年第 2 期。
④袁頔:《莫高窟第 76 窟八塔变相相关问题再探》,第 84 页。
⑤(元)脱脱:《宋史》,北京:中华书局,1985 年,第 14104 页。

迹,构成敦煌与中原内地及印度之间佛教文化交流的重要内容。由于印度僧侣的到来,不少新经典与新粉本得以引入敦煌。但其构图形式采用的是"异时同图"式,与克孜尔石窟四相图中"树下诞生"图构图不同。西夏榆林第3窟东壁绘有一幅"树下诞生"(图13),塔内有菩提树一株,摩耶夫人立于树下,举右臂攀附菩提树干,左臂搭在侍女肩上,释迦太子伸右臂从摩耶夫人右腋诞生,迎接太子的是右下方手托莲花盆的天王。其采用的构图也一图一景式,出场人物简略。周围绘制的是八塔变内容。榆林第3窟八塔变相样式受到莫高窟第76窟八塔变的影响。[1]虽继承了新《八塔变》样式,[2]但其画面构图与76窟有明显差异。

图12 树下诞生 宋 莫高窟76窟[3] 图13 树下诞生 西夏 榆林第3窟东壁中部[4]

各地图式中人物姿态略有变化,人物姿态不同体现表现在摩耶夫人、帝释天和刚出生的太子形象塑造上。从各地区图像来看主要人物形象造像特征还

①谢继胜、于硕:《八塔经变画与宋初中印文化交流——莫高窟七六窟八塔变图像的原型》,《法音》2011年第5期。

②谢继胜、于硕:《八塔经变画与宋初中印文化交流——莫高窟七六窟八塔变图像的原型》。

③樊锦诗:《敦煌石窟全集·佛传故事画卷》,第185页。

④樊锦诗:《敦煌石窟全集·佛传故事画卷》,第212页。

未固定化表现。吐峪沟新发现图像中摩耶夫人一手抓树枝,一手搭在妹妹肩膀上,双脚交跌。与犍陀罗浮雕、克孜尔石窟中摩耶夫人样式相同。河西及中原出土的摩耶夫人样式各异。大同云冈北魏中期第6窟中心塔柱浮雕"树下诞生"(图14),摩耶夫人手扶树枝从右腋诞下太子,摩耶夫人右侧帝释天单腿跪地承接太子,夫人左侧两位侍女服侍。画面人物简化,常见的图式中摩耶夫人都是看向刚出生的释迦太子,该图式中摩耶夫人看向搀扶自己的侍女。该造像特点较独特。莫高窟76窟"树下诞生"图完全脱离了传统的图像样式。摩耶夫人双手未搭在侍女肩膀且夫人双脚站立未做出交跌姿态。

图14　北魏　树下诞生　云冈第6窟①

　　与犍陀罗浮雕比较明显发生变化的是帝释天形象。犍陀罗浮雕帝释天形象一般是站立在摩耶夫人的右侧承接太子,少数帝释天为半蹲姿势。克孜尔石窟帝释天均已被绘制成单腿跪坐姿势。吐峪沟石窟新发现"树下诞生"图,同样是跪姿帝释天的形象。北周290窟、云冈第6窟帝释天形象也呈单腿跪坐姿势。帝释天单腿跪坐形象呈现出佛教中国化、本土化的特点。

　　犍陀罗浮雕中释迦太子从摩耶夫人的右胁下生。克孜尔175窟"树下诞生"图中太子从右胁诞生变为从右腋诞生。吐峪沟画匠在太子出生位置选择上

---

①湖北省博物馆:《佛陀的故乡:犍陀罗佛教艺术》,北京:文物出版社,2017年,第26页。

严格按照经本叙事,从右胁诞生。在敦煌出土的"树下诞生"图,太子出生位置选择上与克孜尔石窟相同,从右腋诞生。

### (二)与敦煌艺术因素比较

新发现洞窟中壁画风格与敦煌唐风洞窟风格相似,笔者在敦煌石窟中发现与该洞窟有关的一些艺术因素。其中"树下诞生"图中摩耶夫人样式在敦煌艺术中发现相同的表现形式,且遵循了敦煌石窟中摩耶夫人的样式,与上文克孜尔石窟收集的"树下诞生"图摩耶夫人样式不同。

图 15　佛传图　唐(9 世纪)绢本设色①　图 16　盛唐　佛母经　莫高窟 148 窟　西壁②

敦煌出土的佛传故事断片·入胎、诞生、九龙灌顶、七步绢本画(图 15),绘制于唐(9 世纪),注重表现整体场景,画面并没有太多装饰,整体简洁质朴。画

---

①马炜、蒙中:《藏经洞流失海外珍品·6·佛传》,重庆:重庆出版社,2010 年,第 8 页。
②棺盖自启为母说法,引自贺世哲主编《敦煌石窟全集 7 法华经画卷》图 151。

面上女性皮肤白皙,体态丰满,面部施粉与涂抹胭脂。这种装束与8世纪后半叶妇人流行的妆容相同。绢画中摩耶夫人身边的侍女妆容是典型的唐妆。唐代以女子丰腴为美,画面中女子反映出时代审美特征。这种装束在吐峪沟新发现洞窟中被借用。新发现洞窟中摩耶夫人装束与之相似,有可能参照同一粉本。

吐峪沟新发现洞窟中摩耶夫人头戴凤首冠,在各地区图式中摩耶夫人形象未发现此种表现形式。在吐鲁番石窟中也有头戴凤首与龙首冠的形象,如柏孜克里克第48窟五髻乾达婆形象其手持龙首箜篌,柏孜克里克石窟20窟誓愿画中头戴龙首帽式,柏孜克里克石窟第38窟主室正壁回鹘女性供养人形象头戴凤首冠等。除了用于装饰之外,还象征供养人身份尊贵。吐峪沟新发现洞窟年代较早,可能是唐晚期-高昌回鹘早期洞窟,可见早期高昌石窟就有绘凤首冠的传统,属于高昌本土文化特点。吐峪沟新发现洞窟摩耶夫人凤首样式,在敦煌石窟中也有表现。莫高窟第148窟棺盖自启为母说法图(图16),画面中摩耶夫人及天女跪在佛前聆听佛法。摩耶夫人身穿世俗贵人装,头戴凤首冠。

从各地区图式比较来看,除了构图、人物姿态有变化,服饰上也有一定的区别,犍陀罗浮雕中人物上身裸露,下身着裙,吐峪沟新发现洞窟与敦煌及云冈石窟中"树下诞生"图中人物形象身穿襦裙或长袍,其服饰都呈现出中原服饰特点。除了莫高窟76窟"树下诞生"图绘画风格与艺术特点明显受到了印度艺术因素影响,其余"树下诞生"都呈现汉风因素。再观克孜尔石窟175窟,摩耶夫人与周围配置也都是赤裸上身,该洞窟在吐蕃占领后进行了改绘,受到吐蕃艺术影响。

以此可以推测出,吐峪沟画匠在绘制时受到敦煌艺术因素影响,如头戴凤首冠式,吐峪沟新发现洞窟摩耶夫人也参照了敦煌唐代侍女的形象进行绘制,也说明该题材在吐峪沟流行的时间要早于北宋时期印度新粉本传入之前。宋之后此题材以八塔变的形式开始出现,随着印度新样式的流传,在吐蕃影响下藏传佛教在这一时期开始盛行,吐蕃占领高昌时高昌也深受藏传佛教风格的影响,以吐鲁番大小桃儿沟为例,小桃儿沟第3窟出现不同于莫高窟76的八塔变样式的佛传故事图,而是绘制了释迦牟尼出生到成道后的十二相,但是明显是藏传风格作品,目前可以识别出的题材有猕猴献蜜、降魔成道、逾城出家等,其中猕猴献蜜与莫高窟76窟猕猴献蜜表现形式相似,十二相佛传故事一般以唐卡为主,而唐卡则流行于 13—14 世纪,9—10 世纪在敦煌流行八塔变相样式表现佛传圣迹,吐鲁番小桃儿窟绘制时间应在 12—13 世纪。而在 9—12 世纪,在吐鲁番并没有出现八塔变类型的佛传故事,再结合该洞窟的风格,可以看出该洞窟绘制时间在 9 世纪之前,绘制风格以唐风为主,还未受到吐蕃风格的影响。

图 17　小桃儿沟 3 窟猕猴献蜜

图 18　莫高窟 76 窟　猕猴献蜜

　　笔者推测吐峪沟石窟出土的"树下诞生"图绘制于唐西州时期与吐蕃占领期间(640—866),除阿斯塔那墓壁画之外,代表唐西州时期绘画之一。公元 640 年,唐设西州后。[①]中原与西域经济文化交流密切,中原与西域服饰互相影响。从吐鲁番阿斯塔那 230 号墓出土的六扇绢画《乐舞屏风》、阿斯塔那 187 号墓中出土的六屏式《弈棋仕女图》可以看到长安艺术在西州的再现,中原唐墓壁画中也有胡舞胡乐、西来马匹等。阿斯塔那 188 号墓出土文书《唐译语人何德力代书突骑首领多亥达干收领马价抄》记载了西州是唐代最大的马匹交易市场。

　　敦煌与高昌在汉代时就交往密切,敦煌文书中记载唐五代沙、瓜、伊、西之间有许多交通路线。郑炳林对唐五代敦煌新开道进行相关考证,也引用了不少史籍与文书证明敦煌与西州新开道自汉代开通一直沿用至晚唐五代。[②]薛宗正根据

---

①《初学记》引《括地志·序略》:"至十四年,西克高昌,又置西州都护府及庭州,并六县。通前凡三百六十州。徐坚:《初学记·卷 8》,北京:中华书局,1962 年,第 166 页。

②郑炳林:《唐五代敦煌新开道考》,《敦煌学辑刊》1994 年第 1 期。

《九姓回鹘可汗碑》记载"吐蕃大军,围攻龟兹,天可汗领兵救援吐蕃落荒,奔入于术四面合围,一时扑灭",认为西安节使陷落是在元和三年(808);魏迎春根据 P. 3918《佛说金刚坛广大清净陀罗尼经》题记记载得知西州陷落时间在贞元八年 (792)。根据壁画人物特征来看,绘制时间大概在 8 世纪(700—799)左右。

## 四、结语

文章重点对吐峪沟石窟新发现的"树下诞生"图进行分析。通过与不同地区图式构图、造像样式比较可见,构图形式大概有两种:一种是异时同构式,另一种是佛诞组合式。不同地区图像存在差异,往往体现在神祇组成上,其中摩耶夫人造像,一手攀树枝,两脚交叉,已成为固定的表现形式,在各地出土的"树下诞生"图像中,摩耶夫人姿态还是保留了犍陀罗样式,部分细节刻画有所不同,其服饰与发饰的绘制有本土化演变。而且搀扶摩耶夫人的侍女也一直伴随在夫人的左边,这与经典中夫人右手抓树枝、右胁诞生太子描述相符,整体人物配置安排未见较大变化。帝释天的形象在流播时发生明显变化,帝释天单腿跪坐姿态则是中国佛教艺术在接受古犍陀罗佛教艺术影响的同时对造像式样的改造。在宋代之前呈固定化表现,后又受到新粉本影响又有新变化。在太子出生位置选择上新发现洞窟图像承袭了犍陀罗的艺术特征,从右胁诞生,严格按照经本绘制。除了新发现洞窟图像和犍陀罗浮雕之外,其他地区出土图像在太子出生位置选择上基本是遵循从右腋诞生。在新发现"树下诞生"图中还可见受敦煌艺术因素影响。画匠在绘制摩耶夫人形象时参考了敦煌石窟中摩耶夫人的外貌特征。摩耶夫人体态丰腴,在装扮上符合唐代女性的形象特征,为该洞窟年代判定提供了参考依据。

吐峪沟石窟东区沟口新发现洞窟壁画内容为佛传故事四相图,此题材组合在吐鲁番仅此一例,吐鲁番柏孜克里克石窟中佛传故事往往作为较重要题材绘制在洞窟主室正壁,通常绘制鹿野苑说法、涅槃等。吐峪沟新发现洞窟绘制四相图题材,为探讨四相图相关信仰与流播提供参考。另外,该洞窟风格呈现敦煌唐风因素,从艺术风格与年代分期方面仍有较大研究空间。

# 隋代敦煌壁画中的疏、密二体维摩诘经变

赵燕林

（敦煌研究院　考古研究所）

在画史资料中，有大量关于魏晋南北朝至隋时期著名画家绘制《维摩诘经》相关画作的记载。但所记不一，大致可分为维摩诘"像"和"变"以及其他三类。据此查阅相关资料，我们发现这些资料中有关维摩诘造像的内容，除了与各时代"维摩信仰"的流行密不可分外，更在一定程度上反映了此一时期"疏、密"二体经变画的一般发展脉络，这一点可在敦煌隋代"维摩诘经变"中得以全面展现。

一般来说，佛教的发展和流行首先反映在佛经翻译、注疏等方面，而佛经的繁荣也必然会反映在同时期的佛教艺术品中。根据画史文献、传世艺术品来看，佛教艺术也经历了由简到繁的一般艺术发展历程，这一点在画史所记《维摩诘经》相关画作中可窥一斑。如唐张彦远《历代名画记》载："顾生首创《维摩诘像》，有清羸示病之容，隐几忘言之状，陆与张皆效之，终不及矣。"并注："张墨、陆探微、张僧繇，并画《维摩诘居士》。"[1]这也就是说，顾恺之"首创维摩诘像"之后，为同代和后代很多画家所效仿，但并未有大的突破和发展。直至刘宋袁倩时，这一内容才有了重大改变，其画"维摩诘变一卷，百有余事，运思高妙，六法备呈，置位无差，若神灵感会精光，指顾得瞻仰威容，前使顾、陆知惭，后得张、阎骇叹。"[2]此后，其他画家在袁倩所画"维摩变"的基础上，对这一内容进行

---

① （唐）张彦远：《历代名画记》卷第二《叙师资传授南北时代》，杭州：浙江人民美术出版社，2011年，第 30 页。

② （唐）张彦远：《历代名画记》卷第七《宋》，第 107 页。

修正和完善。如：隋孙尚子在"定水寺殿内东壁画《维摩诘》,其后屏风,临古迹帖亦妙",杨契丹"宝刹寺一壁《维摩》或《维摩诘》";唐吴道子在"荐福寺西廊菩提院画《维摩诘本行变》",刘行臣等在"敬爱寺大殿内画《维摩诘》"等等。

值得一提的是,以上画家不仅都画有《维摩诘》相关画作,而且他们之间还有着严密的师承关系。《历代名画记》载:"卫协师于曹不兴,顾恺之、张墨、荀勖师于卫协(卫、张同时并有画圣之名)。""陆探微师于顾恺之,袁倩师于陆。"孙尚子既"师模顾、陆",又"师于张僧繇"。"吴道玄师于张僧繇"等。由上大致可以看出,东晋卫协师于东吴曹不兴,而同时代的张墨、顾恺之同师于卫协;刘宋、萧梁时期的袁倩师于陆探微,而陆探微师于顾恺之;萧梁时期的张僧繇除师法"吴曹不兴《龙图》"外,还师法"天竺凹凸花"和卫夫人书法用笔;隋孙尚子师法"顾恺之、陆探微、张僧繇、郑法士"等多人;唐吴道子则师法于张僧繇。

据此,我们可大致看出,以上画家之法皆出自曹不兴。但有意思的是,他们所画人物画却被张彦远分为"疏、密二体",即"顾、陆之密体"一派,"张、吴之疏体"一派。而且他们不一而同地都绘有"维摩诘"相关画作,即此一时期的《维摩像》或《维摩变》亦存在疏密二体。而这一点恰好可在敦煌早期《维摩变》中觅得踪迹。

## 一、隋代敦煌"维摩变"

根据樊锦诗等先生的分期断代研究,莫高窟隋代石窟分为前后三期:第一期大致相当于隋灭陈以前的时期(557—589),下限应在开皇九年(589);第二期大致应在开皇九年(589)到大业九年(613)略后一段时期内;第三期大致应在隋末唐初,也就是大业九年以后的隋末期至唐初武德年间(618—626)。①第一期洞窟中没有维摩变,我们不讨论。而属于第二期的第 433、425、423、419、417、262、420 窟,以及属于第三期的第 276、277、314、380 窟共绘有 11 铺形式不一的维摩变,此为我们后续讨论提供了丰富的资料。

---

① 樊锦诗、关友惠、刘玉权:《莫高窟隋代石窟的分期》,《中国石窟·敦煌莫高窟(二)》,北京:文物出版社,1984 年,第 171—186 页。

敦煌隋代维摩变均绘于隋开皇九年(589)隋文帝统一全国之后,现共存11铺。贺世哲依构图将其分为"隔龛对坐式、隔龛对站式、同殿对坐式、隔弥勒经变对坐式、隔阿修罗对坐式、隔二佛对坐式"六种形式。①但依所绘人物形式来看,贺先生所论实际仅可分为对坐和对站式二类,其中对站式维摩变仅第276窟一铺。

**(一)对坐式维摩变**

据金维诺研究,敦煌最早的维摩变当属第423、262窟,其时代可能属于北朝末期。其中第423窟维摩变最为独特,其处理手法与云冈第6窟入口内壁上部之维摩变相近,且同把文殊与维摩诘置于一室,属于同一类型。②但根据樊锦诗等先生的分期研究,此二窟结束于隋代第二期洞窟,即开凿于开皇九年(589)到大业九年(613)略后一段时期内的洞窟,亦是维摩变在敦煌初传时期的作品。

同时,根据贺世哲研究,第417、419、420、314、380窟隔龛对坐式维摩变,与云冈第7窟(云冈第二期洞窟,开凿于文成帝死后至孝文帝迁都洛阳以前,约470—494年)南壁下层维摩变、龙门宾阳洞前壁窟口西侧维摩相似。③此式维摩变除了第417窟的文殊、维摩诘分坐于帐内外,其余4铺文殊、维摩诘均坐于汉式屋内,且下部具有数量不菲的听法众。此式维摩变除全部包含"问疾品"外,其中第314窟还绘有"方便品",第420窟绘有"问疾品、佛国品、香积佛品",这也是隋代莫高窟所含品数最多的维摩变。

还有,贺世哲所论第277窟隔二佛并坐式维摩变之形式,最早见于太和元年(477)阳氏造金铜坐佛像背面浮雕中。此窟维摩变较其他维摩变画幅较大(第277窟北壁整壁绘制,东侧毁),用线简练,设色较少。

同殿对坐式维摩变仅有第423窟一铺,贺先生指出此式维摩变与云冈第6窟(完成于北魏太和十八年,494年)南壁下部中央龛里维摩变相同。此式文殊、

①贺世哲:《敦煌壁画中的〈维摩诘经变〉》,《敦煌研究》1982年第2期,第62—87页。
②金维诺:《敦煌壁画维摩变的发展》,《考古》1959年第2期,第3—9页。
③贺世哲:《敦煌壁画中的〈维摩诘经变〉》,第62—87页。

维摩诘同坐一室,二者分坐门内左右两侧,两窗户内露出众多的听法众,屋檐两端各站一天王,下画方格蓝色琉璃地面。和前述隔龛对坐式维摩变相似,略显空旷,但整体仍不失繁密之感。

此外,贺世哲所论隔弥勒对坐式(第 425、433 窟)和隔阿修罗对坐式维摩变(第 262 窟)仅见于隋代敦煌壁画。此二式维摩变除绘有"问疾品"外,其中第 262 窟维摩变还绘有"阿閦佛品",此被认为是莫高窟新出现的维摩诘经变。同时,邹清泉认为,莫高窟第 262、314、380、419、420、425、433 窟隋代坐榻维摩画像的基本样式与康业石榻正面左起第五幅线刻画像基本一致,其中以第 314、380 窟与之最为接近, 反映出莫高窟佛教图像与中原汉地世俗美术间的血缘关系。[1]这里邹清泉除没有论及第 423、227 窟维摩变,这也从另一个层面说明第 423、277 窟维摩变与前叙 7 铺维摩变区别较大, 可能是另一类维摩变的影响下的产物。

整体来看,隋代对坐式维摩变虽画幅较小、构图简单,所含品数、内容不多,却言简意赅地将《维摩诘经》主旨人物刻画了出来,加之装饰在其周围的繁密的树木,以及凌空而来的飞天,使得整个画面紧凑而饱满。

若此,则金维诺所言第 423、262 窟为莫高窟最早维摩变之说则另当别论。

多种形式的维摩变在同一时期内出现, 说明此一时期的维摩变尚属初创和探索阶段,是敦煌石窟开凿者在敦煌石窟中同时存在的对多种形式维摩变的尝试。还有,这一时期所绘维摩变所含品数不多,只有《佛国品》《方便品》《文殊师利问疾品》《香积佛品》《见阿閦佛品》。其中,第 420 窟绘有"佛国品、文殊师利问疾、香积佛品",第 314 绘有"方便品、文殊师利问疾品",第 262 窟绘有"文殊师利问疾品、见阿閦佛品"外,其余 7 窟仅绘"文殊师利问疾品"一品内容。整体来看,隋代维摩变主要为维摩示疾与文殊来问,其样式来自中原,尤受龙门石窟影响较大。[2]

既然敦煌维摩变源自中原,但遍观云冈、龙门等石窟中的维摩变,全部为文殊与维摩诘对坐式,而没有对站式维摩变,这一现象值得关注。

---

[1]邹清泉:《虎头金粟影——维摩诘变相研究》,北京大学出版社,2013 年,第 97 页。
[2]贺世哲:《敦煌莫高窟壁画中的〈维摩诘经变〉》,第 62—87 页。

## （二）对站式维摩诘

纵观各石窟、传世绘画品中的维摩变，几乎全部为对坐式，仅有莫高窟第276窟为对站式。此窟维摩变绘于西壁龛外两侧，南侧文殊，北侧维摩诘。两侧均白色打底，朱红色起稿勾勒，留白较多，敷彩简单。

南侧文殊菩萨后绘三圈圆形头光，头戴宝冠，身穿璎珞，面部饱满，双手作说法印，下身穿朱色长裙，赤脚立于覆莲宝座之上。身后绘一大树，树干朱色勾勒轮廓，树枝稀疏，树叶以蓝、黑两色覆染。下部绘浅低矮的朱色山峦，山峦上绘有简单的树木。北侧维摩诘无头光，头戴幅巾。[1]身穿白色长袍，后披朱色鹤氅裘，右手执麈尾、左手轻托尾端。身体微微前倾，双眉紧锁，目光炯炯，双唇轻启，髭须奋张，足蹬朱色大履，似正与对面的文殊菩萨展开激烈辩论。身后绘一大树，树干朱色勾勒，树枝稀疏，树叶以蓝、黑两色覆染。整体用线、留白较多，极显简练概括。

有意思的是，第276窟西壁龛外"维摩变"北侧维摩变前方书有"戒香、定香、惠香、解脱香、解脱知见香。光明云台遍法界，供养十方无量佛。见闻普熏证寂灭，一切众生亦如是"的两行文字。贺世哲先生曾指出这一内容与敦煌文献S.440有相同文字，该图系莫高窟隋代"问疾品"中的白眉佳作。[2]后经王惠民研究，认为这一内容系《行香说偈文》，可能是汉晋之际高僧道安制定的行香之法，并认为该《行香说偈文》与此铺"维摩变"有一定的关系。[3]而何剑平依据《行香说偈文》和画面等内容进一步研究，认为这尊维摩诘立像并非根据《问疾品》内容所绘，故与《问疾品》经文内容不符。[4]同时，根据高金玉研究，"张彦远对于维摩诘像和维摩诘变的区分是很清楚的，单身为像，表现经文故事为变，顾恺

---

① "幅巾"，《后汉书·韩康传》《鲍永传》《郑玄传》中皆有记述。李善注曰："幅巾，谓不着冠，但幅巾束首也。"又，《宋书·礼志》引《傅玄子》曰："汉末王公名士，多委王服，以幅巾为雅。"孙机认为，南京西善桥南朝墓拼镶砖画《竹林七贤与荣启期图》中的山涛、阮咸头戴幅巾。孙机：《从幞头到头巾》，《华夏衣冠——中国古代服饰文化》，上海古籍出版社，2016年，第85—86页。

② 贺世哲：《敦煌莫高窟壁画中的〈维摩诘经变〉》，第62—87页。

③ 王惠民：《莫高窟第276窟〈行香说偈文〉与道安的行香之法》，《敦煌研究》2009年第1期，第16—20页。

④ 何剑平：《中国中古维摩诘信仰研究》，成都巴蜀书社，2009年，第342页。

之等人所画为单身维摩诘像是毫无疑问的。"①

综上,第 276 窟被称为"维摩变"的画作,严格来说应是一铺仅有文殊和维摩诘的肖像画,而非经变。

(三)小结

总的来看,莫高窟第 276 窟"维摩变"较前揭其他 8 铺维摩变内容较为简单,且仅为维摩诘与文殊菩萨分立龛外两侧的画像。若非手执麈尾的维摩诘和其前方的题榜,甚至很难确定其人物身份。故虽名为一铺"维摩变",但实为维摩诘和文殊菩萨的单身肖像画。而与其命名相同的其他维摩变,二人前后皆都有人数不菲的听法众或问疾众,且整体构图及形式都较为复杂。还有,第 276 窟"维摩变"人物造型整体用线勾勒而成,书法用线意味尤为明显,而其他维摩变则明显较少用线,且多为敷彩重妆而成。

## 二"疏、密"二体维摩诘"像"与"变"

根据段文杰和李琪琼研究,隋代敦煌壁画中明显地存在着两种风格,即"周密细巧"的密体和"疏简概括"的疏体两种基本形式,②此和张彦远所谓晋唐道释人物画分"疏、密二体"的论断相吻合。对此,段文杰曾指出:隋代敦煌壁画中的"疏体是沿着西魏、北周时期延续下来的'迹简意淡而雅正'的早期画派。从开皇到大业,一脉相承,作画时首先总体设计,安排各种画的部位,然后以土红在粉壁上弹线起稿。"密体,即"细密精致而臻丽"的展、郑一派的中原画风。这种画风在开皇后期便出现在第 427、419、420 等窟故事画中。"③

这也就是说,敦煌壁画中的"疏体"早于"密体"。而根据画史等资料来看,所谓"疏、密二体",其实是唐彦远在论晋唐道释人物画家顾恺之、陆探微、张僧繇、吴道子四家样式时提出的著名论断。

---

①高金玉:《成都西安路出土南朝维摩诘造像辨识》,《中国美术研究》2016 年第 3 期,第 38—45 页。

②李其琼:《隋代的莫高窟艺术》,《中国石窟·敦煌莫高窟(二)》,北京:文物出版社,1989 年,第 169 页。

③段文杰:《融合中西成为一家——莫高窟隋代壁画研究》,《中国壁画全集·敦煌·17·隋》,天津人民美术出版社,1991 年 8 月,第 1—20 页。

　　《历代名画记》卷二《论顾陆张吴用笔》曰:"顾恺之之迹,紧劲联绵,循环超忽,调格逸易,风趋电疾,意存笔先,画尽意在,所以全神气也。昔张芝学崔瑗、杜度草书之法,因而变之,以成今草。书之体势,一笔而成,气脉通连,隔行不断。唯王子敬明其深旨,故行首之字,往往继其前行,世上谓之'一笔书'。其后陆探微亦作一笔画,连绵不断。故知书画用笔同法。陆探微精利润媚,新奇妙绝,名高宋代,时无等伦。张僧繇点曳斫拂,依卫夫人《笔陈图》,一点一画,别是一巧,钩戟利剑森森然,又知书画用笔同矣。国朝吴道玄古今独步,前不见顾陆,后无来者,授笔法于张旭,此又知书画用笔同矣。"①

　　又曰:"顾、陆之神,不可见其盼际,所谓笔迹周密也。张、吴之妙,笔才一二,象已应焉,离披点画,时见缺落,此虽笔不周而意周也。若知画有疏密二体,方可议乎画。"②

　　这段议论,将顾、陆、张、吴四家的笔迹特点分析归纳为两种类型。即以顾、陆为一派的"笔迹周密"的密体;以张僧繇和唐吴道子为一脉的"笔不周而意周"的疏体。

　　有意思的是,张彦远所论这些画家,全都画有《维摩》。此也就是说,这些画家所画《维摩》应可分为"疏体"或"密体"两类。即顾、陆画"密体"《维摩》,张、吴画"疏体"《维摩》。

　　首先,何为"密体"。《历代名画记》谓:"顾、陆之神,不可见其盼际,所谓笔迹周密也。"另曰"顾恺之之迹,紧劲联绵,循环超忽,调格逸易,风趋电疾,意存笔先,画尽意在,所以全神气也"。对此,学界讨论甚多。俞剑华认为:"疏如后代的写意画,密如后代的工笔画。"③樊波认为:"所谓疏、密二体,就是指人物画造型中线条构成的疏密程度。"④对此,唐波持不同意见,认为"密体用笔既不是后

①(唐)张彦远:《历代名画记》卷第二《论顾陆张吴用笔》,浙江人民出版社,2016 年,第 26—27 页。
②(唐)张彦远:《历代名画记》卷第二《论顾陆张吴用笔》,浙江人民出版社,2016 年,第 27—28 页。
③(唐)张彦远撰,俞剑华注释:《历代名画记》,上海人民美术出版社,1964 年,第 36 页。
④樊波:《中国人物画史》,南昌:江西美术出版社,2017 年,第 188 页。

世的工笔画,也不在于线条的繁与多,而是远古以来刻描法的发展"。其用笔的关键是"不可见其盼际"①。我们赞同唐波这一观点,但有一点需要指出,张彦远在说明密体用笔"不可见其盼际"的同时,还指出"所谓笔迹周密也"。显然,"所谓笔迹周密也"是对"不可见其盼际"的解释或补充。

这里有一个关键字"盼",何为"盼"?《说文解字》曰:"白黑分也。《诗》曰'美目盼兮'。从目,分声。"②据此,唐波认为,"盼"指眼睑内侧与眼球表面之间的缝隙,故"不可见其盼际"意即"顾恺之、陆探微的用笔之法犹如盼际之缝一样不可见,虽然在动,却绝不会因时空变化而发生形变"③。这是对密体用笔的形象形容,但这种形象却有点抽象,故张彦远特别强调"此所谓笔迹周密也"。这也就是说,密体用笔有其"神"的特点,但最直观的还是相对于"疏体"来说的"笔迹周密"之感。

其次,何为疏体?《历代名画记》曰:"张、吴之妙,笔才一二,像已应焉,离披点画,时见缺落,此虽然笔不周而意周也。"又谓:吴道玄"众皆密于盼际,我则离披其点画"。这里,张彦远将"离披"与"盼际"相对,"盼际"是密体用笔的关键,"离披"应是疏体用笔的关键。据唐波研究,"离披"是对古老的捕鸟活动全程的形象化描述,意在强调"疏体"特殊的笔法,认为"这种'离披'般的用笔之法,开始时是力量猛烈的砍斫蹂搓,而后随着力量逐渐消逝,走向泄气般的披摆。"④这种有别于"密体"的用笔之法其实是引入卫夫人书法用笔的结果,故《历代名画记》又道:"张僧繇点曳斫拂,依卫夫人《笔陈图》,一点一画,别是一巧,钩戟利剑森森然,又知书画用笔同矣。"⑤也因为此,"疏体"用笔便有了"时见缺落"和"笔不周而意周",甚至"虬须云鬓,数尺飞动,毛根出肉,力健有余"的艺术特点。

---

①唐波:《从描写到书写:张彦远"疏密二体"用笔考》,《艺术探索》2020 年 5 月,第 26—36 页。
②(汉)许慎撰,(宋)徐铉校定:《说文解字》卷第四《目部》,北京:中华书局,1963 年,第 71 页。
③唐波:《从描写到书写:张彦远"疏密二体"用笔考》,第 26—36 页。
④唐波:《从描写到书写:张彦远"疏密二体"用笔考》,第 26—36 页。
⑤(唐)张彦远:《历代名画记》卷第二《论顾陆张吴用笔》,第 26 页。

## (一)顾恺之、陆探微之"密体"《维摩像》

### 1. 顾恺之首创《维摩像》

前文已论,既然唐张彦远认为顾恺之画为"密体",且以"神韵"独步。这种特点应该贯穿其画始终,其首创《维摩》也应具备这一特点。

顾恺之,五代晋时晋陵无锡人,[①]约 348—409 年人。[②]《历代名画记》载其"首创维摩诘像,有清羸示病之容,隐几忘言之状,陆与张皆效之,终不及矣"[③]。"又曾于瓦棺寺北小殿画维摩诘,画讫,光彩耀目数日。"[④]

这也就是说,顾恺之曾不止一次画过《维摩》:其一,顾首创《维摩诘像》,后为张墨、陆探微和张僧繇所效仿;其二,顾又在瓦棺寺画一《维摩诘》,后又称其为"维摩诘一躯";其三,唐会昌五年,宰相李德裕镇浙西时取管内诸寺壁画藏于甘露寺,从别处移来顾画《维摩诘》。

显然,张彦远所言顾首创的是《维摩诘像》,而非《维摩诘》,此两者在理论上有着本质的区别。今人讨论者众,但至今都没有区别开来。

其实,这一点在唐睿宗时人黄元之撰《润州江宁县瓦棺寺维摩诘画像碑》碑文已有说明,其碑曰:

> "在江宁县瓦棺寺变相者,晋虎头将军顾恺之所画也。……考东汉之图,采西域之变。"[⑤]

首先,关于顾画瓦棺寺"维摩诘变相"的讨论,韩刚有过深入的讨论。其根据《建康实录》转《京师寺记》所云:"兴宁中,瓦棺寺初置……遂闭户往来,一百余日,所画《维摩诘》一躯。"[⑥]而《历代名画记》引《京师寺记》却云:"往来一月余

---

[①](南齐)谢赫撰,邵学海校注:《画品》,太原:山西教育出版社,2015 年,第 11 页。

[②]林树中:《六朝艺术》附录《顾恺之年表》等,南京出版社,2004 年。

[③](唐)张彦远:《历代名画记》卷第二《叙师资传授南北时代》,第 30 页。

[④](唐)张彦远:《历代名画记》卷第五《晋》,第 87 页。

[⑤](宋)李昉:《文苑英华》卷八五七《碑》,北京:中华书局,2003 年,第 4526 页。

[⑥]《京师寺庙记》已佚,转自(唐)许嵩撰,张忱石点校:《建康实录》卷八《太宗简文皇帝》,北京:中华书局,1986 年,第 87 页。

日,所画维摩诘一躯。"①这也就是说,顾恺之往来瓦棺寺一百余日或一月余日画成《维摩诘》一躯。韩刚认为用如此长的时间画一维摩诘单身像的话,所用时间无论如何都令人难以理解,并据此指出这里所谓"一躯"实为"一区",即顾恺之所画"'维摩诘一躯'意则当为维摩诘经变相"。②其实,一区维摩既有可能是单身维摩,又可能维摩诘变相,一铺壁画以"一区"称之绝无不妥。

其实,这一问题可在宋代米芾《画史》中觅其一二。《画史》载:"有吴中一士大夫好画,而装背以旧古为辨,仍必以《名画记》差古人名。……尝见余家顾恺之《维摩》,更不论笔法,便云:'若如此,近世画甚易得。'顾侍史曰:'明日教胡长卖寻两本。'后数日,果有两凡俗本,即题曰'顾恺之《维摩》''陆探微《维摩》'。题顾恺之者无文殊,只一身,是曾见瓦棺像者也。其一有文殊睡狮子,故曰陆探微,曾见甘露陆探微有张目狮子故也。"③这里,米芾指出题为"顾恺之《维摩》"的,是据瓦棺寺顾画而来;题为"陆探微《维摩》"的是据甘露寺藏陆画而来。同时,米芾《画史》《书史》中有多处提及其家藏顾画《维摩天女》(或曰《维摩天女飞仙》《净名天女》),可见其对顾画之记述当为不误。

此外,这一点已为李霖灿等学者所证实。李霖灿在研究纽约大都会博物馆藏《维摩诘经》之扉页《维摩诘图》时指出:顾恺之"只画了维摩居士一个人的像,并没有画文殊师利问疾",而文殊师利问疾则到东魏武定元年(543)石碑(《佛碑相:文殊问疾》,纽约大都会博物馆藏)上才出现。此画紫绢底泥金书记录了《维摩诘经》的大部分,由文殊师利问疾品第五起,至入不二法门第九,所以在前面画了维摩诘像一躯以做缘起。并进一步指出:现在传世的维摩诘像,包括敦煌维摩诘像、台北故宫博物院宋人《维摩诘图》、南宋张胜温大理国梵像卷上的《文殊师利问疾图》,日本东福寺藏维摩,或所谓李公麟《维摩天女像》,都是由顾恺之的一个原稿模样发展而来,是传摹移写的结果。④而据纽约大都会博物馆藏大乘经典《维摩诘经》之扉页图像来看,此画虽以维摩诘像为主,但

---

①(唐)张彦远:《历代名画记》卷第五《晋》,第30页。

②韩刚:《顾恺之〈维摩诘图〉探寻》,《美术学报》2021年第4期,第4—16页。

③(宋)米芾撰,刘世军、黄三艳校注:《画史校注》,桂林:广西师范大学出版社,2020年,第184—185页。

④李霖灿:《顾恺之和维摩诘像》,《李霖灿读画四十年》,北京:中信出版社,2018年,第50—57页。

上下左右都分布有极为复杂的内容。李霖灿不以"维摩诘经变相"相称,而以"维摩诘像一躯"称之,实则沿袭了《历代名画记》等画史资料之传统。

其次,关于顾恺之"考东汉之图,采西域之变"而成的"维摩诘变相"究竟如何? 其实,黄元之将"图"与"变"对举,此似乎可以说明一些问题。

所谓"图",《说文解字》曰:"画计难也。从口从晑。晑,难意也。同都切。"徐锴曰:"规画之也。故从口。"①显然,此处"图"乃"经营""构图"之意也。

所谓"变",据饶宗颐研究:"'变'的意义从化身而来,而绘画的梵名是 māna,和化身的梵名 nirmāna 同样有 measuring(衡量)之义,故知汉译把画的 māna 译成变,这是很标准的意译。"②显然,经变之"变"即为"画"。另据张正学对"变、变相、变文"关系的研究,认为"变"原产于西域,变相可能是带有提示性文字(榜题)的"相主而文辅"的画作。③其作用大概是"众'看官'眼看变相,耳听变文,自得相映成趣之乐","变文"与"变相""互相配合,各有特点"的。④

综上,既然顾恺之所画瓦棺寺"维摩诘变相"采用了"西域之变",那么,其画"密体"之特点也应受到了"西域之变"的深刻影响。同时,顾首创者为《维摩诘像》,张墨、陆探微和张僧繇效仿的即为《维摩诘像》;而在瓦棺寺、甘露寺所画《维摩诘》,即采用"西域之变"而成的并不复杂的"维摩诘经变"。

2. 陆探微画《维摩像》及《阿难维摩图》

陆探微(约 412—486)⑤,南朝宋时画家,"师于顾恺之"。其画风与顾相似,同为"密体"代表性画家,故画史多以"顾、陆"并称。对于陆探微的绘画成就,历代评价都极高。《历代名画记》引张怀瓘《画断》云:"陆公参灵酌妙,动与神会,笔迹劲利,如锥刀焉,秀骨清像,似觉生动,令人懔懔若对神明,虽妙极象中,而思不融乎墨外。"⑥

---

①(汉)许慎撰,(宋)徐铉校定:《说文解字》卷第六《口部》,北京:中华书局,1963 年,第 129 页。

②饶宗颐:《从"眹变"论变文与图绘之关系》,《梵学集》,上海古籍出版社,1983 年,第 330 页。

③张正学:《变·变相·变文—从唐人黄元之"西域之变"说起》,《求实学刊》2014 年第 6 期,第 134—141 页。

④程毅中:《关于变文的几点探索》,《程毅中文存》,北京:中华书局,2006 年,第 71 页。

⑤林树中:《南朝画圣陆探微年表》,《南通大学学报》(社会科学版)2006 年 2 月,第 95—103 页。

⑥(唐)张彦远:《历代名画记》卷第六《宋》,第 101 页。

这里有个关键词"秀骨清像",史论家多有讨论。陈绶祥认为:这里的"'骨'既指'瘦形'的人面部磊砢而有节目的骨节,又是为人'岩岩若孤松之独立'赖以立形的形体之'骸',前者是裸露的,后者是'制衣以幔之'的。故身体之'骨'又与飘然翻动的衣衫饰物相表里,或曰身体之'骨'又直接表露于具体衣褶的转折中。"①这也就是说,"秀骨清像"人物画的基本特点是人物形象清瘦,并配以褒衣博带的一种人物画面貌。

张彦远在讨论"秀骨清像"的同时,认为形成"秀骨清像"的前提是"动与神会,笔迹劲利,如锥刀焉"。此其实是说用笔及笔法的问题,即强调"密体"用笔特点的问题。

既然如此,则效仿顾恺之绘制《维摩诘像》的陆探微,②其画必然会具有"精利润媚,新奇绝妙""'一笔一画'连绵不断","秀骨清像"的基本面貌。而此,应是对顾恺之"一笔而成,气脉通连,隔行不断""一笔画"用笔的发展。

陆探微所画《阿难维摩图》《净名居士像》《维摩像》内容如何,史无明载,亦无图可查。但据后世所记《净名居士像》(《宣和画谱》载)《维摩像》(元汤垕《画鉴》、清《河书画舫》载)来看,应非《维摩诘经》之完整变相,而应和顾恺之所画《维摩诘像》接近,正如米芾所言陆画《维摩》"其一有文殊睡狮子,故曰陆探微,曾见甘露陆探微有张目狮子故也"③。

此外,根据《历代名画记》所载"张墨、陆探微、张僧繇,并画维摩诘居士"④和《阿难维摩图》⑤来看,陆探微不仅效仿顾恺之画了"维摩像",而且还创作了《阿难维摩图》。

我们推测,《阿难维摩图》可能是表现《维摩诘经》中"阿难乞乳"的故事画。

---

①陈绶祥:《魏晋南北朝绘画史》,北京:人民美术出版社,2000年,第56页。

②《历代名画记》载:顾恺之"首创维摩诘像,有清羸示病之容,隐几忘言之状,陆与张皆效之,终不及矣。"并注"张墨、陆探微、张僧繇,并画维摩诘居士,终不及顾之首创者也。"(唐)张彦远《历代名画记》卷第二《叙师资传授南北时代》,第30页。

③(宋)米芾撰,刘世军、黄三艳校注:《画史校注》,第185页。

④(唐)张彦远:《历代名画记》卷第二《叙师资传授南北时代》,第30页。

⑤(唐)张彦远:《历代名画记》卷第六《宋》,第102页。

理由有三：其一，《维摩诘经》中有"阿难乞乳"的内容，该故事讲"佛陀生病，阿难到摩耶利家化缘讨牛奶，维摩诘劝阻不可声张，以免外道借此诽佛"，这是《维摩诘经》记述阿难和维摩诘有交集的唯一内容；其二，一般来说，历代文献资料中关于维摩诘的图像名称，维摩皆在前，如《宣和画谱》载北宋画家侯翌曾画《维摩文殊像》一卷；[①] 其三，在传世画史和绘画品中，皆没有阿难维摩并列画像的记载，而有《维摩变》弟子品"阿难乞乳"的内容，如莫高窟第 159、9、61 窟、榆林窟第 32 窟等 11 铺《维摩变》中均绘"阿难乞乳图"。[②]据此可以推知，陆探微所绘《阿难维摩图》可能与晚唐《维摩变》"阿难乞乳"等内容有相似之处。

　　总的来看，生于东晋末活跃于南朝宋齐的陆探微是顾恺之的直接继承者。"密体"的艺术风格始于卫协，中经顾恺之的发扬，最终完成于陆探微。而其所绘《维摩像》应是模仿了顾恺之的"维摩像"，《阿难维摩图》亦是在"维摩像"基础上发展而成的具有"密体"画风特点的画作。

**（二）张僧繇"疏体"之《维摩诘像》**

　　张僧繇，南朝梁时人（502—557）。其约生于 484 年，卒于梁元帝时代或稍后，享年约 71 岁。[③]《贞观公私画史》载其画有"《维摩诘像》一卷"，[④]《历代名画记》载其效仿顾恺之画有"维摩诘像"，而且张彦远还亲眼见过张僧繇所画的"维摩诘并二菩萨"，并赞叹其"极妙者也"。[⑤]

　　作为"疏体"的代表性人物，《历代名画记》在"叙师资传授南北时代"卷中却没有论及张僧繇的师承关系。根据陈传席等人研究，张僧繇曾师法曹不兴《龙图》和天竺画法"凹凸花"并卫夫人书法用笔，创新了与顾恺之、陆探微"密体"相对的"疏体"画风。[⑥]

---

①《宣和画谱》，第 113 页。

②贺世哲：《敦煌莫高窟壁画中的〈维摩诘经变〉》，第 62—87 页。

③韩刚：《张僧繇四题》，《南京艺术学院学报》（美术与设计）2021 年第 2 期，第 27—33 页。

④（唐）裴孝源：《贞观公私画史》，于安澜编《画品丛书》本，上海人民美术出版社，1982 年，第 38 页。

⑤（唐）张彦远：《历代名画记》卷第七《梁》，第 119—120 页。

⑥陈传席：《六朝画家史料》四十《张僧繇》，北京：文物出版社，1990 年，第 264-265 页；周积寅：《"六朝三杰"是什么？张家样的特色是什么？》，载《古代艺术三百题》，上海古籍出版社，1988 年，第 213—214 页；林树中：《六朝艺术》第二章第三节《张僧繇的绘画》，南京出版社，2004 年，第 138—141 页。

前文已对"疏密二体"笔法做了探讨,此不赘述。而张僧繇所画究竟如何?

《历代名画记》载:"笔才一二,而像已应焉。……象人之妙,张得其肉"。①

宋米芾《画史》载:"张笔天女宫女面短而艳"。②

又《建康实录》载:"一乘寺,梁邵陵王纶造,寺门遍画凹凸花,代称张僧繇手迹,其花乃天竺遗法,朱及青绿所成。远望眼晕如凹凸,就视即平。世咸异之,乃名凹凸寺。"③

据此,罗世平认为:张僧繇所画人物"笔简而神全,相圆而色艳",而且是一种造型准确、用笔简洁、形象丰满圆润、设色浓丽的人物画新样。④而对比莫高窟第 276 窟"维摩变"来看,明显具有以上所论张僧繇"疏体"之画风的诸多特点。

莫高窟第 276 窟站姿维摩诘和文殊像具有面短、圆润,而且整体用线、留白较多,极显简练概括的"疏体"画的主要特点。段文杰认为,此窟的维摩诘和文殊师利均以土红色一次完成,简练概括,人物形象"笔才一二,像已应焉",造型的准确性,传神的深刻性,以及敷彩的简单、明快和淳朴,都继承和发扬了早期北方壁画朴实浑厚的风格。⑤姜伯勤也指出"把此画疏简而有骨力的笔法、点划、转折与卫夫人笔阵图的要领比较,可知此画中已明显融入了书法技巧,而这些正是张家样的特点"。甚至认为"这一组画是莫高窟隋代疏体的代表作"⑥。这也就是说,虽然没有直接证据可以证明第 276 窟站姿《维摩诘》与张僧繇有某些联系,但至少此画所具有的"疏体"特点我们不可否认。

**(三)维摩诘经变的发展**

1. 袁倩《维摩诘变》

《历代名画记》中记载"维摩变"的内容仅有两处,第一为刘宋时期的袁倩

①(唐)张彦远:《历代名画记》卷第二《论顾陆张吴用笔》,第 27—28 页。

②(宋)米芾撰,刘世军、黄三艳校注:《画史校注》,第 14 页。

③(唐)许嵩撰,张忱石点校:《建康实录》(卷十七),第 886 页。

④罗世平:《疏密二体:晋唐道释人物画样式考论》,《湖北美术学院学报》2019 年第 4 期,第 4—9 页。

⑤段文杰:《融合中西成为一家——莫高窟隋代壁画研究》,《中国壁画全集·敦煌·17·隋》,第 1—20 页。

⑥姜伯勤:《论敦煌的士人画家作品及画体与画样》,《学术研究》1996 年第 5 期,第 54—61 页。

所画《维摩诘变》一卷,第二为唐吴道子在安国寺大佛殿绘《维摩变》。而袁倩所绘是现在可知最早被称作《维摩诘变》的,而且是一种前所未有的新样式。

袁倩,又名袁蒨,生卒年不详,其大致生活年代为"公元 460—530 年间,主要活动为刘宋末、南齐、梁初,常年供职于朝廷"。①南齐谢赫《画品》谓:袁倩"北面陆氏,最为高逸。象人之妙,亚美前贤。但志守师法,更无新意;然和璧微玷,岂贬十城之价也"。②这也就是说,袁倩被视为陆探微的高才弟子,其画虽守师法,缺乏新意,故谢赫《画品》将袁倩排在"第二品"画家之列。唐张彦远亦将其评为"中品上"的层次,此和谢赫的评价基本一致。由此可以看出,袁倩之画在当时的评论家看来,并非出类拔萃。

但有意思的是,唐张彦远却对袁倩所画《维摩诘变》给出了出乎其前论的极高评价。其谓:袁倩画"维摩诘变一卷,百有余事,运思高妙,六法备呈,置位无差,若神灵感会精光,指顾得瞻仰威容,前使顾、陆知惭,后得张、阎骇叹"③。此即是说,被评论家评为"中品上"的画家袁倩,画出了"百有余事,运思高妙,六法备呈,置位无差"的"维摩诘变",而且此画一度让当时第一流的画家顾恺之、张僧繇,以及其师陆探微和后来的阎毗等惭愧、骇叹。此应该说是魏晋南北朝隋唐时期绘制"维摩诘"之翘楚,使得从晋至初唐的众多绘制"维摩诘"的画家中脱颖而出。

金维诺先生曾指出:"顾恺之、张墨以及陆探微、张僧繇所画的维摩,究竟是表现的维摩诘问疾品,还是表现维摩经全文仍是一个疑问,但历代名画所记全为维摩像,这与高僧传卷十二释僧庆传所称'到大明三年(459)二月八日,于蜀城武担寺西,对其所造净名像前焚身供养'一样都称为维摩像与净名像,所以根据记载推测,应该说开始还是限于表现维摩诘一个人的像,到南朝宋(420—478)的袁倩才有进一步发展,完成了成熟的维摩变。"并进一步指出:"这是文献记载上说明表现维摩诘经全文的一个重要记载,也可以说是由单身

---

① 王珂欣:《南朝画家袁倩小考》,《荣宝斋》2017 年第 4 期,第 126—131 页。

② (南齐)谢赫撰,王伯敏标点译注:《古画品录》,北京:人民美术出版社,2016 年,第 11 页。又,邵学海校注《画品》载:"北面陆氏,最为高足。象人之妙,亚美前贤。但守师法,不出新意,其于妇人,特为古拙。虽合璧微玷,岂贬十城之价也"(南齐)谢赫撰,邵学海校注:《画品》,第 8 页。

③ (唐)张彦远:《历代名画记》卷第七《宋》,第 107 页。

维摩象发展为维摩经变的重要里程碑。"①

综上来看,既然袁倩所画《维摩诘变》得到顾、陆和张、阎的赞叹,说明其画应是一种前所未有的有别于前人《维摩像》的《维摩诘变》,此也间接说明袁倩所画《维摩诘变》所引起的强烈反响势必会在那个崇尚"迁移摹写"的时代被临摹流布。据此,我们认为袁倩不仅在形式和内容上完善了《维摩变》,而且在"前使顾、陆知惭,后得张、阎骇叹"的光环下,为后世画家所推崇,甚至影响和左右了后世《维摩变》画样的新发展。

那么,袁倩所画《维摩诘变》究竟如何,除了文献载其"百有余事,运思高妙,六法备呈,置位无差"外,学界多认为麦积山西魏乙弗皇后功德窟第 127 窟(大统元年至大统六年,535 年—541 年)中的《维摩诘经变》,或许就受到了袁倩维摩变的一定影响, 是当时乃至以后很长时间内代表了维摩变壁画的最高水平。粉本来源应自中原南朝。②这一结论的立足点,不仅与麦积山第 127 窟维摩变品数多、内容丰富有关,更与袁倩创作"百有余事"的《维摩诘变》的时代相近密切相关。

如果此说为真,则袁倩所创《维摩诘变》应为与麦积山第 127 窟维摩变相似的一种相对成熟的维摩变样式, 基本具备了后世大型维摩变的形式。此类《维摩变》应该说是袁倩在顾画基础上形成的一类情节相对复杂的表现维摩诘经的变相画,是此一时期表现《维摩诘经变》的代表性画作。

2. 孙尚子画屏风样《维摩诘》

孙尚子,生卒年不详,主要活动在隋时期(581—618),在定水寺画有"维摩诘"。《历代名画记》载其"师于顾(恺之)、陆(探微)、张(僧繇)、郑(郑法士)"。而"郑法士师于张",为"张之高足"。③这也就是说,孙尚子不仅师法于"顾、陆"之"密体",而且还师法于张僧繇和郑法士(师于张僧繇)之"疏体",故其画风兼具"密体"和"疏体"两者的诸多性格。

---

① 金维诺:《敦煌壁画维摩变的发展》,《文物》1959 年第 2 期,第 3 页。

② 郑炳林、沙武田:《麦积山第 127 窟为乙弗皇后功德窟试论》,《考古与文物》2006 年第 4 期,第76—85 页。

③ (唐)张彦远:《历代名画记》卷第二《叙师资传授南北时代》,第 24 页。

《历代名画记》载:"定水寺……殿内东壁,孙尚子画维摩诘,其后屏风,临古迹帖亦妙。"[①]此处所记孙尚子画"维摩诘"究竟为"维摩诘像"还是"维摩诘变",学界关注者不多。据史睿研究,孙尚子定水寺画"维摩诘"其"画样当与敦煌220窟维摩诘变相同:维摩诘坐于维屏坐榻之上,其屏风装裱书法,乃是'古迹贴',此贴当是孙尚子所临写的前代法书名记,故云"。并引段成式《寺塔记》云:"(玄法寺)东廊南观音院卢奢那堂内槽北面壁画《维摩变》,屏风上相传有虞世南书。其日,善继令徹障登塔读之,有"'世南''献之'白,方知不谬矣。"[②]史睿认为玄法寺"维摩变非孙尚子所画,但画样源自尚子当无疑问。"[③]若如史睿所论,则前文所论顾画"维摩诘"亦当为"维摩变"。因此,孙尚子画定水寺"维摩诘"是否为如莫高窟第220窟"维摩变",似可再论。但有一点可以确定,莫高窟初唐第220、332、334、335、341、103窟,以及第68、242窟维摩诘所坐维屏坐榻后屏风上,临古迹帖当为不谬。

至于孙尚子艺术风格,《历代名画记》引李嗣真云:"孙、郑共师于张,……善为战笔之体,甚有气力,衣服手足,木叶川流,莫不战动,唯须发独尔调利,他人效之,终莫能得,此其异态也。"[④]显然,在李嗣真看来,孙尚子画风受张僧繇影响犹大,其画风当多"疏体"之风,其用笔则主要以"战笔之体"为特点。而对比来看,莫高窟初唐第220、332、334、335、341、103窟以及第68、242窟《维摩变》中,孙尚子屏风维摩变的影响极为明显,但是否完全为孙尚子样维摩变尚无完全之证据。

### (四)小结

师于东晋"画圣"卫协的顾恺之,在继承其师卫协(卫协师于曹不兴)"精"和"伟而有情势"(顾评"伟而有情思")艺术的基础上,发展了"以形写神""传准神阿睹"的新境地。同时,其"考东汉之图,采西域之变"而成的《维摩诘像》(《建康实录》称之为"维摩变"),为张墨、陆探微、张僧繇及后世画家所竞相模仿的

---

① (唐)张彦远:《历代名画记》卷第三《记两京外州寺观画壁》,第54页。

② 段成式撰,方南生点校:《酉阳杂俎》续集卷五《寺塔记》上,北京:中华书局,1981年,第251页。

③ 史睿:《隋唐法书屏风考——从莫高窟220窟维摩经变谈起》,《唐研究》第23卷,北京:北京大学出版社,2017年,第339—360页。

④ (唐)张彦远:《历代名画记》卷第八《隋》,第131页。

对象,成为左右后世《维摩变》发展的里程碑式的绝世之作。

同时,作为职业画家的陆探微继承了其师顾恺之"以形写神""传准神阿睹"的艺术思想,进一步发展了"密体",完善为极具时代特点的"秀骨清像"艺术风格。虽然其画"维摩诘"没有超越顾恺之首创之"维摩诘像",但其所绘《阿难维摩图》却在形式上推动了"维摩诘"相关艺术创作的发展。

曾师法曹不兴《龙图》和天竺画法"凹凸花"并卫夫人书法用笔的张僧繇,在突出书法用笔的创作过程中,一改"密体"而自成"疏体",最终形成了"张得其骨,陆得其肉,顾得其神"的艺术格局,并形成了画史上独具一格的"张家样"佛画样式,莫高窟第 276 窟北壁站姿《维摩》即反映出"张家样"的基本风貌。作为三大佛画样式之一的"张家样"的影响必不可小觑,在一定程度上其影响是全面而深刻的,并最终被其弟子袁倩推至新的境地,形成了"百有余事,运思高妙,六法备呈,置位无差"的具有划时代意义的《维摩变》,为后世如莫高窟第220 窟贞观新样《维摩变》的形成奠定了基础。

## 三、结语

总的来看,在隋敦煌壁画中首次出现的"维摩变",不仅数量可观,而且明显地存在"疏、密二体"。此为我们讨论自东晋顾恺之首创"维摩诘像"以来,各代著名画家效仿顾恺之画"维摩诘像",以及后世画家所画"维摩诘像""维摩诘变"及其他相关画作的发展史提供了最为直接的参考资料。

首先,本文对《历代名画记》《宣和画谱》等文献资料中有关《维摩诘》画像的情况进行了全面的梳理,基本厘清了自晋顾恺之创立《维摩诘像》以来,南北朝及隋时期《维摩诘像》《维摩变》发展演变的一般情况。其次,本文对隋代敦煌壁画中的《维摩诘经变》作了较为详细的分类分析,在前贤学者将隋代敦煌《维摩变》归为六类的基础上,进一步将隋代敦煌《维摩变》最终归为"坐姿维摩变"和"站姿维摩变"二类。再次,进一步厘清了隋代敦煌壁画中的站姿"维摩变"为"疏体",坐姿"维摩变"为"密体"的一般特点。认为隋代敦煌"密体"《维摩变》受顾恺之、陆探微影响明显,"疏体"受张僧繇影响较多。

总之,莫高窟第 276 窟站姿《维摩变》系"疏体"代表,其他坐姿多为"密体"《维摩变》,此反映了"疏、密二体"绘画在敦煌流传的一般情况。

# 丝绸之路视域下吐蕃经济史构建若干问题[①]

王　东[1,2]　张文慧[1]

（西北民族大学　历史文化学院[1]　敦煌研究院　敦煌文献研究所[2]）

## 一、概说

敦煌吐鲁番地区出土了大量关于吐蕃社会经济的文书（包括木牍），大部分属于唐代，其内容涉及吐蕃社会的农业、手工业、土地制度、民族关系等诸多方面。中原汉文传统史籍对唐代吐蕃的历史文化记载或语焉不详或谬误百出，而古藏文文献以其原始性、真实性的特点，对于重构唐代吐蕃之经济历史与社会关系的形成具有极为重要的价值。

吐蕃是今天藏族人的祖先，很早就生活在青藏高原地区，以雅隆河谷为中心创造了灿烂的吐蕃文化与高原文明。吐蕃王朝，主要指松赞干布（khri srong btsan sgam po）建立统一帝国至末代赞普朗达玛（glang dar ma，dar ma vu btsan）去世为止两百余年的历史。这一时期是吐蕃发展的重要时期，很多制度都是在这一时期制定与完善的。

对于吐蕃王朝的兴衰，汉文史籍对此多有记载。《隋书》中《女国传》较早记载了苏毗的政治、经济、宗教文化等信息；而《两唐书》中《吐蕃传》以及《资治通鉴》等典籍中关于吐蕃历史的详细记载，更是具有极高的史料价值。但是，除上

---

①基金项目：教育部人文社科重点研究基地重大项目《敦煌文献唐蕃文化交流史料整理与研究》（22JJD770033），教育部"铸牢中华民族共同体意识基地"重大项目《铸牢中华民族共同体意识下汉藏堪舆文化交融互鉴研究》（24JJDM005），甘肃省民委铸牢中华民族共同体意识项目《"第二个结合"视域下敦煌莫高窟文物与中华文化象征体系构建研究》（2024-YJXM-29）阶段性成果。

述提到的史书之外,其他鲜有记载,远不及宋元时期关于吐蕃历史的记载。正如赵天英、杨富学所言:"经过一个多世纪的研究,传统史学对唐代吐蕃历史资料的挖掘差不多已到了山穷水尽的地步。若要在研究上有重大突破,除史料再发掘外,必须有新的诉求。20世纪初敦煌莫高窟藏经洞出土的吐蕃文献,正为这种新诉求的实现提供了广阔的空间。"①一语道破出土文献对研究唐代吐蕃历史的重要性。

而古藏文文献更是出土文献中的重要组成部分,古藏文文献主要包括两大类:即敦煌古藏文文献与木简碑刻。在这些史料中除了佛经外,还涉及部落、政治、军事、经济、宗教文化等诸多方面,这些出土文献作为第一手的珍贵史料,因其时代性、真实性的特点,不仅可以补充传统史料记载之不足,同时还可纠正汉藏史料中记载错误或失实部分,从而展示唐代吐蕃社会历史的真实面貌。

## 二、农业

在吐蕃王朝早期,吐蕃地区的农业就有了长足发展,敦煌文献 P.T.1287《赞普传记》中关于大臣琼保·邦色于宴中夸耀自己的功绩中提到"伍秦有如粮仓"②。既然被称为"粮仓",可以推测该地必为重要产粮地区。吐蕃占领西域后,农业得到了进一步发展。在新疆出土的木简中,对当地的粮食作物多有记载,如:

> 农田长官多贡之佣奴农户,专种蔬菜的零星地……突。税吏开桑和则屯有差地一突。(M.I.lviii,006)
>
> 虎年,佣奴农户脱堵……四十四克半,克……青稞四克……鲁囊交青稞四十克,鲁登秋收青稞……二十一克,彭布靴钱青稞四克和……皮张之钱青稞一克。(72RMF3)
>
> 青稞十六克半又三升……白谷子一克半又四升四合(四捧)两

---

① 赵天英,杨富学:《敦煌文献与唐代吐蕃史的构建》,《史学史研究》2009年第1期,第98—99页。
② 王尧,陈践译注:《敦煌古藏文文献探索集》,上海:上海古籍出版社,2008年,第109、254—255、288、125、111、265、272、87、90、91、93、95、266页。

掬。(73RMF27：27)

……突……狗年,大麦……圆升。(73RMF)

麦子一克。(59RMF6624)

龙年,从种子及农户口粮麦子中匀出半克……鲁古,口粮半克,种子一克四升,糌粑二升。分与拉列,……价八升,后又十二升。从新谷中给觉卧赞桑青稞三克……送往婼羌谷子二克。从过去的谷子中拿出……作为拉贡马价……(M.I.ii,005)

一个月口粮为麦子六(升),青稞四升。五个半月食物合计:麦子一克十七升,青稞十八升,其中有我口粮二升,祭神用麦子九升,青稞三升。羊价麦子三升,大米小圆升三升给"邦羌白"(信使名)……(M.I. xxxiii,2)①

从以上木简内容可以看出,当时吐蕃控制区域种植有青稞、白谷子、大麦、麦子、谷子、糜子等粮食作物。其中,值得注意的是对于"蔬菜"的记录,"表明当时已有专营蔬菜种植的行当,可能是吐蕃占领河湟瓜沙一带以后,保留了当地的生产特点,经营这项生产事业,很有意义"②。

另外,敦煌古藏文文献中对农作物也有记载:

P.T.1111《寺庙粮食账目清单》载:

马年与羊年从沙州寺庙支出:增添做佛事功德及礼品之财物消耗,以及沙州方面驻锡僧伽之饭食和酒浆耗费,后又添补部分(器皿)共耗费麦子、青稞一千二百六十一克一升二蕃合,粟米八百零六蕃斗十蕃升,荞麦、豌豆九百三十七蕃斗十蕃升,均归入支出之中。除去支出的小麦、青稞、荞麦、豌豆外,所余部分,另计。(后略)③

---

①王尧、陈践编著:《吐蕃简牍综录》,北京:文物出版社,1986年,第31—34、29、27、50、65、67、46、47、41—42、72、73、43、29、37、38页。

②同上。

③王尧、陈践译注:《敦煌古藏文文献探索集》,上海:上海古籍出版社,2008年,第109、254—255、288、125、111、265、272、87、90、91、93、95、266页。

P.T.1097《薪俸支出粮食清册》载：

> ……(龙)年孟春上旬,司俸禄之岸(本)由张文安……和宋锷三人,从所管库内,将小米、青稞……支付官方酬酢及食用糌粑、油料胡麻,由(尚论)牙牙盖印,确定付给人员,点名填造清册如下:(后略)①

P.T.2204《没收叛乱者粮食支出账》载：

> 从卓托家,……小麦、青稞、粟米八十……克。……实有家人大小八口,鼠年十二月后至牛年秋七月前,若每人以七升半计,共二十八克。(后略)②

在以上两份文书中除了提到"小麦、青稞、荞麦"外,还提到了"小米、粟米",尤其是还包括了经济作物"豌豆、胡麻",恰好印证了《新唐书·吐蕃传》中关于吐蕃之地"其稼有小麦、青稞、荞麦、茧豆"③的记载。

农业作为民生之本,受到了统治者的高度重视。尤其是随着吐蕃占领西域敦煌后,受到汉地农耕生活方式的影响,对农业更为关注,开垦荒地,合作耕种,对耕作过程中的牲畜、农具、人工以及收获物的分成以契约的方式作了规定。

Or8212/194a《狗年合伙种地契》载：

> 狗年春,范常清在海渠有开荒地三块共一突,与王伏努共同耕种半突地之糜子,工时同出,耕畜和农具由伏努承担,糜子无论收成多少,对半分成。④

---

① 王尧、陈践译注:《敦煌吐蕃文献选》,成都:四川民族出版社,1983 年,第 9、52、55、49 页。
② 王尧、陈践编著:《敦煌吐蕃文书论文集》,成都:四川民族出版社,1988 年,第 190、174 页。
③ 宋祁等:《新唐书》,北京:中华书局,1975 年,第 6072、6103 页。
④ 郑炳林、黄维忠主编:《敦煌吐蕃文献选辑·社会经济卷》,北京:民族出版社,2013 年,第 27、5、29 页。

同时,严格农田相关规定,特别是对荒废农业的情况给予惩处。Or.15000/326《兔年小罗布王田分配契约清册》载:

> 兔年春,小罗布之王田划为 5 块,商定按耕田人数之多寡加以分配,依据长官和农田官划分之契约清册唱名登记:有权势者(之田)、永业田地,荒地一律除外。已按人数分配之田,任何时候不得不耕而种,亦不得扩展地界。王田分作 5 块后,树立标界,凡有违背契约清册扩大地界,不耕而种者,剥夺其田业,庄稼归上峰收割,对其本人仍严加惩罚。各户耕田之人数用大写,交于城防长官。凡有荒废田业,不灌农田,另投田主,霸占秋收者,按本城旧法治罪。(后略)①

这份文书中不仅规定有田地的"标界",还强调了"各户耕田之人数用大写",这是为了防止出现争端后作为官方裁决的一个重要依据。对那些擅自耕种他人土地的行为,不但要剥夺其原有田地以及收获物,同时还会依据相关法律进行惩处,"按本城旧法治罪"。

唐代诗人王建在《凉州行》言:"凉州四边沙皓皓,汉家无人开旧道。边头州县尽胡兵,将军别筑防秋城。万里人家皆已没,年年旌节发西京。多来中国收妇女,一半生男为汉语。蕃人旧日不耕犁,相学如今种禾黍。驱羊亦著锦为衣,为惜毡裘防斗时。养蚕缫茧成匹帛,那堪绕帐作旌旗。城头山鸡鸣角角,洛阳家家学胡乐。"②指出了吐蕃向汉人学习农耕、养桑缫丝技术等汉藏文化交流的盛况。为推动农业更好发展,专门设立了管理农业的官吏。Or.15000/326《兔年小罗布王田分配契约清册》"农田官"、米兰出土的 M.I.lviii,006 号木简"农田长官多贡"、M.I.xxi,5 号木简载"交付萨毗军官与负责营田之人"③,农田长官与负责

---

①郑炳林、黄维忠主编:《敦煌吐蕃文献选辑·社会经济卷》,北京:民族出版社,2013 年,第 27、5、29 页。

②曹寅等:《全唐诗》,北京:中华书局,1960 年,第 3374 页。

③王尧、陈践编著:《吐蕃简牍综录》,北京:文物出版社,1986 年,第 31—34、29、27、50、65、67、46、47、41—42、72、73、43、29、37、38 页。

营田之人均为专门管理农业的官吏。而 P.T.1087《吐蕃官吏呈请状》中第 37 行"大营田使"和第 66 行"任命詹拉东为度支官；又任杨律徕为水监；任命王恩为部落水监；任命赵恩为部落营田使（Zhing-dpon）"[1]提到的官职充分表明了吐蕃统治者对农业发展的重视，农业得到了持续发展[2]。

农业发展还体现在土地的开垦与经营方面：

在彭地，有则屯之待垦荒地一突半（一个半突）。（M.I.viii,58）
玉屯之新开荒地，则屯之田一突，（耕田）一突半。（M.I.xvi,003）[3]

无论是待垦之荒地还是新垦荒地都是发展农业的表现之一，且土地根据肥沃程度划分优劣等级：

超铺领受噶尔都孜高之良田一突。（73RMF26：23）
洛卓有中等田一突。（73RMF26：11）[4]

另外，根据不同用途还被细分成性质不同的土地：

门穹俸禄田一突。
论玉协尔青稞田两突半。（73RMF41：12）
扎热领受"信使"田一突。（73RMF26：24）
专种蔬菜的零星地。（M.I.lviii,006）[5]

①王尧、陈践：《吐蕃职官考信录》，《中国藏学》1989 年第 1 期，第 110、111 页。
②郑炳林主编：《敦煌归义军史专题研究续编》，兰州：兰州大学出版社,2003 年，第 245—262,425—443 页。
③王尧、陈践编著：《吐蕃简牍综录》，北京：文物出版社,1986 年，第31—34、29、27、50、65、67、46、47、41—42、72、73、43、29、37、38 页。
④同上。
⑤同上。

对于土地的所有权,则是"普天之下莫非王土",完全归赞普所有。P.T.1287《吐蕃传记》中记载赞普与韦氏义策家族盟誓时言"忠心不二者而绝嗣之时,亦不没夺其奴户、封地"①。

酿酒业的发达从侧面也反映出吐蕃农业的发达,如 P.T.1097《薪俸支出粮食清册》载:

> 七日,支出俸禄酒粮小米三十克,付于安锷、华梁森与酿酒人张汉(汉)、石毕秋诸人。……又同日,水渠渠头竣工敬神支出酒料小米十克,交给酿酒人张汉汉、康辛辛、石毕秋诸人。又同日,支付张黑子酒粮小米五克,交其本人。(后略)②

## 三、畜牧业

《新唐书·吐蕃传》载:"其畜牧,逐水草无常所。"③这是典型游牧民族的生活方式,P.T.1286《小邦邦伯家族及赞普世系》中将吐蕃早期结盟的六个部落称为"吐蕃六牦牛部"④,显然指的是吐蕃早期部落的基本经济面貌。吐蕃王朝早期主体悉补野部就是以畜牧业为主导的经济形态。⑤P.T.1096《亡失马匹纠纷之诉状》载有"牧马人阿索梁"⑥,阿索梁以牧马人冠名,他的身份就是职业畜牧者。吐蕃墓葬的动物殉葬习俗可以看到畜牧业发展的概貌⑦。P.T.1287《吐蕃传记》中记载赞普与韦氏义策等父兄七人盟誓时的誓言词言:"义策忠贞不二,

①王尧、陈践译注:《敦煌古藏文文献探索集》,上海:上海古籍出版社,2008 年,第 109、254—255、288、125、111、265、272、87、90、91、93、95、266 页。

②王尧、陈践译注:《敦煌吐蕃文献选》,成都:四川民族出版社,1983 年,第 9、52、55、49 页。

③宋祁等:《新唐书》,北京:中华书局,1975 年,第 6072、6103 页。

④王尧、陈践译注:《敦煌古藏文文献探索集》,上海:上海古籍出版社,2008 年,第 109、254—255、288、125、111、265、272、87、90、91、93、95、266 页。

⑤洛加才让:《论吐蕃悉补野部与畜牧业文化的发展》,《西藏研究》2000 年第 2 期,第 67—70 页。

⑥王尧、陈践编著:《敦煌吐蕃文书论文集》,成都:四川民族出版社,1988 年,第 190、174 页。

⑦次旺:《从吐蕃墓葬的动物殉葬习俗探吐蕃王朝时期的畜牧业》,《西藏大学学报》2003 年第 1 期,第 43—48 页。

你死后我为尔营葬,杀马百匹以行粮,子孙后代无论何人,均赐以金字告身,不会断绝。"[1]可见在当时统治者上层的丧葬中马匹是殉葬物品中的重要组成部分,殉葬马匹的数量也代表了墓主的社会身份与政治地位。吐蕃对外战争及祭祀的普遍更加推动了马匹饲养的发展,P.T.1062《医马经》、P.T.1065《驯马经》中对马匹疾病治疗以及驯马程序都有详细的规定与说明。[2]畜牧产品不仅成为生活中的重要组成部分,同时也成为衡量财富的主要标尺。如 P.T.1071《狩猎伤人赔偿律》载:"全部奴户、库物、牲畜,归受害人与告发人平分;若无告发人,奴户、库物、牲畜,则全归受害人。"[3]牲畜可以作为伤人赔偿的财物,与奴隶以及固定资产具有相同的意义。羊毛也作为赋税的一种形式上缴,ITJ492《鼠年上缴羊毛、青稞年贡契》载:"我等所欠年贡和崇那之于阗人,每人应缴 1 遍热羊毛,日后如数奉上,已向论拉桑呈请。"[4]因此,畜牧业对于吐蕃社会而言,其地位举足轻重,并对归义军时期畜牧业的发展产生了重要影响。[5]

松赞干布统一吐蕃本土后,完善其职官系统,其中七官(dpon-bdun)中包括为赞普管理马匹征调的司马官——戚本(chibs-dpon)以及管理母牦牛、犏牛及安营设帐等事务的楚本(phru-dpon),[6]可知设置这两种官职就是为了更好地对吐蕃官私畜牧业进行有效的管理。P.T.1089《吐蕃官吏呈请状》载有在吐蕃姑藏节度使衙署机构中设置有 "上部、下牧地大管理长 (stod smad kyi phyug mavi gzhis pon chen po)" "牧地管理都护 (gzhis pon spyan)" "畜产大管理官

①王尧、陈践译注:《敦煌古藏文文献探索集》,上海:上海古籍出版社,2008 年,第 109、254—255、288、125、111、265、272、87、90、91、93、95、266 页。

②王尧、陈践:《敦煌吐蕃写卷〈医马经〉、〈驯马经〉残卷译释》,《西藏研究》1986 年第 4 期,第 84—93 页。

③王尧、陈践译注:《敦煌吐蕃文献选》,成都:四川民族出版社,1983 年,第 9、52、55、49 页。

④郑炳林、黄维忠主编:《敦煌吐蕃文献选辑·社会经济卷》,北京:民族出版社,2013 年,第 27、5、29 页。

⑤[日]坂尻彰宏:《帰義軍時代のチベット文牧畜関係文書》,《史學雜誌》2002 年,第 57—84 页。

⑥杨铭:《吐蕃统治敦煌与吐蕃文书研究》,北京:中国藏学出版社,2008 年,第 42—43 页。巴卧·祖拉陈瓦著,黄颢、周润年译注:《贤者喜宴——吐蕃史译注》,北京:中央民族大学出版社,2010 年,第 35、48 页注 [45]、[46]。

(byung vtsho ched po)""副牧地管理长（gzhisponvogpon)""畜产小管理官
(byungvtshochedpo)"①。因此，这一类职官的设置与吐蕃王朝辖境内草场众多，
且畜牧业在经济中占有很大比重有密切关系。②吐蕃占领西域后，在当地也设
置了类似官职，如 M.I.xlii,006 号木牍"牧马官(mchibs dpon)"③、麻扎塔克 a,iv,
00122 号文书"羊毛由饲马官(chibs pon)下属普热·贡列送出"④。同时，吐蕃统
治者对属民饲养牲畜进行了硬性规定，"聂·达赞冬斯（gnyer stag btsan gdong
gzigs)又令属民饲养马一匹、犏牛一头、母黄牛一头、公黄牛一头等等。并将夏
季青草在冬季使其干燥等等"⑤。

吐蕃社会的畜牧业影响到了民众的日常生活，部落间因为放牧问题争端不断：

（草场）划分定界后，选了证人乞力郭和乞力则。部落不让畜牧去
水池饮水，并责备放牧人，欺骗守池人。一次，驴狗及畜牧……(M.I.
lviii,3)

宇结向部落酋长乞力玛吉禀报：住在此地之于阗住户及吐蕃住
户，他们在草场方面，如若不和。请于阗人找些牧地，不另找一合适牧
地不行。(M.Tāgh.c.ii,0017)⑥

按照放牧划分的区域不许越界放牧。为此，P.T.1124《一份关于放牧范围的
通知》对于放牧的范围进行严格规定，违犯者将予以严惩："付于宪江之都噶、

---

①陆离：《吐蕃统治河陇西域时期制度研究》，北京：中华书局，2011 年，第 57、259-289、210—237
页。

②F·W.THOMAS.TIBETAN, *Literary Texts And Documents Concerning Chinese Turkestan(Part
II:DocumentsS)*,The Royal Asiatic Society By Luzac &Company, Ltd.1951:415.

③王尧、陈践编著：《吐蕃简牍综录》，北京：文物出版社，1986 年，第 31—34、29、27、50、65、67、46、
47、41—42、72、73、43、29、37、38 页。

④巴卧·祖拉陈瓦著，黄颢、周润年译注：《贤者喜宴——吐蕃史译注》，北京：中央民族大学出版社，
2010 年，第 200、262 页。

⑤杨铭：《吐蕃统治敦煌与吐蕃文书研究》，北京：中国藏学出版社，2008 年，第 42—43 页。

⑥王尧、陈践编著：《吐蕃简牍综录》，北京：文物出版社，1986 年，第 31—34、29、27、50、65、67、46、
47、41—42、72、73、43、29、37、38 页。

甘西、浦西诸人牒状:秋季到来,马匹需长时放牧,要依照以往惯例,狠抓放牧哨规定,全部羊羔,一头也不能留在堡寨之外。此次一去就前往牧场(不得稽延)。若不从命,将给都噶、甘西、浦西以惩罚。"①

为了对吐蕃不断扩大的统治区域进行有效的管理与控制,吐蕃建立了完善发达的驿传制度②,而发达驿传系统的必要因素之一就是必须具备众多优良的马匹作为交通工具,除了本土提供必要的马匹之外,吐蕃占领河西后,河西地区"地广民稀,水草宜畜牧,[故]凉州之畜为天下饶"③,进一步刺激了畜牧业的发展,在河陇地区仿照唐政府的市券制度对买卖人口、畜产品进行登记,以加强对人口、畜牧业的管理。④P.T.1094《鸡年博牛契》、P.T.1297《购马契约》所载内容就是吐蕃政权颁发市券的体现。另外,畜产品的种类繁多以及交易也是畜牧业发达的很好明证,下文将详细讨论,在此不再赘述。

## 四、手工业

吐蕃统治区域不断扩大的同时,受定居生活的影响,其手工业也得到了较快发展。史书记载吐蕃"其器屈木而韦底,或毡为槃……天鼠之皮可为裘……以皮为鞭……其铠甲精良,衣之周身,窍两目,劲弓利刃不能甚伤……其乐:吹螺、击鼓。"⑤对吐蕃的手工业有了初步记载,特别是其锻造业很发达,能够制造优良的铠甲。因其四处征战的需要,生活中"多配弓刀",兵器制造甚为发达。木简中提到较多的军事装备名词,如:盾、刀、刀鞘、箭、弓、护腕、石袋、抛石兜、箭

---

①王尧、陈践译注:《敦煌古藏文文献探索集》,上海:上海古籍出版社,2008 年,第 109、254—255、288、125、111、265、272、87、90、91、93、95、266 页。

②王忠:《新唐书吐蕃传笺证》,北京:科学出版社,1958 年;陈庆英、端智嘉:《一份敦煌吐蕃驿递文书》,《社会科学》(甘肃)1981 年第 2 期;张广达:《吐蕃飞鸟使与吐蕃驿传制度》,《敦煌吐鲁番文献研究论集》,北京: 中华书局,1982 年;王欣:《吐蕃驿站制度在西域的实施》,《新疆社会科学》1989 年第 5 期;陈践:《笼与笼官初探》,《藏学研究》第 7 辑,北京:中央民族学院出版社,1993 年;陆离:《吐蕃驿传制度新探》,《中国藏学》2009 年第 1 期。

③霍巍:《吐蕃时代考古新发现及其研究》,北京:科学出版社,2012 年,第 130 页。

④F·W.THOMAS.TIBETAN, *Literary Texts And Documents Concerning Chinese Turkestan*(*Part II:DocumentsS*),The Royal Asiatic Society By Luzac &Company,Ltd.1951:415.

⑤宋祁等:《新唐书》,北京:中华书局,1975 年,第 6072、6103 页。

筒、锁子铠甲（柳叶甲）、短箭弓、箭袋、腰带、盔甲等。[①]在青海海西州郭里木出土的吐蕃一号棺板画上绘有吐蕃人张弓骑射猎物的情景[②]；都兰吐蕃三号墓出土木箱状木器西侧面第一块木板（99DRNM3：150）绘有一吐蕃装束者左手持弓、右手扣箭拉弦，作预射状。[③]虽然在这两处彩绘中描述了吐蕃人生活情景，但是可以推测弓箭已成为生活中的必需品，这不仅与其民族生活习俗有关，同时也和吐蕃对外频繁征战密切相联。如此，我们不难理解为何在木简中会出现如此多的和军事装备相关的物品。

吐蕃的纺织业也很繁荣，在新疆出土木简中得到了反映：

> 交付哲蔑悉腊衣著：汉地织成披风一件、白山羊皮披风一件，羚羊皮短披肩两件，锦缎裘袍一件，羚羊皮上衣一件，美哲缎裙一条，新旧头巾两块、丝带五条等。（73RMF12：1）
>
> 这团毛线已在"乞力德"前过秤，有十五两多。（M.Tāgh.c.i，005）[④]

物品种类包括汉地披风、白山羊皮披风，羚羊皮短披肩，锦缎裘袍，羚羊皮上衣，美哲缎裙，头巾、丝带以及毛线等，这些物品涵盖了毛纺织业、皮革业、丝织业。唐朝使者刘元鼎出使吐蕃，见到吐蕃赞普"以黄金饰蛟螭虎豹，身被素褐，结朝霞冒首，佩金缕剑"。[⑤]在这段史料中至少可以看到黄金饰物、素褐、朝霞冒首[⑥]、金缕剑诸物品，涉及铸造业与纺织业。敦煌古藏文文书 P.T.1042《吐

①王尧、陈践编著：《吐蕃简牍综录》，北京：文物出版社，1986 年，第31—34、29、27、50、65、67、46、47、41—42、72、73、43、29、37、38 页。

②棺板线描图可参见罗世平：《天堂喜宴——青海海西州郭里木吐蕃棺板画笺证》，《文物》2006 年第 7 期。

③北京大学考古文博学院、青海省文物考古研究所：《都兰吐蕃墓》，北京：科学出版社，2005 年，第104 页，图六七·2、图版三四·2。

④王尧、陈践编著：《吐蕃简牍综录》，北京：文物出版社，1986 年，第31—34、29、27、50、65、67、46、47、41—42、72、73、43、29、37、38 页。

⑤宋祁等：《新唐书》，北京：中华书局，1975 年，第 6072、6103 页。

⑥霍巍认为是结束成为高筒状的头巾式样。参氏著《吐蕃时代考古新发现及其研究》，北京：科学出版社，2012 年，第 130 页。

蕃本教丧葬仪轨》记载了苯教丧葬仪轨中"遮庇羊的皮毛用白麦粉和大块的酥酒掺和而成,装饰是:右角上缠绕金链,左角上缠绕银链,丹国窝用玉石做成,蹄子用铁做成"①。赞普佩金缕剑和"金链、银链"作为饰物出现在丧葬仪式中,表明了金银饰品在吐蕃社会生活中的重要性和所扮演的特殊角色。

值得一提的是,吐蕃地区的金银器制作工艺十分先进,而且种类繁多,仅《册府元龟》中就多有记载,如唐贞观二十年(646)七月,吐蕃遣使者禄东赞献金鹅贺唐太宗伐辽东还,"其鹅黄金铸成,高七尺,中可实酒三斛。……(显庆二年)十二月,吐蕃赞普遣使献金城,城上有狮子、象、驼、马、原羝等,并有人骑;并献金瓮、金颇罗等"②。霍巍先生也通过研究,将吐蕃金银器皿分为容器类(包括瓶、壶、带把杯、高足杯、碗、盘、碟、角杯、银铛)、马具与马饰、装饰品(包括牌饰、耳饰、戒指、管状器、球饰、带饰)、金银饰片,指出吐蕃金银器可以清楚地感受到其与唐、粟特、波斯等多种文化因素的相互影响和交融的痕迹,并在继承其文化传统的基础上加以汲取和创造,形成自身具有鲜明特色的金银器系统;从都兰吐蕃墓葬出土的粟特金银器可以推断吐蕃向唐朝赠送的金银器中,必有相当一部分来自粟特人制作的器物。③

正如美国学者谢弗所言:"在对唐朝文化作出了贡献的各国的工匠中,吐蕃人占有重要地位。吐蕃的金器以其美观、珍奇以及精良的工艺著称于世,在吐蕃献给唐朝的土贡和礼品的有关记载中,一次又一次地列举了吐蕃的大型的金制品。吐蕃的金饰工艺是中世纪的一大奇迹。"④

酿酒业也是吐蕃手工业中重要组成部分之一,且酒在吐蕃社会生活中用途广泛。

---

①褚俊杰:《吐蕃本教丧葬仪轨研究——敦煌古藏文写卷 P.T.1042 解读》,《中国藏学》1989 年第 3 期,第 26 页。

②王钦若等:《册府元龟》,南京:凤凰出版社,2006 年,第 11230、11232、11344—11345 页。

③霍巍:《吐蕃系统金银器研究》,《考古学报》2009 年第 1 期,第 89—128 页。

④[美]谢弗著、吴玉贵译:《唐代的外来文明》,北京:中国社会科学出版社,1995 年,第 552 页。

P.T.1097《薪俸支出粮食清册》载：

七日，支出俸禄酒粮小米三十克，付于安锷、华梁森与酿酒人张汉（汉）、石毕秋诸人。……又同日，水渠渠头竣工敬神支出酒料小米十克，交给酿酒人张汉汉、康辛辛、石毕秋诸人。又同日，支付张黑子酒粮小米五克，交其本人。（后略）①

新疆出土木牍载：

……按习俗做一对替身物——多玛供品。然后，献降神酒。午饭，连续献上迎宾青稞酒三瓢，置一盛酒大碗，顺序饮酒，苯教主讲述往昔历史。（M.I.vi,2a）

……的祭神用良种公山羊一只，饮用酒一扁壶，摆设酒一扁壶，糌粑一升，酥油一两，煨桑树枝一根，带彩缯之箭一支。（M.I.lviii,007）

猴年，祭神之酒及雇白马费用（指谷物）运至……。（M.I.ix,4）

二十一名僧人每人平均酒三"土"半，放置中间。酒浆……罗给二十四年青服侍人，每人平均头遍酒十满瓢，合计酒一百"土"……。（M.I.vi,12）②

……二十七名（苯教徒）每人平均五瓢酒。"二遍酒"四瓢半。一百二十二个雇工每人三满瓢酒。合计"三遍酒"十一"土"半。（M.I.vii,2）

P.T.1287《赞普传记》载：

下诏后，（韦氏）乃于拉木、恰拉山中间之冲木地方，以半蕃克倾刻煮酒，敬献饮宴，并献上犀牛皮铠甲十套，董卓之带鞘长剑两把，作

---

① 王尧、陈践译注：《敦煌吐蕃文献选》，成都：四川民族出版社，1983 年，第 9、52、55、49 页。
② 王尧、陈践编著：《吐蕃简牍综录》，北京：文物出版社，1986 年，第 31—34、29、27、50、65、67、46、47、41—42、72、73、43、29、37、38 页。

为贽见之礼。(后略)①

《第穆萨摩崖刻石》载:

工布噶波小王之奴隶、土地、牧场,迩后决不减少,亦不摊派官府
差役,不科赋税,不征馈遗;在其境内所产之物中,以酿酒粮食青稞、
稻米任何一种[奉献]均可。②

上述文献中不仅提到了酿酒原料——小米、青稞、稻米,还出现了酿酒人
如张汉汉、康辛辛、石毕秋,并指出了其用途,如支付俸禄、敬神祭祀、日常饮
用、支付雇工报酬、盟誓、宴饮等。这里所提及的酒的品种,根据王尧、陈践先生
推测应为藏地的"Chang",即邑酒。③在《贤者喜宴》中还提到了葡萄酒,"墀祖德
赞日巴坚在其三十六岁的阴铁鸡年时,一日该王于墨竹香巴宫饮葡萄酒,醉卧
于宝座之上"④。日巴坚饮用的葡萄酒应该来自西域地区,据《唐会要》卷 100
《杂录》载:"葡萄酒,西域有之,前世或有贡献。及破高昌,收马乳葡萄实,于苑
中种之,并得其酒法,自损益造酒。酒成,凡有八色,芳香酷烈,味兼醍醐。既颁
赐群臣,京中始识其味。"⑤学界对于西域高昌地区的葡萄园种植问题已多有研
究⑥,吐鲁番出土文书中如编号 SYMX1:1-1《武周吕憨子从和利本边佃葡萄

①王尧、陈践译注:《敦煌古藏文文献探索集》,上海:上海古籍出版社,2008 年,第 109、254—
255、288、125、111、265、272、87、90、91、93、95、266 页。

②王尧:《王尧藏学集·卷二》,北京:中国藏学出版社,2012 年,第 108、51、168 页。

③王尧、陈践:《吐蕃简牍综录》,北京:文物出版社,1986 年,第 37 页注①。

④杨铭:《吐蕃统治敦煌与吐蕃文书研究》,北京:中国藏学出版社,2008 年,第 42—43 页。

⑤王溥:《唐会要》,北京:中华书局,1955 年,第 1796—1797 页。

⑥孙振玉:《试析麴氏高昌王国对葡萄种植经济以及租酒的经营管理》,敦煌吐鲁番学新疆研究资
料中心编《吐鲁番学研究专辑》,《新疆文物》编辑部,1990 年,第 218—239 页;张南:《古代新疆的葡萄
种植与酿造业的发展》,《新疆大学学报》1993 年第 3 期,第 53—59 页;王艳明:《从出土文书看中古时
期吐鲁番的葡萄种植业》,《敦煌学辑刊》2000 年第 1 期,第 52—63 页;卢向前:《麴氏高昌和唐代西州
的葡萄、葡萄酒及葡萄酒税》,《中国经济史研究》2002 年第 4 期,第 110—120 页;马燕云:《吐鲁番出土
租佃与买卖葡萄园券契考析》,《许昌学院学报》2006 年第 6 期,第 89—93 页;乜晓红:《对古代吐鲁番
葡萄园租佃契的考察》,《中国社会经济史研究》,2011 年第 4 期,第 1—11 页。

园契》、SYMX1∶1–5《唐吕致德租葡萄园契》等均有关于葡萄园的记载,[1]反映了当时葡萄在新疆地区的广泛种植,亦成为葡萄酒酿造的原料来源。

## 五、商业与商品经济的发展

农业与手工业的发展势必促使商业上的繁荣,前揭 M.I.lviii,006 号木牍提及"农田长官多贡之佣奴农户,专种蔬菜的零星地",已经表明有专人从事蔬菜种植甚至贩卖的行当。

73RMF13∶1 号木牍载:"尚经商赚盈利,以盐换酥油,挣二……"[2]这里提到了通过经商的手段获取利润,以物易物来赚取差价,可以推测商人阶层已经活跃在社会生活中诸多方面,前文提及"汉地织成披风一件"应该通过贸易而来。吐蕃使者也充当了商人的角色,自贞观八年(634 年)吐蕃派使臣到长安至会昌六年(846 年)吐蕃政权崩溃的 213 年间,据不完全统计,唐蕃双方使臣来往共 191 次,唐使入蕃 66 次,吐蕃使入唐 125 次。[3]张鹜在《鸿胪寺中土蕃使人素知物情慕此处绫锦及弓箭等物请市未置可否》所言:"听其市取,实可威于远夷,任以私收,不足损于中国。宜其顺性,勿阻蕃情。"[4]吐蕃使者携带大量物品在汉地进行交易,这种状况说明已经成为惯例,出于密切双边关系的需要,吐蕃使者的这种行为并未遭到唐政府的禁绝。

吐蕃还通过联姻、赏赐等方式得到大量中原物品,如开元七年(719),吐蕃遣使请和,唐玄宗"以杂彩二千段赐赞普,五百段赐赞普祖母,四百段赐赞普母,二百段赐可敦,一百五十段赐垄达延,一百三十段赐乞力徐,一百段赐尚赞咄及大将军大首领,各有差。皇后亦以一千段赐赞普,五百段赐赞普母,二百段赐可敦"[5]。这些物品在吐蕃统治者上层的使用,必定刺激民间贸易的发展,前文提到"汉地织成披风"就是通过贸易而来的物品。《唐蕃会盟碑》载:"嫌怨碍

---

① 录文可参荣新江、李肖、孟宪实主编:《新获吐鲁番出土文献》,北京:中华书局,2008 年,第 370、372 页。

② 王尧、陈践编著:《吐蕃简牍综录》,北京:文物出版社,1986 年,第 31—34、29、27、50、65、67、46、47、41—42、72、73、43、29、37、38 页。

③《西藏地方史料选辑》,上海:三联书店,1983 年,第 7 页。

④ 董诰等:《全唐文》,上海:上海古籍出版社,2007 年,第 774 页。

⑤ 王钦若等:《册府元龟》,南京:凤凰出版社,2006 年,第 11230、11232、11344—11345 页。

难未生,欢好诚忧不绝,亲爱使者,通传书翰,珍宝美货,馈遗频频。"①对这种民族友好交流史实进行了很好诠释。

吐蕃占领西域敦煌后,积极发展与周边民族的经济文化交流,对沟通中西商业贸易、繁荣丝绸之路起到了非常重要的作用。敦煌作为河西地区的国际都市,其市场繁荣程度自不可言,各种物品往来期间,如:P.2049《沙州净土寺直岁保护手下诸色入破历算会牒》"麦两硕贰斗,李信子买水银壹量用。麦三硕,张胡胡边买水银陆钱渡菩萨头冠用",P.3774《丑年(821)十二月沙州僧龙藏牒》"齐周差使向柔远送粮即回得生铁熟铁二百斤已来"、S.4642 "麸一硕伍斗,买胡粉用"、P.2613《唐咸通十四年(873)正月四日沙州某寺交割常住什物等点检历》"破碎高离锦幢裙子贰拾,趁内壹全"中出现"水银""生铁熟铁""胡粉"等物品,尤其是来自朝鲜半岛的"高离锦"、西域地区的"胡粉",说明丝路贸易的繁荣程度。

商品贸易的发展又直接推动着其他各种经济关系(包括寺院经济)的形成与发展,贵金属金银在商品买卖中被使用。P.T.1094《鼠年博牛契》:"而三两纯银卖牛之官司,无论判处出多少银钱,均由其送至买主玉赉家中"②,且具有粟特特征的货币亦在敦煌民间流通③。甚至麦子充当了一般等价物的角色④,如 P.T.1261《吐蕃占领敦煌时期斋傍傶历》载"都计八十三人,绢布五十八尺,八十三人人支麦。"

在古藏文文书中出现了很多契约文书,内容很丰富。

粮食借贷契约:如 P.T.1115《青稞种子借据》:

蛇年春,宁宗木部落百姓送弟弟在康木琼新恳地一突半,本人无力耕种。一半交与王华子和土尔协对分耕种,种子由华子负责去借。

---

①王尧:《王尧藏学集:卷二》,北京:中国藏学出版社,2012 年,第 108、51、168 页。
②王尧、陈践译注:《敦煌古藏文文献探索集》,上海:上海古籍出版社,2008 年,第 109、254—255、288、125、111、265、272、87、90、91、93、95、266 页。
③杨铭:《唐代吐蕃与粟特关系考述》,《西藏研究》2008 年第 2 期,第 11—12 页。
④郑炳林主编:《敦煌归义军史专题研究续编》,兰州:兰州大学出版社,2003 年,第 245—262、425—443 页。

共借种子二汉硕(石),秋季还债为四汉硕。……二汉硕(种子)的抵押品为家畜母牛两头,交与华子手中,抵押品若失去,就不再还给青稞。……中保证人曹银,阴叔叔立契。本人鹅承诺人按指印。①

牲畜买卖契约,如 P.T.1094《鼠年博牛契》:

悉董萨部落李玉赉主仆从通颊斯东巴部落千夫长贪论嘘律扎之奴安鲍迪处,以三两纯银购黄牛一头,……按照文契之约定,找悉董萨部落千夫长论刺腊卜藏之奴还债、付息。②

房基买卖契约,如 P.T.1086《猪年购房基契》:

光英兄弟从天昌兄弟处以青稞两汉硕和粟米两汉硕,共四汉硕(作为购置房基之地价)③

买卖奴隶契约,如 P.T.1081《关于吐谷浑贺延部落奴隶李央贝事诉状》:

张纪新稟:辰年,我从吐谷浑贺延部落之绮立当罗索(人名)处以五两银子买了名唤李央贝之男性奴仆,……李央贝自证:我当初属贺莫延,卖身契为幼年时所立,名叫李央贝。④

VP1282《子年王皋皋买妾书》:

①王尧、陈践译注:《敦煌吐蕃文献选》,成都:四川民族出版社,1983 年,第 9、52、55、49 页。
②王尧、陈践译注:《敦煌古藏文文献探索集》,上海:上海古籍出版社,2008 年,第 109、254—255、288、125、111、265、272、87、90、91、93、95、266 页。
③王尧、陈践译注:《敦煌古藏文文献探索集》,上海:上海古籍出版社,2008 年,第 109、254—255、288、125、111、265、272、87、90、91、93、95、266 页。
④王尧、陈践译注:《敦煌吐蕃文献选》,成都:四川民族出版社,1983 年,第 9、52、55、49 页。

鼠年冬,王皋皋之妾,诺当是尤岗丘都和索丹之妹,接受下述之决定:一致认定这一买妾交易完成后,不得再有任何争议和干涉。①

雇工契约,如 P.T.1297《收割青稞雇工契》:

虎年……雇谢比西收割十畦青稞地,定于秋季七月收割。到时不割,往后延期或比西毁约……立即交给僧人(比丘)与当地产量相当之十畦青稞数。②

在 P.T.1115《青稞种子借据》所载的借贷关系文书中"共借种子二汉硕(石),秋季还债为四汉硕",利率高达百分之一百,使得借贷者劳作获得的大部分劳动果实最终落入放贷者的手中。反映出当时普通民众生活之艰辛,尤其遇到天灾人祸,更是典卖为奴现象频繁。

在这些契约文书中,不仅出现了作为购买货币——银的出现,同时还透露出人口买卖,被掠为奴的历史现象。P.T.1083《据唐人部落禀帖批复的告牒:禁止抄掠汉户沙州女子》:"二唐人部落头人通禀云:往昔:吐蕃,孙波与尚论牙牙长官衙署等,每以配婚为借口,前来抄掠汉地沙州女子。其实,乃佣之为奴。"吐蕃贵族通过掠夺人口,将良民变为自己的私产奴隶,这种现象已经达到了十分严重的地步,直接促进了后来吐蕃社会农奴制度的形成。但值得注意的是,吐蕃社会存在奴隶领受土地的情况,新疆木牍 73RMF20 号载"论赞之农田佣奴领受聂拉木以上查茹拉(地方)农田四突"③。

---

①拉丁转写及英文译解参 Tsuguhito Takeuchi, *Old Tibetan Contracts from Central Asia*, Tokyo, Daizo Shuppan, 1995, pp.162–164.

②王尧、陈践译注:《敦煌古藏文文献探索集》,上海:上海古籍出版社,2008 年,第 109、254—255、288、125、111、265、272、87、90、91、93、95、266 页。

③王尧、陈践编著:《吐蕃简牍综录》,北京:文物出版社,1986 年,第31—34、29、27、50、65、67、46、47、41—42、72、73、43、29、37、38 页。

## 六、赋役制度

赋役制度是一个政权经济制度中的重要组成部分,包括赋税徭役。吐蕃统治者十分重视本土的赋税征收,P.T.1288《大事纪年》载:

> 及至牛年(653),达延莽布支征收农田贡赋。
> 及至虎年(654),区分"桂""庸",为大料集(即征发户丁、粮草劳役等)而始作户口清查。
> 及至猪年(687)……冬,定大藏之地亩税赋。
> 及至兔年(691)……清理土地赋税并统计绝户数字。
> 及至鸡年(709)……征调腰茹牧户大料集。
> 及至马年(718)……征三茹之王田全部地亩赋税、草税。
> 及至猴年(720)……征集大藏之王田全部土地贡赋。①

为了保证赋税的征收,对民众户口进行清查,并统计绝户数字,征纳的种类包括地租、大料集、草税等。

吐蕃占领西域后,王尧、陈践先生指出赋税见于木简中的有三种情况:

> 一、农业生产品的地租:Zhing-Zhun 实际是地租,一般是缴纳实物,如:青稞、小麦。
> 二、一种是税收:Khral,按人口计征的税收,也是以实物缴纳。
> 三、劳役地租:以服役的形式完成纳税的任务。②

如 73RMF1:3 号木牍载:"论赍冲木热(良相军帐郎官)等,前往婼羌,缴纳

---

①王尧、陈践译注:《敦煌古藏文文献探索集》,上海:上海古籍出版社,2008 年,第 109、254—255、288、125、111、265、272、87、90、91、93、95、266 页。

②王尧、陈践编著:《吐蕃简牍综录》,北京:文物出版社,1986 年,第 31—34、29、27、50、65、67、46、47、41—42、72、73、43、29、37、38 页。

赋税:岸钟悦青稞二克,麦子三克,麦子……"①这里提到的青稞、麦子均为征收的实物。在地税征收上是如何规定的呢? 对吐谷浑部落按照 60% 征收,并根据年成优劣作出相应调整。而户税则是按照一定数量征收实物,吐谷浑上部万人部落每户按照五升青稞征收。②吐蕃占领敦煌后,部落民户需要承担户税(即突税)和地税(地子)两种,学界对此多有讨论。③对于以畜牧为生的民户则需要缴纳羊毛、羊皮等物品,敦煌文书 S.11454d《左八至左十将牧羊人欠酉年至丑年秋毛、春毛、酥等历》《戌年课左五至十将牧羊人酥等历》中有详细记载。④

　　徭役制度种类繁多。如兵役,73RMF12:1 号木牍载"吐谷浑人户有多少? 长住户若干?根据所计住户之数,决定派来边隅斥候人数"⑤。劳役,P.T.1096《鸡年制匜契》载"鸡年夏季四月十七日,府中需做十五副银质匜,交与画匠张相如和康净文(干办)他二人按指印,窦汉古作保盖印"⑥。表明如果不能按时保质保量完成,还会受到一定的惩罚。王差,P.T.1098《于田贡使岁赋事》"因要送岁赋,(所承应的)内府王差无暇完成"⑦,这里的"王差"应为劳役的一种形式。另外,还包括运输、驿传、修造、畜牧、守囚、抄经、营田、厅子、手力、看砀等诸多方面。⑧从这些徭役的种类来看,有力地解释了当时民众生活负担及受到统治者

①王尧、陈践编著:《吐蕃简牍综录》,北京:文物出版社,1986 年,第31—34、29、27、50、65、67、46、47、41—42、72、73、43、29、37、38 页。

②同上。

③杨际平:《吐蕃时期沙州社会经济研究》,韩国磐主编:《敦煌吐鲁番出土经济文书研究》,厦门大学出版社,1986 年,第 380—387 页;陈庆英:《从敦煌出土账簿文书看吐蕃王朝的经济制度》,《中国敦煌学百年文库》(民族卷二),兰州:甘肃文化出版社,1999 年,第 22 页;刘进宝:《从敦煌文书谈晚唐五代的"地子"》,《历史研究》1996 年第 3 期,第 172—175 页;陆离:《也谈敦煌文书中的唐五代"地子"、"地税"》,《历史研究》2006 年第 4 期,第 164—172 页。

④中国社会科学院等:《英藏敦煌文献:第 13 卷》,成都:四川人民出版社,1995 年,第 283 页。

⑤王尧、陈践编著:《吐蕃简牍综录》,北京:文物出版社,1986 年,第31—34、29、27、50、65、67、46、47、41—42、72、73、43、29、37、38 页。

⑥同上

⑦王尧、陈践译注:《敦煌古藏文文献探索集》,上海:上海古籍出版社,2008 年,第 109、254—255、288、125、111、265、272、87、90、91、93、95、266 页。

⑧F·W.THOMAS.TIBETAN, *Literary Texts And Documents Concerning Chinese Turkestan(Part II:DocumentsS)*,The Royal Asiatic Society By Luzac &Company,Ltd.1951:415.

剥削的沉重程度。但是,完全享受特权的寺院则不需要承担这些赋役,《楚布江浦建寺碑》载:

> 作为供养顺缘之奴隶、农田、牧场及供物、财产、牲畜等项,一应备齐,悉充赞普可黎可足猎赞之长流不断之供养功德。此神殿之名,亦由赞普颁诏敕赐,书于温江岛盟誓大殿之后,颁诏概由王廷管理。作为寺产之民户及产业,不征赋税,不征徭役,不取租庸、罚金等项。(后略)①

## 七、小结

总之,新疆及敦煌等地出土的古藏文社会经济文献所包含的内容是非常丰富的,其中对吐蕃王朝时期社会经济状况的反映,细致翔实,绝大多数为传世文献所不载,有力地补充了传世文献之不足,堪称第一手的珍贵资料。透过古藏文文献,可以很好地重构吐蕃王朝时期的历史,不仅窥见当时基本经济状况,如农业、畜牧业、手工业的发展水平以及商业贸易与货币经济的发展等,而且也可对吐蕃王朝的社会经济制度,如土地所有权、租佃契约关系、借贷关系、赋税制度、奴隶制度、寺院经济制度等有比较深入的了解。

---

① 王尧:《王尧藏学集:卷二》,北京:中国藏学出版社,2012 年,第 108、51、168 页。

# 再议北响堂山石窟新发现

## 张林堂

（河北省邯郸市峰峰矿区档案馆）

2002 年至 2005 年，我们对北响堂山石窟进行了 3 年多时间的抢险加固工程。利用这一机会,对石窟以往未能看到的地方,进行了一次近距离的调查和观测,并在调查中取得了一些新的发现。本次就是对加固工程中的新发现进行报告:

### 一、响堂山石窟基本情况

响堂山石窟开凿于北朝晚期东魏北齐时期(534—577),距今有 1450 多年的历史,它分别由南响堂、北响堂和水浴寺石窟三部分组成。有大小石窟 19 个,造像 5000 余尊等,北齐刻经 6 万余字(这里需要说明的是:响堂山石窟是全国第一批重点文物保护单位,而水浴寺是第七批国保)。

图 1　北响堂石窟全景

图 2　水浴寺石窟外景　　　　　图 3　南响堂石窟外景

北响堂石窟位于鼓山中段的半山腰处,坐东朝西。从北向南分为北区、中区和南区,分别有一个东魏北齐的大窟为代表。北区大佛洞,中区释迦洞,南区刻经洞。据大金正隆四年《重修三世佛殿之碑记》记载:"文宣常自邺都诣晋阳往来山下故起离宫以备巡幸于山腹见数百圣僧行道,遂开三石室刻诸尊像因建此寺初名石窟后主天统间改智力宋嘉祐中復更为常乐寺……至今。"

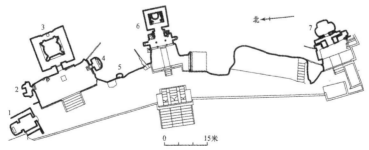

图 4　北响堂石窟平面分布图

(采自《北响堂石窟加固保护工程报告》图 1-7)

图 5

### 北响堂石窟大佛洞

该窟是响堂山石窟群中规模最大、雕刻最精美的仿木构建筑塔型窟，开凿于东魏末年北齐初年。窟高11.6米、宽12米、进深约12米，平面近方形。中心方柱三面开龛造像，基坛上雕有神王、博山炉、狮子等。窟四壁雕大型塔形列龛，前壁减底平浅浮雕帝后礼佛图。洞窟外壁毁坏严重，现保留有塔刹及仿木构建筑窟檐。

图 6

### 北响堂大佛洞中心方柱正壁大龛

该龛为帷幕帐形龛，龛内雕一佛二菩萨三尊像。龛上方开四个小龛内各雕一立佛和两个立菩萨像。龛下基坛上雕香炉、神王。中间主尊佛结跏趺坐于束腰须弥座上，通高640厘米。身后有举舟形背光。佛面相丰圆，高鼻、嘴角上翘，庄严中透出慈祥的笑容。佛身着通肩式袈裟，双手残损，双腿为后代补修。佛身后举舟形火焰纹背光及头光以透雕手法雕出，对比强烈的色彩衬托出佛的庄严与静穆，栩栩如生的七条龙穿梭于火焰云纹中，更是给人强烈的视觉冲击。

### 北响堂石窟大佛洞中心方柱左侧龛内立菩萨像

该立菩萨像位于中心方柱左侧龛,龛为帷幕帐形,内雕一佛二菩萨三尊像,主尊双腿下垂坐于束腰半圆形须弥座上,脑后有大型头光。左侧菩萨是南北响堂山石窟中最典型最出彩的一尊。菩萨像通高400厘米,上身裸,下着贴体长裙,斜披单璎珞,肩披帛垂于体两侧,鼓腹,左腿微屈,脚尖微微点地,雕刻简洁细腻。薄衣贴体如"曹衣出水"娴淑优雅,开创了北齐时代婀娜多姿的菩萨样式。

图7

### 北响堂大佛洞塔形列龛

塔形列龛位于窟内四壁,共16个,龛形相同,左右壁、前后壁相互对称。龛分塔基、塔身、塔刹三部分。塔基内为物象外减地平雕供养天人和博山炉,塔身开龛造像,龛内雕一坐佛(现有龛内的坐佛像均为民国时期补刻),原像在民国初年被盗窃。塔刹为覆钵丘、宝相花及品字形火焰宝珠,装饰性极强。午后的阳光照射进石窟,刹那间变成了金碧辉煌的宫殿。

图8

图9

北响堂大佛洞内塔形龛

该龛通高760厘米，塔基内雕供养天人及博山炉；塔身为帷幕帐形龛，拱楣内刻云纹。龛两侧为缠枝莲花柱，莲柱置于怪兽背上。龛内有束腰须弥座残，造像为民国初年补雕。塔刹部分为覆钵丘、宝相花、莲花相轮及火焰宝珠。火焰宝珠呈"品"字形雕于塔龛上部洞壁上。整个塔形龛装饰性极强，大朵的火焰纹宝珠，精细的缠枝莲花龛柱，奇异威猛的承柱怪兽，形象生动。

### 北响堂大佛洞中心方柱正壁基坛象神王

该龛位于中心方柱正壁基坛左侧，龛为圆拱楣龛。龛高101厘米，宽102厘米，深18厘米，龛楣内饰火焰纹。龛内神王为坐像，高67厘米，头高16厘米。形象生动地雕刻出象头人身。头向右扭，颈系带，着甲胄，披巾自臂绕向体侧上扬。足穿高统靴，右腿盘地，左腿屈，左手握莲花宝珠，右手捧火焰宝珠。

图10

**北响堂大佛洞中心方柱左壁基坛风神王**

该龛位于中心方柱左壁基坛右侧,神王高 71 厘米,头高 20 厘米。神王结跏趺坐,头向右扭,毛发吹向左侧。面长圆,圆眼,身着甲胄,披巾自臂绕向体侧上扬。双腿盘坐于地,左手置左胸前,右手置右腿前,双手捧一风囊。

图 11

**北响堂大佛洞中心方柱右壁基坛树神王龛**

该龛位于中心方柱右壁基坛左侧,神王龛高 101 厘米,宽 97 厘米,深 16 厘米,楣高 15 厘米,龛内神王为结跏趺坐,高 78 厘米。头及双腿残损。身着甲胄,披巾自臂绕向体侧飘于身后。双手于胸前持树枝,两枝搭于两肩侧,栩栩如生地表现出树神形象。

图 12

**北响堂大佛洞中心方柱右壁基坛博山炉**

该龛高100厘米,宽86厘米,深18厘米,龛为圆拱龛,龛楣为火焰纹。博山炉为半开启莲花宝珠形,两侧上扬起的帔巾、莲叶及莲蕾。博山炉下方由一夜叉双手托举香炉,夜叉和香炉座均残缺。能工巧匠用雕刻的手法形象地展示了莲叶翻卷时露出的叶脉,含苞待放的莲蕾,刻画细腻逼真。

图13

**北响堂大佛洞中心方柱承柱兽**

承柱兽位于中心方柱龛柱基座。承住兽身体方向与佛方向呈45度,上托中心方柱龛柱。兽鬃毛高竖,两上肢插于两腰侧,袒胸露乳。鼓腹,双腿并列跪坐,爪为三指,较尖。双目圆睁,门齿宽大,狼牙外翻,狰狞吓人,肌肉强健,起到威慑邪恶的作用。

图14

### 北响堂大佛洞帝后礼佛图

帝后礼佛图位于窟前壁。窟前壁高 1250 厘米，宽 1210 厘米，窟门两侧雕刻有帝后礼佛图，采用减地平刻手法把东魏北齐时期皇帝、皇后礼佛时的场景展示给礼佛者。现可看到左侧残为皇后礼佛图，右侧为皇帝礼佛图。可辨认出人物衣冠发饰等。人物错落有致，主次分明。但唯一遗憾的是在这右侧礼佛图人物整体被宋代的游记破坏了。

图 15

### 北响堂石窟释迦洞外景

释迦洞为北响堂石窟北齐三大石窟之一。这是一座富丽堂皇的洞窟，洞窟为四柱三开间，窟门的雕刻极具华丽，变形为装饰图案的龙体从窟门两侧盘旋上升，至门顶端龙首昂扬，二龙相望。窟门甬道的壁面上雕刻缠枝纹与联珠纹饰，窟门左右两侧还雕刻有 2 米多高的胁侍菩萨像。在两开间内各有一个大佛龛，佛龛内雕刻手持法器的天王。门侧高大的石雕柱子底下卧着两只巨大的石狮子，石狮具有镇安、辟邪等寓意。洞窟外形明显流露出受印度犍陀罗风格的影响，呈现出一座覆钵塔的造型。这种造型在早期佛教中是为了安葬佛祖释迦牟尼特意创造出来的。

图 16

图17

**北响堂石窟释迦洞正壁**

释迦洞俗称中洞,窟平面方形、平顶,中心为方柱。方柱左、右、后壁上部与洞窟后的山体相连,下部形成低矮甬道,供礼佛时通行。窟内四壁凿佛龛,方柱正中为一大龛,龛内雕刻一佛二弟子二菩萨

像,窟深7.1米,宽7.8米。窟外立面为四柱三开间,窟门两侧束莲柱下为两身巨大的狮子,前壁正中为窟门,窟门的雕刻极具华丽,变形为装饰图案的龙体从窟门两侧盘旋上升,至门顶端龙首昂扬,二龙相望。窟门上部明窗两旁雕刻飞天。窟外顶部为规模庞大的"覆钵式塔形窟",为响堂山的典型造窟样式。

**北响堂石窟释迦洞后室入口间左壁火焰拱龛**

图18

该龛位于释迦洞窟门左侧,龛形同右侧,菩萨身后凿头光,披衣帛,腰胸间装饰璎珞,颈饰项圈,雕饰一丝不苟。菩萨右手微举,左手提摩尼宝珠。上身裸露,腹部微隆,右脚微微掂起,下身着裙,跣足立于仰覆莲台上。整个体态富有动感,可谓北齐时期石刻佛像之经典。和右壁菩萨相互呼应,一切北齐的繁华,止于此两身菩萨。仿佛看见1400多年前,北齐宗室进香神佛,阵阵轻风使菩萨帛衣飞扬,璎珞叮当。在如此妩媚的北齐腰肢之间,袂舞生香。

### 北响堂石窟释迦洞门拱莲花连珠忍冬纹

莲花连珠忍冬纹装饰在释迦洞门框的内侧。这种装饰纹由主藤构成骨架，忍冬叶围绕主藤左右回旋，形成曲线，线条流畅优美。到了顶部，忍冬纹自两侧向中心汇聚，最终在交接处雕刻两朵盛开的莲花。中间装饰的莲花华丽动人，非常写实，简洁是其主流风格。佛教石窟中，

图 19

忍冬纹被大量用于装饰。到了东魏北齐时代，忍冬纹已为石窟寺庙等地的主要纹饰，其中又以响堂山石窟中的忍冬纹饰为冠。释迦洞的门拱堪称代表，是简单波状忍冬纹。

### 北响堂石窟释迦洞北齐供养僧

北响堂石窟释迦洞基坛后壁左侧上浮雕供养僧虔敬跪拜造像，供养僧跪在圆拱龛内，楣部装饰火焰纹，龛外两侧雕刻由莲花、宝珠、火焰、忍冬纹等组合成的龛柱。装饰图案精美，刻工精湛。供养僧右膝着地，竖左膝危坐。头部残缺，着双领下垂大衣，衣袖宽大。双手于胸前上下托香炉侧身礼拜，非常虔诚。

图 20

图 21

### 北响堂石窟释迦洞神王

神王位于中心方柱正壁基坛左侧，该神王头戴冠，穿圆领上衣，衣带胸前打结，下穿长裤，脚穿靴子盘腿正坐于壶门内。右腿平放，左腿膝下竖起脚横放，左手扶左脚脖，右手扶右脚脖。神王的雕像都用拟人化的手法，大都是用人手所执之物来表示的。石窟中心柱基座浮雕的神王，尤为精湛，雕刻线条流畅，刻工精细，叱咤风云，生机盎然。响堂山石窟中造型奇妙的神王，充分显示了古代劳动人民丰富的想象力和高度的创造才华。

### 北响堂石窟释迦洞博山炉

博山炉位于中心方柱左壁基坛中间，龛内装饰的博山炉由忍冬、莲花、宝珠、香炉组合而成。组合纹样中的忍冬纹由基座向两侧向上伸展，由四片叶子组成，其中最大的那一片也就是最上面的那一片向上伸展，而另外的三小片则依次向下回旋，起到由下而上的对其他装饰的衬托作用。炉基座为覆莲纹，炉身装饰仰莲纹，炉纽为宝珠形。炉身两侧忍冬纹上装饰香盒和莲花，整体造型非常优美动人。

图 22

### 北响堂石窟释迦洞束腰仰覆莲座

束腰仰覆莲座位于释迦洞中心方柱正壁大龛，龛内雕凿的主佛半结跏趺坐于束腰仰覆莲座台之上，手施无畏印与愿印，身覆通肩式袈裟，相比北洞大佛略显单薄，但仍不失圆润。背部刻绘举舟形火焰缠枝纹背光，色彩艳丽。莲座最下层装饰一圈缠枝忍冬纹，再向上装饰一圈覆莲纹，莲瓣饱满大气。中间束腰部分残缺，束腰以上装饰多层仰莲纹，整体装饰华丽高贵。

图 23

### 北响堂石窟释迦洞菩萨像

释迦洞菩萨像正面开有一个大龛，龛内雕一佛二弟子二菩萨像，因主尊为释迦牟尼佛，故称"释迦洞"。释迦佛左侧为文殊菩萨，右侧为普贤菩萨。这两尊菩萨身体笔直，略显僵硬，身材刻画也较扁平，完全是北齐的标准样式。菩萨手提宝瓶，上身着袒右僧祇支，外披帛，披帛下摆"X"形于腹前交叉穿璧，披帛外又饰以璎珞。而窟口的两尊菩萨则动感较强，腿部微屈，身体曲线明显，衣裙轻薄贴体，身上装饰华丽，为丰满写实的隋唐雕刻艺术奠定了基础，形成承前启后的新风格，在中国石窟史上占有重要地位。

图 24

图 25

**北响堂石窟释迦洞怪兽**

释迦洞中心柱右边转角处的怪兽又称夜叉、避典,是怪面獠牙、丰乳肥肚的有翼神兽。身形呈袒露粗犷样式,头上左右带双角,头朝下俯视,手有三指,脚生二趾。双手插在腰间,呈现跪姿。在双肩处生有一对羽翼,呈展翅待飞状态。神兽造型夸张,毛羽翘昂,肌肉凸出,钩爪有力,是威猛和力量的象征。传说避典是可以避凶邪的猛兽,其形象在魏晋南北朝时期较为常见,常出现在墓志、墓室壁画、石棺床以及石窟中担当守护者。

**北响堂石窟刻经洞外景**

北响堂刻经洞、双佛洞和大业洞实为一个整体。正立面为塔形,分上下两部分,上部双佛洞为覆钵丘,是塔形的主要部分。下部以石雕瓦垄屋檐与廊柱支撑,与刻经洞、大业洞构成塔身。

塔身三个拱门为清代所修石券门,正中间进入刻经洞,左侧为进入大业洞之门。右侧拱门为假门,形成明廊,原为窟前廊,现形成方形。

图 26

### 北响堂石窟刻经洞

#### 上部释迦、多宝双佛洞外立面

北响堂刻经洞释迦、多宝双佛洞窟门呈拱形，左右有莲花柱，上口残缺，窟门宽 100 厘米，高 128 厘米，门外围刻有宽 39 厘米的火焰状波旋纹，纹饰两侧各为一莲花宝珠联结山花蕉叶纹。窟门甬道长 84 厘米，其右侧距甬道底部 37 厘米处有长 31 厘米、宽 8 厘米的题记"并州太原县……"

图 27

#### 北响堂石窟刻经洞

#### 上部释迦、多宝双佛洞上部

北响堂刻经洞上部释迦、多宝双佛洞窟门上部，正中为高浮雕，凿出塔刹，仰覆莲上出两组忍冬叶，中出枝杆，忍冬叶与枝杆部各雕莲花宝珠，形成品字形。塔刹左侧刻有隶书"弥勒佛，师子佛，明炎佛"，下部为十二部经名。塔刹右侧有宽 89 厘米，高 60 厘米的刻经，名为"大圣十号"。

北响堂刻经洞上部释迦、多宝双佛洞窟门右侧建筑构件残存。

图 28

### 北响堂石窟释迦、多宝双佛洞

北响堂刻经洞上部释迦、多宝双佛洞窟门右侧有 6 层叠涩,残长 123 厘米,距叠涩 96 厘米处有残缺瓦垅,长 178 厘米。北齐建筑构件残存,为研究北齐建筑史提供了珍贵的实物资料。

图 29

### 北响堂石窟刻经洞后室正壁龛

北响堂刻经洞后室正壁开一帷幕形大龛,龛高 330 厘米,宽 445 厘米,深 155 厘米,龛顶为平面,内雕一复层莲花,帷幕龛龛楣雕一排小佛像结跏趺坐于莲座上,小坐佛像下有梁枋,梁枋下为二层鳞纹,其下即帷幕,帷幕以六条束带斜绑于梁枋及两侧龛柱上。龛柱柱脚各有一小力士托举,形象生动。龛内雕一佛二弟子四菩萨七身像呈倒"凹"排列于基坛上。主尊结跏趺于方形束腰须弥座上,脑后有圆形头光,里层为复层莲瓣,外层为缠枝莲纹,内雕七尊小佛。佛内着僧祇

图 30

支,外披双领下垂式袈裟,施无畏印。左侧弟子跣足立于复层复莲台上,头光里为复层莲瓣,外为缠枝莲纹,内雕七颗火焰宝珠。弟子内着僧祇支,外披双领下垂式僧服,双手捧物于胸前。右侧弟子与之相同。左侧第一身菩萨与弟子相邻,双足跣立于复层覆莲台上,脑后有圆形头光,有宝缯垂于肩,颈戴二条珠莲,肩部有披巾有带垂下,上裸,下着裙,有双璎珞于腹前相交于宝相花后垂于腿部,与之对应右侧菩萨与之相同。左侧第二身菩萨,跣足立于复层覆莲台上,脑后有圆形头光,里层为复层莲瓣,外层为缠枝莲纹,上裸,下着裙,有带于腰间绕后打结垂于体前,左手上举于胸,右手抚于胯印。对应的右侧菩萨与之相同。龛内壁三面均刻二排千佛,千佛结跏趺于复层仰莲座上,脑后有圆形素面头光。龛下设基坛,内雕博山炉、双狮、伎乐等。

### 北响堂石窟刻经洞后室左壁

北响堂刻经洞后室左壁高 426 厘米,宽 350 厘米,为长方形龛,龛楣接近顶部为一排小佛结跏趺于莲座上。小坐佛下有梁枋,梁枋下为二层鳞纹,其下为复层三角流苏,在流苏珠下为百褶帷幕。龛内雕一佛二弟子二缘觉二菩萨七身像,主尊佛结跏趺坐于束腰复层仰覆莲座上,像头为后世所补,圆形头光,内层为复层莲瓣,外层为缠枝卷草纹,内雕七佛。佛内着僧祇支,外披双领下垂式袈裟。莲座上缘饰联珠纹,束腰部开有壶门,壶门内雕小力士,作跨步前奔状。左侧第一身弟子跣足立于圆形复莲台上,头无,脑后有圆形头光,里为复层莲

瓣外为缠枝卷草纹,弟子内着僧祇支,外披双领下垂式僧袍,双手捧物于胸前。右侧弟子服饰姿态与之相同。左侧缘觉像服饰姿态皆与其旁的弟子像相似。右侧缘觉像全失。左普萨跣足立于圆形复层覆莲台上,脑后有圆形头光,里为复层莲瓣,外为缠枝卷草纹,有宝增垂

图 31

于肩,颈戴项饰,上裸,下着贴体长裙,有披巾于腹前打结后分别经手臂垂于体两侧,右侧菩萨服饰姿态与之相同。龛内壁上部有二排小佛,结跏趺坐于复层仰莲座上。在左右内壁各有一小方形帷幕龛,内雕一佛二菩萨三身像。下设基坛,宽335厘米,高62厘米,深13厘米。内雕有博山炉供养人及伎乐。

**北响堂石窟刻经洞后室窟门甬道左右侧**

甬门宽204厘米,高264厘米,深61厘米,甬道中以浅浮雕刻出华丽的缠枝莲花、宝珠与卷草纹,卷草纹与莲花纹交替上升,到顶部相交为保相莲花。纹样两边饰以连珠纹饰带。两侧花纹皆在173厘米,高处留有长方形孔洞3个,下部门槛中间有一宽7厘米、深3厘米的长方孔洞,这些孔洞皆为后世安装木门时所凿。

图32

**北响堂石窟刻经洞窟外唐邕写经碑**

唐邕写经碑,通高 410 厘米,宽 98 厘米,深 35 厘米,碑可分成两部分,上部有二小禽,火焰纹、飞天纹等纹式,下部为碑文,近龛底处有一尖拱形内凹面。《唐邕写经碑》刻于北齐武平三年(572),计 20 行,每行 34 字,字大约 5 厘米,字体为隶间仿楷意,用笔刻意强调横画和捺画的收笔,波折明显。内容记述唐邕自天统四年(568)至武平三年(572)在石窟中刻写佛经的原委,为响堂山石窟刻碑名品之一,在书法史和佛教史上占有重要的地位。

图 33

**北响堂石窟刻经洞后室顶部**

北响堂刻经洞后室顶部平顶呈长方形,长 404 厘米,宽 333 厘米,正中浅浮雕出大莲花,直径为 150 厘米,复层莲瓣,每层 12 瓣,顶部四角又雕忍冬纹,在忍冬叶之间又雕 4 个火焰宝珠,顶为黄色打底。雕刻精致,形同刺绣。

图 34

**北响堂石窟刻经洞前廊右壁**

北响堂刻经洞前廊右壁高 385 厘米,宽 120 厘米。距地 40 厘米以上为《维摩诘所说经》经文,经文高 326 厘米,宽 120 厘米。在经文上方接近顶部并列有 3 个小龛,龛均为尖楣圆拱形龛,形式相同,龛两侧设列柱,柱头上置莲台,上承外卷龛沿。内雕一佛二菩萨,主尊佛结跏趺坐于莲台上,左右菩萨立于圆形台座上。

图 35

## 二、新发现的相关内容

1. 在大佛洞中心方柱正壁大龛上方有四个列龛,从龛内残存造像形式看,应为一佛二菩萨组合,佛与菩萨均为站立式,菩萨立像为圆雕,材质为汉白玉。

（2018 年 10 月，上海博物馆李柏华先生来响堂山开会期间，带着上海博物馆白石佛像的资料再次到响堂山大佛洞进行考察，与我进行了交流，谈到上海博物馆藏有一件坐佛造像，为白石造像。按照此种情况比较，出处十有八九是大佛洞内的造像。）

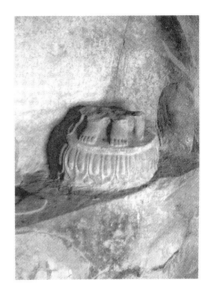

图 36

2. 外立面的塔型窟、排水沟和保护窟檐。

图 37

3. 释迦洞外立面覆钵丘上新发现四个狮子,加上原有的三个狮子,共计七个狮子。在狮子前面及狮子下方的建筑构件上发现了早期的彩绘,在砌墙的后面有排水沟设施。还发现两个柱础,柱础与山连为一体,呈圆形,南北对称。通过塔型窟外面的遗迹,我们了解到北齐时期的保护窟檐与塔型窟彩绘过的外立面浑然一体。

图 38

4. 清理完刻经洞外立面的仿木构件后,我们进一步清晰地看到其建筑结构,即北齐窟檐的结构形式。

图 39

## 三、小结

1. 白石造像的新发现拓宽了响堂山石窟的研究课题和新材料。

2. 彩绘的新发现也使我们更加肯定了石窟加装彩帖金的过程是石窟洞刻中不可割离的一部分,初步认识到石窟外立面在石窟完工之前也是彩绘的。

3. 以上新发现的材料,使我们进一步了解到响堂山石窟是精心设计后开凿施工的。一是提供了石窟的开凿时间以及形式;二是响堂山石窟是东魏北齐一项大的工程,可以说反映了北齐财力、物力、人力等方面的实力。三是响堂山石窟的新发现为我们进一步研究响堂山石窟佛教艺术提供了新资料。

响堂山石窟上承北魏、下启隋唐,起到了承上启下的历史作用,其体系一脉相承。北齐尽管时间短暂,其在壁画、陶瓷、冶铁、军事、法律等诸多方面,为我国文化的发展和艺术进步起到了推动作用,并留下了浓墨重彩的宝贵文化遗产。以上观点是本人的初步认识,如有不妥之处,敬请专家学者给予批评指正。

# 陕西靖边八大梁北朝仿木结构 M1 壁画中的动物图像和十二生肖习俗

李永平　李雪扬

（甘肃省博物馆）

陕西靖边统万城北朝仿木结构 M1 发掘报告发表后[①]，我们曾先后撰写《宗教信仰与家园情怀——陕西靖边统万城八大梁北朝仿木结构 M1 壁画的试解读》和《拜塔敬佛与信仰杂糅——陕西靖边统万城 M1 北朝壁画墓解读》[②]。我们认为：墓葬壁画反映了北朝时期上层贵族对佛教的信仰和拜佛仪轨，寄托着对家园的情怀。统万城仿木结构 M1 墓葬壁画中有山峦、佛塔、佛界人神、世俗人物等，诸多的动物图像也是这个墓葬壁画的显著特点之一。对其进行分析探讨是有意义的。

## 一、陕西靖边统万城仿木结构 M1 中的动物图像

八大梁 M1 壁画的一个显著特点，就是出现了较多的动物图像。我们统计如下表：

---

①陕西考古研究院等：《陕西靖边县统万城周边北朝仿木结构壁画墓发掘简报》，《考古与文物》2013 年第 3 期。

②李永平：《宗教信仰与家园情怀——陕西靖边统万城八大梁北朝仿木结构 M1 壁画的试解读》，216—228 页，北京：科学出版社，2016 年。《拜塔敬佛与信仰杂糅——陕西靖边统万城 M1 北朝壁画墓解读》，敦煌研究院人文研究部《"敦煌多民族文化的交往交流交融"学术研讨会论文集》（内部稿），第235—270 页。

表 1　八大梁 M1 壁画各方位中的动物( 西壁北侧下动物群之外)统计表

| 序号 | 名称 | 所处位置 | 特征描述 | 关联图像 | 照片 | 其他 |
|---|---|---|---|---|---|---|
| 1 | 玉兔、蟾蜍 | 西壁南侧上方，歇山顶高台建筑的上方 | 玉兔双耳直立，嘴大张，面相似豺狼类。后两腿直立，前两腿执棒形杵捣药。药钵与鼬鼠所持钵形状相似。前面为一蟾蜍，四爪，直立状 | 侧面为一桂树 | | |
| 2 | 三足乌 | 西壁北侧上方，黑色，作张翅站立状 | 周遭日光环绕 | | | |
| 3 | 朱雀 | 甬道拱门上部中间 | 图像不清 | | | |
| 4 | 貉 | 北壁西端 | 有胡须，耳小，尖嘴，体胖，尾巴细。由山岗向下俯冲状 | 与蹲踞的吐舌虎方向相对，但不对视 | | 貉（学名:Nyctereu teprocyonoides）是犬科非常古老的物种，被认为是类似犬科祖先的物种。体型短而肥壮，介于浣熊和狗之间，小于犬、狐。体色乌棕。吻部白色；四肢短，呈黑色；尾巴粗短。脸部有一块黑色的"海盗似的面罩" |

**续表**

| 序号 | 名称 | 所处位置 | 特征描述 | 关联图像 | 照片 | 其他 |
|---|---|---|---|---|---|---|
| 5 | 虎（异兽？豹？） | 北壁西端僧团队列的西侧 | 吐舌，蹲踞，上望。尾巴铺地 | 与向下俯冲貉方向相对，不对视 | | |
| 6 | 鼠类（猫鼬） | 北壁中央偏上（两只依偎） | 成年猫鼬有背光，持钵，前腿直立。獠牙，耳小，嘴大，尾短 | 面向舍利塔 | | 鼬鼠：狐獴（学名：Suricata suricatta），头尾长 42-60 厘米，是一种小型的哺乳动物。躯干修长笔直，四肢匀称，后足仅有 4 趾，趾间有蹼；尾长而圆，约为体长的 2/3，上披小鳞片及稀疏的毛。背部毛色黑褐，杂以黄色毛尖，绒毛为深咖啡色；尾两色，上面棕黑色，尾基部和下部为淡黄色。栖息于草原和开阔平原地区，分布量取决于土壤类型，以热带坚硬的土壤为乐土，主要分布于陆地生物群落的沙漠或沙丘 |

续表

| 序号 | 名称 | 所处位置 | 特征描述 | 关联图像 | 照片 | 其他 |
|------|------|----------|----------|----------|------|------|
| 6 | 鼠类（猫鼬） | 北壁中央偏上（两只依偎） | 成年猫鼬有背光,持钵,前腿直立。獠牙,耳小,嘴大,尾短 | 面向舍利塔 | | 它们是非常社会化的动物,住在可达到 40 只的群落里,擅长挖洞,夜晚休息白天活动,主要以昆虫为食,但它们也会吃蜥蜴、蛇、蜘蛛、植物、卵跟小型哺乳动物。繁殖无严格的季节性。孕期为 130 天左右,每胎产仔 6-8 只,一年可产两次。主要分布于南非的卡拉哈里沙漠 |
| 7 | 天禄（青龙） | 北壁中央偏下 | 行走状,眼凸,獠牙,身瘦,身上毛扬起,或为飞翼。前肢粗壮,后肢细,尾巴卷起搭在后背 | 下方有一兽,当为辟邪 | | 天禄,中国古代神兽。有时被归入麒麟的范畴,有时又与辟邪被归入貔貅之中,被认为可禳除灾难,永安百禄。古人把它们对置于墓前,既有祈护祠墓、冥宅永安之意,亦作为升仙之坐骑 |

续表

| 序号 | 名称 | 所处位置 | 特征描述 | 关联图像 | 照片 | 其他 |
|---|---|---|---|---|---|---|
| 8 | 辟邪（玄武？） | 北壁中央偏下 | 眼凸，蹲卧状 | 上为行走的天禄 | | 似鹿而长尾，有两角，也叫作"貔貅"。有镇宅辟邪的灵性，相传此灵物嘴大无肛，能够招财纳福，极具灵力。《急就篇》卷三："射魅辟邪除群凶。"颜师古注："射魅，辟邪，皆神兽名……辟邪，言能辟御妖邪也。"《汉书·西域传上·乌弋山离国》："有桃拔、师子、犀牛。"颜师古注引三国魏孟康曰："桃拔一名符拔，似鹿，长尾，一角者或为天鹿，两角者或为辟邪。" |
| 9 | 狮子（玄武？） | 北壁东边，毗沙门天王的左侧 | 面向毗沙门天王，蹲踞山岗。尾巴下翘，略有弯曲 | 上方为张望状鹿 | | |

续表

| 序号 | 名称 | 所处位置 | 特征描述 | 关联图像 | 照片 | 其他 |
|------|------|----------|----------|----------|------|------|
| 10 | 鹿 | 北壁东边，毗沙门天王的左侧 | 面向毗沙门天王，站立山岗，前两腿抬起，做张望状 | 下方是蹲踞的狮子 |  | 无鹿角，应该是一雌鹿 |
| 11 | 猕猴 | 北壁，倒挂在柳树枝干上 | 头向下，左后肢挂树杈上，左前肢伸向下，欲抓下方另一只猴子 | |  | |
| 12 | 大角山羊 | 南壁壁画中间，轮廓简约的连续山林图中间，后为跪姿僧人，前为引导人、手持环首仪刀的门吏 | 腿壮，奔跑有力 | | 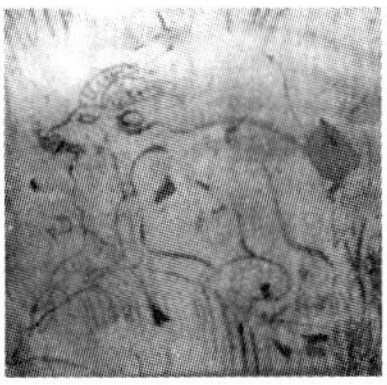 | |

### 表2  八大梁 M1 壁画动物群动物表

（动物群位于西壁北栏的下方偏北，整组动物是在山林间）

| 序号 | 名称 | 所处位置 | 特征描述 | 照片 |
|---|---|---|---|---|
| 1 | 狮子 | 西壁的北栏，下方为动物群 | 蹲踞山岗向前张望。尾巴上翘挺直，张口獠牙，看似凶猛 | |
| 2 | 雌鼠鼬（獴）、幼鼠鼬（獴） | 计有雌鼠站立状，面与其他动物相背 | 雌鼠獠牙状 | |
| 3 | 兔 | 前上方为神兽，前下方为狐，后为鼠鼬 | 耳大，尾细 | |
| 4 | 神兽（龙？） | 位于动物群最上方 | 凸目，嘴张，露齿，尾巴长，奔跑状 | |
| 5 | 狐 | 位于兔前方 | | |

续表

| 序号 | 名称 | 所处位置 | 特征描述 | 照片 |
|------|------|----------|----------|------|
| 6 | 羊 | 位于狐的前方偏下,动物群的前方 | 当为山羊,奔跑状。弯角,两腿前伸,两腿后腾,看似肥壮 | |
| 7 | 鹿 | 位于狐下,羊后,象前 | 行走状 | |
| 8 | 象 | 位于兔下,鹿后 | 背上有毯 | |
| 9 | 牛? | 位于羊的前方下 | 头大,有人面相,角小 | |

续表

| 序号 | 名称 | 所处位置 | 特征描述 | 照片 |
|---|---|---|---|---|
| 10 | 龙<br>(天禄?) | 下方,象的下面 | 嘴大而张开,头部有鬃毛 | |
| 11 | 貊(?) | 动物群最前边,牛的上方 | | |
| 12 | ? | | | |

根据上述表列统计,八大梁 M1 壁画中的动物图像有以下特点:

第一,动物群中的动物数量为 12,动物群之外的动物按组统计也为 12。这个数字与中国传统的十二天干,以及佛教中的十二时兽、十二精魅相吻合。

第二,动物群中的部分动物,在动物群之外也有,比如山羊、狮子类、鼬鼠类。

第三,有中原地区传统的神话类动物图像,如月中的玉兔捣药、蟾蜍,日中的三足乌,门楣上的朱雀。

第四,现实中的动物,有的为南亚次大陆所常见,如鼬鼠、貘、狮子等。

以下我们对图像进行讨论和分析。

**1. 中国传统的日轮、月轮和四神图像**

通过表 1,可以知晓,八大梁 M1 壁画中保存了汉晋以来中国传统的日轮

(日中蟾蜍)、月轮(月中玉兔)、四神图像。

有研究者指出:陕北地区汉画像石上的月轮中有玉兔捣药形象的出现。民间神话传说中玉兔乃嫦娥的宠物,结合文献记载,月轮上绘蟾蜍的做法有可能基于嫦娥奔月的民间传说,汉画像石上的蟾蜍更是成为月轮的象征。另外,陕北、晋西地区汉画像石上的玉兔画像常作为西王母的侍者,负责捣制不死药,出现在月轮上,与嫦娥奔月传说关联起来,形成了一条密切的线索:西王母主神→玉兔捣药→嫦娥奔月、后羿射日→月宫蟾蜍。汉代上层统治阶级迷信神仙之说,西王母成为道教至高女神,而嫦娥奔月、后羿射日传说,实则已经成为西王母神话体系的组成部分,传达着长生与升仙信仰。这种信仰被官方与民间共同信奉,其源于民间,在成为官方信仰以后,又反过来影响民间,使得民间信仰内涵不断得到扩充,使民众普遍对其信奉。日轮、月轮画像中出现了很多神话因素,嫦娥偷吃不死药而升仙、玉兔捣制不死药、蟾蜍(象征长寿)使原来朴素的日、月自然天象崇拜转变为对长生、升仙的追求。[1]显然,这是汉以来中原传统的民间习俗、墓葬习俗的持续影响。

汉代的四神图像,无论是出现在铜镜或者瓦当、画像石、画像砖上,都是以规则的排列方式出现。八大梁 M1 图像中,序号 3 朱雀图像出现在甬道,序号 5 可以视为白虎,出现在北壁下端。我们认为,可以将序号 7 视为青龙,序号 8 视为玄武,这二者图像毗邻,出现在北壁的另一侧。我们认为这种与其他动物交织在一起的图像组合方式,体现了佛教信仰与民间习俗相互杂糅和交错在一起的立意。

**2. 壁画中的动物与佛陀、早期佛教、佛教本生故事**

(1)关于猴子捞月

猴子捞月图像,见于上述表 1 序号 11。《摩诃僧祇律》中,叙述了著名的"猴子捞月"的故事:过去有五百只猴子,在树林中游玩,忽然见到树下的井中有月亮的影子。猴王以为是月亮掉落在了井里,赶紧召集大家伙一起去"营救"月亮。怎么"营救"呢?那就相互接力,一只猴子挂在树枝上,另一只挂在这只的

---

[1]李进:《陕北、晋西地区汉画像石中的民间信仰研究》,硕士学位论文,河北大学,2019 年。

身体上,依此类推,直到能够到井里的"月亮"。结果自然可想而知——月亮没捞着,而猴群又太重,把树枝压断,自己则掉落到井里,淹死了。猴子捞月的典故,还见于《法苑珠林·愚戆篇·杂痴部》:"救月僧只律云。佛告诸比丘。过去世时有城名波罗奈。国名伽尸。于空闲处有五百猕猴游行林中。到一尼俱律树下。树下有井。井中有月影现。时猕猴主见是月影语诸伴言。月今日死落在井中。当共出之。莫令世间长夜暗冥。共作议言。云何能出。时猕猴主言。我知出法。我捉树枝。汝捉我尾。展转相连乃可出之。时诸猕猴即如主语。展转相捉。小未至水。连猕猴重树弱枝折。一切猕猴堕井水中。尔时树神便说偈言是等骏榛兽痴众共相随坐自生苦恼何能救世月佛告诸比丘。尔时猕猴主者今提婆达多是。尔时猕猴者今六群比丘是。尔时已曾更相随顺受诸苦恼。今复如是。"①

(2)鹿与佛教本生故事相关

鹿与佛教有紧密联系,法显在《佛国记》中记述,佛祖的前世迦叶佛(辟支佛)居住于此并有野鹿经常出没,故而得名"鹿野苑"。公元前 531 年,释迦牟尼在菩提伽耶觉悟成佛后,来到鹿野苑,找到了原来的五位侍者,为其讲演四圣谛,他们因此有所证悟,随即出家为五比丘僧,佛教的佛、法、僧三宝至此初创完成。法显在《佛国记》中记述的天竺四大塔之中就有鹿野苑佛塔。鹿野苑的得名,"此苑本有辟支佛住,常有野鹿栖宿。……故名此处为仙人鹿野苑"。《大毗婆娑论》卷一八三中解释为:"仙人堕处"是因为此处本有辟支佛居住以及野鹿经常出没的缘故,或说有五百仙人,飞行空中,因缘失去神通,一时堕落于此。《大唐西域记》卷七详细地记录了这个故事,故事的大概情节是说有两个鹿群每次轮流贡献一头鹿给国王,其中提婆鹿群的母鹿有孕,想请求提婆帮助,被拒绝后,菩萨鹿王代替其主动献出自己,国王知道后很感动,即以其林为诸鹿薮,因而谓之施鹿林焉。鹿野之号自此而兴。

昔于此处大林之中有两群鹿,各五百余。时此国王畋游原泽,菩萨鹿王前请王曰:"大王校猎中原,纵燎飞矢,凡我徒属,命尽兹晨。不日腐臭,无所充膳。愿欲次差,日输一鹿。王有割鲜之膳,我延旦夕之命。"王善其言,回驾而返。两

---

①(唐)释道世撰,周叔迦,苏晋仁校注:《法苑珠林校注》,北京:中华书局,2003 年。

群之鹿更次输命。提婆群中有怀孕鹿,次当就死。白其王曰:"身虽应死,子未次也。"鹿王怒曰:"谁不宝命。"雌鹿叹曰:"吾王不仁,死无日矣!"乃告急菩萨鹿王。鹿王曰:"悲哉,慈母之心恩及未形之子! 吾今代汝。"遂至王门。道路之人传声唱曰:"彼大鹿王今来入邑。"都人、士庶莫不驰观。王之闻也,以为不诚。门者白王,王乃信然。曰:鹿王何遽来耶? 鹿曰:"有雌鹿当死,胎子未产,心不能忍,敢以身代!"王闻叹曰:"我人身鹿也,尔鹿身人也。"于是悉放诸鹿,不复输命。即以其林为诸鹿薮,因而谓之施鹿林焉。鹿野之号自此而兴。[①]此引文中,"菩萨鹿王"是释迦牟尼佛的前身,另外一位鹿王是指提婆达多的前身。这也就是《鹿王本生》的故事,在《大毗婆娑论》卷一八三,汉传佛经如《六度集经》卷三、《出曜经》卷十四以及巴利文《本生经》第十二等文献之中都有记述。敦煌石窟鹿图像主要集中在以下四个方面:佛教故事画、反映现实生活的图像、密宗图像以及祥瑞图像。[②]反映现实生活场景的鹿图像大多出现在林间水涧,包括射猎图、禅修图中的鹿图像等。反映现实生活的鹿图像或外出觅食,或回首张望,或急速奔驰,大多面露惊恐之色,一举一动都表明内心的恐惧,体现鹿生性温顺、身姿矫健、奔跑迅速、极易受到惊吓等特点。其中出现时间较早的是西魏时期莫高窟第 285 窟南壁五百强盗成佛因缘故事图中的鹿图像,其出现的具体位置是五百强盗失去眼睛之后被放逐山林的部分。画面中五百强盗痛苦不堪,山间林地的鹿却悠闲自得,这是当时森林景象的真实写照。[③]

　　(3)佛陀的象征——狮子

　　汉代时,狮子经通商贸易由古印度传入中国,从此中国有了狮子的踪迹。古时,狮子被称为"师子"或"狻猊",先秦时期《穆天子传》中便有"狻猊"的记载。"师子"一词曾出现在班固《汉书·西域传》中,后来渐渐变为"狮子"。狮子最初作为珍稀物种,被进献到皇室,目的是拉近自身与中原王朝之间的联系,如东汉时期"月氏国遣使献扶拔、师子""安息国遣使献师子、扶拔"等。随着进献

①《大唐西域记》,《大正藏》第 51 册,第 2087 页。
②尹璐瑶:《敦煌石窟动物图像研究》,硕士学位论文,兰州大学,2021 年,第 18 页。
③尹璐瑶:《敦煌石窟动物图像研究》,硕士学位论文,兰州大学,2021 年,第 19 页。

的狮子越来越多,民间也开始出现狮子的身影,因其威猛、庄严的气势,而被赋予镇宅、权威、祥瑞之意。

狮子在佛经中地位较高,《大方等大集经》载:"过去世有一师子王,住深山窟常作是念:'我是一切兽中之王,力能视护一切诸兽。'"且常常被用来比喻庄严的佛陀。狮子相是佛的三十二相之一,"修善法故,得上身如师子相""二十一世尊额臆并身上半如狮子王"皆形容佛的上半身广大,行住坐卧威仪端严,犹如狮王。因此释迦牟尼又被比作"人中狮子""人雄师子""狮子王"等,如《长阿含经》载:"所谓师子者,是如来、至真、等正觉,如来于大众中广说法时,自在无畏,故号师子。"狮子吼则用来形容佛说法时的声音洪亮透彻、中气十足,"如来、应、等正觉正师子吼,'我生已尽,梵行已立,所作已办,不受后有'。是故世尊以师子吼依于了义,一向记说。"用于引出佛陀所说偈言。佛陀涅槃时的卧态也与狮子有关,此卧态为右倾侧躺卧法,即狮子卧法,"如来就绳床,北首右胁卧,枕手累双足,犹如师子王"。除上述狮子与佛陀之间的组合外,狮子还常常以坐骑的形式与文殊菩萨一同出现。《大方广佛华严经》载:"时,文殊师利与诸眷属到此林已,即于其处坐师子座。"

佛教故事画及经变画中的狮子图像相对较少,主要有须摩提女请佛因缘故事画、释迦牟尼涅槃经变画、释迦牟尼降魔经变画、报恩经变画、劳度叉斗圣变等,时代跨度大,覆盖石窟多。其中出现较早的是北魏时期莫高窟第257窟西壁中层的"须摩提女请佛因缘"故事画,故事大意为须摩提女嫁给满财之子后,由于双方信仰不同,故须摩提女不参加施礼,于是满财长者要求须摩提女邀请佛陀前来讲法,之后佛陀便携众弟子前来赴会,其中阿那律乘五百狮子前来赴会。画面中阿那律结跏趺坐于五只狮子上,四只狮子昂首挺胸、奋力向前、尾巴上扬,最下方的一只狮子正回首顾盼,似乎是在等待后续的队伍画面以五只狮子代替五百狮子,是敦煌石窟常见的绘画方法。[1]

(4)虎和貉

虎和貉是印度次大陆常见的野生动物,白貉和白虎更是印度次大陆仅见。

---

[1] 有关描述参阅了李雯雯:《中印"初说法"图像研究》,博士学位论文,华东师范大学,2017年,第10页。

出现在图像中,很可能是为了营造佛教鹿野苑事迹的环境和氛围。这与莫高窟壁画中表现佛国世界的意象有异曲同工之处。

　　莫高窟北凉、北魏诸窟,窟顶多以平棋、人字披,其上绘莲花及童子、菩萨、飞天等表现佛教的世界。[1]敦煌莫高窟中莫高窟第 249 窟,开凿于西魏时期,《敦煌石窟内容总录》对窟顶进行了简明扼要的记录:"主室窟顶藻井画斗四莲花井心,西披画阿修罗王,两侧风神、雷神、迎楼罗(朱雀)、人非人(乌获)等。南披画帝释天妃(西王母)御凤车。下画地皇(十一首)、动物等。北披画帝释天(东王公)御龙车,下画天皇(十三首)、狩猎图等。东披中央画供养天人持莲花、摩尼宝珠,四周环绕飞天、朱雀、玄武、人皇(九首)等。"[2]第 249 窟窟顶,不仅有须弥山天宫与阿修罗及所率诸神,更有浩浩荡荡的出行队伍,羽人飞天、奇禽异兽充斥其中,空处又填以云气,甚至还有与佛教戒杀观念相违背的狩猎图。赵晓星认为,其所表现仙境的现实版是汉代的上林苑。[3]

　　(5)天禄和辟邪

　　李零将中国古代艺术中的动物形象分为两大类:一类是写实的动物;一类是用不同种类的动物(特别是飞禽和走兽)夸张变形、混合而成,即纯属想象的动物。后者又可分为随意想象不太著名的动物和经过长期筛选被人视为"祥禽瑞兽"的动物。天禄、辟邪,这类神物的引入是参照"麒麟"的概念,它被说成是成对的神物,这是在模仿麒麟。"麟"而分称"麒""麟",据说是以有角无角而定:麒无角而麟有一角。同样,天禄、辟邪也是按这样的方法来划分的。它们的形象,验之出土发现,情况比较复杂:有时是单出,有时是双见;有时带角,有时不带角;有时一角,有时两角,最初并无严格区分。中国的有翼神兽是受外来影响,但它们与中国的艺术主题长期共存,又受后者影响,二者是互动关系。中国古代艺术,自商周以降,是以龙、凤为主。战国以来,形成由青龙、白虎、朱雀、玄

---

　　①赵晓星:《从人间仙境到佛教天堂——莫高窟第 249 窟窟顶图像溯源》,陈声柏主编:《宗教对话与和谐社会(第三辑)》,北京:中国社会科学出版社,2012 年,第 324 页。

　　②敦煌研究院编:《敦煌石窟内容总录》,北京:文物出版社,1996 年,第 99 页。

　　③赵晓星:《从人间仙境到佛教天堂——莫高窟第 249 窟窟顶图像溯源》,第 325 页。

武构成的"四灵",后来麒麟加入其中,也叫"五灵",但天禄、辟邪不在其中。天禄、辟邪在中国艺术中的地位很微妙,它不仅是以外来的狮子作为依托,从一开始就与外来艺术有不解之缘,而且还经常与其他表现异国情调的动物一起构成中国古代的"纪念艺术"。中国古代的"纪念艺术"以秦汉特别是汉代最为辉煌(以疆域广大的统一帝国为背景),其典型表现有三:一是汉代的宫观,二是汉代的祠畤,三是汉代的陵墓。这些建筑往往都有大型的铜器和石刻作装饰。它们包括:翁仲、麒麟、天禄、辟邪,以及各种表示域外珍奇和大漠风情的动物(大象、鸵鸟、骆驼等等)。天禄、辟邪主要就是属于这类主题。它对中国艺术的影响,不仅是各种动物的"翼化",而且对本土艺术中的龙和外来艺术中的狮子也有很大影响,使它们彼此的形象都得到很大改观。但最终,它并没有取代龙的地位,而是以一种虽经改造而仍留神秘的色彩,长期地保留在我们的艺术之中。①八大梁 M1 壁画中的天禄、辟邪从习俗和绘画艺术角度审视,应当是继承了先前中国传统社会的习俗和艺术,自然这种传统在墓葬壁画中的出现,与佛教和中国社会道教等传统信仰的互相吸收和杂糅相关。郭静云等指出:翼兽最早见于公元前第三千纪后半叶两河流域闪族人的文化中,主要的形象是翼狮和翼牛,都代表具体崇拜对象。但当其传播到希腊或里海以东的草原地带后,逐渐失去原意,成为信仰内涵不明的"狮鹫"(格里芬)怪物。战国时期,经过斯基泰人的文化桥梁,翼兽形象开始常见于华北列国造型中。不过,战国艺术很少直接模仿斯基泰艺术的狮鹫,而是在其基础上塑造新义。并无明确信仰意义的"狮鹫",在经过漫长的吸收过程后,与中国最高等级的神兽龙、虎相结合,内化出了全新形象——"天禄""辟邪",并一直经汉风靡至唐。②

早期佛教律典中将狮子、虎、豹、豺、狼、熊、罴等都列为恶兽,陈怀宇指出:这些动物其实就是六道轮回中畜生道的动物形象。他并引述唐代国师知玄(811—883)在《慈悲水忏法》卷中提到的在畜生道的动物身,将虎、豹、豺狼等列入"常怀恶心者的恶兽",鹿、熊等列为"常怀恐怖恶兽"。③

---

①李零:《论中国的有翼神兽》,《中国学术》2001 年第 1 期。

②郭静云、王鸿洋:《从西亚到东亚:翼兽形象之原义及本土化》,《民族艺术》2019 年第 7 期,第 49 页。

③陈怀宇:《动物与中古政治宗教秩序》,上海古籍出版社,2012 年,第 65 页。

但在八大梁 M1 壁画中,动物与山林、建筑相结合,墓主想表现的,是佛教鹿野苑和其现实生活中的家园景象的相互陪衬,仙界中或许有墓主人本身家园的风貌。

## 三、动物群动物与十二时兽、十二精魅、十二生肖及相关问题

当提及佛教入华传统时,一般称为"早期佛教"(earlyBuddhism),或有时称"早期南亚佛教",包括天竺和锡兰传来的佛教传统。[①]陈怀宇认为:汉译文献《大集经》中有十二种动物是菩萨的化身,菩萨以十二时兽形象游行世间教化世人,其中所在十二时兽居住方位从南、西、北、东顺序到东、南、西、北顺序的变化反映了从印度中心观到中国中心观的变化。东西南北,或者东南西北以及南东北西均有不同的文化内容,在不同的宗教传统中这些方位的确定和变化均和其世界人民的认知有关。[②]"十二精魅"一词与"十二时兽"对应应该是在魏晋南北朝时期,精魅的意思是魔和外道,汉文中的魔来自梵文 Mara,特指佛陀修行时对佛陀进行干扰的邪恶力量及其种种化身或者幻相;外道则指早期佛教以外的其他学说,译自梵文 anyn-tirtha。[③]在南北朝时期,佛教的精魅的观念与中国传统的鬼、神、魅观念结合了起来。陈怀宇研究指出:十二时兽故事传入中国后,四方的顺序也逐渐在隋唐之际通过智者和湛然的重新解释和中国传统阴阳五行观念结合在一起,十二时兽变成十二精魅的变化也可能和六朝时期密教文献逐渐受到道教精魅说的影响有关。八大梁壁画中动物群中的动物在数量上也为十二。鼬鼠持钵的拟人化风格,既有中国传统的动物通灵性的传统,也有佛教本生故事的因素。南北朝时期,正是佛教与道教以及中国传统习俗深度融合的时期,再审视壁画中将日中蟾蜍、月中捣药等传统题材融入,对动物群和其中的动物,从佛道观念、中外观念相互糅合的角度去认识和理解,当与十二时兽、十二精魅信仰密切关联。

---

①郭静云、王鸿洋:《从西亚到东亚:翼兽形象之原义及本土化》,第 49 页。

②陈怀宇:《动物与中古政治宗教秩序》,第 101—105 页。

③陈怀宇:《动物与中古政治宗教秩序》,147 页。

中国传统的十二生肖,有学者认为与佛教关联密切,早期佛教经典中有与十二生肖相关内容。早期佛教经典的记载中可见十二神将,或称十二药叉、十二大将等。十二神将出自《药师经》,属药师佛信仰的重要组成部分。据《药师如来念诵仪轨》:"(药师如来)令安莲花台,台下十二神将,八万四千眷属上首……"[①]另据《药师琉璃光如来本愿功德经》:"(宫毗罗大将、伐折罗大将、迷企罗大将等十二药叉大将)我等眷属卫护是人,皆使解脱一切苦难;诸有愿求,悉令满足。或有疾厄求度脱者,亦应读诵此经,以五色缕,结我名字,得如愿已,然后解结。"[②]十二神将身份为药师佛卫护,神职为信奉者解脱苦难,满足愿求,治愈疾病等。守护药师佛的十二神将本是由印度的药叉神转化而来。[③]因此,十二神将的外貌从传入之初即带有药叉信仰的神秘色彩。如《大吉义神咒经》中云:"诸夜叉、罗刹鬼等作种种形,师(狮)子、象、虎、鹿、马、牛、驴、驼、羊等形……"[④]随后,十二神兽开始与十二神将一一对应,如《净琉璃净土标》中,十二兽为十二神将的坐骑;《薄双纸(编知院御记)口诀第一》中,十二神将与十二辰相关联,且以顶具十二兽为其标志,"十二神将拥护十二时之夜叉也,顶戴十二时兽"[⑤];《觉禅钞》卷三《药师法》中,神将直接以兽头为首。[⑥]

可见,隋唐时期墓葬中十二生肖俑的形象特征与《药师经》相关典籍中描述相符,且除了墓葬出土文物,初唐敦煌莫高窟220窟药师经变壁画、吐鲁番伯孜克里克石窟29窟南壁等早期佛教壁画上,守护药师佛的十二神将也俱可见十二生肖头冠。此外,药师信仰同样盛行于唐代,与十二生肖俑流行的时间一致。[⑦]因此,尽管在印度源头,关于药师佛及十二神将的文献与图像仍鲜有发

---

①(唐)不空译:《药师如来念诵仪轨》,《药师经(珍藏版)》,大众文艺出版社,2004年,第78页。

②(唐)玄奘译:《药师琉璃光如来本愿功德经》,上海佛学书局,1938年,第19—20页。

③谢志斌:《十二药叉信仰的组成及其中国化形态》,《宗教学研究》2018年第4期,第137—147页。

④(北魏)昙曜译:《大吉义神咒经·二卷》,《永乐北藏》(第53册),北京:线装书局,第562页。转引自李慧君:《试论墓葬中十二生肖俑的佛教因素》,《中国美术研究》2020年第2期。

⑤佛陀教育基金会:《净琉璃净土标》,《大正新修大藏经》第十九卷《密教部二》,第67页。转引自慧君:《试论墓葬中十二生肖俑的佛教因素》。

⑥大正一切经刊行会:《觉禅钞·卷三·药师法》,《大正藏·图像部·四》,1925年。转引自李慧君:《试论墓葬中十二生肖俑的佛教因素》。

⑦白文:《关中隋唐西方净土造像图像志研究》,西安:三秦出版社,2010年,第137页。

现,但凭现有汉译经典及隋唐时期文物图像,我们仍可做出推断:十二生肖的说法为中国原创,但十二生肖图像的产生,却与《药师经》等佛教经典中关于药师佛十二神将的记述, 及印度犍陀罗等地区传入西域的佛造像艺术之间有着密切关系。李慧君认为:隋唐时期墓葬出土十二生肖俑多为"十二生肖+胡人"形态。"十二生肖"逻辑上应是"佛"的传承和变体。考察佛教经典,可发现《大集经》《药师经》等早期佛经中存在与十二生肖相关的记载,特别是《药师经》相关文献中关于十二神将(对应十二兽)形象的记载,与现有隋唐墓葬生肖俑及吐鲁番、敦煌等石窟壁画中药师佛十二护卫图像相契合。①

对十二生肖与佛教传播以及与古代中土观念相会的过程,李树辉的研究能给我们以启示:秦汉之际,外来的佛教文化主要为五行家所用。《汉书·艺术志》载,五行家有"《转位十二神》二十五卷",称十二时各有其神主之。此说与十二生肖(兽历)密切相关,明显源于佛经。清梁章钜《浪迹续谈》卷七"十二属"条称:"《法苑珠林》引《大集经》言其所由来曰:'阎浮提外,西方海中,有十二兽,并是菩萨化导,人道初生,当菩萨住窟,即属此兽神护持,得益,故汉地十二辰依此行也。'"自东汉开始,伴随着佛教在中原地区的传布,十二生肖(兽历)才为更多的人所了解。及至南北朝时期,由于佛教的勃兴和普及,十二生肖方普遍使用。综上所述,本文认为十二生肖源于十二兽历,十二兽历的形成则与古巴比伦人天文学中的黄道周天之十二星座等密切相关。也即是说,十二兽历为古巴比伦人首创。十二兽历一俟形成,便分别沿东西两个方向扩散:西向依次传至希腊、埃及;东向则传至印度和我国内地。希腊、埃及的文化由于和巴比伦文化有着许多的共同之处,故而十二兽历仅出现了若干微小的变化。十二兽历传至印度后, 由于处于文化差异较大的环境中而被进行了一番较为彻底的本土化改造,赋予了许多本土文化特点。古巴比伦人的天文学(星历)知识早在公元前 19—18 世纪便已传至我国内地,殷人称之为十二辰或十二支,但仅用于推算节气和日月交食,并与传统的十二干相结合用于纪年。而与此相关的十二兽历却因无用武之地而湮没不彰。此后,经印度改造后的十二兽历约于公元前

---

① 李慧君:《试论墓葬中十二生肖俑的佛教因素》,《中国美术研究》2020 年第 2 期,第 419 页。

3世纪初,又沿"丝绸之路"传到了我国内地,嬗变为十二生肖,进而随着佛教的兴盛而得到了普及。同时亦赋予了许多新的文化内涵。此后,又以中原地区为中心进一步传播、扩散至周边地区的民族和国家。①

从现有考古资料看十二生肖俑在墓葬中作为随葬品的最初时期是在南北朝时期。山东临淄北朝崔氏墓群中的10号墓为北魏时的墓葬,墓内出土十二生肖俑。此时的生肖俑作为独立的生肖动物形象被置于相配套的案台中。因该墓在早期遭到严重破坏,仅发现有虎、蛇、马、猴、犬。②除了十二生肖俑外,在墓室壁画和墓志线刻中亦存有十二生肖图像,如北齐娄睿墓壁画和北齐磁县湾漳大墓壁画。原北齐武平元年(570)娄睿墓十二生肖图像与天象图绘于一处。每个生肖旁边绘有两个神兽。为子鼠北、午马南的子午线排列。仅残留鼠牛虎兔,中间各绘二神兽卫护,并与四神、雷公等祥瑞与天象图组合。到隋唐时期墓葬中,兽首人身的十二生肖雕塑和图像普遍出现在墓葬中,形相发生了转变。对于此,吴燕武认为:中古时期是十二生肖形相的转变时期,图像系统在唐中期发生了明显变化,十二生肖由原来拟物化形相,转变为兽首人身的拟人化形相。③转变的原因,吴氏认为:星占思想的影响下,十二生肖或十二辰,与黄道十二宫以及廿八宿相配。而外来佛经及占星书籍里面有着大量图像系统。在这一背景下,隋唐时期的十二生肖挪用一下,形相发生变化的可能性是极大的。中古时期十二生肖图像风格上,由动物形象演变为兽首人身或兽冠人身的官吏形象,很大程度上是在中古时期中外占星文化交流的大背景下,随着密教传入,吸收了相关观念和图像而形成的,其直接的借鉴可能就是佛教中的图像。④

如前所述,靖边八大梁M1壁画墓中围塔拜佛图像中的动物与中国古代十二生肖动物有不同处,但也有契合处(如兔、鼠、猴、羊为共同所有)。但在北魏、北齐时期十二生肖习俗已经出现在山东、山西等地贵族墓葬中的先后时期,陕北墓葬中这种深刻影响中国社会的习俗还没有出现,体现了历史发展中

---

①李树辉:《十二生肖的起源及其流变》,《喀什师范学院学报》1999年第1期(总第74期),第55—56,59页。

②山东省考古研究所:《临淄北朝崔氏墓》,《考古学报》1984年第2期。

③吴燕武:《中古时期十二生肖形相转变原因探析》,《美术学报》2015年第3期,第62页。

④吴燕武:《中古时期十二生肖形相转变原因探析》,第62页。

社会习俗的复杂性。

综上所述,八大梁 M1 壁画中的动物,既与古代印度和早期佛教密切关联,也还保留着中土传统信仰的印记。这个时候中土传统的十二生肖尚未形成,正在酝酿和走向排列的稳定化、固定化,在民间信仰上则呈现出相互交错和杂糅的状态。

小结:陕西靖边统万城八大梁 M1 壁画具有重要的历史和艺术价值。图像表现的是北魏—西魏时期佛教寺院围塔拜佛的景象。图像中的动物,反映了佛教信仰与中土传统民间信仰的杂糅。十二生肖在成熟过程中与丝绸之路、文化交流、宗教信仰、社会习俗有紧密关联。

附图:统万城 M1 壁画

图 1　陕西靖边统万城八大梁 M1 东壁壁画

图 2　陕西靖边统万城八大梁 M1 北壁壁画

图3 陕西靖边统万城八大梁 M1 西壁壁画

图4 陕西靖边统万城八大梁 M1 南壁壁画

# 肃南文殊山千佛洞、古佛洞开凿源流再考

黎静波 [1,2] 李炎怿 [3]

（四川文化产业职业学院文博学院 [1] 成都明昌博物馆 [2] 成都博物馆 [3]）

文殊山石窟位于甘肃省张掖市肃南裕固族自治县祁丰藏族乡文殊村，是一处规模较大的佛教石窟群。石窟群依山建于山谷之中，石窟修建开凿所倚靠的山体，是祁连山山前冲积平原上隆起的低山群。文殊山石窟群所在地区现在一般称"文殊村"或"文殊沟"，古称"嘉谷沟"或"嘉峪山"，距酒泉市直线距离仅15 公里，历史上曾为酒泉辖区。

距文殊山石窟不到 1 公里的地方有一座百子楼，楼内现存石碑一块，该碑首题"有元重修文殊寺碑铭"，末题"大元泰定三年(1326)岁次丙寅八月丁酉朔十五日丙戌上旬喃答失太子立石"，因此该碑被称为"重修文殊寺碑"。根据碑文的内容来看，至少在元泰定三年起，该地就因为有"文殊寺"及其石窟造像群而闻名。现在，"文殊寺"石窟群一般被称为文殊山石窟，而建有"文殊寺"石窟的低山群则被称为文殊山。

据乾隆二年(1737)黄文炜所撰《重修肃州新志》说："文殊山，城西南三十里。山峡之内，凿山为洞，盖房为寺，内塑佛像、古雕无数，旧称有三百禅寺，号曰小西天。"现存的文殊山石窟分前山区和后山区，大部分分布于南北 1.5 公里、东西 2.5 公里范围的山谷内崖体间。据统计，现存窟龛共有 152 座，其主要石窟形制为中心柱窟、禅窟、僧房窟、佛殿窟等。此外，还有窟前寺院遗址 28 处。

文殊山石窟有一千多年的历史，是中国早期佛教遗存。文殊山石窟处于河西走廊上，其对于研究佛教中国化过程中建筑、艺术等方面的演变以及西域佛教艺术都有着极为重要的价值。此外，文殊山石窟还有西夏回鹘时期的遗存，对于研究河西地区西夏、回鹘佛教史及佛教艺术也有极为重要的价值。

### 一、文殊山前后山石窟的现状

由于历史上多次遭到人为的破坏，文殊山石窟现存石窟极少有石刻造像，目前仅有前山第 19 窟——万佛洞、第 29 窟——前山千佛洞以及后山第 69 窟——后山千佛洞、第 73 窟——古佛洞这四个石窟有造像遗存，并且都损毁严重，几乎没有完整的造像保存下来。这四处石窟均为穹隆顶、平面近方形的中心塔柱窟。上述四窟加上第 31 窟——文殊寺，是文殊山石窟现存有壁画的五个石窟。文殊山石窟壁画情况较为复杂，壁画在不同时代有着不同程度的重修，存在各种叠压关系。

万佛洞现存石刻造像主要在中心塔柱的四面，每一面都分别开凿有上下两层造像龛，窟内四壁不开龛，总计八龛造像。其中正面上层为双层龛门阙形龛，正面下层及左、右、背三面上下层均为圆拱形龛，正面下层龛存有拱形龛楣。每龛内均残存有一跏趺坐佛，龛外紧邻佛两旁各塑胁侍菩萨一身，总计十六身。一佛二菩萨的塑像内容，是典型的早期石窟塑像形式。龛内坐佛造像均大面积损毁，现仅存残身和残留佛座。从现存龛内的残留塑像可见，其坐佛形象多为结跏趺坐，着通肩大衣，衣角搭肩，双手作禅定印，身前残留有竖弧线阴刻衣纹，左右基本对称，佛衣的衣襟较为短小，垂搭于佛坛上，其头部基本已损毁。龛外的胁侍菩萨从残存部分来看，应均披帛，着大裙，上身袒露，双手合掌置于胸前，赤足而立，大裙的裙腰向右侧外翻为倒三角形，披帛从颈部垂落，绕臂飘于身体两侧，披帛末端为尖角形，头部同样基本损毁。[1]通过对残存造像进行比较，我们发现八龛佛龛内造像与佛座相同，应为同一时期所塑。

万佛洞的壁画分布于中心塔柱四面以及窟内四壁，壁画有覆盖痕迹，表层重修壁画盖于底层原作壁画之上，现在能够看见的表层壁画大多为西夏重绘，部分为元代重绘。中心塔柱分别在上层龛外绘释迦牟尼十大弟子像，下层龛外两侧绘十方佛。北壁绘水月观音及千佛，下部其余壁画大多已经残损，现仅存萨埵那太子饲虎图局部。东壁则绘有弥勒上生兜率天经变图，下部平行绘有五

---

① 李甜：《文殊山石窟研究》，兰州：甘肃教育出版社，2022 年，第 125—188 页。

铺壁画,最左边所绘为贤愚经变的尸毗王本生图,其右侧绘有《贤愚经》的须阇提品割肉贸鸽图,中央所绘则是海神问船人图,再右绘制波斯匿王金刚女图像,最右边绘着萨埵太子本生图。弥勒经变图的左、右下方绘有《六度集经·太子须大挐经》中施舍相关内容的图像。西壁壁画当与东壁对应绘制,遗憾的是现在大多也基本损毁。由残存内容来看,该壁应当绘制有一铺大型西方净土变相图,但目前所存的,仅为上方的楼台建筑和右上部无量寿佛像。该壁下方的左、右亦残存一铺壁画,右侧为《法华经·譬喻品》中的火宅羊车鹿车牛车等图像。该壁下方同样绘有五铺壁画,左边三铺现已经损毁无存,右边两铺则是以《贤愚经》的沙弥戒自杀缘品为题材的图像。南壁窟门正中上方绘有布袋和尚像。东侧下方绘有男女供养人像,其上绘有后世所重绘的坛城图,西侧的壁画也基本损毁,现仅存比丘像一组。甬道顶部绘有一圈瑞像图,现尚存十四身;窟顶四角绘有四大天王像,遗憾的是西南角一身也已损毁,现仅存其余三角所绘天王。①

前山千佛洞开龛形式和造像题材与万佛洞基本相同,也是四壁不开龛,仅在中心塔柱四面开两层佛龛,每龛龛内塑跏趺坐佛像一尊,龛外佛两旁各塑胁侍菩萨一身。此窟八龛均为圆拱形龛,有尖拱形龛楣,束莲龛梁,圆柱形龛柱,覆莲龛柱头和柱础。龛内塑像均为原作,后代有补绘,塑像头手均毁。从现存相对完整的造像来看,主尊着厚重贴体的圆领通肩大衣,上有阴刻的衣纹线条,右肩衣带绕前胸搭在左臂上,三角形衣摆向前搭于佛座上。胁侍菩萨头部均损毁,双手于胸前做合十状,左右肩披淡蓝色上衣土红色衣边,下身着宝蓝色土红边裙裤,土红色腰带挽于腰间,呈倒三角状搭于腿间,左右衣带贴墙,末端呈尖角,与万佛洞菩萨造像基本相似。

前山千佛洞是壁画保存最好的一个洞窟,现存完整的是南壁窟门、东壁及顶部壁画,中心塔柱及窟门部分壁画重绘,北壁和西壁壁面全毁。南壁上方绘有九排千佛,每排三十余身,总计绘二百七十余身。下方窟门左右则各绘有四身立佛。立佛下方各绘有十一身男女供养人像,东壁上方同样绘有九排二百七十余身千佛像,每身均有白色题写框,但内容也基本漫漶而无从辨识。下方则

①施爱民:《文殊山石窟万佛洞西夏壁画》,《文物世界》2003 年第 1 期,第 57 页。

绘有一佛二菩萨说法图,说法图左侧绘四身立佛,右侧相对应所绘立佛现仅存一身。立佛之下所绘供养人现存十身。南壁、东壁所绘壁画风格基本相同,当为早期绘制。通过现存前壁、右壁绘画所绘内容来看,前山千佛洞完整的时候四壁上部应该都有九排,每排三十余身佛像,下部八身立佛。顶部壁画在四壁千佛上方绘天宫栏墙,现仅存前壁、右壁部分,天宫栏墙内绘有天宫乐伎,环绕中心塔柱一周。中心塔柱四面龛楣为西夏、清代二次重绘,前壁窟门上对坐两身供养人像为西夏时绘制。

后山千佛洞位于后山第二台地,为十六国或北朝中心柱窟,四壁均未开龛,中心柱正面开一拱形龛,其造像现已不存,龛外壁面亦已损毁,无胁侍像。据现存遗迹来判断,龛内原主尊应为一尊结跏趺坐的造像。此窟现存壁画十分混杂,底层原作壁画与后代重绘壁画交错分布,部分后世壁画在底层原作壁画上直接重绘,细看之下,仍隐约能见到底层的原作壁画,其重层情况非常复杂。现在可见的底层壁画,首先是顶部一周斗四平棋连续性图案,图案种类丰富,有忍冬纹、几何纹、云纹、团花纹、菱格纹等。其次是四壁、中心塔柱的上半部分,该部分与顶部连接的地方绘有天宫伎乐、三角纹、长条形隔带纹、菱格纹、卷叶纹等。再往下则在中心塔柱及四壁一周绘有拱形龛,龛内有天宫伎乐,龛内隐约可见天宫伎乐的飘带,现已被表层元代重绘壁画遮盖,模糊不清。元代重绘壁画有坐佛、菩萨、天王、弟子、建筑等。该窟烟熏痕迹严重,导致壁画多处变色,重绘壁画也多有破损。

古佛洞位于文殊山后山第一台地之上,同样为十六国或北朝中心柱窟,窟壁四周都没有开龛。中心柱上下两层,上层亦未开龛,下层则四面开拱形龛,龛梁龛柱以束莲覆莲装饰。龛内均塑有结跏趺坐造像一身,龛外都塑有二身菩萨。该窟所有造像都损毁极为严重,现存佛菩萨造像无一身完好,但从现存佛像的遗留情况来看,其时代特征还是比较容易确认的,特别是佛像多塑成密褶悬裳造型,具有北魏晚期到西魏的褒衣博带式典型造像样式。

古佛洞在元代整体重修,现可见壁画以元代为主。中心柱正面绘有佛涅槃像,四面绘有坐佛、菩萨、佛母、弟子,背面下部露出底层壁画,隐约可见天宫伎乐飘带。前壁并列绘两幅水月观音图,水月观音图中又包含龙王、龙女,玄奘取经、摩利支天等形象。右壁绘普贤变、弥勒经变及一幅无法辨识的图画。后壁壁画大面积脱落损毁,仅存五个模糊的圈,圈内各绘上二下三五身坐佛。左壁绘文殊变及两幅无法确定的经变画。四壁壁面与顶部衔接处绘十八身坐佛像,坐佛上方绘连续菱格纹,菱格纹上方绘四个圆形透叠交叉的联珠纹图案。窟口处有明代重绘壁画,墨线绘僧人树下打坐图,有头光,面向窟门,双手合掌。

第 31 窟文殊寺则位于前山的红庙沟东侧,其后殿后室依山凿成石窟,窟前建有寺院。窟内四壁及顶壁均绘有壁画,其中有大量文殊菩萨像,但因烟熏严重,部分壁画较为模糊而难以辨认。但从部分清晰的内容来看,应该基本都是元代所绘的密教题材图像。

文殊山现存五个有壁画的石窟中,除文殊寺外,均能发现早期壁画或其残存痕迹。万佛洞壁画底层壁画为早期原作,表层壁画为西夏晚期重绘。前山千佛洞保存原作壁画较多,仅有窟门上方两身供养人为西夏重绘。后山千佛洞顶部底层壁画具有浓郁的西域绘画风格,表层壁画为元代重绘,由于直接在底层壁画上绘制,但又未能完全覆盖底层壁画,二者相互重叠,显得十分凌乱。古佛洞内壁画损毁严重,底层壁画不明,但隐约可见天宫乐伎的飘带,表层壁画由元代整体重绘。唯有 31 号文殊寺石窟,主体壁画的题材为文殊菩萨,四壁同样绘有千身文殊菩萨像,是由元代整体绘制的密教图像,故暂不列入本文的讨论范围。

## 二、文殊山石窟开凿的相关问题

关于文殊山石窟的开凿时期,目前存在北凉说与北魏说两种说法,北凉说又分为早期和晚期;而另一种观点则认为文殊山石窟开凿于西魏时期。支持北魏说的学者有史岩、张宝玺、暨志远等,支持北凉说的学者有李国、董玉祥、杜斗成、杨益民、唐晓军等。

史岩先生根据洞窟形制推定,万佛洞、前山千佛洞、后山千佛洞、古佛洞,均属北朝系的制底窟,从样式上可以判定为北魏晚期所造。[①]张宝玺先生则认为前山千佛洞画风有些早期的成分,但更多接近于莫高窟北朝第三期即北魏

---

①史岩:《酒泉文殊山的石窟寺院遗迹》,《文物参考资料》1956 年第 7 期,第 53—59 页。

晚期。并且他根据《重修文殊寺碑》篆刻时间以及碑文中"所观文殊圣寺古迹建立已八百年矣"推算出文殊山石窟创建于孝明帝时期,这个时间正是东阳王元荣在莫高窟大兴土木的时间。孝昌(525—527)年间,孝明帝将酒泉军从敦煌镇分出来复置酒泉郡。文殊山石窟的兴建可能与上述历史背景有关。①暨志远先生认为应该将文殊山石窟分为前后两期,前期以后山千佛洞为代表,后期以万佛洞、前山千佛洞、古佛洞为代表。他提出以《重修文殊寺碑》作为判断年代的依据,不应以泰定三年往前推八百年的孝昌二年(526)作为文殊山开凿的上限,《重修文殊寺碑》的记载正可以说明在 526 年以前文殊山早已有开凿石窟的记录。晚期的古佛洞出现了身着褒衣博带式佛衣的坐佛,褒衣博带式佛衣兴于南朝,孝文帝改革后逐渐流行于北朝,再传往西域,在酒泉以西的敦煌出现这一特征的壁画是大统四五年(538、539),文殊山早期石窟开凿时间确定在太和稍晚的北魏时期(490—538)更为稳妥。②杨富学、井上豪等学者也持此观点。张小刚、郭俊叶等学者则直接采用此说。

李国先生指出,《肃州新志》说文殊山石窟创建于北魏,但其壁画风格却与北魏晚期所盛行的秀骨清像迥然不同。他认为:"酒泉是河西古道上的一个重镇,也是五凉佛教盛行区,地当中西方政治、经济、文化交往的孔道,在附近凿窟建寺是有可能的,文殊山石窟是否开凿于比北魏更早的五凉时期尚待进一步探讨。"③董玉祥先生则根据文殊山早期窟龛的形制、造像、壁画内容和风格等,再结合相关文献的记述,认为文殊山石窟的前山千佛洞、万佛洞有可能为北凉所建。④杜斗成先生通过对古代文献和译经规模以及考古"比较学"的结果研究,认为"北魏说"不符合北魏统治河西的历史形势,所以河西地区包括文殊山石窟应为北凉窟。⑤杨益民、唐晓军两位先生认为"根据现存洞窟甬道顶中心

①张宝玺:《河西北朝中心柱窟》,《1987 年敦煌石窟研究国际讨论会文集》(石窟考古编),沈阳:辽宁美术出版社,1990 年,第 123—164 页。

②暨志远:《酒泉地区早期石窟分期试论》,《敦煌研究》1996 年第 1 期,第 59—75 页。

③李国:《河西几处中小石窟论述》,《敦煌研究》1998 年第 3 期,第 15 页。

④董玉祥:《河西走廊马蹄寺、文殊山、昌马诸石窟群》,甘肃省文物考古研究所编《河西石窟》,北京:文物出版社,1987 年,第 1—22 页。

⑤杜斗成:《关于河西早期石窟的年代问题》,《敦煌学辑刊》1994 年第 2 期。

柱或窟形和壁画特征,结合西域佛教最早向河西地区传播的历史状况以及酒泉地区曾出土的 13 座北凉时期寺院里供奉的石雕佛塔(有纪年的 3 座,即承玄元年、二年、缘和三年),可以肯定该地最早开窟建寺的时期为北凉"①。

在对文殊山石窟进行多次考察后,笔者个人判断,文殊山石窟当属于北凉前期开凿,应当略晚于金塔寺石窟而早于天梯山石窟。至于还有学者提出文殊山石窟可能是北魏或西魏开凿,那么我们可以作一个基本的对比,即北魏时期云冈石窟的中心塔柱窟,以及到西魏时期莫高窟的中心塔柱窟,其间的变化是非常明显的。

目前云冈石窟发现的中心塔柱窟有八个,分别是第 1 窟、第 2 窟、第 4 窟、第 6 窟、第 11 窟、第 39 窟,以及龙王沟内的一个中心柱窟和第 4 窟与第 5 窟之间未编号的小窟。②云冈石窟的中心柱塔窟始于第二期,具体洞窟有第 1、2、6 窟。③云冈的中心塔柱窟窟型已趋于复杂,窟内出现了大量建筑形制,特别是第 1、2、6、39 窟的中心塔柱以及第 11 窟侧壁的佛龛上均有特征鲜明且制作精

图 1　云冈第 6 窟(释迦佛洞)

①杨益民、唐晓军:《肃南县文殊山石窟寺院》,《丝绸之路》1998 年第 1 期,第 49—53 页。
②高歌:《云冈中心柱窟研究》,硕士学位论文,西安美术学院,2012 年,第 5 页。
③张宝玺:《北魏太和期的中心柱窟》,云冈石窟研究院编:《2005 年云冈国际学术研讨会论文集·研究卷》,北京:文物出版社,2006 年,第 1 页。

美的汉式楼阁建筑。敦煌西魏中心塔柱窟开窟、造像、绘画技术已经相对成熟，以 288 窟为例，由于中心塔柱窟的多层运用，特别是窟内壁面和窟顶大量使用凹凸结构来增加空间立体感，使得窟型结构十分复杂。与此二者相比，文殊山石窟的窟形则显得相对粗犷、原始。

## 三、文殊山与金塔寺、天梯山及莫高窟北凉石窟的风格比较

文殊山石窟的造像目前基本无存或被改塑，仅能作部分参考，因此我们更多的是从窟型、残存壁画等方面作为研究方向。将文殊山与金塔寺、天梯山与其他现存北凉石窟进行比较，我们可以发现，与文殊山石窟最相似的首先是金塔寺石窟，其次则是天梯山石窟。

金塔寺是马蹄寺石窟群的组成部分，位于甘肃省张掖市肃南裕固族自治县马蹄藏族乡境内大都麻河西岸的红石崖壁之上，距离地面 60 米，以石梯相连，有东、西两个规模较大且毗邻的中心塔柱窟，属于少见的双窟对开形制。两窟的中心塔柱为方形，直通窟顶，塔身从上至下大小基本一致。塔身四面分三层开龛，窟内四壁不开龛。最早在洞窟内设有塔的是印度的"支提窟"，传至西域后出现了最早的中心塔柱窟，但其本质与支提窟一样，仅仅是在窟的后方开甬道，供信徒绕塔观塔做巡礼等仪式，马蹄寺其他中心塔柱窟也是基本如此。但是到了金塔寺，中心塔柱窟窟型发生了变化，塔身变得很长很高，双窟的甬道高度基本与窟顶高度相同，而其他中心塔柱窟的甬道顶部一般低于窟顶。并且其他窟的顶部一般凿成券形的弧度，[①]金塔寺双窟的顶部则并非是完全平整的，也不是完全的四披型，而是既带有四披又有平顶，很明显是一种过渡形制。金塔寺这种中心塔柱窟的形制在之前从未出现过，是一种较为创新的新窟型，但这种形制其实是非常粗糙、非常不成熟的，因此之后也再未出现。

金塔寺原本壁画内容十分丰富，但由于温度、湿度、氧化等原因，整体脱落较为严重，现存内容主要有飞天、千佛、说法图等内容。两窟现存的壁画中，东窟各壁均残存有千佛，根据剥落后的壁画可以看出其中有三层壁画，但早期北

---

① 吴开东：《浅析金塔寺石窟艺术》，《丝绸之路》2010 年第 4 期，第 80 页。

凉壁画已经很难看到,通过被覆盖的土红色千佛界拦,可以推测出北凉原作壁画也绘的是千佛。西窟残存有北凉原作壁画,在窟顶东侧绘有两排各七身飞天,这组飞天的绘制手法显然具有西域早期壁画的特征,飞天形象有着明显的西域人特征,与克孜尔 1 号窟甬道顶部的壁画有着相似之处。[①]说明金塔寺的壁画仍然是西域式的,几乎没有受到中原的影响。在东窟的塔柱上出现了高肉雕飞天形象,这里的飞天形象横于空中呈"V"形身姿,与克孜尔的飞天姿势十分相似。一般早期石窟艺术表现飞天,大多以壁画形式呈现,金塔寺这种"V"形飞天造像显得十分特别,但从金塔寺窟型的创新来看,这种造像的改良也就不奇怪了。

文殊山的方形双层四面开龛中心塔柱,塔身变得细长并直通窟顶,窟顶呈不规则券形,四壁不开龛而绘制千佛、飞天、说法图等壁画,显然受到了金塔寺的影响,但更加成熟。古佛洞窟顶残存的被认为是西魏壁画的飞天形象,与金塔寺飞天具有极强的相似性,其服饰细节及绘制样式更与龟兹石窟同类题材的壁画极为相似,具有明显的早期西域佛教壁画的艺术特征。

天梯山石窟位于甘肃省武威市城南 50 公里的张义镇中路乡灯山村,石窟群南北长约 130 米,高 30—60 米,其中 1、4、18 这 3 窟现在判定为北凉洞窟。因 1927 年古浪地震及 1959 年黄羊河水库修建,部分洞窟的塑像、壁画进行搬迁,现分别保存在甘肃省博物馆和武威市博物馆。笔者在之前撰

图 2 天梯山第 1 窟

---

① 秦春梅、姚桂兰:《金塔寺石窟中的早期遗迹概述》,《敦煌学辑刊》1999 年第 1 期,第 95 页。

写的论文《对金塔寺与天梯山开凿关系的再思考》中也专门提出,北凉的天梯山造像和壁画已经明显地开始受到当时中原内地艺术的影响,特别是壁画。在甘肃省博物馆及武威市博物馆的天梯山石窟陈列中,我们可以明显看到北凉壁画中菩萨用墨线起稿,并且线条运用开始出现兰叶描、铁线描等早期的汉地线条描绘方法,并且人物的绘制中局部开始出现中国式的平染法,其色彩线条清晰艳丽,披帛飘带曲转柔和,长发卷动,眉眼细长,菩萨线条造型曲线优美,具有一种纤细文弱的观感,[1]整体风格来看,此时的壁画毫无疑问已经开始受到来自中原汉地的艺术风格影响。而文殊山残存的飞天,还是明显的西域特征,因此,笔者认为,天梯山石窟的开凿时间应当在文殊山石窟之后。

以天梯山第1窟中心塔柱窟的窟型为例,虽然现已坍塌,壁画、造像也已经被剥离,但中心塔柱仍然存在,仔细观察该窟,不难发现,其中心塔柱窟窟型已较为成熟。该塔柱为方形,留有双层四面开龛的龛洞,塔身细长直通窟顶,残存的窟顶也应为不规则券形。

莫高窟北凉时期开凿的石窟分别是第268窟、第272窟、第275窟,这三个窟中的壁画内容以佛像画、故事画、飞天和千佛为主,其中第275窟出现了大量飞天形象,第272窟中也有对飞天伎乐的描绘,而飞天题材在西域也占有很大的比重,例如克孜尔第48窟后室的伎乐飞天、第76窟的天宫伎乐。显然,北凉莫高窟是受到了西域佛教壁画内容的影响,特别是受到克孜尔石窟的影响[2]。宿白先生认为,金塔寺、文殊山、天梯山、北凉石塔是我国新疆以东现存最早的佛教石窟模式——"凉州模式"。[3]凉州模式的特点是较多方形或长方形平面的塔庙窟,塔庙窟窟内为中心塔柱,窟壁主要画千佛,壁画中飞天姿态多样,造型生动。而莫高窟的"北凉三窟"在壁画上也与之相似。

金塔寺的壁画造像比较早期,风格与龟兹石窟比较一致,更加偏向西域化。整个风格看不到汉化或者说是中原化的影响,基本上是西域的做法,而其中心塔柱的窟型则属于独创。文殊山石窟的窟型则相对更成熟,从塔柱的细节

①韩晓龙:《金塔寺高肉飞天的审美风格与艺术价值》,《雕塑》2018年第5期,94页。
②陈晓咚:《北凉时期三窟壁画的西域风格与造型特点》,《音乐时空》2021年第8期,第22—23页。
③宿白:《凉州石窟遗迹和"凉州模式"》,《考古学报》1986年第4期,第441—442页。

来看,与天梯山的窟型较为相似。而敦煌莫高窟的"北凉三窟",开窟时期有北魏说、西魏说、北凉说等。笔者认为,从风格上来看北凉的可能性最大,但是其体量并不大、等级并不高,则基本属于后期开凿,而且很可能是当时驻守敦煌当地的北凉勋贵、将领等组织开凿的,其风格整体来说已经与文殊山有较大区别了。

## 四、文殊山石窟与龟兹石窟的风格比较

龟兹是西域最为重要的佛国,在佛教向中原传播的过程中有着举足轻重的地位。克孜尔石窟是古代龟兹遗留下来的最重要的佛教文化遗产,它的石窟窟型、飞天题材等,对中国的石窟艺术有着极为重要的影响。比较文殊山石窟与龟兹石窟的壁画艺术,我们发现二者有着惊人的相似之处,特别是飞天这一形象。文殊山石窟现存的北凉时期的飞天主要存在于窟顶,其中前山千佛洞八身,后山千佛洞两身。这两个洞窟的飞天需要分开来比较,后山千佛洞的飞天极有可能是直接采用西域的粉本,前山千佛洞的飞天已经开始在做中国化的尝试。

后山千佛洞的飞天,在窟顶右侧拐角处方形平棋格内,被一道由沙漏状图案组成的纹样带划分在两个三角形区域内。两身飞天都有不同程度的残损,以现存状况而言,两身飞天均戴宝冠,宝冠外有头光,上身裸身披细长的披帛,下身着长裙,表现出在空中飞翔的姿态,是非常典型的西域风格飞天。特别是飞天头上的宝冠,是克孜尔石窟诸人物像的常见冠饰,克孜尔石窟壁画上许多飞天都戴此类型宝冠,例如克孜尔石窟新 1 窟后室券顶三身飞天,克孜尔石窟第 8 窟黑色飞天、第 38 窟主室前壁弥勒及众佛,均戴此宝冠。与克孜尔石窟新 1 窟相比较,后山千佛洞两身飞天身上的披帛、长裙的形态与画法也极为相似,且二者都采用明显的写实风格,对人体的描绘十分具象,强调突出丰腴或健壮的肉体。

前山千佛洞飞天被两身相对的领舞飞天分为两组,左侧一组两身,右侧一组六身。八身飞天完残程度不一,左侧两身飞天中,领舞飞天保存完整,身体呈"U"型,另一身飞天则仅存头部和拿着乐器的左手。右侧六身飞天中,领舞飞天上身完整,下身残存左小腿和左脚,与身体构成"V"型。右侧领舞飞天身后,除

最后一身飞天仅存双腿、双脚、右手外,其余均保存完整。右侧领舞飞天后第1身飞天身体呈"U"型,其后第2、3、4身身体均呈"V"型,第5身根据腿部姿势来看,应该也是"V"型。而克孜尔石窟中有"L""U""V""S"四种身姿的飞天,前山千佛洞的"U"型和"V"型飞天明显是由此而来。前山千佛洞中的"V"型飞天与克孜尔石窟新1窟最左侧的"V"型飞天,身姿极为相似。应该说文殊山石窟这种"V"型飞天与克孜尔石窟"V"型飞天是一脉相承,同样也与金塔寺高肉雕飞天、莫高窟第275窟北壁中层飞天的"V"型身姿形成了独特的凉州模式。

前山千佛洞的飞天均有头光,身披细长的披帛,上身或裸身或佩戴璎珞或着印度式半袒的上衣,下身着长裙,带有强烈西域特征,其服饰细节与克孜尔石窟新1窟飞天极为相似。但是前山千佛洞飞天的面部及身体特征不像克孜尔石窟新1窟飞天那样具有写实风格,其绘画时用笔较为粗犷,人体的特征已

图3　文殊山前山千佛洞顶部飞天线图

图4　文殊山前山千佛洞飞天局部

图 5　文殊山后山千佛洞顶部飞天

图 6　文殊山后山千佛洞飞天

图 7　克孜尔石窟新 1 窟飞天

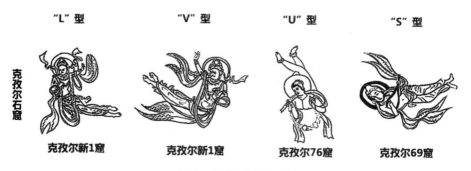

图 8　克孜尔石窟飞天

图 9　莫高窟第 275 窟北壁中层飞天

经开始模糊化,不再突出描绘丰腴的人体,飞天的身材更加纤细,特别是女性特征不再突出,需要借助服饰加以辨别。克孜尔石窟新 1 窟的飞天形象带有极为显著的印欧人种的特征,这种印欧人种特征虽然在前山千佛洞的飞天身上仍然能够看到,但是明显已经开始在人种特征上进行改动。相较于金塔寺高肉雕飞天那种写实而丰腴的特征,前山千佛洞飞天更接近莫高窟第 275 窟北壁中层的飞天,二者虽然在服饰和人种上还是明显的西域特征,但是绘画的技法已经在尝试吸收中国书画的技法,以粗线条来描绘人体的五官和身体轮廓。

仔细考究文殊山石窟窟顶残存的壁画,其飞天的造型、壁画的绘制手法、人物披帛、凹凸栏杆等,其风格与龟兹石窟基本属于一脉相承。将文殊山石窟与龟兹石窟的上述同题材壁画对比,由此可以明显看到,文殊山石窟壁画粉本的来源极可能直接来自龟兹,同时也可以看出其风格仍然有少量不同,由此可进一步判定北凉时期佛教艺术的主要来源及其变化的细节。

## 五、北凉沮渠氏的发展轨迹及其境内的佛教发展

沮渠氏本为张掖地区的临松卢水胡,目前普遍认为属于匈奴族系。385年,吕光征讨西域班师回朝途中,卢水胡酋长沮渠罗仇率部归降。397 年,吕光以护军不力之罪杀沮渠罗仇、沮渠麴粥兄弟,其侄沮渠男成、沮渠蒙逊兄弟因此起兵反后凉。男成、蒙逊兄弟当时年纪尚轻、官衔较低,所以起兵拥立段业建立北凉。但由于沮渠氏当时还是部落形式,由其部民组成的军队只听命于酋长而不服北凉朝廷管束,因此段业多有不满。401 年,段业杀沮渠男成,于是沮渠蒙逊率兵攻灭段业继立北凉。

401 年 6 月,沮渠蒙逊在张掖自称"大都督、大将军、凉州牧、张掖公"并改元永安,9 月"蒙逊所部酒泉、凉宁二郡叛降于西凉",随后南凉秃发利鹿孤率军进攻北凉,"虏其民六千余户。蒙逊从叔孔遮入朝于利鹿孤,许以拏为质"。可见沮渠蒙逊继立之初,北凉形势十分紧张,先是丢掉了酒泉、凉宁二郡,又迫于南凉的威势不得不送人质前去求和。因此这个时期,沮渠蒙逊是以张掖为根据地的。笔者在之前关于金塔寺开凿的论文中提出,金塔寺即是北凉在张掖建都时期组织开凿的。而文殊山当时属于酒泉郡,在沮渠蒙逊继立后三个月就叛降西凉,这个时期北凉不可能在此开凿石窟。

  沮渠蒙逊继立之初迫于南凉的威胁,不得不把兵力集中在东部。但是到了405 年,“西凉公暠与长史张邈谋徙都酒泉,以逼沮渠蒙逊……与其子敦煌太守让镇敦煌,遂迁于酒泉”。此时北凉显然有腹背受敌之势,这之后与南凉、西凉均有战事。406 年 6 月,南凉“秃发傉檀伐沮渠蒙逊,蒙逊婴城固守。傉檀至赤泉而还”,赤泉在今天张掖东南;8 月“秃发傉檀求好于西凉,西凉公暠许之。沮渠蒙逊袭酒泉,至安珍。暠战败,城守,蒙逊引还”。407 年 9 月,“秃发檀将五万余人伐沮渠蒙逊,蒙逊与战于均石,大破之”,同月“蒙逊进攻西郡太守杨统于日勒,降之”。虽然受到南凉和西凉的夹击,但是这个时期,北凉却意外占据上风,还取得了原属于南凉的西郡。

  到了 410 年上半年, 北凉和南凉爆发大规模的战争,“南凉王傉檀遣左将军枯木等伐沮渠蒙逊,掠临松千余户而还。蒙逊伐南凉,至显美,徙数千户而去。南凉太尉俱延复伐蒙逊,大败而归。是月,傉檀自将五万骑伐蒙逊,战于穷泉,傉檀大败,单马奔还。蒙逊乘胜进围姑臧,姑臧人惩王钟之诛,皆惊溃,夷、夏万余户降于蒙逊。傉檀惧,遣司隶校尉敬归及子佗为质于蒙逊以请和,蒙逊许之。归至胡坑,逃还,佗为追兵所执,蒙逊徙其众八千余户而去。右卫将军折掘奇镇据石驴山以叛。傉檀畏蒙逊之逼,且惧岭南为奇镇所据,乃迁于乐都,留大司农成公绪守姑臧。傉檀才出城,魏安人侯谌等闭门作乱,收合三千余家,据南城,推焦朗为大都督、龙骧大将军,谌自称凉州刺史,降于蒙逊”。

  南、北凉战争以沮渠蒙逊占领南凉都城姑臧等城而告终。到了 6 月,沮渠蒙逊抽出兵力征讨西凉,“伐西凉,败西凉世子歆于马庙,擒其将朱元虎而还。凉公暠以银二千斤、金二千两赎元虎;蒙逊归之,遂与暠结盟而还”。

  411 年正月,南凉降将焦朗占据姑臧,沮渠蒙逊率军征讨,活捉了焦朗但却赦免了他的死罪,只不过将姑臧的守将换成了自己的弟弟沮渠拿,之后就开始讨伐南凉,围攻其新都城乐都,秃发傉檀被迫送人质向沮渠蒙逊求和。8 月,沮渠蒙逊背弃盟约再攻西凉,李暠先是闭门不战,等到沮渠蒙逊军粮消耗殆尽时再对其发动进攻,致使沮渠蒙逊大败而还。在沮渠蒙逊继立之初,南凉的威胁是远大于西凉的,但是对南凉战事的大获全胜,与对西凉战事的失利使沮渠蒙逊意识到仅仅依靠军事实力是无法称霸凉州地区的,还需要采用一些怀柔政策,就像他赦免焦朗一样,因此“蒙逊方招怀士民,存亡继绝”。412 年 10 月

"沮渠蒙逊迁于姑臧"。11 月"沮渠蒙逊即河西王位,大赦,改元玄始,置官僚如凉王光为三河王故事"由于沮渠蒙逊的政策得当,凉州地区的士族、百姓"皆奔河西王蒙逊"。这个时期北凉开凿石窟基本在张掖。北凉对外扩张的重心仍然以东边为主,与南凉也多有战事。

414 年南凉亡于西秦,因此这时向东扩张又受到西秦的阻碍。相比于南凉,北凉与西秦则互有胜负,纠缠的时间更为长久,直到 431 年西秦为赫连夏所灭。由于东进受阻,于是沮渠蒙逊终于调转枪头,向西扩张。420 年 7 月,北凉进攻西凉,"蒙逊入酒泉,禁侵掠,土民安堵"。421 年 3 月"蒙逊筑堤壅水以灌敦煌;李恂乞降,不许。恂将宋承等举城降。恂自杀。蒙逊屠其城,获恂弟子宝,因于姑臧。于是西域诸国皆诣蒙逊称臣朝贡"。北凉灭西凉后,沮渠蒙逊凿通西域。在取得酒泉以西疆域的控制权后,沮渠蒙逊又迅速将矛头调转向西秦。421 年 6 月,"蒙逊遣右卫将军沮渠鄯善、建节将军沮渠苟生帅众七千伐秦。秦王炽磐遣征北将军木弈干等师步骑五千拒之,败鄯善等于五涧,虏苟生,斩首二千而还"。但是由于西秦不比南凉,战斗力极为强大,沮渠蒙逊再次在东部陷入与西秦的缠斗。

421 年以后,凉州地区进入修建石窟最鼎盛的时期,《集神州三宝感通录》说:"凉州石窟塑瑞象者。昔沮渠蒙逊以晋安帝隆安元年据有凉土二十余载,陇西五凉,其最久盛。专崇佛业,以国城寺塔修非云固"。文殊山石窟必然是在 420 年沮渠蒙逊重新取得酒泉地区以后开凿的,晚于 412 年沮渠蒙逊迁都改元之前在张掖所建金塔寺石窟。文殊山的窟型可能借鉴金塔寺,但壁画粉本应该是直接来自西域。由于北凉的重心在东部,因此这个时期文殊山石窟的开凿必然不会得到很大的重视,很可能是留守酒泉地区的贵族开凿的,而不是由皇家统一规划,所以文殊山的窟型大小不一,并且开窟的进度十分缓慢。相反,由于北凉西部的威胁全部解除,沮渠蒙逊这时在首都姑臧附近开始开凿天梯山石窟。笔者判断,文殊山石窟最初当为北凉时期所开,其顶部的壁画也应是北凉所绘,其窟型等方面相较于金塔寺具有更成熟的特征,更接近于天梯山和马蹄寺千佛洞。但从各方面的情况来看,其开凿者应当是北凉驻守当地的将领或官员。正因为文殊山的北凉石窟不是皇家所开,地方上财力有限,很有可能一直到 439 年北魏灭北凉,文殊山石窟都尚处于断断续续的开凿中。由于北魏此时采取的迁徙北凉人口到平城的政策，所以文殊山石窟的开凿极可能就此半道终止，从而并未最终完成。而在北魏后期，以及后来的西魏时期，北魏重新开始对该地区进行实际的行政管理时，很可能此时这些未完成的洞窟才再度开始继续其开凿工作。

今天从相关记载来看，沮渠蒙逊开窟造像"于州南百里，连崖绵亘，东西不测，就而斫窟，安设尊仪，或石或塑，千变万化"。讲述的应是从张掖到武威的多处造像才会形成这种连绵的结构，也很可能就是由从文殊山到金塔寺（及马蹄寺）再到天梯山的多处石窟整体构成。如果说文殊山石窟是北魏或西魏所开，那么它的窟型以及窟顶早期的壁画上必然有来自中原地区的风格，像云冈、龙门石窟一样，但是这些痕迹我们在文殊山石窟中并没有发现。而且北魏在消灭北凉以后，我们在莫高窟北魏早期开凿的石窟中也发现了许多具有龟兹特征的壁画，但其风格与文殊山石窟顶部残存的龟兹风格壁画又不大一样。因此，文殊山现存的石窟中，既有北凉风格的窟型、顶部壁画，四壁及佛龛上又留下北魏、西魏的特征，从石窟壁画从上至下绘制的顺序来看，文殊山石窟应该是北凉开凿，北魏、西魏补凿完成。

由此，在文殊山的石窟中，才会同时留下了北凉和北魏两个时代的痕迹，从而给后世的研究者造成诸多困惑。

## 结语

首先从北凉政权的政治中心由张掖为中心开始东西扩张来看，文殊山石窟的开凿很可能晚于金塔寺及天梯山石窟的营建。其次，将现存残留的文殊山石窟壁画与金塔寺、天梯山石窟及莫高窟等处的北凉壁画进行对比，可以明显看出文殊山石窟壁画的西域风格更强，与金塔寺石窟壁画相比风格也有诸多相似之处。文殊山石窟壁画无论是线条、用色和渲染手法上，抑或是发髻、服饰的形式上，相对都更具有西域特点，因此其粉本极可能直接来自西域或者说龟兹石窟。不过相较于金塔寺，文殊山石窟壁画也在做中原化的尝试，而天梯山石窟壁画则明显开始受到更多中原艺术的影响。从这点来看，文殊山石窟也应该属于北凉政权中期所开凿。再其次，在北魏定都平城的时候，河西走廊是没有得到重视的，到了北魏迁都洛阳以后，整个河西走廊才再度得到重视。如敦煌莫高窟的大规模凿造基本上都是在北魏晚期才开始进行。可以推断在孝文帝迁都之前,北魏是不可能在河西地区大规模开窟的,而且一旦到了这个时期开窟造像风格必然也很明显。如文殊山这种在前代未开凿完的窟,极有可能在这一时期继续被开凿利用,我们今天在做研究的时候很容易被这种细节所误导,容易造成误解。

综上所述,笔者认为文殊山石窟开凿于北凉中期,晚于金塔寺石窟及天梯山石窟,时间应该在 420 年北凉取得酒泉地区后很短的时间内,或者就是在 421 年,这时西域诸国均向北凉称臣,因此西域地区以龟兹为代表的诸多僧侣也流入酒泉地区,帮助北凉贵族开凿石窟。

# 巴中南龛摩崖造像题记整理及研究

李雪梅[1]　何　汇[2]　曾韵熹[1]
（巴中市文物保护研究中心[1]　巴中市巴州区文物保护研究中心[2]）

巴中南龛摩崖造像现有编号 176 个，2700 余尊，始开凿于初唐，盛唐、中晚唐有大规模的造像。与摩崖造像一起留存至今的还有历代州衙官员、文人墨客、商贾僧侣、平民信众等题留的各类题记，据调查统计，内容清晰可见的有 160 余则，其中，记事性题刻 27 则、造像铭文 17 则、装彩记录 37 则、游览题名 6 则、诗词 60 首；题名题词 15 组。文章根据题记类别作简单梳理，重点列举，粗浅呈现南龛摩崖造像背后的历史文化内涵。

## 一、题记的类别

### （一）记事性题刻

南龛摩崖造像现存记事性题刻 27 则，保存相对较好的有：唐乾元三年（760）巴州刺史严武的《严武奏表》、唐中和四年（884）工部侍郎张祎的《南山记》；宋皇祐辛卯（1051）的《马预题记》、绍兴壬子年（1132）的《冯镕题记》、绍兴庚申年（1140）的《张致道游记》、绍兴己卯年（1159）的《何俔游记》、淳熙八年（1181）的《古楠倒仆记》、绍熙元年（1190）的《冯伯规题记》；元代至元乙酉年（1285）的《成文彬游记》；清道光十一年（1831）的《朱锡谷题记》、清光绪八年（1882）赵坰撰写的《南龛修缮记》；民国丁卯年（1927）的《田一奎题记》等 10 余则。

（二）造像题记

南龛摩崖造像现存造像题记 17 则，具体如下：

1. 有明确纪年的造像题记 13 则，其中唐代 7 则，分别为：69 号龛开元二十三年（735）造像记、71 号龛开元二十八年（740）造像记、89 号龛天宝十年（751）造像记、87 号龛乾元二年（759）造像记、93—95 龛会昌六年（846）造像记、65 号龛乾符四年（877）造像记、103 号龛乾符四年（877）造像记；宋代 1 则，即位于山门石上的 10 号龛南宋淳熙元年（1174）杨概造像记；民国 6 则，分别为：民国丙辰年（1916）的 1 龛道教（上皇）造像、民国三十六年（1947）的 3 龛观音造像题记、民国三十七年（1948）的 2 龛观音造像题记。

2. 无明确纪年，或纪年风化不清的造像题记 3 则，比如 64 号龛正下方镌刻的文字中竖排首行"李朝兴三世石像赞"8 个字清晰可见，其余内容风化严重，根据 64 号龛造像特征推测也应为唐代造像题记；83 号龛外龛左侧的残碑中隐约可见"大唐开元"等文字；106 号龛外龛左壁的造像记中可见"咸通年庚申朔二月辛酉建"的文字记载。

（三）装彩题记

相比造像题记，南龛留存的装彩记更多，大多数都有明确的装彩纪年，少数龛窟的装彩记只留下了姓名+装彩事件的简单记载，经调查，确定为装彩记的共 37 则。

1. 有纪年的装彩记 34 则，其中，多则装彩记都是记录的多龛装彩情况，按照不同时期的装彩记整理如下：

唐代装彩记 3 则，分别为：16 号龛外的咸通年间装彩记 1 则；77 号龛外的光启三年（887）李思弘装彩记 1 则，记载表明，李思弘于本年度装彩了南龛 8 个龛窟；71 号龛外文德元年（888）李思弘装彩记 1 则，记载表明，李思弘于本年度装彩了南龛 7 个龛窟。

宋代的装彩记 8 则，分别为：元祐戊辰年（1088）装彩记 1 则（53 号龛）、绍圣三年（1096）装彩记（87 号龛）1 则、绍兴年间的装彩记 6 则（53 号、68 号、73 号、77 号、78 号龛）。

明代的装彩记 6 则，分别为：天启四年（1624）的装彩记 1 则（83 号龛）、崇祯三年（1630）装彩记 2 则（22 号、53 号龛）、崇祯十三年（1640）装彩记 3 则（23

号、24 号、112 号龛),112 号龛记载装彩的佛像 100 余身,具体指哪些龛窟尚不明确。

清代的装彩记 16 则,分别为:乾隆年间装彩记 4 则(84 号、85 号、86 号、87 号龛)、嘉庆年间装彩记 5 则(66 号、70 号、102 号、83 号、24 号龛)、道光七年(1827)装彩记 1 则(103 号龛)、光绪年间装彩记 6 则(53 号、77 号、78 号、82 号、84 号龛),光绪年间的 6 则装彩记记录的均是当时的巴州知州吴灿纶捐资装彩南龛百余洞佛像的事件。根据记载,吴灿纶的这次装彩几乎涵盖了大佛洞全部龛窟。

民国二十八年(1939)装彩记 1 则(86 号龛)。

2. 无纪年的装彩记 3 则:37 号龛 2 则、67 号龛 1 则。

**(四)游览题名 6 则**

南龛还有众多只留下姓名和时间的题刻,类似如今"某君到此一游"。比如:62 号龛右侧力士上方隐约可见:"杨一山……天复四年(904)";58 号龛外的宋建炎年间(1127—1130)的"李修仲……来游";60 号龛外的绍兴丙辰年(1136)"俞周卿……中秋前二日来游";宋乾道改元乙酉(1165)年,阴刻于 65 号龛、82 号龛的"曾口县令……纵步于此""曾口令尹……去病游";39 号龛下方的"大明崇祯……之光福寺行……"等等。

纪年的装彩活动历代不断。一是中晚唐时期凉商对南龛 16 号龛、17 号龛进行装彩。二是节度十将李思弘及家人两次装彩活动。第一次光启三年主要对巴中南龛 78、77、119、76、75、79、80、81 号龛进行装彩。第二次文德元年主要对 69、71、74、70、72、73、68 号龛造像装彩。三是绍兴年间主要对 21、53、68、78 号龛进行了装彩。四是崇祯年间秦西泾阳商人主要对 22、23、24 号龛进行了装彩。五是清乾隆、嘉庆、道光、光绪、民国年间主要对 24、53、66、77、78、82、84、85、86、87、102 号龛进行了装彩。

**(五)题留的诗词 60 首**

现存的 60 首诗词中包括唐代诗 3 首、宋代诗词 37 首、元代诗 1 首、明代诗 2 首、清代诗 13 首、民国诗 3 首、年代不详的诗 1 首。其中,唐代的 3 首诗均与当时的巴州刺史严武有关,一是以当时的奇树楠木树为题与侍御史史俊作诗唱和,另一首则是刻写了严武题留在西龛龙日寺的诗;宋、元、明、清及民国题留的诗词多是对南龛美景的真实写照，特别是宋代的诗词多为当时的巴州官员登高赏景、饮酒吟唱之作，也有部分官员将描写巴州其他地方景色的诗词一并刻写在此。

### (六)题名题词(字)15 组

多为清代及后期的作品，如：清代吴存朴题写的"云屏"、李卓然题写的"光福寺"、陆成本题写的"清江一曲抱村流"、孙清士题写的"云龛"、孙基题写的"福寿"，民国田颂尧题写的"眼底江城"、田一奎题写的"凌云耸翠"，现代刘健公题写的"和平""龙虎"等，都是地方官员或书法爱好者根据南龛的地势、景观题留在此的。

## 二、题记的价值

南龛摩崖造像的石刻文字资料丰富，既是对不同时代南龛不同面貌的真实写照，也展现了南龛摩崖造像在巴州历史上的文化地位，更具有极其重要的学术价值。

### (一)提供了巴中石窟分期断代的佐证

南龛现存的唐代题记中有开元、天宝、乾元、会昌、乾符、中和等明确的造像纪年和咸通、光启、文德等装彩纪年，其中，开元、乾元、乾符等纪年在多个龛窟出现，勾画出了巴中石窟造像的开凿年代，为巴中石窟造像的断代分期提供了最准确、直观的参考标准。69 号龛的"开元二十三年"是南龛石窟中有明确纪年的最早的造像龛窟，之后相继出现的众多造像纪年，说明盛唐时期，南龛摩崖造像达到顶峰，直至中晚唐时期也从未间断。虽然"开元二十三年"是南龛石窟中有明确纪年的最早的造像龛窟，但根据其他一些记载来看，南龛石窟及巴中石窟的造像时间至少还可以前推一百多年。在西龛 21 号龛旁有"检得大隋大业五年(609)造前件古像永平三年(913)院主僧付芝记"的记载，这则题记非常明确此龛像造于 609 年，付芝称之为"古"是因为发现时间和造像时间相距 300 多年，足以称"古"；同时，现存南龛云屏石的《严武奏表》称："其州南二里有前件古佛龛一所，旧石壁镌刻五百余铺。"在乾元三年就被严武称之为有五百余铺造像的古佛龛，其始创年代则更在乾元之前至少几十年上百年的时间。根据巴中早期造像的特征、风格，巴中石窟应始凿于隋代，兴盛于唐。因此，巴中石窟题记为考证巴中石窟的年代提供了更为可信的依据。

### (二)再现了安史之乱后巴中石窟造像的盛况

唐玄宗天宝十四年(755)爆发安史之乱,也是唐朝历史的重要转折,天宝以后,除武宗和僖宗外,唐朝各代皇帝多信奉佛教。安史之乱前,巴中南龛主要题记为开元年间,安史之乱后主要有乾元、会昌、乾符、咸通、中和、光启等造像记和装彩记。

南龛奏表碑和87号龛造像记是严武在巴州担任巴州刺史期间,推动巴中佛教兴盛的佐证。武宗时期,各地寺院废毁不少,四川的石窟寺和摩崖造像影响相对较少,部分地方还在建寺造像。南龛93号龛至95号龛三龛像均造于会昌六年(846),这便是这一历史时期四川佛教造像受抑佛、灭佛运动影响较小的真实反映。

僖宗在位的乾符至光启年间,巴中继续造像。随僖宗入蜀的官员之一张袆就曾在巴中南龛造像,造像记中记录了官员"追扈大驾"西巡的行程及修造佛像的经过。晚唐时期,巴中造像数量有增无减,这些都能在南龛题记中找到例证。

综上,巴中石窟的兴盛与唐朝两次历史事件紧密相关,一是安史之乱,二是黄巢起义,在两次战乱中,位于京都所在地的中原北方地区人民的生活都受到了战乱影响,四川相对安稳富裕,加之巴中位置偏远,更未受到影响。武周开始,由于唐与吐蕃战火不断,入川之主道从广元的金牛道渐渐转移到翻越米仓山的米仓道①。加之玄宗、僖宗两位帝王的入蜀也带来了大量的能工巧匠和佛教信徒,这都是巴中石窟从盛唐到中晚唐造像有增无减的原因。

### (三)提供了巴中与河西交通往来的关系

巴中石窟造像除了受长安、洛阳二京地区的影响外,还有一些从西域经河西传来的因素②。从造像铭文和装彩记来看,唐咸通年间凉州商人主要是对南龛4号龛中晚唐时期的观音菩萨像、南龛16号龛盛唐时期的如意论观音像、17号龛释迦说法龛进行了装彩。明崇祯年间秦州商人主要对盛唐造像第22号

---

① 雷玉华:《巴中石窟研究》,北京:民族出版社,2011年,第331页。
② 雷玉华:《巴中石窟研究》,第280页。

龛、23 号龛、24 号龛释迦说法龛进行了装彩。关于巴中与河西的古代交通线路姚崇新先生在《巴蜀佛教石窟造像初步研究》一文中有探讨:从河西—天水—仇池—河池(今徽县)—兴州(今略阳)—西县(今勉县)到兴元府可通过米仓古道进入巴中,既然这条线路连接了巴中与河西两地,因此在巴中发现唐代河西地区的商人在巴中活动的踪迹就是必然的现象。①

**(四)反映了供养人身份及造像目的**

从大量装彩记中,我们可以看出巴中石窟供养人的身份及供养目的。一是外地、当地的官员。如户部大臣张祎在南龛第 137 号龛楣详细记录了自己"追扈大驾"西巡的行程及修造释迦佛像的经过。南龛第 94 号龛为唐会昌六年巴郡太守荥阳郑公建,同时荥阳郑公将自己的真人像也刻在了毗沙门天王旁。南龛第 87 号龛是巴州刺史严武为他父亲雕刻的观世音像,同时在他任职期间,扫拂苔藓、披除榛芜,新造龙宫,构筑寺宇,为南龛奏求光福寺名,这些官员在巴中的活动对巴中佛教的发展起到了推动作用。②二是外地来的客商。河西地区的商人,他们在南龛留下了若干重装佛像的题记。由此可见,在唐代巴中与河西两地的交往中,商人充当了交往的使者,他们重装佛像之举又表明了他们都是虔诚的信徒,为研究当时佛教信仰的状况提供了很好的实物资料。三是普通百姓和佛家弟子。他们或个人、或夫妻、或整个家庭成员一起参加佛事活动,体现了浓厚的崇佛奉佛氛围。比如宋代绍兴年间为 53 号龛装彩的在巴州城东街居住的奉佛女弟子杨氏阖家、为 68 号龛装彩的在城奉佛弟子杨俊夫妇、为 78 号龛装彩的在巴州东街居住的本州散从官罗彦夫妇、为 77 号龛装彩的长安军员刘安一家,清乾隆年间为 86 号龛装彩的在城弟子杨世清一家,清嘉庆年间为 66 号龛装彩的谷寿夫妇,清道光年间为 103 号龛装彩的寺庙居士均携子孙等同做功德。同时,装彩功德的背后都有希望达成的明确心愿,比如"增延福寿""合眷清吉""福寿绵长""人眷平安""家居道泰""人物咸安""身体康泰""百世顺遂"等等。一般信众由于无官职在身,因此也无须祈求仕途顺畅,更多是为

①姚崇新:《巴蜀佛教石窟造像初步研究》,北京:中华书局,2011 年,第 297 页。
②雷玉华:《巴中石窟研究》,第 280 页。

了全家人都平安健康,关怀的核心是家庭,祈愿的对象也多为家庭全体成员,表达了普通百姓对美好生活的向往及对家人的关爱。①

## 结语

巴中石窟题记保存完好,数量较多,涵盖内容丰富,是考证巴中石窟历史背景、开凿年代的重要依据,是历史文献材料的补充,对于研究当时巴中佛教的兴盛、交通线路,探知民众的心理世界具有重要的历史价值。

①何汇、林金勇:《2014 敦煌论坛敦煌石窟研究国际学术研讨会论文集》,兰州:甘肃教育出版社,2016 年,第 655 页。

# 马蹄寺石窟群保护现状及调查研究

王卫东

（张掖市文物保护研究所）

## 一、前言

马蹄寺石窟群包括马蹄北寺、南寺、千佛洞石窟、上中下观音洞、金塔寺石窟七个单元部分。1996 年公布为第四批全国重点文物保护单位，石窟的开凿始于东晋十六国北朝初期，"石崖绵亘、东西不测"，是现存河西早期石窟里最具研究价值的石窟之一，有"凉州模式"的典型代表，窟型、塑像、壁画都有独特的民族特点及西域特征，也是佛教自西向东传播中的重要链条，其文化脉络反映了东西方文化交流和佛教传播的发展历程。此外，石窟群各单元部分窟前建筑和寺院遗迹也很丰富，岩壁可见成组洞窟"斩山"遗迹。寺院遗址、礼拜区、瘗葬区组合功能完备，具有很高的考古研究价值。然而历经千百年的沧桑岁月，石窟寺在自然和人为因素的影响下，赋存环境发生了改变，石窟寺文物本体载体都产生了病变，严重威胁洞窟文物安全，研究探讨改善石窟寺

图 1　马蹄寺石窟群文物分布图

赋存环境、病害治理方法、开发利用等一系列存在的问题,为延长其生命和历史信息,开展预防性、科学性保护工作是非常必要和紧迫的(图 1)。

## 二、马蹄寺石窟群区域红砂岩结构及物理性能

马蹄区地处祁连山褶皱系,走廊南山复向斜带中部。区域内按其岩性不同基本可分为三个岩性段,各段间均呈整合接触关系。第一个岩性段,岩性为橘黄色中—粗粒砂岩,巨厚层构造,颗粒支撑结构。接触式粉砂质胶结,岩质疏松。成分以石英为主,岩屑约 3%,其中长石约占 15%,已全部风化成白色高岭土。成分分选好,颗粒磨圆度高,沿走向变化小。岩石层理发育,层面间有数厘米厚粗砂构成软弱结构面。岩石风化面较平整。第二个岩性段,岩性为浅砖红色黏土砂质粉砂岩,巨厚层构造,基质支撑结构,基底式泥质胶结,岩质较硬,成分以石英为主,高岭土化长石约占 10%。成分分选好,颗粒磨圆度高。岩层层理不发育,向上渐变为含砾粉砂岩,沿走向变化小,风化面平整。第三个岩性段,岩性为橘黄色中—粗粒砂岩夹含砾细砂岩,巨厚层构造,颗粒支撑结构,接触式泥—粉砂质胶结,岩质疏松,碎屑以石英为主,高岭土化长石约占 20%,岩屑 5%。成分分选好,颗粒磨圆度高,软弱层面结构及交错层理极发育,风化面凹凸不平。立面危岩发育(表 1)。

依据马蹄寺石窟群区域地层及岩石特征推断,随着加里东构造运动的结束(4.05 ± 0.1 亿年),祁连山地槽结束了长期海底沉积环境,到喜马拉雅运动的中期上第三纪中新世(0.25 ± 0.02 亿年)随着亚洲板块西部抬升,祁连山区已完全上升为陆地,河西走廊地带仍为一狭长海域。上第三系(0.25 ± 0.02~0.09 ± 0.03 亿年间)马蹄寺石窟群区域处于海滩—泻湖环境,在潮水的反复冲击作用下,形成一套厚度巨大,以石英为主,成分分选好,颗粒磨圆度极高的海滩—泻湖相沉积砂岩,从第四纪(0.015 ± 0.005 亿年)开始海水完全退出河西走廊,在长期干旱、风化、静压力不大的条件下,形成了现在这套强度低、岩质疏松风化强的砖红—橘黄色砂岩。[1]

---

[1]甘肃省地矿局地球物理探矿队:《甘肃省肃南裕固族自治县马蹄寺石窟群工程地质调查报告》1992 年 9 月,第 6 页。

表 1 马蹄区各岩性段岩石工程地质性质及分类

| 岩体特征 | 工程地质概况 | 比重 (G) | 容重 (r) g/cm³ | 孔隙度 (n) % | 吸水率 (nl) % | 渗透系数 cm/s | 软化系数 | 干抗压 (Rb) kg/cm² | 湿抗压 (Rc) kg/cm² | 抗拉 (Rt) kg/cm² | 抗剪 kg/cm² | 内摩擦角 (∅) | 内聚力 (C) kg/cm² | 容许应力 6kg/cm² | 岩石化学参数 | 岩石强度分级 | 岩石工程地质分类 |
|---|---|---|---|---|---|---|---|---|---|---|---|---|---|---|---|---|---|
| 橘黄色中一粗粒砂岩，巨厚层构造，颗粒支撑结构，接触式泥一粉沙岩质胶结，碎屑以石英为主，高龄土化长石约占5%，岩屑约占20%，颗粒磨圆分分选较好，颗粒磨圆度高。沿走向变化小 | 岩石风化强，岩质流松，层理发育，风化面不甚平整 | 2.3 | 2.1 | | 7.49 | 2.5 | 0.16 | (1) 6.9 | (1) 1.1 | (1) 0.8 | (2) 0.48 | 20° | 0.02 | 8 | $SiO_2$:91.93 $TiO_2$:0.16 $Al_2O_3$:3.34 $Fe_2O_3$:0.59 FeO:0.55 MnO:0.02 MgO:0.57 CaO:0.22 $Na_2O$:0.11 $K_2O$:1.24 $P_2O_5$:0.03 $H_2O$:0.26 烧失量0.04 TR:11.20 Σ:99.06 | E | J |
| 橘黄色中一细粒砂岩，巨厚层构造，颗粒支撑结构，接触式泥一钙质胶结，碎屑以石英为主，高龄土化长石约占10%，颗粒磨圆分选好。沿走向变化小 | 岩石分化较强，岩质较坚硬，层理发育，风化面呈球状化 | 2.5 | 2.3 | | 5.5 | | 0.67 | 30 | (1) 20 | (1) 2.1 | (2) 1.4 | 27° | 0.02 | 12 | | E | J |

**续表**

| 岩体特征 | 工程地质概况 | 比重(G) | 容重(r) g/cm³ | 孔隙度(n) % | 吸水率(nl) % | 渗透系数 cm/s | 软化系数 | 干抗压(Rb) kg/cm² | 湿抗压(Rc) kg/cm² | 抗拉(Rt) kg/cm² | 抗剪 kg/cm² | 内摩擦角(ϕ) | 内聚力(C) | 容许应力 kg/cm²/6kg/cm² | 岩石化学参数 | 岩石强度分级 | 岩石工程地质分类 |
|---|---|---|---|---|---|---|---|---|---|---|---|---|---|---|---|---|---|
| 砖红色粉砂岩夹中—粗粒砂岩。巨厚层构造，颗粒支撑结构，接触式泥—粉砂质胶结，碎屑以石英为主，高龄土化长石约占10%，成分分选好，颗粒磨圆度高。沿走向变化大，由南向北粒度变粗，层厚变薄。 | 岩石分化较强，岩质疏松，层理较错，层理发育，风化面平整。 | 2.4 | 2.2 | | 7.44 | 1.9 | 0.47 | 24.57 | 1.47 | (1) 1.5 | (2) 1.72 | 25° | 0.02 | 10 | $SiO_2$:88.50 $TiO_2$:0.23 $Al_2O_3$:4.88 $Fe_2O_3$:0.63 FeO:0.43 MnO:0.02 MgO:0.13 CaO:0.73 $Na_2O$:0.39 $K_2O$:1.58 $P_2O_5$:0.02 $H_2O$:0.21 烧失量1.34 TB:1012 Σ:99.11 | E | J |
| 橘黄色中—粗粒细砂岩夹含砾细砂岩。巨厚层构造，颗粒支撑结构，接触式泥—粉砂质胶结，碎屑以石英为主，高龄土化长石约占20%，岩屑5%，成分分选一般，颗粒磨圆度高。沿走向岩性变化不大。 | 岩石风化强，岩质疏松，层理发育，交错，层理及软弱结构面极发育，清落裂隙占与软弱结构面切割，在立壁表面形成大规模崩塌风化而不平整。 | 2.22 | 2.0 | | 3.1 | 1.6 | 0.12 | 8.55 | 1.0 | (1) 0.9 | (2) 0.6 | 19° | 0.01 | 8 | $SiO_2$:88.43 $TiO_2$:0.20 $Al_2O_3$:4.41 $Fe_2O_3$:0.70 FeO:0.50 MnO:0.02 MgO:0.61 CaO:0.80 $Na_2O$:0.12 $K_2O$:1.54 $P_2O_5$:0.03 $H_2O$:0.56 烧失量2.25 TB:100.17 Σ:00.17 | E | J |

续表

| 岩体特征 | 工程地质概况 | 比重(G) g/cm³ | 容重(r) g/cm³ | 孔隙度(n) % | 吸水率(nI) % | 渗透系数 cm/s | 软化系数 | 干抗压(Rb) kg/cm² | 湿抗压(Rc) kg/cm² | 抗拉(Rt) kg/cm² | 抗剪 kg/cm² | 内摩擦角(∅) | 内聚力(C) kg/cm² | 容许应力 6kg/cm² | 岩石化学参数 | 岩石强度分级 | 岩石工程地质分类 |
|---|---|---|---|---|---|---|---|---|---|---|---|---|---|---|---|---|---|
| 浅砖红色粘土质粉砂岩。巨厚层构造,基岩石风化强,底式泥质胶结,碎屑以石英为主,高龄土化长石约占10%,岩屑约3%,成分分选不好,颗粒磨圆度较高,沿走向岩性变化不大 | 岩石层理不发育,风化面平整 | 2.1 | 2.03 | | 5.7 | 1.52 | 0.06 | 21.32 | 1.32 | (1)1 | (2)1.48 | 24° | 0.02 | 9.8 | SiO₂: 90.95 TiO₂: 0.20 Al₂O₃: 3.60 Fe₂O₃: 0.29 FeO: 0.70 MnO: 0.02 MgO: 0.55 CaO: 0.38 Na₂O: 0.13 K₂O: 1.24 P₂O₅: 0.03 H₂O: 0.39 烧失量 1.33 TR: 1.07 Σ: 99.77 | E | J |
| 橘黄色中—粗粒砂岩。巨厚层构造,颗粒支撑结构,接触式粉砂质胶结,碎屑以石英为主,高龄土化长石约占20%,岩屑约5%,成分分选好,颗粒磨圆度高。沿走向岩性变化不大 | 岩石风化强,岩质疏松,层理软弱结构面及清落裂面发育,高隙发育,立面洞口处崩塌严重。溶洞发育,洞内渗水,崩塌严重 | 2.0 | 1.96 | | 7.9 | 1.68 | 0.16 | 6.91 | 1.1 | (1)0.8 | (2)0.48 | 18° | 0.01 | 7 | SiO₂: 92.66 TiO₂: 0.19 Al₂O₃: 2.90 Fe₂O₃: 0.20 FeO: 0.97 MnO: 0.01 MgO: 0.36 CaO: 0.21 Na₂O: 0.12 K₂O: 1.20 P₂O₅: 0.03 H₂O: 0.35 烧失量 0.75 TR: 1.28 Σ: 99.95 | E | J |

## 三、石窟群区域环境

### 1. 气候条件

马蹄寺石窟群区域位于祁连山高寒半干旱北缘山麓地带中部。地势较高，气候比较寒冷，年均气温低于 4℃，最热七月气温 10℃~20℃，最冷一月气温 −12℃以下，最大冻土深度约 2.5 米，无霜期很短。年间降水量 100mm~500mm，气温 0℃，期间降水量为 100mm~360mm。气温 10℃ 期间，降水量为 80mm~180mm，区内暴雨雪频繁，阴湿天气多，冬季奇冷，导致岩石物理风化强，对立壁、洞窟稳定性影响较大。总体气候属于高寒干旱区。

### 2. 水文特征

马蹄石窟群境内地表径流不甚发育，且水量小，其水源以高山积雪融化与地下水补给为主。区域内地下水发育，主要类型为裂隙水、层间水和潜水。为降水河流补给为主。如千佛洞泉、马蹄河床泉水。裂隙水以下降泉形成，出露于地表，为一脉状裂隙潜水，水质清澈，涌水量大，见于上观音洞立壁下。在泥质粉砂质岩石中，基本不流动，形成隔水层。

马蹄寺石窟群地下水化学成分。依据化验指标得知，区域内地下水酸碱度适中，略显弱酸性。硬度为微硬度，矿化度适中，其中裂隙水较进水（潜水）矿化度略高。侵蚀性 $SO_4$、$SO_2$ 含量低。区域内地下水质对生物饮水和工程地质无不良影响。

## 四、石窟群文物病害现状和缘由分析

### 1. 石窟载体之岩体病害

岩体是石窟寺洞窟依附的基本载体，立壁的稳定是石窟寺保存的先决条件。然而，在漫长的地质年代里，岩体受内外因素的影响产生了不利于立壁稳定的多种病害，其稳定状态、结构、完整性、地下水出露情况、风蚀及风化程度等都关系到石窟和文物的稳定和安全。马蹄寺石窟群岩体病害大致分为五种类型：危岩体病害、岩体构造地质病害、地震地质病害、水害、风化及风蚀病害。这五种病害类型不是独立存在的，其产生的缘由既有差异又相互联系，在某种特定条件下不同类型之间会相互影响，甚至互为因果关系。马蹄寺石窟群立壁均为砂岩类多层结构切向立壁,其成因均为沟蚀型立壁。各洞窟均开凿于上第三系上岩组各岩性段中,各段岩性普遍风化强,胶结差,岩质疏松,遇水易软化。因此在外力(重力)作用下极易形成破裂结构面(以滑落裂隙为主),产生崩塌、剥落、冒落现象,致使洞窟严重失稳(表 2)。

表 2 马蹄寺石窟群立壁地质病害分类表

| 分类 | 种类 | 危害结果 | 危害程度 |
|---|---|---|---|
| 一 | 滑落裂隙超跨度溶洞 | 与其他结构面相互切割形成凌空体导致立壁洞口崩塌 | 极严重 |
| 二 | 软弱结构面 | 与其他结构面相互切割形成坍塌 | 严重 |
| 三 | 层理交错层 | 与其他结构面相互切割形成坍塌、落石 | 较严重 |
| 四 | 剥落 | 风化作用形成层状或颗粒脱落 | 不严重 |

(1)危岩体病害

洞窟所依附岩体构造面在自然营力、重力和其他外力的影响和作用下,岩体互相切割并在水冲蚀的作用下失去平衡,发生下错、倾倒、坠落和崩塌,对洞窟文物造成巨大破坏。其中下错主要是岩体根部陶蚀形成较深的凹槽,岩体软弱结构面在卸荷裂隙构造应力作用下,产生岩面陡倾,在重力或地震力纵波的作用下失去稳定,整体垂直下错。如马蹄北寺 8 号窟右侧岩面(图 2)。危岩体的倾倒和崩塌是卸荷裂隙外侧的岩体在重力和其他外力作用下,再加上已陶蚀的陡崖根部,突然向临空面倾覆或产生岩体崩塌,对石窟造成巨大的破坏,或直接对崖面石质文物造成毁灭性破坏。马蹄寺石窟群岩体下坠病害,主要是岩洞或溶洞在上部岩体失去支撑,岩层间风化裂隙、软弱面夹层和其他裂隙、软弱夹层松散下坠,对石窟立壁造成破

图 2 马蹄北寺 8 号窟坍塌岩面

图 3　马蹄北寺 4 号窟裂隙崩塌岩面

坏①(图 3)。

（2）岩体构造地质病害

石窟群区域内构造地质病害其表现形式主要有五种：一是山体岩石颗粒粗，胶结差，岩质疏松，导致岩石抗风化能力低，抗压强度低，在外力作用下易形成破裂结构面(图 4)。二是岩石孔隙度大，吸水率高，软化系数低，导致岩石在地下水作用下，极易软化从而失去对上部岩石的支撑力，在重力作用下，形成滑落裂隙。三是潜水作用使岩石软化，及溶蚀流失形成溶洞。潜水作用是影响立壁稳定的重要根源，天然溶洞因跨度过大发生

洞口及洞顶崩塌是危害立壁稳定的主要表现。如三十三天底层。四是滑落裂隙，裂面与立壁面一致，倾向较陡。规模及频率垂直立壁向内减小。滑落裂隙与层理、交错层理、软弱结构面互相切割形成凌空切割体，尤其是在洞窟处极易

发生崩塌和落石，是危害立壁稳定最主要的表现形式。如北寺三十三天底层（图 5），千佛洞 8 号窟楼阁顶部。五是洞窟所处的岩体构造裂隙都非常发育，经过长期的平衡调整，岩体基本处于稳定状态。但是悬崖峭壁上开凿洞窟后破坏了山体的稳定性，从而产生病害。

图 4　岩体破裂结构面

①李文军、王逢睿：《中国石窟岩体病害治理技术》，兰州大学出版社，2006 年，第 8—10 页。

（3）地震地质病害

马蹄寺石窟群区域地处祁、吕、贺山字型构造与河西系构造之交汇部位。祁、吕、贺山字型构造于晚燕山运动时期发育成熟，至晚第三纪仍有强烈活动。其后，由于受河西系、陇西系等构造本系干扰和改造，破坏了其整体性。但第四纪以来，许多地段

图5　马蹄北寺三十三天溶洞

仍然活动。河西系第四纪以来，为一强烈活动构造带。地震及暴雨冲刷是加速崩塌发生的外因。马蹄区为强地震多发区，历史上大的地震共发生15次（其中8级、7.5级.7.25级地震各一次），总应变能高达147.4*1010尔格。石窟群区域地震基本烈度为8度。本区以地震强度大、发震频率较高为特征，加之本区岩石岩性脆，岩质疏松，层理、交错层理及软弱结构面发育，受地震影响极易形成断裂及滑落裂隙，从而导致立壁及洞窟崩塌。因此，地震灾害是影响立壁及洞窟稳定性的重要因素①（表3②）。

表3　甘肃省主要石窟文物所在地基本烈度分布情况

| 地域分类 | 石窟名称 | 时代 | 地址 | 峰值加速（g） | 基本烈度 |
|---|---|---|---|---|---|
| 河西石窟群 | 马蹄寺石窟群（包括金塔寺石窟） | 十六国至清 | 肃南 | 0.20 | Ⅷ |
| | 文殊山石窟 | 北朝至西夏 | 肃南 | 0.20 | Ⅷ |
| | 天梯山石窟 | 北朝至唐 | 武威 | 0.20 | Ⅷ |
| | 昌马石窟 | 北凉（推测） | 玉门 | 0.20 | Ⅷ |

①甘肃省地矿局地球物理探矿队：《甘肃省肃南裕固族自治县马蹄寺石窟群工程地质调查报告》，第8页。

②石玉成、王旭东：《甘肃地区石窟文物保护中的地震危害性估计》，《敦煌研究》2005年第5期。

(4)水害

马蹄寺石窟群的水害主要是渗漏水及水蚀病害,有河水、地表水、地下水、毛细水和凝结水等,对石窟造成危害。按性质可划分为富存于岩体坡积层与冲－洪积层中的潜水、降水、毛细水、凝结水等病害。按状态可分为窟内裂隙渗水、窟内潮湿、崖面及顶部渗水、崖面冲蚀、崖壁根部冲蚀五种病害。在漫长的地史发展过程中,区内第三系砂质岩层,上部岩石因长期水蚀失去支撑形成滑落裂隙并发生崩塌,形成陡峭立壁。如北寺三十三天洞窟底部溶洞的形成。窟内毛细水强烈上升、凝结水的存在、潜水和大气降水沿裂隙渗水等多方面因素造成洞窟内潮湿。如马蹄北寺7号窟内"八功德水井"存在的病害。地表水对岩体立壁潜蚀,立壁上部岩石失重崩塌。崩积物迫使径流改道,这在千佛洞、下观音洞、金塔寺石窟都有表现。立壁根部因受地下水侵蚀,岩石软化流失形成溶洞(图6),洞顶岩石失去支撑,在重力或地震作用下形成滑落裂隙甚至大规模崩塌。因此,滑落裂隙严重影响石窟立壁及洞窟稳定性,是区内最重要的地质病害。此外,区域暴雨雪的侵蚀和冲刷对立壁的稳定也产生了一定的危害(表4①)。

图6 金塔寺石窟岩体立壁根部陶蚀

---

①甘肃省地矿局地球物理探矿队:《甘肃省肃南裕固族自治县马蹄寺石窟群工程地质调查报告》,第9页。

表4 马蹄寺石窟群千佛洞窟区地下水化学成分分析结果表

| 化验结果 | | | | | | | | | | | | |
|---|---|---|---|---|---|---|---|---|---|---|---|---|
| pH | 矿化度 | 硬度 | 侵蚀性 | | P游离 $co$ | 阳离子 | | | | 阴离子 | | | |
| | mg/1 | mm01/1 | so | co | | mg/1 | | mm01/1 | | mg/1 | | mm01/1 | |
| 7.4 | 352.5 | 3.82 | 28.8 | 0.0 | 8.4 | p(Ca$^{2+}$) | 53.7 | C($^{1/2}$Ca$^{2+}$) | 2.68 | P(CO$_3^{2-}$) | 0.0 | C($^{1/2}$CO$_3^{2-}$) | 0.00 |
| | | | | | | P(Mg$^{2+}$) | 13.8 | C($^{1/2}$Mg$^{2+}$) | 1.14 | P(HCO$_3^-$) | 234.3 | C(HCO$_3^-$) | 3.84 |
| | | | | | | | | | | P(Cl$^-$) | 6.4 | | |
| | | | | | | P(Na$^·$) | 13.5 | C($^{1/2}$Na$^·$) | 0.59 | P(SO$_4^{2-}$) | 28.8 | C($^{1/2}$SO$_4^{2-}$) | 0.18 |
| | | | | | | P(K$^·$) | 1.9 | C(K$^·$) | 0.05 | P(F$^-$) | 0.12 | C(F$^-$) | 0.60 |
| | | | | | | 合计 | 82.9 | 合计 | 4.46 | P(OH$^-$) | 0.0 | C(OH$^-$) | 0.00 |
| | | | | | | | | | | 合计 | 269.6 | 合计 | 4.64 |

（5）风化及风蚀病害

风化作用对石窟群所在岩体的破坏作用非常大，其类型简单可分为物理风化和化学分化两类。物理风化主要是指在温度、水与植物根系的作用下岩体发生机械破坏的过程，其结果是岩体整体性发生破坏产生风化裂隙，加大原有构造裂隙宽度，进而使岩体破碎。化学风化是指岩体在空气、水与微生物的作用下发生的化学反应过程，其结果不仅使岩石破碎，而且使岩石的成分、结构和构造均发生显著变化，甚至可使岩石变质。如石窟岩石中的硬石膏（CaSO$_4$）吸水变成石膏（CaSO$_4$·2H$_2$O）的水化作用，正长石（KAlSi$_3$O$_8$）发生水解作用成为高岭土［Al$_4$（Si$_4$O$_{10}$）（OH）$_8$］[①]。

风蚀作用是指石窟群岩体中软弱沙层及胶结物的吹蚀、搬运、堆积的过程，风蚀是促使石窟所在岩体破坏的重要因素。马蹄寺石窟群区域温差大、年降雨量相对集中、气候干燥，是典型的温带草原气候。石窟开凿于红砂岩，这种红砂岩岩性强度低、胶结物多以沙质为主、遇水软化、抗风蚀能力较弱，风蚀加上水蚀双重作用下可使大块岩体外层剥落或崩塌掉落，严重威胁石窟的安全（图7）。

---

① 李文军、王逢睿：《中国石窟岩体病害治理技术》，第14—18页。

### 2. 彩塑病害

马蹄寺石窟群保存有北凉、北魏、西魏、北周、隋唐、西夏、元、明清历史彩塑300余身，延续时间跨度大，绘塑技艺高超，是珍贵的历史文化遗产。彩塑的题材，主要有佛、菩萨、弟子、神王、飞天等。塑造形式有浮雕、高浮雕和近似圆雕。这些彩塑造型优美，比例适

图7 马蹄北寺岩壁风化风蚀剥落

度，神态自然逼真，色彩明快，动感强，形体栩栩如生。这些精美的古代艺术品，是工匠们凭借高超技艺的卓越创造，也是古代劳动人民智慧的结晶。

马蹄寺石窟群彩塑依据形体大小可分为四种：第一种为大型立身像；第二种为等比例塑像，即等身像；第三种为等比身像 1/2 塑像；第四种为小型塑像。其制作方法主要有三种：其一是影塑（浮雕），用区内黏性较强的细腻的白土或略粗粒状红土做泥胚，制作木质模具拓制影塑，彩绘后依据洞窟布局设计分别贴于窟内墙壁之上，这种影塑在马蹄寺石窟群主要用于小型的千佛、花卉等。如在北寺 3 号窟，即"三十三天"一、五层洞窟均保留有影塑千佛和花卉遗迹。其二为高浮雕。马蹄寺石窟群高浮雕有两种不同做法：一种是石胎泥塑。制作方法为利用原始岩体凿出塑像胎体，再用纤维泥（植物纤维麻、麦草，动物纤维牛、羊毛）（图 8）结合四肢木骨塑造所需塑像艺术形态。这种塑像做法，在马蹄寺石窟群多用于大型主尊塑像。如金塔寺石窟东窟中心柱底层主尊均为石胎泥塑（图 9）。另一种是木胎泥塑。先使用木材（白松、柽柳等）制作木骨架，之后在骨架上用细麻绳捆扎芦苇或芨芨草，或芦苇掺杂芨芨草制作草胎（图 10）。表面塑像的制作方法与石胎泥塑相同。其三为近似圆雕彩塑。与高浮雕不同之处为塑像形体的差异，于中心柱岩体之上开凿二三个略向上倾斜的凿孔作为悬挑塑像支撑点，后制作木骨架，其上捆扎芦苇、芨芨草，采用近似圆雕的手法悬塑泥塑，使之立体感较强。如金塔寺东窟、千佛洞第 2 窟底

图 8　塑像衣饰泥层包含物(牛毛)

图 9　金塔寺石窟石胎泥塑

图 10　塑像木骨架捆扎芨芨草、芦苇

层大龛龛楣两侧上方的彩塑飞天①。

根据调查，马蹄寺石窟群彩塑现存病害由自然和人为因素导致。自然损坏的有：塑像四肢断裂（图11），坠毁，前倾、歪闪，装饰脱落，分层剥离及变色等。人为因素有：盗窃、重修、刻画、磨损、历史因素破坏等。自成立管理机构以来，人为破坏现象已基本杜绝。自然病变损坏依旧不断产生，如影塑，由于窟内岩壁在潮湿环境下粉化剥落，失去附着力而坠落，或本身粘结不牢，在受到某种外力震动时整体坠毁。高浮雕

①王卫东：《马蹄寺石窟群考古调查工程日志》，2004 年，第 12—14 页。

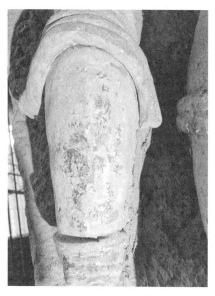

图11 塑像肢体断裂

和近似圆雕彩塑多因稳定点的松动而产生病害致使损毁。诸多病害严重威胁彩塑之安全。主要有如下几种病害。

(1)四肢断裂。此种病害在石窟寺普遍存在,其表现形式为四肢断裂缺失,或五官不全,使完美彩塑残破不堪。就其病害缘由调查分析,除人为因素外,自然因素产生的病害主要有两点:其一是彩塑支撑点的松动或塑像内部结构的脆弱,地震将其塑像震裂;其二是窟顶岩体脱落砸损彩塑,致使四肢断裂。

(2)坠毁。这种病害在马蹄寺石窟群表现最突出的是在金塔寺石窟的中心柱上,从中心柱四面历代补塑的遗迹上就可看出,中心柱塑像木骨架岩壁支撑点凿孔孔径小(2.5cm~3cm),进深浅(5cm~6cm),在受到外力多次震动下,塑像支撑点木桩产生松动,失去稳定性,或木骨悬挑构件腐朽断裂,导致塑像坠毁。中心柱有三层开龛造像,当上层或中层塑像产生病害坠落会砸向下一层或两层塑像,致使塑像损毁(图12)。

另一种危害比较大的坠毁病害是中心柱上层塑像辅助构件坠落引起的塑像

图12 塑像整体坠毁

损毁。金塔寺东窟中心柱上层正中浅龛内均使用木质长方形横梁作为塑像基座,在多次震动下,横梁脱离浅龛掉落,大面积砸毁塑像,破坏性极大。如金塔寺东窟中心柱右边上层(依据中心柱塑像空间布局,金塔寺东窟上层梯形大龛下沿均为泥层包裹的横长方形木质塑像座,塑像题材为天宫菩萨,现

正、左、后三面木质塑像
座均在,正、左边塑像题
材均为开窟原作,后面为
明晚期补塑之罗汉,而右
边上层横长方形木质塑
像座不存,塑像座下层十
方佛亦不见,现可见为元
代补塑的五方佛及影塑,

图13　金塔寺东窟右边上层元代五佛

由此推知,应为横长方形木座坠落所致①)(图13)。

(3)前倾、歪闪。产生这种病害的彩塑主要是高浮雕和近似圆雕塑像,高浮雕和近似圆雕塑像均使用支撑点来稳定,其支撑点主要靠塑像木骨架背后的木桩,由于凿孔孔径小,木桩进深浅,在外力震动下木楔松动,再加上塑像自身重力,使塑像前倾或歪闪,背后出现裂缝,产生张力,裂隙中常年进入尘土、沙粒,在重力、动力、张力及多种因素影响下,使塑像存在倒毁的危险。

(4)装饰脱落。马蹄寺石窟群彩塑装饰,尤以烦冗纷杂的菩萨头冠、花饰和身体表面装饰病害较多。菩萨头饰均以木条泥塑成形,耳环、项饰、华绳、璎珞、臂钏等装饰均先以细泥条素胎环绕贴塑于身体之上,整体塑形后各部位分段分层进行细部雕塑,装饰彩绘。装饰材料均使用较细腻黏性好的灰白色土制泥,泥中包含物有较细的短羊毛,贴塑或粘接之处没发现灰白色土所含之外的胶结物。在漫长的历史长河中,由于泥塑材质胶结物的老化和流失,致使彩塑装饰脱落损失。

(5)分层剥离及变色。石窟群彩塑无论是石胎泥塑或木胎泥塑,胎体之上均使用灰白色草泥或砖红色草泥包裹,胎体外附着一层较薄的灰白色或砖红色细泥,其工艺大多采用灰白色草泥+灰白色(砖红色)毛泥+灰白色细泥,亦有上层细泥层为红色的规律可循。佛装大衣(袈裟)或弟子、菩萨等彩塑外衣装饰亦使用"两色"有包含物(牛、羊毛)材质的细泥制作。就其泥层而言,彩塑整体有三至四层,各层工艺不尽相同,材质所含成分及包含物也有所差异,加之

---

①王卫东:《马蹄寺石窟群彩塑考古调查工程日志》,第21—26页。

图14　塑像的分层剥离病害

晚期彩塑在制作工艺、程序、材料和方法上不如早期彩塑细腻讲究，在马蹄寺石窟群区域特殊环境的影响下，各时代彩塑泥质各层发生了物理变化和化学变化，在其作用下产生了彩塑分层剥离，存在解体的威胁(图14)。

### 3. 壁画病害

马蹄寺石窟群现存洞窟86个，壁画洞窟有43个，窟内保存有北朝早期至明清各时代精美壁画约1200平方米。千余年来壁画经受了风吹、日晒、雨淋、地震以及人为的刻画、烟熏等破坏。在自然病害方面，有壁画起甲、大面积脱落、酥碱、壁画褪色、发霉、虫蛀、鸟害等；人为的损害有剥取、烟熏、重层、油渍、磨损、穿洞等。其中以酥碱、起甲、大面积空鼓、颜料层褪色、疱疹状脱落为马蹄寺石窟群壁画的主要病害。

(1)壁画酥碱。酥碱是石窟群壁画最为严重的病害。这种病害在石窟壁画病害中危害最大，它的形成主要是由于石窟所处的特殊地理环境造成的，壁画地仗受潮湿盐分活动结构受到破坏，酥松粉化，产生酥碱。其次是腐化植物在壁画地仗层中形成酥碱。第三种是壁画地仗中微生物滋生、繁衍对土中基质的消耗而产生的酥碱，严重损害壁画(图15)。

(2)壁画起甲。表现形式分别为颜料层起甲，画面的附着力弱起甲，或在可溶盐的作用下，粉层加胶少，导致颜料层连同和粉层的双层结合体一起从细泥层上翘起而起甲。再是重层壁画颜料层起甲。在早期壁画的画面上直接涂刷一层白粉，然后绘制壁画。由于早期壁画的颜料中掺加的胶已老化或直层壁画酥碱，使两层壁画失去粘结而上层画面起甲[1](图16)。

---

①李云鹤:《古代壁画塑像修复讲义》(大纲),2003年10月。

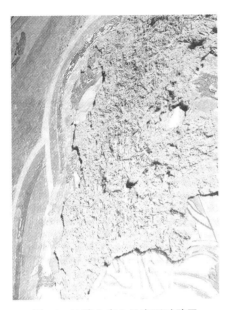

图 15　马蹄北寺 8 号窟酥碱壁画

图 16　马蹄北寺 7 号窟壁画龟裂起甲

　　(3)壁画空鼓。石窟群壁画有重层或多层壁画,有两期和多期制作新的壁画地仗重新绘制的。病害原因:首先是由于上下层壁画之间结合不牢,上下两层的互相分层脱离而空鼓。其次为石窟群所处的地理位置。它属于青藏高原北部地震区, 祁连山河西走廊地震带中段。带内曾多次发生强地震,加之本区岩性脆,岩质疏松,层理交错及软弱结构面发育,这些都严重影响了石窟立壁及洞窟的稳定性。再加上常年的风蚀和水蚀,洞窟崖体裂隙发育,沙尘、动物和微生物病害等原因,造成大面积的壁画空鼓和脱落,使壁画遭受到了毁灭性破坏。再次,石窟群属于青藏高原北部地

图 17　壁画地仗层酥碱空鼓

震区、祁连山河西走廊地震带中段。加之本区岩性脆,岩质疏松,层理交错及软弱结构面发育,再加上常年风蚀和水蚀,洞窟崖体裂隙发育,沙尘、动物和微生物病害等原因,造成大面积的壁画空鼓和脱落,使壁画遭受到了毁灭性破坏(图 17)。

(4)壁画的褪色。经实验分析,马蹄寺石窟群壁画颜料成分主要为无机矿物颜料。由于长期自然风化和所处地势和独特的地理环境,日照光度、昼夜温湿度差异变化等因素,引起壁画的褪色,由原来的土红、深绿、深蓝色,变成了土灰、浅绿、淡蓝色[1](表 5)。

表 5　马蹄寺石窟群壁画颜料分析结果

| 时期 | 朝代 | 颜料 | 含量 |
|---|---|---|---|
| 早期 | 十六国 | 红色 | 土红为主,少量朱砂 |
| | | 蓝色 | 青金石为主,少量石青 |
| | | 绿色 | 氯铜矿为主,少量石绿 |
| | | 棕褐色 | $PbO_2$ 为主,其次 $PbO_2+Pb_3O_4$ |
| | | 白色 | 高岭土为主,滑石次之,少量方解石、云母、石膏 |
| 中期 | 唐｜宋 | 红色 | 朱砂为主,铅丹次之,少量土红、朱砂 + 铅丹 |
| | | 蓝色 | 青石和青金石 |
| | | 绿色 | 石绿为主,氯铜矿次之 |
| | | 棕褐色 | $PbO_2$ 为主,少量 $PbO_2+Pb_3O_4$ |
| | | 白色 | 方解石为主,其次为滑石、高岭土、云母、石膏 |
| 晚期 | 西夏｜清 | 红色 | 土红为主,其次为土红 + 铅丹、朱砂 + 铅丹 |
| | | 蓝色 | 人造青金石为主,少量青石 |
| | | 绿色 | 氯铜矿为主 |
| | | 棕褐色 | $PbO_2$ 为主,少量 $PbO_2+Pb_3O_4$ |
| | | 白色 | 石膏为主,方解石次之,少量滑石、云母 |

---

①唐玉民、孙儒:《壁画颜料变色原因及影响因素的研究》,敦煌研究院编:《敦煌研究文集·石窟保护篇》(上),兰州:甘肃民族出版社,1993 年。

（5）壁画疱疹状脱落。是指壁画颜料层中产生小泡,小泡逐渐变大,最后和颜料层一同脱落。经化学分析得出,由于壁画中包含的胶结物中盐溶影响,引起壁画中所含矿物质的变化, 盐水可渗透到地仗和颜料层中, 最后导致壁画解体[①](图 18)。

此外,还存在多种生物病害(图 19)。

图 18　壁画疱疹状脱落　　　　图 19　金塔寺西窟壁画生物病害

## 五、预防性科学性保护的方法探讨

### 1. 开展马蹄寺石窟群区域岩体工程地质特征及洞窟立壁稳定性调查,寻找治理病害的有效途径

针对马蹄寺石窟群岩体存在的各种病害,首先要进行工程地质、水文地质与自然环境的调查研究。分析岩体各种病害产生的缘由及成因因素,然后采取一定的工程措施,寻找影响洞窟立壁稳定性的重要因素并加以治理,防止各类病害的发育发展。找寻洞窟中水的来源。必须采取一定的工程措施,加强和改善石窟群洞窟内微环境, 使赋存文物保存环境相对干燥和稳定。科学预防风蚀、水蚀、岩体裂隙发育等对石窟群文物本体的侵害。

---

①段修业、郭宏、付文丽:《莫高窟第 3 窟疱疹状病害的研究与治理》,敦煌研究院编:《敦煌研究文集、石窟保护篇》(上)。

**2. 在实验的基础上筛选合适、有效的工程工艺及修复材料对石窟群的各类病害进行治理**

岩体病害治理原则。确保洞窟和文物本体的安全治理工程措施。用喷锚工程措施加固岩体锚固技术,早在我国公元3~4世纪就已经出现,在新疆克孜尔石窟发现了多处锚孔,锚孔直径约60~80毫米,孔内为木锚杆,灌浆固结锚杆的材料为石灰,据考证主要是为了固定佛像用的。是现代锚固技术的祖先。

马蹄寺石窟群岩体病害治理可资借鉴的工程。马蹄寺石窟群各方面的情况均不同于麦积山和莫高窟,能不能采用加固麦积山石窟或莫高窟北区工程的技术,是需要实验来证实的。查明了影响区域、立壁及洞室稳定性的各项地质构造,锚杆、预应力锚索和悬壁梁实验结果均很理想,但此项调查实验数据已过去30年,当然也需要新数据的支持。通过近几年在石窟群的金塔寺、马蹄北寺、千佛洞等窟区进行的岩体病害治理工程来看,锚固技术是可以用在马蹄寺石窟群的岩体病害治理工程中的。

彩塑修复

依据塑像所产生的不同病害采用不同的修复方法,如对四肢断裂、前倾、歪闪病害治理时,除使用传统修复工艺中的木骨架材料外,可根据塑像的体量埋设适合的现代修复材料螺栓、钢片和拉杆等,进行复原定位。在修复腐朽塑像时,应依据病害轻重确定修复方案,轻者可选用现代化学溶液采用注射和喷洒的方法加固塑像的泥层和颜料层,严重者可采用"脱胎换骨"法,对塑像进行大手术,其程序为解剖塑像—制作塑像新骨架—加固塑像腐朽泥层—安装塑像新骨架—组装塑像泥层。

壁画修复

(1)筛选合适、有效的修复材料和工艺对壁画的病害进行治理。我国古代壁画的颜料,使用的胶质是天然的水溶性材料,化学性属中性。壁画地仗层一般都用黏性比较好的钙质泥土制成麻泥、棉泥、毛泥附在岩面上,制作都采用因地制宜、就地取材的方法。我们要对马蹄寺石窟群壁画组成部分发生变化而产生的多种具体病害进行认真的调查、分析、研究,制定出科学、完善、合理、周密的修复计划和预防措施,并在大量实验成功的基础上,筛选合适、有效的修复材料和工艺对壁画病害进行治理。比如用水溶液渗透性好的黏合剂修复起甲壁画,用拉铆治理壁画大面积空鼓,用氢氧化钠(3%~5%)清洗烟熏壁画,实验选择使用在湿度较高的环境中,耐热氧化性和耐紫外线老化性能较好的 panaLB-72 以及高模数的 $K_2SiO_3$、$LiSiO_3$、スノーテックス(snow-texn)等无机加固材料。

(2)加强壁画病害领域的科学研究,预防病害的发展和蔓延。任何物质都存在着兴衰老化的问题,如何预防、减缓病害对壁画的侵蚀过程,延长它的艺术生命,我们的文物保护先驱者,在极其艰苦的环境里,从简单的壁画边沿加固到大面积重层壁画分离回贴,从笨拙的操作方法到先进的修复工艺,敦煌研究院在 20 世纪 50 年代就对壁画的修复材料进行大量的研究,先从动植物胶(不耐老化)到修复效果比较理想渗透性好的水溶液,使用登板土、浮石、玻璃微珠、X60。马蹄寺石窟群壁画还在不断老化,病害还在不断产生,加强该领域的科学研究也是非常必要和紧迫的。

## 小结

在对马蹄寺石窟群的保护过程中,要结合该区域的环境问题,寻找确实对石窟群文物依附载体及本体造成危害的依据。马蹄寺石窟群现存的 86 个洞窟高低位置不同,因此水文、地质状况也不相同,同时洞窟的大小、深浅、方位也有异,这样每个洞窟的温湿度变化、风力、日照强度也不完全相同。千百年来,壁画塑像病害种类和程度也不完全相同。所以,马蹄寺石窟群壁画塑像修复材料的选用是一个复杂的研究课题。认真研究现实的环境状况对石窟群保护的影响,对泥质壁画塑像进行地仗层的化学定量分析,沙土比例和 pH 值分析,土质土色包含物分子、植物纤维认定分析,附近水质水源成分分析,借助高科技仪器设备下的颜料分析等等。普遍采用预防性保护、数字化保护、化学保护、物理保护、生物治理保护等多种类型方法。当然,在治理和保护石窟群文物的过程中,还必须遵循文物保护的原则和程序。

# 敦煌金银泥经幡研究刍议

武玉秀

（陕西理工大学）

## 一、早期丝路沿线的造幡运动

凡是佛教盛行的地方，就有造幡、悬幡活动，据东晋高僧《法显传》记载，佛教的发祥地拘萨罗国舍卫城①（今印度北方邦北部腊普提河南岸之沙海脱—马海脱）、摩竭提国巴连弗邑②（阿育王所治之城）以及佛教传入中国所经由的沿线国家，如于阗国③、竭叉国④，都有悬幡的记载。

由法显西行示意图⑤可知，当时悬幡是在丝绸之路佛教盛行国家的普遍现象，据《法显传》记载，当时悬幡在大型狂欢活动行像仪式中被大量使用，兹以法显观摩竭提国巴连弗邑行像仪式为例来作说明：

> 凡诸中国，唯此国城邑为大。民人富盛，竞行仁义。年年常以建卯月八日行像。作四轮车，缚竹作五层。有承栌、揠戟，高二丈许，其状如塔。以白氎缠上，然后彩画，作诸天形像。以金、银、琉璃庄校其上，悬缯幡盖。四边作龛，皆有坐佛，菩萨立侍。可有二十车，车车庄严各异。

①（东晋）法显撰，章巽校注：《法显传校注》，上海：上海古籍出版社，1985 年，第 72 页。

②（东晋）法显撰，章巽校注：《法显传校注》，第 103 页。

③（东晋）法显撰，章巽校注：《法显传校注》，第 14 页。

④（东晋）法显撰，章巽校注：《法显传校注》，第 20 页。

⑤杨茂林主编：《法显研究论集》，太原：山西人民出版社，2016 年，第 374 页。

当此日,境内道俗皆集,作倡伎乐,华香供养。婆罗门子来请佛,佛次第入城,入城内再宿。通夜然灯,伎乐供养。国国皆尔。其国长者、居士各于城中立福德医药舍,凡国中贫穷、孤独、残跛、一切病人,皆诣此舍,种种供给。医师看病随宜,饮食及汤药皆令得安,差者自去。①

　　这种佛教信仰的狂热在当时达到了全民参与的境地,在这种行像活动中还伴有各种音乐表演及救助弱势群体的功德活动,大概这是全民参与的主要原因;在这种全民参与的大型活动中,悬幡一方面能庄严道场,一方面能营造一种氛围。关于早期古印度等地造经幡的活动,限于篇幅,暂不考察,兹重点来探讨一下中国造幡的历史。

　　中国造幡的历史由来已久,根据 1972 年出土的西汉初期马王堆汉墓彩绘及其他有关出土文物,可以判断西汉初期就已经有幡的制作和使用了,由这些幡的图画和实物可知,中国丧葬用的招魂幡起源比较早。

　　随着佛教的传入,中国早已存在的造幡活动也迅速应用到了佛教信仰中。据《洛阳伽蓝记》载:

　　　　惠生初发京师之日,皇太后敕付五色百尺幡千口,锦香袋五百枚,王公卿士幡二千口。惠生从于阗至乾陀罗,所有佛事处,悉皆流布,至此顿尽。惟留太后百尺幡一口,拟奉尸毗王塔。宋云以奴婢二人奉雀离浮图,永充洒扫。惠生遂减割行资,妙简良匠,以铜摹写雀离浮图仪一躯,及释迦四塔变。②

　　由这段文字可知,北魏时期上层社会造幡的两大群体分别是皇家和官宦世家。特别值得注意的是皇家造幡,很是讲究,制成五色,且长度达百尺,此时的一尺约合现在的 28 厘米,可以推知百尺大约有 28 米。这种长幡应该是挂在寺院或佛塔外部的,五色经幡随风摆动,场景应是非常绚丽壮观的。

---

①(东晋)法显撰,章巽校注:《法显传校注》,第 103 页。

②(魏)杨衒之撰,周祖谟校释:《洛阳伽蓝记校释》,上海:上海书店出版社,2000 年,第 219—220 页。

马王堆汉墓一号墓 T 型帛画

长 205 厘米。根据遗策，这种帛画应该称为"非衣"，其实乃是出殡时张举的一种旌幡，入葬时即作为随葬品覆盖在棺上。山东临沂银雀山九号汉墓和甘肃武威汉墓也出土过同类帛画，但都不如此件精美。

图 1

那么惠生所处的北魏时期幡到底是什么样子的呢？莫高窟北魏同时期第 257 窟主室南壁沙弥守戒自杀故事中，沙弥焚化之后被起塔供养，塔顶两侧悬燕尾幡；北周第 428 窟西壁南起第二铺金刚宝座塔塔侧也有悬幡。这些北魏、北周时期的壁画直观地为我们展现了当时幡的真实面貌。所谓"上有所行，下必效之"，北魏时期上层社会大规模的造幡活动的盛行，势必影响、带动了民间造幡活动的兴盛。另外，值得注意的还有上文中所提到的以铜摹写"释迦四塔变"，即以释迦出生、成道、转法轮、涅槃为内容的铜浮雕，由这段文字可知，中国早期的经变画受外来影响较大。

佛教兴起以来，中原腹地用于佛教信仰的造幡活动迅猛地发展起来，并很快经由丝绸之路，大量地传播到沿线的各个佛教圣地。据《洛阳伽蓝记》记载：

从末城西行二十二里，至捍𪎭城。城南十五里有一大寺，三百余僧众。有金像一躯，举高丈六，仪容超绝，相好炳然，面恒东立，不肯西顾。父老传云："此像本从南方腾空而来，于阗国王亲见礼拜，载像归，中路夜宿，忽然不见，遣人寻之，还来本处。王即起塔，封四百户以供

左图:莫高窟第 257 窟　　　　　　右图:莫高窟第 428 窟

图 2

洒扫。户人有患,以金箔贴像所患处,即得阴愈。后人于像边造丈六像及诸像塔,乃至数千,悬彩幡盖,亦有万计。魏国之幡过半矣。幡上隶书,多云太和十九年(495)、景明二年(501)、延昌二年(513)。惟有一幡,其年号是姚秦时幡。①

姚秦,又称后秦(384—417),是十六国时期羌族贵族姚苌建立的政权,由此记载可知至晚在公元 4 世纪末至 5 世纪初中国的经幡就已经通过丝绸之路传播到沿线各个佛教圣地。饮誉中外的丝绸之路,应从汉武帝建元三年(前138)张骞等人开通算起,而佛教就是沿着丝绸之路于西汉末、东汉初传入我国的。可以说中国的经幡几乎全是国产的,究其原因大概是由于中国丧葬习俗中的灵魂幡很早就已经存在了,佛教传入以后,民众迅速地将此挪移到宗教信仰

---

① (魏)杨衒之撰,周祖谟校释:《洛阳伽蓝记》,第 185—186 页。

中;同时还由于中国幡做工好,形式美观,中外俗众需求量大,故而生产量亦大,且很快地经丝绸之路由来华的世界各地的商人和僧侣携带传播到沿途各个佛教圣地。中国的幡是不是在式样上也跟佛像一样,受古印度幡的影响?个人认为幡在古印度和古中国几乎是同步兴起的,根据文化的异源说,经幡应该不存在古印度和古中国之间谁传播谁的问题。

## 二、造幡的全盛期——隋唐

延及隋唐,全民造幡活动达到历史之巅峰,唐代民众把悬幡庆祝日常化为一种行为模式。据日人圆仁《入唐求法巡礼行记》载:"会昌二年(842)岁次壬戌正月一日,家家立杆悬幡子,新岁祈长命。诸寺开俗讲。"①关于这种日常化的悬幡活动,目前西藏地区每到藏历新年屋顶换新幡是这一活动遗存的活化石,为我们进一步了解这一活动提供了标本依据。那么唐代的经幡具体实物到底是什么样子的呢?

20世纪初敦煌藏经洞的发现,出土了数量众多的不同材质的经幡,特别是1965年在莫高窟第130窟窟内和第122、123窟窟前,又分别发现属于"盛唐"

时期的丝织物一批。共60余件,保存尚好,绝大部分是各种染缬绢、各色纹绮缀联制成的长条彩幡。②据不完全统计,藏经洞出土的幡画有四五百件之多,有些上面还有发愿文。敦煌文献中也时见造幡以祈福的记载,可见造幡活动从官方到民间都很盛行。

隋唐民间造幡之兴盛,在

图3

①[日]圆仁撰:《入唐求法巡礼行记》,上海:上海古籍出版社,1986年,第153页。
②樊锦诗、马世长:《莫高窟发现的唐代丝织物及其他》,《文物》1972年第12期,第55—68页:55页。

敦煌壁画中亦可见一斑。如隋代第305窟西壁宝盖侧有悬幡、第302窟主室南壁佛顶宝盖侧有悬幡,隋代这些幡在形制上与藏经洞出土的唐代经幡极为相似,由此可见,在幡的形制演变上,隋代是一个重要的历史时期。初唐第220窟主室北壁药师经变画上部两侧各有一飞扬的龙头长幡,第329窟主室北壁弥勒菩萨天宫说法左右各有两个幢幡,第322窟主室南壁、西壁、北壁及四披等有近十处悬幡的痕迹,可见初唐时期造幡运动之盛。

左图:莫高窟第305窟　　　　　　　　右图:莫高窟第220窟

图4

中唐榆林窟第25窟主室北壁弥勒经变画上部有一菩萨持莲头幡;莫高窟第231窟北壁药师经变东方净土图有龙头幡、东壁门南天王亦手持幡,这个洞窟壁画中的幡与后来藏经洞出土的经幡极为接近。莫高窟盛唐第172窟主室东壁文殊菩萨周围的一个胁侍菩萨持幢幡,217窟主室南壁佛顶尊胜陀罗尼经变画一侧有一驾云而来的菩萨持幡。由这些图像可知,中唐的幡基本沿袭了初唐的形制。

晚唐第12窟主室北壁下侧的屏风画中有一幢幡,第196窟西披右侧说法图菩萨、北披赴会说法图菩萨均手持龙头幡。五代第100窟北壁中间经变画中

左图:榆林窟第25窟　中图:莫高窟第231窟　　　　右图:莫高窟第172窟

图5

图 6  莫高窟第 196 窟

也有非常清晰的两个龙头幡；第 61 窟五台山图中，每一组大的寺院群中有一个绕幢的巨大的龙头长幡，而在每一个小的寺院如大清凉之寺、大福圣之寺、大法华之寺中都有龙头幡的图画。由此可见，晚唐时期龙头幡在社会上非常盛行。

由这些壁画可知，唐至五代经幡多在长竿顶端做龙头状或莲花状。到了西夏时期，安西榆林窟第 2 窟北壁水月观音右侧之局部有旗状幡，可见经过几百年的发展，这时幡的形制已发生巨大变化。

图 7  榆林窟第 2 窟

### 三、敦煌藏经洞经幡的来源

中国造幡运动自佛教兴起以来就长盛不衰了，而对这一现象持续性反映的个案，以敦煌地区最具代表性。关于敦煌幡的来源是我们首先要探讨的问题。敦煌文献中的寺院器物历、舍施疏等文献资料中有许多幡画的记录。郝春文先生在《唐后期五代宋初敦煌寺院常住什物的数量及与僧人的关系》[①]一文中列举了敦煌文献记载的各个寺院器物的情况，且作了统计研究。根据这些文字记载可知，敦煌幡的来源主要是官方施舍和民间造幡，兹分别探讨。

官方施舍是敦煌石窟出土经幡的一个主要的来源，其中奢华经幡的代表就是金银泥幡。S.3565b《浔阳郡夫人布施疏》(拟)就是官方施舍经幡的一个例证，谨录疏文如下：

> 弟子敕河西归义等军节度使检校太保曹元忠以 / 浔阳郡夫人及姑姨姐/妹娘子等造供养具疏：/ 造五色锦绣经 / 巾壹条,杂采 / 幡额壹条,银泥 / 幡施入法 / 门寺,永充供养。/ 右件功德,今并圆就 /,请忏念。/ 赐紫沙门闻。

据此可知，官方施舍的经幡一般来说对材质很讲究，做工也很精致。与官方施舍经幡相对应的就是民间信众的供幡，兹为敦煌经幡的另外一个重要来源。据 P.2276《优婆塞戒经卷第十一》尾部题记载：

> 仁寿四年(604)四月八日楒维珍为亡父写《灌顶经》一部,《优婆塞》一部,《善恶因果》一部,《太子成道》一部,《五百问事经》一部,《千五百佛名经》《观无量寿经》一部,造观世音像一躯,造四十九尺神幡一口所造功德,为法界众生,一时成佛。

---

①郝春文:《唐后期五代宋初敦煌寺院常住什物的数量及与僧人的关系》,《敦煌研究》1998 年第 12 期,第 116—132,187 页。

以上是民间造幡的一个例子,四十九尺幡不可谓不长,想必上面应有跟写卷上类似的发愿文字。据敦煌卷子记载,敦煌有职业书幡人,这种书幡人的存在,表明敦煌的寺庙和石窟用幡的数量必定是十分可观的。①事见国家图书馆藏敦煌遗书鸟字八十四号《书幡帐目》(拟)

> 丑年五月十五日杜都督当家书幡卌二□,每一□麦壹硕,准合麦肆拾贰硕……寅年三月廿日僧海印书幡十二口,每口麦壹硕二斗……卯年二月十日僧福渐书幡十二口,每口麦壹硕贰斗……普光寺……张山海书幡价领得物七宗,布一疋,麦两硕,油一升。②

由这段文字我们可以推知,正是由于书幡有这样优越的经济收入,在这种丰厚的利益驱动下,才推升了这一行业的职业化。对幡的需求不止催生了书幡行业的职业化,由于民众信仰的不同诉求,在幡画上书写的文学作品就呈现出各种不同文体,在形式上亦是力求骈体与押韵,在辞藻上追求华丽,这在客观上促进了幡画文学创作的兴盛。

## 四、经幡与文学

由于敦煌地区造幡活动的兴盛,与幡有关的文学活动也迅猛发展起来,且成为一种文学样式,比较有代表性的是造幡发愿文和庆幡文,兹分别举例说明。

### (一)造幡发愿文

发愿文是佛事应用文。主要内容是依次表达发愿者的愿心。敦煌遗书中保存的发愿文有 P.2189"东都发愿文"、P.3183"天台智者发愿文"、S.4318"尸陀林发愿文"、S.522"消灭交(教)念往生发愿文"、S.3437"结坛散食发愿文"、S.5699"发愿文"、P.2854"星流发愿文"等。有时,有的发愿文被抄写在诸杂斋文中。③

---

① 樊锦诗、马世长:《莫高窟发现的唐代织物及其他》,《文物》1972 年第 12 期,第 55—68 页:61 页。
② 许国霖:《敦煌石室写经题记·敦煌杂录》,台北:新文丰出版公司,1985 年,第 315—316 页。
③ 季羡林主编:《敦煌学大辞典》,上海:上海辞书出版社,1998 年,第 459 页。

造幡发愿文主要内容是依次表达发愿者的愿心。敦煌文献中造幡发愿文特别多,兹枚举一二与本文探讨的金银泥造幡发愿文为例。

S.4536 为愿文,共二通,其一即《阴家造幡愿文》,为保持原文之貌,兹以繁体字(含异体字)呈现。


愿文

1. 嘗文(聞)法身凝寂,非色相之可觀;實智圓明,豈人天之所測。不生

2. 不滅,越三界已(以)居尊;無去無來,運六通而自在。歸依者,逞□

3. 苦海;迴向者,永離蓋纏。大聖魏魏(巍巍),名言罕測者矣!厥今傾心

4. 仏日,虔敬福門,割其(奇)異之珍財。<u>造銀翻(幡)而滿會</u>,慶家願

5. 者,為誰施作?時則有聖天公主先奉為龍天八部,雍(擁)護

6. 壇場;梵釋四王,安邊靜塞。當今帝主,聖壽尅昌;將相

7. 百寮,尽邦刑國。司空鴻壽,同五岳而治河煌(湟);內外宗

8. 親,比麻姑而受蔭;天公主已躬吉慶,叶慈範已(以)利蒼生;陰

9. 家小娘(子)安和,百病不侵[於]玉躰。道路開泰,五穀豐盈;更無

10. 不順之聲,行路有歌遙(謠)之樂,之福會也。伏惟聖天公主

11. 馳聲蘭蕙,德洽懿於坤儀;闒逾(單于?)溫柔,夾嘉聲於異秀。

12. 故德(得)母儀騰曜,溢理播於七州;女範蕭宮,芳名傳

13. 於帝族。加以傾心三寶,攝念無生;憑福力以安邦家,建

14. 神翻(幡)蕩除災勵(癘)。傾心數日,今已畢功。懸寶殿以焚香,就

15. 金田而啓告。其翻(幡)乃龍駒高曳,直至於梵宮;寶剎

16. 懸垂,似飛鵝而持綵。遊絲颺於霞外,連翻(幡)散於雲天。一

17. 轉,龍王之位自生;再轉,福超塵界。以斯造翻(幡)功德,慶

18. 讚迴向福曰,先用奉資梵釋四王、龍天八部,伏願威光

19. 盛運,千秋無蟲冷(蛉)之災;福力彌增,萬性有豐盈之喜。又持

20. 勝福，次用莊嚴我府主貴位，伏願福同海岳，無竭無傾；

21. 命等松筠，長光大業。四路伏首，八表傾心；萬理（里）來降。城煌（隍）

22. 泰樂。又持勝福，次用莊嚴天公主貴位，伏願福祿之山益

23. 增益峻，壽命之海為廣為深。長為社稷之深慈，永作

24. 蒼生之父母。諸郎君等出將入相，長為人主之股公（肱）；萬子
（下接背面）

25. 千孫永作河西之柱石。又持勝福，次用莊嚴阴家小娘

26. 子貴位，伏願閨顏轉花，四德含彰，四大伏宜，六

27. 根調浪，病消疾散，長聞歡喜之聲；貴躰安和，

28. 日有歌遙（謠）之樂。故得東西路泰，使人不滯於開山。

29. 夏順秋調，濃（農）夫賀兩岐之樂，同心榮（營）造，各獲福

30. 田，隨喜見聞，亦霑小分，然後上通三界，捞（旁）括十

31. 方，俱沐勝旦，齊登仏果，摩訶般若，利樂無邊。

　　由此三十一行词文并茂的造银泥幡发愿文，我们可知当时对造作这种华贵的银泥幡之重视程度。阴家是当时敦煌的豪门望族，其家族势力之大，由一件甲午年（994年）五月十五日阴家婢子小娘子荣亲客目跋可见一斑。所谓荣亲客目，是指荣亲设宴时邀请客人参加的名单。4个残片缀合后的甲午年五月十五日阴家婢子小娘子荣亲客目，共64行，所载邀请的近160家和单位计600多人。这600多人是预计参加宴席的人数，是准备多少桌酒筵的依据。中国古代荣亲设席请客，请谁，请到哪一层次的亲朋，以及筵席座位安排，都有一套约定俗成的规矩。如果是同一层次的亲族，请了这一位而不请另一位，就是违反了礼仪规矩，要遭受非议。被邀请的家庭，一家几人参加，或全家，或主要人员，或一人，也视与宴请者关系亲疏而定，一般说本族近亲人家出席的人多，关系相对疏远的出席的人就少。客目所载2人参加的有52家，3人参加的有36家，4人参加的有12家，阖家参加的有6家，等等，就是这方面的反映。至于宴席座位的排定，是安排在正厅上还是厢房里，同在正厅，又要分哪一席、哪一座位，须按客人的社会地位以及与荣亲者的关系而定，尊长、贵人须安排在首

席上座等重要座位。客目所载表示官职身份的称谓有皇后、太子大师、使君、镇使、县令、州司判官、乡官、平水、都衙(都押衙)、押衙、都头、衙前翻头、都知兵马使、马步兵马使、将头、指挥、游弈、营田使、作坊使、草场使、衙推、通引、主客、库官、虞候、都料、录事以及旁注主人等,为供招待、安排酒席座次参考之用。①此件甲午年五月十五日阴家婢子小娘子荣亲客目由 S.4700、4121、4643 号及北图新 1450 号 4 件残片组成,残存 64 行,为大家呈现了当时宴席参与人数及宴席座次等多方面信息,是不可多得的反映当时敦煌家族之间交往的重要资料,也是当时社会民俗文化的重要呈现。

当时官宦对于佛教的信仰异常虔诚,造幡运动长盛不衰,有的官宦为了表达自己的虔诚,甚至不惜刺血书写发愿文。兹引文如下:

Ch.xxiv.008:菩薩長幡:

發願文(自左至右):

1. □□歸義軍節度內親

2. ＿＿＿使銀青光禄

3. 大夫檢校工部尚書兼御

4. 史大夫上柱國西河郡

5. 任延朝,刺血敬畫四十

6. 九尺幡(幡)壹條,其幡(幡)乃

7. 龍鈎高曳,直至於

8. 梵天,宛轉飄飄似

9. 飛鵝而旋綵。伏願

10. 令公壽同山岳,禄

11. 比滄溟。夫人延遐,

12. 花顏永茂。次為京中

13. 父母長報安康,在

---

① 唐耕耦:《敦煌研究拾遗补缺二则》,《敦煌研究》1996 年第 4 期,第 113—119 页。

14. 此妻男同霑福祐。于

15. 時大周顯德三年(956)

16. ☐☐寅☐☐☐

17. ☐☐☐

 

这件是任延朝造血幡的发愿文字,为表达虔诚,竟不惜刺血染幡,可见当时仕宦之人对幡之功德的重视程度。当时的造幡一般都是全家人都参与,这在供养人行列中可以得到体现。兹引文如下:

EO.1143:延壽命菩薩圖

　　题名(左上):南無延壽命菩薩一心供養

图 8

供養人題記(自左至右)

1. 施主新婦王氏一心供養

2. 施主新婦劉氏一心供養

3. 故慈母王氏一心供養

4. 故父節度押衙知副樂營使閻□□一心供養

5.（泯滅）

6. 施主男知步卒隊頭閻宗兒供養

这件文字,是官宦世家阖家造幡供养的典型代表。由以上这几则造幡发愿文,我们对于敦煌当时官方造幡的兴盛有了一个直观的了解。

(二)庆幡文

敦煌是当时社会的一个缩影,据段成式《西阳杂俎》记载"萧澣初至遂州,造二幡刹施于寺,设斋庆之。斋毕作乐,忽暴雷霹雳,刹各成数十片。至来年,当雷霹日,澣死。"[1]可见,庆幡跟给佛像开光一样,在佛教界是非常重要的仪式活动,好像只有等庆幡这一仪式不出意外地顺利完成以后,幡才具有神力。敦煌各种应用文类中有一类庆幡文,就是专为庆幡而作。兹引法藏 P.2588v4《庆幡文》如下:

P.2588v4 慶幡文

1. 慶幡文素流方譽,凤播清規;長隆勝境之旦,每叶莊嚴

2. 之念。於是繡天繢而散綵,鏤霞綺以分輝;綴玉環珠,聯繒

3. 貫彩。厥有厶公虔恭增善,建繞圓盖之神幡;整割

4. 資絲,布雲中五色之光彩。亦使灰魂被祐,頓超三有之身;

5. 殄障消灾,建斯神幡之德。如斯崇福,則此厶公作焉。其

6. 公乃英靈獨秀,清鑑不群;承家盡孝之誠,奉國

7. 竭忠貞之節。遂能傾心慕教奉聖蹤。福事已終,

---

① (唐)段成式撰:《西阳杂俎附续集 1》,北京:中华书局,第 40 页。

8. 焚香祈福。其幡乃鐫文拽迤,影遥香閣之風;艷

9. 藻縈空,影輝花園之日。架弘衢而蕩色,臨鳳刹

10. 以高懸。冥薰之惠乃滋,淨福之基逾積。建之者,生福無量;

11. 覩之者,滅罪恒沙。以斯造幡功德,焚香念誦勝呾,盡用

12. 莊嚴施主即躰:惟願身大地,以劫石而俱存;智

13. 力高明,等須彌之勝遠。六根清淨,如皎[月]之昇天;三障

14. 離身,若蓮花之影水。磨(摩)訶般若,[利樂無邊]。

这些庆赞文字多用骈体文,文采华丽,语言典雅,体现了造幡书幡人极高的文化修养与宗教虔诚,是在佛教信仰热潮下滋生的一种新的极富生命力的文学作品。

## 五、研究综述

介绍了幡的起源、发展及其有关的文学之后,我们再来重点看一下20世纪初藏经洞出土的幡的实物,这些幡的实物对于我们认识幡的形状、色彩、图案、工艺等具有重要的史料价值。国内外学者对于这批幡画已经进行了一些研究,如王乐《敦煌手绘幡带的图案类型》一文指出:"敦煌发现的幡手和幡足上的手绘图案通常为单色,墨绘或者银粉绘,题材很丰富,主要包括散点花卉、花鸟、卷草、云纹、山林、蜂、蝶和人物。"[1]敏春芳《敦煌愿文词语例释》一文说道:"敦煌愿文是敦煌文献、石窟题记和绢画、幡缯中所发现的愿文,这些愿文曾广泛流行于南北朝至宋初的敦煌地区。"[2]法国玛雅尔论文《论敦煌壁画与挂幅画之间的联系》(摘要)中指出:"敦煌各类画是源于同一模式,反映同一美术传统的。"[3]幡就是敦煌挂画的一种。王铭在《菩萨引路:唐宋时期丧葬仪式中的引魂幡》一文中对于藏经洞出土的引魂幡作了归纳整理,同时认为"这种带有明显

---

① 王乐:《敦煌手绘幡带的图案类型》,《丝绸》2013年第8期,第28—35页。

② 敏春芳:《敦煌愿文词语例释》,《敦煌学辑刊》2005年第1期,第97—107页。

③ [法国]玛雅尔:《论敦煌壁画与挂幅画之间的联系》(摘要),《敦煌研究》2008年第2期,第85—88页。

佛教特点的引魂幡,是儒家旌旗制度在中古佛教影响下的一种变体"①。王乐、赵丰《敦煌幡的实物分析与研究》一文在分析了收藏于英国大英博物馆、维多利亚阿伯特博物馆、法国吉美博物馆、俄罗斯爱米塔什博物馆、敦煌研究院和旅顺博物馆的 360 多件幡实物的基础上,对敦煌出土唐代幡的形制、材料和装饰手段等进行了较为深入的研究,认为敦煌幡从形制上可分为多足悬板幡和双足燕尾幡两个大类,所用材料包括丝、棉、麻等织物,并可施以画、染缬、刺绣等装饰工艺。②

然而对于这批幡画中的金银泥幡,前人研究则较少,仅杨建军、崔岩在论文《唐代佛幡图案与工艺研究》"(四)唐代佛幡的工艺之彩绘"一节中简单地谈到了敦煌几件银泥幡的问题。③王乐在《敦煌手绘幡带的图案类型》一文中也点出幡有"银粉绘"的问题。下面我们回归本题,对敦煌藏经洞出土的金银泥经幡进行重点论述。

## 六、金银泥经幡

敦煌文献中的寺院器物历舍施疏等文献资料中也有许多关于金银泥幡的记录。如 S.3565b《浔阳郡夫人布施疏》(拟):

> 文曰:弟子敕河西归义等军节度使检校太保曹元忠以 / 浔阳郡夫人及姑姨姐 / 妹娘子等造供养具疏:造五色锦绣经巾壹条,杂采 / 幡额壹条,银泥 / 幡施入法 / 门寺,永充供养。/ 右件功德,今并圆就 / ,请忏念。/ 赐紫沙门(闻)。

敦煌其他卷子中也有施舍金银泥经幡的记载。如 S.2575 有施舍银泥幡、绣幡(绣像等的资料);又如 S.2613《咸通十四年正月四日沙州某寺就宿交……》载有寺院器物历中有"小银泥幡子伍口(在索僧政院佛帐子内)、等身银泥旛贰拾

---

① 王铭:《菩萨引路:唐宋时期丧葬仪式中的引魂幡》,《敦煌研究》2014 年第 1 期,第 37—45 页。
② 王乐、赵丰:《敦煌幡的实物分析与研究》,《敦煌研究》2008 年第 1 期,第 1—8 页:第 1 页。
③ 杨建军、崔岩:《唐代佛幡图案与工艺研究》,《敦煌研究》2014 年第 2 期,第 1—15 页:13 页。

肆口、银泥幡贰拾口、等身银泥幡壹拾贰口(内伍口在孙都师)";再如P.3587《某佛寺常住器物交割点检历》(拟)"小银泥幡壹拾贰口、银泥经巾子一";S.1776《显德五年十一月十三日某寺判官与法律尼戒性等一伴交历》(拟)"官施银泥幡柒口、又大银泥幡壹口"。P.3432《龙兴寺器物历》(拟),其中记载了许多佛像的镀金问题,此卷非常重要,对于研究敦煌当时的寺院器物具有重要意义。跟造窟、绘制壁画一样,造银泥幡也多有发愿文,除了上文 S.4536《阴家造幡愿文》,兹再以法 pel.chin.3149 一件造银泥幡愿文为例。

法 pel.chin.3149《造銀幡泥畫彩》

1. 造幡銀泥畫綵
2. 竊聞大悲膺(應)真,證至真之無上。能仁利覺,摽覺行以開慈。
3. 故知示之菩提之路,引解脫之門。說四畏之途,闡究竟之位。
4. 遂則彌陁舒十六觀想,觀三品之淺深。藥師列十二願,
5. 文溢九橫之災。出示方便力,憝八萬四千濟諭,皆是不
6. 可思議。現千萬億化之身,惣是釋迦牟尼佛。故我大師之
7. 勇,實莫能量。奇哉!異哉!罕思者矣。厥今,洞敷精室,
8. 嚴灑幽居,虔仰道場,會僧祇福。造幡九口,銀寶所
9. 成,製額一條,彩珍化出者,有誰施作?時則有釋中律僧
10. 沙門厶公,抽咸(減)之衣,將成二色。先奉為國安人泰,使主延齡。
11. 次為己躬無災;枝眷存亡,獲益之所作也。

## 七、藏经洞金银泥幡实物介绍

海外藏敦煌遗书中保存了大量的金银泥幡实物,且主要在法国、英国和俄罗斯三国,据不完全统计数量大约有上百件,其中相对完整的也有二三十件,兹分类介绍。

第一类:花卉花鸟银泥幡。如 EO3584、3585、3586 就是一组晚唐至五代银泥绘制的不同纹样的银泥幡,特别是 EO3584 练鹊衔枝图案与莫高窟第98窟曹议

金家族女眷所着服饰上的纹样基本一致。①

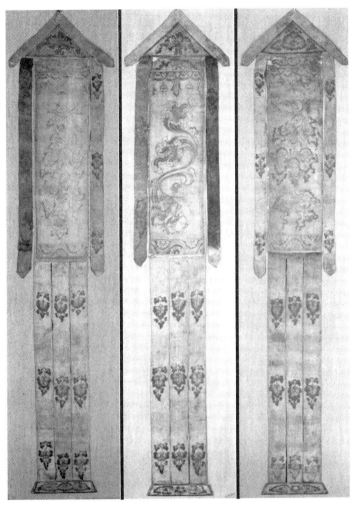

左 EO3584 银泥　中 EO3585 银泥　右 EO3586 银泥
练鹊衔枝纹绢幡　迦陵频伽纹绢幡　花鸟祥云纹绢幡

图 9

①赵丰主编:《敦煌丝绸艺术全集法藏卷》,上海:东华大学出版社,2010 年,第 68 页。

在尺寸上,EO3584 银泥练鹊衔枝纹绢幡,纵 81cm,横 23cm;EO3585 迦陵频伽纹绢幡,纵 79cm,横 24cm;EO3586 银泥花鸟祥云纹绢幡,纵 78cm,横 22.5cm。由此可见,这 3 件幡的尺寸基本相类,应该是同一画匠所绘或同一作坊所出。

以上 3 件是相对完整的银泥幡,而现存的银泥幡大多都不完整。如 1919,0101,0.127(ch.0024)幡是唐代 8 世纪时的遗物,纵 131cm,横 14.2cm,幡头为簇六球路朵花纹,幡身为练鹊衔枝银泥幡。另有一件编号为 EO1164 的花鸟衔枝纹幡亦是同时代的作品,纵 37cm,横 18cm,与 ch.0024 类似,余下主体绢地银泥绘对鸟花卉幡身。

图 10   ch.0024(1919,0101,0.127):簇六球路朵花纹夹缬练鹊衔枝银泥幡花鸟纹幡,唐代 8 世纪,绢本褐色底线银泥描,纵 131cm,横 14.2cm

以上几件还是相对完整的银泥幡,还有大量的是只剩幡手、幡足、斜边的银泥幡。

1. EO1198:唐,8—9世纪,银泥蔓草纹幡手,三片几乎等长的幡脚,上有银泥绘的缠枝花卉,纵64cm,横15cm。

2. EO1195:唐,8—9世纪,红绫地银泥朵云幡头斜边。两片破损的云纹幡脚,长短相类,纵28cm,横6.5cm,原是一件幡头斜边。

3. EO1204:唐,8—9世纪,银泥折枝斜边和幡足。三片长短不一的布条,上有银泥绘制的飞鸟化生、童子奏乐化生、花卉等。

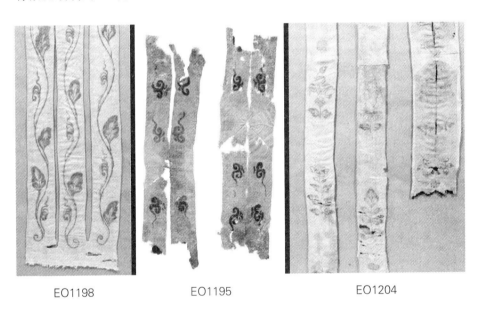

EO1198　　　　　　EO1195　　　　　　　EO1204

图11

如此类残缺的银泥幡还有很多,如 Д x 47 忍冬纹绸幡带、Д x 77 忍冬纹绸幡带、Д x 290 花卉纹幡带、Д x 293 花卉纹绸幡带、Д x 289 牡丹纹绫幡带、Д x 294 牡丹纹绢幡带、Д x 298 忍冬纹绢幡带、Д x 325 忍冬纹纸幡带。由于已经历时千年,这些幡带均已氧化变色,但其原本都是银泥幡带。这些幡画局部的花鸟图案在敦煌同时期的洞窟中都能找到对应的图案,赵丰及其团队在《敦煌丝绸艺术全集》等论著中都作过这方面的细致研究,兹不再展开论述。

第二类:红绢地银泥幡。这类幡上多是绘制各类菩萨。

1. EO1137:银泥绘救苦观音菩萨立像,唐代(9世纪后半叶),红地绢本银泥描,纵183.2cm,横58.0cm。

2. EO1418:银泥绘救苦观音菩萨立像,五代时期(10世纪前半叶),红地绢本银泥描,纵196.0cm,横57.0cm。

3. EO3657/1:晚唐—五代,银泥绘南无[延]寿命观音菩萨,红地绢本银泥描,纵185cm,横54.4cm。

4. EO3657/2:晚唐—五代,银泥绘南无[延]寿命观音菩萨,红地绢本银泥描,纵172cm,横56cm。

EO1137        EO1418              EO3657/1              EO3657/2

图12

另外的红地银泥幡还有Ch.xxviii.007(1919,0101,0.127)绫地金银泥描菩萨立像长幡,唐末五代时期(9世纪),纵386cm,横68.1cm。Stein.379A(ch.00498a-b)亦是晚唐至五代时期一件残存的红绫地银泥幡身。其他尚有一些,然相对残破严重,此不再赘述。

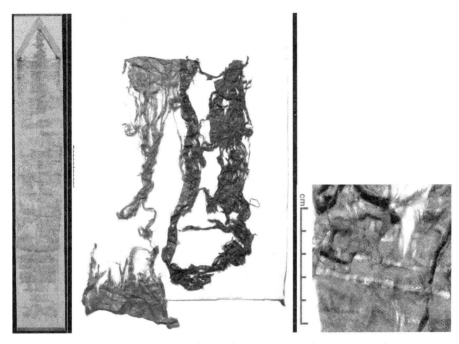

左图 Ch.xxviii.007　　　　　　中图及右图 Stein.379A（ch.00498a-b）

图 13

第三类:蓝地银泥幡带。如:

1. Ch.004(1919,0101,0.134):金刚力士像,唐代,9 世纪末,纵 187.5cm,横 18.6cm,幡脚上有使用银泥的痕迹。

2. Ch.0010(1919,0101,0.108):广目天王,唐代,9 世纪,绢本设色,幡两侧 是银泥绘的动物和花卉,纵 64.5cm,横 17.5cm。

除以上列举的数类之外,还有一些蓝地或红地经幡带、幡足,依稀也可见 上面有银泥的痕迹,因较残,暂不赘述。

以上我们介绍了银泥幡,下面我们来探讨金泥幡。金泥幡可分为以下几类:

第一类:红地金泥幡。如:

1. EO3657/3bis:晚唐—五代,南无[延]寿命长寿观音菩萨,红地绢本金泥 描,纵 161cm,横 59cm。

2. Дx291:晚唐—五代,观音菩萨像幡,红地绢本线描。

3. MG17676:晚唐—五代,如来坐像(幡头),北宋时期(10 世纪后半叶),绢

左 Ch.004(1919,0101,0.134)　右 Ch.0010(1919,0101,0.108)

图 14

本,纵 32.0cm,横 19.5cm。

4. Д x 88:晚唐—五代,红色绢幡面。

5. Д x 326:晚唐—五代,忍冬纹纸幡带。

EO3657/3bis                MG17676

图 15

第二类:蓝地金泥幡。如:

1. ch.00303(1919,0101,0.121):日曜菩萨像幡,唐代,8 世纪,绢本蓝底线描(白、黄、赤)。

2. ch.00475(1919,0101,0.214.1):菩萨立像长幡,五代时期,10 世纪中叶,绢本蓝底线描(黄),纵 339cm,横 30cm。

3. ch.00475(1919,0101,0.214.2):菩萨立像长幡,五代时期,10 世纪中叶,绢本蓝底线描(黄),纵 345.7cm,横 28.5cm。

4. ch.00480(1919,0101,0.215):菩萨立像长幡,绢本蓝底金泥线描(黄),纵 409cm,横 30cm。

5. EO3647:菩萨立像长幡,五代时期(10 世纪),绀地金泥,纵 580cm,横 32.9cm。

6. EO3648：菩萨立像长幡，五代时期，绀地金泥，纵 800cm，横 31cm。

7. EO1228：菩萨立像长幡，唐代，绀地金泥，纵 26.5cm，横 12.5cm。

8. Д x 58：观音菩萨像幡，晚唐至五代。

9. Д x 59、115、39：菩萨，五代，蓝地绢本银泥线描。

10. Д x 212：蓝地金泥绘绢幡面，晚唐至五代。

11. Д x 267：莲花曼陀罗，晚唐至五代。

12. ch.xx.0013(1919,0101,0.142)：观世音菩萨像幡，唐代末期至五代初期，9 世纪至 10 世纪，纸本设色，两侧及幡脚是金泥绘制的花卉，纵 38.5cm，横 11.5cm。

13. Ch.00500(STEIN.422-1)：幡带，唐至五代。

14. ch.00496(Stein.629)：幡带，唐至五代。

15. Ch.00440(Stein.660)：幡带，唐至五代。

由于此部分内容较多，我们仅以几个相对完整的长幡为例。

ch.00303  ch.00475　　　EO3647　　　　　EO3648　　　EO1228

图 16

其中尤以第一件唐代 8 世纪 ch.00303(1919,0101,0.121)日曜菩萨像幡最为精美。对于此件幡很多学者作过研究,本文重点在于探讨金银泥这一技艺,对每件的具体内容不再——展开论述。

第三类:刺绣中使用银泥或金泥勾线。如 Stein.526(ch.00449):

图 17

总体而言,按照主尊划分,这五十幅左右的金银泥经幡以观音菩萨立像幡数量最多,其他也有以日曜菩萨像、如来坐像、金刚力士像、广目天王像等为主尊者,还有迦陵频伽奏乐、禽鸟化生、练鸟衔枝等动物形象,也有忍冬纹、牡丹纹、莲花曼荼罗以及其他花卉图案。这种图像主尊的选择是当时民间信仰的重要依据。其中的迦陵频伽奏乐的形象则又是净土信仰的最直观显象,迦陵频伽怀抱琵琶常出现在观无量寿经变画中,如莫高窟第 12 窟、第 45 窟和榆林窟第 25 窟等。EO.3585 与吉美博物馆收藏的 EO.3584 和 EO.3586 银泥幡上迦陵频伽纹绢幡上有类似经变中的迦陵频伽怀抱琵琶画样。

就这批敦煌金银泥幡的材质而言,计有麻、绢、纸幡等不同的类型。就金银泥幡的色彩而言,金银泥幡与金银泥写经一样都是蓝色或者红(紫)色底子,不管是绢还是纸上,色彩都是这样搭配。金银泥先是在服饰上、器物上使用,后来才用到佛教信仰上,从写经及佛教的器物中都能发现。

最后,我们再来探讨一下这批金银泥幡的用途问题。佛教用的幡,一类是作为表示佛的"威德"的供具。或悬挂于塔和宝盖的两侧,或执之引路为前导。这种种用途在敦煌壁画中都可以看到清楚的描绘。如 428 窟(北魏晚期)西壁有塔侧悬幡;305 窟(隋)西壁有宝盖侧悬幡;332 窟(初唐)南壁"涅槃"中有比丘、菩萨执幡、幢送葬;此外 331 窟(初唐)南壁画菩萨执幡和幡插于架上。在壁画中系幡的长竿顶端,多做龙头状或莲花状。另一类幡,则是一些佛教信徒为消灾免病、求福祈寿而施舍的供奉幡,我们所发现的幡多属于这一类。其中两幅发愿文幡都写明是为"患眼""患腰",为"己身""亡女"而发愿造幡的。就如陈明华所指出的一样,"佛画通常兼具庄严、礼拜、教化等多重功能,以丹青彩绘寺庙建筑,庄严辉煌,让人能生起虔诚的信仰之心;设置画像、壁画、挂佛,能强化佛寺礼拜的功能;而图绘八相图、地狱变、盂兰盆经变等变相图,则可用来解说经典或劝人为善"①。从根本上来说,所有的造像、造幡、写经等佛教信仰活动,都是为了满足僧俗众生的各种诉求,这仿佛也是佛教及其他任何宗教信仰能够存活下去所必须具备的法宝。

---

① 陈明华:《韩国佛教美术》,北京:文物出版社,2009 年,第 106 页。

# 敦煌石窟与甘肃东部地区的互动

## ——以敦煌石窟题记为中心

邢耀龙

（景德镇艺术职业大学）

## 一、提出问题

2016 年 8 月 20 日,敦煌研究院接收麦积山石窟艺术研究所、炳灵寺文物保护研究所和北石窟寺文物保护研究所 3 家单位工作领导小组第一次会议在敦煌莫高窟召开。

这次会议意义非凡。一是在壁画保护、土遗址保护、文物数字化研究、游客承载量研究、开放利用与国际交流合作诸多方面,敦煌研究院在全国乃至全世界都具有领先优势和影响力。相比之下,麦积山石窟、炳灵寺和北石窟寺等 3 家石窟管理单位各方面工作较为薄弱,人才储备和文物技术有诸多短板,发展受限,文物保护研究能力较弱,保护、研究、弘扬和管理工作水平与世界文化遗产地的要求仍有较大差距。此次整合,有利于将"敦煌经验"惠及 3 家石窟,进一步扩大甘肃石窟的影响力,破解石窟文化遗产管理、人才、技术方面的瓶颈,形成"拳头"效应,打造甘肃石窟保护研究和管理利用的"航空母舰"。二是 3 家石窟的保护研究机构整建制划入敦煌研究院,扩大了敦煌研究院管理石窟的丰富度,丰富的石窟类型为敦煌研究院的研究、保护、弘扬等工作提供了新的材料和挑战,从而促进"敦煌经验"进一步丰富和完善,早日实现习近平总书记对敦煌研究院的期待和目标,即"努力把研究院建设成为世界文化遗产保护的典范和敦煌学研究的高地"。

敦煌研究院下辖 6 处石窟,即敦煌莫高窟、西千佛洞、瓜州榆林窟、天水麦积山石窟、永靖炳灵寺石窟、庆阳北石窟寺。石窟分布在甘肃省的 4 个地级市，空间距离跨度 1500 公里，且隔黄河对称分布。甘肃省地域广大，河西和河东地区因地形和自然地理条件的差异，在历史上大多时候属两个文化圈①，由此来看，这 6 处石窟似乎并没有紧密互动的可能性。

然而，正因为 6 处石窟都是佛教石窟艺术，且天水麦积山石窟、永靖炳灵寺石窟、庆阳北石窟寺 3 处石窟正处于丝绸之路重镇长安与敦煌的必经之路上，其艺术上的互动自诞生之日起即十分频繁。就此问题，学界中如宿白、张宝玺、郑炳林、霍熙亮、沙武田、魏文斌、暨远志等学者都曾论述过，已成为学术共识，本文不再赘述。

在建造甘肃石窟研究"航空母舰"的议题下，除了石窟艺术上的相互影响之外，敦煌石窟与甘肃东部地区之间是否还有其他方面的互动呢？本文试图通过整理敦煌石窟中出现的题记，从而对甘肃东部之人在敦煌石窟的活动进行探讨。

## 二、甘肃东部地区供养人与敦煌石窟营建

因敦煌石窟位于河西走廊的缘故，敦煌石窟供养人必然以河西地区之人为主，这是石窟作为地域信仰中心而肩负的社会需要所决定的。然而，笔者在参与教育部人文社会科学重点研究基地重大项目《〈敦煌石窟内容总录〉整理与研究》时，与敦煌研究院的同事整理敦煌石窟所见汉文题记，在宋代开凿的莫高窟第 233 窟中的佛坛东面整理清代供养人题名时，发现绝大多数属甘肃东部地区籍，如下：

---

①如夏、商、周三代之际，河东地区因相对优良的自然地理条件，成为传统的农耕区，甚至是周人的起源地，是传统的中原文化圈。河西一带则是西戎的聚居地，是传统的游牧文化区；秦朝时，河东是秦人的发源之地，是最早的郡县属地，而河西则是匈奴的牧区；两汉及三国时，河东属中原地带，河西则是新开发区；北朝隋唐时期，河东一直属于中原腹地，河西或割据、或沦陷、或自立；西夏时期，党项占领河西之后一直与两宋沿着黄河对峙；元明清时期才重归一统。正因如此，河西河东形成风格迥异的文化差异，笔者正是长大于河东，移民于河西，对此深有体会。

图 1　莫高窟第 233 窟清代供养人像

(一)佛坛东面北侧清代男供养人像

1.南向第一身,红地墨书一行

信士功德弟子李生茂靖远县人

2.同向第三身,红地墨书一行

信士……西和人

3.同向第四身,红地墨书一行

信士弟子李明西和县人

4.同向第五身,红地墨书一行

信士弟子张文受花亭人

5.同向第六身,红地墨书一行

信士弟子何见云西人

6.同向第七身,红地墨书一行

信士杜元吉岷州人

7.同向第九身,红地墨书一行

信士子白自学山西人

8.同向第十三身,红地墨书一行

信士杨世芳西安人

（二）佛坛东面南侧清代男供养人像

1.北向第一身,红地墨书一行

信士张宽文县人

2.同向第二身,红地墨书一行

信士王公宰靖远人

3.同向第三身,红地墨书一行

信士王成发静宁人

4.同向第四身,红地墨书一行

信士郑坤平凉人

5.同向第五身,红地墨书一行

信士贾述宗岷州人

6.同向第三身,红地墨书一行

信士祁华文岷州人

7.同向第七身,红地墨书一行

信士王大言兰州人

8.同向第八身,红地墨书一行

信士张天锡平凉人

9.同向第九身,红地墨书一行

信士张吉汉

10.同向第十身,红地墨书一行

信士宦作才文县人

11.同向第十一身,红地墨书一行

信士甄述曾秦州人

12.同向第十二身,红地墨书一行

信士王金如河阳人

13.同向第十三身,红地墨书一行

信士曹伏典山西人①

---

①《〈敦煌石窟内容总录〉整理与研究》阶段性成果。

整理上述供养人籍贯,如下表:

表 1

| 序号 | 姓名 | 籍贯 | 如今归属 |
|------|------|------|----------|
| 1 | 李生茂、王公宰 | 靖远县 | 甘肃省白银市靖远县 |
| 2 | 缺名、李明、何见云① | 西和县 | 甘肃省陇南市西和县 |
| 3 | 张文受 | 花亭 | 甘肃省平凉市华亭市 |
| 4 | 杜元吉、贾述宗、祁华文 | 岷州 | 甘肃省定西市岷县 |
| 5 | 白自学、曹伏典 | 山西 | 山西省 |
| 6 | 杨世芳 | 西安 | 陕西省西安市 |
| 7 | 张宽、宦作才 | 文县 | 甘肃省陇南市文县 |
| 8 | 郑坤、张天锡 | 平凉 | 甘肃省平凉市 |
| 9 | 王成发 | 静宁 | 甘肃省平凉市静宁县 |
| 10 | 王大言 | 兰州 | 甘肃省兰州市 |
| 11 | 甄述曾 | 秦州 | 甘肃省天水市 |
| 12 | 王金如 | 河阳 | 河南省焦作市孟州市 |
| 13 | 张吉汉 | 缺 | 无 |

由此得知,莫高窟 233 窟佛坛东面清代供养人存题名的有 21 身,除山西 2 人、西安 1 人、河阳 1 人、不知籍贯 1 人之外,其余 16 人都属于甘肃东部地区 之人。从图像上看,供养人头顶都戴纬帽,顶戴花翎,身穿黑色长袍马褂,手持 经卷。从服饰特征看,是清代官服,可见众人属清廷地方官家。如此之多的官员 在一个洞窟之中同时出现,究竟有何渊源呢?

---

①佛坛东面南侧第六身清代男供养人题名为"信士弟子何见云西人",参考其他供养人籍贯,应为 西和人。

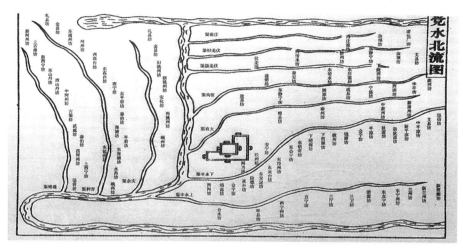

图 2　雍正移民隅坊图

　　自三苗迁移至三危,敦煌是中国历史上典型的移民城市,此后,两汉隋唐都有大批量的移民,构成敦煌 4000 年移民史。[①]直至明嘉靖三年(1524),封闭嘉峪关,敦煌陷入"赤地千里,无复人烟"的境地。康熙年间,清政府平定新疆准噶尔部叛乱。当时敦煌史书记载"沙州人烟甚稀、不成村落"[②]。雍正元年(1723)在敦煌设立了沙州所,1725 年升格为卫。为了补充敦煌地区的人口,充实敦煌实力,开发敦煌,进而保卫新疆,清政府从当时甘肃 56 个州县开始实施移民政策,共调去了 2400 户,计 1 万余人。[③]为了便于组织和管理,制定了"乡—农—坊—甲"制度,史籍所载清代敦煌坊名有兰州坊、靖远坊、秦州坊、岷州坊、静宁坊、陇西坊、华亭坊等。[④]这些坊名与莫高窟 233 窟清代陇东陇西供养人籍贯几乎完全相同,故本窟所见清代供养人应属这批移民中的管理人员。他们从甘肃

　　①参见邢耀龙:《先秦两汉敦煌、瓜州移民述论》,《丝绸之路·肃州文化遗产保护与文化旅游产业发展学术研讨会论文集(上册)》,兰州:甘肃文化出版社,2017 年,第 245 页;党养性、李强:《古代敦煌的移民与开发》,《张掖师专学报》1992 年第 1 期,第 27 页。

　　②(清)石之瑛:《开设沙州记》,(清)黄文炜撰《重修肃州新志》,第 545 页。

　　③(清)岳钟琪:《会勘安西、沙州城渠屯垦事务管件摺(雍正四年六月初五日)》,载张书才主编《雍正朝汉文朱批奏折汇编》,南京:江苏古籍出版社,1991 年,第 7 册,第 396 页。

　　④(清)苏履吉、曾诚纂修:《敦煌县志》,台北:台湾成文出版社有限公司,1970 年,第 106—111 页。

图 3　榆林窟外景（邢耀龙摄）

东部地区迁到敦煌，成为移民重建的领导者，积极参与到社会治理之中。他们身着官服在莫高窟第 233 窟集中出现，显然是官方行为。面对重建家园的艰巨重任，他们借莫高窟的仙岩佛窟，为当地百姓祈福，展现出对社会的责任感。同时，作为甘肃东部地区之人，他们携故乡佛教之信仰，参与到莫高窟及其他敦煌石窟的重修重建之中，接续了敦煌石窟的营建史。

清代敦煌石窟艺术虽不及前代，但也是敦煌石窟艺术的重要组成部分。以榆林窟为例，43 个洞窟之中，清代开凿 7 个，重修 31 个，现存全部洞窟仅有 5 个洞窟没有清代艺术的遗迹,可见清代艺术之一斑。[1]这些石窟的营建者都属于甘肃东部地区的移民或其后人，对敦煌石窟营建作出了突出的贡献。

### 三、游人题记中敦煌和陇东陇西的互动

通过对敦煌石窟题记的整理，笔者发现甘肃东部之人除以供养人的身份直接参与到敦煌石窟的营建之外，还有游人、画师、塑匠、云游僧、驻防警察等不同身份的人参与到敦煌石窟的营建、朝拜、驻防等活动之中。笔者在敦煌石窟壁画上共整理出 22 条相关题记，如下表：

---

①邢耀龙:《榆林窟内容总录》整理与研究的阶段性成果。

表 2

| 序号 | 题记内容 | 位置 | 时间 | 姓名 | 籍贯 | 目的 |
|---|---|---|---|---|---|---|
| 1 | 巩昌府通津坊住人李宝并秦亭住人李彦才李太安马先高神先小军儿等一行六人到此于至顺三年八月初十日记耳 | 莫高窟 100 窟 | 至顺三年（1332） | 李宝等六人 | 巩昌府（今陇西县） | 焚香礼拜 |
| 2 | 巩昌府通坊住人李昌侄男李太安同察巴站库子李彦才高神先马师子军儿等一行六人于至顺三年八月初十日到此焚香礼拜翼日再观 | 莫高窟第 108 窟 | 至顺三年（1332） | 李宝等六人 | 巩昌府（今陇西县） | 焚香礼拜 |
| 3 | 巩昌府济通坊住人李昌侄男李太安同秦亭住人李彦才高神先马世通小军儿于至顺三年八月初十日到此 | 莫高窟第 126 窟 | 至顺三年（1332） | 李宝等六人 | 巩昌府（今陇西县） | 焚香礼拜 |
| 4 | 至元七年五月十八日画匠甘州住人画徒巩昌刘待诏永昌苗马观四人秘画十月十五开光明了当十九日面往 | 榆林窟第 10 窟 | 至元七年（1270） | 刘待诏等四人 | 巩昌（今陇西县） | 绘画 |
| 5 | 秦州三阳川法林院云游僧□□吉祥造禅□思菩萨于至正六年二月十九 | 榆林窟第 25 窟 | 至正六年（1346） | 佚名 | 秦州（今天水市） | 云游 |
| 6 | 临洮府后学待诏刘世福到此画佛殿一所计耳至正廿七年五月初一日过 | 榆林窟第 13 窟 | 至正廿七年（1367） | 刘世福 | 临洮府（今临洮县） | 绘画 |
| 7 | 临洮府后学待诏刘世福到此画佛殿一所至正廿七年五月初一日计耳 | 榆林窟第 15 窟 | 至正廿七年（1367） | 刘世福 | 临洮府（今临洮县） | 绘画 |

续表

| 序号 | 题记内容 | 位置 | 时间 | 姓名 | 籍贯 | 目的 |
|---|---|---|---|---|---|---|
| 8 | 临洮府后学待诏刘世福到此画佛殿一所计耳<br>至正廿七年五月初一日 | 榆林窟第 12 窟 | 至正廿七年(1367) | 刘世福 | 临洮府(今临洮县) | 绘画 |
| 9 | 至正廿八年二月十五日平凉府住人刘善童到此 | 莫高窟第 158 窟 | 至正廿八年(1368) | 刘善童 | 平凉府(今平凉市) | 游历 |
| 10 | 雍正三年七月<br>陇西人赵居伏 | 榆林窟第 15 窟 | 雍正三年(1725) | 赵居伏 | 陇西(今陇西县) | 游历 |
| 11 | 大清雍正十二年固镇陕西巩昌府岷州人氏解马把总王选叩香 | 莫高窟第 176 窟 | 雍正十二年(1734) | 王选 | 巩昌府(今陇西县) | 进香 |
| 12 | 平凉府清信弟子<br>白悲<br>乾隆四年四月廿六日进香记 | 榆林窟第 16 窟 | 乾隆四年(1739) | 白悲 | 平凉府(今平凉市) | 进香 |
| 13 | 平凉坊弟子<br>任恕<br>乾隆四年四月廿六日上香叩 | 榆林窟第 10 窟 | 乾隆四年(1739) | 任恕 | 平凉坊(今敦煌市) | 进香 |
| 14 | 一柯搔头一柯沙<br>□□柯头不头父<br>右□一□□□□<br>知见□须□□沙<br>靖远县乾隆四年四月二十六<br>弟子柳忠进香叩头日 | 榆林窟第 3 窟 | 乾隆四年(1739) | 柳忠 | 靖远县(今靖远县) | 进香 |
| 15 | 陕西巩昌府固□……<br>佛洞进香点灯三日<br>信弟子柳忠、陈朱、□生<br>乾隆四年四月廿六日到此 | 榆林窟第 4 窟 | 乾隆四年(1739) | 柳忠等三人 | 巩昌府(今陇西县) | 进香 |

续表

| 序号 | 题记内容 | 位置 | 时间 | 姓名 | 籍贯 | 目的 |
|---|---|---|---|---|---|---|
| 16 | 平凉府清信弟子□任慈<br>乾隆□□年四月二十六日进香 | 榆林窟第 20 窟 | 乾隆□□年 | □任慈 | 平凉府（今平凉市） | 进香 |
| 17 | 大清嘉庆三年四月初八日<br>平凉府凉县弟子赵赓扬<br>小湾庠弟子赵文萃、傅中科、袁永利 | 榆林窟第 3 窟 | 嘉庆三年（1798） | 赵赓扬等四人 | 平凉府（今平凉市） | 进香 |
| 18 | 龙门洞金符山授戒弟子张来德<br>至嘉庆十年九月廿一日朝礼 | 莫高窟第 148 窟 | 嘉庆十年（1805） | 张来德 | 龙门洞金符山（今宝鸡市陇县） | 礼拜 |
| 19 | 陕西平凉府固原镇庆阳协平凉……<br>佛洞进香上灯三日<br>信弟子朱秉□、陈建□、□□□ | 榆林窟第 4 窟 | 缺 | 朱秉□等三人 | 平凉府（今平凉市） | 进香 |
| 20 | ……四年六月廿五日临夏路□净陕□□□□ | 榆林窟第 4 窟 | 缺 | 缺 | 临夏路（今临夏州） | 游历 |
| 21 | 陇西伏羌人北乡据城八十里小地名李家川同胞三人李承广兄继渊弟绍广熏沐敬题<br>中华民国四年岁次乙卯四月十七日动工塑佛像百躯洞子十窟十一月初七日完工并书 | 莫高窟第 23 窟 | 民国四年（1915） | 李承广<br>李继渊<br>李绍广 | 陇西伏羌（今甘谷县） | 塑像 |
| 22 | 余关内靖远人昨年随陆君警佐来敦今携王什长警兵等住此预防美国技师等恐偷诸洞壁之昼余闲住无聊持笔登楼偶涂于三层楼之中间民国十四年闰四月廿二日弟子朱铭脯涂 | 莫高窟第 365 窟 | 民国十四年（1925） | 朱铭脯 | 靖远（今靖远县） | 驻防 |

　　第一类人群是画师和雕塑师。他们是敦煌石窟的直接营建者,代表人物是元代巩昌府(今甘肃省定西市陇西县)刘待诏和临洮府(今甘肃省定西市临洮县)后学待诏刘世福。两人都曾来榆林窟绘制壁画,而且都是来自陇西地区的刘氏,只是时间相差 26 年。由此可见,陇西刘氏是元代陇西地区著名的绘画家族,巩昌府刘待诏和临洮府后学待诏刘世福都被不远千里邀请来榆林窟作画,一是证明其绘画艺术之高,二是两人之间必然有师承关系。笔者通过多重证据的比对,已经得出巩昌府刘待诏是重修榆林窟第 10 窟的画师,临洮府后学待诏刘世福是榆林窟第 4 窟的画师,临洮府属于巩昌府治下,两人应同属一个绘画家族,刘世福应该是巩昌府刘待诏的子侄辈。榆林窟元代窟主之所以两次邀请巩昌府刘氏家族的画师前来瓜州,是因为刘待诏于至元七年(1270)在榆林窟绘制壁画大获成功,在敦煌石窟打响了刘氏画技的品牌,因此,敦煌石窟雇主们与陇西刘氏或许建立起了长期的合作关系,从而才有了临洮府后学待诏刘世福至榆林窟"画佛殿一所"的大项目。这种合作关系能够维持几十年的时间,可见陇西刘氏必然是传承数代的职业画师家族,也反映了元代甘肃东部的民间画师与敦煌石窟的长期互动关系。

图 4　甘谷大象山石窟清代重修弥勒大像(邢耀龙摄)

　　除此之外,以陇西伏羌(今甘肃省天水市甘谷县)李家川李承广、李继渊、李绍广三兄弟为代表的塑匠也参与到敦煌石窟的营建之中。麦积山被称为"雕塑艺术馆",其雕塑艺术冠绝天下,在上千年的营造历史中,为了满足麦积山塑像市场的需求,当地一定培养了大量的塑匠和塑工,这些塑匠往往以家族为单位进行传承,李家川李氏应该就是其中之一。尤其应注意的是,敦煌与陇西相距上千公里,李家川李氏三兄弟既然被莫高窟邀请前往塑造塑像,反映了李氏家族的雕塑技艺十分高超,其影响力辐射整个陕甘地区。莫高窟从数千里之外的秦州请人,路费成本较高,所以绝不会邀请泛泛之辈,由此可见李家川李氏三兄弟的塑像技术水平之高。这从侧面证明了李氏三兄弟应该也是麦积山石窟营建者之一,而且是清末民初雕塑家中的佼佼者。李家川李氏位于甘谷县,甘谷大象山石窟中的塑像绝大多数是清代营建或重修的,这些塑像中应该就有出自李家川李氏家族的塑像作品。从题记看,李氏同胞三兄弟都是塑像师,反映出这是一个专门从事雕塑事业的家族,塑像技法是家族绝不外传之秘密。李家川李氏这样一个雕塑家族的技艺绝不是一朝一夕练成的,而是经过数代甚至十数代的祖先积累而成,其中的原因则应该是家族长期参与到麦积山石窟和大象山石窟的塑像制作过程中,才磨炼总结出丰富的塑像经验。根据这则塑工题记,我们看到了麦积山石窟与敦煌石窟在雕塑艺术上的互动,陇西塑像师们积极参与到敦煌石窟的营建之中,为敦煌艺术作出了重大贡献。

图5　麦积山石窟(邢耀龙摄)

第二类人群是云游僧人、道士。榆林窟第 25 窟发现一则至正六年(1346)的题记,是秦州三阳川(今甘肃省天水市麦积区渭南镇)法林院云游僧人的笔墨。秦州自古以来都是西出长安的第一个佛教中心,麦积山石窟更是传承了 1600 年之久,法林院云游僧人题记在榆林窟的出现,再次印证了麦积山石窟与敦煌石窟在佛教方面的互动,印证了两处石窟悠久的渊源。除佛教徒之外,河东地区的道教人士也曾到敦煌石窟参访,如龙门洞金符山(今宝鸡市陇县)道教弟子张来德于嘉庆十年(1805)朝圣莫高窟。崆峒山和终南山是道教名山,关中和陇东地区一直都是道教兴盛之地,晚期主要流行全真教,龙门洞正是因为道教龙门派创始人丘处机曾在这里修行而得名。[1]晚清时期,敦煌地区道教盛行,敦煌石窟重修内容更是以道教为主,榆林窟第 23 窟正是全真教龙门派的主题洞窟。这种道教信仰的出现与甘肃东部地区之人在雍正年间迁入敦煌地区有直接的关系,正是这批移民将甘肃东部地区盛行的道教传到敦煌,才有了敦煌石窟大量的道教艺术。

第三类人群是香客。在整理出的 22 条游人题记中,有 14 条题记属于游历、朝拜、进香的香客。他们主要来自巩昌府(今定西市陇西县)、平凉府(今平凉市)、平凉坊(属居住在敦煌的平凉移民)、靖远县(今白银市靖远县)、临夏路(今临夏州)等地,或一人游历,或三五人进香。游人身份有居民、家族成员、道友、官员等,体现了游人阶层的丰富性,也反映了敦煌石窟对陕甘地区的影响力。

第四类人群是驻防警察。民国十四年(1925),莫高窟驻防警察朱铭牖在第 365 窟的墙壁上写下题记。题记中提到"余关内靖远人,昨年随陆君警佐来敦,今携王什长警兵等住此,预防美国技师等恐偷诸洞"。这是一条十分重要的信息。莫高窟藏经洞自 1900 年被王道士发现,各国探险家纷纷前来骗取藏经洞遗书和莫高窟文物。自 1907 年至 1924 年,藏经洞分别受到了英国斯坦因、法国伯希和、日本橘瑞超、吉川小一郎、俄国鄂登堡、美国华尔纳等人轮番劫掠,近 4 万件文物被带走,现藏于世界各国的十数个博物馆里。[2]尤其是美国人华

①张震:《明清崆峒山地区道教研究》,博士学位论文,西北民族大学,2011 年,第 31—37 页。
②刘永增:《藏经洞的发现与敦煌文物之流失》,《敦煌研究》2000 年第 2 期,第 10—13 页。

尔纳于1924年来到莫高窟,粘取壁画26幅,窃走第328窟供养菩萨彩塑一尊。为了保护莫高窟,民国政府派遣警察驻防莫高窟,这里的朱铭牖就是第一批看守莫高窟的警察。他们的驻防开启了敦煌石窟官方管理的第一步,使文物免遭外国劫掠者和当地乡民的破坏,为后来的国立敦煌艺术研究所的成立和工作提供了良好的基础。

图6　华尔纳窃走的莫高窟第328窟供养菩萨现存于美国哈佛大学赛克勒博物馆

## 小结

任何文化的交流都是双向的,敦煌石窟群作为"凉州模式"的主体和中国石窟的先声,其在诸多方面都对中国其他地域的石窟艺术产生了一定的影响。与此同时,敦煌石窟也受到了青藏、西域、云冈、中原等地区及印度的影响。其中,因河东地区同在甘肃之缘故,敦煌石窟艺术的内容和表现形式也受到了来自河东地区的信仰和艺术的影响。通过整理敦煌石窟中出现的题记,反映出元代及以后的甘肃东部地区之人积极参与到敦煌石窟的营建历史中,他们来此地或进香、或游历、或开窟、或驻防,在敦煌石窟营建、传播、守护等各个方面都作出了重大贡献,呈现出其与敦煌石窟积极的互动关系。

　　除此之外,诸多题记所反映出来的问题也是研究敦煌移民史、敦煌石窟守护史和甘肃东部地区民间社会生活史的重要线索,也是佐证甘肃东部地区历史文化的新材料。研究两地与敦煌石窟的互动关系,实证了敦煌研究院"一院六地"之间的历史渊源和组织管理的可能性,是甘肃省石窟寺协调发展的历史背景。

# 关于天龙山第 8 窟中心柱的探讨

吴鹏程

（太原市文物保护研究院）

天龙山石窟位于太原市西南 36 公里处的群山之中，第 8 窟(隋代)就在天龙山东峰西侧，其窟门呈圆拱形，尖拱楣，门内设长方形重门，洞窟形制为平面呈方形，窟内有中心柱，中心柱四面各开一帐形龛，柱顶外斜，作倒山形。主室三壁均在壁面正中开圆拱形龛，窟顶为覆斗顶，窟前设面阔三间的仿木构前廊，前廊东壁镌刻碑铭。在前廊东壁、窟门上有后世宋、明游人及佛教信徒多达 8 处的题记，除此之外，明代还有诗句"隋朝寺纪开皇岁"的描述，更加衬托出了此窟的重要性及对后世产生的深远影响。

## 一、研究史

由于第 8 窟是"太原附近诸石窟中规模最大的洞窟，应是多年经营的结果"[1]，加上有圆柱支撑的面阔三间的仿木构窟檐建筑式前廊，前廊东壁还有造像功德碑存世，此窟又是天龙山唯一的中心柱窟，后室窟内造像内容丰富、雕刻精美，纹饰图案多样且具有外来文化因素，因此，对它研究的深入程度就直接关系到太原西山地区石窟寺研究的思路、实践和学术高度。

关于对第 8 窟的研究，最早的应该是德国人恩斯特·鲍希曼。1908 年，他调查天龙山后有《天龙山的礼拜场所》一文问世，介绍并绘有第 8 窟的实测图；

---

①李裕群、李钢.《天龙山石窟》，北京：科学出版社，2003 年，第 159 页。

1936 年,梁思成先生考察天龙山,绘有第 8 窟前廊建筑实测图;小野玄妙撰杨志章 1926 年译的《天龙山石窟造像考》(《学林》杂志,第 2 卷,第 4 期)有"隋开皇间碑刻石室铭"的记载;李裕群的《天龙山石窟调查报告》(《文物》,第 1 期,1991 年)在科学调查的基础上,对第 8 窟进行了详细描述;李裕群的《天龙山石窟分期研究》(《考古学报》,第 1 期,1992 年),依据第 8 窟前廊东壁造像碑文,将第 8 窟分为第三期,并说"知此窟为隋开皇四年仪同三司真定县开国侯刘瑞等人开凿";1997 年台湾学者颜娟英的《天龙山石窟的再省思》一篇长文,深入太原地区政治、历史等社会文化背景,依据开皇四年的《石室铭》对该窟进行了研究;哈里·斯德本(美)与玛丽琳·赖(美)合著的《天龙山雕刻的复原与年代》一文由李崇峰、李裕群翻译,发表在《敦煌研究》1995 年第 1 期上,文中结合流失海外文物对第 8 窟进行了复原研究;2003 年,李裕群、李钢编著的《天龙山石窟》一书由科学出版社出版,此书对第 8 窟进行了科学调查和详细记录,也在许多方面进行了深入的研究,这是目前研究第 8 窟最为重要的参考资料。这些大概就是知名学者对第 8 窟的关注及研究,但不是专门以第 8 窟为主题进行的研究。

近年来专门研究第 8 窟的有崔剑锋、周雪琪、肖红艳、李黎、罗征的《天龙山石窟回归佛首科技价值认知研究》(《石窟与土遗址保护研究》,第 1 卷第 1 期,2022 年);崔晓东的《从天龙山第八窟透视中心塔柱的演变》(《文物世界》,第 5 期,2013 年);李豪娅的《天龙山石窟第八窟佛教造像复原保护研究》(中国美术学院硕士论文,2018 年);秋慈的《天龙山石窟佛首:漂泊百年国宝回家》(《科学之友》,第 4 期,2021 年);刘勇、崔晓东的《天龙山第八窟隋摩崖功德碑考》(《云冈研究》,第 2 期,2021 年);张冀峰的《齐窟齐碑隋文隋刻——天龙山第八窟始凿年代新论》(《中国博物学评论》,第 7 期,2023 年,商务印书馆);张冀峰的《天龙山〈隋晋阳造像颂〉校释》(《中国博物学评论》,第 7 期,2023 年,商务印书馆)。这些均以回归佛首、中心柱或者《石室铭》为研究对象,提出了一些前人对于第 8 窟未能提及的观点,无论准确与否,都给我们今后的研究工作提供了参考。另外,还有一些重要媒体及时对第 8 窟主尊佛首回归、展示等相关情况进行了报道,对此窟的宣传起到了很大的作用,也促使学人今后要更加注意保护好、研究好、利用好这一如此重要的洞窟。

## 二、中心柱雕刻的内容

第 8 窟最重要的价值就体现在它是天龙山唯一的中心柱窟。中心柱是佛教洞窟的一种表现形式。据宿白先生研究,中国的石窟可分为七类:"一、窟内立中心塔柱的塔庙窟;二、无中心塔柱的佛殿窟;三、主要为僧人生活起居和禅行的僧房窟;四、塔庙窟和佛殿窟中雕塑大型佛像的大像窟;五、佛殿窟内设坛置像的佛坛窟;六、僧房窟中专为禅行的小型禅窟(罗汉窟);小型禅窟成组的禅窟群。"①宿白先生又根据洞窟形制和主要造像差异将石窟寺分为四大地区,即"新疆地区、中原北方地区、南方地区和西藏地区"②。天龙山第 8 窟所在的太原就位于中原北方地区,其洞窟形制就是宿先生所说的第一种即"窟内立中心塔柱的塔庙窟"。

第 8 窟中心柱为方形,四面通壁各开一帐形龛,龛内各雕一佛二弟子。帐形龛四壁雕刻内容相似,帷帐上部均有一道梯形横枋,四壁横枋上正中雕饰莲瓣托火焰宝珠,两侧为仰莲、火焰宝珠、山花蕉叶相间,横枋雕饰两侧各凿一方孔。横枋下垂挂双层垂鳞、垂角及帐幔。两端各悬流苏一串,沿龛边下垂至龛底。四壁均有飘带,但也不尽相同:南壁在垂鳞下有六条扎花结的飘带垂于帐幔上,帐幔以带束起,再沿两侧龛边下垂;东壁、西壁、北壁扎花结的飘带均位于横枋上,且只有四条。另外,东、西、北三壁横枋上部的装饰火焰宝珠均比南壁少一组,即只有三组,南壁为四组。四壁之中唯有东壁雕饰较特殊,也最为复杂和华丽,其横枋壁面雕饰连珠纹,横枋下正中雕一莲花化生,化生下垂有一香袋状物,横枋两端各雕一蛟龙,龙首长独角,口衔一串流苏垂到龛底,龙身呈"S"形弯曲,前爪前伸,后爪及龙尾上翘,整体似呈自天而降的姿态。

龛内南、东、北壁佛像均着双领下垂式大衣,西壁佛像着袒右式大衣。南壁佛像从断腕处推测应为施说法印。北壁佛像右臂扬起,手虽已残,但推测应为施无畏印,左手施与愿印。西壁佛像双手下垂于胸前,应施禅定印。东壁佛像左手置于左腿上,掌心向下,手捏大衣衣角,右手置于左足掌上,掌心向上。南壁

---

① 宿白:《中国石窟寺研究》,北京:文物出版社,1996 年,第 16 页。
② 宿白:《中国石窟寺研究》,第 17 页。

佛座覆莲部分风化不清,仰莲为双层单叶瓣式,束腰处雕短立柱。座面施连珠纹,外壁为单瓣仰莲,佛座正面坛基前雕有一香炉。东、北壁的佛座样式相同,均为八角形束腰仰覆莲座,仰莲部分的莲瓣张开,覆莲宽厚饱满,八角形束腰处内凹。西壁佛座仰莲部分为双层单叶瓣,覆莲为宝装莲瓣式,束腰处为多边形,每面亦作内凹式弧面。

四壁帐形龛内胁侍弟子雕像的雕刻也各不相同,但是八位弟子均立于单叶瓣仰莲台上。南壁左侧弟子着袒右式大衣,左手下垂,执一长颈净瓶,右手抚于右胸前,手残;右侧弟子着双领下垂式大衣,左手下垂,执一香袋状物;右手抬起,掌心向里,贴于胸前。东壁左侧弟子着袒右式大衣,双手拱于胸前;右侧弟子着双领下垂式大衣,双手合十。北壁两侧弟子均着双领下垂式大衣,左侧弟子左臂下垂于左腹侧,手执一香袋状物,右臂屈置于右胸前,手执一莲蕾;右侧弟子双手合十。西壁两侧弟子均着袒右式大衣,左侧弟子左手屈置于右胸前,手执一莲蕾,右臂下垂,手为佛座所遮,故未雕刻;右侧弟子左臂下垂,未雕刻完成,右臂屈置于右胸前,手被凿毁。弟子雕像中除了西壁左侧弟子双足着圆头僧履外,其余弟子均为露足。

中心塔柱四面龛内的主佛造像究竟是谁?李裕群先生认为"应是四方佛,即东方香积世界的阿閦佛,南方欢善世界的宝相佛,西方安乐世界的无量寿佛,北方莲花庄严世界的微妙声佛"[1]。另外,窟内北、东、西三壁的题材应为三佛。这样整个洞窟就构成了当时十分流行的"十方三世佛"题材。

## 三、隋代中原北方地区的其他中心柱窟

中原北方地区大型石窟寺诸如敦煌、云冈、龙门、麦积山、须弥山、炳灵寺、北石窟、响堂山、巩县、文殊山、马蹄寺等有中心柱窟的不少,有隋代洞窟的也不少,但是有隋代中心柱的主要就是敦煌和须弥山。

敦煌隋代洞窟有101个,但中心柱窟仅有4个,分别是302、303、292、427窟,可分为两个类型。其中302、303窟为须弥山式中心柱,两窟的结构形式完全一致,应为同一时期所建。其"洞窟内中心柱的下部(包括塔座与塔身)为方

---

[1] 李裕群、李钢:《天龙山石窟》,第178页。

柱体,四面开龛造像,塔的上部则为上大下小的倒圆锥体,分为七层,各层边缘有影塑的佛像(现已毁),圆锥体的下部有莲花承托上部的须弥山,周围则有四条龙缠绕"①。292、427为中心柱正面不开龛的大型窟,"这两窟的结构也较为一致,均为中心柱正面不开龛,而造立佛一铺,与洞窟左右两侧壁的佛像构成三佛结构,中心柱的两侧及后部各开一龛,龛内造佛像"②。其中302窟中心塔柱北面有隋开皇四年题记,与天龙山第8窟凿成时间相同;305窟虽不是中心柱,但有隋开皇五年题记,与天龙山第8窟凿成年代相近。天龙山第8窟中心柱东壁横枋两端各雕一蛟龙,敦煌302、303窟须弥山上亦有四条龙缠绕的做法,虽然形式不一样,但其内涵应该是有共同之处的。另外,第8窟的中心柱"柱体四面开龛,上部呈倒'山'字形,类似须弥山"③。赵声良先生认为,"该窟仅仅在中心柱上部向外倾斜,由中心柱四面向窟顶形成斜坡,并无其他有关须弥山形的特征,恐怕与须弥山无关"④。既然有可能与须弥山无关,结合天龙山黄砂岩岩体易风化等相关状况,那么上部呈倒"山"字形的做法,有可能就是从力学角度考虑而有意设置的。因此,与敦煌292、427窟相比,天龙山第8窟与敦煌302、303窟的关系似乎更为密切。

须弥山隋代中心柱窟有两个,分别是第67窟和第70窟。第67窟的"中心柱基座较高,柱身方柱体,四面开龛,龛内雕像均为一佛二菩萨"⑤。第70窟"中心柱下部为方形高坛基,风化严重,上部柱身方形,四面各开一龛,龛为圆拱形,尖拱楣。南面龛内一铺五身,其余均为一佛二菩萨"⑥。在"须弥山石窟再度兴起的时期"⑦,雕凿中心柱,自然具有一定的历史意义和现实意义。相对而言,

---

①赵声良:《敦煌隋代中心柱的构成》,敦煌研究》2015年第6期。

②赵声良:《敦煌隋代中心柱的构成》,《敦煌研究》2015年第6期。

③李裕群、李钢:《天龙山石窟》第178页。

④赵声良:《敦煌隋代中心柱的构成》。

⑤宁夏回族自治区文物管理委员会、北京大学考古系编著:《须弥山石窟内容总录》,北京:文物出版社,1997年,第15页。

⑥宁夏回族自治区文物管理委员会、北京大学考古系编著:《须弥山石窟内容总录》,第116页。

⑦宁夏回族自治区文物管理委员会、北京大学考古系编著:《须弥山石窟内容总录》第15页。

须弥山第 67 窟保存较好,其窟内北壁、东壁开帐形龛,北壁帷帐两侧各垂挂一串流苏的做法,与天龙山第 8 窟较为相似,唯独不同的是,天龙山第 8 窟中心柱的题材为一佛二弟子,而须弥山第 67 窟为一佛二菩萨。相比而言,天龙山第 8 窟与须弥山第 70 窟的关系就不如第 67 窟密切了。

关于中心柱石窟,宿白先生也曾经说过:"值得注意的是,洛阳地区的塔庙窟与佛殿窟出现了分地开凿的现象。这种现象,在此后的东魏、北齐得到了承袭:接近邺都的鼓山石窟(包括南北响堂山石窟和水浴寺石窟)皆是塔庙窟,而晋阳西山的崖壁俱凿佛殿窟。西魏、北周似乎也有这种情况:秦州麦积崖都是佛殿窟,而原州须弥山多塔庙窟。"①但这是指东魏、北齐和西魏、北周与洛阳地区的关系而言,事实上石窟造像应该会有一脉相承的传承体系,那么隋代天龙山第 8 窟与隋代须弥山第 67、70 窟,都可以沿着各自发展路径上追到洛阳地区的塔庙窟,如此看来,天龙山和须弥山还是有间接传承关系的。

## 四、中心柱上所见中西文化交流

中心柱又叫"支提(chaitya)"。据秦春梅研究:"最早的含义与窣堵波相近,都是佛陀逝世后纪念性的建筑,只是有舍利的称窣堵波,无舍利的称支提。后来窣堵波越建越高,层数也越来越多,大多数也并不埋舍利,而衍变为单纯的象征性建筑形式,支提也发展成为专供信徒礼拜的塔庙。"②她又说:"印度的这种带着窣堵波的支提窟传到龟兹就发生了变化,即是将窣堵波改成中心方柱,方柱周围留作旋回礼拜的半圆形空间也适应着改为方形。而龟兹的中心方柱形支提窟随着佛教的东传,也传到了中原、西北地区。"③在西北地区看到的中心柱就又和龟兹有了不同。敦煌的"中心柱窟的形式流行于北魏至北周时期,至隋代可以说接近了尾声"④,唐代及以后就不多见了。天龙山第 8 窟作为天龙山诸窟中心柱窟的唯一性,也证实了这一推测(天龙山唐窟多达 15 座,无一为中心柱)。

---

①宿白:《中国石窟寺研究》,第 15 页。
②秦春梅:《浅谈中心柱窟的演变及马蹄寺石窟群的中心柱窟》,《敦煌学辑刊》2001 年第 1 期。
③《浅谈中心柱窟的演变及马蹄寺石窟群的中心柱窟》。
④赵声良:《敦煌隋代中心柱的构成》。

如果仔细观察,就会发现天龙山第8窟中心柱上面的雕刻内容异常丰富,非独中原文化因素。其中心柱四壁横枋上正中雕饰莲瓣托火焰宝珠,两侧为仰莲、火焰宝珠、山花蕉叶相间;东壁横枋壁面雕饰连珠纹;中心柱东壁佛像左手置于左腿上,掌心向下,手捏大衣衣角,右手置于左足掌上,掌心向上;南壁左侧弟子左手下垂,执一长颈净瓶等等,这些应该都是中西文化交流之后多表现的纹饰,甚至就连中心柱本身都是外来文化因素影响的结果,它和中国出现的佛塔一样,应该都是从印度传入我国的,不过塔主要体现在寺庙建筑上,而中心柱则主要在石窟中得以体现。近日笔者在莫高窟考察洞窟时多次发现,这里的许多隋代洞窟佛塑像上都有丰富多彩的连珠纹,其菩萨亦有许多为左手执净瓶的塑像,追本溯源,这些元素均来源于波斯和印度。横枋上的火焰宝珠、山花蕉叶更是中西文化交流的产物。这些都足以证明,隋代太原地区应也是丝绸之路东西交流的一个核心地带,如果拿此窟与太原虞弘墓(592)出土的相关文物——石棺石椁的祆教元素来作一比较,虽然文物品类不同,但文化元素、文化内容同样外来,丝毫不会显得另类,反而需要更加引起注意。可以说,二者无疑都是隋代太原地区中西文化交流的重要代表性器物。十六国北朝时期,粟特等相关胡商、胡僧亦往来不绝,多数在晋阳地区扎根繁衍生息,一并带来了他们的信仰和习俗,这些文化元素,那时就已经融进了中华民族的血液,相互影响之后,最终在第8窟的中心柱雕像上方得以完美体现,给我们带来艺术的震撼和灵魂的启迪。

## 五、余论

天龙山第8窟这么一个如此重要又十分复杂的洞窟,对于它的研究,仅关注中心柱远远不够,能体现中西文化交流的内容也不仅仅是中心柱,其面阔三间的仿木构前廊就很有特色。梁思成先生在《中国建筑史》第四章的第三节"南北朝实物"中指出:"齐石窟之规模虽远逊于元魏,然在建筑方面,则其所表现、所予观者之印象较为准确。……仍富印度风采。"虽然说的是北齐,但隋代又何尝不是? 因此,草就此文,抛砖引玉,只为引起学者关注研究此窟,不断提供太原西山地区石窟寺研究的思路和实践,以及应该达到的学术高度。

# 武山水帘洞石窟群与丝绸之路

苏海洋 [1]　　裴应东 [2]

（天水师范学院 [1]　武山县文物保护研究中心 [2]）

武山水帘洞石窟群位于甘肃武山县城东北约 25 公里处的钟楼山峡谷内，由水帘洞、拉梢寺、千佛洞、显圣池四部分组成，该石窟开凿于十六国时期的后秦，经北魏、北周、隋、唐、五代、宋、元历代修建。据统计，水帘洞石窟群现遗存下来的历代窟龛有 69 个，塑像 200 余尊，彩绘壁画 2430 平方米，古建筑 24 座，其他文（遗）物 60 余件。水帘洞石窟群的雕塑，根据其题材内容，大体可分为五大类：第一类为一佛二菩萨组合，如拉梢寺第一号泥塑；第二类是一佛二菩萨二弟子组合，这是水帘洞石窟群雕塑的主要内容，占绝大多数；第三类是独立菩萨、作转法轮印的交脚或坐姿菩萨（在拉梢寺石窟的北周造像中）；第四类是供养人泥塑像，其中以拉梢寺中的隋代供养人为代表，它们与麦积山、炳灵寺、莫高窟的隋代供养人的形象十分类似，兼具西魏、北周的特点；第五类是儒、道人物塑像，基本为明清以后所塑，如水帘洞石窟内四圣宫、老君阁内的塑像。武山水帘洞石窟艺术是域外文化、民族文化与地域文化融合的结晶。不过，在武山水帘洞石窟的开凿、发展、兴盛和衰落过程中，丝绸之路、地缘政治、宗教信仰空间在不同时期对石窟群发展的影响力存在差异。

## 一、十六国北朝时期的丝绸之路与水帘洞

### （一）北周时期水帘洞石窟艺术的时代特色与域外元素

武山水帘洞北周佛教造像艺术既有北周"浑圆饱满""面短而艳"的风格，又受到了西域以及中亚等文化的影响。以拉梢寺北周大佛为例，大佛释迦牟尼结跏趺坐于方形莲花座上，通高 42.3 米。低平肉髻，面相浑圆，肩宽脸大、鼻阔

唇厚、颈短肩方,身着紧窄的通肩袈裟,胸前有呈弧形的衣纹,施上红色,绘石绿色田相纹,脚踩法轮,双手叠于腹前作禅定印,身后有头光,呈同心圆形,由内到外共八圈,饰有波浪纹和花卉纹。佛两侧为手持莲花躬身肃立的胁侍菩萨像,通高20米。略低于主佛左边为专司佛之智慧的文殊菩萨,头戴三瓣莲式宝冠,脸方圆,额中白毫相,弯眉,双眼半睁略下视,宝缯于两侧垂肩,颈短肩宽,颈饰项圈,上身穿偏衫,臂腕分别戴钏和镯,左手伸于腹前托莲茎底端,右手上举持莲茎,披帛自双肩下穿肘而下垂,下着外翻边长裙,腰束带于两腿间下垂,赤足带环,八字立于法台上;右侧为专司法佛之理的普贤菩萨,留高髻宝冠,宝缯垂肩,着绿缘红色僧祇支,披巾绕肩穿肘而下,腰束裙,造像与左侧基本相同。两胁侍菩萨面带微笑,略侧身向佛虔诚而立,造像两侧壁画绘有成排的弟子、菩萨和力士等群像。[①]北周时期的佛教造像与北魏、西魏以来形成的以"秀骨清像"为主流风格的造像不同,其共同特点是身体敦实,低平肉髻,面相浑圆,脖颈粗短,着圆领通肩袈裟。拉梢寺的摩崖大佛即体现了这种风格。菩萨的塑造亦简练概括,没有长短璎珞、宝珠等华丽装饰,头戴的花冠上亦只有简单花纹,下系长裙以阴刻单线来表现,显得简洁而富有形式感。佛与菩萨设色更为简洁,仅以白色、上红、石绿为主。这种特点是在北周复古政策和张僧繇"面短而艳"画风的共同影响下形成的。[②]主佛所着的通肩式袈裟,衣纹由平行简明的U字型细线组成,如流水波动般有韵律感,衣质轻薄,紧贴身体,隐约凸显出身体的轮廓。这是印度笈多王朝马图拉样式的佛像所具有的最典型的特征。

北周大佛的独特之处在于基座,此佛座共由七层石胎泥塑的浮雕组成,最下面一层是莲瓣,上面六层是由动物形象和双瓣覆莲相间组成。第一、三、五层为莲瓣;第二层为狮子,左边两只、右边三只狮子(原作应该是左右各四只侧向的狮子,中间是一只正向的狮子),狮子均有獠牙,狮头上刻有卷纹,形态各异,有的呈凶相,有的温顺;第四层是九只鹿,中间一只正面相,两侧各四只侧向的卧鹿,单耳、独角,嘴角均露出獠牙;第六层是立象的形象,保存最完整,依旧是

---

① 霍永军:《武山拉梢寺石窟造像特点解析》,《文物鉴定与欣赏》2012年第8期,第72—76页。
② 罗杰伟:《北周拉梢寺艺术中的中亚主题》,巫鸿:《汉唐之间文化艺术的互动与交融》,北京:文物出版社,2001年,第315—340页。

左右各四只侧立象,中间是一正立象,象的表情生动,有长牙露出。浮雕既有细节的交代,又保持了总体的统一、和谐,塑造手法及线条疏密,吸收了我国传统文化讲究对称美的装饰风格。同时反映了中亚的一些造像主题,动物形象的多样显露出它们与中亚金属制品、木雕、纺织品以及其他艺术手段上的那些艺术因素的亲缘关系。①

北周大佛是水帘洞石窟艺术的缩影,反映了北朝时期丝绸之路上域外文化、民族文化与地域文化互相交融的情景。

**(二)丝绸之路与石窟的开凿**

1.丝路交通因素。十六国北朝时期,受陇右道沿线长期战争与政权分立的影响,当时从洛阳、长安经秦州(天水)至金城(兰州)西去不走凉州(武威),而是西去鄯城(西宁),向北穿祁连山大斗拔谷(扁都口)至甘州(张掖),或继续西至伏俟城,循柴达木盆地北缘经大小柴旦北上,穿越当金山口至阳关、敦煌,或继续西至吐谷浑城(都兰),循柴达木盆地南缘经茫崖镇北上,穿越阿尔金山口至南疆的若羌。如后秦姚兴弘始元年(399 年),高僧法显与慧景、道整、慧应、慧嵬等人从后秦国都城长安(治今西安西北)出发,"逾陇,至乾归夏坐。夏坐讫,前行至褥檀国。度养楼山,至张掖镇"②。水帘洞石窟所在的武山县位于丝绸之路秦陇南道和青海道交通干道沿线,深邃的鲁班峡成为佛教徒修行悟道的首选之地。根据窟龛形制、题材内容、造像特点及"大周明皇三年"题记推断,水帘洞石窟开凿于西魏末年至北周初期的武成元年(559)。③

北周积极开展与西域的交通,武帝时最为频繁。《周书》卷四十九《异域传序》云:"有周承丧乱之后,属战争之日,定四表以武功,安三边以权道。赵魏尚梗,则结姻于北狄;厩库未实,则通好于西戎。由是德刑具举,声名遐泊。卉服毡裘,辐凑于属国;商胡贩客,填委于旗亭。虽东略漏三吴之地,南巡阻百越之境,

---

①罗杰伟:《北周拉梢寺艺术中的中亚主题》。

②(东晋)沙门释法显撰,章巽校注《法显传校注》,北京:中华书局,2008 年。

③甘肃省文物考古研究所、麦积山石窟艺术研究所、水帘洞石窟保护研究所:《水帘洞石窟群》,北京:科学出版社,2009 年,第 116—117 页。

而国威之所肃服,风化之所覃被,亦足为弘矣。"①《周书·异域传》下记载与北周交通的国家远至厌哒、粟特、安息、波斯。另外西域之高昌、龟兹、鄯善和吐谷浑等都遣使长安,贡献方物。"波斯国"条记载:"魏废帝二年,其王遣使来献方物。"②其年为公元553年。与北周政权往来的西域国家主要有厌哒、粟特、安息等国。《周书·异域传》"厌哒国"条记载:"大统十二年,遣使献方物。魏废帝二年、明帝二年,并遣使来献。"但"后为突厥所破,部落分散,职贡遂绝"③。《周书·异域传》"粟特国"条记载:"粟特国在葱岭之西,盖古之奄蔡,一名温那沙。治于大泽,在康居西北。保定四年,其王遣使献方物。"④2000—2005年,在西安市北郊发掘了北周时期的安伽墓、史君墓、康业墓和李诞墓。前三座为粟特人的墓葬,后一座为罽宾国婆罗门后裔。⑤这表明北周时期有数量不少的粟特人和罽宾人旅居中国。北朝初期,粟特商队以敦煌、武威、金城(兰州)为据点,深入到中原地区的西安、洛阳、蓟州等地,持金币和葡萄酒采购成批成捆的丝绸运往中亚撒马尔罕。⑥这时粟特人不仅在传统的丝绸之路干道沿线活动,还深入青藏高原的吐谷浑道沿线。⑦印度与北周的官方交往并不见于《周书·异域传》的记载,但民间交往却有历史文献可查。如乾陀罗僧阇那崛多,他先由罗槃陀至于阗(今和田南),然后经吐谷浑至鄯州(乐都),于"周明帝武成年初届长安,止草堂寺⑧"。乾陀罗僧阇那崛多的路线是由北印度进入南疆,先后循西域南道、吐谷浑道和秦陇南道至长安。北周大佛中的中亚因素,与北周时期的中西文化交流关系十分密切。

---

①(唐)令狐德棻等:《周书》卷四十九《异域传上》,北京:中华书局,1971年,第883—884页。

②(唐)令狐德棻等:《周书》卷五十《异域传下》,第920页。

③(唐)令狐德棻等:《周书》卷五十《异域传下》,第918页。

④(唐)令狐德棻等:《周书》卷五十《异域传下》,第918页。

⑤王维坤:《论西安北周粟特人墓和罽宾人墓的葬制和葬俗》,《考古》,2008年第10期,第71—81页。

⑥王冀青:《斯坦因所获粟特文〈二号信札〉译注》,《西北史地》1987年第2期,第66—73页。

⑦霍巍:《粟特人与青海道》,《四川大学学报》2005年第2期,94—98页。

⑧(唐)道宣:《续高僧传》卷二《阇那崛多传》,台北:文殊出版社,1988年,第73页。

2.政治和民族因素。政治和民族因素也是武山水帘洞石窟群开凿的重要
原因之一。乾隆《直隶秦州新志》云:"陇以西为州者五,为秦(天水)为最
巨。……南通巴蜀,北控朝那。"①民国《天水县志·序》云:"天水东走宝凤,缩毂
关中;南下昭广,屏藩巴蜀;西入甘凉,原野千里;北倚六盘,遥控洪流。"②由于
秦州处于东西、南北交往的通道,因而西魏、北周王朝十分重视对它的经营。宇
文氏多次巡幸秦州,且派重臣刺史管理,如西魏文帝之子武都王元戊,北周除
尉迟迥、独孤信、尉迟运等外姓大臣外,皇室宇文导、宇文广父子等均镇守过秦
州。当时的北周地方统治者如建平公于义营建莫高窟、大都督李允信大肆修建
麦积山等,他们的开凿活动带动了当时莫高窟、麦积山石窟的大规模开凿,使
这些大的石窟得到了又一次的繁荣和兴盛。水帘洞石窟群的开凿与繁荣,与尉
迟迥的营建密不可分。尉迟迥任秦州总管后,于秦州之西的渭州建造拉梢寺摩
崖三像。由于他的首建,使水帘洞石窟群成为陇右地区仅次于麦积山石窟的大
型石窟群,也是北周时期始创的大型石窟寺。③水帘洞石窟壁画中存有较多的
题记,除了尉迟迥造像题记外,还有部分其他的造像题记。由题记可知,水帘洞
石窟壁画中供养人有莫折氏、权氏、姚氏、焦氏、梁氏,他们不仅为当地大姓,且
这些世家大姓多出自氏羌等少数民族。④西北地区自古以来是一个多民族杂居
的地区,氏、羌等西北古老民族地当丝绸之路必经之地,且受传统儒学的影响
较少,很早就信仰了佛教。西域诸国信仰佛教最早,受西亚、南亚影响,早在西
晋时就已开窟造像。十六国前凉张轨时,河西、陇右地区佛教开始兴盛。西秦乞
伏炽磐时陇右地区佛教达到兴盛阶段。氏族建立的前秦、羌族建立的后秦和卢
水胡所建立的北凉三个政权将佛教信仰推向了高峰。南北朝时佛教大盛,无论
北统佛教还是南统佛教,都在译经、求法、建寺塔、开石窟、造像上不遗余力,且
无不与丝绸之路上的西北诸族关系密切。西北关中地区现存造像碑石不下数

---

①(清)费廷珍、胡钺:《直隶秦州新志》卷一《形胜》,台北:成文出版社,1976年第164页。

②姚展修、任承允:《天水县志·序二》,兰州国民印刷局铅印本,1939年,第1页。

③魏文斌、吴荭:《甘肃武山水帘洞石窟北周供养题记反映的历史与民族问题》,《2005年云冈国际学术研讨会论文集·研究卷》,第409—413页。

④霍永军:《武山拉梢寺石窟造像特点解析》,《文物鉴定与欣赏》,2012年第8期,第72—76页。

十万方,且造像者大多为氐、羌等民族。①水帘洞石窟造像是西北地区由氐、羌等民族主导的开窟造像活动的一部分。

3. 社会氛围。北魏时期孝文帝实施一系列的汉化措施,但继魏而立的东魏、西魏和北齐、北周却实施了一系列胡化政策。胡化既包括汉族吸收少数民族的胡化,又包括胡化后接受西域文明的胡化。受胡族影响,北齐、北周整个社会无论从衣、食、住、行还是音乐、绘画、游戏都充满着异域风情。胡化运动一直延续到了唐代中期。②武山水帘洞石窟群北周造像中包含的印度笈多王朝马图拉造像风格和中亚艺术因素,与北周推行胡化运动的社会背景不无关系。丝绸之路秦陇南道沿线及附近渭南北周武成二年(560)释迦牟尼像、陕西临潼博物馆6世纪后半叶立佛像、西安湾子村北周释迦牟尼像、武山水帘洞北周大佛、敦煌莫高窟隋第244窟胁侍菩萨像均受印度笈多王朝美术风格的影响,除北周时盛行的"复古"风气之外,这时中印间佛教交流的加强也是其中的因素之一。

## 二、隋代丝绸之路与水帘洞的开窟、造像活动

隋文帝时,对突厥采取离强合弱、恩威并用的民族政策,瓦解了突厥在丝绸之路上的势力。炀帝时又攻灭吐谷浑,设置河源、积石、西海、鄯善、且末等郡,青藏高原北部和西域东南部纳入隋朝版图。这些军事行动为丝绸之路的畅通创造了有利条件。隋炀帝大业年间,中西交通迎来了一个新的高潮。据《北史》卷九十七《西域传》记载:"隋开皇、仁寿之间,尚未云经略。炀帝时,乃遣侍御史韦节、司隶从事杜行满使于西蕃诸国,至罽宾得玛瑙杯,王舍城得佛经,史国得十舞女、师子皮、火鼠毛而还。帝复令闻喜公裴矩于武威、张掖间往来以引致之。其有君长者四十四国,矩因其使者入朝,啖以厚利,令其转相讽谕。大业中,相率而来朝者四十余国,帝因置西戎校尉以应接之。寻属中国大乱,朝贡遂

①周伟洲:《三至九世纪丝绸之路上西北民族与佛教文化传播》,郑炳林、尹伟先:《2010丝绸之路与西北历史文化学术讨论会论文集》,兰州:甘肃人民出版社,2013年,第385—391页。

②丁晓东:《北齐、北周胡化现象探析》,《丝绸之路》2013年第8期,第33—34页。

绝。"①大业中(605—618)"相率而来朝"者有于阗、焉耆、龟兹、康国、安国、石国、女国、米国、史国、曹国、何国、穆国、漕国、波斯等。②

《隋书》卷五《炀帝纪》记载:"夏四月己亥,大猎于陇西。壬寅,高昌、吐谷浑、伊吾并遣使来朝。乙巳,次狄道,党项羌来贡方物。癸亥,出临津关,渡黄河,至西平,陈兵讲武。五月乙亥,上大猎于拔延山。……庚辰,入长宁谷。壬午,度星岭。甲申,宴群臣于金山之上。丙戌,梁浩亹……癸卯,经大斗拔谷。……丙午,次张掖。"③按隋陇西郡治襄武,在今陇西东南;狄道即今临洮;临津关在今积石山县大河家乡的关门村;拔延山在今青海化隆县青沙山;长宁谷即今湟水支流北川河;星岭是古代的养女山,即今青海大通县境东峡河流经的元朔山;金山即今青海门源县、大通县和互助县境的达坂山,古称养女北山;④浩亹即今大通河;大斗拔谷即今甘肃民乐县东南 35 公里处的扁都口;张掖即今张掖。隋炀帝西巡的路线是沿陇右南道经陇西至狄道,再由狄道西行经枹罕郡(今临夏市)、临津关(在今积石山县大河家乡镇)渡黄河,上漫天岭(又称长夷岭或扪天岭),经龙支县(今民和古鄯镇)入湟水河谷,溯湟水河谷至西平(今西宁),在西平"陈兵讲武"后,顺湟水至平安,由平安向南至拔延山打猎。后原路返回西平,再由西平入长宁谷(今湟水支流北川河),翻越星岭(今元朔山)、金山(今大坂山)至浩亹河谷(今大通河),再经大斗拔谷(今扁都口)至张掖。

水帘洞石窟所在的武山县位于隋代都城长安经秦州(今天水市)、襄武(今陇西东南)、狄道(今临洮)、西平(今西宁)至张掖镇的交通干道沿线上。

水帘洞石窟群隋代遗存均为摩崖壁画,内容多为佛说法图或菩萨说法图,其中交脚菩萨的说法图较多,与敦煌莫高窟相似。⑤说明在延续北朝弥勒上生信仰的同时,由于国家的统一,经河西走廊通西域的丝绸之路再次畅通,推动

①(唐)李延寿:《北史》卷九十七《西域传》,北京:中华书局,1974 年,第 3207 页。

②(唐)李延寿:《北史》卷九十七《西域传》,第 3223 页。

③(唐)魏征等:《隋书》卷三《炀帝纪》,北京:中华书局,1973 年,第 73 页。

④刘满:《隋炀帝西巡有关地名路线考》,《敦煌学辑刊》2010 年第 4 期,第 16—47 页。

⑤甘肃省文物考古研究所、麦积山石窟艺术研究所、水帘洞石窟保护研究所:《水帘洞石窟群》,第 119 页。

了敦煌与秦州之间的佛教艺术的交流；国家的统一还促进了南北佛教艺术的交流，麦积山、炳灵寺、敦煌、水帘洞壁画中大量出现南方石窟使用的传统线描、晕染技法，供养人形象、服饰也出现南朝风格。①

### 三、唐、吐蕃统治时期丝绸之路与水帘洞石窟

初唐中唐时，为了维系大统一国家的正常运转，保证中央王朝在全国的有效统治，开辟了庞大的交通、通信网，构建了高速高效的馆驿站系统。丝绸之路长安通姑臧南道交通线至分水驿（道堡石梁）后，经恭门、清水县（今清水县北）、秦州（今天水市）、当亭故城（关子镇）、伏羌县（至甘谷西 2.5 公里），经今洛门西行至今武山县城，然后在城西渡过渭河，溯马河北行，经何家沟、马家沟、草滩至何家门，随后沿永吉沟西下，经赵家门、乔家门、贾家门至三台，在三台附近渡过渭河至文峰镇，由文峰镇至渭州故城（今陇西县城）。另一条是出洛门沿渭河西行，经山丹至鸳鸯镇、桦林、牙儿峡、四十里铺、三十里铺、文峰镇至渭州治所襄武县（今陇西县），经渭源县、武街驿至狄道（今临洮）、长城堡、沃干岭、兰州金城关，在临河驿渡河至黄河北岸，驿道沿黄河北岸山脉山脚曲折西行通凉州；至狄道（今临洮）后，亦可由鄯城（西宁）—临蕃城（多巴镇北古城）—白水军城（湟源县光华古城）—定戎城（湟源县日月乡克素儿古城）—石堡城（湟源县日月乡小茶什浪村大、小方台城）—赤岭（日月山）—尉迟川（倒淌河）—苦拔海（尕海滩）—王孝杰米栅（东巴村）—莫离驿（东巴镇西）—公主佛堂（恰卜恰）—大非川（沙珠玉河流域）—那禄驿（大河坝附近）—暖泉（温泉）—烈漠海（豆错）—花石峡至吐蕃通印度。处于西北陆上丝绸之路和唐蕃—尼蕃古道交会处附近的炳灵寺石窟成为当时陇右地区的宗教中心，而渭河上游的麦积山石窟和水帘洞石窟的宗教地位受到很大的影响，因而遗留至今天的该时期的佛教遗存不多。

吐蕃占领河西、西域后，为加强对这一地区的统治，在沙州、鄯善、于阗之间设置了驿路，丝绸之路西域南道沙州至于阗这一段重新恢复，使凉州、甘州、

---

① 甘肃省文物考古研究所、麦积山石窟艺术研究所、水帘洞石窟保护研究所：《水帘洞石窟群》第 119 页。

肃州、瓜州、沙州、鄯善、于阗之间的联系大为加强。在陇右地区,吐蕃灭吐谷浑后,吐蕃与唐鄯、廓、河、洮、叠等州直接接壤,长安经青海东南部通凉州的交通路线受阻。但吐蕃占领陇右后,在原来唐蕃驿道交通的基础上,开辟了以河州为中心的东经秦陇南道通唐、西南通吐蕃本部、西经青海通西河和西域的驿道,秦陇交通又恢复了畅通。水帘洞石窟所在的武山县虽然处于吐蕃东通大唐、西通西域的交通干道沿线,但受唐吐蕃双方拉锯战的影响,与炳灵寺石窟相比,前者没有留下更多吐蕃时期的宗教遗迹。目前发现的保存至今的唐末五代时期的遗存只有 LB16,内容似大型经变画的残缺部分。[①]

## 四、宋代丝绸之路的变化与水帘洞石窟的兴盛

北宋为了恢复中西交通,镇抚西北吐蕃,招徕西域商旅,在开通泾原路的同时,逐步打通了秦州路与青唐道。宋朝建国之初,自秦州伏羌寨(今甘谷县)以西沿渭水过洮水直至青唐城,均有吐蕃部族分居。仁宗皇祐四年(1052),宋朝力量伸展至古渭州,筑古渭寨。宝元元年(1038),西夏元昊称帝,大举攻宋,宋遣使臣诏谕唃厮啰出兵,从侧面牵制西夏。宋神宗熙宁五年(1072),宋将王韶开拓熙河,从其行军路线,得悉这条路径的详细经过,是从古渭寨至渭源城,分两路:一路越鸟鼠山(指高城岭)经庆平堡,循东峪沟到临洮城(吐蕃称武胜军,宋朝改称熙州);一路经竹牛岭(渭水与洮水支流抹邦河的分水岭,在今五竹乡),循抹邦山过会川城至临洮城。过洮西则又合为一路,经康乐寨、当川堡至定羌城(今广河县),往西越南阳城入牛精谷(今地名仍旧)到河州。由河州经北塬至安乡城(旧永靖县城,今没入刘家峡水库),由炳灵寺渡河(渡口在寺东一里处,今没入水库),上一条山梁经现在的杨塔(有古城名宋家城)、川城至邈川,循湟水至青唐城。自河西走廊被西夏阻隔,青唐城(在今西宁)及其西四十里之林金城(在今西宁市西多巴镇),就成为西来的贡使、商人前往宋朝必经之中转枢纽。由林金城经柴达木盆地南缘出当金山口,可直抵西域。

虽然水帘洞石窟所在的武山县处于北宋经秦州路、青唐道通西域的中西

---

①甘肃省文物考古研究所、麦积山石窟艺术研究所、水帘洞石窟保护研究所:《水帘洞石窟群》,第120页。

交通干道沿线，但随着远距离丝路贸易的衰落，中国与域外佛教文化交流减少，同时随着中继贸易的兴起和区域贸易的兴起，秦陇南道沿线佛教中国化、地方化和民族化趋势加强。具体表现在处于甘肃东部的渭河流域属于北宋版图，石窟明显受到北方禅宗的影响，而洮河流域和湟水流域曾经是吐蕃部族的聚居地区，藏传佛教和汉地佛教融于一体。武山水帘洞石窟群地处渭河上游，石窟艺术更多受到汉传佛教的影响。宋代 L2 佛的造像，螺髻，面相丰圆，大耳下垂。佛、菩萨均细眉长眼，眼泡肿大，嘴唇小巧，颈部三道蚕纹，程式化、世俗化特点突出，[1]明显受到汉传佛教的影响。

## 五、元明时期丝绸之路的改道与水帘洞石窟艺术民族化的加深

### (一)元代丝绸之路变化与水帘洞石窟藏传佛教遗存

元代东西陆路交通的基本干线有三条，即北道、中道和南道。北道，从和林出发，沿天山北路，到达中亚、西亚，甚至到达欧洲。中道，出河西走廊，经高昌过银山道至焉耆，西达龟兹(今新疆库车)，再越勃达岭进入热海道，又从昭武九姓地区进入波斯境内，往西经两河流域地区直至地中海东岸。南道，出河西走廊后，由罗布淖尔南沿昆仑山之北，往西至可失哈耳越葱岭，再由阿姆河南、里海南，往西进入两河流域地区，直到地中海东部地区。三条道路中，南道来往人数最多，也最为繁荣。

据《析津志·天下站名》和《经世大典·站赤》记载，元代从长安通西北有三条驿道，其中一条是从长安向西经凤翔、秦州至狄道(今临洮)，再向西通宣政院辖区(今青海省和西藏自治区)的驿道。沿途经过的驿站有咸阳、兴平、武功、扶风、岐山、凤翔、临沔、汧阳、故关(今陕西故关镇)、上邽(今清水县)、社树坪(今社棠镇)、秦亭(今天水市)、伏羌(今甘谷)、文盈(今文峰镇)、巩昌(今陇西)、首阳(今渭源)，狄道以西经河州去青海、西藏，或经兰州入河西走廊。武山处于长安向西经凤翔、秦州至狄道(今临洮)，再向西通宣政院辖区(今青海省和西藏自治区)或经凉州通西域的驿道沿线，在中西交通中的地位有所下降。

---

①甘肃省文物考古研究所、麦积山石窟艺术研究所、水帘洞石窟保护研究所：《水帘洞石窟群》，第120 页。

元代初年,奉元路长安西通临洮的驿道有过一次改线,即这条驿道上的凤翔、陇州、秦州、巩昌、临洮曾全被裁撤,移并经泾州、平凉府、静宁州、会州、定西州、金州以至兰州之线。据《经世大典·站赤》记载,元世祖"至元三十年八月,陕西汉中道肃政廉访司申:秦州正当重要去处,往来使臣频并。自至元二十三年改移站赤前去平凉安置,本处并无存留铺马……西至巩昌,东至陇州,近系山路。……平凉府道子径直,更好水草"①。据上文可知,平凉府"道子径直,更好水草"是一度废除秦州路站赤的原因之一。秦州路只有陇州以东的关中平原和秦州附近的道路较为平坦,其他地方坡陡路险,而泾川、平凉、静宁、定西一路,六盘山以东至奉元府近半数的驿路,都处于关中平原和陇东黄土高原平坦的塬面上,六盘山及其以西葫芦河和祖厉河上源山区的道路,虽然也多起伏盘折,但处于葫芦河和祖厉河上源山区塬顶上或川道中的道路大多都可以车行无阻,路程也比秦州、巩昌路缩短二百里。所以明代在这条线路上的长安、兰州间设置的专司运粮递运所近三十所,而陇州、秦州、巩昌至狄道线上设置的递运所不到十处。也就是说,汉唐以来由长安西通河西走廊、青藏高原的驿路已经由秦州路、临洮路转移到平凉、兰州线上来。②改道的另一个原因是陇右地区的饥荒使大批军民站户流亡,秦州路交通难以为继。据《元史·世祖纪》记载,元世祖至元十六年(1279)"(六月)癸卯,以临洮、巩昌、通安等十驿岁饥,供役繁重,有质卖子女以供役者,命选官抚治之"③。至元十七年(1280)"赈巩昌、常德等路饥民,仍免其徭役"④。元世祖至元二十二年(1285)巩昌府发生严重饥荒,大批"军民站户并诸人奴婢,因饥岁流入陕西、四川"⑤。由于秦州、巩昌地区驿道被废,往来这条驿道上的官员都集中到平凉、兰州线上来,所以平凉、兰州驿路格外繁忙。

由于交通线路的改变,武山在中西交通中的地位进一步下降,使得水帘洞

①《永乐大典》卷一万九千四百二十三引《经世大典·站赤》。

②李之勤:《元代陕西省的驿道和驿站》,《西北史地》1987 年第 1 期,第 1—7 页。

③(明)宋濂撰:《元史》卷十《世祖纪七》,北京:中华书局,1976 年,第 213 页。

④(明)宋濂撰:《元史》卷十一《世祖纪八》,第 229 页。

⑤(明)宋濂撰:《元史》卷十三《世祖纪十》,第 279 页。

石窟与域外石窟艺术交流隔绝,促使其进一步向地方化与民族化方向发展。虽然武山一带在中西交通中的地位下降, 但它处于元代中央政府通向宣政院管辖地的交通干道沿线,与藏传佛教发源地关系密切,而且当时奉佛教为国教,其中藏传佛教的地位最高,为藏传佛教在武山一带的兴盛创造了条件。这一时期,迎来了水帘洞石窟开凿的又一黄金时期:拉梢寺、水帘洞和千佛洞单元均有大规模重修的痕迹,特别是在拉梢寺,几乎整个崖面壁画全部进行了重装彩绘,并重修了崖面上方的木质雨檐,同时,还在拉梢寺及对面开凿了大小不一的覆钵塔龛。覆钵塔龛有梯形、圆拱形、舟形,龛内有覆钵塔台基,球形覆钵高大、突出,相轮分层,且表面施彩色,或在两侧绘出经幡,与散见于甘肃各地的琉璃质喇嘛塔造型相似,[1]为藏传佛教遗物。水帘洞石窟的拉稍寺和千佛洞单元保留元代壁画约 350 平方米, 特别是拉稍寺北周摩崖大佛和胁侍菩萨像的周围,保存有大量元代重绘的诸天听法、千佛、说法图、西方净土变等,在绘画技法和表现形式上体现出浓郁的藏传佛教风格。水帘洞石窟东壁壁画表层正中所绘大佛菩萨和南上浮雕喇嘛教塔,大佛长鼻深眼,嘴角胡须上翘,手法粗犷拙劣,为元代重作,亦有浓郁的藏传佛教风格。麦积山第 58 窟的元代水月观音、第 48 窟的元代四臂观音等都属于密宗造像。[2]

宋元时期,武山一带居住着大量的吐蕃部族,如裕勒凌族、隆中族、默星族、大小马、俞龙潘、枭波部等,他们对佛教的信仰炽盛虔诚,也推动了水帘洞石窟的兴盛。拉梢寺石窟出现的数量不少的佛教密宗的绘画,均与吐蕃部族的影响不无关系。

**(二)明代丝绸之路的变化与水帘洞石窟的程式化、世俗化**

明仁宗洪熙年(1425)以前,明政府以"关西七卫"之一的哈密卫为出发点,招徕西域诸国,别失八里、撒马尔罕、哈列、八剌黑等国与明友好往来、和平相处,[3]丝路河西道仍然呈现出一派繁荣景象。从外国商人觐见中国皇帝的线路

---

①甘肃省文物考古研究所、麦积山石窟艺术研究所、水帘洞石窟保护研究所:《水帘洞石窟群》,第121 页。

②孙晓峰:《甘肃天水、陇南地区中小石窟的初步考察》,《敦煌学辑刊》,2006 年第 4 期,第 42—51页。

③赵丽生:《明朝的西域关系》,《东岳论丛》,1981 年第 1 期,第 86—91 页。

看,他们由兰州至西安的线路绕开秦州,秦州路在中西交通中的地位进一步下降。在秦州、临洮路地位下降的同时,平凉、兰州路地位得到加强。明朝在这条线路上的长安、兰州间设置的专司运粮递运所近三十所,而在陇州、秦州、巩昌至狄道线上设置的递运所不到十处。由于秦陇南道在国际交通中地位的进一步下降、伊斯兰教在西域的扩展和在甘肃境内的逐渐兴盛,秦陇地区佛教与域外佛教交流进一步减少,而大一统王朝政治的渗透、程朱理学的兴起和道教的传播,使佛教世俗化和民族化进一步加深。这一时期的水帘洞石窟群遗存主要为天书洞造像——三佛二弟子像。佛像均为坐式,肉髻低矮,面部方圆,五官小而集中,大耳垂肩,腮部略下垂,面部显得较为臃肿,下颌圆垂,颈部较短,[1]程式化、世俗化特点更加突出。

武山水帘洞石窟艺术是域外文化、民族文化与地域文化融合的结晶。但在武山水帘洞石窟的开凿、发展、兴盛和衰落过程中,丝绸之路、地缘政治、宗教信仰空间在不同时期对石窟群发展的影响力存在着差异。但从整体上看,域外文化因素在逐渐衰减,民族文化、中国传统文化与地域文化的影响力在逐渐增加。武山水帘洞石窟艺术的演变轨迹,生动地折射了丝绸之路佛教艺术的中国化、世俗化和民族化过程。

---

①甘肃省文物考古研究所、麦积山石窟艺术研究所、水帘洞石窟保护研究所:《水帘洞石窟群》第121页。

# 浅谈炳灵寺藏传佛教壁画中几种常见的法器

孙淑梅

（敦煌研究院　炳灵寺文物保护研究所）

　　佛教法器是指佛寺中僧侣们举行佛事活动和佛教仪式时所用的器物。藏传佛教的法器种类繁多，神圣而威严。其形式大多仿自印度佛教法器，同时也加进了具有自己特点的内容。它大致可分为礼敬、称赞、供养、持验、护身和劝导等六大类。不同种类的法器在形制、用途上各不相同，有着各自的象征意义。

　　藏传佛教法器以金、银、铜铸造为主，兼有木雕、骨雕、象牙雕、石雕、海贝壳雕以及布、丝织、锦缎等面料制品。[①]其材质各异，造型奇特，制作构思巧妙，数量巨大，是藏传佛教艺术宝库中的重要组成部分。

　　炳灵寺石窟自十六国西秦开凿，迄今已有 1600 多年，前 800 年受印度外来佛教艺术和中国汉传佛教艺术的影响，后 800 年受藏传佛教的影响。元明时期，炳灵寺石窟的建设主要是重绘壁画和建塔。13 世纪至 15 世纪是藏族封建社会进一步发展的时期。这个时期相继产生了大小二十几个不同的教派和教派支系，主要有宁玛派、噶当派、噶举派、萨迦派、夏鲁派、格鲁派等。寺院建筑和佛教艺术有长足的发展，外来与本地仿造的宗教用具逐渐增多，工艺技法臻于完善。这个时期有不少著名的法器传世，元世祖忽必烈赐给八思巴的法螺是萨迦寺最为珍贵的文物之一，藏传佛教法器也逐步走向繁荣。15 世纪初，自宗喀巴创立的黄教（格鲁派）在青藏地区兴起后，影响了炳灵寺地区的信仰习惯，将原来的洞窟进行改造，覆盖了原洞窟壁画而加以重绘。据统计，这时期重绘

---

①尕藏才旦：《藏传佛教文化概览》，兰州：甘肃民族出版社，2002 年。

壁画的洞窟有 3、4、70、82、92、93、126、128、132、144、145、146、172、190、洞沟 1 号、2 号和 5 号窟,还有上寺的一些洞窟。在这些洞窟的壁画中出现了以下几种法器:金刚杵、金刚铃、月刀、骷髅碗。

　　金刚杵梵语叫伐折罗,原来是古印度的兵器之一,后来被密宗吸收为法器。佛教密宗用其代表坚固、锋利之智,可断烦恼、除恶魔,因此它是代表佛智的,有不空性、空性、真知、智慧等等含义。金刚杵有独股的、三股的、五股的、九股的等多种,一般以五股为多见。在炳灵寺下寺洞窟壁画中多次出现金刚杵。3 号窟唐代开窟,明代重绘壁画,在西壁上有十一单元绘故事性壁画,每幅绘一中心人物,顶部从南至北 1—5,南 6—8,北 9—11。1 号番僧罗汉像,松树下倚几而坐,袒上身,斜披白巾,着宽裤,左手执金刚杵,右手持铃;9 号番僧,坐右腿,支左腿,坐方形束腰须弥座上,右手握金刚杵,左手执铃,顶覆大松树;在 3 号窟南壁西面有一半跏趺坐菩萨,手持金刚杵等法器。[1]128 窟北壁壁画中的大轮金刚(图 1),头戴五智花冠,共三面,面形威怒,粗眉大眼,口大张,共六臂,最上两臂一手持金刚杵。132 窟北魏开窟,明代重绘壁画。在 132 窟南壁中

层绘有四身菩萨,其中第二身为三面八臂观音,头戴五智冠,面形清秀,每面三眼,双肩披巾,颈有三道纹,带璎珞、项圈、臂钏、手镯,结跏趺坐于仰莲座上。正中两手于胸前持金刚杵,最下两手抚膝,左手于胸前持佛经,其余四手均向外伸。

图 1　128 窟　北壁　大轮金刚

　　北壁中层壁画从里到外,分为三组,第三组为白伞盖佛母,束高发髻,头戴五智冠,共四面(其中一面脱落),面形清俊,每面三眼,耳垂肩,颈有三道纹,戴项圈、臂钏、手镯,双肩彩带下绕落下。怀抱两支伞盖,其余手中持法轮、金刚杵

---

①杜斗成、王亨通:《炳灵寺石窟内容总录》,兰州:兰州大学出版社,2006 年,第 6 页。

等法器,结跏趺坐于仰莲座上。168窟唐代开窟造像,明代重绘壁画,南壁壁画保存基本完好,在天王像与菩萨像之间自上而下:第一身绘尊胜佛母,三面八臂,高发髻,头戴宝冠。正中面相丰圆,三眼,长发披肩,戴圆形大耳环。右侧面为绿色,三眼。左侧面为青灰色,三眼,怒相。上身袒,下着绿短裙,戴项圈、璎珞、臂钏、手镯、脚环,主臂双手举于胸前,手持金刚杵。第三身绘不动金刚,高发髻,头戴三叶冠,三眼,通体绿色,腰间束带,戴项圈、耳环、臂钏、手镯、脚环,右臂高举手持长柄金刚杵。窟门内南侧壁画上绘一护法,长发直竖,头戴骷髅冠,三眼,上身坦露,下着短裙,戴项圈、臂钏、手镯,胸前挂骷髅璎珞,四臂,左臂举起,手持金刚杵。金刚铃的外形类似我们今天的手铃,也是修法时所用的法器。它的柄端也有佛头、观音或五股金刚杵形。它的用处也是惊觉诸尊、警悟有情的意思。在和金刚杵一起使用时,这些法器有阴阳的含义。一般以金刚杵表阳性,以金刚铃表阴性,有阴阳和合的意思。金刚铃在炳灵寺石窟中出现较少,在下寺4号窟内(图2)出现。4号窟壁画萨迦祖师头戴圆形垂肩红帽,双眼平视,外披红色袈裟,双手于胸前持莲花,右侧莲花上有金刚铃,左侧莲花上有金刚杵,结跏趺坐于法床上。①

图2

月刀多少有点像我国古代的兵器斧,它也是修法用的法器。柄端是金刚杵形,下有斧状的刀身和刃口。按密宗的说法,这也是断贪、瞋、痴、疑、恶等六种根本烦恼的标志和象征。月刀也多为银、铜、木、象牙等制作,手柄和器身上雕饰着龙头、火焰、连珠、卷草等,极为精美。在炳灵寺4号窟内(图3)的壁画中,有一六臂大黑天,一面三目六臂,所持法器不同。右手第一手上举骷髅念珠,第二手持颅碗;左手第一手高举三叉戟,第二

①赵雪芬、高庆军:《浅谈炳灵寺第四窟明代壁画》,《丝绸之路》2009年第4期,第72页。

手持绳索;主手臂于胸前,右手持金刚月刀,左手执颅碗。身披象皮,腰束虎皮裙,跨步立于一仰面人身上。骷髅碗也称人头器,它是密宗修法者举行灌顶仪式时,在灌顶壶内盛圣水,在头器内盛酒。师傅将圣水洒在修行者头上,并让其喝酒,然后授予密法。灌顶的意义是使修行者聪明并除却一切污秽。骷髅碗制作也很讲究,如碗口是头盖骨切割成的,口沿和内部包镶银皮,下有金属托座,上面还有金属碗盖,盖钮为金刚杵。在4号窟内(图4)有一四臂大黑天,一面三目四臂,通体淡灰色,面方形,头戴骷髅五叶冠,黑发直竖,怒目圆睁,大耳垂肩,做呐喊状。宝缯于耳两侧上扬,右手高举剑,左手高举三叉戟,主手臂于胸前,右手持金刚杵,左手持颅碗,法器皆为白色。上身袒,腰束虎皮裙,飘带穿臂飞扬,游戏坐于侧卧人身上,形象威猛。

图3 4窟 六臂大黑天

图4 4窟 大黑天

法螺是法会时吹奏的乐器之一。佛经上讲释迦牟尼说法时声音洪亮,有如大海螺的声音响彻四方,所以用它来代表法音。听到法螺的声音,众生可以消除罪障,进入极乐世界。此外,在灌顶仪式上,也作为登上正觉的证明。法螺洁白细腻,自然生长的螺纹主要是自左向右旋转,而法螺常用极为罕见的右旋海螺做成。这一法器在128窟内(图5)出现。128窟正壁壁画上有一佛,头戴五智

图 5　128 窟　正壁

花冠,面相丰圆,领下垂袈裟,结跏趺坐于仰莲座上,左手托一海螺。

　　藏传佛教在它的形成发展过程中经历了初传、中兴、鼎盛、走向世界四个阶段,历史上的无数僧俗、工匠、艺师出于那份获得善业功德的虔诚,制作了难以计数的法器,这些法器具有独特鲜明的艺术观赏性和审美意趣,堪称藏传佛教艺术的一朵奇葩,在绚丽多彩的藏族艺术百花园中熠熠生辉。

# 麦积山石窟第 127 窟《睒子本生图》中植物图像的整理与研究[①]

张 扬

（敦煌研究院 麦积山石窟艺术研究所）

## 一、引言

　　麦积山石窟第 127 窟位于麦积山西崖最高处，保存较完整，窟内平面面积近 50 平方米，窟内四壁及窟顶绘满壁画，现存壁画近 100 平方米。[②]目前学界多数学者认为该窟应开凿于西魏时期，[③]且倾向将第 127 窟认为是武都王元戊为其母亲西魏文帝的原配皇后乙弗氏所建的功德窟，[④]笔者也认同这一观点。基于此观点，建都长安的西魏政权，其皇室成员主要来自洛阳，不排除负责营建此窟的主要工匠也有来自洛阳的可能性。《睒子本生图》（图 1）位于第 127

---

　　①本论文为敦煌研究院院级课题《麦积山石窟第 127 窟壁画风景研究》（课题编号：2022-YS-YB-4）阶段性成果。本论文也为敦煌研究院麦积山石窟艺术研究所《研究梯队人才培养计划》的阶段性成果。

　　②张锦秀：《麦积山石窟志》兰州：甘肃人民出版社，2002 年，第 109—112 页。

　　③关于麦积山石窟第 127 窟的开凿年代的研究始于 20 世纪 50 年代，麦积山勘察团经过现场勘察研究，认为第 127 窟开凿于北魏晚期，之后学界持有三种观点：（1）北魏晚期开窟，代表学者有阎文儒、董玉祥；（2）北魏晚期至西魏开窟，代表学者有张宝玺；（3）西魏开窟，代表学者有金维诺、傅熹年。目前学界多数学者认同西魏说。

　　④关于麦积山石窟第 127 窟功能和性质的研究最早是金维诺结合相关历史背景中乙弗皇后与麦积山石窟的史料记载，通过对 127 窟洞窟时代、洞窟规模，以及前壁上部七佛壁画中的一位侍从为落发女尼形象，最先指出第 127 窟似是武都王元戊为母乙弗皇后建造之功德窟。2006 年郑炳林和沙武田发文，进一步论证了麦积山第 127 窟是乙弗皇后的功德窟，认为金维诺的推断是完全可以成立的。

窟窟顶前披,画面呈梯形,底宽7.35米、顶宽4.61米、高1.30米。此图依据《佛说睒子经》而创作,画面自右向左展开,依次为众臣等待国王出行、国王率众臣狩猎、睒子泉边汲水、国王误射睒子、国王向盲父母报信、国王背盲母领盲父看睒子尸体、帝释天赶来喂药施救等主要情节。其间穿插大量植物图像,这些技艺精湛、引人瞩目的植物图像引发诸多前辈及专家学者的讨论和研究,①成果颇丰,但很少有学者涉及麦积山石窟第127窟《睒子本生图》(以下简称本图)植物图像及样式的分类研究,即使有学者提到图中树木种类也多仅作简略说明,未对各类样式进行全面分类整理。另外,目前关于本图植物图像及样式源流的梳理较少,本文利用本图的数字化成果及线描图等资料,对其植物

图1　麦积山石窟第127窟《睒子本生图》

①探讨麦积山石窟第127窟《睒子本生图》山石树木等植物图像相关的论著及观点有:王宁宇从技法角度出发,全面介绍了该壁画的位置、内容、构图,并将其放置在山水画史中进行比较,提出该作品在山水画史中的里程碑意义(见于《孝子变相·畋猎图·山水平远——麦积山127窟壁画"睒子本生"对中国早期山水画的里程碑意义》[J].《美术研究》,2002(1):44—47)。王宁宇的观点一经提出,就受到夏朗云的质疑(见于《也谈麦积山壁画"睒子本生"——与王宁宇先生商榷》[J].《美术研究》,2004(3):72—78及《客观理解麦积山壁画〈睒子本生〉的构图图式——对王宁宇先生〈睒图〉为平远法构图并改写中国山水画史的质疑》,郑炳林、花平宁主编《麦积山石窟艺术文化论文集(上)——2002年麦积山石窟艺术与丝绸之路佛教文化国际学术研讨会论文集》[M],兰州:兰州大学出版社,2004(6):321—336)。李倍雷否定了王宁宇关于山水画的界定提出"风景"意味(见于《山水画的起源与界定——兼与王宁宇商榷》[J].《西北美术》,2004(4):38—41)。刘俊琪对作品中的山石树木的处理手法结合自己的临摹经历进行了分析(见于《麦积山北魏壁画〈睒子本生〉图的内容与艺术特色》[J].《天水行政学院学报》,2001(2):62—64及《麦积山北魏壁画〈睒子本生〉述评》[J].《美术研究》,2002(1):48—49)。王小春对西北石窟中《睒子本生图》的山石树木及动物等进行了直观的对比,反映了同类题材中这些形象的差异(见于《中国西北石窟艺术中〈睒子本生图〉的分布及其形式因素比较研究》[D].西北师范大学硕士研究生学位论文2017)。常欣从壁画本体入手,对壁画本身描绘的山水因素进行具体分析并对壁画中的山水图形进行分类研究,将其放置在山水画发展的历史文脉中判断其对后来山水画发展的具体推动作用(见于《麦积山127窟壁画中的山水因素分析》[J].《艺术教育》,2009(12):115,119)。

图像及样式重新梳理并分类,同时结合河洛地区、关中地区、鄂西北地区、四川、敦煌、新疆等地类似样式进行对比分析,以探讨本图植物样式源流,敬请各位方家斧正。

## 二、麦积山石窟第 127 窟《睒子本生图》中植物图像的样式及源流

秦岭山脉自先秦时期就以多林木著称,位于秦岭山脉西端的麦积山自古以来也是雨水充沛、树木丰茂之地,当地植物的多样性为壁画的作者提供了更多参考素材。本图中树木种类丰富,如除了佛教壁画中常见的扇形阔叶树、柳树、丛树之类以外,还有较少见的杨树。

(一)椭圆形树冠(杨树)

本图共有五组(包括起稿未着色)呈椭圆形树冠的树木,是画面中表现的主要树种之一。这五组树冠呈长椭圆形,树干挺直且光滑,成排生长,按动静不同状态分为两种类型(见表1)。这种椭圆形树冠的树木特征与杨树相似。杨树树干通常端直,树皮光滑或纵裂,主要分布于华中、华北、西北、东北等广阔地区。关于杨树早在《诗经》中就有描写,《陈风·东门之杨》:"东门之杨,其叶牂牂……东门之杨,其叶肺肺。"[1]北魏《齐民要术》中专门有关于杨树的用途、经济价值和种植方式等的介绍,如《齐民要术》卷五《种榆白杨第四十六》记载:"白杨:一名'高飞',一名'独摇'。性甚劲直,堪为屋材;折则折矣,终不曲挠。"[2]《齐民要术》卷四《种茱萸第四十四》引《杂五行书》记载:"舍东种白杨、茱萸三根,增年益寿,除患害也。"[3]总之,北朝时期白杨树已是一种被广泛种植的树木,这为以白杨树形象入画提供了可能性。另外,值得注意的是北朝时期白杨还常被种植在墓地,如《魏故沧州刺史王僧墓志铭》:"白杨初殖,松栝始生。"[4]这也使得

---

①骆玉明解注:《诗经》,西安:三秦出版社,2018 年,第 515 页。

②(北魏)贾思勰撰,石声汉译注:《齐民要术》卷五《种榆白杨第四十六》,北京:中华书局,2022 年,第 802 页。

③(北魏)贾思勰撰,石声汉译注:《齐民要术》卷四《种茱萸第四十四》,第 736 页。

④赵超著:《汉魏南北朝墓志汇编》,天津:天津古籍出版社,2008 年,第 724 页。

"白杨"意象在古代诗歌中常出现在挽歌或怀古诗中,与死亡相关,有寄托哀思之意。如《乐府·清曲调·豫章行》记载:"白杨初生时,乃在豫章山。上叶摩青云,下根通黄泉。"①又如晋陶渊明《拟挽歌辞三首》其三:"荒草何茫茫,白杨亦萧萧。"②南朝陈昭《聘齐经孟尝君墓诗》:"悲随白杨起,泪想雍门来。"③北魏元子攸《临终诗》:"思鸟吟青松,哀风吹白杨。"④这种形似杨树的树木在本图中多集中在睒子死亡相关场景中,并且这种形制的白杨树出现在同一洞窟的《舍生饲虎图》中王子跳下山崖被虎撕咬的场景中及《涅槃经变图》中荼毗场周围。可见多出现在与死亡相关的场景中,这与以"白杨"意象与死亡相关有寄托哀思之意相契合。综上所述,笔者推测本图中的椭圆形树冠的树木应为白杨树。

本图中对该树木的表现手法较为独特,特别是表现被风吹动的姿态,不以"春蚕吐丝"式均匀线条勾勒、内平涂色彩的方法表现,而是已经出现笔为主导、墨色随笔出的用笔与用色关系,逸笔草草便生动地再现了树木灵动的生命力,此处完全不见"刷脉镂叶"之态。该树种在麦积山仅出现在第 127 窟中。另外,其他地区"睒变"题材的作品中这类树木也极少见,仅敦煌莫高窟第 461 窟中的"睒变"有类似树种,但二者也有细微差异,敦煌莫高窟第 461 窟中的树冠底端平直(图 2),而本图中的树冠底端较为圆润。莫高窟第 461 窟为北周时期窟,⑤开窟时间晚于麦积山石窟第 127 窟,即使是同一树种也应是麦积山先有此样式。如宿白所言:"我们在探讨敦煌石窟的东方因素时,就不能不注意麦积。"⑥我们不排除这组出现在莫高窟的椭圆形树冠(杨树)的样式是受麦积山石窟影响。

---

①逯钦立辑校:《先秦汉魏晋南北朝诗》,北京:中华书局,1983 年,第 460 页。

②逯钦立辑校:《先秦汉魏晋南北朝诗》,第 1672 页。

③逯钦立辑校:《先秦汉魏晋南北朝诗》,第 3923 页。

④(北魏)杨衒之撰:《洛阳伽蓝记校注》卷一《城内》,北京:中华书局,2020 年,第 33 页。

⑤敦煌研究院编:《敦煌石窟内容总录》,北京:文物出版社出版,1996 年,第 188 页。

⑥宿白:《敦煌莫高窟早期洞窟杂考》,《中国石窟寺研究》,北京:生活·读书·新知三联书店,2019 年,第 217 页。

表 1 椭圆形树冠(杨树)的样式分类(线描图为席文博绘)

| 原图 | |
|---|---|
| 第一种类型<br>(静态) | |
| 第二种类型<br>(动态) | |
| 线描图 | |
| 第一种类型<br>(静态) | |
| 第二种类型<br>(动态) | |

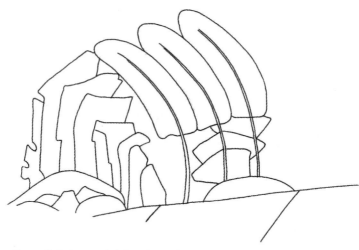

图 2　莫高窟 461 窟《睒子本生图》中的椭圆形树冠线描图（席文博绘）

（二）扇形阔叶树

扇形阔叶树是中国佛教艺术中常见的圣树题材之一，在魏晋南北朝时期极为流行，其源流历来说法不一，有学者认为其原型为银杏树，这也是学界多数学者持有的观点，如常青①、冉万里②、晏丹丹③等。这种观点主要源于两个依据：一是其树叶片与银杏树叶形状十分相似，都呈扇形；二是我国西汉司马相如《上林赋》中对银杏树已有描写，且南朝《京口记》中刘损写道："胜国寺禅堂前银杏一株，可泉上人房之侧，本，人五抱。"④因此可见银杏树与中国寺庙的结合早有渊源。亦有赵声良⑤、苏铉淑⑥等学者认为这种树木应是先画出扇形轮廓，然后在其中画出密集的松针，由于时代久远石刻风化模糊、壁画变色脱落

①常青：《金石之躯寓慈悲：美国佛利尔美术馆藏中国佛教雕塑（研究篇）》，北京：文物出版社，2016年，第 175—184 页。

②冉万里：《洛阳北魏石刻艺术中银杏树样式的确立及其影响——兼论北朝以后佛教石刻及绘画艺术中的树木形象》，《西部考古》2021 年第 1 期，第 198—281 页。

③晏丹丹：《中国早期佛教圣树图像研究》，硕士学位论文，华东师范大学，2019 年，第 72 页。

④袁洁：《佛教植物文化研究》，硕士学位论文，浙江农林大学，2013 年，第 41 页。

⑤赵声良：《敦煌壁画风景研究》，北京：中华书局，2005 年，第 64—65 页。

⑥[韩]苏铉淑：《东魏北齐庄严纹样研究》，北京：文物出版社，2018 年，第 181—188 页。

等原因,细腻的松针已经看不出。另有学者阳新提出东晋顾恺之的《洛神赋图》中有大量扇形阔叶树,目前所存摹本中,辽宁省博物馆藏本的画面上有赋文与场景的对应,这为读者提供了许多重要信息,如"尔乃税驾乎蘅皋,秣驷乎芝田","芝田"指仙人种植林芝的地方,这段文字在画面开端处,这部分地面上布满扇形阔叶植物(图3)。因而这种树木应是源于魏晋时流行的灵芝与玉树崇拜,取灵芝之形而为树且一直影响到隋唐。①笔者认为其一,银杏树虽在西汉就有记载但并不能直接证明扇形阔叶树即银杏树,并且从外形上看树形以及树叶与树干的比例是完全不同的,不符合银杏树的植物特征,只能说可能结合了银杏树叶的元素;其二,顾恺之《洛神赋图》中有单独的扇形植物,一个个分布

图 3　摹顾恺之《洛神赋图》(第二卷)　北宋　佚名　辽宁省博物馆藏(采自中华珍宝馆)

①参考阳新《菩提本无树——南北朝造像中菩提树源流略考》。

在山峦间,这些扇形的轮廓内也有一丝一丝细密的线条,但明显与松树毫无关系。另外,在魏晋南北朝的墓葬壁画、石刻及石窟壁画中均有较明确的松树图样,其松树的特征是清楚明了的,强调松针的特点,其外形并不呈扇形。因此,以上观点均值得商榷。关于扇形阔叶树的源流,笔者更倾向于吴宛妮的观点,即扇形阔叶树并非源于某一具体树种,应是融合如银杏、灵芝等多种元素,突出其神圣性,塑造出了代表神界中的理想性神树。①扇形阔叶树虽然在汉代已经出现,但这种树形在汉代并未成为主流,直至魏晋南北朝才开始大量出现并逐渐形成一套标准化的模板,应用范围极广,东至建康,西至敦煌,既能用于中原墓葬,亦可用于佛教石窟。②这种树形之所以在南北朝如此流行,应是中原文化与佛教艺术双向影响的结果。

本图中出现大量扇形阔叶树,约有 8 棵,按动静不同姿态分为两类(见表2)。第一种类型表现的是国王准备出行前天气晴好、一切平和的场景,树木在无风的状态下静静矗立着,整个树冠类似金字塔形,上面尖窄,底部宽大,枝叶的排列呈纵势。叶片与树干的连接处呈镂空状态,叶片舒展厚实呈扇形。用粗细匀称的中锋勾勒树干及树冠轮廓,主干双生,分支节点位于主干二分之一以上。而第二种类型的表现手法是以重色点染在叶间,表现睒子被误射及国王寻盲父母告知等情节中狂风怒号的场景,生动再现了树木在风中摧折及树叶摇曳的姿态。画面后半段国王误射睒子、国王率众臣向盲父母告知睒子身亡的消息及背盲母看睒子尸体等情节均聚集数棵扇形阔叶树表现密林,这些树木对空间的表现并非如张彦远所述的"若伸臂布指",而是前后掩映营造出枝繁叶茂、郁郁葱葱的幽深之感,由此可见,本图通过植物图像的布局已经对"深"有较成熟的表现。

---

①吴宛妮:《"竹林"何以为"杏林"?——南北朝"树下坐像"与"银杏"图像的修仙意涵》,《南京艺术学院学报(美术与设计)》,2022 年第 6 期,第 133—145 页。

②彭汉宗:《山水的化外潜流——敦煌壁画树石造像研究》博士学位论文,上海大学,2019 年,第 16页。

图 4　江苏邳县白山故子二号画像石墓前室南壁西边石刻

（采自南京博物院、邳县文化馆．《江苏邳县白山故子两座东汉画像石墓》，《文物》1986（5）:26.）

　　开凿于北魏的敦煌莫高窟第 257 窟南壁和西壁北侧（图 5、图 6）也出现了扇形阔叶树，但很明显与本图中的扇形阔叶树样式相差甚远，敦煌地区的画师们还没注意到遮挡关系，依旧临摹成汉晋古法剪影式树叶，各不遮挡相沾。那本图中的扇形阔叶树源于何处呢？我们将目光望向东方，《洛神赋图》（原作为东晋顾恺之）、《竹林七贤与荣启期》画像砖（南朝）、《宁懋石室》（527）、巩县石窟第 1 窟（完工于 520 年①）南壁《礼佛图》、陕西延安造像碑《涅槃图》（545）（见表 3）等均出现类似的扇形阔叶树。由于以上作品中扇形阔叶树多为静止状态，为便于比较，选取本图中静止状态的样本进行比对。其一，从枝叶连接处看，《洛神赋图》中的扇形阔叶树用线来表现枝叶的连接处，这在《竹林七贤与荣启期》画像砖中有相似表现。《礼佛图》出现以孔隙连接去掉细线，但表现得较为概括，而《宁懋石室》与本图枝叶间的孔隙增多，表现更加细化。值得注意

---

①宿白：《洛阳地区北朝石窟的初步考察》，《中国石窟、龙门石窟》，北京：文物出版社，1991 年，第 225—239 页。

图 5　莫高窟 257 窟南壁北魏沙弥守戒图(孙志军摄)

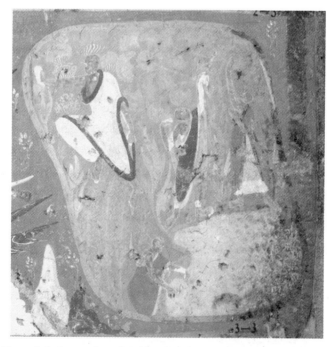

图 6　莫高窟 257 窟西壁北侧北魏须摩提女因缘(局部)(孙志军摄)

表 2　扇形阔叶树的样式分类(线描图杨晓东、席文博绘)

| | 原图 | |
|---|---|---|
| 第一种类型 | | |
| 第二种类型 | | |
| | 线描图 | |
| 第一种类型 | | |
| 第二种类型 | | |

表 3 扇形阔叶树样式对比(线描图杨晓东、席文博、张扬绘)

| 来源 | 麦积山石窟第 127 窟《睒子本生图》 | 《宁懋石室》 | 陕西延安造像碑《涅槃图》 |
|---|---|---|---|
| 形制 | | | |
| 来源 | 巩县石窟第 1 窟南壁《礼佛图》 | 《洛神赋图》宋摹本 | 《竹林七贤与荣启期》画像砖 |
| 形制 | | | |

的是《涅槃图》没有孔隙也没有细线连接,其风格与本图相差很大。其二,从叶片形态看,《竹林七贤与荣启期》画像砖、《洛神赋图》及《涅槃图》中扇形阔叶树的叶片较小,而本图与《宁懋石室》《礼佛图》中的叶片更舒展,其中,本图与《宁懋石室》《礼佛图》的叶片形状更相近,呈扇形,弧度更小。其三,本图与《宁懋石室》的树干更相似,都挺拔修长。综上所述,本图的扇形阔叶树其形制最接近于《宁懋石室》,其次近于《礼佛图》,反而与距离更近的关中地区的延安《涅槃图》造像碑风格迥异,可见本图直接承袭了以《宁懋石室》为代表的北魏末期河洛地区的中原样式,且在承袭的同时本图的扇形阔叶树不拘泥于固定的模式又有自己的独创性,如狂风下动态树的表现极为写实生动,这是极为珍贵的。

(三)广圆形树冠(旱柳)

这类乔木在本图中仅见一棵(图7),树冠呈广圆形,主干生出两个分支,树枝繁茂,树梢末端纤细且呈上扬之态。由于历史久远色彩剥落,多数叶片已模糊不清,但从残存的叶片中依稀可辨,叶互生,叶狭,披针形,先端渐长尖,基部楔形。以上特征应属杨柳科,但并非我们常见的垂柳,而是符合旱柳的特征(图8),枝细长,直立或斜展。旱柳在我国栽种历史悠久,生长地域广泛,东北、华北平原,西北黄土高原,西至甘肃、青海,南至淮河流域以及浙江、江苏等地均有种植。

图7 麦积山石窟第127窟《睒子本生图》中旱柳线描图(杨晓东绘)

(四)丛树

丛树并不指单纯的某一树种,在本图中所有较低矮的植物可统称丛树。丛树的形态各异,根据其大体特征主要分两类(见表4):A型为呈小松柏状,树冠呈三角状,成排生长在山坡间;B型类似梧桐树的形状,树冠呈广圆形,如帽子一般扣在树干上。这两类丛树造型都比较简约。它们既可代表远景高山上的山顶丛树,亦可表现近景土坡上的低矮树丛,甚至还可以作为一种标准化的"零部件"来进行自由组装。

本图中 B 型丛树树冠呈广圆形,似梧桐树,类似的丛树造型在南北方都很流行。南朝时期成都万佛寺出土的多件造像碑、龙门石窟宾阳中洞《萨埵太子本生》(505—523)、《宁懋石室》、莫高窟第 296 窟

图 8　旱柳(张扬摄)

(北周)、库木吐拉第 16 窟《无量寿经变相之日想观》(初唐)中均有出现(见表5)。其一,从排列方式看,本图丛树形制更接近于《宁懋石室》及《无量寿经变相之日想观》中的丛树,即分组排列在较平缓的地平线上。其二,从树冠与树干的形制看,成都万佛寺造像碑上的树冠由众多细密的小半圆形组成,树干密集地排列在山坡或山头上,与本图差别较大,《洛神赋图》中这种扇形单株的样式也与本图不符,因此,以上两图首先排除。《萨埵太子本生》、《宁懋石室》、莫高窟第 296 窟及《无量寿经变相之日想观》中的树冠及树干与本图相近,即树干直立或微屈,树冠呈广圆形,分组排列。其中,本图更接近于《萨埵太子本生》,树木有前后空间关系。总之,通过图像比较可见,本图传承于《萨埵太子本生》和《宁懋石室》的样式,之后传至敦煌,具有强烈的图案装饰属性,如莫高窟第296 窟中的丛树造型整体外轮廓呈椭圆形且左右两边对称分布。均等、填空、对称,这些因素都表明敦煌莫高窟壁画中的丛树在造型上仍然只是一种装饰

图案,而非如本图那样真正契合中原式树木造型的审美理念。①初唐传至库木吐拉,虽其形似但表现较为概括。

表4 丛树样式分类(线描图由席文博绘)

表5 B型丛树的对比(线描图由席文博、宋艳妮、张扬绘)

| 麦积山石窟第127窟《睒子本生图》线描图 | | 《洛神赋图》线描图 | |
| --- | --- | --- | --- |
| 《宁懋石室》线描图 | | 四川博物院3号造像碑正面(袁氏编号wsz49) | |

①彭汉宗《山水的化外潜流——敦煌壁画树石造型研究》,博士学位论文,上海大学美术学院,2019年第26页。

**续表**

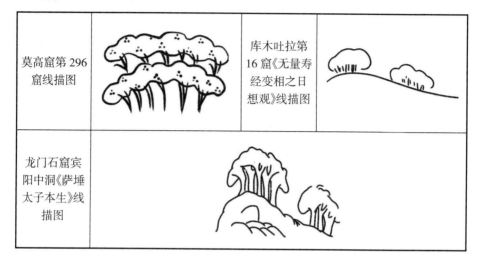

| 莫高窟第 296 窟线描图 | | 库木吐拉第 16 窟《无量寿经变相之日想观》线描图 | |
|---|---|---|---|
| 龙门石窟宾阳中洞《萨埵太子本生》线描图 | | | |

（五）小草

本图除了各种树木，还有一些低矮的小草一簇簇分布在山坡上，每簇之间间隔明显。草叶一笔写成，落笔之间已生动再现小草的形态，中间主叶片明显高于两边，主次分明。

本图的小草造型在南北朝均有表现（见表 6），如南朝贾家冲墓画像砖及北魏中原地区的《宁懋石室》《石棺线刻孝子图》中都有描绘，相较而言，南朝画像砖上的小草造型线条修长纤丽，草叶密集，多妩媚之态，《宁懋石室》与《石棺线刻孝子图》基本继承南朝风格。但本图中的小草造型更接近《宁懋石室》中间高两边低的小草造型，其叶片没有南朝画像砖那么修长。当然《宁懋石室》的小草造型叶片比本图更细一些，造成这种风格差异的原因与表现媒介不同有一定关系，北魏《宁懋石室》是石刻艺术，而本图中的小草造型是在壁面上用毛笔绘出。

## 三、结语

（一）本图中的植物图像及样式明显来源于北魏末期的河洛地区。更引人注意的是即使是离麦积山更近的关中地区，其风格远不及河洛地区与麦积山惊人的相似度，不排除负责营建此窟的主要工匠有来自洛阳的可能性。

表 6　小草造型的对比（线描图席文博、张扬绘）

| 麦积山第 127 窟《睒子本生图》 |  |
| --- | --- |
| 贾家冲墓《郭巨埋儿》画像砖 |  |
| 《宁懋石室》 |  |
| 《石棺线刻孝子图》 |  |

　　（二）本图植物图像及其样式受到中原文化的直接影响且类似的样式呈自东向西传播之势。如丛树样式传至麦积山大约在西魏，而类似的样式传至新疆库木吐拉石窟时已到了唐代。本图中的一些植物图像及其样式其后也出现在敦煌，也可说明麦积山的一些样式很可能影响了敦煌，如杨树的类似样式至北周时才出现在莫高窟第 461 窟，又如与 B 型丛树相近的样式出现在莫高窟第 296 窟也已经是北周时期。

　　（三）本图中的植物样式与《宁懋石室》中有诸多相似之处，而关于《宁懋石室》样式的源头，邹清泉在《北魏墓室所见孝子画像与'东园'探考》一文中考证道："宁懋石室的制作与图像刻画则受到了'东园'的影响。""'东园秘器'在北魏是体现受赐者身份与地位的高贵之物，主要赐给宗室成员和威望较高的大臣。"[①]这说明"东园"相关的图绘代表了当时精英阶层的技术水平及审美趣味，其所创样式能够集中反映中原地区先进的技法及核心文化。本图中部分植物样式与《宁懋石室》等受"东园"影响的样式有相似性和关联性，而邹清泉在文章中进一步指出"东园"吸收了晋代及南朝早期绘画样式创作图样。[②]那么，本图中部分植物样式有上溯至晋代及南朝早期样式的可能性。当然，本图的植物图像并不是一味模仿或照搬中原地区，也有对当地自然景观的写生，这在以"粉本"为主的佛教壁画中是难能可贵的。

（四）本图植物图像中诸多形式技法与山水画的形式技法密切相关。魏晋南北朝时期是山水画觉醒的时代，中原画家对如何在画面上模拟纵深空间展开了思考与实践，譬如南朝宗炳，他在《画山水序》中提出："且夫昆仑山之大，瞳子之小，迫目以寸，则其形莫睹，迥以数里，则可围于寸眸。诚由去之稍阔，则其见弥小。""竖划三寸，当千仞之高；横墨数尺，体百里之迥。"[③]直接道出近大远小的视觉规律一旦被合理地运用到绘画中便可在方寸间模拟表现出大自然的空间纵深。东晋顾恺之在《画云台山记》中提出山是有重势的，有深远感的。由此可见，魏晋时期对纵深空间的表现已然出现。麦积山第127窟《睒子本生图》对空间的深远感也做出了诸多尝试，画面整体呈横长构图，基本遵照上部为天、下部为地的形式，上部分叠嶂的山峦使横向的二维平面有三维的深度，这种纵深感增强了这部分山景旷远绵邈的气质。树木并未呆板地排布在统一的地平线上，而是前后掩映，营造出枝繁叶茂、郁郁葱葱的幽深之感。远景的山峦间分布着密集的丛树，不能看出具体树种，与前景具体写实的树木形成对比。又如画树木叶分浓淡等。

①邹清泉：《北魏墓室所见孝子画像与"东园"探考》，《故宫博物院院刊》2007年第3期，第20页。
②邹清泉：《北魏墓室所见孝子画像与"东园"探考》，第20页。
③俞剑华：《中国古代画论类编》，北京：人民美术出版社，2005年，第583页。

# 敦煌石窟所见藏式佛塔摭议
## ——以西魏 285 窟为例

陈祎韬

(兰州大学 西北少数民族研究中心)

佛塔是佛教中最具代表性的建筑,对僧俗大众具有特殊的宗教意义。其历史悠久且文化内涵丰富,广布于我国大江南北。而佛塔一般被分为汉式佛塔和藏式佛塔,[①]藏式佛塔又被称为喇嘛塔,二者区别较大。在敦煌壁画中有数量可观的佛塔图像,但以汉式佛塔居多,藏式佛塔图像却很少,其中西魏 285 窟壁画中就存在一座藏式佛塔,其特殊的样式引起特别注意。

藏式佛塔是藏传佛教标志性建筑,为研究藏传佛教、藏族文化,以及藏族地区建筑工艺等方面提供了不可或缺的素材。目前学者在藏式佛塔的形制演变、文化内涵和建造工艺等方面取得了一些研究成果,但由于语言文字的障碍、高原田野调查的不易等原因,藏式佛塔的研究进展仍很缓慢。本文通过对敦煌莫高窟西魏 285 窟支窟藏式佛塔的图像研究,旨在分析藏式佛塔中这一特殊类型佛塔的传播路线和传播意义,为贯穿前后各代藏式佛塔的发展脉络提供关键例证。

## 一、藏式佛塔发展背景

佛教中有身语意"三门"的理念,即"佛像是身所依,佛经是语所依,佛塔是意所依。佛塔作为三所依之一,与佛像佛经具有同等重要的位置"[②],足见佛塔

---

①本文统一将具有藏传佛教风格的塔称为藏式佛塔。

②蒲文成:《青海佛教史》,西宁:青海人民出版社,2001 年,第 302 页。

在佛教中的重要地位。而佛塔历史悠久,在我国内地和青藏高原地区形成了不同风格的佛塔,在藏传佛教盛行的青藏高原,大到寺院城区附近,小到偏远村庄,都可见到藏式佛塔,颜色鲜艳的佛塔在高原湛蓝的天空之下格外美丽。佛塔建筑源自印度,英音译为"Stupa",梵语为"窣堵坡",原指佛僧圆寂后的坟冢。佛教发展初期佛教徒修行之时,以瑜伽打坐修行的方式圆寂,人们就直接用泥土覆盖其上,久而久之便形成了一座小圆丘,接着加盖修建能遮风挡雨的顶部,这便是佛塔最早的雏形。在佛陀圆寂后,阿育王将佛陀火化的舍利分成八份给当时的八个国王,这八个国王就在佛陀一生中有纪念意义的地方建造了八座佛塔,这便是最早的佛塔建筑。

藏语中称佛塔为"却甸(mchodrten)","却(mchod)"指的是供养,"甸(rten)"是依物,加起来就是意之所依。佛塔建筑是随着佛教文化一起传入当时的吐蕃的,据《汉藏史集》记载:"拉托托日年赞在位之时,有一个铜箱子从天而降,落到雍布拉宫顶上,内装《诸婆娑名称经》《宝箧经》和一肘高(约 50 厘米)金佛塔等。"[1]这便是第一座传入西藏的佛塔。其实这些佛经佛塔实际上是僧人从印度而来带给赞普的。[2]这虽然仅仅是佛塔模型,但毕竟是第一次传入西藏。接着在吐蕃王朝鼎盛的松赞干布(617—650)时期,出现了真正意义上的佛塔建筑。众所周知,佛教在松赞干布时期从中原和印度两个方面传入西藏,随之佛教建筑也开始出现。在标志性的历史事件文成公主(625—680)进藏之后,修建大昭寺之时,通过堪舆发现西藏地势犹如一个魔女仰卧图,所以必须通过在魔女身上关键部位修建寺院、佛塔来镇伏,其中所建昌珠寺中就有五座佛塔。后来在赞普赤松德赞(742—797)时期,邀请了著名的印度佛教大师寂护和莲花生入藏,为表敬意,在松嘎村修建了桑耶松嘎石塔;紧接着又修建了西藏第一所真正意义上的寺院——桑耶寺,在其周围四角修建了红、绿、黑、白四座佛塔,又在围墙上建造了一百零八座小佛塔。由于是印度僧人主持修建,很大程度上受早期印度窣堵坡风格影响,其特点是"塔由塔座、塔瓶、塔斗和相轮构成,塔座较矮,塔身是覆钵式的半圆球形,上部相轮尖细,除白塔之外,三塔的相轮分段,当时

---

① (明)达仓宗巴·班觉桑布著,陈庆英译:《汉藏史集》,西宁:青海人民出版社,2016 年,第 85 页。
② 廓诺·迅鲁伯著,郭和卿译:《青史》,拉萨:西藏人民出版社,1985 年,第 26 页。

的相轮并无定数"①。随后的朗达玛灭佛活动,使吐蕃佛塔的发展进入一个停滞阶段。

在这个停滞期之后,西藏佛教发展进入后弘期。10 世纪末,由古格王益西沃(965—1036)支持,在阿里札达地区建造了托林寺,主殿四角建有四座佛塔,特点是塔座比较粗大,塔身宝瓶较小形如扣钟,顶上的十三相轮粗短,伞盖不大,这种风格直接影响了阿里地区的佛塔建造。11 世纪中叶,阿底峡大师(982—1054)入藏,创立噶当派,他运用东印度建塔的技艺,修筑了富有特点的"噶当佛塔",这对后期藏式佛塔的发展起到了积极的作用。在萨迦时期,这种佛塔风格很流行,后在萨迦派高僧扎巴坚赞(1374—1432)所著《塔的量度标准》一书中,规定了萨迦派的佛塔样式,其特点是"塔座大但很矮,塔瓶圆形、扁平,塔斗很高大,十三轮粗壮有力,而伞盖比较舒展"②。藏传佛教在后弘期大力发展,形成了如噶当佛塔、萨迦佛塔的形制,但由于各个教派分布在不同地区,加上对佛经教义理解不同,藏式佛塔的样式依然风格不一。让藏式佛塔进入程式化时期,首先归功于精通佛塔建造理论的布顿大师(1290—1364),著有《塔式度量法》一书。这部著作对佛塔建造制定出比较标准的形制,规定塔座底层以下加须弥座,塔身还是覆钵式,伞盖和塔斗比萨迦佛塔收小,这就为格鲁派以后统一佛塔样式奠定了基础。紧接着格鲁派强盛起来之后,藏传佛教又一次迎来发展高峰,投入大量人力物力建寺筑塔。为了适应大量建塔的情况,格鲁派高层便制定了标准化的佛塔样式,其中第司·桑杰嘉措(1653—1705)就吸收了各方建塔理论,尤其以布顿风格塔为基础,写成《善逝身像量度论·如意宝》一书,并建造了著名的五世达赖灵塔。格鲁派的教义严格,强调遵守戒规,按戒规行事,所以佛塔一经标准化后,所建的藏式佛塔基本都是此类风格。

## 二、敦煌 285 窟壁画藏式佛塔研究

敦煌壁画中有大量的佛塔图像,笔者通过对其中图像的查找归纳,找到两处"藏式佛塔"样式的佛塔(图 1 和图 2),即一处在莫高窟 285 窟,另一处是盛

---

①龙珠多杰:《藏传佛教寺院建筑文化研究》,北京:社会科学文献出版社,2016 年,第 76 页。
②陈耀东:《中国藏族建筑》,北京:中国建筑工业出版社,2007 年,第 210 页。

唐第31窟,由于后者在是否属于藏式佛塔的问题上学界还有争议,故本文重点对西魏285窟藏式佛塔展开研究。笔者运用图像比较的方法,分析285窟所见藏式佛塔和其他地区所见藏式佛塔图像的内在连接关系。

据《敦煌莫高窟内容目录》中关于西魏285窟记载:"东起第一禅窟内存元建塔座。窟顶画莲花圆盖。南壁画说法图一铺;东、西壁各画跌坐菩萨一铺,两侧画四塔……第四禅窟南壁西魏画项光、背靠(模糊);东壁西夏画供养人一身(模糊)。窟口外存元代塔座。"①总体来看,佛塔坚挺纤细,给人以优美又富有活力之感。其底层塔座为两层须弥座,每层须弥座上沿的转角处都有山花蕉叶做尖角翘起之状,塔座几乎占全塔高度一半,塔座之上有一层覆莲,塔身是圆润饱满的鼓形(略作球形),表面有类似垂鬘、垂铃宝珠之物作装饰,塔身与塔刹间又有一小须弥座,上沿转角也有山花蕉叶翘起,上承比例硕大的九层相轮,用舒展的伞盖和葫芦宝瓶作结。

敦煌莫高窟285窟原是西魏时所开凿,南北壁各有四座支窟。元代时,在各支窟口筑起小土塔来封闭支窟,后小土塔损坏支窟才得以显现,由于各支窟内无明代以后遗迹,从土塔和壁画风格判断,可知为元代作品。众所周知,元代是大力支持藏传佛教发展的,以藏传佛教萨迦派高僧为历代帝师,使得藏传佛教文化走出了雪域高原。纵观历史,敦煌和西藏佛教发生联系主要有两

图1　第285窟内藏式佛塔　　　　图2　盛唐31窟内藏式佛塔

(图1、图2均来自萧默《敦煌建筑研究》)

---

①敦煌文物研究所:《敦煌莫高窟内容总录》,北京:文物出版社,1982年,第102页。

次:第一次是吐蕃鼎盛阶段占领了河西陇右时期(786—848);第二次是元代大力支持藏传佛教,敦煌也因此受到了藏传佛教文化的影响,尤其以萨迦派为主。

西藏佛教在进入后弘期后,逐渐和西藏本土文化融合,形成了藏传佛教。但由于地域分割以及对佛经的理解不同的原因,分出来不同的藏传佛教教派,不同时期各个教派的势力是不同的。"凉州会谈"(1247)之前,掌管河西的蒙古阔端王子(1206—1251)决定邀请一位吐蕃高僧会谈,号召西藏各派归附蒙古。据多达那波①《请示迎谁为宜的详禀》记录:"在边野的藏族地区,僧伽团体以甘丹派(既噶当派)为大;善顾情面以达隆法王为智慧;……通晓佛法以萨迦班智达为精。"②可见当时萨迦派在藏族地区声望已经较高,这为阔端选择萨迦班智达(1182—1251)来会谈提供了基础。基于这些原因,萨迦班智达顺利和阔端举行了"凉州会谈",这次历史性的会盟让河西地区佛教发展的方向更偏向于藏传佛教。虽然元朝时期藏传佛教萨迦派是实力最强的教派,但由于之前西夏时期噶举派的长期活动,因此河西地区的石窟造像及壁画艺术有很大的包容性,兼具萨迦风格和噶举风格。③敦煌西魏285窟支窟藏式佛塔最大特点是塔身几乎接近圆形,其次是在须弥座上沿的转角处有山花蕉叶做尖角翘起之状,这是不同于以规定的覆钵式样式为塔身的佛塔,宿白先生也注意到塔身有覆钵式和圆形两种形式。④后者在河西地区石窟中较常见,而前者比较罕见,所以很值得研究。

综上所述,敦煌西魏285窟支窟藏式佛塔有两大特点:第一是塔身饱满接近圆形,塔身上下都有比较大的收分,给人以圆润之感。在宿白先生《西夏古塔的类型》⑤一文中把此类型总结为ⅦC形,即覆钵体塔身略作球状。第二是须弥座上沿的转角处有山花蕉叶做尖角翘起之状,视觉上很突出。按照这个图像特点去思考,再联系到近些年在青海省玉树藏族自治州称多县格日村发现的宋

①多达那波是阔端手下将领,凉州会盟前曾带兵入藏探察藏族地区情况。
②五世达赖著,郭和卿译:《西藏王臣记》,北京:民族出版社,1983年,第88—89页。
③杜斗城:《河西佛教史》,北京:中国社会科学出版社,2010年,第620页。
④宿白:《藏传佛教寺院考古》,北京:文物出版社,1996年,第252页。
⑤宿白:《藏传佛教寺院考古》,北京:文物出版社,1996年,第305页。

代佛教摩崖石刻,其中就有类似形制风格的藏式佛塔石刻(图 3),虽然雕刻线条比较粗糙,但还是将塔身的圆润之感传达了出来。根据《青海称多县歇武镇格日村宋代佛教摩崖石刻考古调查简报》①介绍,在摩崖石刻遗迹中有一份题记记录了这批造像的供养人是来自当地的古热(skyura)家族,而在《萨迦五祖全集》中有一封萨迦初祖贡嘎宁波(1092—1158)写给治隆地区古热氏族上师的信,这封书信的时间和造像的雕刻时间(1101)正好符合。综上所述,这些材料都证明此摩崖石刻的藏式佛塔造像和萨迦派早期造塔风格有关,相比于明清时期格鲁派所倾向的佛塔风格,萨迦派早期造塔风格的主要特点就是塔身圆润接近圆形。说明早在 1101 年,即北宋建中靖国元年,距离萨迦派和阔端的凉州会盟(1247)尚有百余年时间,萨迦派自身造塔的特点就已经显现,具有塔身似球形的特征。在陈耀东《中国藏族建筑》一书中对萨迦派佛塔风格介绍为"塔座较大且矮,塔瓶圆形、扁平,塔斗高大,十三法伦粗壮,伞盖舒展"②。其中提到"塔瓶圆形、扁平",这与格日村摩崖石刻中的佛塔形象相一致,由此得出这种塔身为球体状的佛塔风格,是萨迦佛塔最大的风格。

图 3　玉树称多县格日村摩崖石刻佛塔 1 和塔 2

---

①朱德涛:《青海称多县歇武镇格日村宋代佛教摩崖石刻考古调查简报》,《藏学刊》2017 年第 1 期。

②陈耀东:《中国藏族建筑》,北京:中国建筑工业出版社,2007 年,第 210 页。

再将视线转移到汉藏交融的炳灵寺石窟。炳灵寺石窟内也含有丰富的佛塔石刻,笔者从中找出了宿白先生所提的ⅧC形,即塔身略作球状,共有三座,分别是下寺区 1 号窟前的 T-11、T-22 和 T-23(图 4、图 5、图 6),其最大的特点依然是塔身圆润饱满近乎球状。结合 1 号窟的佛塔凿刻时间,根据《炳灵寺石窟内容总录》①断代分析,这三座藏式佛塔是在元代或明代开凿的,不过依其特点基本可确定是在元代开凿,且是早期。那么这里就出现一个问题,那就是这种ⅧC形藏式佛塔是否也是当时一种较为流行的样式呢?

 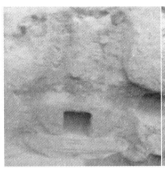 

图 4　炳灵寺 1 号窟前　　　图 5　炳灵寺 1 号窟前　　　图 6　炳灵寺 1 号窟前
　　　　　T-11 塔　　　　　　　　　　T-22 塔　　　　　　　　　　T-23 塔

图 7　黑水城城墙上佛塔立面示意图(图片来源:黄新《西夏时期佛塔研究》②

带着上面的问题,继续考察研究。将视线转移到西夏黑水城遗址,就其遗留的建筑而言,黑水城遗址中几座藏式风格的大塔最引人注目。共有五座藏式佛塔仡立在黑水城外围城墙上(图 7),其中有四座是ⅧC形,从中看到的山花

①杜斗城、王亨通:《炳灵寺石窟内容总录》,兰州:兰州大学出版社,2006 年,第 1 页。

②黄新:《西夏时期佛塔研究》,硕士学院论文,内蒙古科技大学,2019 年,第 45 页。

蕉叶起翘状不明显,这很可能是因为形状太细小而极易被风化之故。黑水城,蒙古语称为哈拉浩特,西夏时期设黑水镇燕军司,是北方重镇。黑水城遗址分为大小两座城址,小城位于现在的东北方向,为西夏黑水镇燕军司故城,外围为元代扩建的亦集乃路故城,所以这些处于外围城墙上的藏式佛塔必为元时所建。基于西夏时期萨迦派也影响到黑水城藏传佛教发展的情况,[①]而元时又正是萨迦派权势最大时期,加上以凉州白塔寺为萨迦中心,势必会影响到黑水城地区,故而黑水城中萨迦元素占据主导地位。且在黑水城发现的大量文书中,沈卫荣就认为有很多"与大黑天崇拜相关的密教仪轨文书,如《慈乌大黑要门》《大黑求修并做法》《吉祥大黑天修法》,以及数量不少的其他本尊禅定仪轨和与《捺啰六法》相关的瑜伽求修法、要门等,可以被认定为是元代的作品"[②]。出土文献间接证明这些佛塔的建造是受萨迦教派的影响,具有萨迦风格。如此一来,就可以把ⅦC 形藏式佛塔贯穿起来,基本断定这种样式就是萨迦派的代表,是萨迦特色。接着从凉州白塔寺向西考察,在张掖的马蹄寺石窟中也有此类型的藏式佛塔造像(图 8、图 9、图 10)。马蹄寺石窟最早开凿于晋代,建于元代的有南北二寺石窟,其中就有大量元代壁画和石刻,而ⅦC 形藏式佛塔就包含在其中。这组石刻佛塔图像和敦煌所见藏式佛塔最为相似,最大特点依旧是塔身作球状,圆润饱满,可以归为同一类型。仔细观察这组佛塔,在图 8 和图 9 中,其须弥座上沿的转角处有山花蕉叶做尖角翘起之状,与敦煌西魏 285 窟支窟内藏式佛塔的相对位置的山花蕉叶做尖角翘起之状如出一辙,在图 10 中佛塔已损坏无法辨认,最右侧藏式佛塔的山花蕉叶尖角似乎可以辨认一些,不过图 8 佛塔在北寺第 3 窟甬道右壁,图 10 的三组佛塔在第 3 窟甬道左壁,图 9 佛塔是在北寺第 3 窟甬道内壁,按照开凿工序,肯定是由外而内的步骤,内壁和外面甬道右壁已经是此类型,那么处于甬道左壁的图 10 这组佛塔也应属于此种带山花蕉叶尖角类型。由于元代萨迦派的强势,河西很多寺院都改宗了萨迦派,[③]基于

---

①黑水城出土西夏文文献中,有一篇署为"甘泉大觉圆寂寺沙门宝昌传译"、大禅巴师所集。其中大禅巴师被称为康法师,是萨迦昆氏萨迦思公宁卜弟子。

②沈卫荣:《藏传佛教在西域和中原的传播——〈大乘要道密集〉研究初篇》,北京:北京师范大学出版社,2017 年,第 26 页。

③杜斗城:《河西佛教史》,北京:中国社会科学出版社,2010 年,第 620—625 页。

这样的一种背景,可得出这种ⅦC 形藏式佛塔也曾在河西地区流行,但是没有完全扩大开来,肯定有背后的原因,需要来解析这个问题。在《敦煌建筑研究》[1]一书中还提到了出现在新疆吐鲁番地区的壁画残片(图 11),其塔座是覆莲状,上承圆球形塔身,表面附带垂鬘垂铃,塔顶须弥座转角处也有山花蕉叶起翘。综合判断,此处壁画残片中的佛塔也应是元时所绘。北京护国寺东塔(图 12),建

图 8　马蹄寺北寺　　　图 9　马蹄寺北寺　　　图 10　马蹄寺北寺 3 窟甬道左壁塔组合
3 窟甬道右壁塔　　　　3 窟甬道内壁塔　　　　（图 8、9、10 均来自姚桂兰《马蹄寺石窟》）

图 11　吐鲁番地区发现的壁画残片　　　图 12　北京元代护国寺东塔
（图 11　12 均来自萧默《敦煌建筑研究》）

①萧默:《敦煌建筑研究》,北京:中国建筑工业出版社,2019 年,第 205 页。

造于延祐二年(1315),其塔座呈圆柱形,上承近似圆形的塔瓶,塔瓶虽不似西魏 285 窟支窟藏式佛塔那般圆润,但上下都做了明显收分,风格接近,东塔相轮下须弥座之上沿转角也有山花蕉叶起翘,更是如出一辙。

但还是有一个问题摆在眼前:为何此类型佛塔遗迹很罕见呢?这需要从当时元朝萨迦派和元朝皇室的角度谈起。其一,虽然萨迦派在元朝被尊为帝师之派,但首位帝师八思巴(1235—1280)并非挤压其他教派生存空间的宗教领袖,虽然也有很多寺院被改宗萨迦派,但据记载并没有强行改宗的情况,很多寺院都是因为对萨迦派的崇敬而改之,所以在石窟壁画中看不到很多早期此种萨迦派风格佛塔类型。其二,在传统意识中,似乎整个元朝对萨迦派都很崇信,但事实并非如此。据沈卫荣考证,元代尊崇藏传佛教萨迦派"道果法"①的人主要是在宫廷或者皇亲国戚中,北京元代护国寺东塔就是皇家所建,这就是最好的例证,但在民间的热度不是很高,这也就造成了萨迦派佛塔建造数量以及地区不是很广泛。

## 三、余论

通过对敦煌西魏 285 窟支窟藏式佛塔的探析,明晰了这种佛塔的来龙去脉,那就是宿白先生所提出的西夏ⅦC 形佛塔,虽然比较罕见,但至迟也在元代初期已逐渐流行于河西地区。追根溯源,这种形制的佛塔也存在于吐蕃早期,这便是公元 8 世纪所建的桑耶寺红塔,其塔身也为球状。现梳理出一条脉络:源于印度"窣堵坡"的佛塔流传到西藏吐蕃王朝,随着吐蕃王朝的兴盛,此类佛塔数量逐渐增多,然而到了吐蕃王朝末期朗达玛(799—842)灭佛后,藏传佛教也趋于绝迹。不过随着上弘传路和下弘传路两个方向藏传佛教回传到卫藏地区,基于后弘期政权割据的特点,藏传佛教形成了众多教派,其中萨迦派就是后弘期早期最活跃的教团。这样一来,无论是地域还是时间,都可以把玉树格日村摩崖石刻连接起来,由南向北形成了一条萨迦派佛法弘传之路。

起源于西藏的这种萨迦派圆球形藏式佛塔,通过唐蕃古道向北传播。随着萨迦派势力逐渐增强,便开始了在青藏高原以外的传播,其中炳灵寺是重要的

---

①"道果法"是藏传佛教萨迦派密宗学派有关悟道证果的理论及实修法门。

一站,由于其重要的地理位置,属于藏族地区通往内地最便捷的道路,所以这种萨迦风格的佛塔也出现在了炳灵寺之中。从炳灵寺往北走即可到达西夏国地区,由于之前西夏国崇尚藏传佛教,甚至还迎请藏传佛教噶举派高僧为帝师,所以有很好的藏传佛教文化基础。西夏国黑水城作为北方的重镇要塞,西夏和后来的元朝都曾投入大量人力物力来修筑,在西夏黑水城的基础上,元代又将其扩大,并在城墙上修建了几座大型藏式佛塔,而在城墙上修建佛塔是比较少见的,因为黑水城主要是军队人员,这样修筑便于礼佛。这几座大型佛塔具有明显的萨迦佛塔风格,可见萨迦派在元代影响力很强。在黑水城以西的凉州,是蒙藏"凉州会盟"之地,西藏一方代表是萨迦派。随着"凉州会谈"的完美收官,藏传佛教萨迦派在青藏高原以北的广大地区,形成了以凉州为中心的藏传佛教弘扬基地,这势必影响到河西地区石窟艺术风格。凉州以西的马蹄寺中存在着相似的藏式佛塔就充分说明了这一点,若仔细梳理河西其他石窟,必定还会有一定数量的此类佛塔。敦煌的西魏 285 窟支窟藏式佛塔,完美地衔接了这种萨迦佛塔风格,代表这种有特色的佛塔也曾流行于此区域。甚至于在吐鲁番地区的壁画中佛塔也带有这种风格,在吐鲁番以西的石窟壁画中也可能存在此类佛塔。关于塔身做圆球状的特殊藏式佛塔至今尚未引起相关学者的重视,希望在未来的研究中能注意到这些特殊类型的藏式佛塔,挖掘其中深层次的事件背景,扩大藏式佛塔研究的宽度。

# 雨神形象及祈雨仪式的文化旨意

## ——以新疆、敦煌壁画为研究内容①

张家毓

（四川大学　道教与宗教文化研究所）

我国本土文化中就有雨神的形象描摹和文字记载,如毕星、萍翳、商羊、封豨、赤松子、龙王、应龙、玄冥、历史人物狐突等。其中龙是西域石窟中的雨神形象代表,衍生出多种以龙像为原型的雨神形象异变,出现了人首龙身或龙首人身的异兽形象。目前学界对新疆和敦煌地区所见雨神研究,以张小刚、党燕妮、张伯元的研究为主,他们重点探讨敦煌地区雨神龙形象变化和龙王信仰,对敦煌地区雨神研究进行了初步的梳理。以魏睿骜、霍旭初的研究为主,魏睿骜重点探讨敦煌、吐鲁番地区的风伯雨师信仰,霍旭初主要梳理新疆石窟群中的天相图及其中龙形雨神的形象和数量,为后人研究奠定了扎实的资料基础。前人学者已经对新疆和敦煌地区的雨神研究作出了很大的贡献,但以敦煌和新疆石窟为首的雨神研究仍有很大的提升空间,本文旨在前人研究成果的基础上不断深化研究西域地区的雨神形象和雨神信仰,探索其中的文化旨意,为以后的气象神研究贡献出自己的力量。

## 一、印度"Naga"与中国"龙"对新疆地区壁画的影响

新疆石窟壁画雨神形象在诸如因缘故事、经变画、天相图等多种题材中都

---

①基金项目:2021 年国家社科艺术学项目"8—12 世纪川滇佛教与吴哥的文化交流"(项目批准号:21EF208)。

有图像描摹,其中雨神形象也多以龙像为主,也有一些雨神作为人形的样貌出现。前人学者研究认为中国雨神中龙的形象和印度 Naga 蛇神的形象有联系,而其中的内在联系是本文重点研究的对象。

(一)新疆壁画雨神形象整理及其研究

据笔者调查,新疆地区雨神形象存在于九个石窟中,其形象有两种:其一为全动物状,大致以蛇状为主,存在于天相图、龙王护佛、马坚龙王本生、四蛇喻缘、须摩提女因缘、比丘与龙、回鹘供养人像、龙池等八个题材中;其二为全人形状,有两种,一种是只出现在"龙王礼佛图"中的人形龙王,一种是做武士或菩萨装扮,其头后皆有多蛇呈伞状出现,似头光,有的还持有龙幡,主要出现在龙王护法或弟子举哀图中。

全动物状的雨神形象,以单蛇或多蛇状形象为主。首先,天相图中的雨神就是多蛇的形象,表现为多蛇成一排出现在浓云中,有兴云致雨的效果(图1)。天相图是佛教宇宙观的再现,是将天体进行佛教化的再创造,霍旭初认为天相图中日天、月天、金翅鸟、风神、雨神为自然界的抽象表现,是凝缩了龟兹佛教宇宙空间和时间的观念。[①]其次,龙王守护佛陀的画像中,表现为佛陀身后出现一蛇护佑佛陀(图2)。佛经来源就是《六度集经》所讲太子得禅的故事,因佛初成道,佛接受龙的邀请到其宫殿接受供养,故佛陀来到龙王宫殿,便坐下七日不起,这七日雨下不绝,龙王出现,以尾巴缠住佛陀,以蛇头护在佛陀头上,做避雨状,龙王亦得禅悟,成为第一个皈依佛的牲畜。而《根本说一切有部毗奈耶破僧事》也载:"从菩提树下起,往牟枝磷陀龙王池边,坐一树下念三摩地,时此池中合有七日雨下。牟枝磷陀龙王,知七日雨下不绝,从池而出,以身绕佛七匝,引头覆佛头上。何以故,恐佛世尊冷热不调,诸蜂蝇等虫恼乱世尊。时此龙王,过七日中见雨止已,方解其身变作天身。"[②]这种形象的出现是因为龟兹地区禅法兴盛,盛行说一切有部的小乘佛教思想,说一切有部的核心是四禅、八定、九次第定,龟兹僧人鸠摩罗什翻译的禅法佛经《禅秘要法经》所说的五门禅

---

① 霍旭初、赵莉、彭杰、苗利辉《龟兹石窟与佛教历史》,新疆:新疆人民出版社,2016 年。

② (唐)义净译:《根本说一切有部毗奈耶药事(卷五)》,《大正藏(第 24 册)》,台北:佛陀教育基金会出版部,1990 年。

观就是龟兹地区禅法的最好总结,这五门禅观为修不净观(观人种种不净),因缘观(观世间无常),数息观(观呼吸变化),界分别观(观外境空幻),慈心观(救苦救难的普度思想)。

图1 克孜尔尕哈11窟天相图雨神①

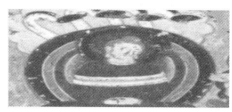
图2 克孜尔石窟80窟龙王护法②

　　第三,马坚龙王本生。故事是五百商人入海取宝,海龙王闻之要加害于商人,善良的马坚龙王救了商人,让商人踩在其身上,让其安稳渡河。马坚龙王的形象在新疆石窟共发现两铺,为一龙身两边双龙头的形象,马坚龙王的形象已经是汉地的龙王形象,不再是蛇的样子(图3)。最后是两则因缘故事,即须摩提女因缘和四蛇喻缘的故事。须摩提女因为笃信佛教,其父亲却把她嫁给了外道满财长者,为了使满财长者皈依佛法,须摩提女便宴请佛弟子感化外道丈夫,佛弟子便如约而至,其中佛弟子优毗迦叶乘龙而来,这个图像中龙的坐骑是由多条蛇盘成龙座,从虚空而来(图4),目的是护佑优毗迦叶,为优毗迦叶挡风遮雨,但也可以看出,作为护佑佛法曾经在畜生道的"龙"的功能是防雨而不是制雨;其次是四蛇喻缘,佛以四蛇讲解因缘,四蛇代表佛教"四大"即"地、水、火、风"。说一切有部认为,"四大"以各自的性能受持万物,水能使物不散,火能使物成熟,风能使物成长,至于以蛇的形象表现"四大"之"水"出自《金光明最胜王经》卷五载:"地水火风共成身,随彼因缘招异果,同在一处相违害,如四毒蛇居一箧。"③壁画中的"四蛇"喻为人有欲望就会招致灾祸。最后,比丘说法,龙池中龙出水听法和回鹘人供养人像中龙出水的样子,都和中国本土的龙形象无差别,没有了蛇的样子。在佛教题材画中龙的性质有两面,即善与恶,如

---

①赵莉:《西域美术全集(第11卷)》,天津:天津人民美术出版社,2016年。
②周龙勤:《中国新疆壁画艺术·克孜尔(第2卷)》,乌鲁木齐:新疆美术摄影出版社,2009年。
③(唐)义净译《金光明最胜王经(卷五)》,《大正藏(第16册)》,台北:佛陀教育基金会出版部,1990年。

四蛇喻缘中的蛇就是贪嗔痴的代表,而马坚龙王却是善良的,为佛遮风挡雨。可以说在龟兹石窟壁画中的雨神主要以龙为主,这个龙像雨神的形象经历了从蛇形变为龙形的一个阶段。

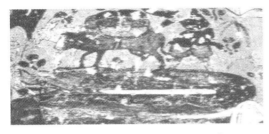

图 3　克孜尔石窟 114 窟马坚龙王[①]　　图 4　克孜尔石窟 224 窟迦叶乘龙[②]

全人状的雨神形象。其一,只出现在帝王礼佛图中,其形象身穿汉式的宽氅大袍,周围有侍女侍从左右站立(图 5),表示其形象和身份的高贵。这个全人形的雨神被尊称为龙王,且这个帝王装扮的龙王形象和称呼一直延续到中原本土并不断改造和吸收成为我国水陆画中雨神的主要形象。其二,是武士装或菩萨装雨神,头光是蛇状,有的持有龙形幡(图 6、图 7),其形象源自印度文化中 Nagarajah 的蛇王形象,随着 Nagarajah 的东传,在新疆地区就逐渐本土化,其武士装就是龟兹地区龙王形象的代表,占比很大,如克孜尔石窟第 193 窟中的龙王就是龟兹地区龙王形象的典型代表,身材魁梧,严肃有力,其职能是守护佛法。在佛教石窟题材中,龙的形象被认为是佛陀的守护者而存在,其形象也随着时代的发展不断变化着。附表 1 及表 1 续新疆地区石窟群中雨神形象汇总。

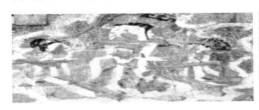

图 5　雅尔湖石窟 4 窟龙王礼佛图[③]　　图 6　森木塞姆石窟 31 窟龙王[④]

①周龙勤:《中国新疆壁画艺术·克孜尔(第 1 卷)》。
②周龙勤:《中国新疆壁画艺术·克孜尔(第 2 卷)》。
③赵莉:《西域美术全集(第 12 卷)》。
④赵莉:《西域美术全集(第 11 卷)》。

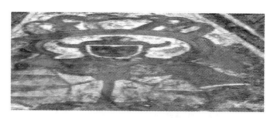

图 7　库木吐喇石窟 34 窟护法水天①

表 1　新疆地区石窟群中雨神形象汇总

| 石窟 | 窟号 | 位置 | 内容 | 形象 | 数量 |
|------|------|------|------|------|------|
| 克孜尔石窟 | 13 | 主室券顶中脊 | 天相图 | 多蛇连接 | 1 |
| | 17 | | | | |
| | 14 | | | | |
| | 34 | | | | |
| | 80 | | | | |
| | 87 | | | | |
| | 98 | | | | |
| | 118 | | | | |
| | 126 | | | | |
| | 新 1 | 左甬道券顶 | | 多蛇喷水 | |
| | 8 | 主室券顶右侧 | 龙王守护 | 龙身绕佛,龙头在佛顶 | |
| | 34 | | | | |
| | 38 | | | | |
| | 58 | | | | |
| | 80 | | | | |
| | 100 | | | | |
| | 101 | | | | |

①赵莉:《西域美术全集(第 10 卷)》。

续表

| 石窟 | 窟号 | 位置 | 内容 | 形象 | 数量 |
|---|---|---|---|---|---|
| | 114 | 主室券顶右侧 | 马坚龙王本生 | 一龙前后有头 | 2 |
| | 14 | 主室券顶左侧 | | | 1 |
| | 67 | 穿窿顶西北侧 | 护法龙王 | 菩萨装,蛇形龙在头顶 | |
| | 179 | 主室门道右侧 | | | |
| | 193 | 主室前壁 | | 武士装,蛇形龙在头顶,持龙幡 | |
| | 192 | 主室券顶左侧 | | 武士装,持龙幡 | |
| | 196 | 主室券顶左侧 | 四蛇喻缘 | 四蛇在盒中 | |
| | 205 | 主室券顶 | 须摩提女因缘 | 优毗迦叶乘龙 | |
| | 224 | 主室券顶中脊 | | | |
| 库木吐喇石窟 | 34 | 主室穿窿顶 | 护法龙王 | 武士装扮,蛇形龙在头顶 | |
| 小桃儿沟石窟 | 1 | 主室右壁 | 比丘与龙 | 龙听法状 | |
| 托乎拉克艾肯石窟 | 15 | 右甬道券顶中脊 | 天相图 | 多蛇连接 | 2 |
| | | 左甬道券顶中脊 | | | 1 |

资料来源:霍旭初、赵莉、苗利辉:《龟兹石窟与佛教历史》,乌鲁木齐:新疆人民出版社,2015 年;赵莉:《西域美术全集》第 7—12 卷,天津:天津人民美术出版社,2016 年;周龙勤:《中国新疆壁画艺术·克孜尔》第 2 卷,乌鲁木齐:新疆美术摄影出版社,2009 年。

表 1 续　新疆地区石窟群中雨神形象汇总

| 石窟 | 窟号 | 位置 | 内容 | 形象 | 数量 |
|---|---|---|---|---|---|
| 七个星石窟 | Ⅷ佛殿出土 | 英国大不列颠博物馆藏 | 回鹘供养人像 | 水中出现龙状 | 1 |
| 雅尔湖石窟 | 4 | 后室左壁 | 龙王礼佛图 | 人状 | |

续表

| 石窟 | 窟号 | 位置 | 内容 | 形象 | 数量 |
|---|---|---|---|---|---|
| 柏孜克里克 | 20 | 主室 | 龙池 | 水中出现龙 | 4 |
| | 31 | | | | 1 |
| | 39 | | 龙王礼佛图 | 人状 | |
| 森木塞姆石窟 | 1 | 右甬道券顶中脊 | 天相图 | 多蛇连接 | |
| | 19 | 主室券顶中脊 | | | 2 |
| | | 右甬道券顶中脊 | | | 1 |
| | 20 | 左甬道券顶中脊 | | | 2 |
| | | 后甬道券顶中脊 | | | |
| | 24 | 右甬道券顶中脊 | | | 1 |
| | 26 | 后室券顶中脊 | | | 3 |
| | 30 | 右甬道券顶中脊 | | | 1 |
| | | 左甬道券顶中脊 | | | |
| | 44 | 右甬道券顶 | 龙王 | 武士装,蛇形龙在头顶 | |
| | 31 | 左甬道外侧壁 | | | |
| 克孜尔尕哈石窟 | 11 | 主室券顶中脊 | 天相图 | 多蛇连接 | 2 |
| | | 右甬道券顶中脊 | | | 1 |
| | 16 | 左甬道券顶中脊 | | | 2 |
| | 23 | 右甬道券顶中脊 | | | 1 |
| | 16 | 后室盝顶 | 举哀图 | 菩萨装,蛇形龙在头顶 | |

资料来源:霍旭初、赵莉、苗利辉:《龟兹石窟与佛教历史》,乌鲁木齐:新疆人民出版社,2015 年;赵莉:《西域美术全集》第 7—12 卷,天津:天津人民美术出版社,2016 年;周龙勤:《中国新疆壁画艺术·克孜尔》第 2 卷,乌鲁木齐:新疆美术摄影出版社,2009 年。

(二)印度"Naga"蛇形象对中国"龙"形象的影响考证

孙英刚认为,Naga 是佛教吸收印度本地文化的神祇,因为龙是佛经中 Na-ga 的对译,和中国的龙是有非常大的区别的,也就是说,Naga 原意就是蛇的意思,佛教观念里,龙是天龙八部之一,六道轮回体系中,也是在畜生道中,属于三恶之一。佛教故事中,有些就是佛给龙讲法,龙由此皈依佛道。①在佛教之前,龙神或蛇神信仰在公元前 5 世纪就很流行,贵霜地区就有供奉蛇神的庙,佛教出现之后,就吸收了本土的蛇神信仰。

Naga 在犍陀罗本土文化中有两种性质:第一是邪恶属性。在犍陀罗人眼中,龙是邪恶的,佛陀通过降伏恶龙势力,证实佛法的威力。第二是护法属性。龙因为佛的讲法而皈依佛教,龙为佛陀护持、礼拜,说明佛法强大。目前犍陀罗地区所见的龙王形象,首先是"迦罗龙王",在阇那崛多译的《佛本行集经》中即"迦梨迦"(kalika)龙王,龙王将自己的宫殿贡献于佛,在佛的加持下皈依佛、法、僧。其次是"文邻瞽龙"。在犍陀罗艺术中,龙王保护雨中禅定的佛陀,带有独特的印度特色。阇那崛多所译《佛本行集经》中将"文邻瞽龙"译为"目真邻陀"(Mucalinda),该龙王居住在摩羯陀国的目真邻陀龙池,在犍陀罗艺术中表现为佛陀结跏趺坐于龙身上,龙头在佛陀背后呈现出五个或七个扇形龙冠(图8、9)。除了在犍陀罗地区出现有文邻瞽龙护持雨中修法的佛陀的画像,在多雨的东南亚地区也常见,可见在南亚地区龙王出现也是因为雨多的缘故,在人们心中,雨和 Naga 有直接的联系。只是此时的南亚文化中的文邻瞽龙是挡雨的,不是造雨的。而这样的文邻瞽龙形象传到干旱的西域地区,就逐渐占据上风,成为人们喜爱的龙王形象且绘制在壁画中,主要原因有继续让其保护佛陀的愿望,也有求雨的意愿在其中,所以壁画中出现形似文邻瞽龙的龙王形象,其穿着变成了武士装扮。再次是龙王出现在佛陀战胜六师外道、大显神通的过程中,佛召唤龙众持妙莲花,以宝为茎叶,金刚为须,从地面涌出,龙王从水中涌出礼敬佛陀(图10)。另外释迦太子出生之时需要灌顶,犍陀罗地区灌顶者是龙王(图11)。《修行本起经》载:"有龙王兄弟,一名迦罗,二名郁迦罗,左

---

① 孙英刚、何平:《犍陀罗文明史》,北京:生活·读书·新知三联书店,2018 年。

雨温水,右雨冷泉。"①给太子灌顶沐浴的龙王还有其他的名字,《过去现在因果经》:"难陀龙王、优波难陀龙王于虚空中。"②在浮雕中可以看出龙王兄弟是以人的样子被刻画出来的。印度龙王灌顶传至汉地,在汉文经文中,最初仍是龙王兄弟为太子灌顶,到后秦鸠摩罗什译《大智度论》中,龙王的人形象变成动物状吐水的模样,隋阇那崛多所译《佛本行集经》中未出现龙的样子,只是天降双泉为太子灌顶。在新疆壁画中所见龙王灌顶是以蛇的形象出现,和犍陀罗地区最早见到的灌顶者有着本质的区别。汉传佛教中,"九龙浴佛"早已有之,《邺中记》载石虎举行九龙灌顶:"四月八日,九龙衔水浴太子之像。"③但犍陀罗地

图 8　桑奇塔文邻瞽龙护持④

图 9　12 世纪柬埔寨大都会
博物馆文邻瞽龙护持⑤

图 10　舍卫城神变　拉合尔博物馆⑥

图 11　龙王灌顶 3—4 世纪
诺顿西蒙博物馆⑦

①(后汉)竺大力、康孟详共译:《修行本起经(卷一)》,《大正藏(第三册)》,台北:佛陀教育基金会出版部,1990 年。

②(宋)求那跋陀罗译:《过去现在因果经(卷一)》,《大正藏(第三册)》,台北:佛陀教育基金会出版部,1990 年。

③(晋)陆翙撰:《邺中记》,上海:商务印书馆,1937 年。

④⑤⑥⑦孙英刚、何平:《犍陀罗文明史》。

区没有见到九龙灌顶的佛教内容,汉文译经中,九龙浴水的记载也非常少。可以说从二龙灌顶到九龙浴水,佛教艺术传至新疆地区就不断中国化,本地人通过加工吸收再创造。

在中国古籍记载中,龙是我国上古时期农业社会所崇拜的雨神,可以看出龙的最初属性为其自然属性,随着生产力的发展,龙逐渐从其自然属性变得具有人格化,如太昊氏伏羲"龙身牛首",神农"龙首,身似龙体",及至汉代,龙的神格功能完全定性,既能制电也能造雨,是我国古代雷雨之神的象征。那么龙在我国最早源起于何时何地,学者李锦山对所发现的三处史前龙形堆塑遗迹进行了考察和论证,即查海遗址石块堆塑的巨龙、焦墩遗址河卵石摆塑的巨龙、西水坡遗址蚌壳摆塑的龙虎。[1]作者认为查海和焦墩遗址出土的巨龙和中原远古的雩祭求雨有直接的联系,土龙求雨在我国存在已久,堆塑土龙来祈雨据作者证实在商周就已存在,反映出我国强烈的农业文化烙印。何星亮也通过查海遗址出土的堆塑龙证实中国龙起源于旧石器时代晚期,他认为龙文化经历了四个发展阶段:一是图腾崇拜阶段;二是神灵崇拜阶段;三是龙与帝王崇拜结合的阶段;四是中国龙与印度龙崇拜相结合的阶段。比较系统地梳理了中国龙的起源以及最后和印度 Naga 结合演变成我国佛教题材中的龙形象的过程。[2]其中作者也集中讨论了龙的生物原型即来自蛇的形状,蛇在远古主雨水,因为龙和蛇的同源性,龙也具有降雨的功能。但何星亮对龙的自然神身份定义更广泛,认为龙不只司雨也司雷、司虹。龙的自然功能丰富,极具想象力。但也有学者对龙的最初起源产生怀疑,章太炎和王笠荃认为龙起源于鳄。[3]从原始社会到夏商时代,鳄分布在长江中下游、黄河中下游及珠江流域。后世出土的龙形配饰和龙神话的神秘性都是在人们对龙初级形态认知上的艺术再创造。汉代龙与五行观念结合,出现龙众,有麟曰蛟龙,有翼曰应龙,有角曰虬龙,无角曰螭龙。龙的形象随着人们认知加深占据着中国人内在文化基因,即我们是龙的传人。朱天顺在《中国古代宗教初探》一书中认为龙的原型为雷电,王小盾

①李锦山:《史前龙形堆塑反映的远古雩祭及原始天文》,《农业考古》1999 年第 1 期,第 128—140 页。

②何星亮:《龙与中国文化》,《宗教信仰与民族文化》2002 年第 2 期,第 120—176 页。

③王笠荃:《龙神之谜》,《中国文化》1991 年第 2 期,第 89—104 页。

《龙的实质和龙文化的起源》一文中认为龙源自胚胎原型等。龙的起源非常多样,但最终都呈现出龙的姿态。

中国本土龙和印度Naga的联系。早期一些学者研究认为中国龙司雨和Naga有直接的联系。党燕妮认为由于印度Naga和中国龙的结合才有了降雷制雨的功能出现。但也有一些学者认为这值得商榷,其中杜文玉就否认龙司雨和Naga有联系。作者认同佛教传入中土后,和中国的龙不断结合,天龙八部中龙的出现和印度Naga有直接的关系,以及龙女形象都和印度龙文化有莫大关系,但对于龙司雨的功能源自印度Naga,认为是立不住脚的,因为在佛教传入中土之前,龙就有司雨的功能了。[1]笔者也比较倾向于后者的看法。中国龙文化源远流长,只是只有关于龙的记载,并无龙王这个称呼,龙王一词源自印度,即Naga"蛇"变为Nagarajah"蛇王"。至早在东晋,高僧法显便把海龙王的称呼带到中国,北魏杨衒之也曾提到龙王。但直到唐代,有关龙王的称呼无论在民间还是官方都不太普遍。自宋仁宗、宋徽宗封海龙王和五龙神为王之后,龙王的称呼才开始普及。新疆、敦煌地区所见龙王形象是不同文化融合中的艺术再现,是文明相互包容的生动反映。

## 二、敦煌石窟壁画雨神像的形象流变及祈雨图的两种文化因素探讨

敦煌壁画雨神形象继承了新疆地区石窟的雨神龙形形象,并在继承的基础上不断将雨神龙形形象进行中国化改造,加入了更多中原本土特色。在以龙为雨神基础的艺术构造上,敦煌壁画出现祈雨图的图像,这是区别于新疆地区的敦煌特色,这种祈雨文化和粟特人来华带来的祆教信仰有直接联系。目前对敦煌雨神的研究以张小刚、党燕妮、张伯元为主,他们对敦煌雨神有一个大致的梳理,但还有一些壁画未涉及,本节旨在对敦煌雨神做一个细致的梳理以及对敦煌祈雨图作深入的分析。

(一)敦煌石窟壁画雨神形象整理及探析

敦煌的雨神仍以龙形作为基准,张小刚将敦煌所见雨神分为兽形、人兽结

---

[1]杜文玉、王颜:《中印文明与龙王信仰》,《文史哲》2009年第6期,第124—133页。

合形、人形三种。①兽形为龙形或者蛇形;人兽结合形有龙头人身和人头龙尾两种;人形有菩萨状、武士状、王者状(天官状),这是目前敦煌石窟壁画中所见的龙王形象种类。

兽形状龙神在敦煌壁画中分布不多。主要存在于弥勒经变中的九龙灌顶图和龙王制雨图,以及佛教故事降龙入钵和五台山化现图、安世高见湖神图、部分须弥山龙众图中。

首先是九龙灌顶出现在弥勒降生图中,空中有龙吐水为其灌顶(图12)。上段已经梳理过龙王灌顶的源流,在犍陀罗地区就出现了二龙灌顶图,随着鸠摩罗什译经,在西域地区才出现了九龙灌顶图,但弥勒降生图中出现九龙灌顶图是敦煌壁画特色。弥勒是未来佛,释迦牟尼出生时就有龙王灌顶,而弥勒也同理,所以壁画图像描绘中,弥勒经变有九龙灌顶图从盛唐到宋皆有发现,共有25个窟出现了九龙灌顶图。其次是龙王制雨,主要出现在弥勒下生故事中。弥勒下生之前,龙王多罗尸弃降临翅头末城上空,天空微微下雨,目的是掩盖尘土,敦煌壁画中从盛唐到宋都有所发现,共有14个窟出现龙王制雨。第三是佛教故事画——降龙入钵。迦叶的弟子因患病遭人驱赶,死后化成一条毒蛇,佛陀故来感化他,毒蛇被佛陀收入佛钵中,这个龙的样子在壁画中是蛇的样子(图13)。第四是安世高见湖神图,目前只见于宋代第454窟中。安世高前世为出家人,他的一位同学在托钵乞食时,倘若施主布施不符合自己心意,就怀有

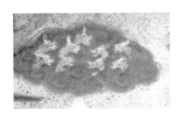

图12　中唐莫高窟186窟
　　　九龙灌顶②

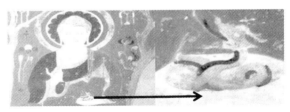

图13　隋莫高窟380窟降龙入钵③

①张小刚:《古代敦煌龙王信仰及其研究》,《敦煌研究》2021年第3期,第57—68页。
②王惠民主编:《敦煌弥勒经画卷》,香港:商务印书馆,2002年。
③孙修身主编:《敦煌佛教东传故事画卷》,香港:商务印书馆,1999年。

嗔怒之心。安世高修行前给这位同学以忠告,告诫他若不放下嗔恨之心,那来世必会托生为丑恶之形体,若安世如高学道有成,必来度他。后二人皆转世,安世高成为得道高人,他的同学成为共亭湖上的湖神,为蟒蛇模样。安世高因为蟒蛇死期将至,按蟒蛇心愿,把蟒蛇葬在草泽间,故安世高度了蟒蛇,为其建塔供养,后蟒蛇被超度,幻化为一少年,少年跪谢安世高,自此圣庙灵验之事久盛不衰(图15)。五台山化现图中的龙有善恶两种,皆有榜题,即娑竭龙王和毒龙群。娑竭龙王是八大龙王之一,主降雨(图14)。而毒龙群传说在五台山兴风作浪,最后被文殊菩萨所降伏。部分须弥山龙众从水中涌出,做制雨状,如西魏 249 窟阿修罗身边两身龙从水中一跃而出直冲天际。据《长阿含经》二十一卷《世记经·战斗品》载,诸天与阿修罗战斗:"难陀龙王、跋难陀龙王以身缠绕须弥山七匝,震动山谷,薄布微云,滴滴稍雨,以尾打大海水,海水波涌,至须弥山顶。"[1]敦煌壁画中所见动物状龙王形象已经完全是汉式龙的模样,只有一铺安世高见湖神中龙王为蛇的样子,但表现为蛇也是因为共亭湖神前世未修行好而变成了蛇的丑恶模样,龙在国人眼中是尊贵的象征,蛇在国人眼中却代表邪恶。

图14　五代 61 窟五台山化现图 [2]

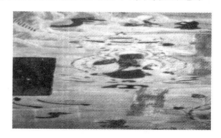

图15　宋莫高窟 454 窟安世高见湖神 [3]

　　雨神为人兽结合状。主要有龙头人身和人身龙尾这两种形象。龙头人身目前在敦煌壁画中只发现一铺,即隋 303 窟龙王说法图,图中龙王的形象为龙头人身,在榻上讲法,座下有三个弟子跪着听法(图16);人身龙尾主要表现为须弥山上的双龙绕柱,上半身为菩萨状,下半身为龙尾,做交缠状(图17)。

---

①(后秦)佛陀耶舍、竺佛念译:《长阿含经(卷二十一)》,《大正藏(第 21 册)》,台北:佛陀教育基金会出版部,1990 年。

②孙修身主编:《敦煌佛教东传故事画卷》,香港:商务印书馆,1999 年。

③同上。

雨神为人形状。有菩萨状、武士状、王者状。菩萨状主要出现在经变画中，须弥山下从海中涌出和龙王礼佛图中，其中须弥山菩萨状龙王成对出现，张伯元最早将礼佛图作了整理，得出礼佛图出现的时间是五代、北宋瓜沙归义军时期，是被绘制于洞窟中的特殊壁画题材。①在敦煌莫高窟中约有 40 个窟中有龙王礼佛图壁画，主要表现八大龙王和夜叉及龙女等在海面上赴会供养的场

景。张小刚认为龙王礼佛图的出现本质是佛教中海龙王造像的一种形式。海龙王是佛教中的护法神，具有保佑众生，护持佛法的作用，尤其能降雨，保佑地方风调雨顺。张伯元从国家层面进行了分析，认为龙的崇拜归根结底就是表现对君主的崇拜，龙王礼佛图是一段时期出现的独特产物，借助龙王的身份基础，是为了表达这个地区人们对龙的尊崇，对求雨的渴望，以及对权力的崇拜和祈求来年风调雨顺的美好愿景。佛教中的龙王信仰在民间长期发展，民众形成了关于龙王的总体印象以后，创制出了关于龙王的佛教造像。这种造像不依据某一部佛经，是依据诸经得到关于龙王的知识和观念，尤其是提及八大龙王的各种佛经。武士状龙王在天龙八部图像中是本土文化和外来文化"文

图 16　隋莫高窟 303 窟龙王讲法②

图 17　晚唐莫高窟 9 窟须弥山龙众③

图 18　晚唐莫高窟 141 窟四海龙王④

①张伯元:《试论敦煌壁画〈龙王礼佛图〉的创作思想》,《敦煌学辑刊》1990 年第 2 期,第 70—79 页。
②贺世哲主编:《敦煌法华经画卷》,香港:商务印书馆,1999 年。
③谭蝉雪主编:《敦煌民俗画卷》,香港:商务印书馆,1999 年。
④同上。

邻耆龙"融合的产物。天龙八部属于佛的护法神,"天龙"为八部众中的二众,八部为"一天、二龙、三夜叉、四乾闼婆、五阿修罗、六迦楼罗、七紧那罗、八摩罗迦"。《华严经》列有十位龙王,佛要它们"勤力兴云布雨,令诸众生热恼消灾"。其中龙王的主要形象为武士的模样,其形象和四大天王的装扮非常像,其中西方"广目天王"守护西牛贺洲,统领龙及富单那,密典谓其手持三叉与索,汉地寺院所塑身为红色,手缠一蛇。广目天王武将造像和龙的武士装非常接近,龙在天龙八部中的装扮和天王是一脉相承的,其功能都是为了护佑佛法和佛陀。王者状龙王表现为龙王穿着非常中式的宽氅大袍,站在云中,这个王者状的龙王形象一直作为中国本土的龙王形象表现在水陆画中(图 18)。附表 2 及表 2 续敦煌石窟雨神形象汇总。

<h3 style="text-align:center">表 2　敦煌石窟雨神形象汇总</h3>

| | 石窟 | 主题 | 窟号 | 朝代 | 位置 | 形象 | 经变/题材 | 龙形象数量 |
|---|---|---|---|---|---|---|---|---|
| 敦煌石窟雨神 | 莫高窟 | 天龙八部 | 332 | 初唐 | 南壁 | 武士状头戴龙头盔 | 涅槃经变 | 1 |
| | | | 335 | | 西壁龛顶 | | 法华经变 | |
| | | | 331 | | 东壁 | | | |
| | | | 148 | 盛唐 | 西壁 | | 涅槃经变 | |
| | | | 120 | | 东壁窟门上部 | | | |
| | | | 158 | 中唐 | 西壁 | | | |
| | | | 榆 25 | | 北壁 | | 弥勒经变 | |
| | | | 99 | 五代 | 西壁龛内北 | | 千手千钵 | |
| | | | 454 | 宋代 | 北壁 | | 千手千眼 | |
| | | 须弥山龙众 | 254 | 北魏 | 主室北壁 | 菩萨状 | 难陀出家图 | 2 |
| | | | 249 | 西魏 | 主室西披 | 龙状 | 阿修罗搅乳海 | |
| | | | 303 | 隋 | 中心柱上层 | | 法华经 | 4 |
| | | | 332 | 初唐 | 北壁东侧 | | 维摩诘经变 | 2 |
| | | | 9 | 晚唐 | 北壁东侧 | 2 身全龙状 2 身人身龙尾 | 维摩诘经变 | 4 |

表 2 续　敦煌石窟雨神形象汇总

| 石窟 | 主题 | 窟号 | 朝代 | 位置 | 形象 | 经变／题材 | 龙形象数量 |
|---|---|---|---|---|---|---|---|
| 莫高窟 | 须弥山龙众 | 14 | 晚唐 | 北壁东起第 1 铺 | 人身龙尾 | 千手千钵文殊经变 | 2 |
| | | | | 南壁东起第 1 铺 | 菩萨状 | 千手千眼观音经变 | |
| | | | | 南壁东起第 2 铺 | | 不空绢索观音经变 | |
| | | | | 北壁东起第 2 铺 | 菩萨状,蛇状头光 | 如意轮观音经变 | |
| | | 99 | 五代 | 南壁 | 人身龙尾 | 千手千钵文殊经变 | |
| | | 榆 36 | | | 菩萨状 | 千手千眼观音经变 | |
| 肃北五个庙 | | 3 | 西夏 | 东壁 | 人身龙尾 | 维摩诘经变 | |
| 莫高窟 | 五台山化现图 | 61 | 五代 | 西壁 | 娑竭罗龙王 | 五台山经变 | 1 |
| | | | | | 毒龙二百五十 | | >10 |
| | 降龙入钵 | 305 | 隋 | 北壁 | 蛇状 | 释迦降龙 | 1 |
| | | 380 | | | | | |
| | 龙王说法 | 303 | | 西披 | 龙头人身 | 法华经变 | |
| | 洞庭湖神 | 454 | 宋 | 甬道顶 | 蛇状 | 安世高见湖神 | 2 |
| | 祈雨图 | 323 | 初唐 | 南壁 | 施法降雨 | 隋文帝问昙延法师干旱原因 | |
| | | | | 北壁 | | 佛图澄灭幽州大火 | |
| | | 23 | 盛唐 | | 雨中耕作 | 药草喻品 | |
| | 礼佛 | 141 | 晚唐 | | 王者像 | 四海龙王 | 4 |
| | 佛陀讲法 | 323 | 初唐 | | 施法降雨 | 佛陀晒衣石故事 | 1 |

资料来源:段文杰,《中国敦煌壁画全集》,天津:天津人民美术出版社,2006 年;敦煌研究院:《敦煌石窟全集》,香港:商务印书馆。

(二)敦煌石窟壁画祈雨图中包含两种文化因素探讨

敦煌壁画中的祈雨图主要有两种:一是僧人传法的史迹故事;二是敦煌地区盛行的赛袄文化。敦煌壁画中主要表现了两位法师施法求雨图,目的都是为了向帝王展示佛法之灵验。昙延法师是北周时期涅槃经学著名僧人,后昙延受到隋文帝器重,公元 586 年,天下大旱,隋文帝便派人问昙延解旱之法,昙延便建议文帝亲自祈雨,后果然天降甘霖。这是一个通过帝王祈雨的手段解决干旱的施雨故事(图 19)。佛图澄在讲法时逢幽州大火,他便向幽州施展神力灭了大火。佛图澄是东晋时期著名的高僧,佛图澄在历史记载中不仅有灭幽州大火的能力,也有施雨的法力,如文献记载,襄国城护城河的水源突然干涸了,佛图澄对石勒说可命龙取水,于是便同弟子法首等人来到过去的泉源上,点燃安息香,念咒,三天后,泉水开始流淌,有一条五六寸左右的小龙随水而来。不久,泉水开始喷涌,连护城河都灌满了。有关佛图澄施雨之神事还有很多,可以看出在当时社会人们对雨的珍视。不论文献记载是否真实,可以看出不管是昙延还是佛图澄,其初心都是弘扬佛法,能快速抓住统治者的就是他们无法破解的神奇法力,因为在古代是靠天吃饭,中国作为一个农业大国,吃饭问题是非常重要的,所以雨在人们生活中非常重要。

敦煌地区的赛袄文化。敦煌地区具有代表性的壁画是盛唐第 23 窟中的壁画,表现的"雨中耕作图"源自佛经《妙法莲华经》中的"序品",其中第 23 窟壁画中的祈雨舞蹈行为和袄教有直接的联系。"雨中耕作图"中的胡服、胡舞、胡乐、胡塔与"衔绶鸟"这些元素和袄教文化有很大的联系,或者说是一脉相承。赵玉平总结说,敦煌出现的《雨中耕作图》是袄教文化东传中文化融合的一个很好的见证,外来的文化不断被我们所吸收并加以改造,最终融合进我们的大历史当中(图 20)。[①]对于"赛袄",姜伯勤的定义为:"赛袄是一种对袄神神主的祭祀活动,有祈福、酒宴、歌舞、幻术、化装游行等盛大场面,是粟特胡商'琵琶鼓笛,酣歌醉舞'的娱神兼娱乐活动。"他认为这是一种对袄教神主进行祭祀且娱神的活动。张广达证实敦煌的赛袄源自琐罗亚斯德教的 Afrinagan。Afrinagan

---

① 赵玉平:《敦煌壁画"雨中耕作图"与唐五代赛袄祈雨活动》,《新疆艺术学院学报》2009 年第 3 期,第 9—13 页。

有三种意义:一是琐罗亚斯德教徒的祈祷仪式,二是《阿维斯塔》中的祈祷文,三是一种罐子状器皿。但学者赵洪娟不认同张广达对赛祆源头的考证,她从敦煌文献 P.3569、P.4640、P.2629、S.1366 中得出"赛祆"实质:"西域祆教徒在中土举行的祭祀神灵的节日……所以赛祆的真正来源应为祆教徒的庆祝日,这种庆祝日即为伽罕巴尔节 Gahanbar(在粟特即为 Agham 节),它被祆教徒认为是最为神圣的宗教节日。"[1]她从几个方面证实赛祆与伽罕巴尔节节庆有直接的联系:首先,是时间的一致性;其次,赛祆所用的三十张画纸的数量一致;再次,举办祆教伽罕巴尔节(粟特的 Agham 节)时需用佳肴和酒脯来祭祀神灵。作者认为中土的赛祆活动源自西域的伽罕巴尔节。赛祆这个外来的节日传统能流传至中土并被大众所接纳吸收必然经过了一系列的中国化改造和吸收重塑,赛祆和中土文化结合的表现即为在敦煌地区具有祇雨的功能,主要根据敦煌出土文献《安城祆咏》和考古材料——甘肃天水地区所发现的隋唐屏风石棺互证,姜伯勤将二者结合进行细致的论证,根据《安城祆咏》诗"更有零祭处,朝夕酒如绳"所写,其中"零祭"就是祈雨,姜伯勤在论证中得出中土的零祭和祆教徒的零祭方式是一致的,皆用酒脯来进行祭祀。[2]敦煌地区存在祆教元素祈雨仪式和其气候有很大关系,古伊朗地区和敦煌都是干旱少雨的气候,当祆教祈雨文化传入敦煌后就很自然地被大众所接受。赵洪娟总结道:"祆教通过祈雨的民俗功能和作用融入中国本土,从而保持其存在性,而不像其他宗教一样,通过教义来影响民众的思想,所以说这是无教义经典的祆教在异域他乡的一种独特的生存方式。"

## 三、从印度到敦煌,雨神像东传过程中的动态发展变化

从印度到新疆,雨神龙形象不断发生着改变,其中有吸收外来犍陀罗文化如文邻瞽龙的头部多蛇和九龙灌顶的造像,在新疆地区表现为菩萨状或武士状头部多蛇的造型,这是一种文化的吸收与再创造。从新疆到敦煌,龙王形象

---

①赵洪娟:《从晚唐五代敦煌"赛祆"探祆教习俗与中国节庆风俗的融合》,《宁夏社会科学》,2018 年第 2 期,第 242—250 页。

②姜伯勤:《中国祆教艺术史研究》,北京:生活·读书·新知三联书店,2004 年。

图 19　初唐莫高窟 323 窟
隋文帝问昙延天旱原因①

图 20　盛唐莫高窟 23 窟"雨中耕作图"②

也有所变化,新疆地区独特的天相图雨神形象在敦煌不见踪迹,而敦煌独有的祈雨画面更具生活气息,其间也有相互杂糅的龙王礼佛图,表现为文化相互传播和精神上的一致性,深层次表现为对王权的崇拜,这是犍陀罗地区没有的题材。从印度到敦煌,从 Naga 蛇到中国式的龙,其中的影响已经是相互的,不能分割来看,但主要的变化仍旧是 Naga 蛇被不断地中国化改造,最终呈现在敦煌的壁画中的已经是中国龙的模样了。

在新疆、敦煌之后,龙的形象不断东传并继续和本地文化中的龙产生更深的联系。在中国各地都有散落的龙王崇拜和龙王形象描摹,主要的功能都是行云制雨。人们的雨观念其核心一直有两种:其一是祈雨,即祈求来年风调雨顺;另一个即止雨,希望过多的降水能随着祈祷而停止。当外来神祇传入中土后,为了使人们能更好地接受,就必须加入本土元素进行文化融合,这是外来神像传入中原被不断改造重塑的本质。

在藏族地区,藏族称龙为"鲁"。依《藏汉大词典》"鲁"即龙,梵文就是 Naga。在吐蕃王朝时期,龙被认为是人间四百二十四种疾病之源。③在藏族的龙文化中龙分为多种,各司其职。学者谢热对藏文化中龙的研究有独到的见解:"龙神崇拜,最早出现于藏族原始氏族社会时期。苯教产生之后,归入苯教神灵系统,

---

①孙修身主编:《敦煌佛教东传故事画卷》。
②潭蝉雪主编:《敦煌民俗画卷》。
③认为瘟疫、梅毒、伤寒、天花、麻风病等无不与之相关。这些疾病过去被认为是不治之症,曾在吐蕃王朝时期多次发生,每次都造成大量的人畜死亡,给人们的生产生活带来巨大的灾难。

其形象也随之趋向明亮。佛教传入藏族地区后,龙神崇拜不但未被冲击失散,反而在佛教的浓烟香味与朝钟暮鼓的兴旺气氛中,继续蔓延流布。"①藏族人对龙的尊崇体现在生活的多个方面,其中藏族人并未将龙定义为雨神,但在雨量不足、需要祭祀祈雨时会自动地将龙看作是雨神的化身,他们的求雨仪式中,巫师穿着蓝色服装,手拿蓝色贡品,因藏族人认为龙生活在大海中。巫师从龙所居住的泉水中取九勺水,注入九个蓝色的瓶子中,放在泉水边上,放上龙爱吃的芥子,来呼唤龙,这是整个求雨的仪式。青海藏族农区的黄南热贡地区,每年农历六月会举行一次规模很大的祭祀活动,即"摊祭"活动,以祭祀二郎神、山神、龙神为主要内容,有献供品、诵祷词、打龙鼓等活动,还跳起舞蹈,称作"鲁则",即跳龙舞。这种龙舞虽然显得有些单调而不明快、粗重而不轻盈,但确实具有浓烈的原始韵味,给人以古朴、粗犷之美。

祭龙求雨仪式在西南少数民族中也十分盛行,如纳西族称龙王为"苏",龙王有蛙头龙身形和龙头形。祭龙仪式在每年正月举行,有祭龙舞。该族某些村寨在祭龙求雨时,会用麦面捏成蛇、蛙等投入水洞。普米族的"龙潭祭",集体祭祀时间在农历三月,人们会在溪水边用木棍搭龙塔,旱情严重时会举行舞龙求雨仪式。黔东南等地区的苗族求雨,会选择辰日龙日祭龙,会用杉木制龙,龙形为鱼头蛇尾状,画有鳞片。湘西苗族则流行"接龙""闹龙"求雨仪式。四川汶川地区的羌族在龙王庙或山顶湖边祭龙求雨,由巫师唱求雨歌,有的村寨还将狗烧死,据说龙王爷怕狗臭,闻其味而难受,因而下雨。有的村寨则以痛哭求雨。学者李锦山对各地的祈雨仪式作了总结,有祈请式、模仿式、交感式、引诱式、惩罚式五种,目的就是祈求风调雨顺、五谷丰登。

祆教文化中的祈雨仪式和文化影响。不止是简单的雩祭,还有其他的文化因素。首先,唐代中原地区流行的泼水节"泼寒胡"和祆教文化中纪念雨神"得悉"的特里甘节有很大的关系。刘宗迪研究认为,"泼寒胡"是中原的称呼,在中亚地区并无此叫法,中亚称为"苏莫遮",又作"苏摩遮"或"苏幕遮"②。慧琳《一

①谢热:《古代藏族的龙信仰文化》,《青海社会科学》1999 年第 3 期,第 100—104 页。
②刘宗迪:《泼寒胡、苏幕遮与波斯雨神节》,山东省民俗学会:《山东省民俗学会 2012 年学术年会论文集》2021 年,第 161—170 页。

切经音义》云:"苏莫遮,西戎胡语也,正云'飒么遮'。此戏本出西龟兹国,至今犹有此曲,此国浑脱、大面、拨头之类也。或作兽面,或像鬼神,假作种种面具形状。或以泥水沾洒行人,或持绢索搭钩,捉人为戏。每年七月初,公行此戏,七日乃止。土俗相传,常以此法禳厌驱赶罗刹恶鬼食啖人民之灾也。"这种戴兽面而舞蹈的仪式传到新疆和敦煌地区被大众所接受,继而变成祈雨舞雩的一种传承。其次,受到祆教祈雨文化影响的还有福建摩尼教中的祈雨。在福建地区,发现大量宋元时期的摩尼教文献、文物与古遗迹,其中与祈雨有关的文献是《祷雨疏》和《求雨秘诀》。唐会昌灭法之际,朝廷开始对摩尼教严厉禁止,一些僧徒被杀戮,极少一部分成功逃到福建地区开始扎根发展,这也是为什么从唐开始一直延续至宋元明清,摩尼教在福建长盛不衰。其中摩尼教的祈雨与回鹘和粟特人所信仰的祆教有直接的联系,对此彭晓静和杨富学进行了深入的研究,认为粟特人重视的"雩祭",回鹘人摩尼师所擅长的"咒龙祈雨",都随着摩尼教的东传而扎根于福建,并与本地的佛道、民间信仰融合在一起,沿传至今。[1]在福建摩尼教信众祈雨时,借鉴雩祭的祈雨形式之处,还有"灵石祈雨",即通过石头来祭祀祈祷雨水的降临。祈雨文化体现出不同种族文化间的融合以及不断地再创造,从而丰富了人类文化艺术和民俗内容。

---

[1]彭晓静、杨富学:《福建摩尼教祈雨与丝路沿线祈雨传统之关联》,《石河子大学学报》2016 年第 6 期,第 29—33 页。

# 敦煌本《佛母经》及经变涅槃思想述论

郝斯佳

（西北师范大学　历史文化学院）

陈寅恪先生曾言："一时代之学术,必有其新材料与新问题,取用此材料,以研求问题,则为此时代学术之新潮流……敦煌学者,今日世界学术之新潮流也。"[①]敦煌藏书中绝大多数为佛教文献。自汉魏始,佛教经典不断传入中土,至隋唐时期已经蔚为大观,然佛经质量良莠不齐。东晋释道安"在中国佛教史上第一个提出了疑经问题"[②],至唐代智昇编《开元释教录》,已经收录了"疑伪经"406 部[③]。疑伪经及其图像是研究佛教与中国传统社会文化互相交融的重要资料,这些经文汲取了中国传统文化,适应了儒家思想的需要,为广大信众所接受。然疑伪经多已散佚,直到敦煌藏经洞中发现一百多部失传已久的疑伪经。《佛母经》作为在敦煌藏经洞出土的疑伪经之一,褒扬了释迦牟尼为母说法报恩的故事,适应了民间的儒家伦理思想,既有佛教与传统文化的融合,又有文化的变革与创新,其研究意义与价值较大。

## 一、研究回顾

### （一）有关敦煌本《佛母经》的研究

1931 年,陈垣《敦煌劫余录》[④]著录敦煌遗书月 043 号（BD00743 号）等 7 号《佛母经》,这是至今所知的对敦煌遗书中所藏《佛母经》的最早著录。1933

---

①陈寅恪:《金明馆丛稿二编》,上海:上海古籍出版社,1980 年,第 236 页。

②方广锠:《中国写本大藏经研究》,上海:上海古籍出版社,2006 年,第 15 页。

③王文颜:《佛典疑伪经研究与考录》,台北:文津出版社有限公司,1997 年,第 18 页。

④陈垣:《敦煌劫余录》,北京:中研院–历史语言研究所,1931 年,第 910—911 页。

年日本学者矢吹庆辉《鸣沙余韵解说篇》[①]根据斯 02084 号著录《佛母经》,并且根据经文内容,将其判定为伪经。1935 年小野玄妙[②]、翟林奈[③]分别根据 S.02084 号、S.01371 号等 6 号敦煌遗书著录《佛母经》。1962 年出版的《敦煌遗书总目索引》[④]中著录《佛母经》共 22 号写本,包含中国国家图书馆馆藏 7 号,英藏 9 号,法藏 4 号,日本杏雨书屋藏 2 号。1986 年由黄永武主编的《敦煌遗书最新目录》[⑤]著录《佛母经》英藏 9 号,中国国家图书馆馆藏 7 号,法藏 6 号,俄藏 5 号,日本杏雨书屋藏 2 号,共计 29 号写本。1987 年川崎ミチコ发表《〈佛母经〉について》[⑥],该文列举了 11 号敦煌遗书,并以 S.5581 为底本,以 S.1371 号、S.3306 号、P.4576 号为校本,对《佛母经》录文。1991 年梶信隆[⑦]将当时所发现的 17 号敦煌遗书《佛母经》分为两个异本系统。1995 年李际宁在《藏外佛教文献》中发表《佛母经》题解以及对敦煌遗书中的《佛母经》的 15 个写本进行了录文,指出《佛母经》是依据《摩诃摩耶经》下卷为题材,杂糅中国传统孝道与印度佛教"无常"思想而编撰成的伪经。1996 年李际宁发表《敦煌疑伪佛典〈佛母经〉考察》[⑧]一文,将《佛母经》诸异本分为四个系统,并且比较各自特点;指出《佛母经》是由《摩诃摩耶经》等经典改编而成,在概述佛教涅槃图像变化的基础上认为《佛母经》中的举哀情节受到中亚传统祭祀哀悼礼仪的影响,以翟奉达题记为例,提出《佛母经》是敦煌地区七七斋仪使用的经典,将中国孝道观念与佛教轮回思想巧妙结合。西胁常记发表《〈佛母经〉小论》[⑨]指出俄 Дx02047

---

①[日]矢吹庆辉:《鸣沙余韵解说篇》,东京:岩波书店,1982 年,第二部第 310—311 页。

②[日]小野玄妙主编:《佛母经》,载《佛书解说大辞典》第九卷,东京:大东出版社,1935 年,第 340 页。

③翟林奈:《大英博物馆藏敦煌汉文写本注记目录》,伦敦:英国博物馆董事会,1957 年。

④商务印书馆编:《敦煌遗书总目索引》,北京:商务印书馆,1962 年,第 10、32、48、85、92、93、100、135、150、177、215、223、226、230、241、252、254、298、304、305、319、321 页。

⑤黄永武主编:《敦煌遗书最新目录》,台北:新文丰出版社,1982 年,第 48、73、118、184、197、204、210、226、249、561、636、705、749、763、766、772、825、866、887、890 页。

⑥[日]川崎ミチコ:《〈佛母经〉について》,载《东洋学论义》(12),1987 年 3 月,第 167—193 页。

⑦[日]梶信隆:《敦煌出土〈大般涅槃经佛母品〉について》,载《印度学佛教学研究》39 卷 2 号,1991 年,第 542–544 页。

⑧李际宁:《敦煌疑伪佛典〈佛母经〉考察》,载《北京图书馆馆刊》1996 年第 4 期,第 82—89 页。

⑨[日]西胁常记:《〈佛母经〉小论》,载《東アジアの宗教と文化》(西胁常记教授退休纪念论集),东京:东方书店,2009 年,第 175—202 页。

号+俄 Дx02101号可以作为第五个异本系统,对拜恩图书馆所藏明初写本《佛说小涅槃经》和中国国家图书馆所藏元朝刻本《佛说小涅槃经》进行校录,提出它们可以作为《佛母经》的第六个异本系统。

**(二)佛教涅槃信仰研究综述**

殷光明的《敦煌的疑伪经与图像》(下)[1]提出了涅槃经变依据伪经所绘制的现象,指出第148窟"棺盖自启为母说法图"、第158窟北壁涅槃经变右上角一比丘上升忉利天宫报丧等图像皆依据《佛母经》内容所绘。指出从此可见《佛母经》已经广泛用于壁画创作,这些根据《佛母经》所绘制的经变已经完全形成了具有中国特色的涅槃经变;其次提出《佛母经》图像的内容相当丰富,与一定时期敦煌流行的佛教涅槃信仰有关。殷光明的《敦煌的疑伪经与图像》(上)[2]指出《佛母经》宣扬释迦牟尼上天为母说法的故事是为了适应民间的儒家伦理思想,为佛教在民间的传播提供了经典依据与思想基础。《佛母经》图像曾在多铺涅槃经变画中出现,有关涅槃经变及涅槃信仰的研究能帮助我们更好地理解《佛母经》及其图像。贺世哲[3]总结了敦煌莫高窟涅槃经变发展的历程,以及不同朝代所创作的涅槃经变各自的特点。隋代的涅槃经变已经发展成独立的涅槃经变,主题突出,唐代第332窟涅槃经变是全新的具有民族化特征的巨幅涅槃经变画。郭迎春、张新科[4]追溯《大涅槃经》的来源及对相关材料作出分析,指出《大涅槃经》诸经本的流布体现出佛教在民间的宣化深入人心,涅槃成为信众的生死归宿。朱林涛的《莫高窟涅槃经变在各个时期的发展》[5]追溯了涅槃经变出现及传入中国的时间并对莫高窟涅槃经变在各个时期的发展作出总结。张统亮[6]对"涅槃"的来源与含义作出了解释,提到了诸如"灭诸般烦恼为涅槃""空性"等多种解释,其次对"王子举哀图"这一名称作出详细的考证,认为各国

①殷光明:《敦煌的疑伪经与图像》(下),《敦煌研究》2006年第5期,第30—37页。
②殷光明:《敦煌的疑伪经与图像》(上),《敦煌研究》2006年第4期,第8—13页。
③贺世哲:《敦煌莫高窟的〈涅槃经变〉》,《敦煌研究》1986年第1期,第9—10页。
④郭迎春、张新科:《敦煌变文中的涅槃信仰》,载于《第三届中国俗文化国际学术研讨会暨项楚教授七十华诞学术讨论会论文集》,2009年,第43—47页。
⑤朱林涛:《莫高窟涅槃经变在各个时期的发展》,《大观》(论坛)2018年第11期,第171—172页。
⑥张统亮:《涅槃与"众生举哀图"名称考》,《丝绸之路研究集刊》2021年,第247—256页。

王子为释迦送行的过程不会出现。郭迎春[1]对《涅槃经》从汉魏到晋末南北朝的诸本、其他诸本涅槃之余经作出了详细的分析与研究,提出了晋唐时期的众生皆有"佛性"与"成佛"信仰。莫磊[2]对早期涅槃类经典和5至8世纪中国涅槃图像作出总结与概述。沙武田[3]对莫高窟第158窟涅槃图像和塑像作出详细的考证分析,窟内壁画和塑像均属浓厚唐风样式,指出第158窟整体上为吐蕃治下敦煌人心系大唐文化艺术的反映。

## 二、《佛母经》涅槃思想

《佛母经》主要来源于《摩诃摩严经》等涅槃类经典,并受到中亚传统祭祀礼仪的影响。《佛母经》是敦煌地区七七斋仪中使用的一部经典,在当时敦煌地区为亡者祈福、超度的仪式中起到了重要的作用,将传统的佛教世界观与中国本土的孝道文化结合,体现出了佛教的中国化。敦煌本《佛母经》写本现今发现的共有41号,且有多种题名。例如,《大般涅槃经佛母品》《大般涅槃经佛为摩耶夫人说偈品经》《佛母经》,题名各有不同,详细地加以对比后可发现它们出自六个不同的系统,各系统的文字互有差异,甚至会出现较大的不同,但是其题材、结构、思想及内容均一致。

《佛母经》经文大意为:释迦预感自己即将于双林间涅槃,于是派遣优波梨前往忉利天宫为佛母传信,当时佛母正在对天女讲述其夜所梦见的六种恶梦,忽闻噩耗后佛母痛苦不已,以至于"闷绝躄地"。佛母从天宫赶往双林时,释迦牟尼已经入殓,十大弟子以手拍头,悲号震天。摩耶夫人见此情景悲伤不已,抚摸着释迦的遗物哭诉:

> 悉达!悉达!汝是我子,我是汝母。汝昔在王宫,始生七日,我便命终。姨母波阇,长养年岁。逾城出家,三十成道,覆护众生。今舍我入般涅槃,不留半句章偈。悉达!痛哉!苦哉!

---

①郭迎春:《〈涅槃经〉的汉译及涅槃信仰研究》,博士学位论文,四川大学,2004年。

②莫磊:《五至八世纪中国的涅槃图像研究》,硕士学位论文,东南大学,2016年。

③沙武田:《唐、吐蕃、粟特在敦煌的互动——以莫高窟第158窟为中心》,《敦煌研究》2020年第3期,第14—26页。

正在此时释迦听到了母亲的呼唤,用神力开启了棺椁,在七多罗树间为母说法:

> 慈母!慈母!一切众生,会有崩绝,一切丛林,会有催折;一切江河,会有枯竭,母子恩爱,会有离别。

摩耶夫人听闻偈语后心开悟解,证得阿罗汉果,并返回忉利天。《佛学大辞典》解释阿罗汉果为:"阿罗汉为修行之因之结果,为小乘之极果。"[1]

通过上述大意我们可以得知,《佛母经》是讲述释迦涅槃后为母说法的经文,在其中有两个最关键的思想就是涅槃信仰以及传统的家庭伦理道德观念。唐时统治者宽容待以佛教,尤其是武周时期,佛教愈加兴盛,涅槃信仰在此时宣传广泛,即使是偏远的敦煌地区,亦受到涅槃信仰的极大影响。涅槃可以说是佛修行的最后一站,是至为重要的一关,有"生死是此岸,涅槃是彼岸,烦恼是中流"[2]的说法,在涅槃信仰中,芸芸众生即处于烦恼中流之中,从中流解脱后,达到涅槃彼岸,众生就能脱离苦难源流。涅槃信仰在当时广泛流传于各地,除了佛教本身的宣传教化外,还有着普罗大众在中国传统文化及佛教思想传播的影响下逐渐形成的对人生命归宿的思考。笔者认为在《佛母经》中就有着其自身的涅槃思想。与前述流行的涅槃信仰有所不同,《佛母经》中对佛涅槃的描述更多地体现出普通民众的生死观,即死亡就是亲人永远的离去,因此在得知释迦即将涅槃时,佛母哀痛欲绝,在释迦装殓之后,旁边的十大弟子以手拍头,声闻、缘觉之类,金刚、狮子之流五体崩伤、六情酸楚,这都体现出周围弟子对于释迦涅槃的痛不欲生、哀伤不舍之情。摩耶夫人来到双林之后持着释迦遗物哭诉,更体现出佛母对于释迦涅槃离去的哀痛心情。由此可知,虽然有着多部涅槃类经文以及佛教弟子对涅槃信仰的传播,但在普通民众的内心深处,对于涅槃还是存有恐惧的心理,认为其很大程度上接近于死亡。

---

① 丁福保:《佛学大辞典》,上海:上海书店出版社,1991 年,第 1469 页。
② (唐)道宣著:《广弘明集》卷十九,《大正藏》第五十二卷,台北:佛陀教育基金会出版部,1990 年,第 239 页。

在《佛母经》中的中国传统家庭伦理关系,主要体现于母子亲情与师徒情谊两方面。首先是释迦与佛母之间的母子亲情:释迦在预感自己即将涅槃之时即派遣弟子前往忉利天通知佛母,体现出释迦对佛母的尊重与关爱、思念之情,盼望临终前能与佛母相见;佛母在释迦临涅槃之前便于中夜做六种恶梦,梦醒之后忧愁不乐,见到优婆离之后便急忙询问释迦的近况,体现了母子之间虽相隔万里,但心灵有所感应,互相牵挂;摩耶夫人在得知如来入般涅槃后"闷绝躄地",犹如死人,手持着释迦的遗物哭诉不已,拳拳爱子之心令人感动;释迦听到佛母的召唤,用神力开启棺椁,为母说法,使其证得阿罗汉果,体现出释迦与佛母的母子亲情,帮助佛母减轻分别之痛,最终修成正果。

其次是释迦与众弟子之间的师徒情谊:在 P.2055 中释迦在涅槃之前找寻弟子阿难,得知阿难在娑罗林外被六万四千亿魔所困后,世尊即命文殊持陀罗尼咒,救出阿难,阿难见到世尊后,世尊询问其为何受困,阿难曰:"念大德世尊入般涅槃,益我愁恼。我今不用住世一劫,唯愿随佛入般涅槃。"从这可以看出弟子阿难与释迦之间深厚的师徒情谊,在涅槃之前释迦要尽力救出阿难,而阿难受困正是因为得知世尊即将涅槃,痛苦不已所致;在 P.2055 中佛母回归忉利天时,迦叶在鸡足山中观如来有不详之相,遂下山欲礼觐世尊,忽见一外道,手执白花,迦叶问其知道世尊平安与否,外道答复世尊涅槃已经七日,迦叶闻此消息,悲伤欲绝,至世尊处后双手捧释迦足,为世尊的涅槃而悲伤。这两段经文都体现出释迦与弟子之间无法割舍的师徒情谊。有俗语云:"一日为师,终身为父。"笔者认为,经文中体现出释迦与众位弟子之间已经亲如家人,因此涅槃后,众位弟子不仅失去了佛道的引路人,更失去了最亲近的家人。《佛母经》思想正是将这二者合二为一。在佛母哭诉后,释迦感念母亲的恩德开棺说法,使得佛母心开悟解,修成正果,同时也在偈语中阐述了《佛母经》思想中的涅槃思想:"一切众生,会有崩绝,母子恩爱,会有离别。"这既与广为流传的涅槃信仰相合,体现涅槃的重要性,世人终要通过自己的修行到达彼岸才能获得解脱,又与中华传统文化中的报恩理念相符,在"母子恩爱,会有离别"一句中体现出释迦以及佛母之间难以割舍的亲情,最终为母说法,助其修成正果。

如前所述,李际宁认为《佛母经》是依据《摩诃摩耶经》①下卷所写②。对比《佛母经》与《摩诃摩耶经》下卷相似部分内容,列表如下:

表 1 《佛母经》与《摩诃摩耶经》下卷部分内容对比

| 《摩诃摩耶经》下卷 | 《佛母经》 |
| --- | --- |
| 于无量劫来,常共为母子,<br>汝既成正觉,此缘方永断,<br>而复于今者,便入般涅槃。 | 无 |
| 又于其夜得五大恶梦:一梦须弥山崩,四海水竭;二梦有诸罗刹手执利刀竞挑一切众生之眼,时有黑风吹,诸罗刹皆悉奔驰归于雪山;三梦欲色界诸天忽失宝冠,自绝璎珞不安本座,身无光明犹如聚墨;四梦如意珠王在高幢上,恒雨珍宝周给一切,有四毒龙口中吐火,吹倒彼幢,吸如意珠,猛疾恶风吹没深渊;五梦有五师子从空来下,啮摩诃摩耶乳入于左胁,身心疼痛如被刀剑 | 遂做六种不祥之梦:一者梦见猛火来烧我心;二者梦见双乳自然流出;三者梦见须弥山崩;四者梦见大海枯竭;五者梦见摩竭大鱼吞啖众生;六者梦见夜叉、罗刹吸人精气 |
| 今者无常风,吹散各异处……<br>何故便于今,而速入涅槃?<br>潜身重棺中,知我来此不? | 唯见钵盂锡杖,挂于林间;僧伽离衣,叠在棺侧。尔时摩耶夫人受持此物,而作是言:"此是我子生存之日恒持此物,化导众生。今既入般涅槃,此物无主也。……今既入般涅槃,云何不留半偈之法?悉达!悉达!" |
| 尔时,世尊以大神力故,令诸棺盖皆自开发,便从棺中合掌而起,如师子王初出窟时奋迅之势,身毛孔中放千光明,一一光明有千化佛,悉皆合掌向摩诃摩耶,以梵软音问讯母言:"远屈来下此阎浮提,诸行法尔,愿勿啼泣。"即便为母而说偈言 | 尔时如来闻母唤声,以神通力,金棺银椁豁然自开,妙兜罗锦飒然而下,踊在空中高七多罗树间,现紫磨黄金色身,却坐千叶莲华般若之台,手把优钵罗华,为母说法 |

①(萧齐)沙门释云景译:《摩诃摩耶经》卷下,《大正藏》第二卷,台北:佛陀教育基金会出版部,1990年,第 1010—1014 页。

②李际宁:《敦煌疑伪佛典〈佛母经〉考察》,《北京图书馆馆刊》1996 年第 4 期,第 82 页。

**续表**

| 《摩诃摩耶经》下卷 | 《佛母经》 |
|---|---|
| 一切福田中,佛福田为最……<br>故我从棺起,合掌欢喜叹。<br>用报所生恩,示我孝恋情。<br>诸佛虽灭度,法僧宝常住。<br>愿母莫忧愁,谛观无上行。 | "世间若空:一切恩爱,会有离别;一切江河,会有枯竭;一切丛林,会有催折;母子之情,会有离别。" |
| 一切行无常,住是生灭法。<br>生灭既灭已,寂灭为最乐。 | 其余系统均无,只有系统四及系统六中有"世间若苦,诸行无常,是生灭法,生灭灭已,寂灭为乐。"系统六后加"如来证涅槃,未断于生死,若能志心听,常得无量乐。" |
| 天龙八部莫不忧恼,恶魔波旬及外道众踊跃欢喜,竞破塔寺,杀害比丘。一切经藏皆悉流移至鸠尸那竭国,阿耨达龙王悉持入海,于是佛法而灭尽也 | 无 |
| 即礼佛棺,右绕七匝,涕泪号叫,还归天上 | 尔时佛母闻是妙法,心开意解,不转女身,证得阿罗汉果,尔时摩耶夫人将诸天众,前后围绕,还归本天。未至天所,住立虚空,心生慈悲,呜呼大哭。天地震动,泪下如雨。云中百鸟,皆作哭声:"痛哉!苦哉!何期如来入般涅槃,永不相见,去也,大师!" |

从表格中对比内容及《摩诃摩耶经》经文内容可知:首先是《摩诃摩耶经》下卷中偈语多以诗句表现,偈语中多含有佛教各类专用名词,例如"福田"等,且偈语较多,不仅释迦有说偈部分,佛母、阿难等佛弟子均有说偈内容;在《佛母经》中只有释迦说有偈语,且内容较为通俗易懂,少有专有名词,篇幅较短,更容易理解记忆。其次是《佛母经》中对于佛教的涅槃思想淡化处理,在《摩诃摩耶经》中有大量的篇幅描写释迦描述涅槃的过程以及涅槃前后的对话,《佛母经》对于涅槃的过程描述较少,这是考虑到了普通民众的生死观,认为死亡的过程是痛苦且不祥的,因此在经文中省去了这一部分。再次是在《佛母经》中

有着更多的对于家庭伦理观念的诠释,弱化了《摩诃摩耶经》中更多其他人物、事件的影响,专注于母子亲情及师徒情谊两方面,赋予了释迦更多普通人的亲情观及死亡观,且在世尊开棺的描述中《佛母经》显得更为贴近日常生活,使得民众与之共情。最后是佛母的表现。在《摩诃摩耶经》中佛母也表现出了悲伤欲绝的一面,但在《佛母经》中增加了佛母身上的人性光辉,减少了神性的一面,她在得知释迦涅槃后并没有说各种偈语,而是采用最简单、朴素的话语表达噩耗突然来临时的巨大打击,佛母手持遗物哭诉的场景生动地表现出了真实的母子亲情。从以上可以看出《佛母经》在继承《摩诃摩耶经》部分内容的同时对佛涅槃故事的重构,淡化了涅槃的诸多过程,运用简短且通俗易懂的语言,将传统家庭伦理道德融于佛母、释迦及佛弟子之身,每个人物都有着生活化的语言和描写,将佛涅槃的故事与儒家传统道德观相联系。

在《摩诃摩耶经》中多次提到释迦涅槃之前留下何种教敕,如:"我于昔日忉利天上为母说法,及摩诃摩耶夫人自有所说,今复在此母子相见,汝可为后世诸众生辈次第演说此经,名曰摩诃摩耶经,亦名佛升忉利天为母说法经,又名佛临涅槃母子相见经,如是奉持。"以及:"世尊说此咒已,而说偈言:若有恶众生,不随顺此咒,犹如诸商人,漂没罗刹国。五百诸罗刹,争取吞啖之。若人善诵持,如此神咒者,譬如诸商人,大海安隐还。多次强调了传播此经文的重要性,在《佛母经》中则未见到有这样的教敕,这除了体现出《佛母经》为伪经,佛教寺庙不会奉持《佛母经》之外,还体现出《佛母经》由于其自身特殊的涅槃信仰而广受当地民众的喜爱,流传下的写本多数为民众日常生活中的传抄传阅本。

在《佛母经》涅槃信仰中,没有用简单的一两个词语或简短的句子解释、描述涅槃的过程以及涅槃前后的对话,是将普通民众所持有的生死观融入经文内容,例如得知世尊涅槃之后将弟子以及佛母的哀痛追思场景描述得栩栩如生,令观者如身临其境,十分贴近民众的生活,在字里行间不断地体现出释迦与佛母以及弟子等人深厚的情感,这让大家心中高居佛堂的释迦变得更为贴近群众,具有了更多人的情感。一系列铺垫之后,经文内容达到了高潮,即世尊不忍摩耶夫人为其悲伤痛苦,开棺为母说法:"慈母!慈母!一切众生,会有崩绝,一切丛林,会有催折;一切江河,会有枯竭,母子恩爱,会有离别。"教导佛母人世间的一切都有结束之日,唯有努力修行,灭除生死因果,远离一切业果,才能度过中流,获得最终的寂静安稳,永不再困惑。《佛母经》在母子亲情的孝道伦理观念之中阐述出涅槃的真义,其中的"众生""丛林""江河""母子恩爱"就是指人世间的烦恼、挫折、情感、欲望的总和,释迦说法指出,在人世间我们所在乎或不在乎的一切终会消失,而涅槃就是对世间诸苦的最终答案。

### 三、《佛母经》与涅槃经变

在佛教传播的过程中,佛教的思想不断地与中国传统文化互相影响,《佛母经》作为敦煌疑伪经的代表之一,是研究中国传统文化浸润佛教涅槃思想的有力资料。在敦煌石窟中不仅保存了大量的疑伪经资料,在敦煌莫高窟的壁画中也有许多疑伪经图像。本节依据《佛母经》经文中的涅槃思想,结合与《佛母经》有关的涅槃经变,进一步阐述其中的涅槃信仰。

敦煌壁画与疑伪经之间有多种联系,有些经变是完全依照疑伪经内容所绘制,有些经变结合了多部疑伪经,还有些经变的出现与疑伪经的广泛流传有着密切关系,接下来笔者将介绍与《佛母经》有关的涅槃经变图像,并结合经文内容,深入分析其中的涅槃思想。

涅槃是佛教思想中极为古老且重要的题材,最早的涅槃图像出现于公元2 世纪的印度犍陀罗,等到在敦煌莫高窟中首次出现涅槃图像,已是在北周开凿的第 428 窟西壁,释迦为半仰卧,两手直伸,而非如犍陀罗及巴米扬石窟中的右手支颐、右胁累足而卧,这体现出此时的敦煌地区对涅槃思想尚未完全理解,将涅槃等同于死亡。释迦足前一位弟子跪地捧世尊双足,《佛母经》写本P.2055 中正好有此情节,表现出迦叶对世尊涅槃的深刻哀痛之情。在壁画中,诸位佛弟子身后的娑罗树开出了一朵朵象征哀悼的白花,这与经文中有一外道手执白花与迦叶对话的情景有联系,白花在此进一步渲染哀伤的氛围。隋代与西域诸国交流较多,莫高窟也受到了更多西域涅槃图像的影响,莫高窟第295 窟主室人字坡西坡涅槃图中,画面中心释迦右胁枕手累足而卧,这体现出隋代的涅槃思想得到了极大的发展。在画面右端树下有一老者,手中似持有花朵,这里与《佛母经》中的外道答迦叶问的画面有所联系,在外道左侧,同样有迦叶捧足的图像,由此可见,虽然此时的敦煌已经对涅槃思想有了更多的认知,但中国传统的伦理思想依然与涅槃思想交织着。此时期的涅槃壁画出现时间较早,根据多位学者对《佛母经》广泛流传年代的考证,这一时期的《佛母经》还尚未得到大范围的宣传,但是在壁画之中可以找到许多与《佛母经》经文内容互相印证、相互关联之处,这可以说明壁画的内容对《佛母经》的创作及流传具有一定的影响,且《佛母经》经文中加入早已盛行的壁画内容故事,更容易使《佛母经》贴近民众的生活,扩大经文的影响力,以达到宣传《佛母经》涅槃思想的目的。

入唐以后,随着诸多新兴佛教教派的发展,涅槃思想不复从前般盛行全国,这一变化同样影响到了莫高窟中的涅槃经变。现存唐代最早的涅槃经变壁画在圣历元年所建的莫高窟第332窟中。此窟呈平面方形,西壁开长方形龛,内塑释迦涅槃像一身,右胁累足而卧,龛内北壁画摩耶夫人从忉利天下到娑罗双树间哀悼释迦牟尼。主室南壁画涅槃经变一铺,贺世哲①将其画面分为十组,与《佛母经》有关的为"双树病卧""入般涅槃""自启棺盖,为母说法"三组图像:第一组在双树前绘制七宝床,左右站立菩萨、弟子等人,此处经文为:"尔时如来于拘尸那城跋提河侧,二月十五日,倚卧双林,告诸大众:'吾今背痛,不久涅槃。'"在涅槃像右侧同样有迦叶捧足的画面,在双树病卧的上部有一佛弟子乘云升天,此处对应《佛母经》中的优婆离上忉利天为佛母传信。第二组在双树病卧左侧,绘制释迦右胁而卧,身旁有众弟子为其举哀,此时释迦已入般涅槃;在左下角有一妇女,痛哭跪地,此妇女应为摩耶夫人,这里对应《佛母经》中摩耶夫人降下忉利天哀悼释迦涅槃的场景(图1);在迦叶问外道之上,有一殿堂,殿堂外飞云笼罩,指代忉利天宫,飞云上有一贵妇乘云降下,这里经文有云:"尔时摩耶夫人闻此语已,浑捶自扑,如泰山崩。闷绝躄地,犹如死人。有一天女,名曰'普光',将水漉面,良久乃苏。与诸天女嗳嗳云飞,直至娑罗林间。"第三组壁画中画释迦坐于棺盖之上为佛母说法,前面画摩耶夫人等人跪地听法(图2)。此处经文有云:"尔时如来闻母唤声,以神力故,金棺银椁豁然自开,妙兜罗锦飒然而下。遂踊身在七多罗树间,紫磨黄金色身,坐宝莲花,为母说法。唤言:

---

①贺世哲:《莫高窟的涅槃经变》,《敦煌研究》,1986年,第5页。

'慈母！慈母！一切众生，会有崩绝，一切丛林，会有摧折；一切江河，会有枯竭，母子恩爱，会有离别。'"经文与壁画画面的吻合度较高。在佛教中宣传"涅槃"的本义应为"常乐"之死，在此处壁画中加入了许多宣传中国传统儒家伦理的情节。笔者认为，此处或为受到了《佛母经》等疑伪经的影响，在传统涅槃经变中加入了《佛母经》涅槃思想。这与当时大力崇佛的社会风气有关，中央政府在大力推崇佛教的同时，不免会遭到传统儒家学说的攻击，因此佛教为了稳固信徒，在壁画中掺杂了《佛母经》涅槃思想的内容，将普通人的生死观融于佛母等佛弟子之身、赋予释迦民众最为认同的良好道德品质，借用容易接受的故事情节，宣传涅槃才是一切烦恼与痛苦的终点，是修行的最终答案。

依据《佛母经》绘制壁画的现象，在第 148 窟、158 窟、44 窟中更为明显，此三窟均为中唐时期在吐蕃统治下所建

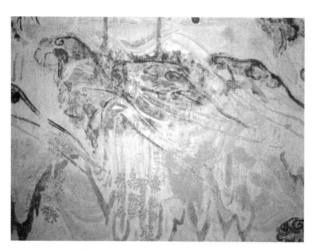

图 1　莫高窟第 332 窟佛母奔丧图①

图 2　莫高窟第 332 窟释迦坐棺说法图②

---

①敦煌研究院编：《敦煌石窟艺术全集》（第七卷），上海：同济大学出版社，2016 年，第 145 页。
②敦煌文物研究所编：《敦煌莫高窟》（第三卷），北京：文物出版社，2011 年，第 90 页。

成。148 窟为敦煌李氏家族李太宾于大历十一年所建,此窟中有一铺连环画式的巨幅涅槃经变,其中就有"棺盖自启说法图"。第 44 窟涅槃经变画于西壁,以释迦涅槃像为中心,释迦右胁累足而卧。44 窟西壁涅槃经变南侧上角,也画有优波离升忉利天宫报丧的情节。158 窟北壁涅槃经变右上角同样画有优波离报丧情节,不同的是 158 窟还画有优波离对面一妇女从天宫奔出乘云而下,此为摩耶夫人惊闻噩耗降下娑罗林间奔丧的场景图,这个变化表明《佛母经》的传播度逐渐提高,有越来越多的情节绘于壁画之上,《佛母经》的涅槃信仰也日益被更多民众所接受。148 窟及 44 窟旁侧的榜题与《佛母经》的经文内容有诸多重合(如表 2、表 3 所示)

表 2　莫高窟第 148 窟榜题与《佛母经》经文对比①

| 148 窟榜题 | 《佛母经》经文 |
| --- | --- |
| 释迦牟尼在娑罗双树下入般涅槃 | 直至娑罗林间。正见如来金棺银椁,殡敛已迄。香木万束,用以焚身。白毡千端,用将缠绕 |
| 优波利(离)升忉利天向摩耶夫人报丧 | 次后即告优波离:"汝往升天,告吾母知,道吾背痛,不久涅槃,愿母慈悲,降下阎浮,礼敬三宝。" |
| 摩耶夫人奔丧 | 尔时摩耶夫人闻此语已,浑捶自扑,如泰山崩。闷绝躄地,犹如死人。有一天女,名曰"普光",将水洒面,良久乃苏。与诸天女蹑躔云飞,直至娑罗林间 |
| 摩耶夫人从佛闻法,却还本天 | 尔时摩耶夫人闻教敕已,心开悟解,求哀忏悔。不转女身,证阿罗汉果。将诸天女,还坐本宫 |

①以上榜题内容均来自贺世哲:《莫高窟的涅槃经变》,《敦煌研究》,1986 年,第 8—10 页。

表3　莫高窟第 44 窟榜题与《佛母经》经文对比

| 44 窟榜题 | 《佛母经》经文 |
| --- | --- |
| □中夜作六种恶梦,一者梦见□须弥山□四海枯竭,三者梦见五月下霜,四者□六者梦见两乳自然流出 | 尔时佛母于其中夜作六种恶梦:一者梦见须弥山崩;二者梦见四海枯竭;三者梦见五月下霜;四者梦见宝幢摧折,幡花崩倒;五者梦见四火来烧我身;六者梦见两乳无故自然流出 |
| 问圣人从何方来,颜容憔悴,面色……怯人,尔时优波离哽咽声嘶, 良久乃语:"告佛母,佛母闻知如来大师于夜子时舍大法身入般涅槃,故□来告诸眷属,尔时佛母闻此语,以□须弥山崩,遍体血现 | 尔时佛母即问:"圣人从何而来太剧,颜容憔悴,面色无光,状似怯人?"尔时优波离哽咽声嘶,良久不语,告言:"佛母!佛母!我如来三界大师昨夜子时,舍大法身,入般涅槃,故使我来告诸眷属。" |

　　从上表中对比可知,148 窟中的涅槃经变部分画面是依据《佛母经》所绘制,而 44 窟榜题几乎完全与《佛母经》写本一致。学界将根据佛涅槃这一故事情节所绘制的壁画及塑像统称为涅槃经变,由上文分析可知,有一部分壁画实际上是依据《佛母经》经文内容所绘制,这一部分图像应当称为"《佛母经》经

图 3　释迦入殡图①

变"。《佛母经》经变及其经文内容因为贴合民众的生死观,将佛教的涅槃思想与母子亲情、师徒情谊等儒家伦理观念相糅合,生动形象地阐述出涅槃就是对世间诸苦的最终答案这一特殊的《佛母经》涅槃思想而广为流传。《佛母经》

---

①敦煌研究院编:《敦煌石窟艺术全集》(第七卷),上海:同济大学出版社,2016 年,第 158 页。

深受群众的欢迎,在上述壁画图像中也得到了完美的展现,一铺铺精美的《佛母经》经变图像让观者得以想见《佛母经》涅槃信仰在当时的敦煌民众心中的地位。

## 四、结语

《佛母经》是敦煌地区广为流传的一部涅槃类经典,结合《佛母经》自身的经文内容及根据《佛母经》内容绘制的莫高窟壁画图像对其涅槃信仰进行研究分析,《佛母经》将普通人的生死观以及家庭伦理观念融入涅槃信仰之中,赋予释迦、佛母、佛弟子等以更多人的情感,以更为贴近民众的方式,在释迦对佛母说的偈语中道出涅槃的真谛:人世间我们所在乎或不在乎的一切终会消失,而涅槃就是对世间诸苦的最终答案。《佛母经》因其独特的涅槃思想深受当时敦煌地区民众的喜爱。

# 炳灵寺石窟第 3 窟罗汉图像探析

吴玉琴

（西北师范大学　历史文化学院）

　　炳灵寺第 3 窟位于石窟群最南端，为一方形平顶窟，是唐代开凿的大型石窟之一。窟高 3.52 米，宽 3.40 米，深 3.10 米，窟内正中依山而凿一佛塔，窟内南壁上下各开一龛，龛内有石雕佛、弟子及菩萨像。壁画为明成化年间（1465—1487）重绘藏传佛教题材，①保存比较完整，是研究明代藏传佛教在炳灵寺传播发展的珍贵历史遗迹。

　　第 3 窟西壁壁画分三层而绘，第一层绘有九身像，南起依次绘二坐佛、菩萨像、噶玛巴希、金刚持、喇钦贡巴饶赛、宗喀巴、胜乐金刚、喜金刚。第二层绘二十七尊形象一致、皆为双手托钵的坐佛，疑似药师佛，还有待进一步研究确定。第三层分左右而绘，从体量和位置来说，为西壁的主体部分。左侧绘一结跏趺坐佛及二胁侍菩萨，佛背项光外侧绘藏传佛教密宗中的法相装饰"六拏具"，即大鹏金翅鸟、龙女、神鲸、祥麟、孩童、巨象。佛背屏外顶部绘一莲花，左右两侧各一朵，一花两茎，形成六个莲座，对应为六坐佛。壁画中还绘有经幢、河溪、莲花、荷叶以及鸳鸯、大树、楼阁等。赵雪芬等在《炳灵寺第 3 窟观无量寿经变辨析》一文中据《无量寿经》分析得出上述壁画为西方极乐世界。②第三层壁画右侧：主尊为一结跏趺坐佛及二胁侍弟子。佛背项光后与左侧同，也为六拏具，佛左上侧绘一小坐佛，双手置于腹前托钵，右上侧绘一双手于胸前结印的结跏

---

　　①贺延军、曹学文、赵雪芬：《炳灵寺第 3 窟藏传佛教壁画中的高僧及壁画年代研究》，《甘肃高师学报》2019 年第 6 期，第 30—31 页。

　　②赵雪芬、贺延军、曹学文：《炳灵寺第 3 窟观无量寿经变辨析》，《西藏研究》2019 年第 4 期，第 118—121 页。

跌坐佛。采用的是藏传佛教常用的分格式构图方式,周围分十一单元绘故事性壁画,为藏传佛教十八罗汉图像,但仅绘有十一罗汉,壁画最下侧的五单元虽有脱落,但并未看到绘画罗汉的痕迹。至于何故仅绘十一尊罗汉,可能由于画幅不足以绘足十八罗汉,故而索性未全绘,其缘由值得后续继续分析探讨。

罗汉,全称阿罗汉,或阿罗诃,是梵文"Arhart"的音译,一义杀贼,二义应供,三义不生,称为"阿罗汉三义"。"杀贼"即杀一切烦恼之贼;"应供"则谓到达阿罗汉果位,已然断灭一切能导致生死流转的"有漏"法,身心清净,应受人天供养;"不生"即是阿罗汉已进入永恒不变的涅槃,不复生死轮回。这是小乘佛教修行所获的最高果位。小乘佛教认为修到罗汉境界,就已经断尽三界烦恼,灭除见、修二惑,永远解脱轮回。因此,阿罗汉果位,又可称为"无极果"或"无学果",表示已到达极点,所学已尽,再无可学之处。但在大乘佛教中,修行达到声闻四果最高位者才可称之为阿罗汉,罗汉属于声闻类,且远非最高果位,次于佛及菩萨,是常住世间、不入涅槃、弘扬佛法的守护者。

佛教自公元前后传入汉地,罗汉观念于公元 4 世纪传入中国。西晋时期,中国佛教初期译经家竺法护所译的《佛说弥勒下生经》载:

> 然今如来有四大声闻,堪任游化,智慧无尽,众德具足。云何为四? 所谓大迦叶比丘、君屠钵叹比丘、宾头卢比丘、罗云比丘。汝等四大声闻要不般涅槃,须吾法没尽,然后乃当般涅槃。[1]

此四大罗汉即为最早的住世罗汉。

5 世纪北凉道泰译《入大乘论》卷上云:

> 又尊者宾头卢,尊者罗睺罗,如是等十六人诸大声闻,散在诸渚,于余经中亦说有九十九亿大阿罗汉。皆于佛前取筹护法,住寿于世界。[2]

---

[1](西晋)竺法护译:《佛说弥勒下生经》,《大正藏》第 14 册,台北:新文丰出版股份有限公司,1983年,第 422 页。

[2](北凉)道泰译:《入大乘论》卷上,《大正藏》第 32 册,台北:新文丰出版股份有限公司,1983 年,第 39 页。

经中虽提及十六罗汉之数,但除宾头卢、罗睺罗外,其他罗汉均未提及具体名号,此时罗汉信仰还并不兴盛。

公元 7 世纪,玄奘所译《大阿罗汉难提蜜多罗所说法注记》(简称《法注记》)提出十六罗汉的具体名字及其眷属所在地,此后,十六罗汉的名字就确定下来了,也是罗汉信仰形成和发展的主要依据,此后,十六罗汉广受尊崇,也是罗汉信仰及其造像艺术在中国普遍流行的一种象征。

罗汉是中国佛教中常见的造像题材和信仰对象,由于罗汉能够护持佛法、不入涅槃,为施主作真福田,且本身具有普通人的性格特征,如《法苑珠林·卷四十二》《四分律·卷五十一》载,宾头卢曾以神通飞身取钵,因非法示现神通而遭到佛陀斥责。这正是世俗凡人性情,更加拉近了与普通人的关系,感觉尤为亲切,自然受到广大信众的信仰。

藏地罗汉信仰不同于汉地,首先,罗汉来源不同,汉地源自印度,而藏地是公元 7 世纪从中国汉地和域外的印度或克什米尔传入;[①]其次,依据典籍不同,汉地以玄奘的《法注记》为主,且该典籍对罗汉记载比较简略,只涉及尊者名号、居地和眷属,而藏地经典记载十分详尽,除上述部分,还涉及罗汉姿势、手持之物、形貌等等;第三,汉传佛教中十六罗汉形象特征不明显,具有较大的随意性,藏传佛教十六罗汉严格依据典籍,各罗汉具有典型的身份特征,如尊者巴沽拉"双手抚握吐宝兽",阿氏多尊者"双手结作等持印",胸前肋骨突显,白眉飘飘。

藏地寺院常供奉的罗汉组合为十六罗汉,但其受汉地十八罗汉影响,也于十六罗汉后增加两位罗汉,共同组成十八罗汉。值得注意的是,汉地十八罗汉与藏地十八罗汉后两位是不同的,且均有不同版本,汉地多为庆友和宾头卢、或庆友和玄奘、或迦叶和君屠钵叹、或降龙和伏虎;藏地后两位罗汉则相对固定,即为哈香尊者和羯摩扎拉,又称"布袋和尚"和"达摩多罗"。

炳灵寺第 3 窟壁画中的罗汉组合即为藏传佛教十八罗汉。壁画分单元而绘,一方格为一罗汉故事画,排列整齐有序,共绘有十一身罗汉。现对罗汉具体身份进行一一辨识:

---

① 张长虹:《汉藏佛教的交流与融合:藏地罗汉渊源考》,《中国藏学》2021 年第 4 期,第 147—150 页。

第一尊者(图1):松树下,一番僧倚几而坐,双眉斜立,几乎没有弧度,高鼻深目,直视前方,络腮大胡,佩戴耳环,呈愤怒状,左手持金刚杵扶额,肘部立于绿色方桌上,右手持铃搭于膝部,双手佩戴环形物,上身斜披白巾,肌肉健硕,下着宽裤,赤足置于绿边白色垫子上;右前方一猴双手捧七宝盒,面向僧人而立;左前一白象备鞍而卧,背对僧人。《礼供》记载:"顶礼圣尊迦里迦,居于赡部赤铜洲,一千一百罗汉绕,手持纯金之耳环。"首先,"耳环"是迦里迦尊者的标志之一;其次,迦里迦尊者又称为"骑象罗汉";再者,有诗称赞曰:"气宇轩昂脸泛霞,灵猿做伴好安家。无边佛法形于象,尊者名曰迦里迦。"可以看出此诗中灵猿与象为迦里迦尊者的标志。综上,可推断其为迦里迦尊者。

第二尊者(图2):一僧人倚坐太师椅,着袒右肩袈裟。双目前视,施说法印,赤足踩绿色木榻;左侧一弟子身着绿衣,双手持锡杖,自然站立;左前侧一武士,头戴盔,高鼻深目,须发旺盛,身着铠甲,双膝跪地,手捧一盛宝珠之盘,宝珠上有火焰腾起;整个画面四周白云环绕。《礼供》载:"顶礼圣尊那迦希,居于须弥卢山侧,一千二百罗汉绕,手持宝瓶及锡杖。"观十八罗汉,锡杖为那迦希尊者的标志,据此推断其应为那迦希尊者。

图1　第3窟第一尊者①　　　　　图2　第3窟第二尊者②

第三尊者(图3):苦行僧形象,有头光,双目微闭下视,须眉浓长,面部及颈部皱纹丛生,锁骨及肋骨突显,头裹白巾,身穿白衣,双手置于腹前结禅定印,

---

①图片系笔者拍摄。
②图片系笔者拍摄。

结跏趺坐于一束腰石台座上的兽皮毯上,整个外表看起来消瘦苍老;老者身后绘一岩石洞,岩洞两侧各绘数枝山竹,其右侧一白鹿口衔灵芝望向尊者,左侧侍立两个长发裸身的童子,仅着绿衣短裙,似为绿草编制,手捧鲜桃做供奉状。《礼供》载:"顶礼圣尊阿氏多,居仙人山水晶林,一百罗汉所围绕,双手结作等持印。"其形象与《礼供》记载一致,此为阿氏多尊者。

第四尊者(图4):一梵僧,白色头光,身后红云环绕,须眉浓密,双目圆睁上视,络腮大胡,身着袒右肩袈裟,赤足游戏坐于石榻上,双臂佩戴环形物,右手持钵屈臂上举,左手持金刚杵;右上方绘有浓云,云中一巨龙,张牙舞爪,甚是凶恶,右下方树木林立。僧人左后方侍立一仙童,仙童左手持仙瓶,仙瓶冒五彩宝光,右手抬起于额前,似遮光动作。此为汉地所流行的降龙罗汉。

藏传佛教十八罗汉组合中并没有降龙罗汉,降龙罗汉是中国汉地广为流传的罗汉之一,清朝乾隆皇帝钦定降龙罗汉和伏虎罗汉为十八罗汉后两位,自此十八罗汉以御封为准。炳灵寺为一座身处汉地的藏传佛教寺院,自然会受到汉地文化的影响,第3窟中的藏传佛教十八罗汉加入了汉地流行的降龙罗汉,即为藏汉文化交流的具体表现。

图3　第3窟第三尊者① 　　　　　图4　第3窟第四尊者②

第五尊者(图5):一僧人,坐一圆形矮凳上,有头光,无须发,脖子上佩戴佛珠,身着袒右肩袈裟,支左膝,盘右腿,凭几而坐,右手持团扇,几上放置香炉、

①图片系笔者拍摄。
②图片系笔者拍摄。

书本等;右前立一官人,戴通天冕,长髯,高鼻深目,双唇紧闭,分外严肃,宽袍大袖,左手持一长柄香炉,右侧一猴微弯腰,身体前倾,双手托盘,官人右手置于盘中做取物状;左侧侍立一弟子,着长袍,腰间系红色腰带,右手持杵,左手托钵,做捣药状。《礼供》载:"顶礼圣尊因竭陀,居于底斯大雪山,一千三百罗汉绕,手持香炉及拂尘。"虽与《礼供》描述不太符合,但十八罗汉中以长柄香炉为特征的仅为因竭陀尊者;又,伐那婆斯尊者又称为芭蕉罗汉,图中罗汉手持扇,或为伐那婆斯尊者。据此,笔者认为第五尊者应为因竭陀或伐那婆斯。

　　第六尊者(图6):一僧人支左腿,曲右腿,坐于一方形束腰须弥座上,绿色头光,头发仅有脑后部分,眉毛细长,眼睛上视,胡须遍布整个脸部轮廓,袒右肩,左手执铃,右手持金刚杵,背后祥云环绕;须弥座右侧置几,几上有炉,一童子在旁做斟酌状;左侧一童子面向僧人而立,双手拍钹;整个画面绘于一松树之下。由于此窟罗汉图像未按典籍顺序绘画,且未见罗汉身份标志性持物,因此未能判断出其身份。

图5　第3窟第五尊者① 　　　　　　　图6　第3窟第六尊者②

　　第七尊者(图7):一僧人,有头光,着交领式袈裟,双手持经卷,结跏趺坐于束腰圆形石座上,左右两侧各立一童子,均有头光;右侧童子,侍立香炉前,做上香姿势;左侧童子双手持如意侍立。《礼供》载:"顶礼圣尊苏频陀,居于山王

①图片系笔者拍摄。
②图片系笔者拍摄。

比胡拉,一千四百罗汉绕,双手持握佛经函。"与《礼供》记载一致,据此判断为苏频陀。

图 7　第 3 窟第七尊者①　　　　　　　　图 8　第 3 窟第八尊者②

第八尊者(图8):僧人形象与上基本相同,手中持物模糊不可辨,右侧放一方形小桌,桌上供宝;左侧弟子似是双手合十状;通过壁画残余痕迹来看,右侧应是也有一弟子。第八尊者手持物不清,且该窟罗汉绘画顺序混乱,故难以判断其身份。

第九尊者(图9):一僧人,绿色头光,头发乌黑,双手置于腹前结禅定印,结跏趺坐于圆形束腰石榻上,背屏为石山、祥云;右前侧两猴献桃;左前侧有一凤凰,似为听经。十八罗汉中双手于腹前结等持印,且居于山中,仅有注荼半托迦。《礼供》载:"顶礼圣注荼半托,居于灵鹫山之中,一千六百罗汉绕,双手结作等持印。"与《礼供》记载一致,故为注荼半托迦尊者。

第十尊者(图10):树木之下,一络腮胡僧人,有头光,右手施说法印,左手托菩提塔,僧人左侧有一须弥座,上置宝瓶及鼎之类;右侧应为一头戴五智华冠的胁侍菩萨,前有七宝放光。《礼供》载:"顶礼圣尊阿秘特,居于雪域山王中,一千罗汉所围绕,双手捧扶菩提塔。"完全与典籍一致,据此判断为阿秘特。

第十一尊者:仅残存头光及衣领,其他皆已脱落。无法辨识罗汉具体身份。

通过对上述壁画的分析,本应绘十八罗汉组合图像。由于罗汉数量众多,

---

①图片系笔者拍摄。

②图片系笔者拍摄。

图 9　第 3 窟第九尊者①

图 10　第 3 窟第十尊者②

为理清罗汉身份辨识与壁画对应关系,现做出罗汉分布示意图(图 11)。从壁画分布格局来看,分为十六单元;从壁画现状来看,现存十一尊罗汉图像,下方五单元壁画脱落,但从残痕可判断,其并未绘有罗汉图像。综上,炳灵寺第 3 窟西壁应绘十八罗汉壁画组合,但仅绘有十一身罗汉,其余七身未绘。现存壁画颜色清晰鲜亮,只有一部分由于墙体起甲脱落,呈鳞片状卷翘,造成部分图像辨识度不高或难以确认身份,其中罗汉具体身份可辨识的为八身,无法辨识的为两身,存在辨识疑虑的为一身。

| 迦里迦 | 那迦希 | 阿氏多 | 降龙罗汉 | 因竭陀/伐那婆斯 |
|---|---|---|---|---|
| 注荼半托迦 | | | | 诺距罗 |
| 阿秘特 | | 坐佛 | | 苏频陀 |
| ? | | | | ? |
| | | | | |

图 11　第 3 窟罗汉分布示意图③

① 图片系笔者拍摄。
② 图片系笔者拍摄。
③ 笔者自绘。

第 3 窟罗汉像,绘画顺序与佛教典籍《十六罗汉礼供》不符,且绘画数量未构成罗汉组合像,仅有十一身;罗汉面貌及标识性特征基本符合《十六罗汉礼供》记载。罗汉面容既有高鼻深目的番僧,也有慈眉善目的汉僧,兼具汉藏特点,部分罗汉身穿汉僧服饰,手持藏传佛教法器,如金刚杵、锡杖、香炉等,表现出第 3 窟的罗汉壁画兼具汉藏佛教的特点。因此,炳灵寺第 3 窟十八罗汉壁画是汉藏文化交流融合的杰作。炳灵寺地处汉地,却为一藏传佛教寺院,汉藏佛教艺术在炳灵寺的交流融合为其一大特色,炳灵寺第 3 窟十八罗汉壁画是研究炳灵寺藏汉佛教艺术交融的珍贵资料。

# 炳灵寺石窟壁画颜料层软化及加固材料的研究

王 茹

（西北师范大学 历史文化学院）

石窟壁画不仅是人类宝贵的文化遗产，也是现代人了解古代社会生活的重要参考。但壁画文物因颜料层起甲以及各种因素的影响，随着时间的沉淀，颜料层会发生脱落现象，使得壁画的残缺部分无法复原，如图 1 所示。其中画面层是文物信息的载体，是研究古代历史信息的重要来源。因此，对壁画画面层的软化及加固材料的研究已成为壁画保护的重点。

目前，主要有两种颜料层加固材料：天然高分子材料和合成高分子材料。本文通过对彩绘类文物保护材料相关文献整理，发现人工合成高分子材料的研究与应用较为广泛，而传统加固剂的研究较为匮乏，且两种材料各有优缺点。因此，文物保护工作者在实际的保护应用中应加以分

图 1 炳灵寺 169 窟壁画的起甲病害

类，针对不同保存环境与需求进行试验选取。本文在前人研究的基础上深化了关于文物保护材料问题的研究。各种保护材料的正确运用是本文研究很重要的一个方向，在一定程度上弥补了对保护材料研究的不足，丰富了壁画修复材料的研究内容。同时颜料层软化及加固材料的研究也可以推进与之相关的保护材料的研究及相关技术的实施和发展。

## 一、炳灵寺石窟壁画保护历史

从20世纪60年代到90年代,炳灵寺石窟的文物保护仍在初级阶段。因早期炳灵寺文管所的资源和技术有限,壁画的保护更多侧重于抢救性保护。随着炳灵寺文管所的专业队伍逐步增强和技术的日益进步,壁画的修复工作逐步走向规范化,由抢救性保护转向更为系统和科学的保护,这大大提高了壁画的保护效果。

### (一)炳灵寺老君洞壁画清理与保护

老君洞即炳灵寺第184窟,为方形半中心柱窟,穹窿顶,窟正壁两侧各开出二层佛台,现存近代造像三身,窟内周壁有台基高1.7米。窟门略小于窟,类似敞口大龛。[①]在对该洞窟保护之前,没有安装窟门,上午时阳光可以直射进窟内的壁面上,温、湿度变化大,光照十分强烈(见图2),因此,窟内的文物损害比较严重。20世纪80年代,炳灵寺石窟的文物保护工作者对该洞窟内的壁画进行了清理与加固工作。1981年至1982年,炳灵寺文管所的修复人员两次除去了壁画表面的覆盖层,随后立即进行了加固。[②]经过此次壁画的保护工作后,炳灵寺文管所于当年安装了铁纱门窗,一方面减少了阳光的侵害和温、湿度的变化带来的影响,另一方面可以阻止游人随意出入和破坏,使得老君洞内的壁画得到了有效保护,延长了文物寿命,此次保护工作具有重要意义。

图2 老君洞保护前状况[③]

①张宝玺、李现、王万青:《炳灵寺石窟老君洞北魏壁画清理简报》,《考古》1986年第8期,第734—737、755、774—776页。

②李现:《炳灵寺石窟老君洞早期壁画的清理和科学保护》,《考古》1986年第8期,第749—755页。

③张宝玺、王亨通:《昔日炳灵寺》,北京:科学出版社,2004年,第141页。

这次壁画的清理加固工作,连同室内实验,前后长达三年时间。这期间,虽然取得了一定成绩,但对于大量古代壁画的保护工作也只是作了一次初步尝试。从该壁画的地仗取样鉴定中,可以看出古代壁画制作之精细程度,说明当时的佛教艺术创作十分繁荣并受到高度重视。在泥地仗中,按照合适的比例掺砂、掺麻,保证了泥壁经千年之久不损,反映出当时工匠已很好地掌握了泥壁的制作技术。

在颜料鉴定中,值得提到的是石膏作为白色颜料或底色的普遍应用。迄今为止,传统的看法都认为壁画白色底层均由石灰或白土制作。这两种原料在历史上应用都较早,后来,可能发现石灰会"咬色"(石灰的碱性所致),故古代画师有意识地避用石灰而改用白土或石膏,也是有可能的。但古籍文献中石膏的应用完全失于记载,经过现代仪器分析鉴定,确认甘肃省古代壁画中大量、广泛地应用了石膏。①

此外,由于当时的条件和保护人员的修复水平有限,对于壁画画面加固材料的选用,趋向于选择合成材料。修复壁画工作中,一开始没有使用软化剂对起甲壁画软化,而是直接利用加固剂对其加固,这种加固手段虽然可以实施,但是其风险极高,操作不便,稍有不慎,对文物本体可能会造成二次伤害。且在加固过程中只对起甲壁画做了加固,没有渗透加固壁画地仗,无法保证后期的加固效果,从洞内壁画的现状可见已经有脱落的情况存在,如图3所示,"老君"右侧的壁画底部有两块已经完全脱落。

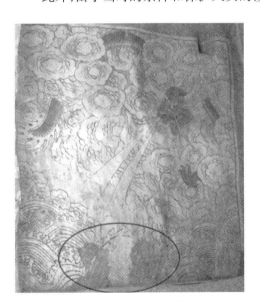

图3　老君洞内的脱落壁画

①张宝玺、李现、王万青:《炳灵寺石窟老君洞北魏壁画清理简报》,第734—737、755、774—776页。

### (二)炳灵寺第169窟壁画抢险加固

1997年10月至1998年6月,炳灵寺文物保管所邀请敦煌研究院保护研究所的保护人员加固了炳灵寺第169窟壁画大约35平方米。[1]由于当时炳灵寺石窟有大量的危石跌落,对窟内外的文物形成了严重的威胁,而加固工程首先要在169窟中进行,为了避免施工过程中对169窟壁画的影响,修复人员立即采取了抢救性加固措施,此次修复工作主要加固了169窟第3、6、7、9、10、11、12、13、22、24龛的泥质壁画(见图4、图5)。由于当时时间紧迫,工作人员只能对这些壁画先做表面加固工作,以免加固工程引起的震动使得窟内壁画脱落。现在来看,炳灵寺169窟的壁画保存良好,这与之前的保护工作密不可分,当时的文物保护工作者功不可没。

图4 炳灵寺第169窟第6龛壁画的加固　　图5 炳灵寺第169窟第9龛壁画的加固

### (三)炳灵寺第138窟壁画保护

炳灵寺第138窟位于下寺区石窟群北侧,修复之前该窟内壁画主要的病害为:画面开裂,部分地仗与所依附的岩体脱离,壁画起甲、空鼓、酥碱;壁面污染严重,主要为灰尘积攒和鸟类活动引起(见图6、图7)。针对这些病害,2009年,修复人员使用聚醋酸乙烯乳液对138窟壁画做了加固工作,[2]尤其对开裂、

---

①张宝玺、王亨通:《昔日炳灵寺》,第141页。
②唐正宪、刘亨发:《炳灵寺第138窟壁画加固与修复》,《丝绸之路》2009年第22期,第26—27页。

图 6　炳灵寺第 138 窟壁画起甲病害

图 7　炳灵寺第 138 窟壁画空鼓、污染等病害

空鼓等病害做了重点加固,有效延长了该窟内壁画的寿命。但是,在此次加固过程中修复人员并没有彻底解决壁画的酥碱病害,壁画内的可溶性盐类依旧存在,壁画在加固后可能还是会受酥碱病害的影响。此外,修复工作中,一开始没有使用软化剂对壁画软化,而是直接利用加固剂对其加固,这种加固手段虽然可以实施,但是其风险极高,操作不便,稍有不慎,对文物本体可能会造成二次伤害。

### (四)炳灵寺第 93 窟壁画保护

炳灵寺第 93 窟位于下寺石窟群中部的二层栈道之上,第 94 窟南侧,第 92 窟北侧。马蹄形平顶窟,低坛基。窟高 1.83 米,宽 2.3 米,深 1.85 米。坛基高 0.2 米,深 0.16 米。该窟开凿于唐代,窟内壁画为明代重绘,壁画约 13.5 平方米。[1]第 93 窟壁画修复前主要存在起甲、空鼓、酥碱、颜料褪色等病害(见图 8),还有鸟类粪便、尘土等沉积物。自 2010 年起,炳灵寺文物保护研究所的专家唐正宪、刘亨发等针对壁画的一些病害如起甲、边缘翘曲和空鼓现象进行了修复和加固(见图 9),目的是增长壁画的寿命。但是,在处理 93 窟壁画时,他们采用了直接加固的方式来处理酥碱病害,没有去除内部的可溶盐,这可能会

---

①刘亨发:《炳灵寺第 93 窟壁画加固修复研究》,《丝绸之路》2016 年第 2 期,第 69 页。

图 8 炳灵寺第 93 窟壁画起甲病害

图 9 炳灵寺第 93 窟壁画的加固

导致该病害的复发。此外,他们通过手敲的声音来评估空鼓病害,这种方法不够客观,且不能精确计算受损的区域。[1]

### (五)炳灵寺第 172 窟壁画保护

出第 169 窟,通过北侧栈道可到达同在大佛龛顶的另一天然洞窟,即 172 窟,俗称"天桥北洞"。172 窟是一个在石窟营造早期被用来供养佛教造像的洞窟,窟高 10 米、深 10 米。北壁外侧近洞口处有一身小坐佛近似西秦时期的造像风格。北壁上部主尊为一坐佛、胁侍二菩萨,属北魏时期造像风格。西壁是向内凹陷的溶洞,置一木阁,内有北周时期泥塑三佛及胁侍菩萨。窟内壁画均属明代重绘。南北两壁壁画保存基本完整,窟顶壁画已全部脱落。其中南壁壁画面积约为 2.0×6.1 平方米,北壁现存壁画面积约为 3.8×7.5 平方米。[2]且当时壁画不同程度地出现颜料层起甲、壁画地仗空鼓等病害(见图 10)。南壁壁画上半部及北壁下部五佛佛体表面颜料层起甲相当严重。在"炳灵寺石窟岩体加固及渗水治理"工程中,专业人员对岩体进行了加固,并在 172 窟设引水管道,对 172 窟起甲、空鼓等壁画进行抢救性保护。

---

①马卿:《炳灵寺石窟保护历史与现状研究》,西北民族大学,2022 年。
②唐正宪、孙得月:《炳灵寺第 172 窟壁画抢救性加固方案》,《丝绸之路》2006 年第 14 期,第 69 页。

图 10　炳灵寺第 172 窟壁画起甲病害

　　总之,专业人员在严格遵守文物保护修复原则的情况下,对 172 窟实施了保护修复工作,使得该窟现存壁画出现的各种病害得到了有效的治理和控制。但是,为了确保修复材料的最佳应用效果,我们还需要进一步考虑其全面特性,同时确保材料与文物本体的兼容性,并寻求具有较高强度特性的修复材料。该修复案例也对以后保护修复其他洞窟相同的病害壁画积累了宝贵经验。

　　综上所述,炳灵寺石窟的保护人员对炳灵寺老君洞、第 169、138、93、172等洞窟内的壁画进行了保护工作,尤其是对壁画出现的起甲、空鼓、表面污损等病害做了修复工作,有效延长了文物的寿命。但是,炳灵寺石窟壁画在经过多次保护和修复后,尚存在一系列的微观损害和化学变异。尤其显著的是壁画酥碱病害,这主要是由于壁画内部的可溶性盐类在环境湿度变化下形成的结晶压力所致。从保护化学的角度来看,这些盐类在失湿和吸湿时会发生结晶与溶解的循环过程,导致壁画材料的内部应力增加,从而引发酥碱现象。20 世纪70 和 80 年代,我国的修复技术和方法尚处于探索阶段,面对这种复杂的盐挥发性病害,保护策略多以机械加固为主,而未能从化学角度对盐类进行稳定或去除。未来的修复策略应更加注重壁画内部环境的稳定性,可能涉及微环境控制或者采用先进的脱盐技术,以确保壁画的长期稳定性和保护效果。此外,对于修复后再次出现的问题,如老君洞中的壁画再次脱落,仍应引起炳灵寺文物保护研究所的关注,以确保壁画长久地保存。①

此外,综合炳灵寺各种壁画修复工作,不难发现对其需要修复的起甲、空鼓等壁画一开始没有使用软化剂将其软化,而是直接利用加固剂对其加固,这种加固手段虽然可以实施,但是其风险极高,操作不便,稍有不慎,对文物本体可能会造成二次伤害。因此,对于如何选用性能优、效果佳、性价比高的软化加固材料就显得尤为重要。

## 二、壁画保护常用的软化剂及加固剂

壁画艺术是文化遗产的重要组成部分,对于古代社会历史的研究有着重要的价值。壁画在流传的过程中因受各种因素的影响,会发生起甲、脱落、酥碱等病害。而对于壁画颜料层起甲病害的处理通常是利用软化材料将起甲部位先进行软化,再进行加固修复等一系列操作,这样对文物的保护效果会更佳。且在处理这些病害时,对其施加的保护材料一定要严格遵守文物保护修复的基本原则,以更好地延长文物的寿命,使文物本体的信息最大化。针对壁画的保护对其软化及加固材料作以下综述。

### (一)软化剂

软化剂在众多领域内应用广泛,它通常作为一种添加剂与原有材料相结合,使制作出的新材料具有一定的柔软性。在文物保护工作过程中,软化剂可以起到软化的作用,其类型繁多,我们在选取软化材料时,一定要根据不同的软化加固对象,科学选取不同的软化剂,以达到更好的软化加固效果。比如针对壁画中的起甲病害,在过去的修复工作中,一开始没有使用软化剂对其软化,而是直接利用加固剂对其加固,直至加固剂完全吸收后,用工具将起甲壁画贴回原位。这种加固手段虽然可以实施,但是其风险极高,操作不便,稍有不慎,对文物本体可能会造成二次伤害。因此,对于一些壁画病害的处理应先软化后再加固处理是非常有必要的,如图11所示,苏伯民等学者在布达拉宫的壁画保护修复工作中,针对壁画起甲病害用软化剂先软化再予以后续处理,其结果表明修复效果良好;对于江西德安博物馆的馆藏壁画修复,也采用了先用

①刘亨发:《炳灵寺第93窟壁画加固修复研究》,《丝绸之路》2016年第2期,第69页。

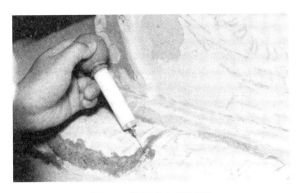

图 11 壁画的加固过程

软化剂对起甲部位进行软化处理再进行加固等操作。通过以上案例可得知对于壁画起甲等病害的处理,应先进行软化处理,再进行加固修复等一系列的操作,这样保护效果会更佳。

根据壁画颜料层的物质结构,常见的软化剂有水、乙醇、乙酸丁酯、环己酮、丙酮、丙二醇、二甲苯等。对于软化剂的合理选取一定要遵守文物修复原则。总之,要基于文物保护的原则,再根据不同的软化对象,科学合理地选择不同的软化剂,以使文物的保护效果达到最佳,最大限度地延长文物的寿命。

(二)加固剂

壁画由于受各种因素的影响,比如温湿度、霉菌及自身性质不稳定等,会使其文物本体产生各种病害。比如针对壁画酥碱病害时,要根据实际情况对壁画进行预加固处理;对于壁画起甲病害,通常先进行软化处理,再加固修复,这样可使即将脱落的壁画边缘部位更加牢固。因为壁画起甲部位十分脆弱,稍微对其挤压就有可能使颜料层脱离壁画本体,对文物造成二次伤害。而如果对壁画起甲部位进行软化和加固处理,一定程度上可以防止其脱落,更好地保护文物。因此,对于一些脆弱文物的保护,如果用加固剂对其进行加固处理,就可以避免这种现象的产生,并且可使壁画的保存寿命有很大的提高。

壁画加固材料的作用非常重要,它们在保护、修复和保存壁画方面发挥关键作用。比如物理保护:加固材料可以用来填补和封闭壁画上的裂缝、缺损和破洞,防止物理损害加重,如进一步裂缝、颜料脱落或表面剥落,有助于维护壁画的完整性。加固材料中的封闭层也可以阻止灰尘、污染物和化学物质侵入壁画表面,从而减少其暴露于环境侵害的风险。此外,一些加固材料具有疏水性,可以减少水分侵入。这对于防止湿度和温度变化对壁画产生的不利影响至关重要。总之,使用壁画加固材料的主要目的是保护、修复和保存壁画的文化和

历史价值,确保其完整性和观赏性。这些材料必须谨慎选择和应用,以确保最佳的文物保护效果。常见的加固剂类型如表 1 所示:

表 1 常见的加固剂类型

| 类型 | 主要类别 | 特性 |
| --- | --- | --- |
| 天然高分子材料 | 糖类 | 易溶于水,微溶于乙醇。糖类加固剂主要为桃胶与纤维素。主要的组成一般为大分子糖类,比如半乳糖等,易溶于热水且具一定的黏性 |
| | 蜡类 | 多用于胶结质、表面封护及木材加固等方面,主要有巴西棕榈蜡、蜂蜡、微晶蜡等 |
| | 油脂类 | 包括各种油,如亚麻籽油、桐油等。不溶于水,多用于木材的保护 |
| | 蛋白质类 | 主要有动物胶、酪蛋白等。动物胶是一种加固材料。此外酪蛋白酸钙是最常用的胶黏剂,可用作脱落壁画的粘接,但其副作用很大 |
| | 天然树脂类 | 多用于木材的加固保护,主要有松香、大漆等。由于合成树脂的发展,天然树脂的使用受限 |
| 合成高分子材料 | 水溶性合成树脂 | 有聚乙烯醇、聚乙二醇等。聚乙烯醇可作为颜料的固定剂,但干燥后的收缩会导致颜料层的卷曲,具有不可逆性。聚乙二醇用途广,可回贴起甲壁画 |
| | 溶剂型合成树脂 | 可作为粘接材料。其中可溶性尼龙可用于脆弱文物的加固修复 |
| | 反应型树脂 | 包括甲醛树脂、环氧树脂等。具有固化快、施胶工艺简单等优点。环氧树脂广泛应用于文物保护,可用作加固材料、粘接材料 |
| | 乳液类树脂 | 有聚醋酸乙烯乳液、丙烯酸树脂乳液等。保护修复中常用的是 PrimalAC-33,此乳液常用作加固剂和粘接剂,用于纺织品和纸张保护等 |
| 新型保护材料 | 纳米材料 | 纳米材料应用广泛,用纳米氢氧化钙增强后,文物的强度提高,透气性好。但是,纳米材料在提高渗透性和机械强度方面仍有不足 |

（1）天然高分子材料

天然高分子在众多领域内应用广泛,在过去,其作为一种加固材料常被用来保护修复文物。[①]这些材料主要有：

①糖类

古人在制作壁画的过程中，经常使用桃胶作为原料，其目的一方面是固色,使得颜料层不晕染;另一方面是保护画面,使画面不褪色。文物保护中常用到的糖类加固剂分为桃胶与纤维素。主要的组成成分一般多为一些大分子的糖类,比如半乳糖等,易溶于热水且具有一定的黏性。

②蜡类

古代用于胶结质、表面封护等方面,古希腊人使用表面封护和黏合剂,用于油漆彩绘表面的加固。类型众多,主要有巴西棕榈蜡、蜂蜡、微晶蜡等。[②]

③油脂类

常见的油脂类保护材料可分为干性油、半干性油、非干性油等,比如樟脑油、桐油及松节油等。

④蛋白质类

主要有动物胶、酪蛋白等。其中,动物胶是由蛋白质组成的。动物胶又包括皮胶、骨胶、鱼胶等。动物胶是合成树脂产生前粘接力最强的一种加固材料。此外酪蛋白酸钙是最常用的胶黏剂，可用作脱落壁画的粘接，但其副作用很大。

⑤天然树脂类

这类物质种类繁多,主要有松香、琥珀、虫胶等。天然树脂在众多领域用途极广,曾被用于青铜器的保护工作中。此外,这些材料还可用于涂料、造纸、绝缘材料、黏合剂、医药、调味品等生产过程。但是,由于合成树脂的发展,天然树脂的使用越来越少。

（2）合成高分子材料

随着社会发展及公众文物保护意识的增强，文物保护材料在众多领域用

---

①顾文婷:《壁画加固材料的研究进展》,《草原文物》2021 年第 1 期,第 120—124 页。

②邝玲华、刘成:《彩绘文物高分子保护材料浅析》,《文物鉴定与鉴赏》2021 年第 15 期,第 77—79 页。

途极广,其种类繁多,并且在使用过程中对文物保护材料的要求也不尽相同。随着社会的发展,合成高分子材料的应用也更加广泛,逐渐向结构更加精细化、性能更加优化的方向发展。①

①水溶性合成树脂

20 世纪,水溶性合成树脂是一种应用极广的树脂胶黏剂。文物保护工作中使用的一般有聚乙烯醇、聚乙二醇、聚乙烯基吡咯烷酮等。②其中聚乙烯醇可以做颜料的稳定剂,但干燥后的收缩会导致颜料层发生大面积卷曲,甚至颜料层脱落的现象,具有不可逆性。聚乙二醇是一种非湿性物质,分别为液态、软蜡状、硬蜡状,敦煌研究院曾使用聚乙二醇回贴起甲壁画。③敦煌研究院还利用聚乙烯醇水溶液和醋酸乙烯乳液对壁画表面进行加固修复,并将两种溶液按一定浓度混合对壁画进行加固修复。④

②溶剂型合成树脂

常用的此种材料包括可溶性尼龙、聚乙烯等,用途极广,可以做粘接材料、填充材料、表面涂层以及加固材料。其中可溶性尼龙可用于脆弱文物的加固修复工作。张晓梅、原思训等人将丙烯酸乳液和有机硅按一定的配比进行混合,从而研制出以丙烯酸乳液为主要成分、有机硅乳液为辅助成分的"硅丙乳液",用其加固脆弱文物达到了显著的保护效果。⑤Siena Cathedral 大教堂门上的雕塑也用丙烯酸树脂加固。其中,Paraloid B-72 在此类材料中应用极广。⑥Paraloid B-72 具有玻璃般的白度,成膜性能好,它是欧洲使用最广泛的壁画保护材料之一。

---

①曹婧婧:《壁画颜料层加固材料研究进展》,《常州文博论丛》2020 年第 1 期,第 6 页。

②赖梦玲、唐青、杭祖等:《三聚氰胺甲醛树脂增韧改性的研究进展》,《高分子通报》2019 年第 12 期,第 16—25 页。

③曹婧婧:《壁画颜料层加固材料研究进展》,第 6 页。

④王丽琴:《彩绘文物颜料无损分析鉴定和保护材料研究》,西北工业大学,2006 年。

⑤张晓梅、原思训:《一种新型有机硅改性的丙烯酸树脂在加固糟朽丝织品中的应用》,《文物保护与考古科学》2023 年第 2 期,第 1—9、65—66 页。

⑥Chiantore O,Lazzari M,"Photo—oxidative stability of paraloid acrylic protective polymers",*Polymer*,2001,42(1):17—27.

③反应型树脂

反应型树脂种类繁多,包括醇酸树脂、甲醛树脂、派拉纶和环氧树脂等。具有固化快、施胶工艺简单等优点。环氧树脂广泛应用于文物保护,可用作加固材料、粘接材料。比如我国著名的四大石窟都有采用环氧树脂材料进行加固保护。环氧树脂是我国应用最广泛的保护材料之一。[1]国际上,瑞士、日本、美国、意大利和其他国家使用这种材料作为增强剂。意大利 Santa Andrea 试验了一种环氧树脂,效果较佳。[2]蒙山连理塔壁画、永泰公主墓壁画、广西壮族自治区博物馆馆藏壁画《释迦牟尼花变图》均采用了环氧树脂对珍贵壁画进行了加固处理。[3]

④乳液类树脂

乳液类树脂材料包括聚醋酸乙烯乳液、丙烯酸树脂乳液等。[4]壁画保护修复工作中常用的是 PrimalAC-33,该材料可做壁画的胶黏剂,用于纺织品和纸张的保护等。

(3)新型保护材料

近年来,纳米材料越来越受到国内外文物保护工作者的关注。纳米氢氧化钙曾被西北工业大学材料科学学院用来加固李道坚墓的壁画。[5]纳米氢氧化钙作为一种具有良好发展前景的壁画保护材料,在众多领域应用广泛,这为纳米材料在文化遗产保护中的应用开辟了新的前景。但是,其成本比较高,操作不便,而且通常使用有机溶剂,且在提高渗透性和机械强度方面仍存在不足之处。此外,氢氧化钙纳米材料体积大、碳化速度慢的问题还有待解决。

①邓中伟:《加固材料在石质文物保护中的应用》,《科技风》2019 年第 30 期,第 180 页。
②赵静:《高分子文物保护涂层材料的稳定性能及在彩绘文物保护中的应用研究》,西北大学,2007 年。
③曹婧婧:《壁画颜料层加固材料研究进展》,第 6 页。
④赖梦玲、唐青、杭祖等《三聚氰胺甲醛树脂增韧改性的研究进展》,第 16—25 页。
⑤顾文婷:《壁画加固材料的研究进展》,第 120—124 页。

### 三、国内外壁画软化加固材料的研究现状

#### (一)国外研究现状

无机材料的类型很多,主要有石灰水、料姜石、氢氧化钡、碱土硅酸盐等。早期 JEDutkiewiczOlkusz 对教堂壁画使用无机材料石灰水进行加固修复保护。之后,氧化钡无机材料逐步进入壁画的加固领域。[1]19 世纪前,石灰曾在文物保护修复中广泛使用,其加固机理是碳酸钙与水的形成增强了碳酸钙的三维结构,从而起到加固作用。比如英格兰 Wells Cathedral 的修复。无机材料由于在加固的过程中会引入无机盐,从而导致一些病害的产生;此外,其加固的强度也有限,渗透效果也一般,因此,此类材料在文物保护实践工作中逐渐被淘汰。

国外学者最早将高分子材料应用于文物保护修复工作中。仓冈天心等人利用"硬树脂(copal)"材料对日本一座寺庙的壁画进行加固处理;[2]20 世纪 60 年代, 古埃及墓葬壁画使用 N-羟甲基尼龙这种材料对起甲部位进行重贴加固;15 世纪欧洲写本上颜料的加固也采用的是 N-羟甲基尼龙这种材料。近年来, 国外也有采用聚乙酸乙烯酯和聚乙烯醇缩丁醛混合的乙醇溶液对古代壁画进行修复工作。如图 12 所示,1999 年壁画保护工作者用 mowilith DM5 对墨西哥壁画进行加固修复,但是一段时间之后,发现壁画本体表面出现了一些病害,比如颜料层脱落,地仗层的空鼓等现象。[3]

后来随着纳米材料的兴起,意大利 Rodorico Giorgi 等人开展研究纳米氢氧化钙材料在壁画保护修复中的应用。[4]纳米氢氧化钙是一种潜在的壁画保护材

---

①铁付德、孙淑云、王九一:《已揭取壁画的损坏及保护修复》,《中原文物》,2004 年 1 期。

②张基伟、贺林:《关中地区唐代壁画墓的保护与研究——以蒲城唐高力士墓为例》,《文物》2013 年第 7 期,第 90—96 页。

③王蕙贞、董鲜艳、李涛等:《西汉初期粉彩陶俑的保护研究》,《文物保护与考古科学》2005 年第 4 期,第 39—43、70 页。

④Giorgi R,Ambrosi M,Toccafondi N,et al,"Nanoparticles for cultural heritage conservation: calcium and barium hydroxide nanoparticles for wall painting consolidation",*Chemistry-A European Journal*,2010,16(31):9374—9382.

图 12　墨西哥考古遗址墓室内壁画:加固前(左),加固中(中),加固后(右)

料,研究者们曾在奉国寺壁画保护修复中针对壁画出现的病害,比如壁画酥碱、颜料层大面积脱落、地仗层疏松等,最终选取此种加固剂进行保护加固修复。这样可以在实现地仗层加固的同时,又可以一定程度地保护壁画的颜料层。总之,由于文物的不可再生性,我们在文物保护工作中一定要慎重选择合适的材料进行加固。

**(二)国内研究现状**

20 世纪 50 年代,敦煌研究院用石灰浆加固莫高窟壁画,加固后的壁画保存效果极佳。李最雄根据中国西北地区的特殊环境特点,研究了高模数硅酸钾溶液(PS)这种改性无机加固材料。[1]在壁画加固修复过程中,无机材料往往以水溶液的形式存在。此外,其渗透性低,加固强度有限。[2]

目前,有机高分子材料也被广泛用于壁画的加固修复工作中。文物保护工作者利用聚乙烯缩丁醛等高分子溶液对敦煌等一些石窟的起甲、酥碱壁画进行了加固;彬县五代冯晖墓壁画采用 B-72 作为加固剂;[3]汪万全用 5%的丙烯

---

① 李最雄、赵林毅、孙满利《中国丝绸之路土遗址的病害及 PS 加固》,《岩石力学与工程学报》2009 年第 5 期,第 1047—1054 页。

② 顾文婷:《壁画加固材料的研究进展》,《草原文物》2021 年第 1 期,第 120—124 页。

③ 白崇斌,樊娟、张孝绒等:《彬县五代冯晖墓壁画加固技术小结》,《考古与文物》1994 年第 6 期,第 16—19 期。

酸树脂修复西藏文物壁画。[1]20 世纪 60 年代,聚醋酸乙烯乳液曾被李云鹤等人作为壁画加固的一种材料,对壁画病害进行处理加固。此外,丙烯乳液和有机硅丙烯酸乳液也广泛用于壁画的保护工作中,具有良好的耐久性、透气性和附着力。[2]炳灵寺第 138 窟位于下寺区石窟群北侧,修复之前该窟壁画主要病害为:画面开裂,部分地仗与所依附的岩体脱离,壁画空鼓、酥碱;壁面污染严重,主要为灰尘积攒和鸟类活动引起。针对这些病害,2009 年修复人员使用聚醋酸乙烯乳液对 138 窟壁画做了加固工作,尤其对开裂、空鼓等病害做了重点加固。

近年来,纳米材料越来越受到国内外文物保护工作者的重视。[3]西北工业大学材料科学学院应用纳米氢氧化钙加固李道坚墓的壁画,用纳米氢氧化钙增强后,其文物本体的强度提高,但色差和孔隙率不明显,透气性好。但是,纳米材料在提高渗透性和机械强度方面仍存在一些不足。此外,氢氧化钙纳米材料体积大、碳化速度慢的问题一直没有得到有效解决。[4]

综上所述,国外学者在壁画保护修复工作中对加固材料如无机材料、有机材料等都有广泛使用。对于国内学者而言,20 世纪 50 年代,由于经济水平的限制,廉价的材料被用来修复和加固壁画。但动植物胶的性能较差,加固效果不太理想。目前使用的加固材料主要是合成高分子材料,如聚醋酸乙烯酯、聚乙烯醇、B-72 等。鉴于我国壁画的各种影响因素及加固对象的不同,所选取的加固材料也不一样,同时在保护修复工作中缺少对文物保护材料诸多干扰因素的系统研究及相关的实证研究。[5]

---

[1]汪万福、李最雄、马赞峰等:《西藏文化古迹严重病害壁画保护修复加固技术》,《敦煌研究》2005 年第 4 期,第 24—29、115 页。

[2]苏伯民、张化冰、谈翔等:《高分子材料应用于莫高窟壁画保护的历史、现状与研究》,《敦煌研究》2018 年第 1 期,第 80—84 页。

[3]Poggi G,Giorgi R,Mirabile A,et al, "A stabilizer-free non-polar dispersion for the deacidification of contemporary art on paper", .Journal of Cultural Heritage, 2017, 26:44—52.

[4]顾文婷:《壁画加固材料的研究进展》,第 120—124 页。

[5]李文福:《馆藏壁画的病害治理研究》,陕西师范大学,2015 年。

## 四、结论

炳灵寺石窟作为中国石窟艺术的代表之一，其壁画不仅具有极高的艺术价值，还反映了一定历史时期的宗教、文化和社会现象。壁画是有机物与无机物组成的复合类文物，其中画面层承担了主要的历史、艺术、科学研究等价值。但由于颜料层胶结质的老化和各种因素的影响，因此加固材料的研究就成为一个重要的科研方向。专业人员在对文物施加保护修复材料时，一定要先了解文物的病害机理，严格遵守文物保护的修复原则，选取合适的材料并予以科学的手段进行保护。在对壁画保护的实践中发现，壁画修复工作中需要用到加固剂，包括天然高分子加固剂和人工合成高分子加固剂。天然高分子加固剂是传统的加固剂，有着应用时间长、无污染、副作用较小、安全性较高等优点，但在其渗透性、贮存稳定性等方面还存在一些不足之处；而人工合成高分子材料有渗透快、加固效果好、加固工艺便捷等优点，但其耐老化性能差，老化后产生的二级产物会极大地影响文物的可再处理性。可见两种加固材料各有利弊。因此，我们要在实际的保护实践工作中应用辩证和创新思维，针对不同保存环境与需求等实际情况进行试验，合理选取，以提供有科学依据的可靠保护材料。

虽然壁画的基底材料大部分属于无机质，但是胶料属于有机质，胶料与壁画大部分基底的理化性质存在差异，可能出现老化不同步的现象。文物保护中的加固材料选取应着眼于材料的综合性能，兼顾材料与文物基体的兼容性，并且应具有相对高的加固强度。针对壁画加固材料这一特点，我们有望设计研发一种将有机加固材料与无机材料通过化学键结合在一起的复合材料，合成的材料应具有尺寸小、分布均匀、比表面积大、易碳化，且与壁画颜料具有较强的黏附性，具备兼容性、耐老化、透气性和加固强度高等特点，为我国壁画保护加固提供一种新型可靠的纳米修复材料，这对文物保护工作和研究具有十分重要的意义。①

---

① 顾文婷：《壁画加固材料的研究进展》，第 120—124 页。

　　因此，文物保护工作者不仅应该重视文物保护材料稳定性及材料的改性研究，在加固修复的实践工作中，还要综合考虑各种影响因素，要在科学性的前提下利用各种传统以及科技手段恢复保护文物原貌，使文物所承载的信息最大化。同时建立系统、合理、客观的评价方法，完善文物保护体系，避免"保护性破坏"的发生。